3·1운동 100주년 기념 한일공동연구

3·1독립만세운동과 식민지배체제

이태진·사사가와 노리카쓰 공편

3·1운동 100주년 기념 한일공동연구

3·1독립만세운동과 식민지배체제

초판 1쇄 인쇄   2019. 2. 19.
초판 1쇄 발행   2019. 3. 1.

지은이   이태진·사사가와 노리카쓰 공편
펴낸이   김경희
펴낸곳   ㈜지식산업사
　　　　　본사 ◇ (10881) 경기도 파주시 광인사길 53
　　　　　　전화 (031) 955-4226~7 팩스 (031) 955-4228
　　　　　서울사무소 ◇ (03044) 서울특별시 종로구 자하문로6길 18-7
　　　　　　전화 (02) 734-1978 팩스 (02) 720-7900
　　　　　영문문패   www.jisik.co.kr
　　　　　전자우편   jsp@jisik.co.kr
　　　　　등록번호   1-363
　　　　　등록날짜   1969. 5. 8.

책값은 뒤표지에 있습니다.

ⓒ 이태진, 2019
ISBN 978-89-423-9061-8(93910)

* 이 책을 읽고 지은이에게 문의하고자 하는 이는
　지식산업사 전자우편으로 연락 바랍니다.

3·1운동 100돌 기념출판

3·1 독립만세운동과 식민지배체제

3·1운동 100주년 기념 한일공동연구

이태진 · 사사가와 노리카쓰 공편

지식산업사

1919년 3월 1일 오후 2시를 기하여 일어난 독립만세운동은 한국 민족사에서 우뚝 솟은 장엄한 역사다. 100주년을 맞아 한·일 공동연구 형태로 기념논문집을 출간하게 된 것은 뜻깊은 일이다. 기념논문집으로는 1969년에 동아일보사가 《삼일운동 50주년 기념논집》을 낸 것이 최초였다. 1945년 광복을 맞고, 1949년에 30주년이 되었으나, 그때 정황으로 기념논문집은 상상조차 할 수 없는 일이었을 것이다. 1959년, 40주년이 되어서도 상황은 마찬가지였다. 1950년에 전쟁이 터지고 전후 복구사업이 산적한 가운데 학술 활동은 기대할 수 없는 일이었다. 1969년에야 비로소 기념논문집이 나온 것이다.

그런데 이 책에 수록된 논문 수를 헤아려 보니 무려 70편이었다. 동아일보사가 역사학회와 한국사연구회의 협조를 받아서 낸 것이라고는 하나, 70편의 글을 모은 것은 당시 학계 및 지식계가 감당할 수 있는 역량을 다 쏟아 부은 것이라고 해도 과언이 아니다. 3·1독립만세운동의 정신이 뿜어낸 에너지가 아닌가 싶다. 언론인이자 역사학자로서 이를 주간한 천관우 선생의 열정에 저절로 머리가 숙여진다. 그 후 몇 번의 주년周年을 맞아 변변한 기념논문집이 나오지 않았던 것을 봐도(논저 목록 참조) 50주년 기념논문집은 특별하다. 100주년을 맞아 올해 몇 개의 기념논문집이 나올지 모르겠으나, 한·일 양국 공동연구의 형태로 기념논문집을 낸 것은 이전에 없던 기획으로서 자부심이 앞선다. 이 논문집이 한·일 공동연구의 형식을 취하게 된 사연은 20년 전 즈음으로 거슬러 올라간다.

2001년 "한국병합에 관한 역사적, 국제법적 재조명" 국제학술회의 팀이 조직되어 10회의 학술회의 끝에 2009년에 이태진, 사사가와 노리카쓰 공동 편집으로 《국제공동연구, 한국병합과 현대 −역사적 국제법적 재검토−》(태학사; 이하 《한국병합과 현대》로 줄임)가 출간되었다. '국제학술회의 팀'에는 한일 외에 소수나마 미국, 영국, 독일의 학자들도 참여하였으나, 일본 학자들의 참여가 가장 중요하였다. 한일 간의 최대 이슈인 한국병합 문제에 일본 학자들이 참여하지 않거나 소극적이면 성공할 수 없는 일이었다. 실제로 일본 학자들이 당초에는 10여 명이 참여하였지만 사사가와 교수, 아라이 신이치 교수 두 분이 끝까지 자리를 지켜주었다. 두 분은 역사의 진실만이 한일 양국의 미래를 보장할 수 있다는 일념으로 한국 학자들보다 더 열심히, 더 열정적으로 목표를 향해 달렸다. 사사가와 선생은 이번 기념논문집 출간에도 공동 편자가 되어주었지만, 아라이 선생은 2017년 말에 92세로 생을 마감하시어 애석한 마음 그지없다. 그는 일본의 '전쟁 책임 문제'를 제기하여 이를 사회 운동으로 이끈 진정한 일본의 양심으로서 영원히 기억될 분이다.

《한국병합과 현대》는 2008년 12월까지 한국어본과 일본어본을 함께 출간하기로 준비되었다. 사사가와 교수가 담당한 일본어본(明石書店)은 예정대로 출간되었으나 한국어본은 수개월이 늦었다. 사사가와 선생은 일본어본이 나오자마자 책을 들고 서울로 왔다. 그때 필자는 근 10년 동안의 선생의 열정과 노고를 한국인들에게 널리 알리고 싶어 모 신문사에 연락하여 인터뷰 자리를 마련하였다. 기자가 두 가지 질문을 던졌다. 첫 번째는 당신은 왜 일본에 불리한 연구를 하느냐? 옆에 있던 필자가 좀 당황스러울 정도로 질문이 약간 퉁명스러웠다. 그런데 선생은 1초의 틈도 주지 않고 "일본이 좋은 나라가 되도록 하기 위해"라고 답하였다. 질문을 던진 기자가 놀라는 기색이었다.

두 번째 질문은, 선생은 3·1운동 시위 때 검거된 한국인들의 법원 판결에 관한 연구를 한다고 들었는데, 3·1운동에 관심을 가진 특별한 이유가 있는지였다. 답변은 뜻밖이었다. 나는 헌법학자로서 현행 일본 헌법을 연구하면서 이웃 한국의 헌법이 어떤지를 살펴보게 되었다. 한국의 현행 헌법은 1919년 3·1운동으로 건립된 대한민국 임시정부의 임시헌법을 잇는 것이란 사실을 알게 되었다. 일본의 현행 헌법은 제2차 세계대전 패전 후 맥아더 군정이 만들어 준 것인 반면, 한국의 헌법은 일본제국주의의 압제에 항거하여 쟁취한 헌법이란 차이를 발견하고 큰 충격을 받아 이에 대한 연구에 종사하게 되었다고 하였다. 이 말을 들으면서 필자는 온몸에 소름이 돋는 느낌이었다. 나는 한국의 어느 법학자로부터도 우리 헌법에 대한 이런 평가를 듣지 못했다. 사사가와 교수의 그 발언이 이 기념논문집 기획에 큰 영향을 끼쳤던 것은 말할 것도 없다.

2010년, '한국병합' 100년이 되는 해에 〈한·일 양국 지식인 공동성명서〉가 나왔다. 한국병합이 불법이라는 문장이 들어갔는데도 일본 측 서명자가 540명이나 되었다. 이 가운데 역사학자가 230여 명이었다. '양심적' 지식인들조차 도의적 책임은 있어도 법적으로는 문제가 없다는 견해가 지배적이었던 그때까지의 상황에 비추어 이 숫자는 놀라운 변화였다. 한국병합 과정의 불법성을 파헤친 전문서적 《한국병합과 현대》가 이 변화에 끼친 공로는 누구도 부정할 수 없을 것이다. 성명서 발표 후 한일 양국 운영위원들은 "2010년의 약속, 2015년의 기대"라는 슬로건 아래 2015년까지 매년 한 차례씩 학술회의를 가졌다. 그 사이에 일본 정계의 우경화가 현저해져 양국 지식인들을 곤혹스럽게 하였다. 2015년 이를 규탄하는 내용의 〈한일 그리고 세계 지식인 공동성명서〉를 냈다. 《한국병합과 현대》 출간에 기여한 한일 양측 인사들은 모두 두 차례 공동성명서 건으로 바쁜 나날을 보냈다.

2014년에 필자의 한국역사연구원이 석오石梧 문화재단의 지원을 받게 되어 새로운 연구 사업을 기획할 수 있게 되었다. 제일 먼저 사사가와 선생을 만났다.《한국병합과 현대》를 후속시키는 새로운 연구 과제로서 3·1운동에 관한 공동연구를 제안하였다. 이해 여름 도쿄에서 만나 공동 세미나 팀 구성을 결정하고 12월에 서울대학교에서 첫 논문 발표회를 가졌다. 이후 다롄大連, 요코하마橫濱, 하얼빈哈爾濱에서 한 차례씩 세미나를 가졌다. 20세기 초 동아시아사의 주요한 사건들이 일어난 곳들을 회의 장소로 택한 것은 역사의 현장에서 공감대를 넓히기 위해서였다. 다롄에서 90세 초반의 아라이 신이치 선생이 노구를 이끌고 러일전쟁의 격전지 두 곳을 오르내리시면서 착잡한 표정을 지으셨다. 꼭 왔어야 할 곳이었지만 기회가 없어 이번에 처음 오게 되어 감회가 크다고 하셨다. 요코하마 회의에서는 뜻밖의 감상을 표하셨다. 요코하마는 자신이 생장한 곳으로서 어머님이 교직에서 서양인 선교사들과 자주 만나서 어린 아들로서 그 영향을 많이 받았다고 하였다. 이곳을 회의 장소로 택해준 것이 너무 고맙다고 하셨다. 회의가 끝난 뒤 지팡이에 의존해 열차에 오르시는 것을 배웅하였는데 그것이 마지막 순간이 될 줄은 몰랐다. 하얼빈 회의 때는 선생의 명복을 비는 묵념을 회의 첫 순서로 삼아야 했다.

이 책의 서명은 세미나 명칭에 준해서 정하였다. 4회에 걸친 회의에 제출된 논문을 4부로 나누어 편집하였다. I. 총론 3편, II. 3·1독립선언과 만세시위운동 5편, III. 3·1만세운동의 사상과 문학 4편 IV. 3·1만세운동 전후의 식민지배체제 3편을 각각 배정하였다. 15편의 글 가운데 중요하지 않은 것은 하나도 없으나 지면 관계로 총론에 실린 3편과 일본 지식인의 반응을 다룬 세리카와 데쓰요 교수의 글을 중심으로 간략히 소개하면서 같은 관점의 다른 연구 성과를 언급하여 이 논문집의 특징을 표시하기로 한다.

첫 번째 글, 이태진의 〈국민 탄생의 역사 -3·1독립만세운동의 배경〉은 우리 근대에 해당하는 고종 시대에 '국민' '국민의식'이 등장한 과정을 추적하여 1919년 3월 1일에 시작된 독립만세운동이 거국적인 규모로 전개될 수 있었던 역사적인 이유를 밝히려고 하였다. 〈기미독립선언서〉가 '조선' '조선 민족'이란 지칭으로 일관하여 만세운동이 지금까지 민족운동으로만 치우쳐 평가되어 온 것에 대한 반성의 뜻을 담았다. 필자가 오랫동안 추적해 온 유교 정치사상의 근대 지향적인 성과라고 할 수 있는 '민국' 이념이 1907년 국채보상운동을 경계로 '국민' 의식으로 뚜렷하게 변하고, 또 1909년 3월 15일 태황제(고종)가 주권을 국민에게 이양하는 선언이 있었던 사실을 새로 밝힌 것은 우리 근대사의 주요한 국면으로 재인식되리라고 믿는다.

민족대표 손병희의 천도교가 '동학' 때와는 달리 인식주체로서 개인의 자유와 권리를 인정하는 변화가 있었다는 변영호 논문의 논지도 이와 합치한다. 그리고 조소앙의 민국 사상을 검토한 김승일의 연구도 함께 읽을 글이다.

앞에서 언급한 사사가와 노리카쓰 교수의 3·1운동에 대한 특별한 관심은 이번에 세 편의 논고를 싣는 열정으로 이어졌다. 세 편의 논지를 하나로 묶어 소개하면 다음과 같다. 메이지시대 일본은 근대화에 성공했다고 하지만 천황제 집권 국가 창출에 올인하여 자유민권운동을 철저하게 탄압, 공화제共和制는 입에 올리기조차 못하였다. 자유민권운동을 '폭동'으로 간주한 의식이 반세기를 격하여 3·1독립만세운동이 일어나자 이를 '소요' '내란'으로 간주하려는 움직임으로 다시 나타난 것으로 조명, 일본 관헌들이 진압과정에 보인 끔직한 폭력사태의 본성을 파헤쳤다.

선생은 이 관점에서 십수 년에 걸쳐 3·1운동 만세시위 가담자에 대한 법정의 형사 재판 판결문 분석에 매진하여 이번에 6,608건에 대한 분석 결과를 발표하였다. 이런 특별한 노력에 대해서는 경의를 표할 따름이다. 일본제국 정치 지도자들은 만세시위자들을 폭동으로 간주하여 내란죄를 적용하고 싶었지만 사법부는 비폭력 시위의 기본 자세 아래 참가한 시위에 대한 법 적용의 한계가 있어서 소요죄 또는 보안법, 출판법 위반을 적용하는 범위를 넘어설 수 없었던 것으로 분석하였다. 이런 한계의 인지로 말미암아 심문 과정에서는 더 비인격적 폭력이 가해진 정황을 쉬이 그리게 해 주었다.

선생은 1943년 카이로 선언이 한국인들의 '노예적 상태'(enslavement)를 지적하면서도 구체적 내용이 어디에도 나오지 않은 문제점을 해결하기 위해 형사 판결문의 내용을 추적, 많은 조선인들의 기아 사태, 신사 참배 거부에 대한 탄압, 징용 징병 거부에 대한 비인간적 처우, 젊은 여성의 징발 거부에 대한 비인권적 탄압 등을 밝혀 '노예적 상태'의 내용을 구체화하였다. 법학자로서 조선인 형사판결을 취급, 분석하여 이런 중요한 성과를 낸 것은 사료 개발의 측면에서도 높이 평가하지 않을 수 없다.

세리카와 데쓰요 교수의 〈3·1독립운동과 일본 문학의 관련양상〉은 일본 지성을 대표하는 당시의 주요 인사들의 3·1만세운동에 대한 반응을 조사, 정리하였다. 3·1만세운동에 관한 국외의 반응은 지금까지 중국 지식인을 중심으로 알려져 왔으나 일본 지식인들이 매우 적극적인 반응을 보였다는 것은 이 논문이 처음 다루는 것이 아닌가 한다. 요시노 사쿠조(吉野作造, 정치학자), 후쿠다 도쿠조(福田德三, 경제학자), 미야자키 도덴(宮崎滔天, 정치평론가), 야나기 무네요시(柳宗悅, 민속학자), 가시와기 기엔(柏木義円, 기독교 사상가, 목사), 이시바시 단잔(石橋湛山, 언론인, 정치가, 교육자), 후세 다쓰지(布施辰治, 변호사, 사회운동가), 야나이하라 다다오(矢內原忠雄, 경제학자, 동경제대총장 역임) 등

대표적 지식인, 여기에 더하여 기독교계의 스즈키 다카시(鈴木高志, 목사), 노리마쓰 마사야스(乗松雅休, 목사) 등의 글과 활동이 소개되었다. 또한 소설가 모리야마 게이森山啓, 유아사 가쓰에湯浅克衛, 시인 마키무라 히로시槇村浩, 사이토 다케시齋藤勇, 사이토 구라조齋藤庫三 등의 작품을 소개하였다. 일본의 문학가들이 3·1운동 때 있었던 일 또는 상황을 작품의 소재로 담았다는 것은·처음 밝혀지는 사실이다.

끝으로 아라이 신이치 선생의 논문 〈3·1독립만세운동의 세계사적 시각 –세계사 인식, 서술과의 관련-〉은 이 공동연구의 결론으로 삼아도 좋을 내용이다. 이 논문은 1880년대 메이지 정권의 국가주의가 동아시아 정복을 위해 역사 연구와 교육의 영역을 일본사, 동양사, 서양사 셋으로 나눈 사실부터 밝혔다. 일본사에서는 천황주의 국체관념으로 일본 민족의 우월적 국가관 개발, 동양사에서는 타국, 타민족을 정체론으로 묶는 가운데 탈아구화脫亞歐化를 달성한 일본에 의한 동화同化, 응징의 논리 개발, 서양사에서는 대국주의적, 인종주의적 세계사 흐름 인식을 조장하여 일본제국의 팽창주의를 합리화한 구조, 구성을 밝혔다. 메이지 정권에서 이미 틀을 잡은 이런 역사 연구 및 교육은 3·1독립만세운동, 중국의 5·4운동, 일본 국내의 다이쇼大正 데모크라시 등을 동시적으로 한꺼번에 겪으면서 반성, 개선이 아니라 '재단장'을 통해 식민지배 체제를 더 가혹하게 단속한 추이를 짚었다. 도리우미 유타카의 식민지 근대화론 비판은 같은 문제에 대한 경제사적 시각의 정리이다.

메이지 시대에 이미 일본제국이 조장한 이런 허위의 정신세계에 대한 응징은 무엇보다 안중근의 이토 히로부미 처단의 하얼빈 의거로서, 안중근은 그 후에도 한국인의 독립운동을 넘어 동아시아 전체의 일제에 대한 투쟁의 정신적인 지주로 우뚝 서 있었다. 이 책에서 안중근에 관한 논문이 2편이나 실린 까닭은 바로 여기에 있다. 그의 불의에 대한 단죄의 정신은 이 시대에 더 활활 타오르고 있었다. 대한제국의 사직단을 신사 참배의 대상으로 변용한 것도 만세운동 후에 동화정책이 더 강화된 것을 보여주는 증좌이다. 3·1만세운동에서 거리 시위가 전적으로 전문학교, 고등보통학교학생들이 전담하다시피하고, 그 후 보통학교나 전문학교에 가해진 교육 차별에서 학생들은 끊임없이 독립투쟁의식을 키우고 있었던 것에 대한 분석도 주목할 만하다.

3·1독립만세운동은 일본제국의 군국주의에 대척할 수 있는 정신세계의 큰 봉우리로서 역사적 의미가 더없이 크다. 만세운동이 부르짖은 자유, 독립의 정신은 인류보편의 가치로서 1930년대, 40년대의 일본제국의 파시즘의 무력으로도 꺾지 못하였다. 이 점에서 3·1독립만세운동은 인류 역사의 장엄한 순간으로 영원히 기억될 것이다.

이 책을 펴낸 지식산업사는 2010년의 한일지식인 공동성명서와 이에 관련한 발표문을 모은 《한일 역사 문제의 핵심을 어떻게 풀 것인가》(2013)를 출간하였다. 김경희 사장은 2010년 한일지식인 공동성명서 준비의 기획에도 직접 참여하였다. 3·1운동 100주년을 기념하는 한일 공동연구의 성과의 출판도 흔쾌히 받아 주어 동지애를 느낀다. 편집부의 김연주, 맹다솜 두 분의 노고에 감사를 표한다.

4년 동안의 한일 공동연구를 뒷받침해 준 석오石梧 문화재단 윤동한 이사장에게 특별한 감사의 뜻을 표한다. 그 지원 아래 4차에 걸친 학술 세미나 개최의 실무를 맡아 수고한 한국역사연구원의 오정섭 사무국장에게도 고마움을 표한다. 김선영과 함께 1919년 이래의 3·1운동 관련 자료 및 논저들을 모아 목록을 작성하는 데도 열성을 다하였다.

2019년 2월 8일
한국역사연구원 원장 이태진

차 례

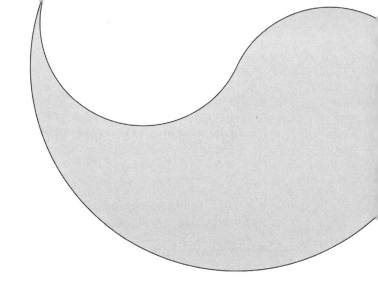

제1부

총론

국민 탄생의 역사 -3·1독립만세운동의 배경

이태진(서울대학교 명예교수)

1. 머리말

3·1독립만세운동은 중요성을 아무리 강조해도 모자랄 역사적 사건이다. 그런 만큼 지난 100년 동안 한국 근현대사에서 더 많은 연구가 이루어졌어야 마땅하다. 그러나 실제는 그렇지 못하다. 연구의 시각이나 방법도 고정된 감이 많다. 윌슨 미국 대통령의 민족자결주의, 동경 유학생들의 2·8독립선언서, 천도교 지도자 손병희, 민족대표 33인 등의 키워드를 중심으로 동어반복이 계속된 느낌이다. 거국적인 만세시위, 그

힘으로 대한민국이란 새로운 국가가 탄생하였다면 국민운동으로서의 성격은 당연히 검토되어야 할 문제이다. 그러나 실제로는 민족운동의 관점만 있었다. 기껏 사회주의 러시아 혁명으로부터 영향을 제기하는 연구도 있었지만, 사실과 너무 동떨어져 제안으로 끝났다. 국민운동의 관점이 없었던 까닭은 무엇일까? 고종 시대, 대한제국에 대한 부정적인 인식 탓일 것이다.

지금까지 그 역사에 대한 일반적인 인식은 군주와 정부가 무능하여 나라를 남에게 빼앗겼다는 것이다. 바꾸어 말하면 국민국가는 상정될 여지가 없었다. 이런 절대 부정적인 역사 인식에서 어떻게 국권 상실 후 9년 뒤에 일어난 독립만세운동을 국민운동으로 보는 시각이 나올 수 있었겠는가. 그런데, 역으로 한국 근대가 그렇게 무능 일변도였다면 '세계사에 빛나는' 독립만세운동이 어떻게 일어날 수 있었겠는가? 앞 시기 역사와 유리된 3·1운동 평가는 '뿌리 없는 거목 키우기'란 지적에[1] 수긍이 가는 대목이다.

이 글은 지금까지의 연구 또는 통념을 반성하면서 '뿌리' 부분에 관한 고찰로서, 고종 시대에 국민 대두의 역사가 있었는지에 초점을 두고자 한다. 필자는 정조 시대의 '민국' 정치이념이 민란 시대를 거쳐 고종 시대에서도 조정의 일상적인 용어로 사용빈도가 높아진 사실을 확인하였다.[2] 18세기 후반에 나라는 양반 사대부와 왕의 것이 아니라 소민(평민)[3]과 왕의 것이라는 인식이 대두하여 이후에도 이 단어가 계속

---

1) 《중앙 선데이》 2019년 1월 5일자, 3.1운동 100년, 임정 100년 〈1〉 〈뿌리 없는 거목 만들기〉 배영대 문화선임기자.

2) 이태진, 〈고종시대의 '民國' 이념의 전개-유교 왕정의 근대적 '共和' 지향-〉 《진단학보》 124호, 2015.

3) '소민'은 '대민' 즉 사대부들에 대한 대칭 용어로 등장하였다. 대민의 붕당 싸움에 소민이 날로 피폐하는 현실에서 소민보호는 군주의 사명이란 것이 영조, 정조의 탕평정치론의 핵심이었다. 이태진, 〈조선시대 '민본' 의식의 변천과 18세기 '民國' 이념의 대두〉, 《국가이념과 대외인식 - 17~19세기》, 고려대 아연출판부, 2002, 11~46쪽(日譯: 〈朝鮮時代民本意識の變遷と十八世紀民國理念の台頭〉, 《國家理念と對外認識

사용되었다는 것은 매우 중요한 사실이다. 그러한 전제 아래 이 시기에 어떤 근대화 시책이 전개되었고, 동시에 일제로부터 국권을 위협받는 상황 속에 어떤 대응과 변화가 있었는지가 이 글이 고찰하고자 하는 주요한 대상이다.

한국 근대 곧 고종 시대 역사에서 가장 중요한 국면은 대내적으로는 군주, 조정朝廷과 '소민'의 동향을 대표하는 동학농민운동의 관계, 대외적으로는 조선반도 안에서 청국과 일본의 각축 및 충돌 문제이다. 첫째는 교조신원운동이 현안으로 제기되어 심각하게 진행되었다. 교조신원운동이 군주, 정부와 갈등 속에 해결의 실마리를 미처 찾지 못한 상황에서 후자 곧 외세 문제가 겹쳐 정국 전체가 난맥에 빠져들었다. 전자에서 군주와 정부 입장은 같지 않은 측면이 있었다. 이 점은 지금까지의 연구가 거의 포착하지 못한 대목으로 앞으로 개발할 여지가 있다. 왕실, 군주는 선대 정조의 '민국' 이념에 따라 동학에 대해 포용성을 보인 반면, 정부의 신료들은 전통적인 유교의 근본주의에서 동학교도의 움직임을 민란 또는 그 속성을 지닌 반역적 행위로 간주하여 억압, 징벌의 대상으로 인식하였다.

1863년 12월, 고종 즉위 초기에 동학의 실태에 대한 첫 보고가 있었을 때, 대왕대비는 '이단 사설'에 대해 국왕 측이 그간 교화를 밝히 이루지 못한 것에 대한 책임을 언급하면서 "죄를 다스리는 데만 치우치지 말고 불쌍히 여기라"라는 방침을 내렸다. 이에 대해 의정부는 "생명을 소중히 여기는 대왕대비의 덕을 받들어 (처벌에) 억지로 차등을 두었다"고 하면서 "정학(正學-유학)이 밝아지지 못하고 사설邪說이 횡행하는" 가운데 재화를 즐기는 무리의 거짓말과 헛소문으로 이 지경까지 이르렀다고 하면서 끝내 최복술(제우)을 사형에 처하였다.[4] 또 1893년

　-17~19世紀-》, 日本 慶應大學出版部, 2001, 3~41쪽.
4)《고종실록》1권, 고종 즉위년 12월 29일, 원년 2월 29일, 3월 2일,

2월 제3차 교조신원운동으로 40명의 교도가 경복궁 광화문 앞에서 복합상소를 올릴 때, 군주는 "원하는 대로 시행하겠다"는 비답을 내려 귀향하여 생업에 종사할 것을 종용함으로써 이들을 해산시켰다. 하지만, 곧 정부 측의 주모자 체포로 공허한 약속이 되고 말았다. 최종 결정에는 어떤 형태로든 군주의 의사가 들어가 있는 것이지만 양측의 불일치는 18세기 탕평 정치시대부터 내려오던 것이다.

같은 해 8월, 호남과 호서에 동학 세력이 크게 퍼져갈 때, 부호군 이건창李建昌은 군주에게 토벌을 강력하게 요청하였다. 이에 대해, 왕은 "동학(교도)도 내 백성인데 어찌 토벌할 수 있느냐?"고 반문하고, 이에 이건창이 굽히지 않자 군주는 "너의 말이 옳은지 알 수 없다"고 비답批答하였다.[5] 이듬해 6월 일본군이 동학 농민봉기 진압을 구실로 군대를 불법적으로 서울에 진입시키면서 농민봉기 예방을 명목으로 '내정개혁'을 요구하자, 군주는 동학군은 정부와 얼마든지 협상할 수 있는 대상이라고 하고 오히려 일본의 요구를 내정간섭이라고 공박하면서 즉시 철수를 강력히 요구하였다.[6]

군주 고종의 동학에 대한 처우는 '민국' 이념의 차원에서 동학도들을 나라의 한 축으로 간주한 것으로 보아야 할 것이다. 그러나 현실적으로 그들의 요구를 바로 수용하는 것을 주저한 것 또한 사실이다. 이 간극을 지배했던 것은 무엇일까? '소민'이 명실상부한 국민이 될 수 있도록 기회와 제도를 제공하는 과제가 남아 있는 상태에서 그들의 요구를 그대로 받아들여 체제화할 수 없었던 것은 아닐까? 온전한 국민으로 존재할 수 있게 하려면 교육문제가 남아 있었다. 이 과제가 제대로 이루어지지 못한 상태에서 동학 조직의 일부는 결정적 국면에서 외세에 농

---

5) 《고종실록》 30권, 고종 30년 8월 21일.
6) 이태진, 〈1894년 6월 청군 출병 과정의 진상-자진 請兵說 비판-〉, 《고종시대의
　재조명》, 태학사, 2000, 226~227쪽.

락당하는 사태가 빚어졌던 것 또한 사실이다. 동서 문명이 직접 만난 시대에 '민국' 이념은 백성百姓 아니 만성萬姓이 국가의 근본으로서 실제로 기능할 수 있는 새로운 정보와 지식 획득의 기회인 '교육'의 과제가 남아 있었던 것은 아닌가? 애국 충정의 발로라고 할 수 있는 '보국안민'의 기치가 오히려 외세에 악용당하는 국면이 벌어진 까닭을 생각해 볼 필요가 있다. 민국 이념의 '민'이 명실상부한 국가의 중심이 되기 위해서는 실현되어야 할 과제가 많이 남아 있었다.

2. 1895~1897년 자력 근대화 시책과 '민국' 이념의 성장

1) 1895년 교육 조서의 국가 중흥 대공大功을 위한 신민臣民 교육

1894년 6월 초, 동학농민군이 '보국안민'의 기치로 봉기하자 청군과 일본군이 '천진조약'에 따라 동시 출병을 단행하였다.[7] 청군이 동학농민군의 활동 지역에 가까운 아산만에 상륙한 것과 달리, 일본군은 인천을 거쳐 서울로 진입하여 조선 정부에 대해 '내정개혁'을 요구하였다. 농민군이 다시 일어나지 않도록 하려면 먼저 조선의 내정개혁이 필요하다는 구실로 저지른 불법적 수도 진입이었다. 조선 정부가 이를 내정간섭 행위로 간주하여 철군을 요구하자 일본 정부는 청나라에 대해 공동으로 내정개혁 추진을 제안하는 변통을 부려 시간을 끌었다. 청나라가 이를 받아들일 리가 없었다. 일본의 속셈은 조선의 '내란상태' 속에 청나라와 전쟁을 벌여 조선에 대한 중국의 전통적인 영향력을 없애고 그 자리를 일본이 차지하려는 것이었다. '내정개혁'은 어디까지나 명목이었다.[8]

---

7) 이하 서술은 주 6)의 논문에 의거함.

일본군은 7월 23일 야반에 경복궁을 침범하여 조선 국왕을 사실상 궁 안에 감금하다시피 한 상황에서 조선 전보총국電報總局의 전신시설 통제권을 장악하여 뤼순의 이홍장 직예군 본부에 닿는 통신을 차단하였다.9) 그다음 25일 성환成歡에 주둔 중인 청군을 공격하여 전쟁을 일으켰다. 조선 주재 일본 공사관은 본국 정부의 지령대로 대원군을 동원하여 내정개혁을 담당할 기구로 군국기무처를 설립하였다. 그러나 이 기구가 조선 정부가 그동안 준비했던 개혁안을 포고하는 일로 일관하자 두 달 뒤 이를 혁파하고 조선 주재 공사를 교체하였다. 오오토리 규스케大鳥圭介 공사를 약체로 보고 외무경을 역임한 이노우에 카오루井上馨로 바꾸었다. 신임 공사는 일본 측이 준비한 개혁안을 실행할 것을 강요하였다. 그 개혁안이란 것은 대부분 일본군이 요동반도로 진출하는 데 필요한 사항들로서 진정한 조선의 개혁을 위한 것이 아니었다. 군주 고종은 이에 대해 유화정책으로 시간을 끌다가 12월 8일(음 11월 12일) 이노우에 공사를 접견한 자리에서 일본 공사관이 요구하는 '개혁'을 수용하겠다는 의사를 표하였다. 다음 날(9일) 《관보》에 박영효의 직첩職牒 환수 및 '탕조 서용'의 성명이 실리고 이어서 12월 17일(음 11월 21일)에 새로운 내각 명단이 실렸다(칙령 제4호).10)

8) 이태진, 〈19세기 한국의 국제법 수용과 중국과의 전통적 관계 청산을 위한 투쟁〉, 《역사학보》 181, 2004: 이태진·사사가와 노리카쓰 공편, 《한국병합과 현대: 역사적 국제법적 재검토》, 태학사, 2009(日譯本, 東京: 明石書店, 2008 간행, 재수록).
9) 일본군의 경복궁 침입사건에 대해서는 中塚明, 《歷史の僞造をただす》, 高文研, 1997. 침입의 목적이 전보총국의 통신시설 장악이란 것은 金文子, 《朝鮮王妃殺害と日本人》, 高文研, 2009에서 밝혀졌다.
10) 이 부문에 관한 서술은 이태진, 〈3. 일본의 침략주의에 맞선 조선 군주의 〈교육조서〉 반포〉(서장 3.국립 대학교 역사 재정립을 위한 새로운 역사인식 (III)3), 《국립서울대학교 개학 반세기−1895~1946》, 서울대학교/서울대학교 총동창회, 서울대학교 출판문화원, 2016. 당시의 내각 명단은 다음과 같다. 총리대신 김홍집, 궁내부대신 이재면, 내무대신內務大臣 박영효朴泳孝, 탁지대신度支大臣 어윤중魚允中, 학무대신學務大臣 박정양朴定陽, 군무대신軍務大臣 조희연趙義淵, 법무대신法務大臣 서광범徐光範, 공무대신工務大臣 신기선申箕善, 농상대신農商大臣 엄세영嚴世永. 내무협판內務協辦 이중하李重夏, 외무협판外務協辦 이완용李完用, 탁지협판度支協辦 안경수

새 내각의 명단에는 총리대신 김홍집을 비롯해 일본 공사관이 선호한 인물이 여럿 들어 있었다. 그러나 조선 군주가 기대를 건 인물은 따로 있었다. 군주는 1880년대 초에 일본에 조사시찰단을 보내고, 미국과의 수호통상조약 체결 후 보빙사를 파견하여 명망 있는 신하들로 하여금 서양문물을 직접 접하고 정보와 지식을 얻게 하였다. 그러나 1884년 11월의 '갑신정변'에서 개혁을 주관하던 대신이 6명이나 일본군의 칼에 쓰러지는 참변을 겪으면서 인재난에 빠졌다. 1894년 4월 국왕은 김옥균을 제외한 모든 갑신정변 연루자에 대해 사면조치를 내렸다.[11] 이에 9월에 일본에 체류하던 박영효가 입국하고 이어서 미국 국무성 교육국 도서실에서 일하던 서광범이 귀국길에 올랐다. 두 사람은 새 내각 명단에 내부, 법부의 대신으로 이름이 올랐다. 두 사람의 입각은 일본 측이 군주를 의심하지 않을 수 있는 요소를 가지고 있었다. 박영효는 앞서 일본 체류 중에 김옥균이 일본 후원자들의 종용을 받고 다시 정변을 도모할 것을 제의하였을 때, 이를 거절한 적이 있었다. 오히려 그는 종실의 부마로서 왕실에 대한 충성 기회를 기다리고 있던 차에 사면 소식을 듣고 귀국길에 올랐다.

일본 측은 총리대신 김홍집 외에도 외무대신 김윤식, 군무 대신 조희연 등이 이미 공사관 측에 가까운 자들이었으므로 새 내각 명단이 불만스럽지는 않았다. 한편 군주는 박영효, 서광범 외에도 대신으로 박정양, 신기선, 협판으로 이중하, 이채연, 김가진 등을 입각시켜 일본 공사관에 대한 견제를 기대하였다.[12] 이 밖에 중추원中樞院 의장, 좌 부

安駉壽, 학무협판學務協辦 고영희高永喜, 군무협판軍務協辦 권재형權在衡, 법무협판法務協辦 정경원鄭敬源, 공무협판工務協辦 김가진金嘉鎭, 농상협판農商協瓣 이채연李采淵, 경무사警務使 윤웅렬尹雄烈, 중추원中樞院 의장 김병시金炳始, 좌부의장 조병세趙秉世, 우부의장 정범조鄭範朝.

11) 《고종실록》 31권, 고종 31년 4월 27일.

12) 지금까지 이 인사에 대해, 박영효, 서광범 등의 '갑신 개화파', 김홍집 등의 '갑오 개화파', 그리고 그 외 왕비 민씨 중심의 척족세력 등으로 분류하여 이들의 상호

의장에 오른 김병시, 조병세 또한 왕이 신뢰하는 인물들이었다. 일본 공사관 측이 개혁 업무를 담당하던 군국기무처를 계속 문제 삼자, 국왕 은 언관 역할의 기관으로 오랜 전통을 가진 사헌부, 사간원을 폐지하고 중추원을 두어 자문기관으로 삼고 의장, 부의장에 위와 같은 인사를 단 행하였다. 언관 계통의 기관이 대한제국에서 초기 국회에 해당하는 기 능을 수행하는 중추원으로 바뀐 것 자체도 개혁적인 요소를 담는 것으 로 주목할 필요가 있다.[13]

위 내각 명단 발표 후, 20일째인 1895년 1월 7일(음 1894. 12. 12) 국왕은 종묘에 가서 역대 선왕들의 신위 앞에 〈홍범洪範 14조〉를 고하 였다.[14] 14조 가운데 일본공사 측이 요구한 것이 많은 것은 사실이다. 서고 문장의 머리에 "우방(일본-필자)의 도움이 조정의 의견과 일치되 어"(청국으로부터) 자주독립을 선언한다는 문구가 들어 있다. 일본 공 사관 측은 일본의 국익을 노려 제안한 것이지만 조선 군주로서는 국정 의 주도권을 잃지 않는다면 이것도 개혁의 기회일 수 있다고 판단했을 지도 모른다.

14조 가운데 가장 중요한 것은 제1조에 명시된 "청나라에 의존하는 생각을 끊어버리고 자주독립의 터전을 튼튼히 세운다"는 것이다. 이것 은 일본이 대륙 진출 정책에서 조선반도에 끼친 중국의 전통적인 영향 력, 즉 책봉 조공 형식을 빌린 국제관계를 척결하려는 의도였다. 그러 나 조선 군주로서는 1873년 10월 친정에 나서면서 일본이 황제를 일컫

대립이란 관점에서 해석이 가해졌다(이선근, 《한국사-현대편-》 제2장 제2절 〈신임 일본공사 井上馨)과 제2차 개혁 등, 진단학회, 1963). 이런 이해는 군주 고종의 역 할에 대한 부정적 편견에서 비롯한 것으로 재고찰할 필요가 있다. 당시의 연대기 기록만 보더라도 국왕은 당시 정국에서 엄연히 국정의 중심에 있었던 것을 쉬이 확인할 수 있다.

13) 1897년 대한제국에서는 중추원의 의관 구성에서 국왕 천거 25명, 사회단체 천거 25명으로 배정하여 입헌군주제의 성격이 부여되었다.

14) 《고종실록》 32권, 고종 31년 12월 12일.

는 것은 이웃 조선이 관여할 일이 아니라고 언급한 적이 있었다. 즉, 일본 메이지 정부가 조선과 새로운 국교 수립을 원하면서 국서를 보내 왔을 때, 대원군이 황제를 칭한 것을 이유로 받지 않고 돌려보냈다. 이에 대해 청년 군주는 한 나라가 황제를 일컫는 것은 그 나라의 문제로서 이웃 나라가 간섭할 문제가 아니라고 하였다.[15) 1882년 미국과 수호통상 조약 체결에서도 군주는 청나라에 대해 전래의 '왕래 사신제도'를 '상주 사신제도' 곧 공사관 외교 관계를 제안하여 반발을 산 적이 있었다.[16) 그런 군주로서는 청나라와의 의존 관계를 청산하라는 일본의 요구는 거부할 이유가 없었다.

두 번째, 세 번째의 외척 배제의 건은 일본 측이 왕비 민씨 집안의 영향력을 과도하게 파악한 데서 나온 것으로[17) 특별히 문제가 될 사안은 아니었다. 네 번째에서 아홉 번째까지의 내정체제와 국정 운용에 관한 것은 어차피 바로 잡고 개선해 나가야 할 내정 사항들이었으므로 국익이 손상당할 문제가 아니었다. 열한 번째, 총명한 인재를 외국에 파견하여 학문과 기술을 전습하는 조항은 구체적으로 일본 측이 친일 관료를 양성한다는 의도를 담은 것이었다. 실제로 이해 후반기에 일본의 요구로 150명의 관비 유학생을 선발하여 일본 도쿄의 게이오慶應 의숙으로 보내었다.[18) 그러나 이 유학생들은 일본의 뜻으로 파견된 것이었기 때문에 왕비 시해 사건 이후 양국 관계가 극도로 나빠져 조선 정부가 지원을 끊다시피 하였다.

다음의 장교 교육과 징집법 적용의 군사제도 기초 확립 관련 조항도 일본의 영향력 행사의 의도가 잠재된 것이었지만, 조선 정부로서는 어

---

15) 이태진, 〈근대 한국은 과연 은둔국이었던가?〉, 《한국사론》 41·42, 1999.
16) 주 8)의 논문.
17) 金文子, 앞의 책 참조.
18) 관비 유학생에 대해서는 이태진, 앞의 책, 2000, 서장 2) 〈1895년 관비유학생 친목회의 국민·국회론〉.

떤 형태로든 실현해 나가야 할 개혁사항의 하나였다. 열세 번째의 민법, 형법의 구분을 통한 민의 생명과 재산 보호의 건도 마찬가지이다. 끝으로 문벌에 구애되지 않는 인재 등용의 길은 일본의 이해와 무관하게 조선 정부가 이전부터 실현하려고 하던 사안에 속한다. 군주는 1886년에 선대왕 정조가 추구한 민국 이념의 실현 차원에서 사노비 세습제 혁파조치를 내린 적이 있었다. 이에 비추어 보면 국력의 쇄신을 위해 그 정신을 바탕에 두고 관리 선발을 비롯한 인재 등용 전반에서 신분 제한을 시급히 철폐하는 결단을 내리게 된 것으로 간주된다.

홍범 14조를 종묘에 올린 다음 날 곧 12월 13일에 "중외의 신민에게 내리는 윤음綸音于中外臣民"이 나왔다. 홍범 14조의 취지와 내용을 "모든 관리와 백성들"에게 알리는 내용을 담았다. 지금까지 각국과 외교관계를 맺고 조약을 지켜나가면서 실질적인 독립을 위해 애썼지만 온전한 실현을 위해서는 내정을 바로 잡는 것이 중요하므로 개혁해야 할 사안들을 모두 밝혔다. 특히 윤음이 "서민庶民은 실로 나라의 근본이다. 자주自主는 오직 민에게 달렸고 독립도 민에게 달렸다. 임금이 아무리 자주를 하려고 해도 민이 아니면 무엇에 의지하겠는가? 나라가 아무리 독립을 하려 하여도 민이 없으면 누구와 더불어 하겠는가?"라고 언급한 점은 지금까지의 민국 이념을 크게 발전시켜 나갈 뜻을 밝힌 것이다.

그 후 23일 만인 1895년 1월 5일(음력) 위의 윤음을 뒷받침하는〈내무아문령〉이 포고되었다.[19] 우리 대조선국은 본래 당당한 자주 독립국이었는데 중간에 청나라의 간섭을 받아 나라의 체면이 손상되고 나라의 권위가 손괴되어, 성상 폐하께서 자주독립하는 큰 기초를 굳건히 세우고자 하니 청나라를 사모하여 근거 없는 거짓말을 꾸며 민심을 현혹하고 국시를 흔들어 놓는 자가 나오면 부도덕한 국가의 역적으로 처벌할

---

19) 《고종실록》 당해 일조. 이하 잇따라 반포되는 국한문 혼용체의 조서는 《고종실록》 당해 일조 참조.

것이라는 내용이다. 내무대신 박영효가 군주의 개혁을 성공시키려는 뜻을 강하게 담은 명령이었다. 주목할 것은 이것이 최초의 국한문 혼용체의 공문이란 사실이다.[20]

1895년 2월 12일 일본군의 위해위威海衛 점령으로 청일전쟁은 끝났다. 조선 군주는 열하루 뒤인 1895년 2월 23일(음 1. 29)에 문벌에 구애받지 않는 인재 등용의 조령詔令을 내렸다. 이것은 조령으로서는 두 번째 국한문 혼용체였다. 덕행과 재주가 있고 현명하고 단정한 선비가 있으면 신분 여하를 막론하고 쓰겠으니 그런 사람이 고을에 있으면 지방관은 찾아가서 서울로 올라가도록 권하라는 지시이다. 여기서 선비 곧 사士는 독서로 글을 아는 사람으로 양반을 뜻하지 않는다. 이 조령에 이어 사흘 뒤 2월 26일(음 2. 2)에 다시 장문의 국한문 혼용의 조서가 반포되었다. 교육에 관한 조칙이었다.[21] 그 내용이 매우 중요하므로 주요한 대목을 아래에 옮긴다(현대문으로 고침).

(가) 짐은 너희 신민과 함께 조종의 큰 터를 지켜 억만년의 아름다운 운수를 이어나갈 것이니 아! 백성을 가르치지 않으면 나라를 굳건하게 하는 것이 매우 어려우니, 세계의 형세를 두루 살펴보면 부유하고 강성하며 독립하여 웅시雄視하는 여러 나라는 모두 그 인민의 지식이 개명하고 지식의 개명함은 교육이 잘되어 있기 때문이니, **교육은 실로 나라를 보존하는 근본이다.** 이런 까닭으로 짐이 **군사君師의 지위에** 있으면서 교육하는 책

---

20) 지금까지 최초의 국한문 혼용의 공문은 〈홍범 14조〉로 알려진다. 종묘에서 이를 서고한 다음 날(1895년 1월 8일; 음력 1894. 12. 12) 한문, 국한문, 국문 세 가지 형태의 문안으로 배포된 것으로 알려진다. 그런데 《고종실록》에는 한문으로만 기록되어 있고 세 가지 형태의 문안에 대한 기록은 실려 있지 않다. 《고종실록》은 후술하듯이 이 시기 모든 백성에게 알려야 할 내용의 교서류는 국한문 혼용체만을 취하지 한글본의 형식은 전혀 취하지 않았다.

21) 이 조서는 지금까지 교육사 연구에서 일본 메이지 천황의 〈교육칙어〉(1890)를 본뜬 것으로 간주하여 그 의미가 축소되었다. 그러나 메이지 천황의 〈교육칙어〉와는 내용의 차이가 클뿐더러 분량에서도 비교가 되지 않는다. 이 조서가 국한문 혼용 1,382자에 달하는 장문인 반면, 메이지 천황의 교육칙어는 500자 정도의 단문이다.

임을 스스로 맡으니, 교육에는 또한 그 길이 있다. 허명虛名과 실용實用의 분별을 먼저 세워야 옳으니 ……

(나) 이제 짐은 교육하는 강령綱領을 제시하여 허명을 제거하고 실용을 숭상하노니, **덕양德養**은 오륜의 행실을 닦아 세속의 기강을 문란하지 않도록 하고, 풍교風敎를 부식扶植함으로써 인간 세상의 질서를 유지하고 사회의 행복을 증진케 하라. **체양體養**은 사람의 동작에 불변의 도가 있어서 근면함으로 주로 하고 나태 안일을 탐하지 말며 고난을 피하지 말아서 너희 근육을 굳게 하고 너희 뼈를 튼튼하게 하여 강장하여 병이 나지 않는 기쁨을 누리어라. **지양智養**은 사물의 이치를 연구하는 데서 지식을 지극히 하고 원리를 깊이 연구하는 것에서 성질을 다 헤아려 좋고 나쁜 것, 옳고 그른 것, 장점과 단점에 자타의 구역을 세우지 않고 상세히 연구하고 널리 통달하여 한 개인의 사사로움을 꾀하지 말며 공중의 이익을 도모하라. 이 세 가지가 교육하는 기강이니 짐이 정부에 명하여 학교를 널리 세우고 인재를 양성하는 것은 **너희 신민의 학식으로 나라를 중흥中興하는 큰 공로를 이룩하기 위함이다.**

(다) 너희 신민도 교육하는 길에 마음을 다하고 힘을 합하여 아버지가 이것으로 그 아들을 이끌어 주고, 형이 이것으로 동생을 권면하며, 벗이 이것으로 서로 도와주는 길을 가면서 분발하여 멈추지 말 것이라. **나라의 분개를 풀어줄 사람이 오직 너희 신민이며, 나라의 모욕을 막을 사람이 오직 너희 신민이며, 국가의 정치 제도를 닦아나갈 사람도 너희 신민이니 이 모든 것이 너희 신민의 당연한 직분이거니와, 학식의 등급에 따라 그 효과의 높고 낮음이 결정되니,** 이러한 일을 하는 데서 조그마한 결함이라도 생기면 너희 신민도 또한 이르되, "우리들의 교육이 밝지 못한 까닭이라" 하여 상하가 마음을 하나로 하기를 힘쓰라. 너희 신민의 마음은 또한 짐의 마음인 만큼 힘써 할 것이다.

(가)는 나라를 굳건히 하려면 백성을 가르쳐야 한다는 교육의 중요성을 강조한 부분이다. 나라 보존의 근본으로서 이 교육의 임무를 군사君師로서 다 하겠다는 선언이다. 여기서 군사 곧 임금이자 스승은 일찍이 선대왕 정조가 창도한 개념이다.[22] 정쟁의 격화 속에 사대부들을 제압하기 위해 군주 스스로 성리학 수업에 매진하여 어느 학파의 사종師宗보다 우위에 서는 방식이 꾀하여지는 가운데 내세워진 군주론이다. 군주는 온 백성의 교육을 이끌어가는 임무 수행자로서 그 개념을 표방하였다. 교육의 내용은 세계정세의 변화에 조응하여 볼 때 실용實用 교육이어야 한다고 하였다.

(나)는 나라를 튼튼히 하는 새로운 실용 교육은 덕양, 체양, 지양의 교육을 강령으로 삼아야 한다고 하였다. 3양養의 교육론은 17세기 영국의 존 로크가 창안한 것으로 18, 19세기 미국 중등교육에서 체육, 덕육, 지육의 3육育 교육으로 널리 활용되었다. 그 삼육 교육론을 조선 군주가 덕, 체, 지의 순서로 조정하여 새로운 교육의 강령으로 삼았다. 교육 조서가 미국의 현행 교육이념을 담은 경위에 대해서는 몇 가지 경로가 상정된다. 1886년에 문을 연 육영공원育英公院에 초빙된 미국인 교사들로부터 배운 것이거나 같은 시기에 서양문물을 소개한 《한성순보》《한성주보》를 통해 획득된 측면이 있을 수 있다. 보다 직접적으로는 대사면으로 귀국한 법부대신 서광범이 제안했을 가능성이다. 서광범은 갑신정변 후, 1885년 6월 박영효, 서재필 등과 미국으로 가서 호레스 언드우드 선교사 형제의 도움을 받으면서 미들섹스 카운티에서 생활하다가 1888년에 워싱턴으로 옮겨가 교육국에서 일하면서 〈조선왕조의 교육제도〉란 논문을 써서 미국 정부의 교육국, 내무성, 하원 등 4종의 보고집에 게재되었다고 한다.[23] 나라를 중흥하는 큰 공로를 이룩하기

---

22) 이태진, 〈正祖-유교적 계몽절대군주〉, 《한국사시민강좌》 13, 일조각, 1993(이태진, 《왕조의 유산》, 지식산업사, 1994 재수록); 김문식, 《정조의 제왕학》, 태학사, 2007.

위해 신식 교육을 도입한다고 천명한 점은 조선군주가 내세우는 '구본신참舊本新參'의 진면목으로 간주될 만한 것이다.

끝으로 (다)는 신민의 위상을 새삼 음미하였다. 나라의 분개를 풀어줄 사람도, 나라의 모욕을 막을 사람도, 국가의 정치 제도를 닦아나갈 사람도 "너희 신민"이니 이를 양육하기 위해 각급에 맞는 직분을 위한 교육이 이루어져야 한다는 것을 밝혔다. 정조 대 이래의 '소민'은 왕과 함께 나라의 한 축이 되기 위해 지금까지 사대부 양반의 전유물인 삼강三綱, 이륜二倫의 교육을 공유하는 존재로 자리매김되어 왔다. 정조는 두 가지를 합쳐 언해본 〈오륜행실도〉를 간행하여 서민도 이를 실행하는 주체가 되어야 한다는 뜻을 분명히 밝혔다. 이후 여러 형태의 소민 교육이 진행되어 '사士'의 범위가 넓어졌다. 19세기에 들어와 '사'는 양반의 다른 용어가 아니라 글을 읽을 줄 아는 존재의 범칭으로 바뀌었다.[24]

2) 1896년 《독립신문》 창간과 '인민 소견과 지혜 진보'

1894년 7월 청일전쟁이 일어나면서 한성과 왕궁이 일본군에 포위된 상태가 되었다.[25] 조선 군주는 일본 정부가 조선을 보호국으로 만들려는 것을 간파하고 주미 공사 이승수李承壽에게 미국 대통령에게 조선의 실정을 알리면서 도움을 요청하게 하였다. 8월 5일(음 7. 5) 이승수 공사는 왕명을 받들어 그래함(Walter Q. Graham) 국무장관을 접촉하여 〈조미수호통상조약〉 제1조에 입각하여 조선 정부가 일본군으로부터 불

---

23) 이 글은 한국 소개의 글로서 평가받아 프랑스어로 번역되기까지 하였다고 한다. 方善柱, 〈徐光範과 李範晋〉, 《崔永禧先生 華甲紀念 韓國史學論叢》, 1987.

24) 이태진이 정조의 〈만천명월주인옹자서〉를 중심으로 '民國' 정치이념을 추적한 초기의 논고로는 다음과 같은 것이 있다. 〈정조의 '대학' 탐구와 새로운 군주론〉, 《李晦齋의 사상과 그 세계》 성균관대 대동문화연구총서 11, 1992; 앞의 논문, 〈정조-유교적 계몽절대군주〉.

25) 中塚明, 앞의 책, 1997.

이익을 당하지 않도록 거중 조정(good offices)에 나서주기를 요청하였다. 이에 클리블랜드 대통령은 8월 7일 일본 정부에 대해 전쟁 중에 조선의 독립과 주권이 존중되기 바라며 "만약 일본이 연약하고 무방비 상태인 이웃나라에 대해 부당한 피해를 끼칠 경우, 본인은 침통한 실망을 금치 못할 것이라"는 내용의 공한을 보냈다.[26] 일본 정부는 당시 서구 열강과의 관계에서 '불평등조약'의 개선을 위한 외교적 과제가 남아 있었기 때문에 미국 대통령의 통고를 무시할 수 없었다. 이 대미 외교의 성공은 조선 군주가 일본 공사관 측의 내정개혁 요구를 비롯한 강압에 대해 유연한 지연정책을 취할 수 있게 해 주었다.

1895년 2월 일본군은 최종적으로 청나라 해군 기지가 있는 위해위威海衛를 점령하여 전승국이 되었다. 4월 17일 시모노세키조약으로 일본은 전승의 대가로 랴오둥반도를 할양받고 2억 불의 배상금을 받기로 하는 한편 타이완에 대한 통치권을 확보하였다. 그러나 1주일 안에 러시아, 독일, 프랑스 등 열강의 '삼국간섭'(4. 23)으로 가장 큰 전리품인 랴오둥반도를 '포기'하였다. 일본에 대한 서구 열강의 이런 견제로, 1895년 상반기에 조선 군주가 일본 공사관의 압박을 뚫고 일련의 개혁에 관한 교서들을 내놓을 수 있었다. 1월의 〈홍범 14조〉에 이어 2월에 신분에 구애되지 않는 인재 등용, 중흥을 꾀하는 3육 교육 조서 등을 반포한 뒤, 4월 19일(음력 3. 25)부터 24일까지 6일 동안 34건의 법률과 관제를 바꾸는 칙령들을 반포하였다. 이어 6월 18일(음 5. 26)에는 지방 관제 개정을 공포하였다.[27]

군주가 청일전쟁 3개월 전인 1894년 4월에 이미 갑신정변 연루자

---

26) 柳永益,《甲午更張 研究》일조각, 1990, 56쪽.
27) 이태진, 앞의 논문 〈3. 일본의 침략주의에 맞선 조선 군주의 〈교육조서〉 반포〉, 각 국한문 혼용체의 조서는 《고종실록》 해당일 조 참조. 이때 반포된 관련 법률, 칙령은 이선근의 《한국사−현대편−》, 진단학회, 을유문화사, 482~485쪽 참조. 다만 이 책은 반포 주체를 일본 측으로 잘못 파악하였다.

가운데 김옥균을 제외하고 모두 사면하여 박영효와 서광범이 귀국할 수 있도록 함으로써 개혁의 주축으로 삼은 것은 군주 스스로 개혁의 길을 모색하고 있었다는 것을 의미한다. 1893년에 동학농민군이 제3차 교조 신원운동을 통해 세력을 넓히면서 개혁의 소리가 높아져 가고 있었던 만큼 군주로서 시국에 대한 다급한 마음이 없을 수 없었다. 군주는 이 시기의 형세를 "물과 불속에서 허우적거리듯이 위기에 빠진 백성들을 구해야"하는 '간고한' 시국으로 표현하였다.[28] 중용된 내부대신 박영효는 군주의 뜻을 받들어 총리대신 김홍집과는 달리 여러 부면에서 이노우에 일본공사의 뜻을 따르지 않았다. 행정, 군사, 교육 면의 개혁을 추진하되 나라의 자주성을 강조하고 '왜식'의 모방보다도 구미식의 채택을 주장하며, 이노우에 공사의 요구와 청탁에 공순恭順하지 않았다.[29] 당시의 박영효는 교육문제에 강한 관심을 가지고 미국 선교사들에게 우호적이었다는 지적도 있다.[30]

5월 28일 총리대신 김홍집이 사임하고 박영효가 그 자리를 이었다. 군주는 3일 뒤 31일에 두 사람을 부른 자리에서 특별한 지시를 내렸다. 1월에 대조선국의 고유한 독립기초를 확정한 뒤, 4월의 시모노세키조약을 지나서 세계에 이를 드러내는 빛을 더하였으니 이 영예를 기념하는 **독립 경축일**을 정하라고 하였다.[31] 군주가 오래 바라온 청나라와의 구

28) 의정부 의정 金炳始의 거듭하는 사직소에 대한 비답.《고종실록》 34권, 고종 33년 11월 6일, 8일조.

29) 조선의 근대화 시책에 대해서는 지금까지 1894년 7월 말, 일본 정부가 전시 상황에서 군국기무처를 세워 추진한 것을 '갑오개혁'이란 이름으로 크게 조명해 왔다. 그러나 1896년(을미) 상반기의 일련의 조치는 조선 정부의 자주성이 돋보이므로 '갑오개혁'보다 '1895년(乙未)개혁'을 진정한 근대화 시책의 시작으로 보는 것이 타당하다. 이 점은 부분적으로나마 1963년에 출간된 이선근의 앞의 책《한국사-현대편-》, 255~264쪽에서 이미 지적한 것이다. 박영효에 대한 평가도 이 책 527~52쪽 참조.

30) F.A.McKenzie, *The Tragedy of Korea*, 1908, p.54(이선근, 앞의 책, 527쪽의 주 3)에서 재인용).

31) 이선근, 앞의 책, 531~533쪽. 일본제국이 조선에 대한 청나라의 영향을 배제하기

관계를 청산하게 된 것을 자축하는 경축행사를 추진하게 한 것이다. 총리대신 박영효는 왕의 지시에 따라 6월 6일에 창덕궁 연경당延慶堂 후원 일대에서 축하 원유회園遊會를 열었다. 조선 군주는 당일에 "오늘 원유가회園遊嘉會에 날씨가 맑고 아름다운데 우리 정부와 각국 사신(외교관)과 '신사와 기업인(士商)'이 하나가 되어 즐기니 이는 참으로 '세계상의 화평和平한 복'"이라는 내용을 담은 글을 내렸다.[32]

한편, 이노우에 가오루 공사는 자신의 시책이 실패한 것을 자인하고 4월에 본국 정부에 사의를 표명하여 5월 30일에 수락하는 전보를 받았다. 6월 5일 입궐하여 조선 군주에게 하직 인사를 하고, 6일 원유회는 의전상 일본을 대표하여 참석하고 곧 조선을 떠났다. 1894년 10월 이노우에 가오루 공사가 부임한 뒤 조선 군주와의 사이에 벌어진 7개월 여의 씨름은 군주 측의 승리로 끝났다. 그러나 곧 일본 측의 반격이 시작되었다.

6월 6일 원유회는 '박영효의 날'이라고 불릴 정도로 총리대신 박영효에게 영광을 안겨 주었다. 그러나 일본 공사관 측의 음모로 그의 영광은 오래 가지 못했다. 총리대신 박영효는 왕궁 경호의 방책으로 신설한 훈련대訓練隊를 강화하는 시책을 추진하였다. 훈련대의 규모를 갖추어 6월 23일 어전에서 왕궁의 위병衛兵을 훈련대로 바꾸기를 건의하였을 때, 왕은 뜻밖에도 이를 거절하였다. 박영효는 그날 바로 사표를 냈다. 군주는 7월 6일(음. 윤5. 14) 법부에 그를 엄하게 조사하여 정죄하

위해 굳이 이 조약에 조선이 사주 독립국인 것을 명시하는 문구를 넣은 것을 외교적으로 활용하려는 의도였던 것으로 보인다.

32) 《고종실록》해당일 조. 기자 출신 일본 역사가 기쿠치 겐조菊池謙讓는 뒷날 자신의 저서에서 이 원유회에 대해 다음과 같은 글을 남겼다. 한국 역사상 처음 있었던 이 가든파티에 내외의 신사 숙녀 3천여 명이 초대되었고, 이는 거의 내무대신 박영효의 뜻이었으며, 한국 정부는 이를 독립제獨立祭라고 불렀으며, 이 제전과 송별회의 위원장은 김가진金嘉鎭으로 일체의 취향은 박영효의 지휘로 행해졌다고 전하였다. 菊池謙讓, 《近代朝鮮史》下卷, 〈朴泳孝の亡命〉, 1939, 380~382쪽.

라는 왕명을 내렸다.[33] 갑신년의 문제를 용서해 주고 특별히 충성을 다할 기회를 주었는데 "도리어 끝까지 나쁜 생각을 고치지 않고 은밀히 반역을 꾀하여 그 사실이 드러났다"고 하였다. 박영효가 권세를 믿고 왕비를 폐하는 역모를 꾸몄다는 혐의였다.

그동안 일본 공사관 측의 한 모사가 왕비 측과 가까운 심상훈沈相薰에게 박영효가 폐비를 도모한다고 거짓 밀고하여 이것이 왕에게 바로 전달된 것이었다. 왕은 즉각 그것이 일본 공사관 측의 밀계라고 간파하였는지, 엄단 조치를 지시하면서 그에 대한 체포령은 내리지 않았다.[34] 박영효는 이 곤경 속에 일본 공사관 병력 1개 소대의 호위를 받으면서 용산에서 배를 타고 일본으로 떠나는 기이한 광경의 주인공이 되었다.[35] 박영효가 떠난 뒤, 8월에 이노우에 가오루는 후임 공사 미우라 고로三浦梧樓와 함께 한성으로 다시 와서 조선 군주를 알현하여 후임을 소개하고 돌아갔다. 신임 미우라 공사는 일본 군부의 밀명을 받고 10월 8일 조선 왕비를 살해하는 만행을 지휘하였다. 이로써 1895년 상반기의 '개혁'은 정국의 혼란 속에 거의 중단되다시피 하였다.

일본 정부는 시모노세키조약 이후 조선반도의 상황이 조선 군주 쪽의 의도대로 돌아가자 친일 정권을 들어서게 할 필요성을 절실하게 느꼈다. 대원군을 앞세운 왕비 살해사건은 친일 정권 수립을 위해 일본군이 서울에 진입할 수 있는 구실을 만들기 위한 것이었다.[36] 이 음계는

33) 《고종실록》 33권, 고종 32년 윤5월 14일 갑인조.
34) 왕의 명령은 법부에 엄격한 신문으로 정죄하게 하면서도, "고약한 우두머리를 잡았으니 나머지 사람들은 모두 내버려 두고 따지지 않고 널리 용서해 주는 은전恩典을 베푼 것으로 기록되었다. 주 30과 같음.
35) 菊池謙讓, 앞의 책, 381~384쪽.
36) 일본 정부는 1895년 4월의 시모노세키조약에서 얻은 요동반도를 '삼국간섭'으로 내놓게 되었다. 이에 특히 군부가 강력히 반발하면서 최소한 조선반도에 확보한 통신시설 등을 그대로 일본군이 유지하여야 한다고 주장하였다. 그러나 조선 군주는 반대 의사를 표하면서 일본군의 완전 철수를 강력히 주장하였다. 일본 대본영의 군

원래 1895년 10월 8일 새벽 0시부터 시작하여 새벽 4시까지 모든 상황을 종료하는 것으로 계획되었으나 시간 계획의 차질로 아침 7~8시에 종료함으로써 일본인들이 자행한 것이 만천하에 드러났다. 일본은 국제적으로 곤경에 처하였으나, 계획대로 김홍집을 다시 총리대신으로 앉히고, 군주를 건청궁(경복궁 내) 안에 가두다시피 하였다. 1896년 2월 11일 새벽 군주는 3개월 만에 겨우 건청궁(경복궁)을 빠져나와 러시아 공사관으로 가서 머물면서 왕권을 회복하여 사태를 수습해 나갔다.

러시아 공사관에 임시 거처를 잡은 군주는, 당일에 그사이 일본의 앞잡이 노릇을 한 김홍집, 정병하 등이 길거리에서 맞아 죽는 사태가 벌어지고 그 소동 속에 도망친 나머지 죄인(유길준, 조희연, 장박, 권영진, 이두황, 우범선, 이범래, 이진호)을 체포하라는 국한문 혼용체의 조서를 내렸다. 을미년(1895) 상반기에 등장한 국한문 혼용체의 조서, 윤음은 러시아 공사관 체류 중에도 잇따라 발표되었다. 이는 이제 나랏일을 민과 소통하면서 이끌어 가겠다는 군주의 의지를 보여주는 것이었다.

군주는 이틀 뒤 2월 13일에 그간의 사태를 '대소인大小人'에게 알리는 윤음을 또한 국한문 혼용의 문장으로 내렸다. "군주는 백성의 표준이니 임금이 아니면 백성들이 무엇에 의지하겠는가? 그러므로 임금은 일거일동一擧一動을 백성들에게 분명하게 보이는 것이 귀중하다."고 하면서 그간의 사태를 요약하고, 시국이 안정되면 환궁하겠다는 뜻을 밝혔다.[37] 2월 13일 위의 윤음에 바로 잇대어 아래와 같은 조서(詔書)가 다시 나왔다.[38] 예의 국한문 혼용 조서였다.

부 지도자들은 조선에 특별한 비상사태를 만들어 일본군이 수도 서울로 진입하여 친일 정권을 세우는 음계를 꾸몄다. 그것이 곧 대원군을 앞세운 왕비살해 사건이었다. 金文子, 앞의 책, 2009.

37) 《고종실록》 해당 연월일조.
38) 《고종실록》 해당 연월일조.

짐이 조종의 넘김[付畀]을 이어받아 우리 팔역(팔도)의 만성萬姓에 임금으로 임한[君臨] 지 이제 30여 년이 되었다. 즉위 이래 밤낮으로 걱정스럽게 생각[思究]하면서 부모 된 도리를 다하고자 하였으나 어찌 그리 많게도 어려움과 걱정거리[艱虞]가 거듭 생기고 기근이 연거푸 들어 나의 적자(赤子: 백성)가 꺼꾸러지고 쪼들려 구렁텅이에 굴러 떨어지는 일이 곳곳에서 보고로 들어왔다. 말이 여기에 미치면 비단옷이 편치않고 무겁기만 하다. **개국開國 503년 6월 이후로는 나라가 문명文明하고 진보한다는 명색만 있고 결실은 없으므로, 많은 백성[群黎百姓]이 의아스러워하는 마음이 없지 않았다.** 아! 짐의 덕이 없어서 그런가, 정부의 믿음이 서지 못하여 그런가, 일을 담당하는 신하[治工]들이 게을러서 그런가? 밤낮으로 두려워함이 범의 꼬리를 밟은 것과 같으니 그 원인을 따져보면 혜택이 아래에 미치지 않아서 그렇다. 일체 중앙과 지방의 공납 장부公納帳簿에 올라 있는 이포(吏逋: 장부상의 부채)와 백성들이 미납한 것과 공인貢人들에게 남아 있는 채무로 개국 503년 6월 이전에 기록된 것은 모두 탕감하게 함으로써 조정의 돌보려는 뜻을 보이고자 한다.

조서는 "개국開國 503년 6월" 이후의 상황을 문제시하였다. 그 이전에 '문명 진보'를 위한 시책이 강구되었으나, 그 이후 자연재해 속에 어려운 사태가 거듭하여 진전을 보지 못했다는 사실을 지적하였다. 자신이 '덕이 없어서인지, 정부의 믿음이 서지 못해서인지, 일을 담당하는 관리들이 게을러서인지'를 자문하면서 1895년 6월 이전까지 각 고을이 진 채무를 모두 탕감하는 조치를 내려 새로운 출발을 약속하였다. 바꾸어 말하면 지금부터 1895년 6월 이전의 '문명 진보'의 과업을 이어나가겠다는 국정 방향을 밝힌 것이었다. 조서는 민에 대해 '만성' '적자' '수많은 백성'이란 표현을 썼다. 그들은 소통의 대상이지만 아직 돌보아야 할 존재로 남아 있다. 소민 보호주의의 '민국' 이념의 테두리에 아직 머물러 있다.

군주가 러시아 공사관 체류 이후 새로 들어갈 궁으로 경운궁慶運宮이 선택되어 토목공사가 시작됨으로써 환궁은 1년 뒤 1897년 2월 20일로 미루어 이루어졌다. 군주의 거처인 함령전咸寧殿을 비롯해 주요 기간 시설, 건물들이 모습을 드러내는 데 1년이 소요되었다. 그 1년의 기간에 '문명 진보'를 위한 사업이 실제로 적지 않게 추진되었다.[39) 그 가운데 위 조서에 바로 이어 1896년 2월 20일에 학부學部가 학부령學部令 제1호로 입안한 〈보조 공립 소학교 규칙補助公立小學校規則〉을 "개국 504년 칙령 제145호"로 반포한 것이 앞머리를 장식하였다. 이 칙령은 물론 1895년 2월에 내려진 〈교육조서〉의 3육 교육의 뜻을 실천하는 의지를 표시한 것이었다. 나라를 중흥하기 위해서는 일반 백성의 교육이 우선하여 이루어져야 한다는 생각이 바뀌지 않았던 것이다. 그리고 첫 조치가 '칙령'으로 나온 점이 주목된다.

1895년 6월 6일 창덕궁 연경당 일대에서 가진 '독립 경축'의 원유회 이후 조선은 청나라 황제의 연호 대신 '개국' 연호를 사용하기 시작하였다. 이것은 이해 1월(양력)의 '홍범 14조'에 이어 일본이 시모노세키 조약에서 조선의 자주독립을 명시한 점을 발 빠르게 이용한 외교적 행위였다. 일본으로서는 속앓이할 대목이었다.[40) 이후 국한문 혼용체 조서(詔書)들이 '칙령'의 형식으로 잇따라 반포된 것도 정책의 일관성을 보여주는 대목이다. 비록 황제를 일컫지 못하였으나 '대군주'란 호칭으로 '개국' 연호를 쓰면서 조서를 '칙령'으로 반포한 것은 제국의 출범을 예고하는 것이었다. 러시아 공사관 체류 1년은 사실 1897년 10월 왕조

---

39) 이태진, 앞의 책 《고종시대의 재조명》의 〈대한제국의 서울 황성 만들기 –최초의 근대적 도시개조 사업-〉.
40) 조선총독부 중추원이 편찬한 《고종실록》은 '개국 연호'를 〈조일수호조규〉가 체결된 1876년부터 적용하고 있다. 이는 일본이 조선을 국제사회에 처음 등장시켜 주었다는 시혜론에 나온 것으로 조선 정부의 1895년 6월 '개국' 독립의지를 반기지 않았다는 증좌이기도 하다.

가 대한제국으로 거듭나는 준비 기간이었다.

러시아 공사관으로의 이필移驆은 일본이라는 새로운 이웃나라의 압박에서 벗어나기 위한 부득이 한 방편이었다. 이 상황은 독립에 대한 염원을 더 절실하게 만들었다. 1896년 4월 7일 정부는 《독립신문》을 창간하고 미국에서 의학 공부를 한 서재필에게 이를 주관하게 하였다. 갑신정변 연루자가 한 명이 더 포용되었다. '문명 진보' 사업을 위해 자격을 갖춘 인재를 최대한 활용하려는 인사 정책이었다. 그가 쓴 발간사에서 주요한 언급을 간추리면 다음과 같다.

첫째, 조선인을 상대로 상·하 구분 없이, 서울과 지방의 구분 없이, '조선 전국 인민' 모두에게 공평하게 알아야 할 것을 알리고자 한다.

둘째, 정부에서 하는 일을 백성에게, 백성의 정세를 정부에 서로 알리는 역할을 할 것이며, 언문으로 써서 남녀 상하 귀천의 차별 없이 모두 볼 수 있게 한다.

셋째, 정부 관원이라도 잘못이 있으면 알리고, 탐관오리는 행적을 밝힐 것이며, 사사로운 백성이라도 무법無法을 저지르면 이를 알릴 것이다.

넷째, 우리는 조선 대군주 폐하와 조선 정부와 조선 인민을 위하는 사람들이므로 편당偏黨 있는 의논이든지 한쪽만 생각하는 말은 우리 신문에 없을 것이다.

다섯째, 한쪽에 영문으로 기록하여 외국인들이 조선 사정을 몰라서 편벽된 말만 듣고 조선을 잘못 아는 일이 없도록 하는 데 이바지한다.

위 발간사는 조선 대군주와 정부의 뜻을 담은 것이다. 신문이 독자를 '조선 전국 인민'으로 상정한 것은 1895년 상반기 정부가 설정했던 '문명 진보'의 시책 방향 설정에 부합하는 것이다. 인민 안에서 귀천이 없고 정부와 인민 사이의 쌍방향 소통을 지향하는 신문의 발간은 군주의 의지를 그대로 담은 것이라고 해도 좋다. 서재필은 발간사를 "우리

신문을 보면 조선 인민이 소견과 지혜가 진보하게 될 것을 믿는다. 논설을 그치기 전에 우리가 대군주 폐하에게 송덕하고 만세를 부른다."고 하였다. 독립신문은 곧 정부 차원에서 추진하는 '문명 진보'의 실효實效를 위해 창간된 정부 기관지였다.

군주는 1895년 6월의 창덕궁 연경당 일대 원유회에서 내외의 인사들을 초청하여 처음 누린 '독립 경축'의 기쁨을 영원히 기리기 위해 7월 2일 독립협회를 발족시켜 독립문을 건립하게 하였다. 독립협회는 《독립신문》 발행을 담당한 서재필과는 무관한 것이었다. 군주가 '문명 진보'의 시대적 과제를 달성하기 위해 정부의 관리들과 민간의 사회 대표들이 함께 협력하는 장치로서 창립하게 한 것이었다.[41] 구체적인 첫 사업으로는 조공책봉체제의 상징인 영은문迎恩門이 헐린 자리에 독립문을 세우며, 모화관慕華館을 독립관으로 바꾸고 주위에 독립공원을 조성하는 일이었다. 모금 운동은 〈윤고문輪告文〉(《대조선독립협회회보》 제1호, 1896년 11월 30일 간행)의 발표 아래 시작되어 왕실은 왕세자의 이름으로 1천 원을 내었다. 세자는 '독립관'이란 현판 글씨를 써내려 왕실의 솔선수범을 표하였다. 독립문은 이해 11월 21일에 기공식을 올리고 근 1년을 소요하여 준공을 보았다.[42]

1896년 9월 24일자 칙령 제1호 〈의정부 관제〉[43]는 정치 운영 체제를 바꾸어 '문명 진보'를 위한 사업의 원활한 수행을 도모하는 뜻을 담았다. 이 칙령은 군주에 대한 호칭을 '대군주 폐하'라고 불렀다. 이해에 들어와 '칙령'이란 명칭을 쓰듯이 군주를 폐하라고 부른 것은 제국(帝國)을 자처하는 것이나 마찬가지였다. 1897년 10월에 대한제국을 정식으로 선포할 때, 군주는 청나라뿐만 아니라 일본까지 제국을 일컫는데

---

41) 독립협회와 독립문 건립에 관해서는 이대진, 앞의 책 《고종시대의 재조명》 35~37쪽 참조.
42) 위와 같음.
43)《의안·칙령(하)》서울대학교 도서관, 1991, 326~332쪽.

우리 조선만 과거의 제후국의 왕국으로 남아 있을 수 없다고 하였다. 20년 전 처음으로 일본과 국교를 수립할 때부터 가졌던 소망이 청국과의 관계를 스스로 정리하지 못하여 늦어지던 것을 시모노세키조약의 규정에 힘입어 큰 걸음을 내딛는 전기를 만들었다. 〈의정부 관제〉는 "대군주 폐하께서 만기萬機를 통령하기 위해" 의정부를 설치한다고 하였다. 제도적으로는 전통적인 의정부·육조 체제의 현대화라고 일컬을 수 있는 것으로 대군주와 의정 대신과 각부 대신의 임무를 명확히 하고 회의를 통한 국정 운영을 명시한 점이 새로웠다.44)

이 규정의 제2관 '회의'는 제1조 대군주의 친임, 제2조 의정부 직원만의 표결권, 제3조 의정에 의한 회의의 개폐 절차를 각각 명시한 다음, 제4조에서 의정 사항을 다음과 같이 열거하였다.

1. 법률과 규칙과 제도를 신정新定하는 사항
2. 현행 법률과 규칙과 제도를 폐지 혹은 개정하거나 혹 의의疑義가 있으면 해명하는 사항
3. 외국과 개전開戰하거나 강화講和하거나 약조約條를 의정하는 사항
4. 내지에 요란擾亂이 있을 때에 안무按撫함을 위하여 특별한 방법을 의정하는 사항
5. 인민의 이익을 위하여 전선과 철로와 광업을 개설하는 사항
6. 1년도 세입세출에 예산 및 결산하는 일을 판비辦備하는 사항
7. 세출 예산 외에 특별히 지용支用하는 금액을 판비하는 사항
8. 필요한 시에 조세와 각항 잡세雜稅와 혹 관세를 신설하거나 혹 증세하거나 혹 감성하거나 혹 폐지하는 사항.

---

44) 제1관 〈직원〉 의정, 내부대신(참정 예겸), 외부대신, 탁지부대신, 군부대신, 법부대신, 농상공부대신, 참정 5인, 참찬 1인. 의정과 참정 5인은 칙임, 각부 대신은 그 직권상으로 참정을 예겸하고, 참찬은 칙임이니 3품 이상으로 의정이 천주하여 임명한다. 내부대신은 참정을 예겸하고 의정이 신병 혹은 기타 사고로 유고하면 회의에 수석이 되어 필요한 경우에는 의정의 사무를 서리한다.

9. 현재 예산에 직원 봉급과 혹 기타 금액을 개정하는 사항

10. 인민의 이익을 위하여 사업을 설시設施하는데 민이 소유〔民有〕한 토지와 삼림 등을 공용하는 때는 적당한 가격을 보상하는 사항.

11. 대군주 폐하께서 특명特命하사 회의에 하부下付하시는 사항

12. 대군주 폐하의 재가를 받은 법률과 장정을 반포하는 사항.

위 12개 사항은 전체적으로 국정 운영 방식의 현대화를 느끼게 한다. 이 규정으로 골격을 갖춘 의정부회의는 이후에 몇 차례 더 개정을 거쳐 발전적 모습을 보인다.[45] 위에서는 전선, 철로, 광업 등 새로운 근대적 산업 시설을 인민을 위한 것으로 규정하는 한편 인민의 소유지를 이용해야 할 때는 유상으로 매입하는 원칙을 세웠다. 같은 해 3월 29일에 미국인 모오스(James R. Morse)에게 경인철도 부설권을 허락하고, 4월 17일에는 그에게 운산 금광채굴권을 허가하였다. 4월 22일에는 러시아인에게 경원과 종성의 사금광 채굴이 허락되었다.[46] 앞으로 이런 일이 허다하게 생길 것에 대비하여 의정부회의가 허가 여부를 결정하도록 원칙을 세웠던 것이다.

이 규정이 나온 지 4일 만인 9월 28일에는 내부령 제9호 〈한성 내 도로의 폭을 개정하는 건〉이 발포되었다. 이 건은 한성부의 중심도로인 종로와 남대문로를 침범한 가가假家들을 모두 철거하여 도로의 폭을 넓히고 전기를 시설하여 전차를 달리게 한 '서울 도시개조사업'의 첫 삽질이었다.[47] 이때 1887년 주미 공사로 부임한 박정양이 총리대신 겸

45) 의정부회의의 국무회의로서의 모습은 이후 1905년 11월 '보호조약'이 강제되어 통감부가 들어서기 이전까지 발전적 변천을 거듭한다. 이에 대해서는 별도의 고찰이 필요하다. 1898년 6월 10일 칙령 제15호 〈의정부 차대次對규칙〉, 1904년 3월 4일 칙령 제2호 〈의정부회의 규정〉, 1905년 2월 26일 칙령 제9호 〈의정부 소속직원 관제〉를 통해 변천을 거듭한다. 앞의 《의안·칙령(상)》 및 《칙령(하)》 참조.
46) 《고종실록》 해당 연월일조.
47) 1895년 8월 6일(음) 내부대신 박정양이 〈도로 수치와 가가 기지를 관허하는 건〉, 이태진, 앞의 책, 《고종시대의 재조명》, 362쪽.

내부대신으로서 이 사업을 주관하는 위치에 있었다. 당시 공사관 직원으로 부임했던 이채연(한성판윤), 이상재(내부 토목국장) 등이 주요 직책을 담당하여 사업을 이끌었다. 특히 이채연은 10여 년 워싱턴 디씨 시정을 연구한 경력으로 사업을 성공적으로 이끄는 주역이 되었다. 서울 도시개조사업은 거리 현대화뿐만 아니라 대한제국의 법궁으로 설정된 경운궁慶運宮을 워싱턴시의 대통령궁(1942년부터 백악관)처럼 새로 도입한 방사상 도로의 결절점으로 삼아 도시의 중심이 되게 하였다.

1897년 2월 수도 한성부의 거리가 크게 달라지는 가운데 군주는 새로 지어진 경운궁의 함령전咸寧殿으로 환궁하였다. 그리고 새 법궁의 대안문大安門 앞은 방사상 도로가 모이는 결절점으로 광장이 생겼다. 큰 병을 고쳐 편안해지는 것을 뜻하는 '대안'은 '문명 진보'의 성과로 도달하고자 하는 염원이었다.[48] 그 동편 청나라 칙사들이 오면 숙소로 사용하던 남별궁을 헐고 그 자리에 원구단圜丘壇을 지었다. 10월 11일 군주와 의정부 대신 사이에 국호를 '대한'으로 고칠 것을 결정하고, 이튿날 10월 12일 군주가 황제로서 원구단에 올라 사직신에게 예를 올렸다. 대한제국은 임의적인 황제 자처의 형식이 아니라 새로운 국제질서의 규범을 제시한 《만국공법》에서 근거를 찾았다. 10월 2일, 3일 이틀 동안 대신들은 《만국공법》에 "모든 나라의 여론은 막을 수 없다" "자주권을 가지고 있는 각 나라는 자기 의사에 따라 스스로 존호를 세울 수 있으며, 다른 나라에서 승인하게 할 권리는 없다"고 한 규정을 들어 군주에게 황제의 위에 오를 것을 청원하였다.[49] 군주가 이를 받아들이는 절차를 밟아 황제의 위에 오르면서 개국 506년을 광무光武 원년으로 고쳤다. 광무는 곧 "빛의 유업遺業"이란 뜻으로 새 제국이 500년 조종

---

48) 이태진, 〈고종황제가 慶運宮을 세운 뜻 −克日과 對淸 독립의지−〉, 《국학연구론총》 10, 택민국학연구원, 2012. 12.
49) 《고종실록》 해당 연월일조.

의 영광을 업고 미래를 향하는 뜻을 담았다.

대한제국에 들어와 국무회의로서 의정부회의에 흥미로운 변화가 가해졌다. 1898년 6월 10일자(칙령 제15호) 〈의정부 차대次對 규칙〉은 대신들이 월 6회 황제와 차대(次對: 차례를 정해 만남)하던 것을 요일제로 바꾸었다. 의정 대신과 각부 대신들이 황제를 만나 정사를 의논하는 것을 요일별로 차례를 정하여 매일 국무회의가 이루어지는 체제로 바꾸었다.[50] 이 규정에서 황제와 각부 대신들이 만나 의논하는 국사를 "민국사무民國事務"라고 표현한 점이 매우 흥미롭다.[51] 이것은 이 시기까지도 18세기 이래의 '민국' 이념이 엄존하고 있었던 것을 의미한다. 《독립신문》의 창간사나 앞 〈의정부 관제〉에서 말하는 '인민'은 곧 민국 정치이념의 소민 보호주의의 전통을 잇는 일반 민에 대한 표현이었다.

3. 대한제국기 일제 침략 속 국민의식의 성장

1) 1907년 국채보상운동의 '국민의무' 의식

동아시아 세계에서 국가 설립의 근거를 대한제국처럼 《만국공법》에서 찾은 예는 달리 없다. 대한제국은 이렇게 국제법 질서에서 입지立志

---

50) 《고종실록》 37권, 고종 35년(1898) 6월 10일 및 앞의 《의안·칙령(상)》, 405쪽. 이전의 '月六次對'하던 규를 요일제로 다음과 같이 바꾸었다. 일요일 휴가, 월요일 의정과 내부대신, 화요일 외부대신 탁지부대신, 수요일 의정(대신)과 군부대신, 목요일 법부대신 학부대신, 금요일 농상공부대신 및 참정 찬정 혹은 참찬, 토요일 회동(전체 모임). 전통적인 경연 및 차대 제도를 현대화한 것으로 매우 주목되는 변화이다.

51) 위와 같음. 차대 규정은 조정 내의 일인데도 유례없이 국한문 혼용으로 되어 있다. 해당 부분은 "-- 將行者■ 隨其課日ᄒ야 民國事務에 各陳面稟호⑷ 入對ᄒ■ 次序■--"으로 되어 있다.

를 구한 동시에 생존을 위한 길도 국제관계에서 찾았다. 1896년 5월 조선 군주는 러시아 니콜라이 2세의 대관식에 민영환閔泳煥을 특명전권공사로 임명하여 축하 사절의 임무를 부여하였다. 이때 군주는 민영환에게는 러시아 정부를 상대로 차관 도입을 교섭해 보라는 임무를 함께 부여하였다.52)

대한제국 황제는 이후 내장원경 이용익李容翊을 중심으로 하여 구미 기업가들을 상대로 한 외자 유치에 전력을 기울였다. 프랑스와 벨기에의 기업가들이 주요한 상대였다. 그들은 한국 투자를 위해 코리아 신디케이트Korea Syndicate를 만들고, 기업과 은행 대표가 투자 상담을 위해 4명이나 서울을 방문하였다.53) 대한제국 황제는 구미 여러 나라가 한국에 투자한 상태에서 중립국을 승인받아 자주 독립국으로서의 입지를 다지고자 하였다. 그러나 일본 메이지 정부의 침략주의는 이를 그냥 두지 않았다. 주한 일본공사관은 1898년 이후 대한제국의 은밀한 외자 유치 활동을 탐지하면서 서울을 방문한 프랑스와 벨기에의 기업가 또는 은행 대표를 상대로 방해 공작을 벌였다. 그리고 1900년부터는 그것이 중립국 승인 외교와 연계되어 있다는 것을 간파하면서 적극적인 방해 공작이 가해졌다.54)

1901년 8월에 총리대신이 된 가스라 타로桂太郎는 친영親英주의자로서 9월 초부터 영국 정부를 상대로 이를 저지하기 위한 외교 활동을 펼쳤다.55) 그 결과로서 1902년 1월 30일자로 '영일협약'(제1차 영일동맹)이 발표되었다. 이 협약은 전적으로 대한제국의 차관 교섭 및 중립

52) 이태진, 〈대한제국의 산업근대화와 중립국 승인 외교 - 1902년 고종 즉위 40주년 칭경예식과 관련하여〉 "4. 대한제국의 외국 차관 교섭과 중립국 승인 외교", 《대한제국 -세계적인 흐름에 발맞추다-》, 국립고궁박물관 엮음, 2018.
53) 위와 같음
54) 위와 같음.
55) 千葉功, 《桂太郎-外に帝國主義, 內に立憲主義》, 中公新書 2162, 2012, 78~84쪽. '영일협약'의 체결 과정이 자세히 다루어져 있다.

국 승인 외교를 저지하기 위한 공작의 결과로 볼 수밖에 없는 내용을 담고 있다. 제1조에 영국이 인도에서 획득하는, 그리고 일본이 한국에서 획득하는 "정치적, 상업적, 공업적 이득"을 상호 보장한다고 명시한 것은 당시의 정황으로 보아 대한제국의 산업화를 위한 차관 교섭 및 중립국 승인 외교를 차단하는 것을 목적으로 한 혐의를 벗기 어렵다. 영국은 당시 세계 금융계의 중심 국가였기 때문에 이 협약이 발표된 뒤 한국에 투자를 약속한 프랑스, 벨기에 기업가들은 한국 투자 약속을 거두어들였다.

같은 시기에 대한제국 황제는 소기의 목표를 향해 특별한 국제이벤트를 계획하였다. 1902년은 황제가 자리에 오른 지 40주년이 되는 해로서, 10월에 이를 기리는 칭경稱慶예식을 수교국 특사들을 서울에 초청하여 열기로 하였다. 이해 4월, 황태자가 10월 8일로 날을 정하여 일주일 동안 칭경예식을 올린다는 발표가 나왔다.[56] 그런데 그해 여름에 콜레라가 돌기 시작하면서 국내 행사만 열고 국제행사는 이듬해 봄으로 연기하였다. 이듬해에도 상황이 호전되지 않아서 국제행사는 끝내 열리지 못하였다. 대한제국 황제는 '영일협약'이 발표되었으나, 이 행사를 통해 수교국 특사들에게 한국이 자주 독립국으로서 요건을 갖추고 있는 상황, 서울이 '문명'의 도시로 바뀐 광경, 기독교 선교사들이 자유롭게 왕래하면서 학교까지 세우고 있는 상황 등을 보여주면서 중립국으로 승인받는 기반을 넓혀 가고자 하였던 것이다. 1903년 8월에 이르기까지 콜레라의 위협이 해소되지 않자 황제는 구미 수교국을 상대로 전시 중립국 승인 외교로 방향을 바꾸었다. 1904년 2월 일본제국은 러일전쟁을 일으켜 10년 전 청일전쟁 때 이루지 못한 한반도 선점 전략을 실현하고자 하였다.

---

56) 칭경예식의 준비와 취소의 경위에 대해서는 주 49의 논문, "5. 황제 즉위 40주년 칭경예식과 중립국 선언 문제"에 근거함.

1904년 1월 러일전쟁을 목전에 두고 대한제국은 구미의 수교 10개 국에 전시 중립을 통고하여 5개 국으로부터 승인을 받았다.[57] 그러나 일본은 이를 전혀 무시한 가운데 교전 당사국이 아닌 대한제국의 수도 서울과 압록강 일대에 수 개 사단 규모에 달하는 일본군을 진입시켰다. 1904년 2월 6일 개전과 동시에 출동 전군全軍에 부여한 전시 계엄령은 한반도 진입 병력에도 그대로 적용되어 한반도는 사실상 군사적으로 점령된 상황이 되었다.[58] 일본이 전쟁을 일으킨 목적은 한국에 대한 배타적 지배권을 확보하고 만주 진출의 교두보를 획득하는 것이었다. 이 목적을 위해 개전과 동시에 1개 사단 병력이 '한국임시파견대(곧 한국주차군으로 개칭함)'의 이름으로 서울 일원에 진입하였다. 이 병력은 처음부터 한국에 대한 배타적 지배권 확보에 필요한 조약 강제 시에 출동한다는 임무를 띠고 있어서 도심에 자리한 대한제국의 영빈관 건물인 대관정大觀亭을 무단 점거하여 사령부로 사용하였다. 한국주차군 사령관은 이곳에 상주하면서 한국황제의 거둥을 감시하면서 본국 정부가 추진하는 한국 국권 탈취를 목표로 한 조약 강제를 뒷받침하였다.[59]

일본제국이 대한제국에 대해 첫 번째로 강요한 〈의정서〉(1904.2.23)는 한반도 안의 특정한 곳에 군사기지를 설치할 수 있는 권한 확보, 두 번째의 〈(제1차) 일한협약〉(1904. 8.)은 일본 정부가 추천하는 외교고문과 재정고문을 용빙傭聘할 것을 요구하는 내용이다. 두 번째 '협약'에 근거하여 서울에 온 재정고문 메가다 다네타로目下田鍾太郎는 한국에 일본의 제일은행권을 통용시키는 한편 대한제국 정부에 대해 차관 공세

57) 和田春樹, 《日露戰爭－起源と開戰》 下, 岩波書店, 2009, 267~268쪽; 金文子, 《日露戰爭と大韓帝國》, 高文硏, 2014, 70쪽.
58) 稻葉千晴, 〈軍事史から見た日本による韓國占領1904年2月〉, 《安全保障と國際關係》, 內外出版, 2016.
59) 일본의 개전과 한반도 진입에 관해서는 이태진, 《일본의 한국병합 강제 연구－조약 강제와 저항의 역사－》, (지식산업사, 2016) 78, 98, 194쪽 참조.

<그림 1> 《황성신문》 1907년 2월 15일자 국채보상운동 사설.

를 펴 거액의 채무국으로 올가미를 씌웠다. 1906년 1월에 통감부가 설치된 후, 이른바 시정협의회施政協議會의 이름으로 '근대화' 사업을 빙자하면서 1,300만 원에 달하는 거액의 빚을 한국 정부에 안겼다. 1900년 전후에 한국 정부가 구미 열강을 상대로 벌인 차관 도입 정책에 대한 역발상의 보복 행위였다.[60] 이 상황을 타개하기 위해 전국적인 '국채보상운동'이 일어났다. 1902년 2월 대구에서 시작된 이 운동은 《황성신문》과 《대한매일신보》가 지원한 가운데 전국 곳곳에서 호응하여 1년 만에 빚의 3분의 1에 해당하는 돈을 모았다.[61] 《황성신문》은 광무 11년(1907) 2월 15일자 1면에 다음과 같은 사설을 실었다.

2천만 국민을 불러일으켜 8만 2천 리 땅에 독립성을 쌓자

(喚起 二千万 國民하야 築八万二千里地獨立城)

대저 사람은 임금을 위해 죽는 자가 있고, 또 나라를 위해 죽는 자가 있으며 충의가 격하는 곳에 죽음도 피하지 않거늘 하물며 그 재물을 내서 그 나라에 보답하는 것이랴. 우리 한韓이 오로지 예의를 숭상하고 부강을 일삼시 않은 지 500여 년이었다. 한번 외국과 통상하면서 재물이 아직 확장하지 않고 쓰는 것이 오히려 호대浩大하여 작년의 차관의 일이 있게 되었다. 슬

---

60) 1903년도의 국가 예산이 1,300만 원이었던 것을 상기하면 일본 정부의 의도가 무엇인지는 자명하다.

61) 대구시 국채보상운동기념관 www.gukchae.com/Pages/Main.aspx

프다! 우리나라가 땅이 3천 리에 지나지 않고 인구가 2천만이 되지 않아 양입계출(量入計出: 예산을 뜻함, 필자)에 1년 경비가 부족한 것이 늘 걱정인데 무슨 돈으로 이 1천 3백만 원의 거액을 갚겠는가? 이것을 갚지 못하면 **가국家國**을 보전하기 어렵고 **가국家國**을 보전하지 못하면 우리 동포가 어디에 몸을 편히 맡기〔寄〕겠는가? 우리들이 마음과 몸이 냉랭하게〔心寒骨冷〕 죽어도 눈을 감지 못하려니 어찌 다행히 보상 의론이 경상남북도에서부터 일어나〔倡自嶠南〕 명성이〔聲聞所及〕 그림자처럼 따라다님이 없는 것〔莫不影從〕이니 이는 재생의 秋요 重明之日이라.

한성 중앙에 국채보상의무사를 설립하여 교남에 응답하기로 이로써 우러러 펼치니〔仰布〕 오로지 바라건대 전국 동포는 모두 반드시 의를 떨치며〔奮義〕 자기의 재물을 내어놓아〔一體捐補〕 외채를 바로잡으면〔俾勘外債〕 **국민의 의무를 가히 다함이오** 종묘사직의 복〔宗社之運祚〕이 진흥振興일까 하노니 힘쓸지어다 동포여.

국채보상 중앙의무사

임시사무소: 중서 서린방 蛤洞 13통 7호

우리 정부가 일본으로부터 진 빚 1,300만 원은 나라의 형편으로는 갚기가 어려우니 '국민'이 나서 갚아 '독립의 성'을 쌓자고 부르짖었다. 모금의 주체가 이제 '백성' '만성' '인민'이 아니라 '국민'으로 표현되고, 모금하여 보상하는 운동 자체를 "국민의 의무를 다하는" 일이라고 하였다. 한국사에 국민이 탄생하는 역사적인 순간으로서, 그것도 의무를 앞세운 탄생이란 점에서 세계사적으로도 유례라 드문 일로서 주목된다. 보상 운동의 중심 기구가 '중앙 의무사'라고 한 점도 눈길을 끈다. 행간에 보이는 '가국家國'이란 표현 또한 주목된다. 앞뒤 문맥으로 보아 '국가'에 해당하는 것을 '가국'이라고 하였다. 오늘날 일반화되어 있는 '국가'란 용어는 일본 메이지 시대 서구의 용어들이 일본어로 번역되는 과정에서 생긴 것으로서, 그 영향을 받기 전에 '가국'이란 표현이 일시적이나마 등장하였다는 것은 '민국' 정치이념처럼 '국민' 의식 생성의 독자적 추이를 보여주는 단면으로 주목할 만하다.

2) '보호국 체제' 아래 '국민' 논설 범람

(1) 1905년 전후 일본의 '보호국 체제' 강제[62]

1905년 6월 러일전쟁은 일본의 승리로 끝났다. 일본제국은 10년 동안 특별 회계 예산을 책정하여 국가 예산의 약 70퍼센트에 달하는 액수를 군비 확장에 투입하였다. 막바지 단계에서는 전쟁 수행 비용이 모자라 미국, 영국으로부터 차관을 얻었다. 1905년 9월 5일 미국 포츠머스에서 러일 강화조약이 체결되자 일본 정부는 바로 대한제국의 외교권을 이양받는 순서를 밟았다. 이해 11월 10일, 총리대신을 세 차례 역임한 이토 히로부미伊藤博文가 특명전권대사로 한국에 와서 한국 대신들을 만난 뒤, 15일 광무光武 황제를 폐현陛見하였다. 두 사람 사이에 통역만 대동한 가운데 3시간 반에 걸친 설전이 오갔다.[63]

황제는 일본의 요구는 대한제국을 아프리카의 토후국土侯國이 되란 말이냐는 반문으로 시작하여 일본의 요구는 결코 받아들일 수 없다고 하였다. 이 일은 "중대하여 나 혼자 이를 재결할 수 없는 것으로서, 짐이 정부 신료에 자순咨詢하고 또 **일반 인민의 의향**도 살펴야 한다"고 말하였다. 이에 이토는 "귀국은 헌법정체가 아니라 만기萬機가 모두 폐하의 친재親裁로 결정되는 이른바 **군주 전제국기**디. 그런데도 인민 의

---

62) 이 절의 서술은 주로 각주 59)의 이태진, 《일본의 한국병합 강제 연구—조약 강제와 저항의 역사—》 중의 해당 장, 절에 근거하고 달리 주의가 필요한 부분에만 주석을 붙인다.

63) 이태진, 위의 책, 174~179쪽. 《주한일본공사관기록》 25. 1905년 12월 8일자, 韓國特派大使 伊藤의 復命書, 별지. 奉使記事摘要, 부속서 제2호 '伊藤大使 內謁見始末'

향 운운하는 것은 바로 인민을 선동하여 일본에 대해 반항하려는 것으로 추측할 수밖에 없다."고 위협하였다. 이에 황제는 "그런 뜻이 아니다. 직접 **민론民論**을 듣겠다는 뜻이 아니라 **우리나라(俄國)에 중추원**이란 것이 있어서 중대한 일은 일단 그 의견을 듣는 제도이기 때문에 짐이 정부와 의논함과 동시에 이에도 자순해야 한다는 뜻이다."라고 답하였다.

지금까지의 검토로 볼 때, 이토 히로부미가 한국을 '군주 전제국가'라고 한 것은 독단이다. 반면에 인민의 의향, 민론, 이와 관련한 중추원 제도에 관한 황제의 언급은 1895년 이래의 조선, 대한제국의 정치제도 발전을 근거로 한 것으로 틀린 것이 없다. 군주는 1895년 3월 25일자로 사헌부, 사간원, 홍문관을 없애고 대신 중추원을 세워 군주에 대한 자순 기능을 가지게 하였다. 그러나 중추원은 정치적으로 위상이 유동적이다가 1898년 11월 2일 독립협회의 요구로 의회의 기능을 부여받았다.

앞에서 언급하였듯이 독립협회는 1896년 2월 이후 군주가 나라를 자주 독립국으로 일신하기 위해 관부만 아니라 민간의 협력이 필요하여 조직되었다. 그런데 1년 남짓 지나면서 협회가 반러시아 운동을 펼치면서 단체의 성격이 바뀌어 가고 있었다. 그사이 일본공사관은 1895년에 일본 게이오 의숙을 다녀온 '관비 유학생'으로 귀국한 자들을 골라 독립협회의 주요 회원이 되게 하고, 그들을 종용하여 이 운동을 펼치게 하였다.[64] 대한제국의 황제권 흔들기가 목표였다. 1898년 봄부터 이 흐름은 반정부운동으로 이어졌다. 이해 4월부터 7월 사이에 여러 차례 거행된 만민공동회에는 주한 일본공사관의 입김이 크게 작용하고 있었다.

---

64) 이하 독립협회의 변질과 만민공동회 등의 반정부 시위에 대해서는 이태진 앞의 책, 《고종시대의 재조명》 서장의 2-3)의 '독립협회의 의회개설운동과 대일의존성'에 의거한다.

한일협약론, 일본 추밀원식의 의회제도 시행, 양위 음모 사건, 독차사건, 대신 해임 촉구대회 등은 모두 대한제국 황제권 흔들기 성격을 농후하게 가지고 있었다. 독립협회의 회원들 사이에 황제 중심체제 유지와 내각체제로의 전환 두 가지로 의견이 나뉘었다. 후자는 곧 일본공사관의 조종을 받는 부류가 내세운 것으로 이들은 정부와의 협상을 거부하는 태도를 일관하였다. 황제 측은 독립협회의 이러한 동향이 달갑지 않았지만, 10월 29일의 관민공동회가 제시한 〈헌의獻議 6조〉를 수용하는 방향에서 11월 2일자의 칙령 36호로〈중추원 관제개정건〉을 반포하였다.[65] 이 개정으로 중추원에 부여된 '심사의정審査議定'의 권한 사항은 다음과 같았다.

1. 법률, 칙령, 제도 폐지 개정에 관한 사항
2. 의정부를 거쳐 상주上奏되는 일체의 사항
3. 칙령으로 의정부가 자순諮詢하는 사항
4. 의정부가 임시 건의에 대하여 자순하는 사항
5. 중추원에서 임시 건의하는 사항
6. 인민이 헌의獻議하는 사항

이상은 황제, 정부 측이 협회의 요구를 크게 양보, 수용한 것이었다. 가장 중요한 것은 중추원이 직접 건의하는 권한을 가지게 된 것, 의관議官 50인 가운데 25인을 인민협회가 선출하도록 하면서 "현금現今 간에는 (인민선거는) 독립협회로서 행하게 한다"(제3조, 제16조)고 한 점이다. 독립협회에 대한 이런 우대는 '관민공동회'가 정부 대신들을 초청하여 이루어진 형식을 취하였기 때문이었다. 그러나 곧 그것이 정부 대신들에 대한 강압 속에 이루어진 사실이 드러나고, 또 궁극적으로 황제

---

65)《고종실록》해당 연월일조.

권 무너트리기라는 의견이 많이 제기되어 황제는 11월 14일 독립협회를 비롯한 모든 협회에 대해 혁파 명령을 내렸다. 친일 성향의 지도자 17인 구속도 동시에 이루어졌다.

이후에도 황제는 독립협회를 개선하여 유지시키려는 뜻이 없지 않았다. 11월 26일 인화문(仁化門, 경운궁 남문) 앞 집회에 황제가 직접 임석하여 민권뿐 아니라 국권도 중요하다는 것을 일깨우면서 자제를 촉구하였다. 이 집회 후 다수 회원은 자제하는 쪽으로 돌아섰지만, 일본공사관의 사주를 받는 계열은 12월에 들어서 다시 집회를 열어 토론회를 개최하였다. 그러나 참석자는 총 회원 4,173명 가운데 271명에 지나지 않았다. 이들은 회장(윤치호)의 만류에도 아랑곳하지 않았다. 6일, 8일, 15일, 24일에도 잇따라 집회가 열리거나 계획되었다. 심지어 정부의 탄압에 대비한다고 하면서 빈민 1,200명을 고용하여 '목봉'을 휴대하게 하였다. 정부는 더 관용할 수 없어서 21일 군대를 동원하여 해산시켰다.

독립협회의 해산으로 중추원의 관제는 개정될 수밖에 없었다. 이듬해 1899년 5월 22일자 〈중추원 관제 개정건〉은 이전의 관제에서 독립협회에 관한 언급을 모두 지웠다. 의관 50인 가운데 10인은 황제가 직접 임명하고(勅任, 의장 부의장 2인 포함) 나머지 40인은 추천을 받아 임명(奏任)하는 것으로 바꾸었다.[66] 이 규정은 1905년 2월 26일자로 다시 내용이 크게 바뀌었다. 러일 전쟁 후의 국정 상황의 변화 탓인지 의관이라는 명칭을 참의(參議)로 바꾸고 그 수를 칙임 15인으로 대폭 줄였다. 의관의 건의 권한도 없앴다. 그러나 나머지 국정에 관한 '심사 의정' 기능은 그대로 유지하였다.[67] 1905년 11월 15일, 황제가 일본의 특명전권대사 이토의 폐현을 받고 '중추원의 의견을 들어야 한다'고 거론

---

66) 《의안·칙령(상)》 서울대학교 도서관, 1991. 461쪽. 의관은 봉급을 받았다. 의장 100원, 부의장 70원, 칙임의관 40원, 주임 의관 1급 30원 2급 25원.
67) 《칙령(하)》서울대학교 도서관, 1991, 16~17쪽.

한 것은 근거가 없는 것이 아니었다. 그때 중추원은 규모가 줄었지만, 의정부 회의를 중심으로 이루어지는 국정에 대한 '심사의정'의 권한을 유지하고 있었다. 국가의 주권에 관한 사항이면 더 말할 것도 없다.

1907년 11월 16일에는 이토 히로부미 특사 대신 한국주차군사령관 하세가와 요시미치長谷川好道가 나섰다. 용산에 주둔한 주차군의 중장비 병력을 한성(서울) 성내로 진입시켜 종로, 남대문을 행진하면서 무력시위를 벌였다.[68] 다음 날, 17일에는 주한일본공사관 공사 하야시 겐조林權助가 한국 대신들과 황제를 상대로 이토 대사가 가져온 협약에 대한 동의를 강제하였으나, 한국 측의 강한 반대를 뚫지 못하였다. 저녁 6시 30분 이후 이토 특사와 하세가와 사령관이 병력을 인솔하고 현장[重明殿]에 와서 대신들을 세워놓고 회의를 주재하면서 심한 압박을 가하였다. 지연을 거듭하는 가운데 학부대신 이완용李完用이 "한국이 부강해질 때까지"라는 조건부를 제안하자 이토는 약속이나 한 듯이 이를 반영하는 조약문을 재작성하게 하고 일본 관헌이 한국 외부대신의 관인을 헌병의 호위 아래 가져와 날인하였다. 이토 측은 황제의 비준에 대한 기대는 무망하다고 판단하여 이 서명 날인으로 조약이 성립한 것으로 단정하고 물러났다. 일본 측의 관료, 병력이 모두 물러났을 때는 하루를 넘겨 18일 오전 1시 30분을 지나고 있었다.

(2) 사회단체 잡지의 '국민' '국가' 관련 논설 범람

일본제국은 대한제국에 대해 '보호조약'을 강제하여 1906년 1월에 서울에 통감부를 설치하였다. 통감부는 외교권 대행을 구실로 설치되었

---

68) 한국주차군사령관 하세가와 요시미치의 이 특별한 시위에 관해서는 이태진 앞의 책, 《일본의 한국병합 강제 연구─조약 강제와 저항의 역사─》, 416~420쪽 참조. 1911년 《明治三十七八年戰役陸軍政史》 제8권에 수록된 하세가와 사령관이 대본영에 올린 〈보호조약 보고〉에 근거한 시위 현장 광경이 처음 소개되었다. 관련 자료 획득에 稻葉千晴 교수의 도움이 있었다.

지만 실제로는 '시정개선협의회施政改善協議會'를 통해 내정에도 깊이 간여하였다. '시정개선'의 이름으로 대한제국이 그동안 수행해 온 각종 근대화 사업을 일본 측으로 넘기거나 탈취하면서 식민지 체제 확립을 위한 제반 조사와 제도를 수행하거나 고쳤다. 대한제국 황제는 이 상황을 타개하기 위해 1906년 8월로 예정된 제2차 헤이그평화회의에 특사를 파견하여 '보호조약'이 불법적으로 강제된 것을 알리고 이를 무효화시킬 것을 요청하고자 하였다. 일본 정부는 '보호조약' 강제 후, 대한제국 황제가 헤이그 평화회의의 첫 소집자로서 제2차 회의에도 초청권을 가지고 있는 러시아 황제로부터 대표 파견을 요청받고 있는 사실을 뒤늦게 알고 이를 저지하기 위해 회의를 1년 연기시키는 운동을 폈다.[69] 그리하여 회의는 해를 넘겨 1907년 6월에 열렸다.

대한제국 황제는 한국 대표의 참석이 어렵게 된 것을 알면서도 3인의 특사를 보내어 기자회견을 통해 조약의 불법성을 폭로하게 하였다. 이 사실이 현지의 신문을 통해 대대적으로 보도되자 통감 이토 히로부미는 한국황제를 강제로 퇴위시키고 군대도 거짓 조칙으로 강제로 해산시켰다. 해산당한 군인들이 각지에서 각계각층의 국민과 함께 주권 회복을 위한 항쟁을 벌였다. 통감 이토는 한국주차군만으로는 이를 진압하기 어려워 본국 정부에 1개 사단의 증파를 요청하였다.

〈표 1〉은 바로 이 시기에 여러 사회단체가 창간하여 발행한 단체의 잡지에 관한 정보를 정리한 것이다. 단체의 발족과 잡지의 간행은 거의 동시적이라고 보아도 무방할 정도로 각 단체의 활동은 잡지 발행에 집중되어 있었다. 이 표에 제시된 잡지 이전에 1895년에 일본 게이오 의숙에 파견된 '관비 유학생'들이 1896년에 간행한 《친목회 회보》가 있다. 이 잡지는 한국 근대 잡지의 효시를 이루는 것이지만 1896년 2월, 6월,

---

69) 이태진, 위의 책, 《일본의 한국병합 강제 연구─조약 강제와 저항의 역사─》, 192~193쪽.

<표 1> '보호국' 강제 시기의 각 사회단체 잡지 일람

잡지명	창간 시기	발간 단체	단체 역대 회장
(大朝鮮獨立協會會報)	(1896. 11. 30)	(獨立協會)	
大韓自强會月報	1906. 7. 31	大韓自强會	尹致昊
太極學報	1906. 8. 24	太極學會	張膺震, 金志侃
西友	1906. 12. 1	西友學會	鄭雲復
大韓留學生會學報	1907. 3. 3	大韓留學生會	尙灝, 崔錫夏, 崔麟, 朴勝彬
大東學會月報	1908. 2. 25	大東學會	申箕善
大韓學會月報	1908. 2. 25	大韓學會	崔麟, 李恩雨
嶠南教育會雜誌	1908. 4. 25	嶠南教育會	李夏榮
大韓協會會報	1908. 4. 25	大韓協會	南宮檍, 金嘉鎭
湖南學報	1908. 6. 25	湖南學會	高鼎柱
西北學會月報	1908. 6.	西北學會	李東輝(공식창립까지 임시회장) 鄭雲復, 吳相奎
畿湖興學會月報	1908. 8	畿湖興學會	李容稙, 尹雄烈, 金允植, 洪弼周
大韓興學報	1909. 3. 20	大韓興學會	蔡基斗, 文尙宇, 李昌煥, 崔昌朝

10월 세 번 발행으로 그쳤다.[70] 관비 유학생 파견은 일본 정부가 친일 관료 양성을 목적으로 요청해 시행된 것이기 때문에 조선 군주가 1896 년 2월 러시아 공사관으로 '이필'하면서 제도 자체가 없어졌다. 1896년 말에 정부의 유학비 지급이 중단되어 유학생들의 일부는 미국, 유럽으로 떠나고 나머지는 대부분 귀국하였다. 이들 가운데 귀국한 일부가 조

---

70) 이하 《친목회 회보》에 관한 서술은 이태진, 앞의 책 《고종시대의 재조명》, 41~50 쪽에서 파악된 것에 의거한다.

연도	기사 수효		필자
	'국민'	'국가'	
(1897)	1	0	(〈국민〉 무명)
1906	3	3	〈국민〉 尹致昊 張膺震 蔡奎丙 〈국가〉 崔錫夏 海外遊客(2)
1907	9	11	〈국민〉 張弘植 尹孝定(2) 朴聖欽(3) 李亨雨 李東初 무명 〈국가〉 張志淵(2) 尹孝定 李圭正 崔南善 金成喜(3) 沈宜性 朴殷植 金鎭初
1908	11	21	〈국민〉 朴容喜 金成喜(3) 趙東肅 金甲淳 山雲生 李相稷 卞憲淵 尹榮鎭 呂炳鉉 〈국가〉 耕世生(2) 張道斌 洪聖淵 李漢卿 金翼瑢 金陵居士 李沂 金光濟 大韓子 玄采(3) 무명(8)
1909	9	13	〈국민〉 金成喜 洪弼周 趙琬九 朴海遠 金淇驤 盧義瑞 鄭國采 李豊載 春夢子 〈국가〉 鮮于〈金+筍〉(2) 溯考生 玄采(2) 盧義瑞 朴海遠 李鍾滿 法律讀書人 무명(4)
1910	1	0	〈국민〉 韓興敎
계	34	48	

선 주재 일본공사관에 포섭되어 독립협회를 통한 정부 비판 활동의 중심이 되었다. 〈표 1〉의 《대조선독립협회회보大朝鮮獨立協會會報》는 국내에서 간행된 잡지의 효시를 이루지만 1906년 이후에 간행된 다른 잡지들과는 성격을 구분 지울 필요가 있다. 〈표 2〉는 이 잡지들에서 '국민'과 '국가'의 문제를 주제로 내세운 글들의 수를 헤아려 본 것이다. 1907년 이후 그 수가 급증한 것을 한눈에 볼 수 있다.

이에 대한 고찰에 앞서 1895~96년 동안의 '관비 유학생'의 《친목회회보》(이하 《회보》로 줄임)의 상황을 먼저 살필 필요가 있다. 〈표 3〉에서 보듯이 국민, 국가를 주제로 한 논설 기사는 이미 이 회보 잡지에 등장하고 있었다. 1896년 유학생 가운데 소수가 귀국하여 독립협회에

〈표 3〉《친목회 회보》에 실린 국민, 국가 관련 논설 일람

연도 (호수)	기사 총수	국민, 국가 관련 기사 제목(면수)	필자
1895년 10월 제1호	12편	대조선군주국 형세여하(7.5)	(洪奭鉉)
1896년 3월 제2호	8편	친목회 회보 會旨 (1)	魚允迪
		一家一國에 一人의 關重 (4)	魚瑢善
		국민의 喜怒 (4)	申海永
1896년 10월 제3호	13편	국민적 대문제 (4)	洪奭鉉
		국가 진취의 여하 (1)	南舜熙
		정치의 득실 (2.5)	安明善
		정치가의 언행록(국민 원기 관련) (1)	尹世鏞
		국민의 의무 (2)	劉昌熙
		국민의 원기 消磨 方今 대우환 (8)	金鎔濟

입회한 사실을 상기하면 〈표 2〉의 《대조선독립협회회보》(1897)에 실린 '국민'이란 제목의 글은 《회보》의 뒤를 잇는 것으로 봐도 무방하다. 내용적으로 《회보》 제3호의 글들과 상통한다. 이렇게 보면 관비 유학생을 통해 표명된 국민, 국가에 관한 관심은 1906년 《대한자강회월보大韓自强會月報》가 간행되면서 비로소 이어져 나타나게 되는 것으로 파악된다. 이것이 의미하는 것은 무엇일까? 그사이의 기간에는 대한제국의 출범(1897), 근대적 도시 및 산업 시설, 구미 열강의 차관 유치 및 중립국 승인 외교, 지폐 발행을 위한 중앙은행 설립 추진 등이 있었다. 교육, 문화 면에서도 각급 신식학교의 개교, 몇 종의 신문 발행, 서양인들의 《한국소식Korean Repository》(1892년 창간, 월간) 발행 등이 없지 않았으나 근대적 정치사상을 보급하는 잡지류는 찾아보기 어렵다. 그 까닭에 대한 별도의 고찰이 필요하지만 독립협회 이름의 만민공동회, 관민공동회의 정부 및 황제권 흔들기가 끼친 영향도 없지 않았을 것으로 보인다.

《회보》에 실린 글 가운데 초기에는 관비 유학의 취지에 맞추어 '대

군주 폐하의 뜻'을 받들어 조선 국민으로서 임무를 다해야 한다는 것을 강조하는 경향이 강하였다(제2호 어윤적). 국가의 존재를 전통적 관념의 확장으로 '一家一國'을 위해 '一人'의 책무가 크다는 논지로 전개하기도 하였다(제2호 어용선). 즉, "우리 수천만 동포의 일가一家는 고려 반도라는 큰 집"은 군주가 "'원수부모元首父母'로서 통치권을 독람하여 엄밀한 가법家法을 의연히 동양에 현출하신즉 가국家國에 행복"이라고 기원하였다. 유학 초기에 국내에서 가졌던 '민국' 이념을 담아 유학에서 해야 할 일을 모색하는 느낌을 준다.

국민, 국가를 직접 내건 글들도 초기에는 애국심을 강조하는 단문이 대부분이다. '공의여론公議輿論만이 국민에 감흥을 줄 수 있다'든가(제2호 신해영), 국과 민의 관계를 논하면서 대조선국 동포의 신민臣民으로서 애국을 하기 위해 지금까지의 육예六藝 대신에 상무, 공예, 무략과 어학 등을 교육해야 한다고 주장하는 것이(제3호 南舜熙) 하나의 단계를 이룬다. 제3호에 실린 나머지 글들은 정치학 이론의 비중이 상대적으로 높다. 입헌정체와 전제정체의 차이, 즉 전자는 중치정부衆治政府로서 국회의 대의정치를 요건으로 하는 반면, 후자는 독단정부獨斷政府로서 "영명, 선량한 군주의 인정仁政"에 의존하는 차이를 지적하고, 동양에서 일본만이 전자를 달성하고 있으나, 유래한 서법(西法: 서양의 법제)과는 다른 점이 많다고 하였다. 그 까닭은 종교와 문화의 차이라고 짚기도 하였다(安明善). 정치가를 국가 원기元氣의 대표라고 그 중요성을 지적하거나(尹世鏞), 국國이 무엇인지를 자문하면서 "만인의 공중公衆을 이름이라"고 전제하면서 국에는 1인만이 있느냐, (아니다) 만인이 있으니 "만인이 공정한 의무를 각자 애호하여 국세를 공고하고 민권을 확장하여 자주 독립을 확건함이 국민의 공정한 의무"라고 갈파하기도 하였다(劉昌熙). 마지막 글은 일본과 우리나라를 비교하였다. 일본은 30년 동안의 혁신으로 전쟁을 일으켜 국세를 확장하고서도 모자라 정치,

외교, 교육, 군비, 상업의 부족함을 혁신하기 바쁜 것에 견주어 우리 조선은 크게 뒤떨어져 있는 형세를 지적하고 "사심을 없애고 공심公心을 양성하며 원기, 예기銳氣를 진작하여, 정치, 외교, 재정, 산업, 상권, 학무, 기예를 열심 진취하여 국권을 확립하고 국세를 확장하여 조선의 형세와 동양의 형세를 만세에 유지하기"를 역설하였다(金鎔濟).

제3호에 실린 다수는 반성의 뜻을 담았으나, 일본 측 인사들의 미끼가 될 소지도 없지 않았다. 특히 마지막 글이 그렇다. 메이지 일본에서 서양의 지식이 전해지면서 민권운동과 의회개설 운동이 일어났다. 그러나 이 흐름은 1880년대 천황제 국가주의로 체제가 정비되면서 '국민'이란 말을 사용하지 않을 정도로 변한다. 황족, 화족華族, 사족士族, 평민의 신분제 아래 천황의 신민臣民만이 존재하였다. 관비 유학생이 일본으로 간 시기에 이미 국가주의 체제가 자리 잡고 있었다. 위 글 가운데 일본의 입헌정체가 서양과 많이 다르다는 바른 지적이 있기도 하지만 일본과 조선을 비교한 글의 논지는 위험스럽다. 이런 부류가 귀국 후, 일본공사관의 사주를 받아 독립협회를 왜곡시키는 앞잡이 노릇을 하게 되는 과정이 추론된다.

1907년 이후 여러 사회단체의 잡지에 실린 글들은《회보》의 글들을 각기의 방향에서 더 발전시킨 것으로 보인다. 이에 대해서는 별도로 고찰할 필요가 있지만 대한제국의 '문명 진보'를 위해 실제로 추진되었던 것에 견주어 선도적 역할이 과연 어떤 것이었는지도 살펴볼 필요가 있다. 10년을 격한 시점의 잡지로서 위《회보》와의 큰 차이는 자연과학의 글이 다수 실리고 있는 사실이다.《회보》는 단명에 그친 탓인지 자연과학에 관한 글은 찾아볼 수 없다. 그러나 1896년의《대조선독립협회회보》를 비롯해 1907년부터 발행되는 잡지에는 자연과학에 관한 글이 많이 등장한다.[71]

국민에 관한 글들은 1907년 2월 국채보상운동에서 이미 '국민의무'

로서 배상운동의 취지로 밝힌 만큼 잡지 글들의 선도성은 인정받기 어렵다. 다만 깊이와 수량에 큰 진전이 있었던 것은 의미가 있다. 그 가운데는 새로운 '국민사상'과 종래의 '민국사상'의 차이를 지적한 것도 발견된다. 《대한자강회월보》 제6호에 실린 〈국민의 정치사상〉(윤효정)은 "가만히 생각하건대 금일의 아국我國은 지난날의 아국이 아니오 내외의 교통이 빈번함에 따라 민국사상民國思想이 변화하는 상태를 면치 못할 것이니 국민의 사상이 일변하기에 이르면…"이라고 하였다. 논자는 분명히 이전의 민국사상과 새로운 국민사상의 차이를 지적하고 있다. 1907년은 여러모로 보아 민국 정치 이념이 시대의 변화 속에 종지부를 찍는 시점으로 간주된다.

4. 1909년 3월 태황제(고종)의 주권 이양 선언

1907년 7월 일본 정부가 대한제국 황제(고종)를 강제로 퇴위시키고 8월에 황태자를 황제의 위에 올리는 절차가 진행되었다. 그러나 새 황제가 거의 움직이지 않다시피 하자 통감 이토는 영친왕英親王을 인질로 일본으로 데려가는 정책을 썼다. 퇴위 당한 황제가 11월 15일에 종묘를 다녀온 뒤 18일에 비로소 새 황제가 종묘를 찾아 즉위를 서고誓誥하는 의식을 치렀다. 한편, 1908년부터는 각지에서 의병이 봉기하여 전국이 전쟁 상태가 되다시피 하였다.[72] 일본 육군 통계에 따르면 1908년 한

---

71) 김연희, 〈서양과학의 도입: 格致에서 과학으로의 전환을 위한 변주〉, 2018년 11월 근대사연구회 발표.
72) 이하의 의병 투쟁과 순행에 관한 서술은 이태진, 앞의 책 《일본의 한국병합 강제 연구 ―조약 강제와 저항의 역사―》 제5장 '한국의병의 봉기와 통감 이토의 사임'에 의거한다.

해의 교전 회수는 무려 1,976회, 참전 의병수는 82,767명이나 되었다. 통감 이토는 국제사회를 상대로 한국인들은 일본의 보호국이 된 것을 환영하는 것으로 거짓 선전해 두었으므로 본국으로부터 무한정 병력을 동원해 올 수도 없었다. 본국 정계에는 포츠머스 강화조약 후 바로 한국 병합을 주장한 강경파가 이토의 '보호국 정책'을 지켜보고 있었기 때문에 이를 의식하지 않을 수도 없었다. 그는 한국인들에게 유화정책을 써 보기로 작정하였다. 한국정부와 통감부의 공동행사로 한국황제가 남, 북 지방을 기차를 이용하여 순행巡幸하는 행사를 벌이기로 하였다. 자신이 황제를 잘 모시고 있다는 것을 보여주면서 저항의 기세를 완화시켜 볼 속셈이었다.

1909년 1월 7일에서 12일까지 6일 동안 대구, 부산, 마산을 다녀오고〔南巡〕, 1월 27일부터 2월 3일까지 8일 동안 평양, 의주, 개성을 다녀오기로 하였다〔西巡〕. 순행은 당초부터 통감 이토 히로부미의 고육지책이었지만 실제로도 잃은 것이 더 많았다. 이 이벤트는 예상과는 달리 그가 통감의 직을 사임하는 계기가 되었다. 사전에 통감부와 타협을 한 것인지 황제는 순행길의 고을마다 배출된 충신 열사가 있으면 관리를 보내 그 사당에서 제사를 올리게 하였다. 남순에서는 이순신, 조헌, 정발, 송상흠 등 임진왜란의 영웅, 유공자들의 사당에 치제관을 보내고, 서순에서는 호란 때의 유공자, 기자묘, 동명왕릉에 제사를 올리고 심지어 단군릉을 찾게 하였다. 서순에서 굳이 의주의 선조대왕 파천 행재소를 찾은 것은 오늘의 국가적 고초에 귀감을 삼으려는 뜻이었다. 무엇보다도 거대한 환영인파가 문제였다. 《황성신문》 보도에 따르면, 남순 때 대구에서는 2천, 부산에서 "항구를 가득 메운 인파", 마산에서 3만이라고 한 인파가 서순에서는 숫자가 껑충 뛰어 10만을 헤아렸다. 평양은 왕래 길에서 모두 10만을 넘었다고 하고, 귀경길의 마지막 주필지駐蹕地인 개성에서도 10만이었다. 이토는 여러 수단으로 이를 꺾어보려 하였지만 번번히 실패하였다. 태극기와 일장기를 함께 들고 나오는 것으로 약속했지만 일장기를 흔드는 사람은 거의 찾아볼 수 없었다.

2월 3일에 서울로 돌아온 다음 날 그는 동행한 대소 고하의 일본인 관헌을 통감 사저에 초청하여 연회를 베풀었다. 그다음 날에 10일 무렵 이토 통감이 본국으로 돌아간다는 보도가 신문에 났다. 실제로 그는 8일에 창덕궁으로 한국황제를 찾아 인사를 한 뒤, 10일에 서울을 떠났다. 그는 도쿄 근처의 오이소大磯의 별저에 칩거하다가 4월 23일 천황을 찾아 통감 사임의 뜻을 표하였다. 5월에 부통감 소네 아라스케曾彌荒助가 후임으로 정해져 7월에 다시 서울로 와서 인수인계를 마치고 돌아갔다.

통감 이토 히로부미가 사직을 결심하고 서울을 떠난 뒤 한 달이 조금 지난 시점인 3월 15일자로 태황제(고종)가 〈서북간도 및 부근 각지의 민인등처에 효유한다諭西北間島及附近各地民人等處〉는 칙유문을 내렸다.[73] 예의 국한문 혼용체로서 매우 심각하면서도 중요한 내용을 담고 있다. 전문을 현대문으로 옮겨 제시하면 아래와 같다.

　　태황제가 말한다. 슬프다! 짐이 조종祖宗의 크고 큰 터전을 이어받아 지워진 짐을 이겨내지 못하고 이렇게 낭떠러지에 떨어졌으니 나 한 사람에게 죄가 있어 후회해도 다할 수가 없도다. 짐이 참으로 부덕하니 너희 만성萬姓이 누가 나를 믿고 따르겠는가. 짐이 참으로 부덕하여 민이 기대지 못거니와 생각건대 나의 조종은 그래도 너희의 선철왕先哲王이며, 너희의 조선은

---

73) 이 효유문은 이태진, 앞의 책《일본의 한국병합 강제 연구−조약 강제와 저항의 역사−》제1장 2−1) '대한제국 조약 원본의 압수'에서 다룬 자료에서도 확인된다. 즉 1910년 5월 통감부가 압수한 고종황제의 주요 보관 문건 목록 가운데 甲号 一의 四〈西北間島及附近各地民人等處에 對한 太皇帝의 密諭〉란 문건이 들어 있다. 따라서 원본은 현재까지 확인이 되지 않지만, 한국학중앙연구원의 장서각藏書閣 왕실 도서관에 필사 부본이 전한다.《宮中秘書 全 V.1》(이왕직실록편찬회, 1927)에 수록되어 있다. 압수 문건에 효유문이 들어 있는 것은 실제로 효유문이 해당지역에 보내졌을 가능성을 의미한다.

〈그림 2〉태황제의 효유문 첫 장(오른쪽)과 마지막 장. 원본은 1910년 5월 고종황제 소장 문건(조약 원본 및 각종 사업계약서) 250여 점이 통감부에 압수될 때 이에 포함되어 현재 실종 상태이며, 1927년 고종태황제실록 편찬 때 작성된 것으로 보이는 《궁중비서》에 등사본으로 남아 있다. 한국학중앙연구원 '장서각 원문이미지 서비스'(http://jsgimage.aks.ac.kr/jsgimage)에서 컬러이미지를 열람할 수 있다.

나의 조종의 어진(良) 신민臣民이 아니던가. 멀리 단군과 기자에서부터 팔역八城을 차지하여 신라에 이르고 고려에 이르고 대한大韓에 이르렀느니라.

슬프다! 짐이 너무 상심하여 차마 말을 못하노라. 꿈틀거리던 도이島夷가 긴 뱀(長蛇)이 되고 큰 멧돼지(封豕)가 되어 우리 팔역을 삼키고 또 흉한 무리가 이利를 쫓고 세勢에 붙어 너희 만성을 짓밟고 으깨어 절단냈다. 슬프다! 짐의 얼굴이 두껍고 겸연쩍다. 짐이 제왕帝王이 아니던가, 짐이 재위 45년에 참으로 하늘의 뜻에 부합치 못하고(格天) 은혜 배품이 민에 다하지 못하여 스스로 그 패배를 재촉하였다.

(그래도) 이미 망했다고 말하지 말자. 너희 만성이 있느니라. 훈訓에 있기로 민유방본民惟邦本이라 하니, 이는 나 한 사람의 대한이 아니라 실로 너희 만성의 대한이니라. 독립이라야 국이며, 자유라야 민이니, 나라는 곧 민이 쌓인 것(積民)이오 민은 바로 선량한 무리(善群)이다.

오호라! 너희는 지금 하나가 되어 그 심력을 우리 대한을 광복하는 데 써서 자손만세에 영원히 의뢰케 하라. 너희 몸(體)를 튼튼히 하고, 너희 피를 뜨겁게 하고, 너희 배움을 닦아 그 기器에 채우거든(藏) 때를 기다려 움직이고 함부로 덤비지〔妄躁〕 말며, 게을러 늘어지지 말며, 너무 나서지도 뒤지지도 말고, 그 기회를 적중시키되 반드시 모험하면서 인내하다가 마지막에 대훈大勳을 이루라.

오호라! 어찌 내가 일깨운다〔有誥〕는 말을 할 수가 있겠는가. 짐은 참으로 부덕하다.

開國 五百十七年 三月 十五日
太皇帝

태황제는 일본의 침략으로 나라를 잃게 된 상황에 대해 무엇보다도 자신의 부덕을 자책하였다. 내가 부덕하여 누구보고 일깨운다는 말을 할 수가 없는 처지라고 말하기까지 하였다. 주요한 것은 대한이 나의 것이 아니라 너희 만성의 것이라고 하고, 나라는 독립이라야 하고, 민은 자유라야 한다고 하면서 자유의 민이 쌓여서(모여서) 나라가 되는 것이라고 밝힌 점이다. 이에 더하여 "민은 선량한 무리라"고 천명하였다. 민 곧 국민이 대한의 주인이라는 선언이다. 만성이 있으니 이미 망했다고 말하지 말자는 말은 처절하면서도 간절하다. 민이 몸을 튼튼히 하고, 피를 뜨겁게 하고, 배움을 닦아 기술을 높이자는 말은 일찍이 1895년 2월에 나라의 중흥을 위해 내세운 3육育 교육의 조서를 연상하게 한다. 그의 여망대로 민은 이미 의무를 앞세우는 국민이 되어 있었다.

1908년에 각지에서 일본군과 싸우던 의병들은 1월 순행 기간에는 총부리를 거두었다. 그러나 2월 초에 순행이 끝나자 의병들은 다시 일본군과 교전을 벌였다. 앞의 일본 육군 통계는 1909년 2월부터 6월까지 한국 의병과의 교전 회수를 1,738회, 참전 의병 수를 38,593명으로 기록하였다. 총을 든 그들은 이제 전날의 의병이 아니라 국민국가의 국군이었다. 이 시점 이후 전날의 의병에 해당하는 조직은 의군義軍이란 이름을 내세웠다. 1907년 7월 황제는 강제 퇴위당한 뒤 바로 간도에 나

<그림 3> 3월 1일 대한문 앞 광장, 대여 의식 연습(豫儀)이 끝난 뒤 만세시위에 들어가는 군중.
앞은 총독부 기관지《경성일보》건물(현 서울시청 자리).

가 있는 관리사 이범윤李範允과 그 동지들에게 군자금을 보냈다. 그 군
자금으로 조직된 병력을 '대한의군大韓義軍'이라고 이름하였다. 1909년
10월 26일 '하얼빈 대첩'을 지휘한 안중근安重根은 이 부대의 우장군이
었다.

　　1909년 3월 15일의 서북간도 및 그 부근 민인에게 내린 효유문은
곧 대한제국의 주권을 국민에게 넘긴 태황제의 통고 교서였다.[74]

5. 맺음말 -'대한大韓'의 노래와 합성

　　1909년 3월 15일지 태황제의 주권 이양 선언은 왜 서북간도 및 그
부근의 민인들을 대상으로 했던가? 광무황제의 망명설과 무관하지 않

---

74) 근대국가로서의 대한제국에 대한 연구로 황태연, 《백성의 나라 대한제국》(청계,
　　2017)이 있다. 워낙 방대한 연구 작업이어서 이 논문에서는 언급할 자리를 찾지
　　못했다.

을 듯하다. 통감 이토 히로부미에 의해 강제로 퇴위당한 직후 황제가
이곳으로 군자금을 보내 '대한의군'을 창설하게 한 것으로 보면, 이곳으
로 가서 스스로 항일 투쟁의 구심이 될 계획이 없지 않았던 것 같다.
한편, 광무제는 일본제국의 형세로 볼 때 주권 회복이 조기에 달성될
수 있을 것으로 인식하지 않았던 것도 사실이다. 효유 교서가 튼튼한
몸, 뜨거운 피, 꾸준한 배움을 강조하면서, 서둘지 말고 인내하면서 투
쟁하여 마지막에 큰 공(大勳)을 세울 것을 당부한 점이 그렇다. 모두
"하나가 되어 그 심력心力을 우리 대한大韓을 광복하는 데 써서 자손만
세子孫萬世에 영원히 의뢰케 하라"고 마무리 지은 것도 긴 시간의 투쟁
을 의미한다.

안중근은 1910년 2월 여순 법정에서 자신의 신분을 '대한의군 참모
중장'으로 밝히면서 자신에게 적용할 법은 국제법의 〈육전 포로에 관한
법〉일 뿐이라고 진술하여[75] 공판 자체의 부당성을 짚었다. 그러나 2월
14일에 사형 선고를 받고서도 상고를 하지 않았다.[76] 그 순간 일본의
한국 통치를 스스로 인정하는 우愚를 범하지 않겠다는 각오였다. 그 대
신 그는 3월 26일 순국할 때까지 40일 남짓 50여 점의 유묵遺墨을 써
서 남겼다. 유묵들은 하나의 구성 틀을 가지고 있었다. 남기고 싶은 글
귀를 쓴 다음, 쓴 시기와 장소, 쓴 사람(안중근)을 밝히고 끝에 약지가
잘린 왼손바닥 지장을 눌렀다. 쓴 시기는 경술(庚戌, 1910) 2월 또는 3
월로 되어 있다. 2월과 3월은 사형 선고를 받은 뒤 순국할 때까지의 기

---

75) 이태진, 〈안중근 −불의와 불법을 쏜 의병장−〉,《한국사시민강좌》 30, 일조각,
　　 2002.
76) 안중근에 관한 이하의 서술은 다음 논문 참조. 이태진, 〈안중근의 하얼빈 의거와
　　 고종황제〉,《영원히 타오르는 불꽃: 안중근의 하얼빈의거와 동양평화론》, 이태진·안
　　 중근하얼빈학회, 지식산업사, 2010(〈日譯〉《安重根と東洋平和論》, 監譯: 勝村誠·安重
　　 根東洋平和論硏究會, 日本評論社, 2016).

간이다. 그다음에 쓴 장소는 하나같이 "여순 옥중에서[於旅順獄中]"이며, 끝에 "대한인 안중근이 썼다(大韓人 安重根 書)"고 적었다. 태황제는 교서에서 "나 한 사람의 대한大韓이 아니라 실로 너희 만성萬姓의 대한大韓이니라"고 선언하였듯이 1909년 3월 15일 이후 모든 한국인은 이제 대한제국 황제의 신민臣民이 아니라 주권의 주체로서 '대한인大韓人'이 되었다. 안중근 자신이 과연 이런 분별을 의식했는지를 확인하기 어려우나, 쓴 사람을 '대한인 안중근'으로 밝힌 것은 결과적으로 적확한 표현이다.

안중근의 유묵 가운데 대한제국 대원수大元帥 광무제를 의식한 것이 3점이 있다.[77] "위국헌신爲國獻身 군인본분軍人本分", "임적선진臨敵先進 위장의무爲將義務" 2점은 군인으로서 본분을 다하는 의지를 담았다. "나라를 위해 몸을 바치는 것은 군인의 본분"이라고 하고 또 "적을 만나 먼저 (싸우려고) 나아가는 것은 장수된 자의 의무"라고 쓴 것은 자신이 한 일을 표현한 느낌을 강하게 준다. 안중근의 유묵은 대부분 끝에 "安重根 書"라고 썼지만 "安重根 謹拜" 곧 "안중근이 삼가 드린다"고 쓴 것이 4~5점 있다. 예컨대 "贈安岡檢察官" 즉 "요시오카 검찰관에게 드린다"고 한 것이 몇 점 있다. 그런데 머리에 받는 이가 표시되지 않았는데도 '謹拜'라고 한 것이 3점 있다. 군인과 장수의 본분과 의무를 밝힌 위의 2점, 나머지 1점은 다음과 같은 시구이다.

천 리 밖에 있는 임금을 걱정하니思君千里
바라보는 내 눈이 허공을 뚫으려 한다望眼欲穿
작은 충성 표하였으니以表寸誠
저의 충정을 저버리지 마소서幸勿負情

---

77) 이태진, 〈안중근의 옥중 유묵 3점의 비밀〉, 《월간 중앙》, 2012년 6월호.

이 시구는 멀리 한성(서울)에 있는 황제를 걱정하면서[思] 자신이 해야 할 일을 다 하고 떠난다는 하직 인사의 뜻을 담은 것이다. 앞의 2점과 합치면, '대한의군'의 군인으로서, '장군'으로서 할 일을 다 하고 떠난다는 하직의 뜻을 황제에게 올리는 의미로 "謹拜(삼가 드린다)"라고 쓴 것으로 풀지 않을 수 없다. 안중근은 2월 14일 사형 선고를 받자마자 법원장 면담을 신청하여 17일에 히라이시 우진도平石氏人 법원장을 대면한 자리에서 이토 히로부미의 허세와 허위를 비판하면서 그가 "우리 총명한 황제를 이기지 못하여 강제로 퇴위시키고 그보다 못한 현 황제를 대신 자리에 올린" 것이라고 언급하였다.[78] 광무제 고종에 대한 안중근의 인식에서는 부정적 인식이 한 점도 보이지 않는다. 오늘날 널리 퍼져 있는 '바보 군주 고종'이란 인식은 그 후 어느 시기에 일제에 의해 조작된 것이란 사실을 새삼 확인시켜 준다. 안중근은 대한제국 국군의 지휘관으로서 최고 사령관인 대원수 황제에게 경의를 표하면서 3점의 유묵에 하직 인사의 뜻을 남긴 것이다.

1909년 3월 15일 주권 이양 효유 교서 이후 애국가에도 변화가 생겼다. 1901년 가을에 광무제는 시위대에 군악대(양악대)를 창설하기로 하고 독일인 에케르트(Franz Eckert, 1852-1916)를 지휘자로 초빙하였다. 1902년 1월 27일 황제는 문한文翰 몇 사람에게 애국가의 가사를 짓게 하고, 에케르트가 그 가사를 받아 곡을 붙여 대한제국 애국가가 탄생하였다.[79] 가사는 다음과 같다(현대문 풀이).

　　상제는 우리 황제를 도우사,

---

78) 안중근의사 기념관 편, 《동양평화론》 2018, 46쪽.
79) 민경찬(책임연구원)·서영희·이유기·김영관·안태홍·최창언, 《대한제국 시대의 노래 -악보발굴 복원 보고서》, 사단법인 대한황실문화원, 2018. 11.

성수 무강하사

해옥주를 산같이 쌓으시고,[80]

위권이 환영에 떨치사

오천 만세에 복록이 일신케 하소서,

상제는 우리 황제를 도우소서

상제上帝는 하느님, 하느님이 우리 황제를 도우시어 오래 장수하게 하신 가운데 그 위세와 권위가 세계(環瀛)에 떨치게 해달라는 염원을 담았다. 1910년 8월 이후 해외로 나가 독립운동에 나선 사람들은 이 가사를 군데군데 고쳐 각기의 애국가로 불러 광복의 날을 기약하였다. 다음은 그 가운데 하나로, 1914년 만주에 설립된 광성중학교에서 부르던 애국가이다.[81]

상제는 우리 대한을 도우소셔,

독립 부강하여

태극기를 빛나게 하옵시고

권위가 세계만방에 떨치어

어천만셰(於千萬世; 천만세에) 자유가 영구케 하소서

상제는 우리 대한을 도우소서

이 애국가에서는 '우리 황제'가 '우리 대한'으로 바뀌었다. 황제의 만수무강을 기원하는 대신에 우리 대한이 "독립 부강하여 태극기를 빛나게" 해 달라고 하였다. 태황제가 교서에서 바랐던 대로 황제에 대한 충

---

80) 해옥주: "바다가 뽕나무 밭으로 변할 때 마다 산算 가지를 하나씩 놓았는데 그것이 열 칸 집을 가득 채웠다"는 중국 고사에서 유래, 무병장수를 축원하는 표현. 위의 책, 3쪽.

81) 위의 책, 72~73쪽.

성이 '대한인'의 국민의식으로 바뀌었다. 고친 가사에 주권 이양 교서에서 국가와 국민의 기본 요건으로 언급했던 독립과 자유란 단어가 보이는 것도 주목된다.

1910년 이후 해외 각지에서 등장한 '국민회'란 명칭도 1909년 3월 15일의 주권 이양 교서 이후 퍼진 '대한인' 의식의 발로로 보지 않을 수 없다. '대한인 국민회'란 명칭이 대표적이다. 북미, 중남미, 하와이 등지에서 '대한인 국민회'가 조직되고 러시아령에서도 같은 이름의 조직이 등장하였다. 나라를 잃은 국민이 세계 각지에 흩어져 독립운동의 근거지를 마련하여 대한의 국민으로서 항쟁의 결의를 다지는 뜻으로 '대한인 국민'을 자랑스럽게 표시하였다.

끝으로 1919년 2월 1일 만주 길림에서 발표된 〈대한독립선언서大韓獨立宣言書〉를 보자. 이 선언서는 3월 1일 서울에서 나온 〈기미독립선언서〉와 구별하여 〈무오독립선언서〉로 불리기도 하지만 음력으로도 1월 1일이 되어 '무오년'이란 표기는 정확한 것이 못 된다. 미국 윌슨 대통령의 '14개조'의 민족자결주의, 광무황제의 '독살' 소문 등이 선언서 공표의 배경이 된 점은 마찬가지이다. 3월 1일자의 〈기미독립선언서〉가 당시 국내의 종교계, 사회단체를 대표하는 인사들을 중심으로 준비된 것과 달리, 이 선언서는 만주와 연해주 및 중국, 미국 등 해외에서 활동하던 독립운동가 39명의 이름으로 발표되었다. 전자가 비폭력주의를 내세워 국내외적으로 큰 파장을 불러일으킨 공로가 있었던 것은 사실이지만, 한편 후자가 1910년 이래 해외 각지에서 대한인 국민회를 조직하여 무력 항쟁을 펴오던 인사들의 뜻을 담은 것이란 사실도 높이 평가하지 않을 수 없다. 더욱이 후자는 1909년 3월 15일자 태황제의 주권이양 교서가 직접 거론한 '서북간도 및 부근각지'의 지도층이 다수 서명자에 포함되어 있는 사실도 유념하지 않을 수 없다. 이 선언서의 전문前文에 해당하는 부분을 옮기면 다음과 같다.

대한독립선언서大韓獨立宣言書

우리 대한大韓의 동족 남매와 세계의 우방 동포들이여. 우리 대한은 완전한 자주독립과 신성한 평등 복리로 우리 자손들에게 세대를 거듭하여 전하기 위하여 이에 이민족의 전제로 당하고 있는 학대와 억압을 벗고 대한민주民主의 자립을 선포하노라.

우리 대한은 예부터 우리 대한의 한韓이며 이민족의 한韓이 아니다. 반만년 역사의 내치와 외교는 한왕한제韓王韓帝의 고유한 권한이요 백만방리百萬方里의 높은 산과 아름다운 물은 한남한녀韓男韓女의 공유 재산이다. 기골과 문언이 아시아와 유럽에서 빼어나고 순수한 우리 민족은 능히 자신의 나라를 옹호하며 만방과 화협하여 세계와 함께 나아갈 민족이다. 한韓 일부의 권리라도 이민족에게 양보할 뜻이 없으며 한韓 일척一尺의 땅이라도 이민족이 점할 권한이 없으며 한韓 한 사람의 백성이라도 이민족이 간섭할 조건이 없으니 우리 한韓은 완전한 한인의 한韓이다. ……

선언서는 '대한' 의식이 투철한 것이 특징이다. 3월 1일자의 선언서가 '우리 조선' '조선민족'이란 지칭을 쓴 것과는 매우 대조적이다. 반만년 역사의 내치와 외교는 한왕한제韓王韓帝의 고유 권한이란 구절은 역사 승계의식을 뚜렷하게 보여준다. 서명자 가운데 이범윤, 정재관 등은 광무제로부터 직접 임무를 부여받은 경력의 소지자이다. 이범윤은 1900년대 초에 간도 관리사로 임명받아 현지에 임하였고, 정재관은 황제의 비밀 정보기관인 제국익문사帝國益聞社의 요원으로 샌프란시스코에서 《공립신보共立新報》를 창간하여 활동하다가 1908년 이곳에서 전명운, 장인환 의사가 일본 앞잡이 노릇을 하는 미국인 스티븐슨을 처단하는 사건을 주관한 인물이다. 이 거사 뒤, 이 지역 교민들의 국민회로부터 성금을 받아 블라디보스토크로 가서 거기서 대동공보사大同共報社의 주필급으로 활동하면서 하얼빈 의거에도 깊이 관여하였다.[82] 위 선언서의 작성자로 알려진 조용은(趙鏞殷, 소앙)은 1904년 6월 러일전쟁 중에 황실에서 특별히 선발하여 동경으로 보낸 '황실특파유학생'의 일원이었다.[83]

1919년의 독립만세운동은 3월 1일 서울에서 일어난 것이 중심이 될 수밖에 없었다. 그러나 해외에서 일어난 독립만세 선언운동이 합쳐져야 온전하다. 해외 독립운동은 일본제국의 '통치권' 바깥에서 어떤 굴절도 없이 역사 흐름의 본성을 온전히 하고 있다는 점에서 특별히 유념하지 않을 수 없다. 1919년 3~4월, 두 계통이 중국 상하이 프랑스 조계지에 모여 임시정부를 수립할 때 새로 세우는 나라의 이름을 두고 두 개의 요소가 함께 등장하였다. 임시헌법 기초위원들은 '조선공화국'이란 안을 준비했으나, 국회에 해당하는 의정원議政院에서 대한제국을 승계하는 민국으로서 대한민국이란 안이 제안되어 다수의 동의를 얻음으로써 대한민국이란 나라가 공식적으로 탄생하였다. 1909년 3월 15일 태황제의 주권 이양 선언 후 10년 만에 공식적으로 국민국가가 수립되었다.

---

82) 이태진·안중근하얼빈학회, 앞의 책 《영원히 타오르는 불꽃: 안중근의 하얼빈의거와 동양평화론》 참조.

83) 武井一, 《皇室特派留學生》 東京, 2005. 50여 명의 유학생 가운데 3.1독립만세운동에 깊이 관여한 최남선, 최린崔麟, 한상우(韓相愚, 대한인국민회 총무)의 이름도 보인다.

일본의 헌법체제 수립과 식민지 청산에 대하여

사사가와 노리카쓰(국제기독교대학ICU 명예교수)

1. 들어가며

현재의 일본 헌법은 〈일본국헌법〉(1946)이다. 그 전 헌법은 〈대일본제국헌법〉(1889)이었는데 통칭 〈메이지헌법〉이라 일컬어진다.

그리고 일본국헌법 제정에 대해서는 다음 사항이 중요하다. 첫째로, 일본이 연합국과 전쟁을 끝내기 위해 포츠담 선언(1945.7.26)을 수락(1945.8.14)한 점이다. 둘째로 일본은 무조건 항복 문서(1945.9.2)에 서명했고 미군의 맥아더가 연합국군 최고사령관이 되어 그 사무를 담당한 것이 총사령부, 즉 GHQ(General Headquarters)이다. 따라서 실질적으로 미군 지휘 아래 일본은 점령되었다.

GHQ는 여러 가지 일본 개조를 진행했는데 그중에서도 메이지헌법 개정문제는 중요하다. 그런데 헌법 개정 문제에는 이른바 전사前史가 있어서 이 전사가 메이지헌법 개정에 큰 영향을 주었다. 때문에 전사의 과제에서부터 일본국헌법 제정을 살펴봐야 할 것이다.

1. 포츠담 선언의 성립과정과 천황제

1) 포츠담선언과 천황제 존속

포츠담 선언은 미 국무성 내에서 있었던 논의에 뿌리를 두고 있다. 즉 대일전쟁의 방향을 어떻게 할 것인가에 대한 논의로부터 생겨났다. 이 논의의 처음에는 특정 명칭은 없었지만 1945년 5월에 히틀러 정권이 붕괴되고 독일에 승리한 연합국 수뇌 - 미국의 트루먼, 영국의 처칠(후에 애틀리로 교체), 소련의 스탈린 -가 7월에 독일 포츠담에서 회합할 때 그 명칭으로 불리게 되었다. 그리하여 만들어진 것이 독일에 대한 포츠담 협정이다. 한편 소비에트는 일본에 아직 전쟁선언을 하지 않았기 때문에 포츠담 선언에는 스탈린은 참가하지 않았다. 이와 달리 중화민국은 일본과 교전상태였기 때문에 장개석이 포츠담 선언에 관계하였다. 일본에 대한 포츠담 선언은 그 때문에 미국이 주도한 결과 이루어진 것이었다.

그런데 포츠담 선언 제12항의 원안에는 다음과 같은 문언이 있었다.

우리의 제 목적이 달성되고 일본국민을 대표하는 성격을 갖추어 명백히 평화지향적이란 책임이 있는 정부가 수립되었을 때에는, 연합국 점령군은 곧바로 철수될 것이다. 이러한 정부가 두 번 다시 침략의 야망을 가지지 않음을 전 세계에 완전히 납득시키기에 이르렀을 경우에는 현 황통 아래에서 입헌군주제를 포함할 수 있게 한다.

따라서 천황제는 존속을 인정받는다. 이 원안은 후에 수정되고 확정되어 다음과 같은 포츠담 선언 제12항이 태어났다.

앞서 기술한 제 목적이 달성되고 일본국 국민의 자유롭게 표명할 의사에 따라(with the freely expressed will of the Japanese people) 평화적 경향을 지니고 책임 있는 정부가 수립될 때에 연합국 점령군은 곧바로 전 일본국으로부터 철수되어야 한다.

원안과 확정조항 사이의 단절을 찾기란 어렵다. 이는 확정조안에 "일본국 국민의 자유롭게 표명할 의사에 따라(with the freely expressed will of the Japanese people) 평화적 경향을 지니고 책임 있는 정부가 수립되는"이란 문언이 있는 것에 기인한다. 왜일까. 미국 측은 1945년 8월 10일 포츠담 선언 수락에 관한 일본정부의 신청에 대해 "최종적인 일본국 정부의 형태는 포츠담 선언에 따라 일본국민의 자유롭게 표명할 (by the freely expressed will of the Japanese people) 의사에 의해 결정되어야 할 것으로 생각한다"고 회답했기 때문이었다. 다시 말해 1941년 루즈벨트와 처칠이 선언한 대서양헌장[1] 제3항은 "모든 국민에 대해, 그들이 생활할 정부 형태를 선택할 권리를 존중한다"고 하고 있다. 이는 정부 형태 선택의 자유라 불린다.[2] 이로서 일본 측은 대서양헌장에 따

---

1) Arnold-Forster, W., Charters of the Peace, London, Victor Gollancz, 1944, p.136.
2) 藤田宏郎, 〈太平洋戰爭の終結と昭和天皇〉, 《甲南法學》 第57 卷3·4號, 2017, 503쪽 참조.

라 연합국에는 "내정간섭의 의도 없이" "적국의 민주적 정치적 입장에서 보자면 당연한 단어"를 말하고 있다고 해석했다.[3] 다시 말해 "일본국 국민의 자유롭게 표명할 의사에 따라" 천황제가 선택될 가능성이 언급된 것이었다.

그리고 이 회답의 해석으로 일본 측에서는 다음의 방향이 나타났다.

① "인민의 자유의사"란 말은 국체론자뿐 아니라 군부를 "갑자기 굳게" 하였고, 육군은 "시시각각으로 쿠데타의 기세를 높였"다.[4] 군부는 인민 의사란 국체와 모순되는 것으로 보고 평화를 저지한다.

② 도고 시게노리東鄉茂德 외상: 대서양헌장은 정치형태 선택의 자유를 말하는데, 더욱이 "국민의 자유의사가 천황제 호지護持에 있다는 것은 너무나 명백"하다.[5]

이 두 의견의 차이는 쉽게 메워지지 않았다. 그 결과 1945년 8월 14일 어전회의에서 천황의 성단聖斷이 도고 외상 선에서 내려와 포츠담 선언이 수락되고 8월 15일에 종전이 되었다.[6]

---

3) 《終戰史錄》外務省編纂, 1952, 下, 646쪽.
4) 위와 같음, 653쪽.
5) 위와 같음.
6) 위와 같음, 696쪽. 성단 자체는 분명 도고 외상의 종전실현 주장에 따른다(성단의 성질에 대해서는 사사가와笹川紀勝, 《自由と天皇制》, 弘文堂, 1995, 130쪽 이하 참조). 따라서 그 주장의 사상사적 위상이 문제시된다. 예를 들면 선행연구에서 군부의 천황관과 도고 외상의 천황관의 차이는 미야자와 도시요시宮澤俊義, 《天皇機關說事件》上, 有斐閣, 1970, 178쪽 이하의 '현상타파론'과 '현상유지론'이라는 '두 개의 국론'에 대응된다. 미야자와가 사용한 '타마자와본玉澤本' 그 자체로는 두 개의 국론은 '대립되는 2대 사조'로 설명되고 있다(玉澤本='소위 천황기관설天皇機關說을 계기로 하는 국체명징운동國體明徵運動', 《社會問題資料叢書》 第1輯, 東洋文化社, 1975, 88쪽). 그리고 군부의 천황관과 도고 외상의 천황관의 차이는 武田淸子, 《天皇觀の相克-1945年前後-》, 岩波書店, 1978, 3쪽의 〈절대주의적 천황관과 민주주의적 천황관〉의 차이에도 대응된다. 여기서 말하는 '민주주의'란 어떠한 내용을 지니는지 문제 삼지 않으면 안 된다.
　위와 같은 차이는 우에스기上杉·미노베美濃部 논쟁(星島二郎 編, 《最近憲法論》, みすず書房, 1913 참조) 근저에 있던 차이이다. 그리고 이러한 학설사적 문맥에 맞춰 말하자면, 후술한 미야자와의 8월혁명설은 갑자기 나타난 것이라 볼 것인지, 아니면 미노베의 '민의를 존중하는 정치'라는 '입헌정치'(松尾尊兌, 〈美濃部達吉〉, 井上淸

이러한 정치형태 선택의 자유가 있음으로 말미암아 천황제가 일본의 무조건 항복하에서도 계속 남아 있게 된다. 현재의 일본국헌법 제정과 정에서는 헌법학자 미야자와 도시요시宮澤俊義가 1946년 8월 26일 제국헌법개정안 심의의 귀족원에서 가나모리 도쿠지로金森德次郎 국무대신에게 "포츠담 선언 수락은 국민주권주의의 승인을 의미한다고 믿는가"라며 질문했다. 이에 가나모리는 "당연히 국민주권이 된다는 결론은

<hr>

編《日本人物史大系第7卷近代Ⅲ》, 朝倉書店, 1960, 280쪽) 흐름에 따른 것으로 볼 것인지 그 차이를 고려해야 한다. 나는 포츠담선언 수락하에서 터부가 없어지며 표명이 가능해짐으로써 두 개 천황관의 상극을 넘어선 시점이 제공된 것은 아닐까 생각한다. 그러나 그렇게 말하려면 메이지헌법과의 관련에서 두 가지 검토되어야 할 점이 있다. 하나는 미노베가 메이지 헌법하에서 '민의'를 말한 의미이다. 이는 '국민이 스스로 통치를 행하는 것'(인민의 정치)이 아닌, '국민의 익찬翼贊에 의한 정치'(인민에 의한 인민을 위한 정치)에서 생각되고 있다(美濃部達吉, 《逐條憲法精義》, 有斐閣, 1931/1927, 20쪽). 둘째로 미노베는 헌법의 근원으로 성문헌법 외에도 불문법에 의한 '보충'(앞의 책 33쪽)을 인정하고 있는 점이다. 전후에도 미노베가 말한 형식적 의의의 헌법개념과 실질적 의의의 헌법개념 구별이 무비판적으로 계승되고 있다(미야자와宮澤, 아시베芦部 참조). 그러나 "전근대적인 권력의 남용체제와 결별하고" 헌법의 제 기관이 "헌법을 통해 명시적으로 수권되고 있는 권한밖에 행사할 수 없다"고 하는 스기하라杉原의 권력제한의 근대입헌주의(杉原泰雄, 《憲法Ⅰ 統治總論》, 有斐閣, 1987, 62쪽)로 생각해 보면 이러한 계승은 미노베의 입헌주의에 있던 '민의'의 역사적 제약의 무자각한 수용이 되며, 그 제약을 넘어서 전제적 권력을 제한하는 적극적 의의도 무시한 것이 되는 것은 아닌가. 그 때문에 앞서 말한 두 가지 천황관론과 전후와의 단절과 계승을 생각하면, 근본적으로 차이가 있다고 생각되기 쉬운 우에스기 신키치上杉慎吉와 요시다 사쿠조吉田作造 사이에 '민본주의'가 '민주주의'라는 견해는 공통되고 있다. 그리고 헤이세이平成 천황도 그러한 선에서 일본국헌법의 존중을 취임 시에 언급하고 있다. 이에 미야자와는, 국민이 결정한다는 의미에서 '국민에 유래하는 정치'(government of the people)를 '국민에 의한, 국민을 위한 정치'(government by the people, for the people)와 대비시켜 8월혁명설을 주창했다는 것은 중요한 점이라 생각한다.

　분명 미야자와宮澤, 《天皇機關說事件》下, 536쪽 이하에서는 천황기관설 사건을 논평한 것을 주로 소개하고 기관설이란 무엇인가를 검토하며, '천황기관설 프로퍼'(순연한 학리의 문제)와 '광의의 천황기관설'(성치상의 문제)을 구별한 야나세 요시모토柳瀬良幹에 주목하고 있다. 학설의 정리 면에서 야나세설은 중요해 보이지만, 하세가와 마사야스長谷川正安가 천황기관설 사건을 군국주의 진전의 정치정세 속에 자리매김하여 미노베 저서가 발간 금지된 후에는 "당시 유행한 집단적《전향》의 헌법판이 있었다"며 지적하고 있는 것에 주목하고자 한다(長谷川正安, 《昭和憲法史》, 岩波書店, 1961, 106쪽). 즉 전후에 이러한 전향의 헌법학은 소멸된 것이 아니라, 이제는 헌법제정을 요구하는 일본회의로 계승되고 있는 것처럼 보이기 때문이다.

있을 수 없다"고 답했다.[7] 따라서 답변은 포츠담 선언 제12항이 정부 형태 선택의 자유를 의미한다고 이해하고 그것이 국민주권이라 해석하고 있지 않음을 나타낸다. 그렇다면 가나모리는 미야자와와 다른 전제를 하고 있다. 일본국헌법 제1조는 천황을 국민통합의 상징으로 그 국정상의 위상을 꾀함과 동시에 구정치세력이 의거할 수 있는 기반을 보장한 것이었다.

2) 포츠담 선언 수락 때 종전과 패전의 용어

예를 들어 일본어의 '종전'이란 말은 외무성 《종전사록終戰史錄》[8] (＝《사록》)에 기초한다. 《사록》에 따르면 '종전'은 '개전'과 대비를 이룬다.[9] 그리고 도고 시게노리東鄕茂德 외상은 개전 시에 "5, 6년 이상 존속은 불가능"하다 보고 조기에 "유리한 입장에서 전쟁을 종결해야 한다"고 생각했지만, 한편 도조 히데키東條英機 수상 및 군부 수뇌는 "장기불패 체제의 확립 가능"이라며 "강제로 통제"했다고 한다.[10] 도고와 도조의 이러한 차이는 어전회의에서 포츠담 선언 수락을 주장하는 '종전파'(도고 외무대신, 요나이 해군대신, 히라누마 추밀원의장)[11]와 "우리 전력으로 전쟁은 필승을 기할 수 없음에도…옥쇄를 기하여…사활을 구해야 한다"며, '본토결전'을 주장하는 '전쟁속행파'(아나미 육상, 우메즈 참모총장, 토요다 소에무豊田副武 군령부총장)[12]의 대립으로 나타났다. 쇼와천황은 "이 이상 전쟁을 계속해도 무고한 국민을 괴롭히게 되므로 속히 전쟁을 종결시키고 싶다", 군이 "필승의 승산 있음"은 "믿기

---

7) 貴族院速記錄第23號, 243쪽.
8) 《終戰史錄》, 外務省編纂, 新聞月鑑社, 1952.
9) 《史錄》 序, 1쪽.
10) 《史錄》, 23쪽.
11) 《史錄》, 580쪽.
12) 《史錄》, 610, 612쪽.

힘들다"고 하며 외무대신안에 찬성하는 '성단聖斷'에 따라 수락이 결정되었다.13) 이처럼 '종전'과 무모한 '전쟁속행'은 개념적으로 명확한 대립 관계에 있다. 대립의 질이 어땠는가는 별개로 '종전'이란 말에는 대립의 긴장관계를 함의하는 것이 있다고 생각하여 필자는 이 단어를 사용할 것이다. 패전도 사용하고자 한다.

한편 '종전'은 '패전을 종결'한다는 간략한 대체어로 생각되지만 그 '전쟁을 종결'이란 말 자체는 외무성 번역인 포츠담 선언 제1항의 "일본국에 대해 금차今次의 전쟁을 종결할 기회를 부여한다"에 유래한다. 단 밑줄 친 해당 영문은 an opportunity to end this war라 되어 있는데, end는 '억지로 그만두게 하다'를 의미하지만 반드시 패전defeat을 의미하지는 않는다. 그러나 포츠담 선언 말미의 제13항에는 "전 일본국 군대의 무조건 항복"을 선언한다고 되어 있으므로 '전쟁의 종결'은 '항복'을 의미하며, 따라서 선언 수락은 패전을 틀림없이 의미한다. '항복문서' 조인의 결과 일본은 연합국에 의해 점령되었고 일본의 '항복'이 법적으로 확정되었다.

그런데 냉전 격화에 따른 일본의 우경화 속에서 항복은 무조건이 아닌 유조건이었다고 주장하는 학자나 정치가가 나타나서 '항복'을 인정하지 않고 '종전'을 주장한다.14) 그들의 종전은 전쟁속행파를 이어받는 것이라 말할 수밖에 없다. 그렇다면 그들은 동북아시아 각국의 전사자를 비롯하여 히로시마, 나가사키 원폭과 도시폭격에 의해 많은 사망자를 낸 전쟁을 멈추게 한 종전의 이해를 현저히 바꾸려 한 것이다. 그리고 주지의 사실대로 하토야마 이치로鳩山一郎를 총재로 하여 헌법 개정을 당시黨是로 내세운 자유민주당이 태어났다. 필자는 헌법개정의 의도를 가진 논자가 전쟁희생자를 무시하는 두려운 역사관을 가지고 있는

---

13) 《史錄》, 586~587쪽.
14) 江藤淳 編, 《終戰を問い直す—《終戰史錄》》 別卷·シンポジウム, 北洋社, 1980 참조.

점과, 아베수상이 일본회의를 통해 이러한 전쟁속행파의 영향을 강하게 받고 있다는 점을 지적해 두고 싶다.

3. 헌법이 국가의 형태 —전후 일본국헌법이 받는 역사적 제약

1) 대서양 헌장

일본의 식민지 지배나 침략은 제2차 세계대전 시기의 대서양 헌장 (1941), 카이로 선언(1943), 포츠담 선언(1945)에 의해 부정당했다. 즉 처칠과 루즈벨트는 1941년 8월 독일의 U보트 공격을 피해 대서양 어딘가에서 만나 영국 군함 HMS 프린스 오브 웨일스에서 비밀리에 회합했고, 국제연맹을 대신할 오늘날의 국제연합 헌장의 기원이 되는 대서양 헌장을 구상했다. 또 "조선인민의 노예상태"the enslavement of the people of Korea의 일본으로부터의 자유 독립이 표명된다(카이로 선언 제7항).

그리고 포츠담 선언 제8항은 "카이로 선언 조항은 이행되어야 하고, 또한 일본국의 주권은 혼슈本州, 홋카이도北海道, 규슈九州, 시코쿠四國 및 우리들이 결정하는 각 섬에 국한되어야 한다"고 하며 일본국 주권을 지역적으로 한정하여 '노예상태'인 조선을 해방하였다. 영토 상실은 주권의 축소를 가져온다. 그 때문에 종전 후 일본의 국가 형태는 식민지를 가지지 않는, 침략 이전의 영토에 기초하게 되었다. 일본은 스스로의 의사로 식민지를 포기한 것이 아니라 국제조약의 수락에 따라 중국 각 지역과 조선을 해방했다. 그러므로 중국대륙과 한반도에서 식민지 지배와 침략 청산은 제2차 세계대전 패배를 받아들인 결과이다. 바꿔

〈그림 1〉 파리강화회의 임시정부대표단 일행.
앞줄 오른쪽이 김규식, 왼쪽이 여운홍, 뒷줄 왼쪽에서 세 번째에
조소앙의 모습이 보인다. 출전:《독립운동》사진첩 한글판.

말하면, 일본은 식민지지배와 침략을 스스로 반성하고 사죄하여 청산한
것이 아니다. 때문에 일본국헌법은 그 역사적 조건에 규정되어 있는 것
이며 역사적 조건에 제약받지 않고 일본국헌법이 자유로이 제정된 것이
아니다. 제약의 가장 강한 표출은 평화주의(전쟁포기와 국제협조주의)
이다. 한편 중국과 남북조선은 그 역사적 조건을 바탕으로 전후 국가를
형성한 것이었다.

2) 카이로 선언

그러면 카이로 선언(1943)에 있는 "노예상태"enslavement란 단어는
어떻게 규정되었는가. 분명 포츠담 선언 제8항은 카이로 선언의 이행을
말하고 있지만 카이로 선언에 포함되어 있는 "노예상태"란 말을 쓰고
있지 않다. "이행"이란 말 속에 노예상태가 포함되어 있기 때문에 그
말을 쓰고 있는 것인지 그렇지 않은지를 논의하는 것은 의미가 없다.

조선인민의 노예상태란 말은 어디에서 왔는가. 그 선행 형태의 하나로 1919년의 3·1독립운동 직후 열린 1919년 5월 12일 파리강화회의에 한국대표 김규식이 윌슨 대통령에게 제출한 〈한국인민의 일본으로부터 해방과 독립재건 청원서〉(Petition of the Korean People and Nation for Liberation from Japan and for the reconstruction of Korea as an independent state)가 있다. 그 제11항은 "가축이나 노예는 소유자에게 무언가 가치가 있으면 돌보지만 그 이외에 한국인민의 행복이 일본의 통치목적이 될 일은 없다"고 되어 있다. 그리고 1921년 6월 11일 런던 영연방수상회의에 한국대표 황기환이 제출한 〈한국인민의 일본으로부터 해방 탄원서〉(Appeal of the Korean People) 속에 "우리들은 노예 단계로 떨어지고 있다"란 문언이 있다.[15]

그리고 하이퍼만[16]에 따르면, 1943년 11월 23일부터 27일까지 열린 카이로 회의에서 카이로 선언의 "조선인민의 노예상태에 유의하며 머지않아 조선을 자유독립케 한다"의 원안은 루즈벨트 대통령의 요청으로 해리 홉킨스Harry Hopkins가 준비했고, 대통령은 거기에 쓰인 "가능한 한 가장 빠른 시기에"at the earliest moment를 "적당한 때에"at the proper moment라 수정했으며 처칠의 부추김으로 "적절한 기회에"in due course로 되었다고 알려졌다. 그렇다면 조선 해방 시기에 대해 루즈벨트는 수정을 했지만 "노예상태"란 단어는 홉킨스가 사용한 것이 된다. 때문에 홉킨스는 어떻게 조선인민의 "노예상태"를 이해하고 있었을까 라는 의문이 생기게 된다.

이 하이퍼만이 인용한 페이스[17]는 카이로 회의에서 루즈벨트, 처칠,

---

15) 두 개의 청원서, 탄원서의 원문은 이태진, 《끝나지 않은 역사》(태학사, 2017), 부록 1, 2.
16) Ronald Ian Heiferman, *The Cairo Conference of 1943*, McFarland & Company, 2011, pp.112 and 183.
17) Herbert Feis, *Churchill, Roosevelt, Stalin: The War They Waged and the Peace

장개석 세 명이 조선의 노예상태에 "유의"mindful하여 그 해방에 뜻을 굳히고 있었다고 하는데, 그 유의를 말한 사정 등을 언급하고 있지 않다. 그러나 카이로 회의에 이르기 전인 10월 5일에 대통령은 국무장관과 국무성 직원(이름은 명시되어 있지 않다)과 카이로 회의에서 논의될 각 문제를 토의했다고 전해지므로 그 토의 때에 조선인민의 노예상태 해방을 카이로 회의에서 다룰 것이 화제로 올라왔을지 모른다. 예를 들어 셔우드는 카이로 회의의 성과에 대해 다음과 같이 말하고 있다.[18] 즉 "주요한 보도 가치는 회의가 열렸다는 사실 뿐이었다. 다시 말해 조선의 자유독립을 보장하는 선언은 별로도 하고aside from the declaration assuring the freedom and independence of Korea, 전쟁 전개나 역사에 대해 회의가 가진 효과는 미흡한 것negligible이었다." 만일 그렇다면 카이로 회의 전체 속에서 여러 논의는 있었겠지만 조선의 해방은 특별한 무게를 지니고 있었다는 것이 된다. 따라서 회의의 주요 구성자, 특히 미국 대통령과 측근과 처칠 사이에서 조선인민의 노예상태로부터 해방이란 과제는 시종일관 결의되고 있었던 것이 틀림없다. 어느 쪽이던 간에 결의가 어떤 것이었는가는 추후 연구과제일 것이다.

4. 노예상태

1) 형사판결 6,608건

조선인민의 "노예상태"는 어떠한 것일까. 그것은 일본인이 분명히 해

They Sought, Princeton University Press, 1957, p. 252.

18) Robert E. Sherwood, *Roosevelt and Hopkins, an intimate history*, Harper, Rev. ed., 1950, p. 771. 또한 증보개정판을 바탕으로 한 일본어역으로 로버트 셔우드, 《ルーズヴェルトとホプキンズ》, 村上光彦 譯, 未知谷, 2015가 있다.

야 한다. 포츠담 선언을 통해 카이로 선언의 이행을 국제사회에 약속했기 때문이다.

이 의문에 답하기 위해서는 한국 국가보훈처가 인터넷을 통해 공개했던 이토 히로부미伊藤博文를 초대 통감으로 하는 1905년 통감부 시대부터 일본 패전 시점까지 조선총독부 시대, 그 40년 동안의 일본 통치하 형사판결 6,608건이 참고가 되리라 생각한다.

전체를 파악하기 위해서는 판결 6,608건이 어떤 것인지를 형식적으로 정리할 필요가 있다. 그래서 필자는 6,608건의 목록을 만들고자 했다. 이 작업 과정에서 판결내용을 대강 파악하고 이해해야만 형식적인 정리라도 가능하다. 그래서 이것들을 시급히 읽고 이해하려고 노력했다. 읽었을 때 강렬한 인상을 받았다. 물론 전체 내용을 파악할 수 없는 현 단계에서는 가능한 한 흥미 있는 판결에 짧게 설명을 달고, 판결을 이용하기 쉬운 형태로 만드는 노력밖에 없다. 6,608건은 방대한 양이기 때문에 물론 주관적으로 흥미로운 판결을 다뤄서 코멘트를 붙인 것에 지나지 않는다. 하지만 이러한 개관을 위한 작업을 통해 몇 가지 말할 수 있는 것은 있다. 정확하게 언급하는 것은 더욱 나중 일이 될 것이다.

필자의 인상을 솔직히 말하자면 조선인의 모든 생활(정신적, 육체적, 사회적, 경제적)이 조선총독부의 감시와 통제 아래 놓여 있었던 모습은 리얼하며 가슴에 깊이 느껴지는 부분이 있다. 판결은 학문적으로 흥미 있는 대상으로 한정된다. 더욱이 세계적으로 보았을 때 식민지통치의 실태를 보여주는 여러 판결이 보존되어 있다는 것은 드문 일이다. 게다가 인터넷으로 그 자료가 공개된 것은 식민지 지배의 모습을 인류에 보여준다는 의미에서도 획기적이며 용기 있는 행위이다. 막대한 분량의 자료이기에 그 분석에 학문이 따라가지 못하는 것이 현실이다. 이 책에 게재된 필자의 다른 논문에서 3·1운동과 관련된 판결을 다루고 있으므로 이 글에서는 3·1운동과 관련이 없는 다른 판결을 다루었다. 이들 판결은 한국과 일본에서 얼마나 알려져 있을까.

한편 한국 국가기록원도 판결을 인터넷으로 공개하고 있다. 그것은 19,167건에 달하며 국가보훈처 6,608건의 3배이다. 그래서 찾아보니 동일 판결문에 포함된 상피고인의 수도 계산되어 있다. 때문에 동일 판결을 1건이라고 계산하면 19,167건 가운데 실제 판결 수는 적어질 것이다. 그렇다면 판결의 형식적인 정리 작업에서 6,608건이 기본적인 숫자가 된다. 그리고 19,167건 판결 속에는 6,608건에 수록되지 않은 부분도 있고 그 반대의 경우도 있다. 또 양자에 공통된 판결에서도 19,167건 쪽이 자료로서 글씨가 읽기 쉽고 선명하다는 점도 있다. 그러므로 조사의 수고를 도외시하고 말하자면 양자는 상호보완적인 것으로 보인다.

2) 사례

이하 사례를 소개하고자 한다. 사례는 6,608건 가운데 소수에 지나지 않는다. 또, 국가보훈처 쪽은 피고의 한자 이름과 한글 이름을 병기하고 있는 것이 많다. 한일 양국에서 같은 한자여도 글자꼴은 다른 것이 있기 때문에 검색에서 병기하는 것이 편의성이 더 좋다. 그리고 사례에서 병기가 있는 경우와 없는 경우가 있다는 점을 독자들은 알았으면 한다. 이하 ①의 "찬贊"과 같이 일본어 컴퓨터 폰트에 없는 한자가 판결에서 사용되었을 경우, 해당 글자는 국가보훈처가 제시하고 있는 인터넷 자료를 복사하여 사용한다. 한자는 일본어 한자를 사용하기 위해 한국 한자가 아닌 경우도 있음을 주의할 필요가 있다. 현대 일본어 문법을 따르므로 판결의 용어법과 일치하지 않는 것도 있다. 현대 일본인들이 알 수 있게끔 하기 위한 방편의 하나이다.

① 변찬규卞贊圭 피고. 대구복심법원 판결. 1933.07.04
   보안법 위반 징역 8월

농민조합간부의 연설. 군면당국은 생활에 필요한 땔감 채취를 금하고 자기소유 임야의 수목을 자유롭게 채취할 수 있게 하는 것은 불합리하다. 소작 빈농에게 면작을 장려하는 것은 불합리, 절대 반대.

② 전학순全學順 피고. 전주지방법원 판결. 1938.10.05

육군형법위반 금고 4월

"경찰서가 딸을 전쟁터로 연행하기 위해 조사하자 딸은 걱정으로 사흘 동안이나 식사를 안 하고 울고 있다." 허구의 사실을 유포하여 지나사변과 군사에 관해 유언비어를 퍼뜨렸다.

③ 이석구李錫九 피고. 대구복심법원 판결. 1941.05.07

불경죄 징역 8월

원고용지에 "네가 세계"라고 썼는데, 히틀러처럼 세계를 움직이는 위대한 정치가가 일본에 있었으면 좋겠다는 것은 천황에게 불경한 것이다.

④ 요시우라 도시도요吉浦義豊 피고. 광주지방법원 판결. 1941.10.03

천황불경죄 업무상횡령 징역 1년 6월

술자리에서 구장區長이 조선어로 "내일 2월 1일은 애국일인데…생산독려 강조주간 제1일이기도 하니 아침 7시부터 부락회관 또는 기타 적당한 장소에 부락연맹원을 모아 식을 올려야 하기 때문에 빨리 접고 귀가하자"고 하니 피고는 조선어로 "구장님 내일 아침 식에는 부락민을 모아 열맞춰 바지 저고리를 내리고 궁성요배를 합시다"고 말했다. 구장이 바보야 무슨 소리냐 며 혼을 내니 피고는 거듭 멋대로 지껄임. 천황폐하에 대한 불경 행위를 함.

⑤ 김용운金龍雲 피고. 전주지방법원 판결. 1941.11.06

불경죄 징역 2년

전라북도 장수군 일대에 걸쳐 방공연습이 실시되어 훈련공습경보가 발동 되고 있었다. 그럴 때 번암면 노단리 번암면경찰관 주재소 앞을 통행하는 피고에게 경방단원이 통행하지 말고 그늘에 멈추라 주의했으나 듣지 않고, 위 주재소 경찰관이 그 무분별함을 타일러도 반항적 태도를 고치지 않아 "네놈이 이래서야 일본인인가"라고 질책하자 자신은 조선인이며 일본국민이 아니기 때문에 일본 측 명령에 복종하지 않겠다고 멋대로 지껄여서 바로 주재소 사무실에 집어넣었다. 취조를 하려 할 때 동 주재소 정면 위에 천황폐하 사진이 있었다. 피고인이 모자를 벗지 않아 당 주재소에는 천황폐하 존영을 봉찰하였으니 탈모할 것을 재촉하자, 그 사진을 올려다보며 "나는 일본국민이 아닌 한국민이므로 일본 천황에게 볼일은 없다, 모자를 안 벗겠다!"고 하였다. 또, 피고인이 쓰고 있던 밀짚모자를 벗겨 옆자리 위에 놓자 피고인이 그것을 집어 썼다. 천황의 존엄을 모독하였고 천황에 대한 불경 행위를 하였다.

⑥ 진택수晉澤秀 피고. 전주지방법원 판결. 1942.02.25
불경죄 징역 6월
어명 어새御璽가 무엇인지 알면서도 여관내 변소에서 소변을 볼 때 손가락으로 음경을 흔들면서 용변이 끝나는 것의 의미를 어명 어새라 기렸다. 또 범죄를 계속하여 여관 직원과 잡담중 그 직원이 바지 고리를 안 걸고 있었기 때문에 의도치 않게 음경을 노출한 것을 다른 직원이 목격하고 웃으면서 "저녁밥이 끝나서 오늘밤은 인사를 하고 있나 보다"라고 야유하자 그 직원의 모습이 흡사 소변을 끝마칠 때와 같다는 의미로 "이는 지금 어명 어새를 기리는 참이다"라 했다. 천황의 존엄을 모독하고 불경 행위를 한 것이다.

⑦ 나상풍羅相豐 피고. 전주지방법원 판결. 1942.06.15
신관神官에 불경행위 징역 10월
기원제에서 신관이 제2차 전접봉고戰捷奉告 기원 축사를 봉상할 때에 텐쇼코우타이진구天照皇大神宮에 봉상하며 참례자 일동 머리를 낮춰 경건히 해야 함을 알고 있으면서도 머리를 낮추지 않을 뿐 아니라 바지 주머니에 손을 넣고 혹은 뒷짐을 지며 봉상이 끝나자 두 번 혀를 차며 존엄을 모독.

⑧ 利川鐘錫 피고. 광주지방법원 판결. 1942.07.31

　육해군형법 위반 징역 10월

　"내지인(일본인) 남자는 전쟁에서 모두 죽으니 너희들은 시집갈 수 없다. 조선인 처로 삼아주마."라며 유언비어함.

⑨ 黃原斗淵 피고. 광주지방법원 판결. 1942.09.30

　불경죄 징역 1년

　피고는 기독교 장로이다. 신사에서 모시는 신은 우상偶像이므로 신사참배는 하면 안 된다. 신사는 아마테라스 오오미카미天照大神를 봉제함을 알고 있으면서도 우상이라고 하는 것은 천황의 존엄을 모독한다.

⑩ 황두연黃斗淵 피고, 38세. 광주지방법원 판결. 1942.09.30

　불경죄 징역 1년

　부모는 신자. 미국인 선교사 가르침을 받았다. 기독교 장로이다. 여호와 신은 우주만물을 창조하여 천황은 그 밑에 있다 하고 신사참배는 우상예배라며 불경한 언사.

⑪ 김준호金準浩 피고. 광주지방법원 판결. 1943.03.09

　조선임시보안령 위반 벌금 50엔

　행상인. "고흥군에서는 큰 가뭄으로 식량이 없어서 먹지 못하고 모두 얼굴이 부어 사람다운 얼굴을 한 자가 한 명도 없다. 10일에 한 되인 배급미로는 죽으로 해서 먹어도 부족하여 아사한 자가 많다."고 유언비어.

⑫ 德山孟甲 피고. 광주지방법원 장흥지청 판결. 1943.04.30

　보안법 위반 징역 6월

　지원병에 응모하지 않은 아들이 생식기 발육부전이라고 창피를 당하자, "아버지로서 참을 수 없다. 지원병의 '志'는 강제라고 한다."라고 하여 치안을 해하다.

⑬ 新井德重 피고. 대구지방법원 김천지청 판결. 1943.07.19

조선임시보안령 위반 징역 4월

울산 방면은 식량이 매우 부족하여 산야의 산채는 밭아 전부터 채취해 먹어버리니 오늘날에는 한 포기도 보이지 않는다고 멋대로 지껄임.

⑭ 유필목俞必穆 피고. 대구복심법원 판결. 1943.09.16

조선임시보안령 위반 징역 6월

보리 공출 독촉. 아무리 비상시국이라 하더라도 자기 식량조차 없는 자가 보리 공출을 할 수 있는가, 아무리 전쟁이라 해도 국민이 먹지 못하면 전쟁이 안 된다, 없는 보리를 강제로 공출하라는 것은 결국 국민에게 죽으라 명하는 것과 같다며 멋대로 지껄임.

⑮ 정진상鄭鎭相 피고. 대구복심법원 판결. 1943·10.12

육군형법 위반 금고 4월

정부의 식량공출정책에 불만을 지닌 피고는 농민이 보리를 공출하지 않으면 전선의 병사가 곤란하다는 의견에 대해, 전선의 병사는 어차피 죽으러 간 것이다, 농민은 우선 살아야 한다며 공출정책 비난 언사를 보임으로 정치에 관해 불온 언사를 하며 치안을 방해했다.

⑯ 박연세朴淵世 피고. 광주지방법원 목포지청 판결. 1943·10.18

불경죄·보안법위반 징역 1년

목포의 신도 2~300명의 교회 목사로 십수 년 포교에 몸담은 장로파 목사이다. 그 동안 보안법·출판법 위반으로 징역 2년 6월형을 받았다. 민족주의적 사상을 품었으며 영미인과 교유하며 사상적으로 감화를 받고 있는 것을 알 수 있다. 그리고 1942년 7월 7일 지나사변 기념일의 설교 때에 다음과 같이 말했다. [A] 일본은 영미에 전쟁을 야기했다. 독일은 러시아와 전쟁하고 있다. 이들은 모두 "약육강식의 전쟁"이라고 지껄이고, "대동아전쟁의 숭고한 목적을 비방하는 것과 같은 언사를 표출하였으며 시국에 관해 유언비어를 하였"다. [B] 또한 7월 26일 집사 마쓰다 노부로松田昇와 장로 金川在炫이 피고인은 국어(일본어)를 알지 못하므로 목사로서 부적임하다고 물으니 "당국은 내선일체의 조기실현을 위해 국어상용을 장려하고 조선예수교 신자 중에도 공감하는 자가 있음에도 국어상용은 국가 방침에 지나지 않으며 교회 안에서 이에 구애될 필요는 없다"고 말하여 조선통치상 중요정책의 하나인 국어(일본어)상용에 반대하고 정치에 관해 불온 언동을 하여 치안을 방해하였다. [C] 같은 해 8월 20일 위 마쓰다 노보루松田昇 외 40여 명의 신도에게 설교를 할 때, "육체적으로는 천황폐하를 제일로 존경해야 하나 영적으로는 예수 그리스도를 제일로 존경해야 한다"는 취지로 지껄여 황송하게도 지존에 대해 받들지 않고 영적으로는 예수 그리스도의 하위에 있다는 식의 언사를 보이며 불경 행위를 하였다.

부언: 피고인은 대구복심법원에 공소하였다(대구복심법원 판결 1944.01.20). 상기 [A]와 [C]는 증거불충분으로 문제가 되지 않았고 [B]만 유죄가 되어 징역 10월의 감형을 받는다.

⑰ 岡村聖 피고. 대전지방법원 공주지청 판결. 1944.03.31

조선임시보안령 위반 징역 4월

내지노무자에 모집돼서 가면 돈을 벌 수 있다고 하나 전부 죽게 된 지금도 한 갱 안에서 하루에 보통 30여 명은 갱도 붕괴로 죽는다며 지껄임.

⑱ 福井正一 피고. 광주지방법원 장흥지청 판결. 1944.05.02

보안법 위반 금고 6월

직물직공인 피고는 목격한 것을 유포했다. 즉 일전의 반도인 학도육군특별지원병 입영 때 경성역까지 배웅하는 사람은 거의 조선인뿐이며 학도의 모친은 군대에 가는 것을 싫어하여 사람들 앞임에도 불구하고 크게 울며 학도지원병도 자포자기하여 취해 있어 당시 경성역은 일시 큰 소란이 났다. 또한 조선군사령관 이타가키板垣正四郎 대장은 학도지원병을 경성부민관에 모아 일장 연설을 하며 너희들 학도지원병의 후방(銃後)에 대한 최대 희망은 무엇인가 라며 질문하니 중앙에 있던 한 대학생이 기립하여 우리들의 후방에 대한 유일한 희망은 조선 독립 말고는 아무 것도 없고 조선을 빨리 독립시키면 좋다고 대답하자 같은 곳에 있던 모든 학생들은 큰 박수를 치며 그에 찬성의 뜻을 보였다. 이에 위 대장은 매우 분개하여 "그런 바보같은 일이 가능하냐?" 말하며 퇴장한 일이 있다. 반도 대학생처럼 학식 있는 자는 역시 조선 독립을 생각하고 있다고 지껄여 시국에 관해 인심을 현혹[惑亂]시키는 사항을 유포한 자이다.

⑲ 大原學哲 피고. 대전지방법원 홍성지청 판결. 1945.01.20.
　　보안법·조선임시보안령 위반 징역 8월
　　술자리에서 자신은 일본남자라는 것에 대해, 아냐 우린 일본남자가 아니라 조선남자다, 그러나 어쩔 수 없이 일본남자가 되어 있다, 일본남자로서 징병이나 징용을 가는 것은 분해서 눈물이 나온다며 지껄임.

⑳ 宇原亨浩 피고. 조선군 관구임시군법회의 평양사관구법정 판결. 1945.06.10
　　치안유지법 위반 징역 13년, 타 피고는 징역 9년
　　지성이 넘치며 두뇌명석. 간부후보생 지원. 입대 후 군대 내지(일본) 출신병의 조선학도병에 대한 모욕적 언동과 사적 제재에 의해 내선일체 이념에 심각한 의혹을 가짐에도 장교가 되려 했고, 합격은 내지출신자 8할 6부, 조선은 1할 1부라 알려졌다. 민족적 차별에 의해 자신의 합격을 고통으로 느낀다. 조선민족의 진정한 행복은 일본의 속박으로부터 이탈 독립시킴에 있다고 생각하고 조선독립을 열망한다. 상피고인등과 협의하여 합계 10명으로 집단 결성을 꾀한다. 우두머리는 가네시로 간다스金城完龍, 참모는 피고. 당면 도망하여 궁극에는 조선으로 하여금 일본제국의 속박에서 독립케 할 것을 목적으로 한다. 집단의 규율을 만든다.

3) 사례 개관

　　형사사건이기 때문에 법령에 위반되는 행위는 처벌당한다. 그리하여 범죄를 저질렀는지 아닌지가 문제시된다. 그러나 그 범죄를 저지른 사람이 어떤 상황에 있었는가를 아는 것도 중요하다고 생각한다. 특히 이 글에서는 식민지 지배의 실제를 묻는 것에 관심이 있으므로 피고의 주장이나 행동에 주목하고자 한다.

(1) ①의 변찬규 사건에서는 조선인에게 생활상 불가결한 땔감의 채취 금지가 쟁점이 되고 있다. 즉 일상생활에서 불가결한 자원이 조선총독부에 의해 경제 통제되고 있다. 이 같은 경제통제 상황은 ⑪의 김준호사건에서는 쌀 배급제의 불충분함을 나타낸다. 인촌隣寸, 즉 성냥이 가까운 시일 내에 없어진다고 말했기 때문에 전시의 시국에 관해 인심을 혼란시키고 있다며 조선임시보안령 위반으로 벌금형을 받은 사건 판결도 있었다(德原忠政 사건, 대구지방법원 김천지청 판결, 1942.12.19). 또 ⑬의 아라이 도쿠죠新井德重 사건에서는 산야의 산채를 사람들이 발아 전에 채취해 버렸다고 하고 있다. 실제로 들은 체험담에 따르면 봄철이 되면 아이들 배가 부푼다. 영양실조가 원인이었다. 금지되어 있는데도 아이들은 배고픔으로 나무 껍질 안쪽의 부드러운 부분을 먹었다. ⑮의 정진상 사건에서는 조선총독부의 식량공출정책으로 농민의 보리 공출 강제가 언급되고 있다. 여기서는 다루고 있지 않지만 굶어죽는 이야기가 나오는 판결은 많이 있었다. 그런 이야기는 유언비어로 매듭지어져 처벌이 부과되었다. 결코 아무 근거도 없이 만들어 낸 것이라고는 믿기 어렵다. 그만큼 조선인은 굶주림과의 치열한 싸움을 해야만 했다는 것이 진상이 아닐까. 총독부는 힘으로 진실을 덮으려 했음에 틀림없다. 아무리 덮어도 사람들은 어디선가 아사 이야기를 들었을 것이다.

(2) 장래 연행하기 위해 젊은 여성이 경찰서에서 조사받고 있는 실정을 나타내는 판결로 ②가 있다. 허구라고 판결은 말하지만 과연 그랬을 것인가. 마을 경찰의 조사는 마을 전체에 퍼져 있진 않았을까. 이제 껏 강제적인 여성 연행 이야기는 국가적 차원에서의 증거 존재 여부로

귀결되어 왔다. 이 판결처럼 마을에서의 연행에 경찰이 관계되어 있는 실태는 알고 싶다. 판결 속에는 연행이라고는 하지 않고 젊은 여성의 〈공출〉이란 것이 있다. 젊은 딸을 숨기는 이야기나 빨리 결혼시키는 이야기도 나온다. ⑧의 도시카와 조세키利川鐘錫 사건은 전쟁에 내몰려 없어진 남성 때문에 여성의 결혼이 어려운 시대상황을 이야기하고 있을 것이다.

(3) 불경죄 사건은 많이 있다. 본토(일본)에서는 사법성 판사국이 '비밀'로 조사를 하고 있었다. 그것을 《사상연구자료》(이하 《자료》)의 존재로 알 수 있다. 총괄적 견해를 보면 다음과 같이 말하고 있다.

현상면: 증가 경향에 있다. 1929년의 《자료》 6, 17~18쪽은 불경범 죄사건은 다이쇼 10년(1921)부터 쇼와 3년(1928)까지 8년 동안 매년 증가 경향에 있으며 이는 청년층에 나타난다. 범행 동기에서는 지식계 층은 무정부주의, 사회주의에 대한 관심에서이지만, 다분히 감정적 경향 이 있다. 비 지식계층은 비참한 처지에 바탕을 둔 현대사회제도에 대한 불만 반감으로부터이다.

불경죄가 왜 일어나는지의 인식에 관해 근본적 시각을 제시하고 있 는 것이 있다. 즉 1928년의 《자료》 1쪽(머리말)에서는 "근년 특히 다이 쇼 10년 이후 현실 사회생활에 대한 의식이 현저히 예민해져서 경제력 과 이를 중심으로 하는 사회기구의 문제가 무언가에 대해 사람의 마음 을 자극하거나 자극하고 있다"고 한다. 여기에서 사상문제를 생각하는 시점으로서 경제력과 이를 중심으로 하는 사회기구가 사회생활을 하는 사람들의 의식을 규정한다는 생각이 나타나고 있다.

그렇다면 조선은 어떨까. 통계가 있는지는 모른다. 위의 《자료》에서 식민지지배라는 사회기구가 조선인의 의식을 규정하고 자극했다는 관점 을 도출할 수 있다.

이러한 관점에서 보자면 사례는 몇 가지로 분류할 수 있다. 다만 잠정적인 것이다.

가: 천황을 군주로 우러러보는 것이나 궁성요배 등의 기분이 생기지 않는 곳에서는 천황에 대한 존엄을 표현할 기분이 애초에 나오지 않는다. 오히려 야유의 기분이 나타난다. ③의 이석구 사건이나 ④의 유시우라 도시도요吉浦義豐 사건이 있다. 다시 말해 궁성요배와 관련하여 일제히 바지를 내리고 성기를 내보인다던지, ⑥의 진택수 사건에서는 소변을 마무리할 때 어명 어새의 언동이 나온다던지, 일본에서는 보이지 않는 우스꽝스러운 사건이 아닐까. 마르지 않는 반항 정신이 근본에 있을 것이다.

나: 전접봉고기원제: 경건한 마음이 나오지 않는데 아마테라스 오오미카미궁에 대한 기원제를 시키므로 ⑦의 나상풍 사건이 등장한다. 모두가 머리를 숙이고 있는데 혼자 바지에 손을 넣고 서서 혀를 찬다. 정직한 기분이 나타난 것은 아닐까.

다: 기독교에 관련된 사건은 ⑨의 황원두 사건 ⑩의 황두연, ⑯의 박연세 사건인데 우상예배와 신사참배가 중심 문제점이다. 조선총독부는 신도 신도新道를 조선인에게 강제한다. 예로 각 마을에 신사를 세우고 기원제를 지낸다. 그러면 친일파 조선인신도가 목사에게 총독부 정책을 강제한다. 교외 안의 모습이 리얼하게 보인다. 천황과 기독교 어느 쪽이 위인지 마지못해 기독교와 신도 관계를 묻는 것이다. 영적인 것과 육적인 것의 구별은 통용되지 않는다. 어느 쪽이 '위'인지가 쟁점이 되고 있다.

본토(일본)에서는 야나이하라 다다오矢內原忠雄가 취직 때 질문받은 체험 기록이 있다. 야나이하라는 천황에 대한 친애의 정을 평생 가지고 있었다. 이는 내셔널리즘의 표출이라 일컬어진다.[19] 황실의 만세일계 전통이나 신화의 수용이 있는 것이다. 거슬러 올라가면 메이지시대 자유민권운동에서는 전제정부 비판과 천황에 대한 경의는 양립, 공화제는 나오지 않는다. 예를 들어 오치아이 도라이치落合寅市는 자유민권의 투지로 치치부사건秩父事件에서 도망쳤고(중징역 10년), 후에 오사카사건에서 오오이 겐타로大井憲太郎(그리스정교 신자, 중징역 9년)와 함께 형을 받아 메이지헌법 발포 때에 은사로 석방되어 구세군 신자가 된다. 그는 오늘날 "실로 5개조 서약문의 황모(皇謨: 천황의 뜻)를 관장하여 그로부터 '군신상애君臣相愛' 사상의 투영"을 했을 것이라 평가된다.[20] 그처럼 그는 메이지천황을 존경해 마지않았다.

그는 우상예배 문제에서 에스겔서 13장과 14장에 따라 신을 따르는 자의 마음과 우상을 지닌 자의 마음의 대비가 중요하며, 그것은 양자택일이기 때문에 병존은 있을 수 없을 것이라 생각한다. 요한 18: 37 후반에는 "진리에 속하는 자는 모두 내 소리를 듣느니라"고 되어 있다. 때문에 그리스도의 소리를 듣겠다고 고백할 수 있는지가 결정적이다.

---

19) 〈채용시험〉, 《矢内原忠雄全集》 第27卷, 岩波書店, 1964, 673쪽 이하. 大濱亮一, 〈一キリスト者として天皇と天皇制を問う〉, 《矢内原忠雄記念講演集矢内原忠雄と現代》, 新地書房, 1990, 60쪽은 입사시험 때 자신은 예수교 신자임을 말하니 시험담당 중역에게 "기독교에서는 충군이란 것을 소홀히 할(忽諸) 염려가 없지도 않다는데 그건 어떠한가"라며 질문을 받고 정색하며 대답했던 일을 소개하고 있다. 그리고 "'충군이라는 감정' '민족선조 전래의 감정에 더하여 기독교 신자의 사랑으로 진정한 충군, 근저에서부터의 굳건한 충군이 가능하다'라는 천황관, 이것이 야나이하라의 평생 변하지 않았던 생각이며 신념이었다"고 지적하고 있다. 그런 점에서 아카에 다쯔야赤江達也, 《矢内原忠雄─戦争と知識人の使命》, 岩波書店, 2017, 149쪽은 '예언자적' 내셔널리즘이라 하며 야나이하라 안에 있는 내셔널리즘을 지적하는데, 예언자는 신의 말 앞에 서는 독자적 존재근거를 가지지 않으므로 내셔널리즘도 신 앞에서 어떤 것인지는 점검될 터이다. 야나이하라 시대에 많은 기독교 신자는 비슷한 질문을 받았다. 필자가 처음 취직한 대학의 동료였던 구약학자는 해군병학교 입학시험에서 이런 물음을 받고서, 천황에 대해서는 황송한 마음이 많아 대답할 수 없다고 하라며 교회 장로에게 지도받고 극복했다고 들은 적이 있다.
20) 井出孫六 編, 《自由自治元年 秩父事件資料・論文と解説》, 現代史出版會, 1975, 211, 220쪽.

94   제1부 종론

따라서 조선 기독교 신자와 일본 기독교 신자가 모두 맞닥뜨린 신앙의 과제는 공통적이었던 것으로 보인다. 그러나 ⑯의 박연세 목사 사건 판결에 있듯이 목사나 기독교 신자는 조선에서 일본 통치의 근본적 제약 문제를 짊어지고 있었다. 친일파 신자가 목사를 추급하던 교회 내 모습이 기록되어 있다. 그처럼 신앙과 식민지 지배의 관계는 관념 세계의 이야기가 아닌 뗄 수 없는 생활의 문제이다. 그러므로 ⑯의 박연세 목사도 분명 조선인 전체의 독립이란 과제를 공유하고 있다. 그렇다면 일본에서는 신앙과 충돌하는 과제를 생활 문제라 하기보다도 내셔널리즘 차원의 문제로 해결한 점에 문제가 있는 것은 아닐까. 이 문제는 오늘날에도 이어지고 있을지도 모른다.

(4) 군대에 관련된 사건은 심각하다. 지원병이라 하면서도 '志지'는 의미가 없이 실질적으로 강제라고 아버지는 말한다. 이는 다른 이에게 알려지고 싶지 않은 아들의 육체적 사정이 징병검사에서 밝혀지는 것은 아버지로서 참을 수 없기 때문이다(⑫의 德山孟甲 사건). ⑱의 福井正一 사건에서는 학도육군특별지원병이 실은 강제적이었음을 나타낸다. 그리고 경성역에서 어머니의 울부짖는 모습과 조선독립의 바람 표명에 공감하는 학생들의 박수는 감동적이다. 그 주위에는 다수의 조선인이 있었을 것이므로 이 사건은 설교를 하려 했을 이타가키 대장을 동요시켰음에 틀림없다.

그리고 ⑳의 宇原亨浩 사건에서 간부후보생 지원자인 피고가 민족적 차별과 모욕·사적제재를 잘못되었다고 보고 자신의 합격을 '고통'으로 느끼며 조선민족의 행복은 일본의 속박으로부터 이탈 독립밖에 없다고 다짐하는 모습이 매우 충격적이다.

이들 사례에서 굶주림을 기억하게 한 것, 젊은 여성을 학대한 것, 일본 본토에서 차별과 모욕을 경험한 것, '지'원병 명목으로 병역을 강제한 기만을 알게 되었다. 이런 사례가 있어도 식민지통치는 아무것도 변하지 않았을지 모른다. 하지만 조선인을 둘러싼 가혹한 '노예상태'라 불리운 상황은 조선인들에게 과제는 독립밖에 없다는 것을 깊게 의식하게끔 하였다(이 글에서 다루지는 않았지만 치안유지법 판결에는 일본의 속박으로부터 이탈 독립을 주장하는 것이 많이 나온다). 그들은 밤낮으로 고뇌에 신음하면서 때가 오면 일본 통치에 저항할 뜻을 나타낸 존엄 있는 용기를 배웠다. 또한 독립했으니 이제 고뇌가 없어졌다고 말할 수 있을 것인가. 그렇지 않으며 오히려 고뇌는 조선인 마음의 깊숙한 곳에 숨어 있다고 봐야 한다. 그렇다면 일본의 사죄는 그곳까지 닿는 것이어야만 한다. 이른바 종군위안부 문제로 일본정부는 10억엔을 내어 불가역적으로 해결했다고 하지만, 사례에서 보듯이 식민지 지배는 조선인 모든 존재에 미치며 전개되었기 때문에 넓고 깊은 조선인의 고뇌를 생각한다면 근본적 사죄와 청산은 불가결하다고 생각한다.

4. 나가며

1

불경죄를 어떻게 볼 것인가에 대한 사법성 형사국의 견해는 식민지 지배라는 사회기구가 조선인의 의식을 규정하고 자극했다는 학문적 관점을 시사하였다. 일반적으로 말하면 인간의 의식은 존재 조건에 규정된다. 그 관점은 20세기 초 칼 만하임(Karl Maanheim)에 따른다면 존재피구속성(Seinsgebundenheit)에 기초한 것이다. 쉽게 말하면 스스로를 제약하는 조건을 알았을 때 그로부터 빠져 나가려 저항하거나 혹은 자유롭게 되려 한다.

그렇게 생각하면 두 가지를 깨닫게 된다.

첫째로 조선인이 식민지 지배 아래에서 그로부터 이탈을 요구한 것이다. 이는 일본의 1945년 패전을 통해 실현된다.

둘째로 연합국은 승전국으로서 조선과 중국의 해방을 포함한 무조건 항복을 일본에 요구했고 일본은 이를 수락했다. 따라서 일본은 조선과 중국의 해방을 강요받았다. 또 연합국은 실질적으로 미국인데, 전후 세계평화를 위해 일본의 개혁을 꾀함과 동시에 천황제로 집약되는 구세력에게 일정한 존속을 보장했다. 따라서 무조건 항복에는 세계평화를 위한 개혁과 구세력의 존속 보장이라는 상호모순된 관계, 혹은 긴장관계가 숨어 있다. 일본국헌법은 형식적, 규범적으로는 일체성을 지니고 있지만 그 운용에 힘을 가진 자는 헌법이 품은 역사적 조건에 눈뜨고서 이러한 모순, 혹은 긴장을 표면화, 증폭시킬 수 있다. 그 일정한 도달점이 전후 보수정당이 내건 자주헌법 제정의 슬로건이며, 메이지헌법의 가치를 품은 "이 나라의 형태"에 의한 헌법 개정 운동이다.

따라서 한국과 일본을 같은 존재피구속성 이론에서 보면 독립국가 형성의 실현을 향해 걸어온 한국과, 국가형성에 숨은 모순, 혹은 긴장 증폭에 의해 장래 불투명한 권력 강화를 꾀하는 일본의 비교가 있을 수 있다.

2

일본국헌법이 탄생된 계기에는 동북아시아 각국 사람들의 엄청난 희생이 있었다. 바꿔 말하면 희생을 당한 각 국민이 연합국을 통해, 즉 포츠담선언에 따른 강제에 의해 일본국헌법을 탄생시킨 것이었다. 일본의 패전에는 그러한 배경이 있다. 이에 일본의 선택지는 두 가지밖에 없다. 하나는 국내외 권력강화에 의해 이웃 여러 나라 사이에 우호보다 불신을 야기하는 긴장관계에 기초하는 것, 이는 아베정권에서 뚜렷하게 보이는 냉전 사고이다. 다른 하나는 이웃 여러 나라 국민을 괴롭힌 과

거의 침략과 식민지 지배 청산을 성실히 행함으로써 평화로운 상호신뢰의 국제관계를 구축하는 것, 이는 냉전 사고를 빠져나온 일본국헌법의 군비 없는 평화주의 사고이다.

3

주제는 '일본 헌법체제의 수립과 식민지 청산에 대한 것'이다. 여기에서는 이 책의 과제와 밀접한 것을 언급하였다. 즉 3·1독립선언의 자유독립 정신이 백 주년에 즈음하여 재확인되는 부분, 그리고 3·1독립선언이 침략에 저항한다는 시대의 중차대한 과제를 짊어진 것을 배우고 받아들임과 동시에 한일 신뢰관계와 동북아시아의 평화실현 구축에 대해 일본이 취해야 할 모습을 시사하고 있는 부분이다.

3·1독립만세운동의 세계사적 시각
-세계사 인식·세계사 서술과의 관련-

아라이 신이치(이바라키대학 명예교수)

1. 들어가며

나에게 주어진 과제는 '3·1독립만세운동의 세계사적 시각'이다. 말 그대로 받아들이면 세계사란 시각에서 바라본 운동의 위상을 생각해 보자는 것이다. 종래 3·1운동과 동시병행적으로 진행된 세계사적 운동으로 바로 거론되던 것은 중국의 5·4운동일 것이다. 양자의 관련에 대해서는 지난 번 발표에서도 간단히 언급한 바 있다. 그때 참조한 것은 가사하라 도쿠시笠原一九司의 책인데,[1] 특히 제6장 제1절〈5·4운동과 3·

---

1) 가사하라 도쿠시,《제1차 세계대전기 중국민족운동 -동아시아 국제관계에 자리매김하며-》, 汲古書院, 2014.

1운동〉이었다. 그때는 다루지 않았지만 같은 책 권말에 소개된 〈일본의 벗에게 편지〉가 두 운동뿐 아니라, '다이쇼 데모크라시'라 일컬어지는 당시 일본 정치상황과의 관련도 다루고 있는 점에서 문제의 고찰에 중요하다고 생각한다.[2] 편지의 필자에 관한 정보는 빈약한 데다가 붓으로 쓰여 있어서 판독하기 어려운데 〈菊池先生大鑒敬啓者〉라 읽을 수 있는 서명이 있는 문서이다. 이 글과 관련하여 중요하다고 생각되는 것은 3·1운동과 5·4운동의 관계를 이른바 다이쇼 데모크라시 아래 일본과도 관련지어 논하고, 예리한 일본 비판으로 3·1운동에 대한 지지와 연대를 이론적으로 표명한 것에 있다고 가사하라는 지적하고 있다. 그리고 식민지 사람들의 민권을 거절한 다이쇼 데모크라시의 한계를 날카롭게 비판한 기쿠치菊池 선생의 편지에서 지적한, 곧 "일본의 근본적 개혁과 대만인과 조선인을 포함한 평등한 민본주의 실현이 '동아대민국' 건국을 전망하기 위해서도 불가결한 전제가 된다는 지적은, 오늘날 '동아시아 시민공동체' 형성에는 일본 시민사회가 성숙하여 일본의 정치시민 주체 전체가 민주화되는 것이 전제라는 것에 그대로 이어지는 선견성을 지닌다"고 평가하고 있다.

　3·1독립만세사건의 발발은 로이터통신(영국), China Press(미국계) 등 구미계 외국통신사를 통해 일찌감치 보도되었고 상하이, 러시아 연해주, 미국에 사는 조선인들 사이에 퍼져 4월 말에는 최고조에 달했다. 중국 신문의 보도도 이들 외국통신사가 가져온 정보에 기초한 것이었다. 3·1사건에 대응하는 미국, 러시아의 대응도 세계적 시각에서 고찰할 대상이 된다고 생각하지만, 필자의 능력으로는 앞으로의 과제로 할 수 밖에 없으므로 이 글에서는 일본인의 세계사 인식, 세계사 서술에 3·1운동이 가져온 영향에 대해 고찰하기로 하겠다.

---

2) 위와 같은 책, 756~764쪽.

2. 세계사 인식과 '탈아구화脫亞歐化'

시라토리 구라키치白鳥庫吉는 일본 동양사학의 개척자로 알려졌으며 가쿠슈인學習院 교수, 도쿄제국대학 교수 등을 역임, 동양문고東洋文庫의 창설자로도 알려져 있다. 조선, 만주부터 북방아시아, 중앙아시아 민족사를 연구하여 많은 업적을 쌓았다. 《시라토리 구라키치 전집》이 있다.[3)

시라토리는 1983년에 대학예비문(후의 구제旧制 다이치第一고등학교)에 입학했는데 거기서 처음으로 "역사과라는 명칭을 가진 역사 관련된 것을 접했다." 그러나 역사과라 하더라도 올바른 의미의 역사는 서양사뿐이고, 국사, 동양사와 같은 것은 없었다고 회상하고 있다. 교재로 스윈튼의 《만국사》를 읽었는데 세계에서 역사를 가진 것은 아리아인뿐이라고 쓰여 있었으며, 역사란 서양사를 말하며 동양사 등은 들어갈 자격이 없는 모양새였다고 하고 있다.[4)

시라토리 회상에 있던 스윈튼의 《만국사》란, Swinton,W., *Outlines of the World's History*(이하 《세계사개론》)인데 도쿄에서 복각된 것은 지금으로 치면 대학의 교양과정 세계사 교과서로 많은 수요가 있었기 때문이며, 개화기 일본인 엘리트의 역사관에 큰 영향을 주었다.

대략적으로 말해서 《세계사개론》의 내용은 구제 중학이나 고교에서 우리들이 배운 서양사 교과서와 매우 비슷하다. 정확히는 그 후 일본에서 만들어진 서양사 교과서의 원형이 여기에 있다고 해도 좋다. 즉, 고대 오리엔트에서 시작하여 그리스, 로마를 거쳐 19세기 후반의 독일, 이탈리아 통일로 끝나는 구성이다. 오리엔트엔 인도 고대문명이 포함되

---

3) 전집 가운데 이에 대한 연구로서는 고이 나오히로五井直弘, 《근대 일본과 동양사학 近代日本と東洋史學》, 靑木書店, 1976이 빼어나다.
4) 고이 나오히로, 위와 같은 책, 20쪽.

어 있는 것, 종교개혁이 독립된 항목으로 되어 있지 않다는 정도의 차이가 있다. 《세계사개론》이 그 후 일본에서 〈서양사〉로 가르친 것과 거의 같다는 것은 스윈튼이 양두구육羊頭狗肉했기 때문은 결코 아니다. 스윈튼은 세계사를 서술하기 위한 역사 이론을 이 책 도입부에서 말하고 있는데 그 역사인식에 따라 《개설》을 집필한 결과 그렇게 된 것이었다.

스윈튼은 역사(세계사)를 "문명의 역사를 구성하는 저명한 민족 famous people의 융성과 진보에 대한 서술"로 정의한다. '저명한 민족'이란, 소박한 원시상태를 벗어나고 또한 정치적 공동체에 결집한 인종race을 말하며, 따라서 "역사는 그 자체를, 세계적인 사건의 일반적 조류에 영향을 준 듯한, 그런 국민nation에 스스로를 한정한다." 스윈튼의 세계사는 사실상 19세기 후반까지 국민국가를 형성, 발전시킨 서구 각 국민에 한정되는 것이며, nation으로서 정치적으로 결집·독립하고 있지 못한 사람들은 세계사에서 배제된다. 실로 국민국가 형성기 서구의 시각으로 본 역사인식·서술이다.

세계사 서술을 문명의 조류에 영향을 준 여러 국민의 역사로 한정하는 것이 스윈튼 세계사의 제1특징이라 한다면, 제2특징은 그가 세계사를 '코카서스 인종'의 두뇌의 산물이라 생각한 것이다. 여기서 '코카서스 인종'이라 불린 것은 19세기 인류학이 만들어 낸 일종의 픽션이다. 뛰어난 환경에서 태어난 인종은 아름다운 두개골과 우수한 두뇌를 가졌다고 보고, 그러한 좋은 환경으로 코카서스산맥 남쪽을 설정하여 거기에서 백인종의 조상이 태어났다고 하는 인종주의적 독단이다. 단 스윈튼은 코카서스 인종에 아리아인 이외의 셈족, 햄족을 포함시키고 있기 때문에 일반적으로 백인종이라 일컬어지는 것보다 넓지만, 이는 세계사를 고대 오리엔트부터 시작하기 위해 짜맞춘 것이라고도 생각된다. 어떻든 그는 "코카서스 인종만이 실로 역사적인 인종을 구성한다. 여기부터 우리는 문명이란 것은 이 인종의 두뇌의 산물이라고 할 수 있을 것이다"라고 한다. 그러나 그 후 이어서 "우리가 속하는 인종, 아리아인이 세계 진보의 위대한 드라마에서 지도적 역할을 항상 해 왔다는 것을 아는 것은 흥미롭다"면서, 햄족과 셈족을 세계사의 지도적 민족에서 제외하고 마지막에 자랑스레 선언한다: "그러니 우리는 완전한 권위를 지니고 말하자. 아리아인은 뛰어나며 진보적인 인종이다. 그리고 세계사의 거의 대부분은 아리아인이 공통 문명의 자산에 이바지한 공헌에 관한 설명이라 할 수 있다."

스윈튼의 《세계사개론》은 결론적으로 시라토리가 말하는 것처럼 서양사가 되었지만, 스윈튼이 이 교과서를 집필한 1870년대 구미에서는 이것이 실로 세계사였다. 그것은 유럽이 우월한 세계구조를 반영하며 인종주의적인 여과기를 통해 구성되고 서술된 세계사였다. 이러한 세계사가 메이지 원년 일본에서 서양사로 수용되었다. 이러한 서양사는 단순히 일본이 따라잡아야 할 목표, 거기서 근대화에 필요한 여러 가지를 배워야 할 대상인 서양에 관련된 교과란 것뿐만 아니라, 이 교과를 통해 유럽중심주의적인 세계인식을 일본인 자신의 것처럼 함으로써 탈아의 방향으로 주체적으로 전환해 가는 것을 돕는 의의가 있었다.

스윈튼은 세계사를 문명의 역사로 서술했지만, 문명의 역사에서 아시아를 배제하기 위한 장치로 중요했던 것은 정체적인 아시아 사관이었다. 예컨대 셈족에 대해서는 유일신 신앙을 설파한 3대 종교(유대교, 기독교, 이슬람교)를 탄생시킨 것 말고는 보수적으로 민족의 근원에 연연하여 중요한 역할을 다하지 않았다고 말하고 있다. 또한 역사 속에서 고도로 빼어나고 독자적인 문명을 만들어 온 사람들로 중국인이나 멕시코인, 페루인을 들고 있지만, 문명의 정체성과 세계사의 진보에 대한 무공헌을 이유로 이들을 모두 세계사에서 잘라내 버렸다.

3. '동양사'의 성립과 청일·러일전쟁

《세계사개론》은 탈아론적 세계사의 전형이라 할 수 있는데 탈아脫亞
와 구화歐化를 연결시키는 형태로 일본 동양사 연구의 방향을 제시한
이가 이노우에 데츠지로井上哲次郎이다. 이노우에는 1890년에 교육칙어
敎育勅語가 제정되었을 때 《교육칙어연의衍義》를 저술하여 독일철학의
방법으로 유교도덕을 근대적으로 꾸미고 철학적 근거를 부여했다. 그는
1891년 9월, 도쿄대 사학회 월례회에서 〈동양사학의 가치〉[5]라고 제목
붙인 강연을 하였다. 고이 나오히로는 시라토리의 만주·조선사, 북방민
족, 일본신화 등 연구에 대해 그 하나하나가 이노우에의 〈동양사학의
가치〉의 취지에 합치되며, 청년 시라토리가 이노우에의 강연에서 받은
감명을 실천한 것으로 생각된다고 하고 있다. 일본의 동양사학 생성에
큰 영향을 미친 강연이라 할 수 있다.[6]

이노우에는 말한다. 유럽의 동양연구는 유치하며 특히 중국이나 일
본에 어둡다. 때문에 동양의 역사를 연구하는 것은 동양인의 의무이지
만 이는 "일본인이 하지 않으면 누구도 할 사람이 없다." 그러려면 유
럽의 역사가가 쓴 것을 연구하여 "유럽 학문의 진보와 연합해" 가야만
한다. 동양의 학자가 편찬하여 서양에 알릴 때에는 동양의 역사는 반드
시 유럽에서 매우 중요하며 유익한 전문학과가 될 것이다. "더욱이 우
리나라(일본) 역사를 연구하면 국체가 분명해지며 애국심도 생긴다는
이점이 있다."

이노우에 강연에는 3분법의 원형이 있다. 서양사 연구는 일본이 이
를 배워서 겨우 서양과 어깨를 나란히 히는 문명국이 되기〔구화歐化〕
위해, 동양사는 일본 학자가 이를 필드로 하고 그 연구 성과에 의해 서

---

5) 이노우에 데츠지로, 〈동양사학의 가치〉, 《史學雜誌》 제24~26호.
6) 고이 나오히로, 앞의 책, 39~41쪽.

양의 진보와 "연합"해 가기 위해, 일본사는 "국체를 분명히" 하고 애국심을 환기하기 위한 학과로 자리매김하였다. 실로 탈아구화=근대화라는 국가 진로에 밀착한 역사연구이며, 나아가서는 역사교육 편성의 방법이었던 것이다.

이노우에가 환기한 3분법은 우선 역사교육 면에서 구체화되었다. 당시 도쿄고등사범학교(현재 도쿄교육대학) 교수였던 나카 미치요那珂通世는 1894년에 고등사범학교의 역사과에서 외국사를 서양사, 동양사 둘로 나눌 것을 제안했다. 그 결과 고등사범학교 교칙이나 지리역사전수과 규정에는 각기 본방사本邦史, 동양사, 서양사라 적혔다. 동양사는 서양사와 더불어 "세계 역사의 일반一半"을 이뤘는데 그 내용에는 중국사를 중심으로 한 동양 각국의 흥망뿐 아니라 돌궐, 여진, 몽고 등의 역사가 포함되게 되었다.[7]

대학 학과 명칭으로 '동양사'가 출현하는 것은 1910년에 도쿄제국대학 교수가 된 시라토리가 지나支那사학과를 동양사학과로 개칭한 뒤이므로 '동양사' 창설에 관해서는 역사교육이 선행한 모양새이다. 나카는 시라토리의 중학교 시절 교장이기도 했다. 다나카 마사미田中正美는 '동양사 과목'의 제안이 청일개전 시기에 이루어진 배경의 하나로 "청일전쟁 발발은 직접적으로 국민의 관심을 강하게 대륙으로 향하게끔 한" 것을 지적하고 있다. '문명의 의전義戰'을 기치로 하는 대對 아시아 전쟁 개시에 대해 역사교육이 일찌감치 민감하게 반응한 결과로 볼 수 있다.

'동양사' 출현의 배후에는 아시아주의 의식의 고양이 있었다. 1901년에 시라토리는 "동양의 일은 동양 사람이 연구하는 것이 편의적이며 지당한데도, 역으로 서양 학자가 선수를 쳐서 동양학의 영토가 정치계처럼 침략당하고 유린당했다고 보면 또한 분개를 견딜 수 없다"(〈융적戎

---

7) 田中正美, 〈那珂通世〉, 江上波夫編, 《東洋學の系譜》, 大修館, 1992, 2~4쪽.

狄이 한족에 미친 영향〉)며 울적한 감정을 이야기하고 있다.

시라토리의 울적함을 일거에 날려버린 것이 러일전쟁 승리란 것은 이루 말할 것도 없다.

> 종래 비밀의 막에 감춰진 만·한 땅이 새롭게 우리 국민 앞에 개방된 것은 학회가 풍부한 연구 제재를 공급하였기 때문이니, 학술에 뜻이 있는 자는 이에 그 신연구를 시험해 볼 절호의 기회를 얻었다고 느끼지 않을 수 없다.[8]

구미인은 불가능한 만주, 조선의 역사지리 연구를 일본인의 손으로 완성시켜야 한다는 사명감을 고양시킨 그는 만철滿鐵 총재 고토 신페이後藤新平를 설득하여 만철도쿄지사 안에 만주역사지리 조사실을 만들었고, 1908년부터 연구를 시작하여 그 성과를 《만주역사지리》, 《조선역사지리》 각 2권 및 《만선역사지리연구보고》 십수 권으로 공간公刊하였다.[9]

고토 신페이가 만주, 조선의 역사지리조사를 위해 조사실 설치를 인정한 것은 역사적 관습 조사가 식민지 경영을 위해 필요하다고 봤기 때문이며, 그런 의미에서 "서양의 진보와 연합하는" 근대적 동양사연구는 식민지주의의 틀 속에서 전개되게 된다. 여기서는 조선의 경우로 좁혀서 문제점을 생각해 보고자 한다.

4. 한국병합과 식민지주의사관

고이는 러일전쟁을 경계로 하는 시라토리의 조선관 변화를 지적하고

---

8) 시라토리 구라키치, 《만주역사지리》 간행의 서〉, 1913.
9) 松村潤, 〈白鳥庫吉〉, 45~46쪽(江上波夫 編, 앞의 책, 《東洋學の系譜》에 수록).

있다. 1904년에는 조선 국민은 일찍이 "용무勇武의 백성"이었지만 외부 사정이 나빠서 "오늘날과 같이 빈약하며 무기력한 백성"이 되었다고 하고 있다. 그러나 1908년이 되면 조선인은 "무력 면에서도 문명 면에서도 자력이 없다. 그러므로 언제라도 대국의 눈치를 보며 들러붙는 것을 목적으로 하는 것입니다."라고 말하게 되었다. 조선사를 타율적으로 인식하는 역사이해와 더불어 무기력을 민족성이라 보는 정체적 역사인식이 정착되어 가는 것이다. 하타다 다카시旗田巍는 시라토리 등의 연구자가 차별적 조선관을 가진 것은 서양문명을 경모하는 눈으로 아시아를 연구하고, 아시아의 후진, 미개한 면을 비판하며 일본과 아시아의 거리를 대비했기 때문이라 지적하고 있다.[10]

1910년에 일본의 한국병합이 이루어졌다. 이 해 11월, 《역사지리》는 임시 증간으로 《조선호》를 냈다. 《역사지리》는 1899년에 키다 사다키치 喜田貞吉가 조직한 일본역사지리연구회가 편집한 일반 대상의 잡지이다. 《조선호》에는 저명한 역사학자, 역사지리학자가 줄지어 집필하고 있었다. 메이지 20년대에 제국대학에서 일본역사의 원형을 만든 구메 구니타케久米邦武, 호시노 히사시星野恒부터 쇼와 전기에 충실한 연구를 내보인 츠지 젠노스케辻善之助 등에 이르는, 세대적으로도 다양한 학자가 참여하고 있다. 여기에 공통적인 것이, 뉘앙스의 차이는 있겠으나 일본과 조선이 공통의 선조, 루트를 가진다고 하는 일선동조론日鮮同祖論이다. 키다 사다키치의 〈한국병합과 교육가의 각오〉에 관련해 주된 논점을 소개하려 한다.

① 조선반도에 있었던 나라들은 항상 "동양의 골칫거리"였다. 때문에 일본은 동양평화를 위해 국민 안녕을 위해 부득이하게 군대를 사용했다. "신공황후의 정한征韓, 청일·러일 양 전쟁이 이러한 것이다."

---

10) 고이 나오히로, 앞의 책, 33~34쪽.

② "원래 조선은 우리 제국과 시작을 같이 하고, 조선인은 우리 야마토민족과 대체로 구별이 없다고 주장하고 싶다." "이 일한동종설日韓同種說은 사실 한국병합 이후 조선인을 야마토민족大和民族과 연결시켜 이를 동화 융합시키기 위한 가장 유력한 고리이다."

③ 일본과 한국은 본가와 분가의 관계이다. 병합에 의해 분가는 본가의 가정에 복귀했다. "한국은 멸망한 것이 아니다. 조선인은 망국의 백성이 아니다. 그들은 실로 그 근본으로 돌아온 것이다."

교과서문제 전문가인 키다는 '일한동종설' '일선동족론'을 주요 개념으로 동화를 위한 역사교육을 구상했다. 동화는 말할 것도 없이 일본의 식민지통치 기본정책이었다. 1916년 9월, 조선총독부는 《조선반도사》 편찬을 결정했다. 그때도 "일선이 동족이란 사실을 분명히 할 것"이라는 목적을 노골적으로 들어, 일한동종설을 역사 편수사업의 목적으로 삼았다. 편찬 요지에서는 "(조선 사람들의) 지능 덕성을 계발하고, 정교하고 치밀하며 충량한 제국신민됨에 부끄럽지 않을 지위로 이끄는 것을 기한다"며 천황 신민으로 동화할 것을 노렸다. 독립운동을 일으키려 했던 애국적 지식인의 주장, 예를 들면 박은식의 사서 《한국통사》(1915)나 《한국독립운동지혈사》(1920) 등에 대항하여 한국병합을 정당화하려는 의도도 솔직하게 쓰고 있었다.

일선동족론을 이론적 지주로 하는 동화정책은 객관적으로는 민족성 말살정책이며 후의 황민화정책을 내포하는 것이라 볼 수 있다.

5. 3·1독립만세사건과 '새로 단장한 동화정책'

3·1독립운동은 총독부, 일본정부에 의한 식민지지배를 동요시켰고

헌병, 경찰의 무력을 배경으로 한 무단정치에서 문화정치로 전환되는 계기가 되었다. 당시 총독 사이토 마코토齋藤實는 '문명적 정치의 기초' 확립을 꾀함으로써 조선인과 일본인의 대립을 해소시키고 일본으로 동화를 진행하는 '문화정치'를 새 정책으로 삼았다. 가스야 켄이치糟谷憲一는 문화정치를 대표하는 '문화 발달과 민력의 충실' '일시동인一視同仁' '내선융화內鮮融化' 등의 슬로건은 동화정책을 새로운 단장 아래 진행하기 위한 슬로건이라 하였다.11)

1920년에 상하이에서 저술된 박은식 《한국독립운동지혈사》는 한 장 (24장)을 할애하여 '교육의 동화정책'을 비판적으로 고찰하고 있다. 총독부가 모든 학교를 엄격하게 통제하고 있는 실정을 다방면으로 소개하고 비판한 것이다. 이전 동화정책의 실태에 대해 보통학교-소학교 동화정책의 중심 과목인 〈수신과修身科〉에 대해 다음과 같이 비판하였다.12)

이른바 수신과는 완전히 일본어로 수업하였다. 일본인교사가 과목을 담당한 것은 말할 것도 없다. 때문에 조선인 아동은 그 조상의 위대한 사업이나 가언嘉言, 선행을 배울 일은 절대 없었다. 민족의 계통에 대해서도 사실을 왜곡하여 가르쳐서 우리 민족의 시조는 일본 시조의 동생이라던가, 아마테라스 오오카미天照大神는 조선인의 시조라든지 하는 말을 하였다. … 어째서 이런 황당무계한 이야기가 만들어졌을까. 우리나라의 부녀아동은 모두 냉소하며 일고一考도 하지 않고 있다 아무리 여러 가지로 말해도 그것이 거짓말, 꾸며낸 것이라면 우리 민족의 마음을 사로잡을 수는 없을 것이다.

동화정책과 연결된 역사인식, 역사교육에 대한 비슷한 비판은 일본에도 있었다. 다이쇼 데모크라시 시기의 대표적인 정치학자, 요시노 사

---

11) 糟谷憲一, 〈朝鮮總督府の文化政治〉.
12) 姜德相 譯注, 《朝鮮獨立運動の血史 1》.

쿠조吉野作造(도쿄제국대학)는 1916년에 〈만한滿韓을 시찰하고〉를 《중앙공론》(6월호)에 기고하였다. 그 가운데 조선통치정책을 비판하며 "이 민족과 접촉한 경험도 거의 없고, 더욱이 어쩌면 다른 민족을 열등시하여 쓸데없이 그들의 반항심을 도발하는 것 밖에는 할 수 없는 협량한 민족이 단시일에 다른 민족을 동화시킨다는 것은 말할 수는 있더라도 행할 수는 없는 일이다"라며 일본 동화정책의 큰 한계를 지적하고 교육실태를 비판하였다.13)

3·1운동이 일어나서 독립의식이 고양되자 '조선인 본위의 교육'이 주장되며 중등학교 생도가 조선역사를 독립 과목으로 가르칠 것, 왜곡된 조선사를 시정할 것 등을 요구하며 동맹휴교한 예가 적지 않게 발생했다. 식민지지배의 위기에 직면한 총독부는 이미 만세사건 직후인 1920년에 보통학교 교과에 급히 〈일본역사〉를 설치함과 동시에 '보조교재'로 《조선사력朝鮮事歷》을 편찬하여 향토사로 〈일본역사〉에 끼워 넣었다. 《조선사력》은 일본 통치에 유리하게끔 해석한 조선왕조사인데, 이를 향토사로 한 것은 중앙사(일본사)에 대한 종속·지방을 강조한 것이었으며 이에 따라 총독부는 "조선사에 관심을 나타낼 뿐만 아니라 공정한 역사교육을 위해 노력하고 있는 것처럼 위장하여 조선사의 학교교육 요구를 희석시키려 했다."14) 총독부는 일본역사 수업에서 조선 아동이 조선사의 사력을 학습함으로써 일본역사에 흥미를 가지게 하고 애국심을 함양할 수 있다고 생각한 것인데, 현장의 조선 교사나 교육관계자의 반응을 보면 '내지內地(일본)'에서는 불분명했던 향토사와 중앙(일본)사의 관계가 무無라는 것이 식민지인 조선에서 더욱 명확해졌다고 되어 있다.15)

---

13) 松尾尊よし 編, 吉野作造, 《中國·朝鮮論》.
14) 金性致, 〈朝鮮史編修會の組織と運用〉.
15) 國分麻里, 《植民地期朝鮮の歷史教育−〈朝鮮事歷〉の教授をめぐって》.

국사 편찬 측면에서 3·1운동 후 총독부는 《조선반도사》 편찬을 중단하고 이듬해 총독 직속의 독립기관으로 조선사편수회를 조직하였다. 《조선사》 편찬에서 총독부는 얼핏 보아 비정치적인 실증주의적 방법을 전면에 내세웠다.16)

대학 졸업 직후에 수사관보로 《조선사》 편찬에 참가한 나카무라 히데타카中村榮孝는 구체적 내용으로는 조선사 교육에 "오류가 없는 자료"를 제공할 목적이 있었다고 말하고 있다.

여기서 《조선사》 편찬으로 돌아가면, 《조선반도사》 중단을 둘러싸고 종래 여러 해석이 이뤄졌는데 3·1독립운동과의 관계에 대해 나카무라 히데타카는 다음과 같이 말하고 있다.

> 우연히 조선에서는 다이쇼 8년(1919) 3월의 만세사건이 일어났는데, … 이 사건을 계기로 조선통치의 방침은 일대 전환을 겪을 수밖에 없었다. 이제껏 5년 남짓에 걸쳐 계속된 《조선반도사》 편찬 사업은, 그 취지로 보자면 신속히 그 성과를 간행하여 당면 시정施政에 기여할 것이 기대되면서도, 마지막까지 끝을 보지 못한 까닭도 여기에 있었다. 《조선반도사》 편찬이 그 후 당분간 속행되면서 자료 수집의 곤란 등을 극복하지 못하고 시간이 지나갔는데, 그 경위를 살펴보면 우선 수집·보존이 급선무였고 민중 교화에 앞서 학술적 조사·연구가 필요함이 분명해지고 있었다. 그래서 구로이타 카츠미黑板勝美 박사는 별도로 신규 사업을 계획해서 학술적 견지에서 권위 있는 조직을 만들어 사료 수집에 만전을 기하고, 공평하게 신뢰받는 역사를 편찬하여 신속히 이를 간행하며, 현재의 요구에 부응하고 장래의 보존에 대비할 것을 제안했다.

이렇듯 나카무라는 '사료수집'을 계속할 필요성과 함께 3·1운동 발

---

16) 《조선사》 전 37권은 1938년에 완성.

발이 '신속히 그 성과가 간행'될 것이 기대됐던 《조선반도사》를 좌절시켰다 보고 있다. 하코이시 히로시箱石大는 박은식 《한국통사》에 대항하는 등 '강한 정치성'을 지니고 있던 《조선반도사》가 편찬되지 못하고, 3·1운동 후 '문화정치'로 전환된 것에 대해 "한층 '학술적'인 《조선사》 편찬을 진행하고, 이를 통해 민족주의적인 조선사 저술활동을 억누를 수 있을 것이라 생각했다"고 하며 《조선반도사》와 《조선사》의 단절적 측면을 강조하고 있다.

가쓰라지마 노부히로桂島宣弘(리쓰메이칸立命館 대학)는 위와 같은 생각들을 검토하고 일선동조론 등의 입장에서 '교화'를 목적으로 간행을 서둘렀던 《조선반도사》가, 3·1운동에 직면하는 와중에 사료상의 곤란으로 좌절되고, 보다 '학술적'인 《조선사》 편찬으로 이행되었다고 파악하는 것이 대체로 타당한 이해로 보인다고 말하고 있다.[17]

6. 《조선사》 편찬의 한계

《조선사》 편찬의 키워드는 《조선반도사》의 '강한 정치성'에 대비되는 '학술성'에 있었다. 일본 근대사학에서 '학술성'은 실증주의에 의해 담보되는 것이라 여겨졌다. 즉 역사를 형성한 사람들의 경험을 반영한 사료를 비판적으로 검토하고, 그에 기초하여 역사 과정을 발전적으로 재구성하는 것이 근대적 학문으로서 불가결한 보편성, 과학성을 보장하는 요건이라 인식되었다.

일본 근대역사학은 '강한 정치성'과 '학술성'의 치열한 대항 속에서

---

17) 桂島宣弘, 〈植民地朝鮮における歷史編纂と近代歷史學〉.

지그재그로 발전해 왔다고 할 수 있다.《조선사》가 편찬 방침으로 '학술성'을 들면서 실증주의를 전면에 내세운 것도 이러한 맥락에서 파악할 수 있다. 외부로부터 이 전환을 촉진시킨 것은 직접적으로는 3·1독립운동이었으며, 또한 배경으로는 일본의 다이쇼 데모크라시가 있었다. 그러나 '학술성' 면에서 완성된《조선사》를 보면 역사서로서는 사료에 매몰되어 거의 통사로서의 모양새를 갖추고 있지 않다는 인상을 받는다. "수집 자료를 연구하고 정치·경제·사회·문화 등 각 방면에 걸쳐 역사상 중요한 사건을 선택, 제시"한 것을 강문綱文(=본문)이라 하고, 그 아래에 사료를 "원문 그대로" 열거하는 형식을 취하고 있다. 게다가 본문의 "서술은 간명함을 기한다"고 하며 설명적 언사는 거의 보이지 않는다. 통사에 필요한 역사관이나 역사인식도 숨겨져 있는 것이다. 가쓰라지마 노부히로는 이런 점에 대해 다음과 같이 지적하고 있다.

> 3·1운동이라는 식민지 지배의 근저를 뒤흔드는 사태에 직면한 총독부 및 역사편찬자가 근대역사학이 지닌 실증주의=근본사료주의를 전면에 내세움으로써, '학술성', '전문성'이 노골적으로 드러나는 권위적 정사正史 역사서로 전개된 것이《조선사》였던 것은 아닐까.

그러나 나카무라 히데타카는 패전 후에 발표한 글 속에서도 "조선총독부가 시행한 문화사업 중에서 고적 조사보존과《조선사》편수 두 가지는 그 취지로 봤을 때 영원히 기억될 것임에 틀림없다"며 자랑하고 있다. 이러한 류의 언설은 당시 관계자의 전후 언설에 공통적으로 나타난다고 보이는데, 내가 이러한 문장을 읽으면서 더욱 느끼는 것은 '학술성'과 '실증주의'가 식민지 지배를 반성하고 스스로가 당사자임을 자각하지 못하도록 가리는 올가미가 되었다는 것이다.

조선사편수회 고문에는 구로이타 가쓰미(도쿄제국대학)와 나이토 고난内藤湖南(교토제국대학)이 취임했다. 《조선사》 편찬의 실무를 주도한 구로이타는 일본과 중국 사이에 끼인 조선반도는 항상 세력이 강한 나라에 지배당해서, 조선반도가 중국 세력권에 있을 때에도 북방은 중국풍, 남방은 일본풍이 뒤섞여 있었다고 하는 등, 조선사의 타율성을 강조하였다. 또 나이토는 당시 《도쿄아사히신문東京朝日新聞》에서 〈조선통치의 방침(상)〉(1920년 1월 9일자)을 논하였는데, 조선은 "그 진보도 고려 말기, 약 600년 전부터 완전히 정체되어 우리나라(일본) 및 지나支那는 그 후 여러 변천을 거쳤음에도 불구하고 조선국민만 여전히 6, 700년 전과 동일한 생활을 영위하고 있다"고 주장했다. '지나학'의 권위자로 꼽히던 나이토도 조선사에 관해서는 전형적인 정체사관을 견지하고 있었다.

7. '탈아구화'적 세계관의 계승

미우라 히로유키三浦周行는 정통적 실증주의사가로서 다이쇼 데모크라시의 움직임에 대한 강한 관심에서 민중사 문제를 언급한 역사가로 평가받고 있는데, 앞의 《조선호》에 기고한 논문 속에서 다음과 같은 취지의 내용을 말하고 있다.

"인도인이 아리아인종임"이 학자 연구에 의해 밝혀진 것이 "영국인과 인도인을 동일한 국가 하에 합치게끔 하는 데에 얼마나 힘이 될지" 생각하면, '일한간의 특수관계'에 대해 역사가를 비롯하여 인문학 학자들의 "진솔한 연구가 양국의 정신적 병합에 대해 반드시 법문 이상의 유력한 세력이 될 것임을 믿어 의심치 않는다"(〈日韓の同化と分化〉).

《조선호》의 〈발간사〉에서도 "영국이 인도를 병합하기에 앞서 서구

제국의 인종 및 언어는 인도의 그것과 기원을 같이한다는 설은 일찍이 유럽 각국 사이에 주창되었다", "이른바 인도 게르만어계가 인도와 서구 제국을 결합시키는 연결고리가 된다는 설은, 얼마나 영국의 인도병합 및 그 통치에 심대한 편의를 주는가"라고 설명하며, 한국병합의 역사적 정당화 논리로 스윈튼류의 인종주의적 세계사론의 아류라고도 할 수 있는 '일한동종론'을 전면적으로 내세우고 있다.

확실히 다이쇼기에 주로 문화사 쪽에서 주장된 세계사에는 스윈튼류의 노골적인 인종주의가 표면적으로 자취를 감췄다. 그 대표라고도 할 수 있는 서양사학자 사카구치 다카시坂口昻의 《개관 세계사조槪觀世界史潮》(1920)를 봐도, 서양 역사가의 연구에 대한 단순한 소개나 조술祖述의 범위를 넘지 않으려는 노력이 보인다. 사카구치의 다른 저서 《세계사논강世界史論講》(1931)의 서문에 따르면, "개개의 사학을 종합하고 그 사이의 관계를 정하여 이를 인과 계열 또는 발전체로 파악하며, 그것들이 국가, 사회, 일반문화의 발전에서 어떠한 관계를 가지는지를 연구하는 것"이 사카구치의 연구 태도였다(나카무라 젠타로中村善太郎). 현실적인 발전사관에서 "모든 문화의 역사조류"를 거슬러 종합한 것이 《개관 세계사조》였으며, 서술도 오리엔트부터 시작되고 있는데 인도는 포함되지 않는다. 새 자료의 발굴이나 엄밀한 텍스트 비판을 직접 수행할 수 없었던 당시 일본의 서양사학자가 독자적인 연구의 장으로 제기한 것이라 평가할 수 있을 것이다. 그런 점에서 《개관 세계사조》는 통사로 정의할 수 있다. 통사가 "일정 역사관에 기초한 역사인식이자 역사상의 제시"(나가하라 게이지永原慶二)라 한다면, 이는 어떻게 생각할 수 있을까.

사카구치는 《개관 세계사론》의 모티브를 "서양을 출발점으로 하는 세계사의 조류"라 설정한다. '최고사最古史'는 "동지중해와 홍해, 페르시아만 사이에 개재介在하는 방면에서 발생하는 민족으로, 세계 최고의 개화인민"이 만든 역사이지만, 주된 내용은 그리스·로마 '고전'문명부터 시작한다. 이는 그리스·로마 문화가 고등하면서 우수하고, 모범적이며 "이를 문명사에 적용하면 옛사람이 지금 사람에게 가르침을 주고, 지금 사람이 옛사람의 문화를 자신들의 모범으로 신봉할 곳"이기 때문이다.

《개관 세계사론》은 오리엔트부터 제1차 세계대전에 이르는 통사로서 후반은 국민국가의 항쟁이나 서유럽 세계의 제국화인데, 유물주의와 낭만주의의 대립으로부터 고찰하고 있다. 일본사의 경우에는 실증사학이 비정치화되어 간 것에 견준다면 이것도 특색의 하나라 볼 수 있다. 그러나 세계사가 어디까지나 서양중심주의적 역사인식으로 관철되어 있으며 질적으로는 서양사가 현대에 이르기까지 세계사의 주류로 인식된 것은 사실이다. 그러면 동양 역사는 어떻게 받아들여지고 있었을까.

사카구치는 문화 발전의 실태에 따라 문화 발달을 하천문화, 연해 沿海문화, 대양大洋문화의 3단계로 생각하고 있었다. 서양사로 보자면 각기 오리엔트, 그리스·로마, 서양근대에 해당한다. 그러나 동양 문화를 생각해 보면 "주로 하천문화란 것이 융성했다. 물론 연해문화란 것도 있기는 했다. 그렇지만 이는 그다지 활발하지 못했고 하천문화세계의 번창에는 미치지도 못했다. 그 사이에 서양에서는 연해문화 단계를 돌파하여 대양에 나아갔고 그 결과 마침내 동양에도 밀려들어 온 것이다."[18]

동양의 역사에 대해 정체론적 인식이 서양을 수장으로 하는 세계사의 구조적 인식의 근거가 되었다는 점을 확인할 수 있다. 이러한 역사인식은 쇼와시대 역사교육에도 계승되어 필자 등이 구제舊制 중학교에서 배운 서양사 교과서에도 답습되고 있었다.

사카구치는 인종에 대해, 유색인종은 모두 백인종에게 패했지만 황

18) 사카구치 다카시, 〈世界史より見たる太平洋問題〉, 《世界史論講》 수록.

인종 가운데 "이들(일본과 지나)은 가장 오래된 역사발전을 배경으로 문화를 향상시키고, 또한 인구의 많음과 번식력의 강대함으로 독립을 유지하여 특히 유색인을 위해 기세를 내뿜고 있다"고 하고 있지만, 중국 역사에 대해서는 "상하 2천 년 동안 조정이나 지배자 교체는 있었을지언정 언제나 계속 자가포만自家飽滿 상태로서 거의 스스로 거만한 중화를 이루며, 정신상으로도 어떠한 큰 발전으로는 향상되지 못했다"며 멸시하고 있다. 한편, 일본에 대해서는 "일찌감치 서양문화의 장점을 취하고 시대에 뒤처지지 않는 국가를 건설하여 상시 동양에 매우 높이 자리 잡고" 있다며 자랑스러워하고 있다.

이렇게 본다면 일본사, 동양사, 서양사라는 전전戰前 일본의 역사교과·역사교육의 삼분법은 처음부터 탈아구화라는 국가 진로에 맞추어 긴밀히 일체화되어 온 것이라 할 수 있다. 일본사는 국체관념으로 국민을 통합함과 동시에 대외적으로는 자민족우월적 국가관을 가지게 하였고, 동양사는 아시아 타민족에 대한 멸시관을 키우는 동시에 '포악한 지나를 응징함〔暴支膺懲〕' '동아 해방을 위한 성전' 등 일본의 침략전쟁, 식민지전쟁을 정당화했으며, 서양사는 유럽화를 추진함과 동시에 대국주의大國主義적·인종주의적 세계인식을 키운다는 식으로, 세 교과가 서로 보완하며 국가주의 교육의 중요한 일환이 되었다.

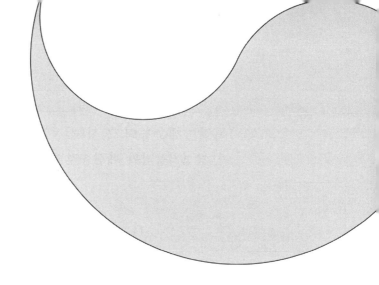

제2부

3·1독립선언과 만세시위운동

3·1독립만세운동의 경성(서울) 학생시위 실황
-〈경성지방법원 예심종결결정서〉의 분석-

이태진(서울대학교 명예교수)

1. 머리말 -국내외 정황과 고종황제 '독살'

19~20세기에 한국의 국가 체제는 두 번 바뀌었다. 1897년 10월에 조선왕조가 대한제국으로 나라 이름을 바꾸어 근대국가로 거듭났다. 대한제국의 근대국가로의 변신 노력은 1910년 8월 29일에 일본제국에게

국권을 빼앗기는 아픈 역사로 좌절을 겪었다. 그 후 1919년 3월 1일에 독립만세운동이 크게 일어나 이를 배경으로 대한제국을 승계하는 민국으로서 대한민국이 탄생하였다. 대한민국은 곧 일본제국의 침략주의에 맞선 만세운동으로 태어난 나라로서, 세계사적으로도 제국주의에 대한 투쟁의 성과로서 중요한 의미를 갖는다.

대한제국은 입헌군주제를 지향하여 근대 국민국가로서의 요소를 많이 잉태하고 있었다.[1] 그러나 1904년 2월에 일본제국이 일으킨 러일전쟁에서 한국은 전쟁터가 되어 일본군이 수도 서울과 주요 군사지역(진해 지역, 압록강 일대)에 진입, 주둔한 가운데 국권이 크게 침식당하기 시작하였다. 1905년 11월 17~18일 일본제국은 러시아에 대한 전승을 배경으로 자주 독립국가인 대한제국에 '보호조약'을 강요하였다.[2] 일제는 이 불법 강제 조약에 근거하여 한국에 통감부統監府를 설치하여 외교권을 대행하는 한편, 한국정부가 원하지도 않는 차관 공세로 빚을 지워 경제적으로 일본에 예속시키는 전략을 폈다. 1907년 2월 한국인들은 일본이 지운 나라 빚 1,500만원을 갚기 위해 '국민의 의무'를 다하자는 기치 아래 '국채보상운동'을 펼쳤다.[3] 국제적으로 자주 독립국가를 표방하는 데 역점을 두었던 대한제국이 이제 국민국가로서의 면모를 과시하는 순간이었다.

---

1) 이태진, 〈高宗時代의 '民國' 이념의 전개 -儒敎 왕정의 근대적 '共和' 지향-〉,《진단학보》124호. 2015, 57~83쪽.
2) 일본 측 관계 문서에는 해당 일자가 11월 17일로 기록되었지만 한국 측은 11월 18일로 명기하였다. 일본 측은 조약 체결(강제)의 날짜, 곧 디데이를 17일로 잡았으나 한국 황제와 대신들의 저항으로 11월 18일 새벽 1시를 넘겨 일본 관리, 군경이 현장(중명전)을 철수한 데 따른 차이이다.
3) 김영호金泳鎬 국채보상운동 기록물 세계기록유산 등재추진공동위원장은 "서문시장 상인을 비롯해 심지어 도둑·거지들도 나라 빚을 갚는 데 나섰다"고 했다. 이어 "국채보상운동 당시 전체 인구가 2천만 명이었는데 이 가운데 400만 명(추정치)이 참가한 것은 가히 기록적인 일"이라고 하였다. 《영남일보》 및 《매일신문》 2017년 11월 01일자. http://www.gukchae.com/Pages/Main.aspx

한편 대한제국 황제는 거의 같은 시기에 국제사회를 상대로 한 주권 수호운동을 벌였다. 1907년 6월에 헤이그에서 열리는 제2차 만국평화회의에 3인의 특사를 보내 무력 동원에 의한 일본의 조약 강제, 주권 침탈의 만행을 폭로하였다. 이에 일본정부와 통감부는 한국의 현 황제(고종)를 강제로 퇴위시키는 초강수를 불사하였다. 한국 황제(고종)는 이 강압적 사태에 직면하여 황태자에게 대리청정代理聽政을 허용하는 선에서 버텼다. 일본 측은 일단 이를 수용하면서 바로 선위禪位, 讓位를 후속시키는 기만행위로 한국 황제를 곤경에 빠트렸다. 대리청정과 선위는 분명히 구분되는 것으로 동시 진행은 이율배반적인 것이지만 일본은 그렇게 하여 황제의 교체를 추진해 나갔다. 통감부는 7월 19일에 2인의 환관을 동원하여 신, 구 황제를 대역代役시키는 방식으로 황제의 퇴위를 기정사실화하였다.[4]

황제가 일본의 강압에 못 이기어 '대리청정'의 명을 내렸을 때 황태자(나중의 순종)는 당일(7월 19일)에 두 번이나 상소를 올려 명령을 거둘 것을 아뢰었다.[5] 하지만 통감부는 이미 앞잡이가 된 한국 내각을 매개로 환관을 동원해 대역을 시킨 '권정'의 양위식을 거행하였다. 황제와 황태자의 뜻과는 전혀 무관한 행사였다.[6] 황실의 예식을 담당하는

---

4) 일본 측은 '권정權停의 예'라는 이름을 붙였지만, 조선왕조에서 '권정'은 재위 중의 왕이 사정이 있어서 직접 어떤 예식에 참석하기 어려울 때 특정한 신하를 대신 참석하게 하여 진행하는 행위를 가리키는 것으로서 재위를 넘기는 양위에서 권정의 예를 취하는 경우는 전혀 없었다. 오사카마이니치신문大阪毎日新聞 기자 나라사키櫨崎桂園의 《정미정변사》는 일본 측의 관점이 섞여 있지만 양위를 둘러싼 상황을 자세히 담았다. 이 책의 저자는 양위식이 20일에 내관(内官, 환관)을 동원한 '권정의 예'로 행해진 것을 "전대미문의 기이한 양위의 식전"이라고 서술했다. 65쪽.

5) 《고종황제실록》 48권, 고종 44년 7월 19일소.

6) 1907년 7월 19일 하루에 있었던 일에 대해 《고종황제실록》(권 48)과 《순종황제실록》(권 1) 사이에 차이가 있다. 전자에는 "황태자의 대리 청정代理聽政으로 인한 진하陳賀는 권정례權停例로 행하였다(行皇太子代理聽政陳賀, 權停也)"라고 하여 대리청정을 명한 것으로만 되어 있는 반면 후자에서는 "명을 받들어 대리청정하고 이어서 선위를 받았다(承命代理聽政 仍受禪)"고 되어 있다. 후자에서 통감부에 의한 일방적인 선위가 이루어진 사실을 읽을 수 있다.

직책인 장례원경掌禮院卿은 7월 25일 '새 황제'에게 즉위식을 언제, 어디서 거행할 것인지를 물어서 "8월 27일, 즉조당卽祚堂"이란 답을 받은 것으로 되어 있다. 이런 절차가 황제, 황태자의 의지와는 무관하게 통감부의 지시 아래 한국 내각이 진행시킨 것이란 점은 더 말할 것이 없다. 내각총리대신 이완용은 8월 2일에 융희隆熙라는 연호를 발표하고,[7] 8월 27일에 '신황제'의 즉위식을 거행하였다. 장소는 즉조당이 아니라 돈덕전惇德殿으로 바뀌었다.

황태자('新帝'- 당시 통감부가 사용한 호칭이다)는 1907년 8월 27일 즉위식에 나가기는 하였지만 직무에는 거의 임하지 않았다. 세계사에서 유례가 없는 황제의 사보타주가 3개월 동안 계속되었다. 같은 해 11월 15일에 '구제'舊帝(태황제 고종)가 종묘를 참배하고 황태자가 옮겨가 있는 창덕궁(낙선재)을 다녀온 뒤 황태자는 18일에 종묘에 가서 선대 왕들의 신위 앞에서 이제 황제의 위에 오른다는 서고誓誥의 예를 올렸다. 신황제의 실질적인 즉위가 이때서야 비로소 이루어졌던 것이다. '구황제'가 이렇게 태도를 바꾼 것은 자발적인 것이 아니었다. 통감 이토 히로부미伊藤博文는 10월 16일 한일 양국의 친선우호 도모란 미명 아래 일본 황태자 요시히토 친왕嘉仁親王의 한국 방문을 기획하였다. 이 방문에 바로 이어 답례 형식으로 한국 황태자(英王 李垠, 엄비 소생, 1907년 8월 책봉)의 일본 유학留學을 발표하였다. 한국 황실에 대한 인질 정책이었다. '새 황제'가 11월 18일 종묘에서 서고를 마친 다음 날 19일에 황태자의 일본국 유학을 명하고 있어서 통감부 인질 정책의 강압으로 한국 황실이 부득이 실질적인 양위를 행하여 '신황제'가 집무에 임하게 되었던 것을 알 수 있다. 모든 것이 통감 이토 히로부미의 계획 아래 강요된 것이었다.[8] 1907년 7월 31일 거짓 조칙으로 군대해산이

---

7) 《순종황제실록》 권1 순종 즉위년 8월 2일조에는 "內閣總理大臣李完用 以改元年號 望隆熙太始 議定 上奏 奉硃圈用隆熙二字 欽此"라고 기록되어 있다.

자행된 이후 황성 서울은 일본군에 의해 점령된 상태로 저항이 불가능하였다.

대한제국의 '국민'은 물러서지 않았다. 1907년 7월 31일의 군대해산으로 각지로 흩어진 군인들은 지방의 유생, 농민 등 각계각층의 사람들과 함께 의병을 조직하였다. 1908년부터 본격적인 주권 수호 투쟁으로서 전투가 벌어졌다. 일본 육군 통계에 따르면 1908년 한 해 한반도 안에서 한일 양국군 사이의 교전 회수는 1,976회, 참전한 한국 의병의 수는 82,767명으로 집계되었다.[9] 실제로는 이보다 더 많은 사람들이 참전하였다. 이에 맞서기 위해 통감 이토 히로부미는 본국에 1개 사단의 증파를 요청하였다. 그러나 그는 국제적으로 한국인들이 일본의 보호국이 된 것을 환영한다고 선전해 두었기 때문에 더 큰 규모로 병력을 동원할 수는 없었다. 야마가타 아리토모山縣有朋를 필두로 한 군부 세력은 1905년 전승(러일전쟁)과 동시에 한국의 병합을 주장하여 이토의 보호국 정책을 비판하고 있었기 때문에 증파 요청은 정치적으로 강경파에 굴복하는 꼴이기도 하였다. 통감 이토는 해가 바뀌어 1909년이 되자마자 한국인들의 저항에 대한 회유책을 써 보기로 하였다. 황제(순종)의 순행巡幸 곧 지방 순시를 한국정부와 통감부의 공동행사로 추진하였다. 통감 이토는 자신이 황제를 잘 모시고 있다는 것을 한국인들에게 보여주어 저항을 완화시켜 보려고 했던 것이다.

통감 이토의 의도는 완전히 빗나갔다. 남순(南巡; 1월 7일~12일. 대구-부산-마산-대구-서울), 서순(西巡: 1월 27일~2월 3일. 평양-의주-평양-개성-서울)은 한국 황제와 국민 사이의 결속을 다지는 기회가

---

8) '신제'의 서고가 끝난 뒤부터 약 1개월 동안 통감부가 대한제국 정부를 산하에 예속시키는 법률, 칙령, 조직 60여 건에 황제의 서명을 진행시킨 상황은 이미 자세히 밝혀졌다. 이태진, 《일본의 한국 병합 강제연구-조약 강제와 저항의 역사-》, 지식산업사, 2016, 249~261쪽.

9) 모리야마 시게노리森山茂德, 《日韓併合》, 吉川弘文館, 1993, 171~172쪽.

되었을 뿐이었다. 남순 때는 3만 정도를 헤아리던 환영인파가 서순에서는 10만을 넘었다. 황제는 경유하는 곳에서 역대의 충신, 열사, 특히 외적 격퇴의 공로자들의 사당에 관리를 보내 제사를 올리게 하였다. 평양에서는 단군의 묘를 찾도록 지시하는가 하면 의주에서 돌아오는 길에 정주에서는 오산학교를 세워 신교육에 앞장선 이승훈李昇薰을 일부러 불러 접견하고 모두 그를 본받도록 칭양하였다.10)

통감 이토 히로부미는 순행 중에 한국인들이 황제를 열광적으로 맞이하는 기세를 여러 방도로 꺾어 보려고 하였지만 실패하였다. 여기서 그는 자신의 보호정책의 실패를 스스로 인정하지 않을 수 없었다. 마지막 숙박지인 개성에서 일정을 단축하여 귀경을 재촉하였다. 이어 2월 8일 창덕궁의 한국 황제를 찾아 귀국 인사를 한 다음 10일에 귀국길에 올랐다. 그리고 4월에 천황에게 사직의 뜻을 표하고 7월에 다시 서울로 와서 인수인계를 마쳤다. 한국 국민의 저항은 통감 이토 히로부미를 사임시키는 형국을 가져왔다.11) 그러나 이토 히로부미의 사직은 한국인들에게 더 나은 상황을 약속하는 것은 결코 아니었다. 그는 같은 조슈 번벌 가운데 조기 병합을 주장해 온 군부파에게 한국 통치 문제를 넘겼다. 육군대신 데라우치 마사다케寺内正毅는12) 1910년 5월 30일 제3대 통감으로 임명되자마자 아직 한국으로 부임하지 않은 상태에서 창덕궁 안에 황궁경찰서를 설치하도록 지시하였다. 그는 이 조치로 한국 황제를 사실상 궁안에 가두어 외부와 접촉을 차단해 버렸다. 그는 육군대신으로서 통감의 직을 겸한 상태에서 휘하의 일본 육군성의 참모 인력을

---

10) 순행에 대해서는 이태진, 앞의 책, 2016, 293~311쪽.

11) 이토 히로부미의 사임에 관해서는 위와 같은 책, 311~313쪽 참조. 한국의병과의 교전에 관한 일본 육군의 통계에서는 순행 기간인 1, 2월은 집계 대상에서 빠지고 1909년 3~6월 동안은 1,738회 38,593명으로 기록하였다.

12) 제2대 통감은 부통감 소네 아라스케曾彌荒助가 지명되었지만 곧 그는 암에 걸려 실무를 거의 보지 못한 상태가 되었고, 1910년 5월 30일자로 육군대신 데라우치 마사다케가 제3대 통감 겸임으로 발령받았다.

동원하여 강제 병합에 필요한 모든 방안을 준비하고, 7월 말에 서울에 와서 8월 중순부터 병합 강제를 실행하고 초대 조선총독이 되었다.[13]

1910년 8월 29일의 병합조약의 공표와 동시에 대한제국은 조선朝鮮으로 국호가 바뀌고 한국의 황실은 일본 천황가 아래의 하나의 왕실로 편입되었다. 대한제국은 동아시아의 전통적인 국제질서인 중국 중심의 책봉 질서에서 벗어나 자주 독립국을 표방하는 기치를 들었지만, 일본은 강제 병합과 동시에 한국의 국호를 이전의 조선으로 되돌렸다. 일본 제국은 스스로 중국을 대신하는 새로운 '동양'의 중심을 실현하는 것을 목표로 하였기 때문에 자주 독립을 내건 국호를 용인할 수 없었다. 그 해 10월 1일에 설립된 조선 총독부의 초대 총독 데라우치 마사다케는[14] 조선인은 역사적으로 일본의 신민이 되어야 할 존재라는 전제 아래 동화정책同化政策을 폈다. 그러나 '조선인'은 이에 굴하지 않고 대한제국의 국민으로서 항쟁을 지속하였다. 이 시기의 의병은 어느 부대이거나 국군이란 뜻으로 의군義軍이란 명칭을 썼고, 크고 작은 사회단체 또는 정치결사체도 국민회란 이름을 많이 사용하였다.[15] 이 흐름 속에 대한제국을 세웠던 황제(고종)가 '독살'되었다는 사실이 알려지자 거국적인 만세운동이 도모되었던 것이다. 1919년 3월 1일에 일어난 만세운동은 항일 민족운동이자 주권 회복을 위한 국민 대투쟁의 성격을 띤 것이었다.

3·1독립만세운동의 계기로는 윌슨 미국대통령의 민족자결주의와 고종황제의 죽음 두 가지가 주목되어 왔다.[16] 1900년 이래 구미 지식인

---

13) 데라우치 마사다케의 한국병합 강제 준비에 대해서는 이태진, 앞의 책, 제6장 1, 2절 참조.

14) 1910년 8월 29일부터 9월 30일까지는 임시 총독이었다.

15) 이 책에 실린 이태진, 〈20세기 초 국민 탄생의 역사와 3·1독립만세운동〉 참조.

16) 한국사연구회 편, 《한국사연구입문》, 지식산업사, 1981의 〈3·1운동〉(김진봉金鎭鳳 집필)은 만세운동의 직접적인 동기로서 민족자결주의와 2·8독립선언이 손꼽히다가 근래에서는 고종황제의 폭붕暴朋의 비중이 더해지는 경향이라고 소개하였다(499

사회에서는 제국주의의 무한정한 영토 경쟁이 불러올 결과에 대한 우려가 커지면서 이에 대한 견제로 국제평화운동을 전개하였다. 윌슨 미국 대통령의 민족자결주의는 곧 그 중요한 결실로서 3·1독립만세운동이 이로부터 받은 영향은 누구도 부인할 수 없다. 1907년 6월에 고종황제가 1905년 11월의 '보호조약'이 일본의 침략적인 주권 탈취란 사실을 밝히고 규탄하기 위해 3인의 특사를 보낸 제2차 헤이그 만국평화회의도 실은 구미 지식인사회의 국제평화운동의 하나였다. 아직은 열강의 이해관계가 우세하게 지배한 회의였지만 1899년의 제1회에 이어 국제평화운동의 기치 아래 두 번째로 열렸던 것이다. 3인의 특사의 특별한 활동을 기억하는 한국인들에게 10여 년 만에 나온 윌슨 대통령의 선언에 거는 기대가 컸던 것은 말할 것도 없다. 그런 가운데 총독부에 의해 고종황제가 독살되었다는 소문이 퍼지자 대한제국의 '국민'들은 불의, 불법에 대한 대규모 저항을 벌이게 되었던 것이며, 그 자체가 하나의 국제평화운동이라고 생각할 수 있는 대목이었다. 윌슨 민족자결주의와 고종황제의 폭붕, 곧 독살 두 가지는 서로 별개가 아니라 하나의 연계성을 가지고 있었다.

고종황제는 1907년 퇴위를 강제 당한 후에는 '태황제'였지만 1910년 강제병합 후에는 '이태왕'이 되어 덕수궁德壽宮에 거하였다. 1914년 독일이 세계대전을 일으킬 때 빌헬름 1세에게 일본을 패망시켜 줄 것을 부탁하는 친서를 보냈듯이[17] 황제는 국제정세의 동향을 주시하고 있었다. 이때 그는 국제평화운동의 조류보다 독일의 일본과의 적대관계에 더 큰 기대를 걸었지만 이후의 일본 정부 수뇌부의 동향을 보면 그것

쪽). 그런데 2008년에 출간된 《제3판 한국사연구입문》(《새로운 한국사 길잡이》로 개명)은 '차례'를 전면적으로 개편하면서 〈3·1독립만세운동〉을 다루지 않았다.

17) 이태진 편, 《일본의 대한제국 강점》, 까치, 1995, 133~134쪽. 고종황제는 1914년 12월 북경주재의 힌체 공사를 통해 독일황제에게 보내는 친서를 접수시켰다. 일본이 자신의 옥새를 빼앗고 왕비를 살해하고 국권을 빼앗아간 원수의 나라라고 하였다.

이 황제의 허물이 될 것은 결코 아니다.

1916년 8월 초대 조선총독 데라우치 마사다케는 본국 정부의 총리대신으로 영전하였다. 이때 미국의 윌슨 대통령은 복심인 에드워드 M. 하우스('하우스 대령Colonel House'으로 불렸다)에게 민족자결주의 선언과 전후 평화체제 확립을 위한 준비로서 유럽 열강과의 협력관계 수립의 임무를 부여하고 있었다. 총리대신 데라우치 마사다케는 미국 주재 대사관을 통해 이 움직임을 예의 주시하고 있었고 1918년 1월 8일 윌슨대통령이 연두교서의 형식으로 공개한 '14개조'에서 실제로 민족자결주의가 선언되자 이에 대한 두 가지의 대책을 강구하였다. 그는 매우 소심한 성격의 인물로서 민족자결주의가 식민지 조선에 몰고 올 파장을 크게 우려하고 있었다.

첫째로 그는 일본제국 황족 여성과 이왕실의 영친왕英親王과의 결혼을 추진하여 일본과 조선은 민족자결주의가 적용될 필요가 없는 돈독한 사이인 것을 국제사회에 보이고자 하였다. 둘째로는 후임 조선총독 하세가와 요시미치長谷川好道에게 특별한 밀명을 내렸다. 즉 덕수궁의 '이태왕'에게 지금이라도 1905년의 '보호조약'을 인정하는 문서를 요구하고 이를 거부할 경우 죽이라는 것이었다. 그는 1907년 7월의 헤이그 평화회의의 한국 3특사 사건뿐 아니라 1909년 10월 26일의 하얼빈 사건의 핵심 배후 인물이 한국 황제('태황제')였다는 것도 육군대신으로서 기밀 보고서를 통해서 알고 있었다.[18] 데라우치는 1918년 가을 쌀소동으로 총리대신에서 물러났지만 조선총독부에 대한 영향력은 여전하였다. 그는 덕수궁의 '이태왕'이 1919년 윌슨대통령 주재로 열릴 예정인 파리 평화회의를 그냥 넘기지 않을 것이란 확신을 가지고 있었다. 결국 첫

---

18) 이태진, 〈고종황제의 毒殺과 일본정부 首腦部〉, 《역사학보》 204, 2009; 이태진, 《끝나지 않은 역사 – 식민지배 청산을 위한 역사인식-》, 태학사, 2017, 226~227 쪽 참조.

번째 정책은 1908년 10월에 〈황실전범〉을 고치면서까지 실현시켰고 두 번째의 밀명도 1919년 1월 20일 '이태왕'이 거부하자 독살이 자행되었던 것이다.[19]

1919년 3월 1일 독립만세운동이 일어난 시기의 한일 관계는 1907년 7월의 황제 퇴위 강제 이래의 정황이 그대로 이어진 상태였다. 이러한 상황 인식에서 볼 때 3·1독립만세운동은 황제의 '독살' 사건이란 관점에서 더 깊이 살펴볼 여지가 있다. 이 논문은 1919년 1월 21일 황제가 독살된 사실이 발표된 이후 각급 학교의 학생들 사이에서 추진된 경성(서울)에서의 만세시위운동 계획이 추진된 경위, 그리고 그 계획이 실천에 옮겨져 3월 1일과 5일 두 차례에 걸쳐 대규모의 시위로 벌어진 상황을 파악하는 데 역점을 두고자 한다.[20]

이 글에서 분석대상으로 삼은 〈경성지방법원예심종결결정서京城地方法院豫審終決定書〉[21]는 시위 중에 검거된 학생 210명, 일반인 38명 등에 대한 18쪽에 달하는 자세한 판결문으로서, 만세시위운동 연구의 필수적인 자료인데도 지금까지 제대로 검토된 적이 없다. 민족대표 33인은 〈기미독립선언서〉를 준비하고 종교 조직을 통해 전국적인 시위를

---

19) 고종황제의 폭붕에 대해서는 《순종실록부록》 10권, 순종 12년 1월 20일조에 "태왕 전하가 편찮아서 전의典醫 김영배金瀅培와 총독부 의원장總督府醫院長 하가 에이지로芳賀榮次郞가 입진入診하였다"고 하고 이어서 21일조에 "묘시(卯時: 오전 5~7시)에 태왕 전하가 덕수궁德壽宮 함녕전咸寧殿에서 승하하였다. 다음날 복(復: 招魂)을 행하였다."고 기록하였다.

20) 3·1독립만세운동의 서울 지역 학생시위에 관해서는 정세현鄭世鉉의 〈서울을 中心한 抗日學生運動에 對하여〉, 《향토서울》 14호, 1962; 〈三·一抗爭期의 韓國學生運動 −國內 學生運動을 中心으로−〉, 《숙명여자대학교 논문집》 8집, 1968, 그리고 김대상金大商(부산시사편찬위원회 상임위원)의 〈三·一運動과 學生層〉, 《三·一運動 50週年 기념논문집》, 동아일보사 편, 1969) 등이 있다. 학생시위에 대해서는 김대상의 논문이 유일하게 그 과정을 자세하게 다루었다. 다만 〈결정서〉 외에 이병헌李炳憲의 《三·一運動祕史》에 수록된 증인 신문 조서 여럿을 활용하여 시위 준비 및 전개 양상이 일목요연하게 정리되지 못한 감이 있다. 이 글에서는 〈결정서〉 하나로 일관성을 부여하였다.

21) 국사편찬위원회 편, 《일제침략하 한국 36년사》 제4권 수록.

〈그림 1〉예심종결결정정본 앞면
출처: 원본 독립기념관 소장
(서울대병원역사문화센터 제공)

계획, 추진한 공로가 있다면, 학생들의 시위 계획은 서울에서의 시위 결행 실천이란 면에서 매우 중요한 의미를 가지는 것이다. 이들이 국장 예행연습을 기하여 3월 1일에 제1차 시위를 결행한 뒤, 3월 3일의 국장을 지켜본 다음 3월 5일 삼우三虞날을 기하여 제2차 시위를 실행한 것은 시위 자체에 황제의 죽음에 대한 애도의 뜻을 강하게 실은 것을 그대로 보여주는 것으로 주목해야 할 것이다.[22]

1919년의 독립만세운동은 대한민국의 탄생을 가져온 힘의 원천으로 보기에 앞서 대한제국의 비운에 대한 애도의 뜻을 담은 국민만세운동으로 먼저 조명되어야 할 것이다. 1919년 4월 12일 상해 임시정부 출범을 위한 의정원議政院 회의에서는 국호 제정문제에서 헌법기초위원회가 미리 준비한 '조선공화국'안 대신에 대한제국을 승계하는 민국으로서 '대한민국'

---

22) 이 글의 서술 내용 가운데 시위의 모의와 실천에 관한 부분, 즉《동경조일신문》, 〈경성지방법원예심종결결정서〉에 근거한 부분은《국립 서울대학교 개학 반세기사 −1985~1946−》(서울대학교 출판원, 2016. 12.)에 수록되었지만 여기서 내용적으로 개고가 많이 이루어졌다. 이 책은 서울대학교 기록관 홈페이지에서 전자책으로 읽을 수 있다.

으로 하자는 긴급동의를 채택하여[23] 대한민국이란 국호가 탄생한 사실
도 만세운동의 기본 성격과 관련해 음미할 점이다.

2. 고종황제의 국장과 3월 1일 독립만세운동

1919년 1월 21일 함녕전咸寧殿의 '이태왕' 곧 고종황제가 붕어하였
다.[24] 1월 27일 일본 천황의 칙령 9호로 '고故 대훈위大勳位 이태왕李
太王'의 장례를 국장으로 행한다는 고지와 함께 장의의 주체와 관계자
들이 발표되었다. 먼저 장의사무소葬儀事務所는 도쿄東京 궁성 안 내각
內閣에 설치하고, 분실分室은 조선총독부 중추원中樞院 안에 설치하여
서로 연락하여 그 사무를 진행한다고 하였다. 강제 병합으로 황실이
'이왕가'로 지칭되어 천황가에 편성되었기 때문에 모든 의식이 천황가의
일로 발표되었다. 장의괘장葬儀掛長은 조선총독부 정무총감政務總監 야
마가타 이사부로山縣伊三郎, 차장은 식부 차장式部次長 공작 이토 히로
쿠니伊藤博邦, 중추원 부의장中樞院副議長 백작伯爵 이완용李完用 등이고
그 아래 괘원掛員으로 일본 정부 내각 서기관장內閣書記官長 이하 9명,
서울에서는 이왕직 차관李王職次官 이하 12명, 육해군에 각 1명으로 하
고, 제관장祭官長에 공작公爵 이토 히로쿠니伊藤博邦, 제관부장祭官部長
에 자작子爵 윤덕영尹德榮이 각각 임명되었다.[25]

1905년 보호조약을 강제하고 또 헤이그 특사 파견 건으로 황제의
퇴위를 강제한 통감 이토 히로부미의 아들 이토 히로쿠니가 제관장이

---

23) 긴급동의 발의자는 신석우申錫雨 의원으로 알려진다.
24) 주 19 참조.
25) 《순종실록부록》 10권, 순종 12년 1월 27일.

〈그림 2〉 1919년 3월 3일 대여大輿를 바라보는 군중과 학생들.
고종의 국장은 3·1운동의 계기가 되었다.

된 것이나, 조선 총독 하세가와 요시미치 대신에 정무총감 야마가타 이
사부로가 장의 괘장으로 지명된 것은 어느 면으로나 순리적이지 않다.

총독 하세가와는 독살의 주역이라는 장안의 파다한 소문 탓인지 초
상 9일째인 1월 29일에서야 빈청에 나타나 문상하였다.[26]

'이태왕'의 붕어가 공포되자마자 한국인들 사이에는 총독부에 의해
독살되었다는 소문이 무성하게 돌았다. 3월 1일 장례 예행연습날〔習儀〕
에 터진 독립만세운동이 전국적, 전 민족적 차원으로 쉽게 확장된 데는

26) 《순종실록부록》 10권, 순종 12년 1월 29일.

독살 소문이 결정적 작용을 하였다. 경성지방법원은 1919년 8월 30일 자로 경성(서울)에서 벌어진 만세운동에서 검거된 248명에 대한 〈예심 종결결정서〉(이하 〈결정서〉로 줄임)를 발표하였다.27) 이 〈결정서〉의 서 두에 밝힌 248명은 "경성독립만세운동 관련자 김형기金炯璣 이하 210 명"과 "이계창李桂昌 이하 30명 및 윤익선尹益善 이하 8명"을 구분하였 는데 이 가운데 3월 1일~5일의 시위에 관계되는 피검자는 앞 김형기 이하 210명이다. 이계창 등은 그 이후에 다른 혐의로 피체된 자들로 구 분된다. 〈결정서〉(판결문)는 3월 1일의 시위의 배경에 대해 다음과 같 이 기술하였다.

먼저 미국 대통령의 각 민족 자결주의의 영향을 듣고 상하이로부터 사람이 도쿄 및 조선에 파견되어 학생 및 조선 서부에 있는 기독교도 의 일부에게 위 사상을 선전하여 홀연히 인심 동요의 세를 드러내기에 이르렀다고 하고, 도쿄에서는 금년(1919) 1월 초순을 기하여 최팔용崔 八龍 등 불령不逞한 무리들이 도쿄 유학생을 규합하여 의론을 모아 경 시청에 출두하여 의견을 말하는 등의 불온한 행동을 행하여 경성에 있 는 학생들에게도 영향을 주었다고 하였다. 그리고 이와 비슷한 시기에 천도교 교주 손병희와 그 당여인 최린, 권동진, 오세창 등은 일반 인심 의 기미를 간취하고 최남선, 송진우 등과 상담하였다. 이어서 예수교 전도자인 이승훈, 함태영, 박희도, 이갑성, 기타 불교 승려 등 23명과 서로 결속하였으며, 주모자 가운데 박희도와 세브란스병원 사무원 이갑 성은 경성에 있는 학생들을 규합하여 실행 방면을 담당하기로 하고 비 밀히 학생들과 접촉하였다. 박희도가 학생들과 접촉한 시기는 고종황제 가 독살된 뒤인 1월 하순이라고 하였다. 3·1독립만세운동은 곧 1918년 1월 초의 월슨 미국대통령의 민족자결주의 선언이 배경이 되었지만,

---

27) 〈경성지방법원예심종결결정서〉 1919년 8월 30일 결정(판결). 《매일신보》 1919년 9월 7~11일, 14~16일에 게재(《일제침략하 한국 36년사》 4권에 수록).

1919년 1월 21일의 고종황제의 독살이란 일제의 만행이 직접적 동인이 되었던 것이 분명하다.

고종 황제의 국장은 일본 천황가가 주관하여 일본식으로 거행하는 것으로 발표되었다. 다만 조선의 민심을 고려하여 대여大輿만은 조선의 전통식으로 따르기로 하였다. 3월 1일은 대여 부분에 대한 예행연습을 덕수궁 대한문 앞 광장에서 가지기로 한 날이었다. 위 33인의 민족대표는 이날 정오를 기하여 만세시위운동을 벌이기로 계획하였고, 거리 시위는 학생들을 중심으로 치밀하게 준비되어 실행에 옮겨졌다.

3. 3월 1일 만세시위운동과 관립전문학교학생들

1) 3월 7일자 《동경조일신문東京朝日新聞》의 보도 기사 중의 주요 관립학교

독립 만세운동은 예정대로 3월 1일 정오에 시작되어 연일 각지로 퍼져갔지만 신문 보도는 1주일이 지난 시점에서 나오기 시작하였다. 조선총독부를 비롯한 당국의 보도 통제 때문이었다. 시위에 관한 보도 가운데 《동경조일신문》의 기사는 가장 체계적인 것 가운데 하나인데 이 신문은 다음과 같이 경성의 거리 시위가 관립학교학생들이 주동한 것으로 보도하였다. 3월 7일자 지면에 처음 상세히 보도된 만세운동의 실황은 세 가지로서 다음과 같다.

(가) 조선 각지의 폭동, 일단 진정하는 모습이다가 다시 발발, 경관대와 충돌하여 사상자를 내다. 주모자는 천도교 및 기독교 =6일 경성특파원 발 지난 1일 조선 경성을 비롯해 평양, 선천, 의주 기타에서 조선인의 불

온한 소요 발발하였지만 당국의 주의로 충분히 보도할 자유를 얻지 못하고 약보略報해 두었는데, 그 뒤 사건은 일단 진정세를 보였지만 4일에 이르러 또 다시 소요를 시작해 경성을 중심으로 곳곳에 소요를 연출하기에 이르렀다.

1일의 운동은 경성京城을 중심으로 하여 각지로 연락을 취한 것 같다. 또 이 운동의 수모자(주모자)는 현재 전 조선에 무릇 100만의 신도를 가진 천도교 일파의 사람 및 기독교인들이다. 3월 1일의 운동은 오로지 고등보통학교, 공업 의학 전문학교 생도단 및 고등여자보통학교학생 기타의 관·사립학교의 생도의 손에 의해 행해지고, 경성에서는 1일 오후 2시 파고다 공원에서 선언서를 발표하고 그 길로 덕수궁으로 가서 일으킨 것으로서 당시 진남포, 평양, 상원祥原, 의주, 선천, 개성, 원산 방면에서 같은 운동을 개시했다. 그런데 그들은 우리 관헌의 엄중 경계 때문에 일단 숨죽이고 있었지만[廢息] 다시 날을 격하여 발발했다.

(나) 미국인 간호부, 격문을 살포하고 돌아다니다. 대군중 반우(返虞: 장사 지낸 뒤에 혼백 신주를 집으로 모셔오는 일) 행렬에 참가하여 덕수궁 앞에 이르다. 반우 행렬은 이미 보도한 것같이 5일 오후 6시 무사히 종료, 덕수궁에 귀환했는데 이 행렬이 오후 6시 동대문 바깥 동전(東殿: 동묘) 부근에 도착하자 약 300명의 학생은 행렬의 뒤에 붙어서 예의 만세를 연호하면서 동대문에 왔지만 헌병 경관에 의해 차단되어 다행히 무사할 수 있었다. 이 운동에 참가한 남녀학생 간호부 등은 무엇인가 왼팔에 적포赤布를 두르고 있었는데 검거된 자 100여 명에 이르렀다. 그 수의 반은 기독교 학생 및 간호부였다. 5일부터 학업을 시작할 것 같았는데 중등의 조선인 학교는 1명도 출석하지 않았다. 또 다른 방면에서 다수의 학생과 지방에서 모인 동지로 보이는 젊은이들은 5일 오전 9시 남대문통(거리)에서 불온한 언동을 하고 덕수궁 대한문 앞에서 또 다시 만세를 불렀다. 이러다가 집단은 더욱 늘어나고, 남대문역 방면에서도 또 1대가 나타나 다시 1일과 같은 형세가 되어 우리 경계대警戒隊는 극력 방지에 노력하여 아주 가차 없는 방침으로 한쪽 언저리부터 잡아끌어 냈다. 이

들 집단에는 미국인 경영의 병원 간호부 5, 6명이 있었다. 그 간호부들의 손에 의해 많은 선언서가 살포되었는데 그 가운데 1명은 당국의 손에 잡혀갔다. 지난 며칠 이래의 소요에서 꼭 어디라고 할 것 없이 수명의 외국인이 군중 가운데 보였다(6일 경성 특전).

(다) 학생의 검거 400명, 전차 상무원常務員에게도 참가를 강요.

조선인 중등 남녀학교 생도는 6일에 이르러서도 한 명의 출석자도 없었다. 그들은 급장의 이름으로 매일 파고다 공원에 모이라고 권유받았다. 또 전차 상무원에게 대해서도 참가를 강요하고 있으므로 당국에서는 극력 경계하고 군대 역시 각 방면에서 활동하여 만일을 경계하고 있다. 그리고 1일부터 검거된 남녀학생 무릇 400명에 이르러 재판소 검사는 경무총감부(警務總監部)에 출장하여 취조를 계속하고 있다(6일 경성 특전).

(가)는 3월 1일의 시위 상황에 관한 보도로서, 여기서 거리 시위의 주체로 보도된 "고등보통학교, 공업·의학전문학교 생도단 및 고등여자보통학교학생"에 해당하는 학교는 관립경성고등보통학교, 관립경성공업전문학교, 관립경성의학전문학교 및 관립경성고등여자보통학교 외에 달리 없다. 모두 조선왕조 말기 또는 대한제국시기 다시 말하면 고종황제의 재위 중에 국가에 의해 세워진 학교들이다. 당시 관립 곧 국립28)학교들이 시위에 앞장섰다는 것은 역사 일반으로나 교육사적으로 중요한 의미를 가질 수 있는 문제이다. (나)는 상주인 순종황제('李王')가 3월 3일의 장례 후 2일째에 장지인 양주 금곡의 홍릉洪陵에 가서 혼백을 모셔오는 날에 벌어진 제2차 시위에 관한 보도이다. 학생들이 주도한 두 번째 거리 시위가 반혼일返魂日을 택하였다는 것은 만세운동이 고종황제에 대한 애도에서 비롯한 것이란 점을 명증한다. 이 기사는 3월 5일에 두 가지의 시위가 벌어진 것을 보도하고 있다. 첫째는 이날 오후

---

28) 당시 국립은 관립, 관립은 공립이라고 하였다.

6시 동대문 바깥 동전(東殿: 동묘) 부근에 반혼 행렬이 도착하자 약 300명의 학생이 행렬의 뒤에 붙어서 만세를 연호하면서 동대문까지 왔다는 내용이다. 특히 남녀 학생, 간호부의 시위대가 적포赤布, 곧 붉은색 헝겊을 팔에 두르고 있었는데 기독교 학생 및 간호부들이었다고 지적하였다.

다른 하나는 같은 5일에 오전 9시 남대문통(거리)과 덕수궁 대한문 사이에서 벌어진 만세시위이다. 시위대의 수가 늘어날 때 남대문역 방면에서도 또 한 대열이 나타나 다시 3월 1일과 같은 형세가 되어 일본 경계대警戒隊가 가차 없는 진압을 시작했다는 내용이다. 미국인 경영의 세브란스병원 간호부 5, 6명과 수명의 외국인 참여를 주목하였다.

(다)는 3월 6일에도 학생시위의 기세가 여전하다는 것, 검거 학생이 400명에 이르러 검찰의 검사들이 총독부의 경무 총감부로 출장 나가서 취조를 시작했다는 내용이다.

위와 같은《동경조일신문》기사는 〈결정서〉에서 언급되는 시위 상황을 보완해 주는 자료로서 중요하다. 시위의 총괄적인 추세를 읽는 데 도움이 되는 자료이다.

2) 〈경성지방법원예심종결결정서〉에 보이는 관립전문학교 및 사립학교학생 동향

3월 1일 고종황제 국장 예행연습날과 5일의 반혼날을 기하여 일어난 서울(경성)의 독립만세시위에 참가한 학생, 시민 가운데 많은 인원이 일본 군경에 의해 검거되었다. 두 날의 시위에 가담한 학생들은 〈결정서〉의 초반부에 나오는 "경성독립만세운동 관련자 김형기金炯璣 이하 210명"에 대한 출판법 및 보안법 위반 사건에 대하여 예심을 끝내고 종결 결정을 위한 주문主文에서 다루어지고 있다. 초반부에 시위의 계획 과정과 당일의 시위 광경이 생생하게 기록되어 있는데, 여기서도

《동경조일신문》의 보도와 마찬가지로 관립전문학교 학생들이 중심적인 역할을 수행한 것으로 드러난다.

3월 1일과 5일에 있었던 제1차, 제2차 학생시위에서 체포된 학생 김형기金炯璣 이하 210명 가운데 시위 주동의 대표자로 지목된 자인 김형기와 한위건韓偉鍵 둘은 모두 경성의학전문학교 재학생이다. 한위건은 체포되지 않아서 재판(결정)의 대상은 되지 않았지만 전 모의 과정에서 주요한 역할을 한 것이 확인된다. 〈결정서〉는 33인의 사회 대표들이 독립선언의 주체였지만 시위는 학생들이 담당하도록 방침을 정하여

〈그림 3〉 경성의전 김형기와 보성전문 한창환 등이 출신지와 함께 적혀 있는 〈예심종결결정〉. 출처: 원본 개인 소장(서울대병원역사문화센터 제공)

33인 가운데 젊은이인 박희도朴熙道, 이갑성李甲成 두 사람이 학생들과 접촉하기로 하고 이들이 학생대표부를 이루어 시위가 계획, 실행된 과정이 소상하게 밝혀져 있다.

〈표 1〉은 〈결정서〉의 내용에 따라, 고종황제 붕어가 알려진 직후인 1월 하순부터 시작하여 다섯 차례의 학생대표 모임29)과 3월 4일의 2차

<표 1> 3월 1일 및 5일 독립만세시위를 위한 학생대표 모임 일람표

성명	① 1월 하순 박희도 소집	② 2. 12/14 이갑성집 모임(세브란스 구내)	③ 2. 20 승동교회 (제1회 간부회)	④ 2. 25 이필주 목사집 모임 (정동교회 구내)	⑤ 2. 26 이필주 목사집 모임	⑥ 3. 4 2차시위 모의(4일)
김원벽金元璧 (연희전문)	○	○	○	○		○
강기덕康基德 (보성법률 상업전문)	○		○	○		○
한위건韓偉鍵 (경성의전)	○	○	○	○		○ (주모)
김형기金炯璣 (경성의전)	○	○	○	○		1차 시위 피체
주종선朱鍾宣 (경성공전)	○					1차 시위 피체
김공후金公厚 (경성전수)	○					1차 시위 피체
주익朱翼 (보성전문 졸업)	○					
윤화정尹和鼎 (보성전문 졸업)	○					
윤자영尹滋英 (경성전수)		○	○	○	○	1차 시위 피체
김문진金文珍 (세브란스의전)		○	○	○	○	
배상규裵相奎(?)		○				
전성득全性得 (경성전수)			○	○		
이용설李容卨 (세브란스의전)			○	○	○	
김대우金大羽 (경성공전)			○	○		1차 시위 피체
한창식韓昌植 (보성전문)			○	○		○
김탁원金鐸遠 (전문학교 유력자)					○	1차 시위 피체

최경하崔景河 (전문학교 유력자)					○	1차 시위 피체
나창헌羅昌憲 (전문학교 유력자)					○	
박윤하朴潤夏 (전문학교 유력자)					○	1차 시위 피체
김영조金榮洮 (전문학교 유력자)					○	
이형영李亨永 (경성공전 부속 공업전습소)						1차 시위 피체

* 〈경성지방법원예심종결정서〉 등에 근거하여 피검 학생들의 소속 학교에 대한 조사, 분석이 있다(정세현, 앞의 논문). 이에 따르면 관립 경성전수학교학생 12명, 관립 경성의학전문학교 31명, 관립 경성공업전문학교 14명, 관립 경성고등보통학교(관립중학교 후신) 22명 등 5개교 총 79명으로 집계되었다. 이외 사립학교로는 세브란스 의학전문학교, 연희전문학교, 휘문고등보통학교, 배재고등보통학교, 보성고등보통학교, 보성법률상업전문학교, 이화고등보통학교 등 16개 학교의 학생들은 88명으로 집계되었다. 5개 관립학교 학생이 전체 피검被檢의 47.3퍼센트, 학교 당 평균은 15.8명으로 나타나는 반면, 사립학교는 학생은 52.7퍼센트를 차지하되 학교당 5.5명이 된다. 수치상으로도 관립학교들이 주동 역할을 했다는 것이 확인된다(정세현, 앞의 논문, 1968).

시위 준비 모임 등에 참석한 학생대표들을 종합하여 정리한 것이다.

이 가운데 ⑤의 모임 때 참석한 5명의 학생들은 '전문학교 유력자'라고만 표시되어 소속 학교를 알 수 없는 상태이다. 이들을 제외한 나

29) 김대상의 앞 논문은 만세운동 준비과정에 대해 (1) 천도교 중심의 기성지도층이 동경유학생들의 2·8운동 준비, 전개로부터 자주 받은 점 (2) 국내 전문학교학생들이 기성층과는 별개로 준비하던 중 기성지도층이 합류를 꾀한 점 (3) 학생층이 기성 측의 계획과 합류를 결정한 후 서울에서의 선언서 배부 및 대중동원의 중요 난제는 학생들이 일임받은 점 등을 강조하였다(301쪽). 또 1월 초순(6일 무렵)부터 학생들의 의논이 시작된 것으로 파악했으나(302쪽), 〈결정서〉는 이에 대한 지적이 전혀 없다.

머지 학생대표로서 소속 학교가 밝혀진 13명 가운데 관립전문학교 대표는 8명(진한 색 표시)으로 비중이 크다. 이는 위《동경조일신문》의 학생 시위에 대한 보도, 즉 거리 시위는 전적으로 학생들이 벌인 것이면서 관립학교학생들이 중심이 되었다는 보도 내용과 일치한다.

지금까지 3·1독립만세운동에 관한 연구는 33인의 대표 및 선언서의 제작, 천도교, 기독교 등 종교조직에 의한 전국적 확산 등의 측면에 대한 것이 많고, 만세운동의 핵심에 해당하는 서울 시위에 관한 것은 의외로 없다시피 하다. 경성지방법원의 〈결정서〉란 구체적인 자료가 있는데도 이를 활용한 연구를 찾아보기 어렵다. 설령 박희도, 이갑성의 학생 측과의 접촉에 대한 관심이 있었다 하더라도 이들의 초기 접촉 대상이었던 연희전문학교의 김원벽金元璧, 보성법률상업전문학교의 강기덕康基德 등이 언급되는 정도에 그쳐 관립전문학교가 시위의 중심 역할을 한 사실은 전혀 알려지지 않았다. '결정서'는 (1) 33인의 민족대표 가운데 박, 이 두 사람이 전문학교학생들과 접촉한 과정 (2) 시위는 전적으로 전문학교학생들이 담당하기로 한 점 (3) 전문학교 간부회가 구성된 뒤, 2차 시위를 위한 선언문 배포는 중등 정도 학교 학생들이 담당하도록 한 점 (4) 3월 5일 반혼제가 있던 날에 맞추어 제2차 시위가 실제로 큰 규모로 이루어진 점 등을 줄거리로 하고 있다.

비밀히 진행된 모의 집회는 〈표 1〉에 적시한 대로지만 중등정도 학교 학생들과의 접촉은 전문학교 대표들이 사적인 연고, 친분 관계를 통해 이루어진 것들이 많았다. 〈결정서〉는 그 대소의 모임 및 연락 관계를 소상하게 밝힌 끝에 관립 전문학교 학생대표의 동향에 대해 다음과 같은 기술을 남기고 있다.

경성의학전문학교 피고 한위건, 김형기 등, 경성공업전문학교에서는 피고 김대우, 부속 공업전습소에서는 피고 이형영李亨永, 경성전수학교에서는 전성득 및 피고 윤자영 등이 모두 주장이 되어 2월 하순경부터 기타 경성 소재 각 학교에서도 각각 주모자가 있어 학생 일반에 대하여 개인 적 혹은 집회의 방법에 의하여 그 정情을 고하고 3월 1일 파고다 공원 에 참집參集할 뜻을 발표하였더라.

이 기술에 따르면 관립전문학교 대표들은 다른 사립학교학생들과의 연대에 충실히 따르면서도 관립이란 공통 기반 위에서 시위의 성공을 위해 관립학교 간의 유대 확보에 특별한 배려를 가하고 있었던 것을 짐작할 수 있다. 더욱이 의학전문학교와 공업전문학교는 같은 지역(동 숭동 일원)에 위치하여 결속 강화가 상대적으로 용이했을 것이다. 이런 유대가 서두에 소개한《동경조일신문》의 첫 보도와 같이 실제의 시위에 서 그대로 나타났던 것이다. 관립전문학교는 대부분 대한제국 출범 전 후에 새로운 근대국가 운영을 담당할 인재 양성을 위해 창설되었다. 소 속 학생들은 일제 치하에 놓였으면서도 관립전문학교 창설의 이런 내력 을 숙지하면서 엘리트 지식인으로서 국가에 대한 사명감, 학교 창설의 주역이면서 국가 주권 수호의 항일의지를 버리지 않았던 황제의 비명의 최후를 애도하면서 항일 시위에 앞장섰던 것이다.

4. 3월 1일 제1차 독립만세운동의 학생시위 상황

1) 시위대의 시위 편대 구성 상황

〈결정서〉는 3월 1일 당일의 시위에 대해 아래와 같이 자세하게 밝 혔다. 이렇게 사전 준비로 조선독립시위운동이 성립되자 3월 1일 정오 를 기하여 (앞에서 밝힌) 각 학교생도를 위시하여 수만의 군중은 파고다공원에 빽빽이 모여들었으며[殺到蝟集], 손병희 외 32인의 수모자는 밀의 뒤에 장소를 변경하여 수모자들이 회합할 처소를 파고다공원 뒤편 인사동 요리점 명월관 지점(구 태화관太華館)으로 변경하고 파고다공원에서는 성명이 밝혀지지 않은 사람[不詳한 人]이 선언서를 낭독하여 시위운동을 개시하였다고 하였다. 시각은 오후 2시 30분쯤으로 이 공원 안 육각당(六角堂; 八角亭의 잘못)에서 이름이 밝혀지지 않은 자가 일어나 손병희 이하 33명이 서명한 〈독립선언서〉를 낭독하여 조선이 독립국이 되어야 하는 것을 선언하자 군중은 열광하여 조선독립만세, 대한독립만세, 또는 독립만세를 소리 높여 외치고 다중多衆의 위력을 믿고 (일본)제국정부와 세계 각국에 대하여 조선인은 모두 독립자유의 민이므로 조선이 한 독립국이 되기를 늘 마음속으로 바란다[翹望]는 의사를 분명히 밝히고, 이에 따라 정치변혁을 이루려는 목적으로 모인 다중은 이 공원 문 앞에서 주모자의 지휘에 따라 동·서 두 파로 나누어 시위에 들어갔다고 하였다. 두 방향의 시위대 경유지도 자세하게 밝혀져 있다. 이를 정리하면 아래와 같다(이 시위에서 피검된 자의 명단은 끝에 별도로 제시한다).

○ 서로 향한 대열

　종로 1정목(丁目; 1가의 뜻) 전차 교차점에 이르러 2대隊로 나뉘었다.
1대: 남대문역 앞 - 의주로 - 정동貞洞 - 미국영사관 - 이화학당 내 - 대한문 앞 - 광화문 앞 - 조선보병대 앞(현 광화문 정부청사 일대) - 서대문정西大門町 - 장곡천정(長谷川町: 현 소공로) - 본정 2정목本町 2丁目: 현 충무로) 부근. 여기서 경찰관 제지로 대부분 해산함.
다른 1대: 무교정武橋町 - 대한문(문안으로 돌입하여 독립만세를 고창高昌한 후에 물러나옴) - 정동 미국영사관 - 대한문 앞. 여기서 다시 갑을 2대로 나누어 행진.

〈그림 4〉 3월 1일 시위 중, 대한문 앞에서 조의를 표하는 학생들
(서울대학교총동창회, 《국립서울대학교 개학 반세기사》, 서울대출판문화원, 2016에서 인용함)

갑대甲隊: 광화문 앞 – 조선보병대 앞 – 서대문정 – 프랑스 영사관
– 서소문정 – 장곡천정 – 본정(현 충무로)

을대乙隊: 무교정 – 종로 – 창덕궁 앞 – 안국동 – 광화문 앞 –
프랑스 영사관 – 서소문정 – 서대문정 – 영성문(永盛門: 덕수궁
서편) – 대한문 앞 – 장곡천정 – 본정. 여기서 해산함. 일부는 다
시 나가 영락정(永樂町: 현 영락교회 부근) – 명치정(明治町: 현 명
동) – 남대문통 – 동대문 방면으로 감.

○ 동으로 향한 대열

창덕궁 앞 – 안국동 – 광화문 앞 – 서대문 앞 – 프랑스 영사관.
여기서 일부 서소문정으로 가고, 일부는 정동의 미국영사관 또는 영성문을 거쳐 대한문 앞 – 장곡천정 – 본정으로 갔다. 여기서 일부는 경찰관 제지로 해산하고, 일부는 종로통 – 동아연초회사(현 동대문경찰서 일대) 앞 – 동대문 부근으로 가서, 여기서 일몰에 해산함.

이 밖에도 경성부 내 도처에서 군중이 소리를 질러 조선독립만세, 대한독립만세 또는 독립만세를 절규하였다.

시위대는 여러 갈래로 나누어졌지만 덕수궁의 대한문 앞을 찾은 예가 가장 많았다. 서쪽으로 간 대열 가운데 한 갈래는 대한문을 통해 덕수궁 안으로 돌입하여 독립만세를 소리 높여 외치고 나오기도 하였다. 이것은 조선총독부 아니 일본 정부 고위층에 의해 독살된 고종황제에 대한 충성심의 발로의 한 장면으로 간주된다. 그리고 모든 시위대가 미국과 프랑스의 영사관을 찾아 간 것은 파리 강화회의 개최를 주도하는 두 나라에 대해 한국인의 독립 의지를 전하기 위한 행위였다. 또 대부분의 시위대가 하세가와 죠(현 소공로)를 거쳐 본정(충무로) 또는 영락정(영락교회 일대)에서 해산한 것은 그곳이 곧 일본인 거주지의 입구에 해당하는 곳이었기 때문이다. 이곳에 거주하는 일본인들에게 직접 시위의 의지를 보여주기 위해 이곳들을 최종 해산지로 삼았던 것으로 생각된다.

2) 탑골공원의 독립선언서 낭독자 한위건에 대한 증언

경성지방법원의 〈결정서〉는 위에서 보듯이 파고다공원에서 2시 30분 무렵 성명이 밝혀지지 않은 사람이 선언서를 낭독하였다고 밝혔다. 선언서 낭독은 만세운동의 취지를 천하에 천명하는 것이므로 가장 중요한 대목의 하나이다. 그런데 아직까지 〈결정서〉가 언급한 "씨명 불상氏名不詳"의 선언서 낭독자는 밝혀지지 못하였다. 2008년 1월에 출판된 고춘섭의 《수양산인 정재용 전기》(수양산인기념사업회)에서 경신학교 출신으로서 당시 감리교 해주읍교회 전도사로 있던 정재용이 낭독자라고 밝힌 것이 있다. 이 책의 요지를 옮기면 다음과 같다. 정재용은 2월 17일 박희도가 인편으로 보낸 편지를 받고 서울로 와서 그로부터 독립선언 계획에 대해 자세한 설명을 들었으며, 거사 전날인 28일 아침에 다시 일찍 상경해 중앙감리교회로 김창준 목사를 찾았다. 김 목사로부터 오늘 아침 기차로 원산으로 가는 원산 감리교회 곽명리 전도사에게 원산으로 갈 〈독립선언서〉를 전해 달라는 부탁을 받고 이를 전하는 과정에서 빼낸 한 장의 선언서를 가지고 있다가 파고다공원에서 아무도 나서는 사람이 없어서 자신이 그 선언서를 꺼내 읽었다고 하였다. 수양산인 정재용 기념사업회에 따르면 1885년생인 정재용은 당시 34세로서 2015년 6월에는 탄신 130주년 기념 학술행사가 있기도 하였다.

그런데 이 정재용 낭독설은 경성지방법원의 〈결정서〉가 밝힌 준비과정의 여러 사실들에 비추어 믿기 어려운 점이 너무 많다. 박희도가 2월 중순까지도 만세운동의 준비에 관계하고 있었던 것은 사실이지만, 당시 박희도를 비롯한 지도부는 시위를 서울의 공, 사립학교의 학생들에게 맡기는 방침을 세워 학생 간부회를 조직하는 것에 열중하고, 정재용과 같은 지방 교회 관계자들과 접촉한 사실은 전혀 보이지 않는다. 3월 1일 당일 각 학교 학생들은 치밀한 사전 조직별로 정해진 시간대에 파고다공원으로 집결하였다. 그리고 33인의 대표들이 공원으로 오지 않고 인근 요리점으로 장소를 변경하여 시간이 지체된 것은 사실이라고 하더라도 학생 지도부에서 누군가 나서 선언서를 낭독했을 가능성이 우선적으로 검토될 필요가 있다. 학생 지도부는 선언서를 중등 정도 학교의 학생들 손을 통해 몰래 몰래 선언서를 전달하고 있었기 때문에 그들 가운데 여러 학생이 선언서를 미리 소지했을 가능성도 높다. 정재용설은 설령 정재용이 생전에 남긴 얘기에 근거한 것이라고 하더라도 이에 대한 제3자의 증언이 나오지 않는 한 신빙성을 부여하기 어렵다.

위 고춘섭의 《수양산인 정재용 전기》(2008)보다 앞서 2005년에 경성의학전문학교 대표 한위건이 학생을 대표해 독립선언문을 읽었다는 증언이 나와 있다. 한국현대사 연구의 권위자인 재미 역사학자 이정식 李庭植 교수가 면담을 하고 김학준金學俊 교수가 편집해설을 담당하고 김용호가 수정 증보를 맡아 펴낸《혁명가들의 항일 회상 : 김성숙, 장건상, 정화암, 이강훈의 독립투쟁》(민음사, 2005)에 실린 김성숙(金星淑, 1898~1969)의 증언이 바로 그것이다. 김성숙은 당시 경기도 봉선사奉先寺의 승려로서 3월 1일 서울 시위에 참가한 후 고향인 양주로 내려가 광천시장의 시위를 주모하다가 체포되어 1년 동안 복역을 하였다. 그는 출옥 후 1923년에 중국으로 망명하여 1939년에 임시정부의 국무위원(외교 담당)으로 활동하고 광복 후에는 임시정부 제2진으로 귀국하였다. 1949년 독립노동당에 입당하고 진보당 사건에 연루되어 옥고를 치루기도 하였다. 그는 이정식의 질문에 대해 "서울에서는 파고다공원 팔각정에서 한위건이 학생을 대표해 독립선언문을 읽었습니다"라고 분명하게 답한 것으로 되어 있다. 한위건은 지금까지 살폈듯이 김형기와 함께 경성의학전문학교의 학생 대표로서 시위 계획에 주도적으로 참여했으며 또 3월 5일의 2차 시위의 가장 중심적인 주동 역할을 수행하였다. 그는 주요한 시위 주동자이면서도 일본 군경에 체포되지 않았다. 그래서 선언서 낭독자에 대한 일본 군경 측의 정보는 성명을 알 수 없는 것으로 남았던 것이다.

5. 3월 5일 제2차 만세시위의 두 가지 장면

1) 학생 주도의 남대문역~대한문 앞 시위, 다양한 시위 도구의 등장

3월 1일 오후 〈기미독립선언서〉 낭독 후 시작된 학생들의 거리 시

위는 성공적이었다. 한국 역사상 이렇게 많은 사람들이 국민, 민족의 이름으로 그리고 독립과 평화를 위해 의사를 표시한 예는 없다. 새로운 역사의 창조였다. 일본 당국의 언론보도 통제로 근 1주일이 지나 비로소 세계 각국에 알려지기 시작했지만 국제평화 운동가를 비롯한 많은 사람들이 한국에 대해 관심을 가지게 된 대사건이었다. 2월 20일 승동勝洞 예배당에서 제1회 학생 간부회가 열렸을 때, 경성전수학교(법학전문학교), 경성의학전문학교, 세브란스 연합 의학전문학교, 보성법률상업전문학교 등 주요 전문학교는 각 2인의 대표 가운데 1명은 2차 시위를 주도하는 임무를 수행하도록 하였다. 경성전수학교의 윤자영, 경성의전의 한위건, 세브란스의전의 이용설, 보성전문의 한창식 등에게 그 역할이 배정되었다. 1차 시위에서 많은 대표들이 체포당할 것에 대한 대비였다. 이제는 관, 사립의 구분이 필요 없었다. 다행히 〈표 1〉에서 보듯이 3인 외에 연희전문의 김원벽, 보성전문의 강기덕과 한창식 등도 무사하였다. 강기덕, 한위건, 김원벽 등 3인은 1차 시위 준비에서 중등 정도 학생 대표자를 선정하여 중등학교학생들의 결속을 준비하는 역할을 함께 수행한 사이이기도 하였다.

3월 4일 경성의전의 한위건이 중심이 되어 정동의 배재고등보통학교에서 전문학교 생도 및 각 중학교 대표자로 장채극, 전옥영, 강우열康禹烈 등이 모였다.[30] 3월 5일 오전 9시를 기하여 남대문역 앞 광장을 집합지로 하여 다시 학생 주최의 독립시위운동을 하기로 하였다. 강기덕과 김원벽이 현장 지휘의 임무를 맡기로 하였다. 배재고보에서 회의가 끝난 뒤, 한위건, 강기덕, 한창식, 장기욱, 전옥영 등은 세브란스 연합 의학전문학교 구내에서 다시 모여 여러 가지 시위 수단을 협의하였다. 같은 날 밤에 이 모임과는 별도로 사립중등학교 생도 김종현金宗鉉, 경

---

30) 김대상, 앞 논문에서 2차 시위의 준비, 전개가 비교적 자세하게 규명되었다 (306~307쪽). 그러나 국장 삼우제와 관련한 의미 부여는 전혀 언급되지 않았다.

성고보 최강윤崔康潤, 사립국어보급학관 생도 채순병蔡順秉 등은 안국동 39번지의 박태병朴台秉의 집에 모여 내일 많은 군중을 남대문역 앞에 모이게 하여 만세운동을 성대하게 할 것을 모의하였다. 김종현이 소유한 탄산지炭酸紙와 골필骨筆 세 자루를 사용하여 내일 오전 8시 30분 남대문역 앞에 모여 제2회 시위운동을 개최하고자 하니 태극기를 준비하여 가지고 오라는 내용의 통고문 약 40매를 제작하여 위 3인이 각기 송현동 방면, 소격동 방면, 중학동 방면을 중심으로 각 가호에 배포하였다. 3월 1일과는 달리 태극기 준비가 통지되었다.

3월 5일 오전 8시 전후에 남대문역 앞에 쇄도하는 군중은 무려 수만을 헤아렸다. 현장 지휘의 임무를 맡은 강기덕, 김원벽은 각각 인력거를 타고 '조선독립'이라고 크게 쓴 펄럭이는 기를 달고 달려 제2차 시위운동의 시작을 표시하자 군중은 일제히 독립만세를 고창하고 선두에 선 강기덕, 김원벽의 지휘에 따라 독립만세를 절규하며 남대문으로 향하였다. 그중에 간혹 당일의 독립운동의 표시를 명료하게 하고자 수많은 적포赤布를 나누어 주어 이를 높이 휘두르면서 남대문에 이르자 출동한 경찰관헌들이 제지에 나섰다. 여기서 강기덕, 김원벽 등을 비롯해 검속을 당한 사람이 많았다. 그러나 검속을 면한 한 대오는 남대문시장으로 향하여 조선은행(현 한국은행) 앞을 거쳐 종로 보신각으로 가고, 다른 한 대오는 남대문에서 대한문 앞을 거쳐 무교동, 종로 보신각 앞으로 진출하여 거기서 앞의 한 시위대와 합류하여 조선독립만세를 고창하여 소요가 극도에 달하였으나 이곳에서 경찰관헌에게 해산당하였다.

〈결정서〉는 이 시위에서 최평즙 등 75인을 검거하고 이들을 정치변혁을 목적으로 한 불온한 망동으로 치안을 방해한 죄로 규정하였다. 이에 관해 적시한 행동은 다음과 같다. 남대문역 또는 도중에 군중에 참가하여 독립만세를 부르짖거나 적포赤布를 흔들며 광분하였는데, 그 가운데 최흥종崔興琮은 남대문역 앞에서 인력거를 타고 그 위에서 《신조선신문新朝鮮新聞》이라고 이름 붙여 조선독립사상을 고취하는 것과 같은 '불온유인물' 수십 매를 살포하고, 자기 주변에 모인 다수의 군중에게 민족자결주의를 말하고 독립사상을 고취하는 연설을 하였다. 연설을 시작할 때 군중은 독립만세를 고창하니 이에 창화唱和하여 함께 대한문 앞에 이르러 인력거 위에서 '조선독립'이라고 크게 쓴 깃발을 펼치고 군중을 앞에서 이끌어 시위운동의 기세를 북돋았다고 하였다.

3월 5일의 제2차 시위는 시위대가 적포를 흔들어 분위기를 고양하는 가운데 주동자가 인력거를 타고 독립에 관한 글귀를 쓴 깃발을 내걸고, 전단 신문을 뿌린 점이 주요한 특징이다. 특히 국내에 사회주의 사상이 등장하기 전에 붉은색의 포를 사용한 점은 주목된다.[31] 제2차 시위에서 가장 주목되는 것은《신조선신문新朝鮮新聞》에는 독립가란 노래가 실리고《각성호회보覺醒號回報》 등 시위대의 신문들이 많이 등장한 사실이다. 《각성호회보》에는 경성의전학생으로서 1일 탑골공원 팔각정에서 독립선언서를 낭독한 한위건이 제작한〈동포들아 이러나거라〉라는 글이 실려 특별히 많은 주목을 받았다.

2) 반우식返虞式에 맞춘 시위 – 유생儒生과 학생의 참여

〈결정서〉는 유준근柳濬根 송주헌宋柱憲, 백관정白觀亭 외 11명이 주동한 유생儒生들의 시위를 '치안 방해'의 혐의로 따로 다루었다. 먼저 유준근이 3월 1일의 독립운동이 경성에서 조선 전 국토에 미치는 것을 보고 유생들도 수수방관할 수 없다고 하여 송주헌, 백관정 외 11명의 동지를 권유하여 3월 2일 경성부 수창동需昌洞의 모 여관에서 회합하여

31) 일본 당국은 적포를 사회주의의 영향으로 간주하는 혐의는 전혀 두지 않았다. 전통 유교사상에서 적색은 진심의 뜻으로 적성赤誠, 적심赤心이란 용어가 쓰였으므로 이와 관련지어 검토할 필요가 있다. 적심, 단심丹心은 속에서 우러나는 참된 마음이란 뜻으로, 폭붕으로 최후를 맞은 황제에 대한 애도, 충성의 표시로도 조명해 볼 여지가 있다.

〈그림 5〉〈예심종결결정서〉일본어본(왼쪽)과 한글 번역문(부분).
한글 번역문은 《매일신보》에 1919년 9월 7일부터 게재되었다.

다음과 같이 하기로 공모하였다고 한다. 곧, 이왕 전하에게 복위(復位: 여기서는 다시 황제가 되는 것을 의미함)를 요청하고, 조선의 독립을 도모하여 지금 독립 선언하니 하루아침에 일본 통치체제가 흔들리어 누구도 이를 막을 자 없으며, 산천이 옛 대로이고 궁실이 옛 대로이고, 인민이 옛 대로이니 대위(大位–황제의 위)를 다시 일으키시어 한 나라를 호령하여 각국에 이를 알리시라는 뜻의 상서上書를 지었다. 3월 5일에 3명은 동지들과 함께 경기도 한지면漢芝面 청량리(淸凉里: 현 동대문구 청량리)에 이르러 '이왕전하'의 반우식의 행렬을 맞아 송주헌이 준비한 상서문을 가지고, 노상을 경계하기 위하여 도로변에 도열한 경관을 밀치고 전하의 여여(舁輿: 마주든 수레)에 아주 가까이 가서 전하에게 이를 올리려 하였다고 혐의를 적었다.

같은 날, 같은 장소에서 어대선魚大善도 치안 방해의 혐의로 검거되었다. 그는 이날 이 자리에 유생들이 많이 모일 것을 미리 예상하고 그 기회를 이용하여 조선독립의 사상을 고취하여 더욱 더 이 운동을 치열하게 하려고 계획하고, 지금 파리 평화회의에서 민족자결주의가 제창되어 우리 조선도 또한 이에 의하여 독립하려 하노라, 무릇 사업은 시작이 있으면 끝이 없을 수 없으니 이 독립의 목적을 달성하려고 하면 분발 노력하여 불굴 불요의 정신으로써 유종의 미를 보지 않을 수 없는 것이라는 내용으로 선동적인 연설을 하려 하였다고 한다. 이곳에서 군중을 향하여 이와 같은 연설의 모두를 말하려 하자 이왕 전하의 행렬이 통과하여 군중은 일제히 독립만세를 고창하기 시작하므로 연설을 중지하고 군중과 더불어 독립만세를 부르짖어 치안을 방해하였다고 하였다.

3월 5일의 '이왕전하'의 반우식 행렬은 유생들만 만난 것이 아니었다. 서두에 밝혔듯이 3월 7일자의 《동경조일신문》 기사는 비단 유생들만이 아니라 학생들노 3월 5일 황실의 반혼식을 의식하여 제2차 시위를 벌였다고 보도하였다. 다시 말하면 학생시위는 시종 황제(고종)의 죽음에 대한 애도를 의식하고 있었던 것을 확인시켜 준다. 한편, 이날의 유림 인사들의 동향은 4월 12일 무렵 '파리장서사건'에서 드러나는 유림의 동정에 대한 단서에 해당하는 것으로 보인다.

6. 맺음말

지금까지 3·1독립만세운동의 서울(경성) 학생시위운동에 관해 살펴보았다. 《동경조일신문》의 보도와 〈경성지방법원예심종결서〉의 검거 사유가 주요 분석대상이었다. 전자는 학생시위의 전체적인 상황 파악에 도움이 되었고 후자는 사전 모의와 실행을 구체적으로 파악할 수 있게 하는 자료였다.

3·1독립만세운동은 1918년 1월 8일에 윌슨 미국 대통령이 상원 연두 연설에서 제시한 '14개조(Fourteen Points)'에 표명된 민족자결주의가 배경이 되었던 것이 사실이다. 1919년 2월 8일의 동경유학생의 독립 선언은 이로부터 직접적으로 영향을 받아 이루어진 것으로 파악되고 있다. 한국인들은 세계의 국제관계가 이 선언으로 크게 바뀔 것에 대한 기대가 컸던 반면, 일본 정부의 수뇌부는 이에 과민한 반응 끝에 '이태왕'(고종황제)을 독살하는 사태가 벌어져 한국인들의 대규모 시위를 촉발하게 되었던 것이다. 한국인들의 거족적 만세운동은 이른바 민족대표 33인에 의해 준비된 것도 사실이다. 각계를 대표하는 33인은 각기의 사회적 기반 특히 종교 단체를 통해 만세운동을 전국적인 규모로 진행될 수 있도록 조직하는 한편 선언문을 준비하는 중대한 역할을 수행하였다. 한편 만세운동에서 이에 못지않게 중요한 것은 거리 시위였는데 서울(경성) 시위는 당초 전문학교 대표들이 별도로 준비하다가 33인의 민족대표 측이 이들과 접촉하여 합류가 이루어진 가운데 역할 분담을 약속하였다.

공·사립의 전문학교 대표들이 모였지만 그 가운데 관립전문학교 대표들이 주도적 역할을 수행한 것이 확인되었다. 1895년 법관양성소(법전)가 설립된 이래 조선 및 대한제국 정부는 근대화 사업의 기초로서 새로운 전문 인력 양성을 위해 여러 관립(국립)전문학교를 세웠는데, 이 운동 모의에 그 학생 대표들 다수가 주동적으로 참가한 사실이 이 연구에서 새롭게 밝혀졌다. 《동경조일신문》의 보도에 따르면 3월 1일 시위 당일에 관립의 경성의전, 경성공전, 전수학교(법전) 심지어 관립 경성고등보통학교, 관립 경성여자고등보통학교까지 나서 시위 대열의 주류를 이루었다. '관립학교' 곧 나라에서 세운 학교의 학생이라는 엘리트 의식, 자신들이 다니는 신식 학교를 세운 황제가 독살되었다는 사실에 대한 분노가 그런 적극적 행동에 나서게 했던 것이다. 그러나 시위는 이들이 앞장선 가운데 사립전문학교, 중등학교, 그리고 서울 시민, 국장 예행연습에 참여하고자 상경한 지방민 등 각계각층의 국민이 함께한 독립만세운동이었다.

1910년 8월 29일 강제병합과 동시에 대한제국의 황실은 '이왕가'로 격하되어 일본 천황가에 예속되었다. 1919년 일본 천황의 칙령 9호로 '이태왕'의 국장을 3일 3일 거행하며, 모든 의식은 일본식으로 행하되 대여大輿의 운구만은 한국식으로 치루는 것으로 선포되었다. 3월 1일은 그 대여의 운구를 준비하여 예행 연습을 하는 날이었다. 사전에 조직적으로 동원된 학생들은 주로 탑골공원에 모여 오후 2시 무렵 경성의전 대표인 한위건이 팔각정에 올라 준비된 〈독립선언서〉를 낭독하고 바로 시위에 들어갔다. 온 거리와 광장은 대한 독립만세, 조선 독립만세의 함성으로 가득하었다. 덕수궁 대한문 잎에 모인 대여 예행의 군중도 거의 동시적으로 시위에 들어갔다. 《동경조일신문》에 따르면 "오후 2시 파고나공원에서 신언서를 발표하고 그 길로 덕수궁으로 가서 일으킨 것"이라고 하였지만, 덕수궁 대한문 앞에 모인 군중들은 대여 예행 후에 만세시위운동에 들어간다는 것을 이미 알고 있었기 때문에 탑골공원을 나선 시위대가 여기에 도착하자마자 시위에 들어간 것으로 보인다. 대여섯 갈래로 나뉜 시위대는 이날 밤이 늦어 해산하였다. 이 신문은 같은 날 지방에서는 진남포, 평양, 상원祥原, 의주, 선천, 개성, 원산 방면에서 같은 운동이 개시되었다고 보도하였다. 이에 대해서는 별도의 연구가 더 진척될 필요가 있다.[32]

3월 3일 '국장'이 거행된 뒤, 혼백을 모셔오는 행사[三虞祭]가 거행되는 날인 3월 5일에 제2차 시위가 큰 규모로 벌어졌다. 2월에 수차에 걸친 사전 모의에서 시위는 처음부터 3월 1일과 5일에 두 차례에 걸쳐 진행하는 것으로 준비되었다. 전문학교 대표들은 각 2인을 1조로 하여 제1차 시위에서 둘 중에 한 사람이 검거되면 남은 사람이 2차 시위를 이끄는 역할을 수행하는 방식으로 면밀하게 계획을 세웠다. 제1차 시위가 오후 2시부터 벌어졌던 것에 견주어 제2차 시위는 오전 8시부터 모이기 시작하여 9시 무렵 시위에 들어가 밤늦도록 계속되어 규모나 시간에서 제1차 시위와는 비교가 되지 않을 정도로 크고 길었다. 이날 아침부터 시작된 시위는 연희전문 대표 김원벽, 보성전문 강기덕, 경성의전 한위건 3인이 중심 역할을 하였지만 제1차 시위와는 달리 인력거, 깃발, 적포, 전단 신문 등 새로운 시위 도구들이 다수 등장하여 기세를 돋우었다. 태극기도 2차 시위에서 동원되었다. 시위대의 일부는 오후 6시 무렵 '이왕'(순종)이 홍릉에서 반혼하여 돌아오는 길목인 동대문 바깥 동묘까지 나가 애도의 시위를 벌이기도 하였다. 이보다 조금 이른 시간에 유생들이 청량리에서 반혼 행렬을 맞아 독립만세를 외치며 시위를 벌이기도 하였다.

〈결정서〉는 제2차 시위 이후에도 독립청원운동이 계속된 것을 보여

---

32) 지방의 만세시위에 관해서는 이정은, 《3·1독립운동 지방시위에 관한 연구》, 국학자료원, 2009 참조.

준다. 예컨대 3월 12일에 김백원金百源, 문일평文一平, 차상진車相晉, 문성호文成鎬, 조형균趙衡均, 전극선全極善, 백관정白觀亭 등이 손병희 등 33인의 후계자로서 조선독립을 요구하는 뜻을 담은 〈애원서〉를 조선총독부에 제출하는 동시에 보신각 앞에서 낭독하여 겨우 진정되는 기운을 보인 독립운동을 다시 일으키려 한 '불온한 행동'에 대해서도 죄를 물었다.[33] 이런 움직임은 4월 초, 중순에도 상해의 임시정부 조직과 연계하여 재차 국민대회를 꾀하는 움직임이 일어나 그 주동자들을 검거한 사실이 적혀 있다. 《조선독립신문》, 《각성호회보》 등의 신문들이 20호를 넘기면서 계속 출간되고, 〈동포야 이러나거라〉, 〈경고 2천만동포〉, 〈국민대회취지서〉, 〈임시정부 선포문〉 등이 배포되어 서울의 동향이 상해의 임시정부 수립에 닿아 있는 사실을 보여준다. 이 기간에는 자동차를 시위에 동원하려는 움직임도 확인된다. 3월 5일의 제2차 시위 이후의 동향은 이른바 한성정부漢城政府의 수립 문제 차원에서 별도로 다룰 필요가 있어 보인다.

1919년 3월의 독립만세운동은 일본제국으로부터 강제로 빼앗긴 주권회복을 위한 국민운동이자, 국민 탄생을 이룬 대한제국 고종황제의 죽음을 애도하면서 새로운 공화제의 국민국가로서 대한민국을 탄생시킨 평화적인 일대 시위로서 한국 현대사의 새로운 분기점을 이루는 것으로, 그 혁명성에 대한 다각적인 연구가 요망된다.

---

33) '결정서'의 피검자 210명은 이들을 하한으로 삼았다. 이는 3월 12일의 〈애원서〉 제출까지를 3월 1일 만세운동으로 간주한 것이라고 볼 수 있다.

부록: 〈경성지방법원예심종결결정서〉에 명시된 피검자 명단

* 1의 인원수가 2, 3의 인원수의 합계보다 적은 것은 중복에 따른 것으로 보임.

1. '결정서' 서두에 제시된 전체 피검자 명단(210명: 제1차 제2차 시위 피검
   자 통합)

金炯璣 尹滋瑛 李公厚 韓昌植 金大羽 朱鍾宣 金鐸遠 崔景河 羅昌憲 朴潤
夏 金栢枰 朴老英 朴快仁 張基郁 張彩極 全玉瑛 李鐵 全東煥 李龍在 李奎
宋 金鐵煥 朴寅玉 李亨永 金漢泳 崔平楫 河泰興 金相德 尹基誠 朴昌培 陳
演根 朴東鎭 安尙哲 孫洪吉 劉萬鍾 李亮稙 南偉 吉元鳳 李時英 李仁植 金
基世 都相鳳 閔瓚鎬 秦龍奎 姜龍喆 張明植 尹貴龍 黃柱元 金陽甲 蔡禎欽
金永珍 金瀁秀 金炳祚 韓秉萬 許益元 李奎璿 許永祚 李橿 金昌湜 金重益
張世九 咸秉昇 姜學龍 白麟濟 吳泰泳 黃龍珠 鄭寅喆 吳龍天 咸泰鴻 玄昌
燕 金鎭極 李亨垣 金鍾夏 李翼鍾 劉完榮 吉瑛羲 宋瑛璨 金景河 許龍 李鶴
崔容武 黃義東 俞極老 南廷彩 俞華鎭 尹允用 朴勝英 李有根 鄭求喆 朴世
均 韓昌達 李南圭 韓秀龍 安圭瑢 康龍田 梁好甲 成俊燮 朴圭壎 李能善 洪
淳福 柳近永 方在矩 韓興履 孫悳基 盧楥 趙南天 尹周榮 趙庸郁 金亨植 金
龍觀 李壽昌 朴勝表 沈大燮 崔康潤 金宗鉉 蔡順秉 鄭基淳 李鏞錫 朴仁錫
黃昌禧 李相駿 吳義明 金允玉 金承濟 李熙慶 全鳳乾 韓鍾健 朴炅朝 林東
乾 李炳寬 金甲洙 韓戶石 李掬水 鄭石道 金應寬 李時雄 李東濟 曺武煥 愼
鏞俊 任周煥 沈元燮 吳忠達 金福成 金裕昇 朴喜鳳 朴炯元 朴興源 朴俊榮
鄭泰和 辛鳳祚 趙鳳龍 吳世昌 成周復 金載中 金敎昇 鄭仁熙 金瓚斗 朴疇
豊 金鳳烈 徐永琓 李娥洙 申特實 劉點善 盧禮達 崔貞淑 卓明淑 金篤實 安
明欽 金基澤 黃金鳳 金昇萬 高在玩 梁周洽 梁在順 金鎬俊 金世龍 朴秀燦
全俊禧 姜善弼 庚錫祐 崔士烈 崔上德 尹佐珍 金思國 車榮鎬 安商悳 閔橺
韓南洙 尹履炳 李敏台 李憲敎 李容珪 劉泰應 李春均 姜日永 金用熙 金英
植 魚大善 崔興宗 金百源 文一平 文成鎬 金極善 車相晋 白觀亨 趙衡均 柳
濬根 宋柱憲 柳熙完 朴容泰 李寅永

2. 3월 1일 시위의 피검자 명단(154명)

金漢永 崔平楫 河泰興 金相德 尹基誠 金大羽 朱鍾宣 朴昌培 陳演根 朴東鎭 梁在順 李亨永 劉萬鍾 孫洪吉 南偉 張彩極 全玉瑛 李鐵 崔上德 吉元鳳 李時英 尹貴龍 金基世 都相鳳 秦龍奎 姜龍喆 董柱元 金陽甲 李仁植 金炯璣 金鐸遠 崔景河 蔡禎欽 金永珍 金瀁秀 金炳祚 韓秉萬 許益元 李圭璿 許永祚 李樞 金重益 張世九 咸秉昇 姜學龍 白麟濟 吳泰泳 黃龍洙 鄭寅喆 吳龍天 咸泰鴻 玄昌燕 李亨垣 金鍾夏 李翼鍾 劉完榮 吉瑛羲 尹佐珍 許龍 李鶴 崔溶武 金宗鉉 李奎宋 黃義東 金鐵煥 朴寅玉 俞極老 南廷彩 俞華鎭 尹允用 尹滋英 李公厚 朴潤夏 朴勝英 李有根 鄭求喆 韓昌達 李南圭 韓秀龍 朴快仁 金栢枰 朴老英 朴秀燦 全俊禧 安圭瑢 康龍田 梁好甲 成俊燮 朴圭壎 李能善 洪淳福 孫惠基 盧援 趙南天 尹周榮 趙庸郁 金亨植 李壽昌 朴勝表 沈大燮 崔康潤 鄭基淳 朴仁錫 黃昌禧 李根駿 吳義明 張基郁 金承濟 李熙慶 全鳳乾 韓鍾健 朴晃朝 林東乾 韓戶石 李挐水 金應寬 李時雄 李東濟 曹武煥 愼鏞俊 任周燦 沈元燮 全東煥 李龍在 吳忠達 金福成 金裕昇 朴喜鳳 朴炳元 朴興源 朴俊榮 鄭泰和 姜日永 金用熙 辛鳳朝 吳世昌 金載中 金教昇 鄭信熙 金瓚斗 朴疇豊 金鳳烈 徐永琬 金基澤 黃金鳳 申特實(女) 盧禮達(女) 崔貞淑(女) 高在玩 李春均 車榮鎬 魚大善 柳熙完

3. 3월 5일 시위의 피검자(75명)

崔平楫 劉萬鍾 安尙哲 李亮植 吉元鳳 尹貴龍 都相鳳 閔瓚鎬 張明植 李樞 金昌湜 張世九 金鎭玉 李亨垣 宋榮璨 李鶴 朴寅玉 朴世均 韓昌達 金宗鉉 崔康潤 蔡順秉 梁好甲 成俊燮 洪淳福 柳近永 方在矩 韓興履 盧援 趙南天 尹周榮 金亨植 金龍觀 李壽昌 趙鏞錫 朴仁錫 金相駿 金允玉 金承濟 李熙慶 韓鍾建 朴靈朝 李炳寬 金甲洙 韓仁石 李挐水 鄭石道 金應寬 曹武煥 吳忠達 金裕昇 趙鳳龍 吳世昌 成周復 金鳳烈 徐永琬 李娥洙(女) 申特實(女) 劉點善(女) 崔興琮 盧禮達(女) 卓明淑(女) 金篤實(女) 宋明欽 黃金鳳 金昇萬 朴潤夏 朴老英 張基郁 李龍在 高在玩 崔士烈 李仁植 黃佐珍 李寅永

3·1운동 만세시위 관립전문학생들의 내면세계

김태웅(서울대학교 역사교육과)

1. 머리말

한국 역사학계는 일찍부터 3·1운동의 규모와 참가 계층의 구성을 두고 거족적擧族的 민족운동이라고 규정하였다.[1] 이 운동에는 200만 명이 넘는 한국인이 참여했으며 이 가운데 농민층을 제외하고는 교사, 학생, 종교인 등 이른바 식자층이 가장 많이 수감되었다.[2] 당시 인구 비

---

1) 한우근, 〈(개설) 3·1운동의 역사적 배경〉, 《3·1운동 50주년 기념논문집》, 동아일보사, 1969, 15쪽; 김성식, 《일제하 한국학생운동사》, 정음사, 1974, 84~85쪽; 조민, 〈제1차 세계대전 전후의 세계 정세〉, 《3·1운동 70주년 기념논문집 3·1민족해방운동 연구》(한국역사연구회·역사문제연구소 엮음), 청년사, 1989, 41쪽.
2) 3월 1일 이후 4월 30일까지 피검자 총수가 26,713명 중에서 학생이 2,037명으로

율을 감안하면 이들 식자층의 비율은 가장 높은 셈이다. 물론 이러한 식자층 안에서도 학생들이 많았음은 당연하였다.

그런데 여기서 의아한 점은 당시 관립전문학생은 사회적으로 가장 우수한 엘리트집단이자 장래가 촉망되는 인재로 인정받고 있었던 상황에서 이들 전문학생 수감자수가 적지 않다는 것이다.[3] 특히 이들 전문학생이 일제로부터 각종 특혜를 받으며 우대받는 한국인 집단이었다는 점을 감안할 때 이러한 현상은 특이점으로 여겨졌다. 따라서 이들 전문학생의 3·1운동 만세 시위는 역사학계의 주목을 받을 만하였다.

하지만 이러한 주목은 찻잔 속의 미풍에 지나지 않아 관심은 오로지 고등보통학교나 사립전문학교에 재학한 학생들로 옮아갔다.[4] 그것은 관립전문학생들은 사립전문학생들과 달리 일제가 세운 관립학교에 다니면서 온갖 일본화 교육과 특혜를 받으며 출세길을 달렸던 사회적 존재라는 고정 관념이 대상 시기를 불문하고 세간은 물론 학계에서도 결코 걷히지 않았기 때문이었다. 더욱이 관립학교 당국의 학생들에 대한 통제가 사립학교의 그것에 견주어 심한 나머지 학생들이 시위에 참여하기 어렵다고 판단한 것도 그 이유였다.[5] 나아가 한국근대사 연구계는 한

전체에서 8퍼센트를 차지하였다. 이에 관해서는 김대상, 〈3·1운동과 학생〉, 《3·1운동 50주년 기념논문집》, 동아일보사, 1969, 311쪽 참조.

3) 서대문 형무소 수감 학생 71명 가운데 12명이 관립전문학교학생이었다. 이에 관해서는 김용달, 〈3·1운동기 학생층의 역할과 行刑 분석〉, 《법학논총》 31-2, 2007, 44~45쪽 참조.

4) 1919년 3월 10일까지 만세 시위에 참가한 학생들의 소속 학교를 보면 관공립학교가 85개인 데 반해 일반사립학교 및 종교계 학교가 135개라는 통계 수치가 사립학교 위주의 연구를 촉발했을 것이다(조선총독부 학무국, 《騷擾と學校》, 1920). 특히 3·1운동 준비과정에서 중요한 역할을 수행한 중앙학교와 선교사의 역할을 강조하는 주장이 두드러진 나머지 사립학교가 관립학교에 견주어 주목을 더욱 받았다. 이와 관련하여 김대상, 〈3·1운동과 학생층〉, 《3·1운동 50주년 기념논문집》, 동아일보사, 1969; 마산락, 〈3·1운동과 외국인선교사〉, 위의 책; 최형련, 〈3·1운동과 중앙학교〉, 위의 책; 김호일, 《한국근대 학생운동사》, 선인, 2005, 100~109쪽.

5) 정래수, 〈忠南地域 抗日學生運動 研究(1910~1930年代)〉, 충남대학교 박사학위논문, 2001, 34~35쪽.

국근대 학생운동의 전통을 사립학생 위주로 전형화시키는 가운데 관립전문학생들을 학생운동과는 무관한 존재로 인식하면서 이들 학생의 활동을 치지도외置之度外하였다.[6] 물론 학생운동 연구가 사건별, 학생단체별, 지역별로 접근함으로써 운영 방식과 밀접한 학교 차원의 운동을 포착할 수 없음도 관립학교 학생들의 동향을 주목하지 않은 요인이었다. 따라서 3·1운동에서 이들 학생이 벌인 주도적인 역할이라든가 적극적인 참여는 특이하고 개인적인 성향으로 치부되었다.

그러나 이들 관립전문학생은 조직적이고 집단적인 행동을 전개했을 뿐만 아니라 일부 지도급 학생들은 한국인 전체 학생들의 만세 시위를 주도하였다는 점에서 관립전문학생의 참여 동기를 검토할 필요가 있다. 이러한 작업은 3·1운동을 민족운동이나 민족자결주의의 자장磁場이라는 거시적 틀 속에 가두지 않고 그들과 주변 환경의 이해관계, 역사적·사회적 기반과 이러한 집단 행동 경험이 이후 학생들의 삶에 미친 영향을 파악하는 데 유효할 것이다. 이에 이 글은 3·1운동 만세시위를 주도하였거나 참여한 관립전문학생들의 내면세계를 해명하고자 한다. 이러한 내면세계는 만세시위라는 집단행동을 초래하는 여러 요인들 가령,

---

6) 가장 최근에 나온 독립운동사 개설서에서는 3월 5일 학생층 독자의 서울역 시위에 주목하면서 연희전문학교 학생 강기덕과 보성법률상업전문학교 학생 김원벽이 학생 시위를 주도한 것으로 서술하고 있다(한국독립운동사연구소 편, 《한국독립운동의 역사》, 독립기념관, 2013, 112~113쪽). 그러나 학생운동사 연구의 개척자 김성식은 경성의학전문학교 학생 한위건韓偉鍵이 3·1운동 준비 과정에서 보성전문학교 졸업생인 주익朱翼보다 적극적이었으며 2·8독립선언을 국내에 알려준 주인공이었음을 밝히고 있다(김성식, 《일제하 한국학생운동사》, 정음사, 1974, 110쪽). 특히 이 과정에서 경성의전에 재학 중이던 나창헌이 일본 도쿄 2·8독립선언에 참여했다는 점도 주목할 필요가 있다(장석흥, 〈나창헌의 생애와 독립운동〉, 《한국학논총》 24, 2002, 121~122쪽). 또 3월 5일 시위에 앞서 3월 4일 오전 배재고등보통학교 기숙사 회합을 소집한 인물 역시 한위건이었다(金正明 편, 《朝鮮獨立運動》 1, 〈尹益善等事件 判決文〉, 原書房, 1967, 831~852쪽). 그리고 최근의 연구에 따르면 한위건이 탑골공원에서 독립선언서를 낭독한 주인공으로 거론되고 있다(신용하, 제2장 제4절 3·1운동과 서울, 《서울항일독립운동사》, 서울특별시 편, 2009, 326쪽; 황민호, 제2장 무단통치와 서울, 《서울 2천년사 27 일제강점기 서울의 항일운동》, 서울역사편찬원 편, 2015, 129쪽).

일제 당국으로부터 제공된 각종 지원 및 졸업 이후 진로의 상대적 안정성 그리고 민족 차별에 따른 진로 전망의 불투명, 국내외 정세인식, 주변 가족과 지역 사회의 영향에 따른 민족 정체성 문제와 만세시위 이후 벌어지는 일제의 처벌과 불이익에 대한 손익계산이 복잡하게 이루어지는 사유 공간이라는 점에서 집중 분석의 대상이다. 다만 이 글에서는 당시 한국인 학생의 내면세계를 엿볼 수 있는 자료가 매우 희귀하기 때문에 구속된 관립전문학교 출신들의 신문訊問 조서라든가 배포 유인물, 3·1운동 이후에 소설 형식으로 발표되었거나 수기 형식으로 남겨진 자료를 활용하였다.

2. 일제의 차별적 교육시책과 관립전문학교 운영 기조

1910년대 일제는 조선의 문명화를 내세워 각종 '교화' 사업을 벌였지만 여타 부문과 마찬가지로 교육 부문에서도 '교화주 일본'과 이에 '순종하는 조선인'이란 구도를 유지하기 위해 민족차별 방침에 중점을 두었다.[7] 그것은 한국인과 일본인이 각각 입학하는 초등학교, 중등학교 명칭과 학제에서도 잘 드러났다. 전자는 보통학교(4년제)-고등보통학교(4년제)인 반면에 후자는 소학교(6년제)-중학교(5년제)였다. 여기에는 한국인을 피지배자, 일본인을 지배자로 육성하려는 의도가 담겨 있기 때문이다. 일제 상층부의 이러한 구상은 중간 수행자인 대구 공립보통학교 교장 하나다 가나시쓰게花田金之助의 다음과 같은 주장을 통해서 노골적으로 드러나고 있다.

---

7) 권태억, 《일제의 한국 식민지화와 문명화》, 서울대학교출판문화원, 2014, 103쪽.

… 양자(소학교와 보통학교—역주)는 모두 일본인과 조선인 간의 융화를 목적으로 설립되었다. 즉 소학교에서는 조선인의 지도자가 될 만한 자질과 품성을 늘 아동에게 부여하고 있으며, 보통학교에서는 황은皇恩의 지극함을 보이며 국어(=일본어)의 보급과 덕성의 함양에 노력함으로써 제국신민이 될 자질과 품성을 갖추게 하여 부지불식간에 동화의 과실을 거두는 것이다. …8)

이에 따르면 일본인은 한국인을 지도할 만한 자질과 품성을 갖춘 지배자로서, 한국인은 제국신민으로서의 자질과 품성을 갖춘 피지배자로서 설정하고 있다. 교육은 민족별 계급재생산의 도구인 셈이다.

따라서 일제가 1910년 8월 대한제국 강점에 이어 1911년 〈조선교육령〉을 제정할 때 궁극적으로는 한국인의 일본인화에 목표를 두면서도 '시세時勢와 민도民度'를 내세워 고등교육은 도외시한 채 오로지 한국인의 초등교육과 실업교육에 중점을 두었다. 이른바 내지연장주의內地延長主義보다는 점진적 동화주의의 실현에 초점을 맞추면서 차별교육을 실행하고자 하였다. 1910년 당시 학무과장이었던 구마모토 시게키치猥本繁吉는 〈교화의견서〉에서 '조선인' 교육의 기본 방침을 다음과 같이 밝히고 있다.

조선민족의 교육에서 시설해야 할 것은 … 당분간 주로 초등교육 및 직업교육으로 충분함을 분명히 할 것. … 초등교육은 주로 일본어를 보급하는 기관으로 급진적으로 하는 것을 피하고 오로지 옛 그대로 민도에 상응하는 간단한 것으로 시설한다. … 직업교육은 초등교육을 이어받아 그것을 완성하는 것으로 한다. … 초등교육 이외의 교육시설은 그들의 생업에 직접 관계되는 것에 한해 착실 온건한 교육을 주도록 하여 제국통치하에서 행복한

---

8) 花田金之助, 〈內鮮人の融化と敎育〉, 《朝鮮敎育硏究會雜誌》 42, 1919. 3, 45~46쪽.

생활을 향락하게 하는 방향으로 그들을 지도하는 것이 중요하다. 일부의 동화론자와 같이 일본처럼 여러 종류의 고등한 학교를 주어 문화의 급격한 발달을 꾀하는 것은 그들을 더욱 생활난으로 빠지게 하고 나아가 제국의 화평을 해하기에 이른다.9)

일제는 내지연장주의에 입각하여 고등교육을 실시하기보다는 고등교육이 한국인의 생활난을 가중시키고 제국의 화평을 해친다는 구실로, 점진적 동화주의에 입각하여 보통교육·실업교육 위주의 차별적 교육을 실시하고자 했음을 보여준다.

한편, 일제하 농공분업체제에서 일본 본국은 상공업 위주로 발전시키는 반면에 조선은 농업, 임업, 수산업 등 1차 산업 위주로 발전시키는 데 주안을 두면서 양자의 경쟁 관계를 조성하지 않으려고 하였다. 당시 일본 내각과 제국의회 유력자의 주요 의론을 전하는 《신한민보新韓民報》의 보도에 따르면 다음과 같다.

> 같은 식민지로 말할지라도 혹 자본을 다져 공업을 일으킬 공업 식민지도 있으며 혹은 본국에 물품을 발매할 상업 식민지도 있으나 조선은 다만 농업 식민지에 지나지 못하니 고로 농업 식민지에 대하여는 고등교육을 베풀 필요가 없으며 조선인민은 다만 좋은 농민이 되게 하였으면 넉넉하며 농업상 지식만 있었으면 그 외에 한문이나 혹 고등 학술은 필요치 아니할 뿐만 아니라 도리어 극해가 될 줄 믿노라.10)

---

9) 《植民地 朝鮮敎育政策 史料集成》(영인본) 69, 別集, '敎化意見書', 大學書院, 1990. 이와 관련하여 강명숙, 〈일제시대 제1차 조선교육령 제정과 학제 개편〉, 《한국교육사학》 31-1, 2009, 18~19쪽; 나카바야시 히로카즈仲林裕員, 〈1910년대 조선총독부의 통치논리와 교육정책-'동화'의 의미와 '제국신민'화의 전략〉, 《韓國史研究》 161, 2013, 212~215쪽 참조.
10) 《新韓民報》 1911년 8월 9일.

일제는 자국의 산업 발전을 염두에 두면서 조선은 이를 뒷받침하는 원료 공급지 역할에 국한시키려 했던 것이다. 따라서 농업, 임업, 수산업 등 1차 산업에 한정하여 하급 기술자 양성에 초점을 두었다.

이에 일제는 1910년 8월 강점 직후 대한제국기에 고등교육기관이었던 법학교와 성균관, 관립외국어학교를 폐지하였다.[11] 또한 관립사범학교는 '학통學統의 분립分立'을 피하고 '경비의 절약'을 꾀한다는 명분으로 폐지하고 대신에 경성고등보통학교 임시교원양성소(1911)를 설치하였으며, 궁극적으로 같은 학교 사범과 설치로 매듭지었다(1914).[12] 농상공학교는 조선교육령 공포를 전후하여 일반 실업학교가 아닌 부속학교로 격하시켰다.[13] 예컨대 관립농림학교는 조선총독부 권업모범장 부속 농림학교로 격되었으며(1910), 농상공학교(1904)는 농상공부 관립공업전습소(1907)를 거쳐 조선총독부 중앙시험소 부속공업전습소(1912)로 전환되었다.[14] 의학교 역시 대한의원 부속의학교(1909)를 거쳐 조선총독부 의학강습소로 격하되었다(1910).[15] 이 점에서 1910년대 전반에는 실제로 전문학교가 거의 없는 셈이었다. 다만 법학교(1909)에서 전환된 경성전수학교(1911)는 학제 내 전문학교는 아니지만 여타 실업학교와 달리 입학 자격을 "고등보통학교를 졸업한 자 또는 이와 동등 이상의 학력을 가진 자"로 규정함으로써 이미 전문학교 '수준'의 교육을 행하는 학교로 인정받고 있었다.[16] 무엇보다도 경성전수학교 학생들을

---

11) 임광수 엮음, 《정통과 정체성: 서울대학교 개교 원년, 왜 바로 세워야 하는가》, 삶과 꿈, 2009, 146~147쪽.
12) 안홍선, 〈경성사범학교의 교원양성교육 연구〉, 서울대 석사학위논문, 2004, 13~20쪽.
13) 임광수, 앞의 책, 142~145쪽.
14) 정인경, 〈일제하 경성고등공업학교의 설립과 운영〉, 《한국과학사학회지》 16-1, 1994, 33~41쪽.
15) 서울대학교병원 병원역사문화센터, 《사진과 함께 보는 한국 근현대 의료문화사 1879~1960》, 웅진지식하우스, 2009, 85쪽.
16) 《조선총독부관보》, 1911년 10월 20일, 조선총독부령 제115호 '경성전수학교규정'; 《매일신보》, 1916년 1월 1일. 이와 관련하여 金皓娟, 〈일제하 경성법학전문학교의

〈그림 1〉 1920년대 전반 경성의학전문학교 전경. 1916년에 의학강습소에서 승격되었다(서울대학교병원 의학역사문화원 제공).

식민지 법제 확립과 법률 집행의 실행자 그리고 한국인의 순응, 의무를 이끌어 낼 당사자로 양성하고자 했기 때문이다.

이후 일제는 1910년대 후반에 들어와 척식拓殖의 첨병인 재조선 일본인 자제의 진학 욕구를 충족시키고 언더우드 등 미국 선교사 계열의 대학 설립을 막기 위해 이들 관립학교를 전문학교로 승격시키기에 이르렀다.[17] 형식상 고등교육이 시작되는 동시에 일본인 중심의 전문학교 교육이 시작되도록 여건을 조성하였다. 그 결과 경성의학전문학교와 경성공업전문학교가 1916년부터 이미 일본인이 학생 총수의 3분의 1 이

교육과 학생〉, 한양대학교 석사학위논문, 2011, 11쪽 참조.
17) 김태웅, 〈일제하 관립전문학교의 운영 기조와 위상 변화−제1차·제2차 교육령 시기 '서울대학교 前身學校'를 중심으로−〉, 《延禧專門學校의 학문과 동아시아 대학》 (延世學風團·金度亨 외), 혜안, 2016.

내에 입학할 수 있도록 조정하였다. 이는 거주 인구에 견주어 한국인 학생의 취학률이 매우 낮아지게 됨을 예고하였다. 이후 이러한 취학률은 재조 일본인이 많아질수록 더욱 낮아져 갔다. 특히 전문학교 졸업 이후 진학에서도 한국인 학생은 일본인 학생에 견주어 불리한 조건을 감수해야 했다. 왜냐하면 학제상 한국인 학생(보통학교 4년-고등보통학교 4년)이 일본인 학생(소학교 6년-중학교 5년)보다 3년이 늦기 때문에 이후 진학에서 불리함을 면할 수가 없었다.

따라서 일제의 이러한 교육 시책 방향은 한국인 학생의 이해관계와 충돌할 수밖에 없었으며 궁극적으로 한국인 학생을 갈등의 늪으로 유도하는 변수로 작용하였다.

3. 일제의 우대 정책과 피차별의식의 착종

관립전문학생들은 늘 일제의 우대 정책과 민족운동의 당위성 사이에서 갈등해야 했다. 3·1만세시위 참여로 경성의학전문학교에서 퇴학을 당한 이의경(李儀景, 필명 이미륵)은 그의 성장 소설 《압록강은 흐른다》에서 3·1운동을 앞두고 학우 사이에서 오고간 대화를 다음과 같이 기술하고 있다.

"우리들이 참가한 것이 관청에 드러나는 날에는 처벌을 받는다는 것을 생각해 봤니?"

"물론 나도 그걸 생각하고 있어."

"우리들은 더욱 심할 거야. 관립학교에서 공부하고 있는 우리들은 그 고마움 때문에 결코 정치적 시위에 참가해서는 안 될 것이야."

이제야 우리들이 참가해야 되는지 안 해야 되는지의 큰 문제가 나타났다. 우리들은 아무런 의무도 지우지 않고 우리들에게 고상한 학문을 가르쳐 주는 학교가 고마웠다. 우리들에게 국비로 여러 가지 관광을 시켜주었고, 또 유명한 학자며, 승려, 정치인에게 안내해 주었다.

익원(작가의 친구)은 오랫동안 입을 다물고 심사숙고하였다.

"어떻게 해야 된다고 생각하니?"

그가 물었다.

"나도 모르겠어!"[18]

여기서 학생들은 일제 당국으로부터 받은 각종 혜택을 두고 고민하고 있음을 확인할 수 있다. 즉 근대 학문의 수혜, 관비官費를 통한 각종 지원 등이 그것이다.[19] 당시 관립전문학교는 수업료가 사립학교에 견주어 상대적으로 저렴하여 한국인 학생들도 응시하여 합격하면 무난히 졸업할 수 있었던 것이다. 심지어 우등 졸업생은 관비를 지원받아 유학할 수 있는 특전까지 부여되기도 하였다. 따라서 이들 학생은 주변으로부터 선망의 대상이었기 때문에 선민의식選民意識이 대단하였다. 당시 여러 신문에서는 관립전문학교 합격자와 졸업자 명단을 대서특필하여 사회적 관심을 불러일으켰다.

한편, 이들 학생의 내면세계 끄트머리에는 '반半왜놈'이라는 콤플렉스가 도사리고 있었다. 왜놈의 학교에 다니는 반半일본인이라는 한국인 사회의 질시를 느껴야 했던 것이다. 당시 한국인 대다수는 관립전문학생들을 선망의 시선으로 바라보면서도 비난의 시선을 거두지 않았다.

---

18) 이미륵/ 전혜린 옮김,《압록강은 흐른다》, 범우사, 2000, 161쪽.
19) 후대의 통계이지만 1920년대 세브란스의학전문학교에서 졸업하기 위해서는 최소 1,700여 원이 드는 데 반해 경성의학전문학교의 수업료는 1년 3학기 35원에 지나지 않았다(경성의학전문학교,《경성의학전문학교일람》, '경성의학전문학교학칙', 1924, 49쪽). 세브란스의학전문학교의 학비에 관해서는 박윤재,〈일제하 의사계층의 성장과 정체성 형성〉,《역사와현실》63, 2007, 183쪽 참조.

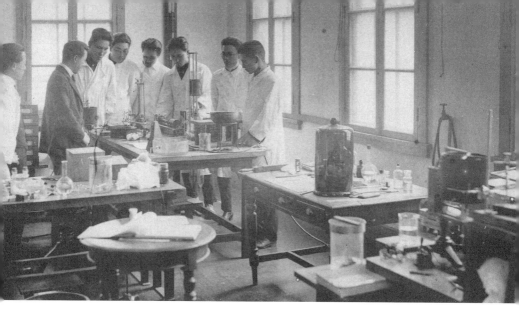

〈그림 2〉 경성의학전문학교학생들의 생리학 실습 장면(서울대학교병원 의학역사문화원 제공)

물론 이러한 이중 시선의 대상에는 관립전문학생들도 포함되었다.

　　우리 내지[朝鮮]에서는 망국한 뒤에 제국주의자의 문화말살 정책과 노예
교육의 결과로 인하여 우리의 고유한 민족문화는 조금도 발전될 여지가 없
고 점점 삭감을 당할 뿐이다. 필자의 중학 시대를 회상해 보면 사립학교는
일종 특별한 색채가 확실히 있었다. 관립학교에서 배우지 못하고 듣지 못하
는 것을 사립학교에서는 배우고 들을 수 있었다. 이러한 상태는 근래까지도
계속되었다. 일본역사 시간으로 과정표에는 쓰여 있지만 그 안에서 한 시간
이나 두 시간은 한국역사를 필기해 가며 배우고 있었다. 역사 선생은 늘 경
찰서에 불려만 다니면서도 열심으로 강의하였다. 이러한 사실은 대개 사립
학교의 통례이었다. 〈조선어〉 시간에는 관립학교에서 배울 수 없는 자세한
문법과 강의를 들을 수 있었다. 이외에도 상학 시간에는 은연히 민족의 의
식을 고취시키기에 노력하는 선생이 많았다. 교과서는 일본 것이라도 설명
은 늘 우리 국어로 하여 왔다. 5년제로 된 뒤에는 왜당국의 강제로 전부 일
어로만 교수하라고 했지만 완전히 실행하지는 않았다. 언제든지 일본 사람
이라고 말하고 내지인이란 말을 하지 않았다. 또 지금은 더욱 심하지만 그
때에도 친일파가 아닌 사람의 자녀이거나 빈한한 사람의 자녀는 관립학교에

서 받지 않았다. 그래서 사립학교는 실학 문제의 해결에 있어서도 중대한 의의가 있는 것이며 이것은 오늘날에 이르러 더욱 그러하다."[20]

이에 따르면 관립학생들은 사립학생들과 달리 한국의 언어와 역사가 아닌 일본의 언어와 역사를 배움으로써 민족의식을 지니지 못한 '반半 왜놈'이었던 셈이다. 그리하여 3·1운동 전야에 시위운동이 상당히 준비됨에도 불구하고 이들은 일부를 제외하고는 이러한 준비 과정에서 소외되기조차 하였다. 주변에서 이들 관립전문학생을 신뢰하지 못했기 때문이다. 따라서 이들 관립전문학생은 스스로 위축되어 사회·민족문제에 대한 무관심으로 일관할 소지가 컸다. 특히 이의경이 언급한 대로 관립학교의 엄격한 징계 처분 역시 민족운동에 대한 이들 전문학생의 기피를 더욱 조장하였다. 1915년 4월 일제가 제정한 〈전문학교규칙專門學校規則〉 제12조에 '성행불량性行不良'과 '학칙 기타 학교 명령 위반'을 이유로 해당 학생을 퇴학시킬 수 있는 조항을 설정한 터였다.[21] 또 실제로 경성의학전문학생 길영희吉瑛羲는 학교에서 자신이 주의인물注意人物로 취급될 것을 우려하여 현주소에서 전출轉出하기까지 하였다.[22] 또한 학업 평가에 대한 압박감도 시위 참여를 주저하는 요인으로 작용하였다. 결국 시위에 참가한 함태홍咸泰鴻과 같은 학생은 두 차례나 낙제를 받고 있어 만세시위 계획에 귀를 기울이지 않으려고 하였다.[23]

그러나 자신들이 여타 한국인에 견주어 유리한 조건에 처해 있다고 하더라도 일제의 민족차별 시책에서 자유로울 수 없었다. 그것은 당장

---

20) 多恨生, 〈우리의 敎育은 우리 손으로〉, 《韓民》(中華民國 上海 韓民社 발행) 12, 1937. 3. 1.
21) 《조선총독부관보》, 1916년 4월 1일, '부령 제28호 경성의학전문학교규칙'.
22) 국사편찬위원회 편, 《한민족독립운동사자료집》 17(삼일운동 Ⅶ), 〈吉瑛羲 신문조서〉, 1994, 177쪽.
23) 국사편찬위원회 편, 《한민족독립운동사자료집》 15(삼일운동 Ⅴ), 〈咸泰鴻 신문조서〉, 1991.

입학관리제도와 학교생활에서 절감하는 피차별의식被差別意識이었다.

1916년 당시 경성의학전문학교의 경우, 일본인은 지원자 67명 가운데 25명이 입학하였지만, 한국인은 지원자 261명 가운데 50명만 입학하였다.[24] 일본인 학생의 합격률이 37.3퍼센트인 데 반해 한국인 학생의 합격률은 19.2퍼센트에 지나지 않았다. 더욱이 조선총독부는 경성의학전문학교의 설립으로 더 높은 수준의 교육을 제공할 수 있다고 선전하였으나 학교 직원 수가 일본의 동급 학교 직원 수에 견주면 1/10도

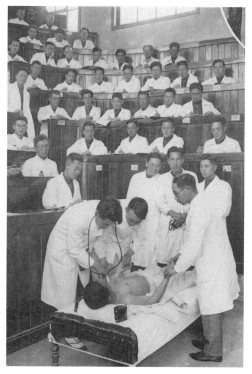

〈그림 3〉 경성의학전문학교학생들의 내과 임상 강의 모습(서울대학교병원 의학역사문화원 제공). 1927년까지 부속 병원이 없어서 조선총독부의원에서 진행되었다.

안되었다.[25] 심지어 교수 3인, 조교수 1인은 의전 의학강습소에서 임시로 변통하더라도 교원 수를 그대로 유지하는 수준에 지나지 않았다. 더욱이 경성의학전문학교에는 부속병원이 없어 임상실습은 물론 임상강의도 조선총독부의원에서 받았다. 3·1운동 당시 피체된 길영희를 비롯한

24) 《매일신보》, 1916년 7월 19일.
25) 박윤재, 〈한말·일제 초 근대적 의학체계의 형성과 식민 지배〉, 연세대학교 박사학위논문, 2002, 193~194쪽.

많은 한국인 학생들이 신문 과정에서 일본과 달리 설비가 제대로 되어 있지 않아 고등학문을 할 수 없다고 불만을 토로하였다.26) 나아가 참정 권의 미부여, 언론·집회·결사의 금지, 고등관리로의 진출 불가능을 언급할 정도였다.27) 이러한 사정은 여타 관립전문학생들도 마찬가지였다. 당시 일제 당국도 한국인 학생의 이러한 불만과 불안한 전망이 학생들이 만세시위에 참여한 이유로 꼽고 있다.28)

한편, 일상적인 차별 역시 한국인 학생들에게 모멸감을 안겨다 주었다. 고등교육기관의 이러한 격하를 상징적으로 잘 보여주는 것이 무엇보다 모자 형태이다. 대한제국기 시절에는 학생들이 전문학생을 상징하는 각모角帽를 착용하였는데 이때부터는 중학생을 상징하는 환모丸帽를 착용해야 했던 것이다. 특히 총독 데라우치가 각모를 착용한 학생을 두고 '거만한 단계'라고 질책하며 속히 환모로 바꾸도록 지시함으로써 한국인 학생들의 자존심은 상할 대로 상했고 "학과를 쉽게 하는 대소동" 이 일어나 종로 경찰서장이 중재에 나설 정도였다.29) 무엇보다 1916년 부속의학강습소에서 경성의학전문학교로 승격되었음에도 불구하고 한국인 학생들은 여전히 환모를 착용해야 했다. 교모 문제는 사소한 문제일 수 있으나 전문학생이 착용하는 각모를 착용하지 못한다는 점에서 한국인 학생의 자존심을 자극하였다.

그러나 관립전문학생들의 이러한 피차별의식이 만세시위를 유발하는 요인으로 작용하기 위해서는 좀 더 능동적인 요인이 추가되어야 했다. 그것은 민족정체성의 환기와 더불어 정의와 평화로 대표되는 인류의 보

---

26) 국사편찬위원회 편, 《한민족독립운동사자료집》 17(삼일운동 Ⅶ), 〈吉瑛羲 신문조서〉, 1994, 177쪽.
27) 위와 같음.
28) 金正明 편, 《朝鮮獨立運動》 1, 〈附 2〉 騷擾と學校, 原書房, 1967, 854쪽.
29) 최규진, 〈이의경의 삶을 통해 본 식민지 시대 지식인의 한 모습〉, 서울대학교 석사학위논문, 2011, 37~38쪽.

편적 가치에 대한 공감이었다. 이는 민족자결의식으로 구현되었다.

4. 관립전문학생의 민족 정체성 환기와 민족자결의식

1919년 3·1운동에는 많은 관립전문학생들이 참여하였으며 심지어 주도하기까지 하였다. 당시 체포되어 재판에 회부된 숫자만 보더라도 사립전문학생 숫자를 훨씬 능가하였다.[30] 이때 시위에 참가했던 이의경은 자신의 참여 동기를 《압록강은 흐른다》에서 다음과 같이 회고하고 있다.

> 그(시위 참가 결정) 뒤 우리는 오랫동안 우리의 유구한 문화와 우리 조상의 문화유산에 대해서 이야기하였고, 또 일본놈은 얼간이나 다름없다고 말했다. 우리들은 맨 처음 발명된 인쇄 활자며, 거북선, 도자기 기술, 특별한 종이와 우리들 조상이 이 세계의 누구보다도 먼저 발견하였던 여러 가지에 대해서 이야기했다. 비교적 말이 없고 조용한 성격인 [허]익원까지도 오랫동안 다른 사람들의 이야기를 듣고 난 다음,
> "잘 됐어, 하자!"
> 이렇게 결론을 내렸다.[31]

결국 이들 전문학생을 만세시위로 이끈 요인은 유구한 역사 속에서 발견한 문화유산에 대한 자부심과 정체성이었다. 이들 학생은 차별의

---

30) 구속된 관립학교(경성고등보통학교 포함) 학생은 학교당 평균 19.7명으로 사립학교의 학교당 평균 5.7의 3배 이상 되었다(金鎬逸, 《韓國近代學生運動史》, 선인, 2005, 111~112쪽).
31) 이미륵, 앞의 책, 162~163쪽.

장벽을 넘어 독자적으로 입지立地할 수 있는 근거를 자신의 역사와 문화에서 찾은 것이다. 예컨대 경성의학전문학생 김창식金昌湜은 신문 과정에서 "고래로 역사를 가지고 있는 나라이므로 독립을 하고자 한다"고 진술하였다.[32]

당시 한국인 학생들은 1910년 이후 일제의 식민사관 주입에도 불구하고 한민족의 유구한 역사와 독창적 문화를 어린 시절부터 학습함으로써 자부심이 매우 대단하였다. 예컨대 세계 최초의 인쇄 활자는 프랑스 서지학자 모리스 쿠랑Maurice Courant이 1901년 《한국서지韓國書誌》에서 소개한 《직지심체요절直指心體要節》 인쇄본을 가리키는데, 당시 한국인 학생들이 이러한 정보를 학교나 신문을 통해서 습득하였다.[33] 또 거북선의 경우, 이순신장군이 제작한 거북선을 가리키는데 이는 많은 학생들이 충무공 이순신의 임진왜란 승리를 알고 있었음을 방증한다.[34] 따라서 이들 전문학교학생은 우수하고 독창적인 한민족의 후손이자 왜군을 격파한 이순신 장군의 후예로서 일제의 무단통치와 차별 정책을 수용할 수 없었던 것이다. 그리하여 이들 학생은 "그렇지만 우리들도 우리 전 민족에 관계되는 일이 생긴다면 같이 해야지"라는 제안에 다들 동의하였다.[35]

그런데 이러한 역사 인식은 대한제국기 자국사 교육의 산물이라는 점에 주목할 필요가 있다.[36] 또 국망 이후 일제에 의해 학교에서 한국사 교육이 폐지됨에도 불구하고 학생들은 부모라든가 지역 사회에서 자국사를 배우거나 전해 들었다. 따라서 관립전문학교에 입학한 한국인

---

32) 국사편찬위원회 편, 《한민족독립운농사자료집》 15(삼일운동 Ⅴ), 〈金昌湜 신문조서〉, 1991, 192쪽.
33) 이미륵, 앞의 책, 162쪽.
34) 위와 같음.
35) 위와 같음.
36) 한국 근대개혁기 역사교육에 관해서는 김태웅, 《신식 소학교의 탄생과 학생의 삶》, 서해문집, 2017, 134~138쪽 참조.

학생들은 다음과 같이 일제가 수립한 일본화 정책의 취지를 잘 알고 있었다.

나는 가끔 자정이 넘도록 책을 들고 앉아 있었다. 학과는 전보다 훨씬 어려웠고 시간을 짧아졌다. 우리들은 일본말을 배우고 모든 학과가 일본어로 바뀌었기 때문이다. 역사를 우리는 다시 배우지 않으면 안 되었다. 한국이 독립했던 시대에 일어난 모든 사건을 없애려 했던 것이다. 한국 민족을 자기 본연의 고유한 역사를 가진 민족으로 여기지 않고 오래 전부터 일본나라에 공물을 바쳐야 하는 특이한 민족으로밖에 보지 않았기 때문이다.[37]

이에 따르면 당시 한국인 학생의 눈에는 일제의 이러한 역사 말살 정책이 일본화 정책의 일환으로 비쳤다.

나아가 관립전문학생들은 이러한 역사인식을 배양해 준 학교가 대한 제국 정부가 설립한 '위국학부爲國學府' 즉 각종 전문학교임을 잘 알고 있었다. 즉 이들 학생은 주권국가 건설과 국민교육체제를 경험했거나 이에 관한 기억을 전승받았던 것이다. 1920년대 중반에도 언론에서는 이러한 학교는 "구한국시대부터 행림계杏林界의 준재俊才 등을 양성키 위하여 한국 정부에서 설립한 역사 깊은 학교"라고 소개하였다.[38] 따라서 이들 학생은 1910년 이후 일제의 식민교육을 받았음에도 1910년 이전 주권국가 시절 국민교육체제를 경험하면서 민족 정체성을 이미 함양하였던 것이다. 이에 참가 학생들은 신문 과정에서 만세시위 동기를 묻는 질문에 '조선인의 의무'를 가지고 '조선사람으로서' 참가하게 되었음을 밝히고 있다.[39] 그것은 한국인의 진로가 일본인의 침탈과 차별로 불

---

37) 이미륵, 앞의 책, 112쪽.
38) 《동아일보》, 1926년 1월 19일.
39) 국사편찬위원회 편, 《한민족독립운동사자료집》 17(삼일운동 Ⅶ), 〈吉瑛羲 신문조서〉, 1994, 176쪽.

투명하다고 판단했기 때문이다. 경성의학전문학생 나창헌羅昌憲은 만세시위에 참여하게 된 동기를 다음과 같이 밝히고 있다.

> 한위건으로부터 듣기 이전부터 나의 생각으로는 조선 사람과 일본 사람이 완전히 동화할 수 있다면 그 이상 좋은 일은 없겠으나, 현재의 상황하에서는 그대로 간다면 조선 사람은 생존경쟁에 패하여 버릴 것이라고 생각하고 …40)

이에 따르면 나창헌이 자신의 혐의를 완화시켜 형량을 줄이려는 의도에서 동화정책의 긍정성을 언급하였지만, 실상은 한국인이 일제의 식민정책으로 말미암아 생존경쟁에서 도태될 수밖에 없다고 인식하였던 것이다.41) 그러면서도 그는 "조선 사람이 독립의 희망을 가지고 있다는 것을 세상에 알리게 되면 독립이 될 것"이라고 전망하였다.42) 그리하여 앞으로도 계속 독립운동을 할 생각이 있는지를 묻는 일본인 판사의 질문에도 현재와 같은 상태가 지속된다면 계속 실행할 것이라고 당당히 밝혔다.43)

그런데 이들 학생의 민족 재발견은 일제에 대한 배척을 의미하지 않았다. 이들은 정의와 인도, 평화에 근거하여 독립의 보편적 근거를 확보하고자 하였다. 경성의학전문학생 김창식은 신문조서에서 "정의와 인도에 기하여 독립을 할 생각이다"라고 밝혔던 것이다.44) 이는 보편적 정

---

40) 국사편찬위원회 편, 《한민족독립운동사자료집》 15(삼일운동 Ⅴ), 〈羅昌憲 신문조서〉, 1991, 214쪽.
41) 나창헌의 생애와 독립운동에 관해서는 장석흥, 〈나창헌의 생애와 독립운동〉, 《한국학논총》 24, 2002; 소철행, 《의열투쟁에 헌신한 녹립운농가 나장헌》, 역사공간, 2015 참조.
42) 국사편찬위원회, 《한민족독립운동사자료집》 15(삼일운동 Ⅴ), 〈羅昌憲 신문조서〉(제1회), 1991, 213쪽.
43) 위의 책, 214쪽.
44) 국사편찬위원회 편, 《한민족독립운동사자료집》 15(삼일운동 Ⅴ), 〈金昌湜 신문조서〉, 1991, 192쪽.

의와 평화에 기반하여 개별성을 확보하려는 노력의 소산이다. 이러한 관점에서 이들 아래 또래였던 경기고등여자보통학생들마저 고종 인산일을 맞이하여 일본인 교사가 설파했던 정의의 허구성을 논박한 것을 주목해볼 필요가 있다.

 "무엇이 어째, 그 정의니 인도니 하는 말은 누구에게 배웠니? 세상이란 다 그렇지. 덕국(德國, 獨逸)이 악하다 하지마는 덕국 자신으로 보면 정의다."
 "선생님, 만일 세상에 정의라는 것이 있다 하면 대다수의 희망하는 바를 공평한 마음으로 판단해 주는 것이 당연하지요?"
 "그렇고말고."
 "그러면 어떤 나라가 남의 속국이 된 것이 심히 분해서 그 국민 전체가 독립을 열망한다면 시켜주어야 하지요?"
 "그렇지 … 아하, 알았다. 그러나 나는 정치가가 아니니까 그런 방면 일을 몰라."한 적도 있다.[45]

 한국인 여학생이 보편적 정의에 입각하여 민족자결주의를 주장하는 것에 대해 일본인 교사는 자신의 논리적 모순을 절감하고 논전을 회피하고자 함을 확인할 수 있다. 그리고 이러한 민족자결주의는 궁극적으로 평화에 접속되었다. 당시 두 번이나 낙제했던 경성의학전문학생 함태홍마저 학생시위 주동자였던 한위건의 만세시위 취지와 방법에 다음과 같이 공감하였던 것이다.

 나는 독립선언을 하는 데 대하여 반드시 성공할 가망이 있으며 어디까지나 끝까지 한다고 한다면 찬성하지 않을 리가 없으나 무릎을 꿇고 좌절한다는 것은 여자나 아이들이 하는 일이며 다만 排日思想을 나타내는 것과 같은

---

45) 《독립신문》 제20호, 1919년 10월 14일, 여학생일기(心園 女史).

일이라면 나는 찬성할 수 없다고 말하였다. 그런데 韓偉鍵은 이 독립선언을 한다는 데 대하여는 경솔히 한 사람이나 두 사람으로서 이룰 수가 없다. 그 성명은 일일이 알지 못하나 다수의 유명한 인사들이 이를 주창하고 있는 것으로서 결코 배일사상과 같은 것이 아니다. 그리하여 이 차제에 일본의 압박정치의 기반을 벗어나서 조선을 독립시키는 것은 극히 평화로운 수단방법에 의하고 일본인에 대하여는 어디까지나 厚意로서 대하고 조선의 독립을 계획하며 일본과 조선이 서로 제휴하여 白人의 東漸을 방지하고, 東洋의 平和는 물론 世界의 平和를 꾀하지 않으면 안 된다고 말하였다. 나는 그때까지는 두 차례나 낙제하고 있었으므로 다만 열심히 공부를 할 뿐으로 아직까지는 찬성한다든가 찬성하지 않는다든가 하는 생각은 가지고 있지 않았다. 이상의 이야기를 듣고 처음으로 독립운동이 있다는 것을 믿고 찬성의 의사를 표현하게 된 것이다.[46]

결국 관립전문학생들은 오랜 고조선 시기 이래 독립국가 대한제국에 이르기까지의 역사적 경험에 기반하여 민족정체성을 환기하는 동시에 이러한 개별성을 정의와 인도에 입각한 보편성으로 승화·발전시킴으로써 궁극적으로는 동양평화와 세계평화로 나아가는 근거를 발견하기에 이른 것이다.[47] 이는 "금일 본인의 소임은 다만, 자기의 건설이 있을 뿐이오, 결코 타의 파괴에 있지 아니하도다"에서 밝히고 있듯이 민족자결주의를 보편적 정의와 인도에 결합시키려 했던 3·1독립선언서의 취지가 학생들의 내면세계에 충일되는 과정이기도 하였다.

나아가 학생들은 자신의 이러한 인식과 취지를 일반 대중에게 알리기 위해 각종 유인물을 작성하여 유포하였다. 이들 유인물은 3·1독립선언서와 달리 학생이 직접 작성했다는 점에서 여기에는 그들의 내면세계

---

46) 국사편찬위원회 편, 《한민족독립운동사자료집》 15(삼일운동 Ⅴ), 〈咸泰鴻 신문조서〉, 1991, 192쪽.
47) 박헌호·류준필 편집, 《1919년 3월 1일에 묻다》, 제1부 이념과 시각, 성균관대학교 출판부, 2009.

가 반영되어 있다. 우선 현재 진행되고 있는 국내 상황에 대한 정보와 국제 정세를 낙관하는 자신의 인식을 일반 대중과 공유하고자 하였다. 3월 24일에 유포된 유인물은 다음과 같다.

3월 23일 오후 7시 경성부 내외 수십 개소에서 각각 수천의 군중이 독립만세를 부르고 한성 내외 산천을 진동시켰다. 해삼위(海蔘威 블라디보스토크)에 있는 동포 2만 명이 200여 대의 자동차를 잡아타고 선언서를 배부하며 독립만세를 부르고 각국 영사관을 방문하였다. 북간도에서는 무장한 독립군 1,500명이 재류 동포와 합세하여 독립선언을 하고 시내를 횡행하며 만세를 불렀다. 하얼빈에서는 수천 명의 거류 동포가 독립을 선언하고 만세소리를 높이며 축하행렬을 하였다. 몽고에서는 독립을 선언하고, 강화회의 위원 2명을 파리로 파견하였다.[48]

여기서 주도 학생들은 국내외 한국인들의 만세시위와 국외 독립군 활동은 물론 몽골의 독립과 파리강화회의 소식을 전달함으로써 국내 민중들에게 희망을 전파하고자 하였음을 확인할 수 있다. 그런데 이는 단지 선전에 그치지 않고 주도 학생 자신이 국내외 정세를 낙관하고 있음을 보여주기도 한다.

그렇다고 이들 학생이 독립을 수동적으로 성취하는 데 그치지 않았다. 이들은 만세시위를 지속적이고 강렬하게 진행함으로써 독립을 쟁취할 수 있음을 다음과 같이 강조하였다.

우리들은 정신상으로 언론, 출판, 신앙의 3대 자유를 박탈당하고 정의 인도와 민족자결의 천명하에 서서 독립을 선언하는 청년 남녀를 포살하였다. 우리 민족 대표 33명이 독립선언을 한 이래 용감하게 죽어간 수천의 동포와

---

48) 국사편찬위원회, 《한민족독립운동사자료집》 19(삼일운동 Ⅸ), 三·一 獨立宣言 關聯者 公判始末書, 판결, 191쪽.

형벌로 옥중에서 신음하는 수만 명의 동포는 누구를 위한 것인가. 우리들 동족을 위한 것이다. 정의 인도와 민족자결의 천명을 받은 평화 세계에 유독 우리민족만이 박멸되고 고통을 받는 것은 통분을 금할 길이 없다. 고목사회(枯木死灰 겉모습은 마른 나무와 같고 마음은 재와 같다는 뜻으로 생기와 의욕이 없는 사람을 비유적으로 이름)가 아닌 민족, 농조부어(籠鳥釜魚 새장 안의 새와 솥 안의 물고기라는 뜻으로 자유가 없는 몸을 비유적으로 이름)가 아닌 동포는 생에 대한 박멸을 앉아서 감수할 것인가. 그렇지 않으면 조국을 위하여 먼저 가신 분들을 위로하고 후생을 교도하여 최후의 한 사람, 최종의 일각에 이르기까지 결사의 각오로서 주저하지 말고 맹진 노력하여, 필생의 관문에 도착하라.[49]

이에 따르면 학생들 자신이 세계정세를 정의, 인도와 민족자결주의의 시대로 인식하고 일제의 갖은 폭력적 탄압에도 최후의 일인까지 분투할 것을 강조하고 있다. 그런데 서두에서 나왔다시피 이러한 대방향은 언론, 출판, 신앙의 자유라는 민주주의의 대원칙에 입각하고 있음을 제시하고 있다. 여기서 이들 학생의 내면세계에는 민족자결을 뛰어넘어 민주주의를 구현하고자 하는 욕망이 담겨 있음을 확인할 수 있다.

그리하여 이들 학생은 조선 독립의 보편적 근거를 다음과 같이 제시하면서 만세시위에 동참할 것을 역설하였다.

조선독립은 세상의 공도公道이고 인류사회의 정칙正則이다. 누가 감히 이를 방해할 수 있으리. 활발하고 용감한 우리 삼천리의 강산 2천만의 동포여 태극기를 손에 들고 활동하라. 노유를 불문하고 조선 독립운동에 총출동하라. 묵묵히 좌시하고 있는 자는 천벌을 면하지 못하리라.[50]

---

49) 위와 같음.
50) 위의 책, 192~193쪽.

여기서 주목할 점은 만세시위의 주체가 삼천리강산에 거주하는 2천만의 동포이며 이들은 국가의 상징이라 할 태극기를 들고 독립 쟁취에 힘써야 함을 강조하는 것이다. 특히 만세시위에 참가하지 않는 자는 천벌을 면치 못할 비동포非同胞로 간주하고 있다.

나아가 이들은 자신의 궁극적인 목표가 완전한 독립임을 강조하면서 일각에서 제기되는 자치론을 배격하는 유인물을 뿌렸다.[51] 그들로서는 이러한 자치론이 3·1운동 주도층의 목표를 동요시키며 혼선을 초래하지 않을까 우려하였던 것이다.

한편, 3·1만세시위가 실패로 돌아갔음에도 일부 전문학생들은 실력 양성의 방향을 모색하면서도 자신들의 역사적 체험을 내면세계에 담으려고 하였다. 예컨대 1924년 경성의학전문학교를 졸업한 한국인 학생은 모두 49명(일본인 21명 포함)이었는데 이들은 자기들만의 졸업앨범을 만들었다. 이름은 《형설기념螢雪記念》, 일본인 학생들이 주도권을 쥔 관립학교에서 극심한 민족차별을 받아가면서도 꿋꿋하게 학업에 힘써 졸업에 성공한 그 감격스러운 느낌을 표현한 것이었다. 또한 이 49명의 졸업생 중에서 훗날 9명의 의학박사가 나온 만큼, '형설(螢雪 고생을 하면서 어려운 환경을 이기고 학업에 힘씀)'이라는 어휘는 잘 부합되었다. 졸업생들은 졸업앨범에 한국 지도를 넣고는 그 위의 자기 고향 지점에 이름을 올렸다. 자신과 고향에 대한 애정을 당당하게 표현한 것이다. 아울러 공부하던 상머리를 비춘 '형설'만이 아니라 작지만 민족의 미래를 비출 '형설'이 되고자 하는 소망과 의지를 밝혔다. 졸업생들의 민족의식은 이 앨범의 머리말에도 잘 나타나 있다.

심술 많은 서모(庶母, 일본)에게 때로 죄 없는 구박을 받고 불쌍한, 외로

51) 이정인, 〈3·1운동기 학생층의 선전활동〉, 《한국독립운동사연구》 7, 1993, 173~174쪽.

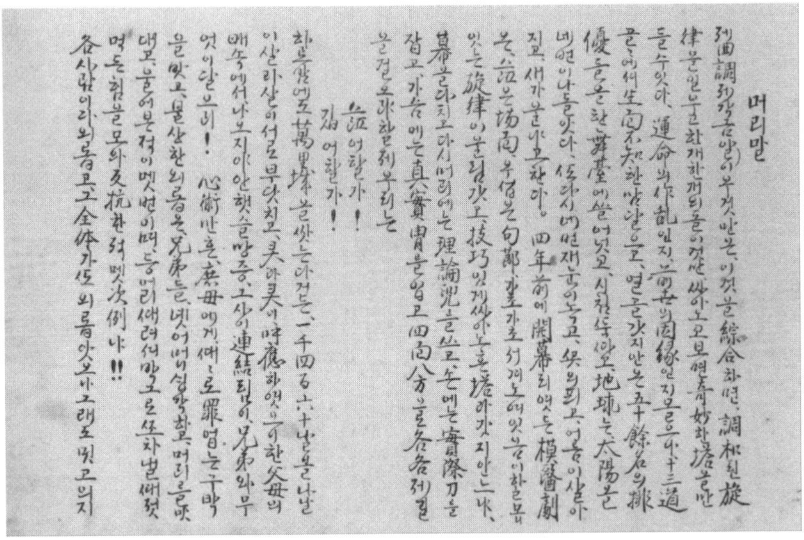

〈그림 4〉 1924년 경성의전 졸업앨범의 머리말 부분

운 형제들, 옛 어미(한국)나 생각하고 머리를 맞대로 울러본 적이 몇 번이며,
등을 때려서 밖으로 쫓아낼 때 젖먹던 힘을 모아 반항한 적이 몇 차례냐!"[52]

따라서 3·1운동 이후 일제의 관립전문학생에 대한 감시와 통제가
더욱 강화되고 학생운동의 주축이 사립학교학생 쪽으로 점차 옮겨가는
과정에서도 이들 관립전문학생은 민족의식을 내면에 깔아두고 일본인들
과의 학업 경쟁, 농촌계몽과 각종 시민강연, 학교시설 확충 운동, 학교
승격 운동 등의 다양한 방식으로 일제의 이중적인 고등교육 시책에 대
응해 나갔던 것이다.[53]

요컨대 관립학교의 애국적 전문학생들은 관립학교로 상징되는 엘리
트 코스의 길을 포기하고 만세시위에 참여하였다. 그만큼 그들은 일제
통치정책의 모순을 인식하고 민족자결의식으로 충일했던 또 하나의 청

---

52) 서울대학교 병원사 편찬위원회, 앞의 책, 2015, 74~75쪽 재인용.
53) 김태웅, 앞의 논문, 2016.

년 식자층이었다.

5. 맺음말

이상에서 3·1만세시위에 참가한 관립전문학생들의 내면세계를 검토하였다. 그 내용을 요약하면 다음과 같다.

3·1만세시위에는 농민층 못지않게 식자층의 참여가 적지 않다. 특히 이들 식자층 가운데 학생층은 참여에 그치지 않고 시위를 주도하기도 하였다. 이에 학계에서는 일찍부터 이들 학생의 활동과 행적을 주목해 왔다. 그러나 대부분의 연구가 주로 사립학교 학생에 초점을 맞추었다. 그것은 관립학교가 특성상 일제의 통제가 심한 데다가 출세길을 달리고자 했던 학생들이 공부하는 곳이라는 고정관념이 강했기 때문이다. 특히 고등교육에 준하는 관립전문학교의 학생에 대해서는 사립전문학교의 학생과 달리 그들의 능동적 활동을 간과했다. 이 역시 당시나 현재나 관립전문학교를 바라보는 시선이 결코 곱지 않았던 것이다. 물론 학계에서는 관립전문학생 가운데 일부 인물에 주목하였다. 그러나 이러한 관심도 관립학교와 연계되기보다는 개인적인 차원에 국한하여 검토하는 데 그쳤다. 따라서 학계에서는 관립전문학생들의 3·1만세시위에서 벌인 활동을 실상과 달리 낮게 평가하였으며 그 의미도 매우 축소하였다.

하지만 이들 학생 가운데 일부는 일제의 우대 정책에도 불구하고 저류에 흐르는 차별정책을 인식하였다. 물론 출세길이 보장된 듯한 코스는 이들 학생을 끊임없이 갈등의 늪으로 몰아갔다. 반半왜놈이라는 한국인 사회의 따가운 비판은 이를 단적으로 보여준다. 3·1만세시위를 앞두고 이들 학생이 참가 여부를 둘러싸고 깊은 고민에 빠진 것도 이런 배경 때문이었다. 그러나 일제가 강점 직후 중등학교 수준으로 격하된 관립전문학교를 1916년에 예전의 전문학교 수준으로 되돌려 놓았음에도 불구하고 일본인 위주의 전문학교로 전환시킴으로써 한국인 학생의 반발을 불러일으켰다. 더욱이 한국인 학생은 일본인 학생과 달리 열악한 여건에서 교육을 받았고 참정권의 미부여, 언론·출판·결사의 금지, 고등관리로의 진출 불가능 등으로 많은 불만을 품고 있었다. 심지어 일제의 동화정책으로 말미암아 한국인은 생존경쟁에서 도태될 수밖에 없음을 인식하기도 하였다.

한편, 이들 학생은 국망으로 말미암아 민족 정체성 교육을 받지 못했지만 기성세대를 통해 한국 역사의 유구성과 문화의 우수성을 전해 받은 터라 일제의 한국 역사 말살 정책에 대해 반감을 지니고 있었다. 이는 한국인 관립전문학생의 내면세계에 민족정체성의 저류가 흐르고 있었음을 보여준다. 따라서 일부 학생은 후일 3·1만세시위 참여 동기를 묻는 질문에 '조선인의 의무'를 가지고 '조선사람으로서' 참가하게 되었음을 밝히고 있다. 나아가 이들 학생은 3·1운동이 내세운 정의와 인도를 체화하여 민족자결주의를 적극 주장하였다. 즉 관립전문학생들은 고조선 시기 이래 독립국가 대한제국에 이르기까지 오랫동안 형성된 역사공동체 경험에 기반하여 민족 정체성을 환기하는 동시에 이러한 개별성을 정의와 인도에 입각한 보편성으로 승화·발전시킴으로써 궁극적으로는 동양평화와 세계평화로 나아가는 근거를 발견하기에 이른 것이다. 또한 이들 학생은 배포된 유인물을 통해 민족자결을 뛰어넘어 민주주의를 구현하고자 하였다. 그리하여 1920년대 이들 학생은 청년운동을 비롯한 여러 민족·사회·문화운동의 기수로서 다양한 역할을 수행하였다.[54]

---

54) 이에 관해서는 김호일, 앞의 책, 117~280쪽; 소영현, 〈3·1운동과 '학생'-'학생-청년'의 담론적 재편성 고찰-〉, 《현대문학의 연구》 39, 2009, 295~302쪽; 김태웅, 앞의 논문, 2016, 252~257쪽 참조.

3·1운동 만세시위 한국인 보통학교학생의
참가 양상과 민족의식의 성장

김태웅(서울대학교 역사교육과)

1. 머리말

3·1운동은 거족적인 민족운동의 분수령이었다. 참가 인원이 무려 2백만 명가량이었으며 농민층을 비롯한 다양한 계층이 참여하였다. 그래서 일찍부터 3·1운동의 배경과 주체적 계기, 전개 과정, 그 의미에 대해서 많은 연구가 이루어졌다. 특히 주도층과 참여층에 대한 연구 역시 많은 성과를 이루어 냈다.[1] 그러나 이들 연구는 주로 민족 대표 33인과 청년 학생층에 초점을 맞춘 나머지 농민, 노동자, 보통학교학생 등

---

1) 金昌洙, 〈3·1 獨立運動의 民族史的 位相-3·1 독립운동의 연구사와 과제-〉, 《詳明史學》 10·11·12, 2006.

에 대해서는 별로 주목하지 않았다. 이 가운데 보통학생에 대해서는 일부 개설적인 연구를 제외하고는 전무하다시피 하였다.[2] 그것은 이들의 연령이 매우 낮은 데다가 교사들의 적극적인 지도로 참여했다고 여겼기 때문이다.

그러나 당시 신식 보통학교 재학 연령이 높았을뿐더러 스스로 한국 남녀소년단을 조직하여 파리강화회의에 독립을 진정하는 〈한국아동읍혈진정서韓國兒童泣血陳情書〉를 제출하기도 하였다. 나아가 3·1운동이 일제에 의해 강제로 진압된 뒤에도 보통학교학생들은 일제의 교육정책과 일본인 교사의 차별에 반대하여 동맹휴학을 벌이기도 하였다. 따라서 한국인 보통학교학생들(이하 보통학생으로 줄임)의 만세시위 체험이 이후 학생들의 의식 세계에 영향을 미쳤으리라 짐작된다.

이에 이 글은 한국인 보통학생들이 3·1운동 직전 처했던 교육 환경을 일별一瞥한 뒤, 이들 학생의 내면세계와 3·1운동 만세시위 참여의 상관성을 추적하고자 한다. 나아가 이들 학생의 시위 체험이 3·1운동 이후 이들의 내면세계에 미친 영향을 분석하고자 한다. 이들의 일부가 1920·30년대 청년으로 성장하면서 민족운동의 인적 기초로서 학생운동은 물론 사회운동을 전개하였기 때문이다.

2. 만세 전야 보통학교학생의 내면세계

일제가 1910년 8월 대한제국을 강점한 뒤, 1911년 〈조선교육령〉을

---

2) 김태웅, 《우리 학생들이 나아가누나: 소학교 풍경, 조선 후기에서 3·1운동까지》, 서해문집, 2006, 157~169쪽; 평화문제연구소, 〈역사가 숨쉬는 공간26 : 보통학교 학생들의 만세운동 "2일간의 해방" 안성 3·1운동기념관〉, 《통일한국》 292, 2008.

제정할 때 궁극적으로는 한국인의 일본인화에 목표를 두면서도 '시세時勢와 민도民度'를 내세워 고등교육은 도외시한 채 오로지 한국인의 초등교육과 실업교육에 중점을 두었다. 이른바 내지연장주의內地延長主義보다는 점진적 동화주의漸進的 同化主義의 실현에 초점을 맞추면서 차별교육을 실행하였다. 그리하여 일제는 고등교육을 실시하기보다는 점진적 동화주의에 입각하여 보통교육·실업교육 위주의 차별적 교육을 실시했던 것이다.

우사미 가즈오宇佐美勝夫 내무부장관은 1912년 4월 공립보통학교 교장강습회에서 다음과 같이 부연 설명하고 있다.

현재 교육의 중심, 바꿔 말하면 교화의 중심은 공립보통학교에 있다. 그러므로 여러분의 임무는 오로지 학교의 내용을 충실히 하고 교화를 지방에 보급시킴으로써 총독정치의 목적을 완수하는 데 있다. 공립보통학교의 경영은 총독부가 가장 중시하는 바로서 여러분의 임무가 참으로 중차대하다. … 보통학교의 목적은 결코 졸업생들로 하여금 중학·대학 등 계급 향상을 좇아서 학술연구를 추구하려는 것이 아니다. 공립보통학교를 졸업하면 곧바로 실무에 종사하여 성실, 근면, 노역을 싫어하지 않고 국어[일본어]에 능통하며 상당한 정도의 실제적인 지식·기능을 지닌 충량한 신민을 양성하는 것을 목적으로 한다.[3]

이어서 1913년 4월 교원강습회에서는 "보통학교 교육은 예비교육이 아니고 완성교육을 행하는 것으로, 학교를 졸업하면 곧 성실, 근면, 실무에 복종하고 충량한 국민으로서 신민의 본분을 다하도록 지도하라"고 훈시했다.[4] 즉 한국인 학생들은 상급학교에 진학하지 말고 근면 착실

---

3) 朝鮮總督府, 《朝鮮總督府要覽》, 1915, 26쪽.
4) 《조선총독부관보》, 1913년 6월 4일.

하며 노동을 통하여 의식주를 편안하게 하고 집안을 일으키고 나라를 부유하게 하는 '양민良民'이 되도록 지도해야 한다는 것이었다.

한편, 일제는 시세와 민도에 맞는 교육을 실시한다는 구실로 짧은 기간의 학제를 마련하고 각급 학교의 수업 연한을 단축시켜 한국인에게 되도록이면 적은 비용으로 가장 낮은 교육을 실시하도록 했다. 그리하여 수업 연한이 보통학교는 4년, 고등보통학교 4년, 여자고등보통학교 3년, 실업학교 2년 또는 3년, 전문학교 3~4년이라는 단축된 학제로 나타났다. 이리하여 한국인 자제들의 초등 및 중등교육기관은 8년제로, 일본인들의 초등 및 중등교육기관은 11년제로 되었다. 일제가 이처럼 같은 초등 및 중등교육임에도 불구하고 한국인 학교와 일본인 학교의 차이를 크게 둔 것은, 일본 본국과 한반도의 농공분업 체제의 실현이라는 전제 속에서 조선을 일본의 단작농업지대單作農業地帶 즉 원료 공급 지대로 설정하고 이에 필요한 인자들을 양성하고자 하였기 때문이다.[5]

또한 일제는 통감부 통치 시기와 마찬가지로 강제 병합 이후에도 일본화 교육에 중점을 두고 학교 교육과 학생들의 의식 및 일상생활을 장악하고자 하였다. 그리하여 일제 당국은 무력 강점이라는 현실을 배경으로 삼아 일본어를 한국인이 반드시 배워야 할 '국어'로 규정하고 일본어 교육을 강화하였다. 또한 수신 교육 역시 노골화하여 일본의 복종문화, 일본식 생활 방식을 적극적으로 한국인 학생들에게 주입하고자 하였다. 반면에 한국인의 민족의식을 일깨울 수 있는 역사와 지리는 학교 교육에서 배제시킨 채 수신과 일본어 교육을 통해 오리엔탈리즘과 식민사관에 의해 왜곡된 한국의 역사와 문화가 한국인 학생들에게 주입되도록 하였다. 여타 과목도 일제의 이러한 방침을 구현하는 데 기여하

---

5) 鄭然泰, 〈1910년대 일제의 農業政策과 植民地 地主制-이른바 〈米作改良政策〉을 중심으로-〉, 《韓國史論》 20, 1988, 417~427쪽; 김근배, 〈日帝時期 朝鮮人 과학기술인력의 성장〉, 서울대학교 박사학위논문, 1996, 129쪽; 朴芝媛, 〈1910년대 일제의 중등 농업학교 운영과 조선인 졸업생의 진로〉, 《歷史敎育》 130, 2014, 162~170쪽.

였음은 물론이다.

이런 가운데 한국인 학생이 주로 재학하였던 공립보통학교의 취학률은 초창기에 침략 교육에 대한 우려와 한국인들의 기피로 낮았지만 일제가 판임문관임용자격제도를 마련하면서 1910년대 중반에는 학력을 인정받지 못했던 민립학교와 달리 높아졌다.6) 일제가 관료 등 공직으로 나아가는 데 학력을 요구하는 학력주의學歷主義가 더욱 심화되는 현실에서 한국인 학부형과 학생들은 마냥 일제의 공립보통학교 취학 정책을 거부할 수 없었기 때문이었다. 그리고 한국인 스스로 자주독립과 신국가건설을 염두에 둘 때 근대적 시무를 중심으로 구성되어 있는 근대 교과목을 학습할 필요성이 제기되었다. 1910년대 전반에 취학률이 낮고 취학연령이 높았던 반면에 1910년대 후반에 취학률이 높아지고 취학연령이 낮아진 것은 이 때문이었다.

이러한 현상은 이미 예견됐던 상황으로, 1911년에 5월에 제출된 충주보통학교 일본인 교원의 보고에 잘 드러난다.

기존에 (보통)학교를 졸업하면 모두가 나중에 급여를 받을 수 있는 학교에 입학하려고 했고 … 학생에게도 그 부모에게도 앞으로 관리가 될 것을 희망해서 입학한 자가 많았다. 일부 학생은 내지인에게 접근해서 입신의 길을 얻으려고 하고, 수비대, 우체국 또는 은행 등의 고원 자리가 있는 것을 듣고 알선을 의뢰하는 등 교감을 졸업생의 직업소개소처럼 생각했다. 이러한 상태에 대해 (보통)학교가 실업사상을 발달하게 하고 근로의 습관을 양성하려 노력한 결과 … 졸업생들에게 이전처럼 근로를 싫어하는 분위기가 없어졌다. … 그러나 아직도 졸업생 중에는 내지인 상인의 도제가 돼 앞으로 좋은 상인이 되려거나 목수 견습생이 되려거나 또는 과자 제조법을 연구하려고 하는 자는 전무하니 옛날의 풍습에서 벗어나지 못하고 있다고 말해

---

6) 나카바야시 히로카즈, 〈1910년대 공립보통학교 취학욕구의 구조-학력의 자격화에 주목하여-〉,《역사교육》136, 2015.

야 한다.[7]

졸업생들은 교육이 신분상승의 주요 통로인 전통시대의 연장에서 학교를 인식하면서 대우와 급여가 낮은 실업계 취직을 선호하지 않아 상급학교 진학을 선택했다.

그 결과 일제가 요구하는 일본어 해독자가 늘어나고 일본식 훈육을 내면화한 학생들이 증가하기 시작하였다. 이들은 일본의 의례에 맞춰 조회에 참가하였으며 천황에 대한 숭배심을 키우기도 하였다. 심지어 관공서에 취직하여 입신출세를 꿈꾸기도 하였다. 이제 한국인들 가운데 극히 일부이지만 머릿속에 "상급학교에 진학하지 않으면 도저히 사회에 나갈 수 없다는 생각"이 들었다는 점에서 일제가 관공립학교를 조선사회에 정착시키려는 노력이 결실을 맺기에 이른 것이다.[8]

훗날 1932년 1월 8일 도쿄에서 천황을 향해 폭탄을 던진 이봉창도 1910년대에 빈곤으로부터 탈출하기 위해 '신일본인'이 되고자 했던 인물이었다.[9] 그는 1911년 서당을 그만두고 천도교가 인수한 문창학교에 입학하였지만 일제의 교육시책이 관철되는 가운데 식민지 조선에서 살아가기 위해서 일본어를 학습하는 데 열중하였다. 그가 일본어를 잘할 수 있었던 이유도 여기에 있었다. 그리고 3·1운동 만세시위에 가담하지 않았다. 그는 궁핍한 가정 형편으로 일본인 상점의 점원으로 취직하여 가족을 먹여 살려야 했기 때문에 그의 말대로 '아무것도 의식하지 못했다'. 이러한 사정은 훗날 대역사건으로 종신형을 받았던 박열이나 사회주의 운동에 적극 가담하였던 조봉암도 마찬가지였다. 박열의 경우, 그의 진술대로 "일본인의 생활이 비교적 개화되어 있는 것을 보고, 일본인이 경영하는 학교에 들어가고 싶어져서, 서당에서 함창공립보통학교

7) 조선총독부내무부학무국, 《(보통학교·실업학교)학사상황보고요록》, 1912, 9~10쪽.
8) 豊田重一, 〈조선인교육에 다음 2,3가지 비견을〉, 《조선교육》 6-6, 1923. 3, 225쪽.
9) 배경식, 《식민지 청년 이봉창의 고백》, 휴머니스트, 2008, 42쪽.

로 전학했다."10) 또 강화공립보통학교를 졸업한 조봉암의 경우도 다음과 같이 자신의 어린 시절을 회고하며 민족의식과 멀었음을 고백하였다.

> 나는 스물이 되도록 공부도 못하면서 그저 살기에 바쁘고 곤궁해서 나라니 민족이니 하는 일은 어른들에게서 간혹 얻어들었어도 별로 깊은 감명을 받지 못했고 그저 어떻게 하면 직업을 가지고 어른들 모시고 살아갈까 하는 것뿐이었습니다.11)

빈농의 아들로 태어난 그는 하루하루 연명하기도 바빠 오로지 생활상의 문제를 해결하는 데에만 골몰하였던 것이다.

하지만 일제의 교육방침이 수립된 지 얼마 안 되어 난관에 봉착하면서 사회문제에 무관심했던 이들이 민족문제에 점점 다가가기 시작하였다. 우선 한국인 학생들의 취직이 제한되어 있는 현실에서 보통학교 취학률의 증가는 실업자의 증가를 예고하였다. 나아가 이들 한국인 학생은 보통학교 졸업으로는 취직하기 힘들어지는 여건에서 고등보통학교 진학이나 일본 유학을 통해 이러한 난관을 타개하려고 하였지만, 이 역시 실업失業의 악순환 사태를 가중시킬 뿐이었다. 이봉창의 경우, 보통학교를 졸업하였지만 가정 형편으로 상급학교로 진학하지 못하자 그의 진로는 상점 점원, 약국 점원 등 하급사무직 등에 국한될 수밖에 없었다.12)

한편, 일제의 점진적 동화주의 자체가 모순에 차 있었기 때문에 학생들의 반발 역시 적지 않았다. 일부 학생들은 동화주의가 전제하고 있는 한국인과 일본인의 평등성이 결코 현실에서 이루어질 수 없는 모순임을 인식하고 적극적으로 민족차별 문제를 제기하였다. 박열의 경우,

---

10) 도쿄 지방재판소, 《제3회 신문조서》, 1914년 1월 30일; 金三雄, 《박열 평전》, 가람기획, 1996, 90쪽 재인용.
11) 조봉암, 〈나의 정치백서〉, 정태영, 《조봉암과 진보당》, 한길사, 1991, 365쪽 재인용.
12) 배경식, 앞의 책, 2008, 48쪽.

근대식 교육에 매료되어 보통학교로 전학했지만 얼마 안 되어 일제 교육방침의 모순을 발견하였다. 예컨대 일본인 소학교는 한국인 보통학교보다 우선순위에 놓여지고, 학교에서 조선어를 사용하는 것을 금하며, 조선의 지사나 위인에 관한 것은 물론 조선 황제에 관한 것조차 조금도 언급되지 않을 정도로 불평등한 것에 대해 회의를 품었다.[13] 특히 일제의 민족차별이 훗날 학교를 졸업하고 사회에 나아갈 어린 학생들에게 깊은 충격을 주었다. 박열 역시 예외가 아니었다.

　　당시 나는 어린이였지만 실제로 사회를 보면, 일본인과 조선인은 평등하며 동포라고 하였지만 조선인은 차별적이고 불평등한 대우를 받고 있었다. 조선인 공무원은 직무상 중요하고 높은 지위에 앉는 일이 불가능하고, 일본인 관리보다 봉급도 적고, 승진도 늦고, 또 일본인이 경영하는 상점에서는 조선인 손님에게 도량이나 눈금을 속이고 있었고, 작은 노동자 간에도 일본인과 조선인을 차별대우하고 있었다.[14]

어린 한국인 보통학생들의 눈에 비친 사회 역시 한국인이 일본인들에 견주어 차별을 받으며 불평등한 삶을 영위하고 있음을 보여준다.

나아가 일부 학생은 일제가 강점한 조선의 현실을 타개하고 민족 독립에 관심을 가지며 향학열을 불태웠다. 학생들은 곧잘 일본인 교사와 논쟁을 벌이기도 했다. 다음은 개성보통학교에서 벌어진 일본인 교사와 한국인 여학생들이 벌인 논전의 한 장면이다.[15]

---

13) 도쿄 지방재판소, 《제3회 신문조서》, 1914년 1월 30일; 金三雄, 앞의 책, 1996, 90쪽 재인용.
14) 도쿄 지방재판소, 《제3회 신문조서》, 1914년 1월 30일. 金三雄, 위의 책, 90쪽.
15) 이와 관련하여 이상경, 〈상해판 《독립신문》의 여성관련 서사연구-〈여학생 일기〉를 중심으로 본 1910년대 여학생의 교육 경험과 3·1운동〉, 《페미니즘연구》 10-2, 2010 참조.

일인 선생은,

"그렇다. 그런데 일본은 우리나라가 아니냐. 그러니까 내지와 조선과 합병한 날이라고 한다. 일본과 우리나라와 합병했다고 하면 무식하다고 남이 웃는다."

"왜 일본이 내지로 변했나요?"

"변한 게 아니라 천황폐하의 계신 곳을 존칭하는 곳이다."

"그러면 세계 각국은 다 일본을 내지라고 하나요?"

"아이, 아직도 세상일을 모르니까 그렇구나. 조선은 일본 안에 있는 조선이니까 그렇지. 우리나라 안에서는 서로 내지라는 말을 쓴단 말이다. 비겨 말하면 서울 같은 데서는 행랑것들이 큰댁이라고 하는 것과 같단 말이다."

"그게 무슨 말씀이에요? 그러면 우리는 일본 사람의 행랑것들이에요?"

"그런 것이 아니다. 비겨 말하면 그렇다는 말이지. 그렇게 성낼 게 무어냐? 집에 가서도 어머님께랑 그런 말씀을 말아라."[16]

한국인 여학생들은 일본인 교사가 언급한 '내지'라는 개념을 집중 시비하면서, 겉으로는 일본인과 한국인의 평등을 강조하면서도 실제로는 민족 차별을 정당화하는 일본인의 차별 시책을 신랄하게 비판한 대목이다. 이 여학생들은 상급학교에 진학해도 이러한 민족의식을 상실하지 않고 더욱 발전시켰다.

여기에는 한국인 교사의 역할이 컸다. 당시 박열을 가르치던 함창보통학교 한국인 교사 이순의李舜儀는 졸업식을 앞에 둔 1916년 3월 학생들을 학교 뒷동산 숲속으로 모아 놓고 다음과 같이 고백하였다.[17]

나를 용서해라. 나는 일본이 우수하고 일본이 조선을 하나로 묶어 다스

---

16) 〈여학생일기〉, 《독립신문》 14, 1919년 9월 27일.

17) 이순의는 1915년부터 1917년 사이에 함창공립보통학교에 재직하고 있었다(《朝鮮總督府及所屬官署職員錄》 1915년, 1916년, 1917년도).

리는 것이 당연하다고 너희들에게 가르쳤다. 반면 조선은 못나고 힘없는 나라로 일본에 합쳐져야 마땅하다고 가르쳐 왔다. 그런 것들은 모두 거짓이었다. 내 목숨을 지키려고 비겁한 마음에서 내가 이제까지 너희들에게 마음에도 없는 거짓 교육을 했다. 조선의 역사를 존중하지 않으면 안 된다. 일본의 교사는 경찰서의 형사나 다름없다. 조선은 일본보다 훨씬 더 오랜 역사를 가진 나라다. 조선 민족은 일본 민족보다 훨씬 우수한 문화를 지켜왔다. 조선인으로 태어난 것을 자랑스럽게 여겨라.[18]

이순의 교사는 여태까지 일본인 교장의 압력에 못 이겨 마음에도 없는 거짓교육을 한 것을 뉘우친 것이다. 교사의 이러한 고백은 보통학생들에게 큰 충격으로 다가왔다.[19] 박열이 후일 이날을 기억한 것은 그날의 충격이 컸으며 그의 진로에 영향을 미쳤음을 의미한다. 특히 일본인 교사는 경찰이나 형사나 다름없다는 주장은 일제의 교육을 전면 거부할 수 있는 근거였다. 나아가 한국인 교사 일부는 한국의 역사가 매우 유구함을 강조함으로써 한국인 학생들이 일제가 강조하여 왔던 강제 병합의 역사적 근거를 통째로 부정할 수 있기에 이르렀다.

요컨대 이봉창의 경우에서 볼 수 있듯이, 당시 상당수 한국인 보통학생들은 개인적 욕망으로 말미암아 일제 당국의 근대화 시책을 받아들이면서도 박열처럼 자신의 체험과 교사의 영향으로 일제의 일본화 정책과 한국인 차별 방침에 대해서는 반감을 품었던 것이다. 그리고 이러한 복합적인 내면세계는 후자가 더욱 노골화되면서 점차 배일의식으로 승화하였다. 그리하여 보통학교학생들은 만세시위에 적극 참여하였다.

---

18) 도쿄 지방재판소, 《제3회 신문조서》, 1914년 1월 30일; 金三雄, 위의 책, 90쪽; 안재성, 《박열, 불온한 조선인 혁명가》, 인문서원, 2017, 21쪽 재인용.
19) 김인덕, 《극일에서 분단을 넘은 박애주의자 박열》, 인문서원, 2017, 21쪽.

1〉 종로 보신각 앞에서 일어난 만세시위 장면. 이곳은 서울지역 만세운동의 상징적 구심점이었다.

3. 만세시위 참여 양상

고종의 장례식이 거행되었던 1919년 3월 3일, 보통학교학생들은 장례 행렬과 시위에 참여하기 위해 모두 등교하지 않았다. 동맹휴학을 한 것이다.[20] 이날 오후 2시 개성에서 호수돈여학교학생들이 만세를 부른 뒤, 5시 반에는 15~16세가 안된 어린 보통학교학생과 소년들 수백 명이 모여 충절의 상징인 선죽교에서 만세를 부르기 시작했다.[21] 이들은

20) 이하 학생들의 만세 시위 가운데 전거가 달려 있지 않은 것은 朴殷植/金度亨 옮김, 《韓國獨立運動之血史》, 소명출판, 2008, 200~209쪽; 李炳憲 編, 《3·1運動秘史》, '各地方義擧事件', 時事時報社出版局, 1959, 853~995쪽; 정세현, 《항일학생민족운동사연구》, 일지사, 1975, 145~147쪽; 독립운동사편찬위원회, 《독립운동사자료집》 6, '조선소요사건상황', 1978, 835쪽에 근거하여 서술하였다.

"우리 조선은 독립일세"라는 구호를 부르면서 만월대로 올라가고 일단은 반월성에서 정거장을 향하여 만세를 부르며 내려왔다.

이에 일제는 보통학교학생들이 중등학교학생들의 영향을 받아 시위에 참여할 것을 우려하여 3월 7일부터 3월 15일까지 임시 휴교 조치를 단행하였다.[22] 이들 학생의 동요를 예방하고자 하였기 때문이다. 이어서 경성부에서 시위가 잠잠해지자 3월 13일 매동보통학교를 시작으로 3월 15일 사이에 교동보통학교, 다동보통학교, 어의동보통학교, 인현보통학교, 수하동보통학교, 정동보통학교, 미동보통학교를 개학시켰다.[23]

그러나 지방의 어린 학생들은 각지에서 독립만세를 부르며 시위를 계속했다. 3월 6일 인천공립보통학교 3~4학년 학생들이 교사가 자리를 비운 사이 학교에서 나와 공립상업학교학생과 함께 시가지를 돌아다니며 만세를 불렀다. 특히 18세로 나이가 많은 김명진金明辰은 동맹휴교를 주도하면서 통신선을 절단하기까지 하였다.[24] 3월 7일 오전 10시 시흥보통학교학생들도 전부 동맹휴학을 하고 만세를 부르며 부근 촌락으로 시위행진을 했다.[25] 같은 날 오후 3시경 당진 면천공립보통학교학생 약 200명이 태극기를 선두에 세우고 만세를 부르며 시위운동을 하다가 경찰의 제지로 해산된 일도 있었다.

다음 날인 3월 11일에는 안성 동항리 양성공립보통학교학생들이 한국인 교사들을 따라 만세를 불렀다.[26] 만세시위는 이후 3월 하순부터 안성 지역 전체로 퍼져 나갔다. 그리하여 노약자를 뺀 안성 주민 2천여

21)《매일신보》, 1919년 3월 7일.
22) 京城府廳,《京城府史》3, 1941, 736쪽.
23)《매일신보》, 1919년 3월 17일.
24) 독립운동사편찬위원회 편, 〈김명진 등 판결〉,《독립운동사자료집》5(3·1운동재판기록), 1973, 1009~1014쪽. 이와 관련하여 김용달, 〈3·1운동기 학생층의 역할과 행형 분석〉,《법학논총》, 2007, 44쪽 참조.
25)《매일신보》, 1919년 3월 10일.
26)《매일신보》, 1919년 3월 11일.

명이 시위에 참가했는데, 일본 주재소, 우편소 등 일제의 기관을 공격하고 일장기를 불태우기까지 했다.[27] 이어서 일인상점과 고리대금업자를 공격했으며 경부선 철도를 차단하려 했다. 보통학교학생들의 만세시위가 3·1운동 3대 시위의 하나인 안성 시위를 이끌어 냈던 것이다. 또 이날 충남 당진에서도 산천汕川공립보통학교학생 2백여 명이 태극기를 들고 시위운동을 벌였다.[28]

3월 12일 강화 읍내 보통학교에서 3~4학년 학생 전부가 모여 칠판에 태극기를 그리고 만세를 부르며 운동장으로 나갔다. 다음 날에는 여학생 80여 명이 학교 안에서 독립만세를 불렀다.[29] 또 이날 아산에서도 온양공립보통학교 학생 30명이 독립만세를 불렀다. 3월 13일 전북 임실군 둔남면 오수면에서는 보통학교학생들이 장날을 이용하여 기독교 신자, 천도교 신자와 더불어 시장을 돌아다니며 대한독립만세를 연호하였다.[30] 3월 14일에는 아산공립보통학교 학생 백여 명이 시장으로 돌아다니며 태극기를 들고 독립만세를 부르자 시민들도 참가하였다.[31] 또 이날 전남 영광공립보통학교학생들이 태극기를 들고 시장을 돌아다녔고 졸업생들이 군중들을 이끌고 시위를 벌였다.[32] 그리고 인천공립보통학교학생들도 시위에 나섰다.[33] 3월 16일 오전 11시 정읍군 태인 장날 학생 60여 명이 태극기를 들고 만세를 부르며 시장을 지나가자, 시장에 모인 사람과 각 동리 주민들이 이에 호응하여 수천 명이 함께 만세를 부르고 시위운동을 했다. 때문에 시장의 각 상점과 노점은 전부 문을

27) 허영란, 〈3·1운동의 지역성과 집단적 주체의 형성- 경기도 안성의 사례를 중심으로〉, 《역사와경계》 72, 2009.
28) 《매일신보》, 1919년 3월 26일.
29) 《매일신보》, 1919년 3월 16일.
30) 《매일신보》, 1919년 3월 22일.
31) 《매일신보》, 1919년 3월 20일.
32) 《매일신보》, 1919년 3월 19일.
33) 《매일신보》, 1919년 3월 18일.

닫았다.[34] 3월 18일에는 진주 공립보통학교 선생이 태극기를 들고 선두에 서서 일반군중을 지휘하며 시내를 돌았다. 학생들은 등교를 거부하는 한편 일본천황의 교육칙어를 찢어 버리고 만세를 부르며 운동장에서 시위행진을 했다. 또 이날 경북 봉화공립보통학교 교사와 학생 약 30명이 시위를 주도하였다.[35] 3월 19일에는 전북 고창공립보통학교학생들이 이날 시위를 계획하였다가 사전에 발각되어 미수에 그쳤다.[36] 3월 20일 충북 괴산에서는 공립보통학교학생 35명이 독립만세를 높이 부르면서 시장으로 이동하는 가운데 수천 명의 군중이 여기에 참가하였다.[37] 3월 22일에는 함남 홍원 어린아이들 수백 명이 태극기를 들고 만세를 부르면서 인근을 돌아다니다가 해산당했다. 이 일을 모의한 이들 가운데 가장 나이 많은 자가 17세의 소년이었다. 또 이날 서울 아산공립보통학교학생들도 저녁 7시 학교 운동장에 모여 독립만세를 불렀다.[38]

3월 23일에는 공립보통학교의 졸업식이 예정되어 있던 경성의 정동공립보통학교와 어의동공립보통학교에서 학생들이 졸업식장에서 만세시위를 벌였다.[39]

이 가운데 눈길을 끄는 일은, 어린 학생들이 어른들처럼 조선 독립의 의지를 세계 만방에 알리려고 노력했다는 점이다. 만세 시위가 시작된 뒤 채 10일도 안된 3월 10일 한국남녀소년단韓國男女少年團이 파리 강화회의에 독립을 진정하는 〈한국아동읍혈진정서韓國兒童泣血陳情書〉를 제출했다. 그들은 여기서 다음과 같이 호소했다.

34) 《매일신보》, 1919년 3월 21일.
35) 《매일신보》, 1919년 3월 24일.
36) 《매일신보》, 1919년 3월 26일.
37) 《매일신보》, 1919년 3월 24일.
38) 《매일신보》, 1919년 3월 25일.
39) 《매일신보》, 1919년 3월 26일.

다만 빈손과 빈주먹으로 부르짖는 아이뿐이오니 세계에 정의 인도를 주 장하시는 많은 국민들이여, 우리들 소학생이 여러분들 앞에 슬프게 고하는 것은 상제는 어질고 사랑하샤 허약한 망국민족은 긍휼히 여기시는 이 마음 을 본받아 조그마한 정의로 한국의 독립을 도와주어 일인日人의 흉악한 칼 끝을 막아 우리 유한한 한인으로 조금 그 생명을 연장케 하여 주시옵소셔. 그렇다면 상제께서 또한 여러분들의 의로운 용기를 허許하시고 여러분들을 북으로 허ㅎ시고 북으로 돌이켜 도와주시리니 바라옵나니[40]

비폭력 방법으로밖에 할 수 없는 어린 보통학교학생의 처지에서 정 의와 인도의 실현을 위해 세계 여러 나라가 지원해 줄 것을 간절하게 호소하고 있다. 어린 학생들의 의로운 뜻과 굽힐 줄 모르는 용기가 잘 드러나는 글이라 하겠다.

그 밖에 영암, 포천, 순천, 신흥, 안주, 입석, 자산, 한천, 부산, 함안, 통영 등에서도 공립보통학교와 서당의 어린 학생들이 시위를 벌이고 동 맹휴학을 했다. 이제 만세시위는 중등학교, 전문학교학생들만의 일이 아 니었다.

또 일부 지역에서는 보통학교학생들이 시위를 주도하기도 했다. 부 안군 줄포공립보통학교학생들은 장날을 이용하여 태극기 수백 매를 만 들어서 군중에게 나눠 주고 만세를 부르며 시위행진을 하다가 해산당했 다. 무주에서는 공립보통학교학생이 선두에 서서 무주 뒷산에 봉화를 올렸더니, 각 면 각 동에서 일제히 불을 놓고 만세를 불렀다. 또 함경 남도 신포에서는 공립보통학교학생 마희일 외 5명이 3월 1일은 독립기 념일이라며 태극기를 게양하고 기념사를 작성하여 4~5곳에 붙이다가 체포되기도 했다. 그리고 군산공립보통학교 재학생 70여 명이 동맹하여 연서로 퇴학원을 제출한 뒤, 밤중에 불이 나 교실을 다 태워 버리기도

---

40) 국사편찬위원회,《한국독립운동사자료》4, 임정편Ⅳ, 1974, 250쪽.

했다. 경성 전동공립보통학교학생 4명은 겨우 11~12세 나이로 보통학교는 대한의 아이들을 모아 노예의 재물로 삼으려는 장소라고 외치며 교실 유리창을 깨뜨렸다.[41] 일제에 대한 저항의 표시였다.

심지어 고등공립보통학교 시험을 치러 갔던 학생들마저 시위를 주도하기도 하였다. 예컨대 대구고등보통학교 입학시험 때문에 대구를 방문했다가 대구 시위를 목격하고 돌아온 내성乃城공립보통학교 학생 이구락李龜洛은 동교생 및 교사와 상의한 뒤 태극기를 제작하고 시위 계획을 세웠다.[42] 장날 시위 직전에 이들 학생은 체포되었지만 그 의기와 애국열은 대단하였다.

그러나 일제는 어린 학생들의 시위에 별로 신경쓰지 않았다. 며칠 후에는 평온을 찾으리라고 예상했다. 그래서 일제는 학교의 문을 다시 열었다. 하지만 학생들은 아무도 오지 않았다. 가게문은 여전히 굳게 닫혀 있었다. 공공기관에 고용된 노동자들도 일하러 나오지 않았다. 이 가운데 어린 학생들의 등교 거부가 가장 당혹스런 일이었다. 어느 대규모 공립보통학교에서는 학생들에게 졸업식 행사에 참가하여 졸업증서를 받아가라고 애원했지만 학생들은 일제의 교육을 거부한다는 취지에서 학교에 등교하지 않았다. 이에 일제는 졸업식을 구실로 삼아 학생들을 학교로 끌어내고자 하였다. 다음은 F.A. 맥켄지가 어느 보통학교 졸업식 풍경을 묘사한 내용이다.

> 학생들은 수그러진 것 같았으며, 관리와 저명한 일본인 내빈들이 임석한 가운데 졸업식이 시작되었다. 귀중한 졸업장을 학생 각자에게 수여하였다. 그런 다음 열두어 살쯤 되는 학생회장이 단상으로 올라가서 학교 선생들과 당국에 감사를 표하는 연설을 하였다. 그는 깍듯이 예의를 갖추는 듯하였다.

---

41) 박은식, 앞의 책, 325쪽.
42) 경상북도경찰부/류시중 외 역주, 《國譯 高等警察要史》, 선인, 2010, 93쪽.

절할 때마다 90도로 하였고, 경어를 길게 늘어놓는 풍이 마치 경어의 발음을 좋아하는 것같이 보였다. 귀빈들은 기분이 좋았다. 그런데 갑자기 엄숙한 식장의 분위기는 끝장이 나고 말았다. "이제 이것만을 말씀드려야겠습니다." 고 그 소년은 말의 끝을 맺었다. 그의 목소리가 달라졌다. 그는 몸을 바로 폈다. 그의 눈에는 결의가 보였다. 지금 그가 외치려는 소리가 지난 며칠 동안 수많은 사람의 목숨을 앗아갔다는 것을 그는 똑똑히 알고 있었다. "우리는 한 가지를 더 여러분께 부탁드리겠습니다." 그는 품속에 손을 넣더니, 태극기를-그것을 가지고만 있어도 죄가 되는 것을-꺼내었다. 그 기를 흔들면서 그는 소리쳤다. "우리나라를 돌려주시오. 대한만세! 만세!"

소년들이 모두 자리를 박차고 일어섰다. 저마다 웃옷 속에서 태극기를 꺼내어 흔들면서 외쳤다. "만세! 만세! 만세!" 그들은 이제 겁에 질린 내빈의 면전에서 소중한 졸업장을 찢어, 땅바닥에 던지고는 몰려나갔다.[43]

그리하여 4월에 들어와도 일부 지역에서 보통학교학생들이 시위에 참여하였다. 4월 2일 경기도 안성군 죽산면에서는 죽산공립보통학교학생들이 조직적으로 준비한 끝에 교내 시위를 시작하면서 만세 참가자가 늘어났다.[44] 4월 8일 부산진에서는 공립보통학교 졸업생과 재학생이 시위를 주도하려다 사전에 일제에게 발각되기까지 하였다.[45] 그리고 3·1운동이 일제의 탄압으로 소강 국면으로 들어가는 7월 평북 박천군에서 보통학교 학생들이 독립만세를 외쳤으며 일제는 강제로 해산시키고 그 주모자 20여 명을 체포하여 엄중히 취조하였다.[46]

그리하여 일제는 1919년 말 3·1운동 만세 시위에 참여한 학생들의 현황을 정리하는 비밀 문건에 공립보통학교학생들의 참가 현황도 수록

---

43) F.A. 맥켄지/이광린 역, 《한국의 독립운동》, 일조각, 1969, 182쪽.
44) 황민호, 〈安城邑內와 竹山地域 3·1운동의 전개〉, 《한국민족운동사연구》 46, 2006, 72~75쪽; 허영란, 앞의 논문, 164~169쪽.
45) 《매일신보》, 1919년 4월 12일.
46) 朴殷植, 앞의 책, 326쪽.

〈표 1〉 만세 참가 보통학교와 학생

도별	학교수	참가 학교수	재학생수(a)	참가 학생수(b)	b/a(%)
경기	65	10	12,569	519	4.13
충북	21	1	3,345	13	0.39
충남	47	4	7,137	10	0.14
전북	42	6	6,693	352	5.26
전남	38	4	6,579	224	3.40
경북	49	6	6,441	232	3.60
경남	43	14	7,490	655	8.74
황해	28	3	3,994	210	5.26
평남	42	4	10,230	522	5.10
평북	40	4	8,604	455	5.29
강원	30	1	5,848	70	1.20
함남	25	6	4,209	45	1.07
함북	25	5	4,290	116	2.70
합계	495	68	87,379	3,422	3.92

출전: 조선총독부 학무국, 《騷擾と學校》(국회도서관 소장), 1921, 9~10쪽;
　　　金正明 편, 《朝鮮獨立運動》 1, 原書房, 1967 수록.
비고: 표 제목의 '만세'는 원문서에서는 '騷擾'로 표기됨.

하였다. 〈표 1〉은 만세 참가 공립보통학교 수와 학생 수이다.

우선 공립보통학교 재학생 가운데 참가 학생 수가 무려 4퍼센트에 이르고 있다. 당시 한국인 총인구에서 참여율이 10퍼센트인 것에 견주면 낮은 비율일 수 있지만 일제의 일본화 교육을 실제로 받았고 나이가 매우 어리다는 점을 감안하면 이러한 비율은 낮다고 할 수 없다. 특히 공립보통학교 학생의 참가비율보다 높은 사립학교학생들의 참가비율을 합치면 보통학교학생들의 비율은 더욱 높아진다.[47] 아울러 3·1만세시위의 중심지인 서울(경기도 중심)의 비율이 낮지 않거니와 경상남도, 평안남북도와 전라북도의 비율이 여타 지방에 견주어 매우 높음을 확인

---

47) 《騷擾と學校》에 따르면 사립학교의 경우, 초등학교와 중등학교가 합쳐 있어 초등학교만 별도로 추출하기 어렵다. 그리하여 사립초중등학생의 참가비율을 산출하였다. 이에 관해서는 조선총독부 학무국, 《騷擾と學校》(국회도서관 소장), 1920, 11~12쪽 참조.

할 수 있다. 그 이유는 현재의 자료 상태와 다양한 변수로 말미암아 구명하기가 어렵다. 다만 당시 지방 주민의 참여 열기와 비례하지 않을까 짐작된다. 평안도의 경우, 보통학교학생들의 참가 비율과 전체 사망자 및 수감자의 비율이 공히 높다는 점이 이러한 추론을 가능케 한다.[48] 경상남도의 경우도 사정은 마찬가지이다.

한편, 이들 만세시위에 참가한 보통학교학생들의 연령대는 취학 연령에 비추어 8세 이상으로 추정할 수 있다. 물론 당시 학교에 늦게 입학하는 학생들의 수치를 감안하면 훨씬 높을 수 있다. 만세시위를 주도했던 일부 학생의 경우, 10대 후반이기도 하다. 하지만 현재 자료의 부족으로 파악하기 힘들고 이들 학생의 취학 평균연령을 통해 대략 짐작할 수 있다. 지방별로 차이가 있지만 1915년 《조선총독부통계연보》에 따르면 학생의 평균연령은 1학년은 11.4세이고 4학년은 15.1세이다. 따라서 만세시위에 참가한 학생들의 대다수를 10대 전반으로 추정할 수 있다.[49] 참가 비율이 높았던 평안남도의 경우, 입학 연령이 10.7세에 불과하였다.

이처럼 보통학교학생은 공사립 불문하고 10대 전반의 나이에도 불구하고 청장년 세대와 함께 만세시위에 적극 참가하였다. 이는 이들 학생이 만세시위 체험을 통해 의식이 성장될 가능성이 높아졌음을 의미한다.

4. 보통학교학생의 만세시위 체험과 민족의식의 성장

한국인 보통학교학생들의 내면세계에 3·1만세시위 체험은 어떻게 각

---

48) 지역별 참가 현황과 피해 상황에 관해서는 박은식, 앞의 책, 192~198쪽 참조.
49) 조선총독부, 《조선총독부통계연보》, 1915년도.

인되었을까. 양자의 관계를 명확하게 보여주는 자료를 찾기는 어렵다. 다만 만세시위 과정에서 나타난 학생들의 행위를 통해 만세 체험이 그들의 내면세계에 영향을 미쳤으리라 추정할 수 있다.

우선 이러한 상관성은 자신들이 벌인 만세시위 행위에서 보였다. 그것은 학생들이 국가의 자주 독립과 주권을 표상하는 태극기를 들고 만세를 불렀다는 것이 이를 단적으로 보여준다. 예컨대 어떤 여학생은 오른손에 태극기를 들고 만세를 부르다가 일본인 순사에게 오른손이 잘리자 왼손으로 태극기를 들고 만세를 불렀다.[50] 태극기는 대한제국의 주권을 상징하는 표상물로서 이 여학생은 태극기를 통해 강탈당한 국가를 되찾겠다는 주권 회복 의지를 보여준다.[51]

또한 어린 학생들은 기성세대나 교사들의 주도 아래 시위에 참가하기도 하였지만 일부 학생은 주권의식을 가지고 스스로 태극기를 그리기도 하였다. 황해도 안악군의 경우, 일제 순사가 참가 학생들의 배후에 기성세대가 있다고 간주하고 참가 학생들에게 태극기를 낡은 신문지에 그릴 것을 요구하자, 이들은 신성한 국기를 낡은 신문에 그리는 것을 거부하고 백지에 태극기를 단번에 그려냈다.[52] 이들 학생은 예전부터 태극기를 주시하여 그릴 수 있음을 단적으로 보여준다.

이제 학생들은 태극기가 이미 사라져 버린 망국의 국기라는 퇴행적인 인식에서 벗어나 민족의 표상이자 주권 회복의 상징으로 여길 정도로 민족의식이 내면화되기에 이르렀다. 태극기의 부활은 민족의식의 부활인 셈이다.

아울러 이들 학생은 스스로가 단군 할아버지의 자손이라는 혈연의식을 지니고 있었다. 이러한 혈연의식은 단지 인종적 동일성을 넘어 역사

---

50) 박은식, 앞의 책, 324쪽.
51) 대한제국기 태극기의 상징성에 관해서는 목수현, 〈망국과 국가 표상의 의미 변화 : 태극기, 오얏꽃, 무궁화를 중심으로〉, 《한국문화》 52, 2011, 154~16쪽 참조.
52) 박은식, 앞의 책, 326쪽.

공동체를 아우르는 민족의식으로서 만세시위 참가에 영향을 미쳤다. 예컨대 평북 자성군의 학생 수십 명은 자신들이 '단군 할아버지의 혈손'이며 '대한의 국민'임을 강조하였다.[53] 이는 일제의 통치 정당성을 부정하는 역사적·정치적 근거인 셈이다.

심지어 마산의 12세 보통학교학생은 일본 경찰의 총탄을 맞아 죽어가면서도 "왜놈의 치료는 받지 않겠다"고 하며 일본인 의사의 치료를 거부했다.[54] 학생의 이러한 행위는 일본을 적국으로 간주하고 적극적으로 저항하겠다는 의사를 보여주고 있다.

그렇다면 당시 만세시위에 참여한 보통학교학생들은 자신들의 시위 행위를 어떻게 해석하였을까. 예컨대 어느 여학생은 일본 순사의 엄한 심문에 참가 이유와 의미를 다음과 같이 당당하게 밝혔다.

"너는 무슨 이유로 기를 들고 기뻐 좋아하느냐?"
"잃은 물건을 다시 찾은 까닭에 좋아합니다."
"무슨 물건을 잃었지?"
"우리 대한민족이 대대로 전해 온 삼천리 금수강산입니다."
일본인 순사가 소리를 지르면서
"너 같은 어린 것이 무엇을 알아서 그것이 좋다고 하느냐?"
어린 아이는 다시 온화한 말로 대답하였다.
"당신은 정말 지식이 없군요. 전날 우리 어머니가 작은 바늘을 잃고 반나절이나 찾아서 다시 갖고 기뻐하는 빛이 얼굴에 드러났습니다. 더구나 삼천리 금수강산이 다시 우리 것이 되었는데, 어찌 즐겁지 않겠어요?"
일본순사도 감복하여 눈물을 흘렸다.[55]

---

53) 위와 같음.
54) 위의 책, 325쪽.
55) 위의 책, 323~324쪽.

여기서 학생은 태극기와 국토로 표상되는 국가를 되찾겠다는 주권국가의식이 내면세계에 자리 잡고 있음을 확인할 수 있다. 특히 이 학생은 자신의 만세시위 행위를 '대한민족'이 오랫동안 삶의 공간으로 살아오던 금수강산을 회복하는 행동이라고 규정하고 있다. 이는 유구한 역사와 삶의 공간으로서 국토를 한민족의 역사적·공간적 기반으로 인식하였기 때문에 가능했던 것이다. 여기서 대한제국기 주권의식을 체화한 한국인 교사들과 기성세대가 학생들에게 끼친 영향이 적지 않았음을 확인할 수 있다.

그리하여 어린 학생들까지 식민지 노예 교육을 거부하고 오히려 서당에 입학하는 경향이 나타나기까지 했다. 훗날 독립운동가로 성장한 윤봉길의 경우, 6살 때 서당을 다니다가 3·1운동 직전 해인 1918년 덕산공립보통학교에 입학했으나 만세시위 이후 학교를 그만두고 인근 마을 오치서숙에서 사서삼경四書三經을 공부하였다.[56] 그것은 여타 한국인 학부형들과 마찬가지로 윤봉길의 부모도 윤봉길을 공립보통학교에 보내고 싶지 않았기 때문이다. 또 경남 하동에서는 보통학교 입학자가 한 명도 없었으며 4월 말에는 출석자가 40퍼센트 정도밖에 안 되었다. 심지어 경남 양산에서는 학부모들이 보통학교에 다니는 자녀에게 휴학을 종용하기까지 했다.[57] 이리하여 '소요'후 학교교육을 기피하고 한문 서당이 융흥한 지방이 많이 있는가 하면 1910년대 후반에 높은 비율로 증가하던 보통학교 취학생이 1919년에는 주춤하였다.[58] 서울 시내의 경우, 1918년 4월 신학기 입학자가 1,953명이었던 것이 1919년 신학기에는 800여 명으로 감소하였다.

또 한국인 학생들은 공립보통학교에서 다시 공부하게 된 이후에도 그

---

56) 윤남의, 《윤봉길일대기》, 정음사, 1975, 9~30쪽.
57) 한국역사연구회·역사문제연구소, 《3·1민족해방운동 연구》, 청년사, 1989, 380쪽.
58) 위와 같음; 조선총독부, 《조선총독부통계연보》, 1918년, 1919년도.

날을 잊지 않기 위해 조선과 일본이 교전하는 전쟁놀이를 할 때면 조선이 일본을 이기는 것으로 만들었다.[59] 그리하여 경기가 끝나면 학생들은 일제히 '대한만세'를 높이 외쳤다. 그러면 옆에서 이를 구경하던 사람들이 순식간에 몰려와 수천 명이 일제히 환호하며 시가지를 행진했다.

이에 공립보통학교 일본인 교장들은 한국인 보통학교학생들을 회유하고자 하였다. 3·1운동 이후 이 사건을 정리하여 보고서를 제출하였던 역사학자 박은식은 다음과 같이 예화를 전하고 있다.

> 또 하루는 교장이 학도들을 회유하면서 "한국과 일본은 형제 사이이다. 형제끼리 친목하지 않으면 복이 없고 화만 있을 뿐이니, 우리들은 마땅히 친목을 더욱 돈독히 해야 할 것이다."고 하였다. 이에 대해 한 학생이 고개를 들고 대꾸하기를, "감히 묻겠는데, 먼저 태어난 사람이 형입니까, 아니면 나중에 태어난 자가 형입니까"라고 하였다. 교장이 "물론 먼저 태어난 사람이 형이다"고 하자 다시 학생이 "우리 한국이 탄생한 지는 4,250여 년이 되었고, 일본은 2,200여 년입니다. 그렇다면 우리 한국이 형이 되고, 宗家가 되는 것이 명분에 옳고 순리입니다. 반드시 이와 같이 된 이후라야 친목을 말할 수 있을 것입니다."라고 하였다. 교장은 아무 말도 못하고 부끄러워했다.[60]

일본인 교장이 일본인과 한국인의 뿌리는 같으며 일본이 형이라고 하는 일선동조론日鮮同祖論을 내세우자 한국인 학생들은 이러한 주장의 논리적 모순을 지적하면서 3·1운동의 정당성을 강조하고 있다.

요컨대 보통학교학생들은 일본어 학습에 반발하고 있듯이 언어공동체 의식에 기반하여 혈연공동체 의식, 역사공동체 의식을 내면화하기 시작하였다. 그것은 근대 민족으로서의 정체성과 민족자결주의가 자리

---

59) 박은식, 앞의 책, 326쪽.
60) 박은식, 앞의 책, 205~206쪽.

잡아 가면서 국권회복에 대한 관심이 높아가고 있음을 보여준다. 나아가 학생 스스로가 여타 기성세대 및 마을 주민들과 함께 만세를 외치면서 민족공동체의 구성원으로 동일시하기에 이르렀다.

이에 한 일본인 보통학교 교사는 어린 학생들이 시위에 참가하는 모습을 보면서 탄식하면서 다음과 같이 말했다.

> 우리가 오리 새끼를 키워 물에 놓아주었구나. 10년간의 노력이 하루아침에 허사로 돌아갔다.[61]

이는 일제가 강점 전후 본격적으로 추진했던 일본화 식민교육이 수포로 돌아갔음을 실토한 것이다.

또 당시 한 일본 경찰 간부는 어린 학생들이 시위에 참가하는 모습을 보면서 착잡하고 불안한 심정을 다음과 같이 토로했다.

> 특히 조선인이 다수 집단이 되어 국기를 앞세워 만세 소리를 크게 지르면서 관헌의 지시 명령에 대항하거나 폭행 소요를 감행한 당시의 인상은 그들 생도·아동의 뇌리腦裏에 새겨져 부지불식간不知不識間에 나쁜 감화를 주게 되었음은 물론 교사·생도 또는 부형으로서 소요에 가담한 자가 있었으므로 그 자녀에 대한 감화가 어떠하였을 것인가. 여기에 깊이 생각이 미치면 두려움을 느끼지 않을 수 없다.[62]

3·1운동에 참여한 경험과 한국인들의 활동이 학생들에게 미친 영향은 이처럼 컸다. 그것은 이른바 '불온 사조'에 따른 독립에 대한 열망, 일제 교육에 대한 반감에 따른 취학자·입학자의 감소, 일본인 교사에

---

61) 박은식, 앞의 책, 202쪽.
62) 독립운동사편찬위원회, 《독립운동사자료집》 6, '조선소요사건상황', 1973, 829~830쪽.

대한 '반항심의 조성' 및 '존경심의 감퇴' 등으로 나타났다.[63]

그리하여 10월 무렵 각 학교에서는 동맹휴학을 하고, 일본어를 외국어 교과로 바꿔 수업 시수를 줄일 것을 주장하였다.[64] 특히 학생들은 아침 조회 시간에 일본 교과서를 폐지하라고 요구하였다. 이어서 교과서 폐지를 거부하는 교장이 알지 못하도록 교실에 들어가 일본 교과서를 모두 파기하고 학교에 등교하지 않을 것을 통보하였다. 이 가운데 일부 학교에서는 교과목으로 조선의 역사와 조선 창가를 요구하기도 하였다.[65] 차별에 대한 비판을 넘어서서 한국인 본위의 교육을 요구하는 목소리가 높아지면서 일제의 두려움은 곧 현실이 되었다.

그리하여 1920년대 각급학교의 많은 한국인 학생들이 동맹휴학을 벌이며 교원 배척 운동을 벌여나갔는데 이 가운데 보통학교학생들의 교원 배척 동맹휴학이 매우 치열하였다. 이들 학생은 교사의 생도에 대한 구타나 처벌, 교사의 실력 부족과 불친절, 무성의, 불공정, 교사의 좋지 못한 품행, 학생에 대한 무리한 처벌, 조선역사나 창가를 가르치지 않는 것, 교장이나 교사의 민족차별의식에 대한 반발 등이 동맹휴학의 원인이었다.[66] 보통학교학생의 내면세계에 어느덧 민족의식이 작동하기 시작한 것이다.

한편, 청년 세대를 비롯한 기성세대는 3·1운동 만세시위 기간에 보여준 보통학교학생들의 활동을 목도하면서 소년운동의 필요성을 절감하였다. 이돈화는 만세시위 직후인 1921년 《개벽》지를 통해 보통학교학생을 포함한 소년의 중요성을 다음과 같이 강조하였다.

---

63) 위의 책, 835~836쪽.
64) 朴贊勝, 〈1920년대 보통학교 학생들의 교원 배척 동맹휴학〉, 《역사와현실》 104, 2017; 金廣珪, 〈일제강점기 직원록과 신문자료를 통해 본 교원 배척 동맹휴학의 양상〉, 《역사교육》 143, 2017.
65) 유용식, 《일제하 교육진흥의 논리와 운동에 관한 연구-1920년 전반기를 중심으로 -》, 文音社, 2002, 253~254쪽.
66) 이에 관해서는 박찬승, 앞의 논문, 2017 참조.

우리가 10년 或은 幾十年後의 새 朝鮮을 建設키 爲함에는 그 準備를 只今 으로부터 始作하지 아니하면 안된다 하면 우리는 將來의 우리 朝鮮을 爲하야 將來의 朝鮮民族인 저들의 兒童을 우리의 現在보다 더욱 重要히 보며 至重且 大히 생각하야 그들의 將來를 爲하야 周密한 用意를 가지지 아니하야서는 아 니됩니다.[67]

이들 세대의 소년에 대한 관심은 소년이 민족의 흥망을 결정짓는 세 대라고 여기고 그들의 장래를 열어줄 수 있는 기반을 마련하고자 하였 음을 보여준다. 그리하여 이러한 인식과 방향 제시는 후일 소년운동의 이론적 나침반으로 작용하였다.[68]

이처럼 3·1운동 만세시위에서 드러난 보통학교학생들의 활동은 이후 한국인 학생 본위의 교육을 근간으로 한 동맹휴학운동과 소년운동의 밑 거름이 되었으며 나아가 민족·사회운동을 이끌고 나갈 주역들을 키우는 자양분으로 작용하였다.

5. 맺음말

이상에서 3·1만세시위 때 보통학교학생들의 참가 양상과 그들의 내 면세계를 검토하였다. 그 내용을 요약하면 다음과 같다.

우선 이들 학생의 참여 배경을 파악하기 위해서는 이들을 둘러싼 교 육 환경을 일제의 교육방침과 당시 학제 및 이를 뒷받침한 식민통치 전략과 연계하여 고찰할 필요가 있다. 일제는 기본적으로 한국인이 일

---

67) 이돈화, 〈새조선의 건설과 아동문제〉, 《개벽》 18, 1921, 23쪽.
68) 김정의, 《한국소년운동사》, 민족문화사, 1992, 41~45쪽.

본문화를 내면화하도록 점진적 동화주의에 입각하여 한국인의 일본인화를 추진하되 최하급 농민 노동자로 양성하는 데 힘을 기울였다. 그것은 통치체제의 안정을 도모하는 한편 본국-식민지 농공분업체제를 유지하는 데 매우 중요하였기 때문이다. 따라서 일제는 여기에 부합한 식민지 인간형을 양성하기 위해 보통학교 교육을 일본 본국과 달리 4년제 완성교육이라는 단축된 학제로 구현하는 한편 한국인에게 보통학교가 계층 사다리로 비칠 수 있도록 학력주의學歷主義 세계를 점차 구축하여 갔다.

이에 한국인 학부형은 일제 치하에서 근대 교육을 받으면서 학력을 쌓을 수 있는 유일한 학교 체제를 거부하지 못하여 어쩔 수 없이 입신출세를 위해 보통학교에 자식들을 취학시켰다. 그 결과 일제가 요구하는 일본어 해독자가 늘어나고 일본식 훈육을 내면화한 학생들이 증가하기 시작하였다. 훗날 독립운동가의 대명사가 되었던 이봉창을 비롯한 많은 학생들도 가난과 무지에서 벗어나기 위해 일제의 이러한 교육을 적극 받고자 하였다.

그러나 일제의 이러한 교육 방침이 소기의 성과를 거두는 데는 많은 문제점을 안고 있었다. 무엇보다 일제가 정치, 사회, 경제, 문화 여러 방면에서 한국인을 차별하는 가운데 한국인은 보통학교를 졸업하더라도 관료를 비롯하여 많은 직종에서 일본인에게 밀려나야 했다. 비록 한국인이 이러한 차별을 극복하기 위해서 상급학교에 진학한다고 하더라도 사정은 나아지지 않았다. 한국인에게는 일본인과 달리 실업失業의 악순환이 가중될 뿐이었다. 한편, 한국인의 일부는 일제의 동화주의가 전제하고 있는 한국인과 일본인의 평등성이 결코 현실에서 이루어질 수 없는 모순을 인식하고 적극적으로 민족차별 문제를 제기하였다. 나아가 학생들은 일부 한국인 교사들의 지도 아래 자신의 정체성正體性을 유구한 역사와 우수한 문화에서 찾으며 강제 병합의 정당성을 부정하기도 하였다. 훗날 많은 보통학교학생들이 만세시위에 참여한 이유 가운데 하나가 여기에 있다.

3·1 만세시위가 일어난 지 얼마 안 된 3월 3일, 일부 보통학교학생들이 개성 호수돈여학교학생들의 시위에 이어 선죽교에서 만세를 불렀다. 이어서 일제의 휴교 조치 단행에도 불구하고 보통학교학생들의 시위도 기성세대의 시위에 발맞추어 전국적으로 확산되었다. 심지어 경기도 안성에서는 보통학교학생들이 해당 지역의 시위를 촉발하기까지 하였다. 재학생 대비 참가자의 비율이 4퍼센트에 육박할 정도였다. 이러한 비율은 당시 한국인 전체 인구 대비 참가자의 비율 10퍼센트에 미치지 못하지만 연소하고 학부형의 보호를 받았던 처지를 감안하면 매우 높은 비율이었다. 일제가 이들의 참가 현황을 통계표로 작성한 것도 보통학교학생들의 시위 양상을 심각하게 인식하였음을 방증한다. 또한 이들 학생은 단지 기성세대에 이끌려 수동적으로 참여한 것은 아니었다. 자신의 인생에서 중대한 이력이 될 졸업식장에서 시위 계획에 맞추어 조직적으로 참여하여 만세를 불렀으며 스스로 태극기를 제작하기까지 하였다. 나아가 이들은 한국남녀소년단을 조직하여 파리강화회의에 독립을 진정하는 〈한국아동읍혈진정서〉를 제출했다. 여기서 이들은 비폭력 방법으로밖에 할 수 없는 어린 보통학교학생의 처지에서 정의와 인도의 실현을 위해 세계 여러 나라가 지원해 줄 것을 간절하게 호소하였다.

한국인 보통학교학생들의 이러한 만세시위 참여와 활동에는 그들 자신이 대한제국기에 교육을 직접 받지 못했지만, 교사와 기성세대의 민족의식이 미친 영향이 적지 않게 남아 있다. 학생들은 만세시위 과정에서 자주 독립과 주권을 표상하는 태극기를 제작하거나 이를 들고 거리를 행진하였다. 또 일부 보통학교학생들은 자신이 '단군 할아버지의 혈손'이며 '대한의 국민'임을 강조하였다. 이러한 행위는 대한제국과 이를 표상하는 태극기가 이미 사라져 버린 국가와 그 국기라는 퇴행적인 인식에서 벗어나 단군의 후예라는 혈연 의식과 맞물려 민족의 표상이자 주권 회복의 상징으로 각인되었던 것이다. 그들 학생의 내면세계는 이러하였다.

따라서 보통학교학생들의 만세시위 참여 체험은 일제 당국에게 충격으로 다가왔다. 그들의 우려대로 1910년대 그들이 줄기차게 추진해 왔던 점진적 동화주의 교육의 성과를 거두기는커녕 오히려 한국인 학생들의 반발 때문에 좌초를 맞기에 이르렀다. 그것은 1920년대 보통학교학생들이 민족차별 교육을 거부하며 한국인 본위의 교육을 요구하는 교원 배척 동맹휴학에서 단적으로 드러났다. 또한 기성세대 역시 학생들의 이러한 만세시위에 자극을 받아 소년운동을 전개하기 시작하였다. 요컨대 보통학교학생들의 만세시위 체험은 궁극적으로 민족·사회운동의 주역들을 키우는 자양분으로 작용하였다.

3·1운동 정신에 기반한 한국, 자유민권운동 격화를 힘으로 억누른 일본
- 국가형성 관련 '참주僭主'와 '폭군暴君'의 과제 -

사사가와 노리카쓰(국제기독교대학ICU 명예교수)

1. 들어가며

필자는 지금까지 두 개의 논문을 썼다. 말하자면, 〈국제협조주의와 역시의 반성 -안중근과 킨트의 비교연구-〉[1]와, 인중근에 대힌 검찰권의 신문 조서에는 '일본의 한국 국가대표자에 대한 한일보호조약 강제

---

[1] 笹川紀勝 編著,《憲法の國際協調主義の展開─ヨーロッパの動向と日本の課題─》, 敬文堂, 2012, 229쪽 이하.

가 무효'라는 안중근의 인식과 그에 대한 저항으로 이토 히로부미의 사살 주장이 나타나 있는 것을 지적한 〈조약 무효와 저항권—'1905년 보호조약'과 관련하여〉[2])이다. 이 두 개의 논문에서 필자는 칸트의 《영구평화론》(1795)에서 유럽과 미국에서 전통적인 정치사상으로서 티라누스론이 있으며 그것을 분석 개념으로 사용하는 것을 익혔다.

권력에 대한 억제를 시도하려는 악전고투가 고대부터 끊이지 않고 계속되어 왔다는 것을 배웠는데, 그 권력은 외국의 침략자에 의한 것과 자국의 포학무도한 지배자에 의한 것 두 가지로 구별된다. 이 두 가지의 구별은 칸트의 권력 논의에서는 독일어 Tyrann(non titulo sed exercitio)의 두 가지의 해설로서 나타난다. 그 Tyrann은 non titulo와 exercitio 두 가지로 나눠진다. 말할 필요도 없지만 독일어 Tyrann은 라틴어 tyrannus에서 유래한다. 따라서 하나의 단어가 해설 안에서 두 가지로 나타난다. 이러한 사정은 독일어뿐만이 아니라 영·미·불어의 단어 (tyranny, tyrant, tyran)에도 공통된다. 그리고 이 사정은 중세 유럽기에 활약한 로마 법학자 바르톨루스Bartolus가 정리한 것에 기반하여 정착된 문화에서 유래한다. 즉 tyrannus를 tyrannus ex defectu tituli와 tyrannus ex parte exerciti 두 가지로 나눈다. 또한 tyrannus sine titulo를 tyrannus absque titulo로 바꿔 말하거나, 다른 한편 tyrannus exercitio를 tyrannus quoad exercitium이라 바꿔 말하거나 한다. 바꿔 말했다고 해도 tyrannus를 두 가지로 나누는 것에는 변함이 없다.

이 두 가지의 사고방식은 일본어에서는 같은 의미로 번역되는 경우가 있다. 그래서 필자는 tyrannus ex defectu tituli를 '칭호가 없는' tyrannus, 그리고 tyrannus ex parte exerciti을 '집행하면서의' tyrannus라고 하며, 전자의 경우에는 tyrannus를 '참주僭主', 후자의 경우에는

2) 笹川紀勝, 〈條約無效と抵抗權—'1905年保護條約'と關連して〉, 《明治大學法律論叢》 第89卷 第6號, 2017, 157쪽 이하.

tyrannus를 '폭군暴君'이라고 부른다. 문맥에 따라 때로는 '참주(티라누스)', '폭군(티라누스)'라고 표기한다. 그리고 덧붙이자면 현대에는 어떻게 되어 있는가는 차치하고, 어사語史적으로는 중국 유래의 한어漢語에서는 '참주'와 '폭군'은 구별된다. 고대부터 동서 어느 쪽이라도 사람들은 권력의 존재 양상에 고민하여 왔기 때문에 그러한 구별이 생겨 대응하는 말이 창조된 것이 틀림없다. 한국의 한자사전에도 같은 경향이 보인다.

그리고, '참주(티라누스)'는 타국이 침략하여 와서 사람들을 지배할 때의 지배자를 나타낸다. '폭군(티라누스)'은 자국의 지배자가 포학무도하게 피지배자를 지배할 때의 지배자를 나타낸다. 이 글에서 크게 말하자면 한국이 일본에 침략당하여 지배당했을 시대에는 일본이 '참주(티라누스)'였다. 그 후로 해방 투쟁의 가장 중요한 사건이 3·1독립운동이었다. 그리고 그 3·1운동에 기초하여 상해에서 조직된 대한민국 임시정부는 1945년 8월 15일 일본의 무조건 항복 후 해방된 조선에서 정통 정부로 인지되었다. 그리하여 대한민국의 국민은 국가권력이 '폭군(티라누스)'이 되는 것에 직면하여 4.19혁명과 민주화 투쟁을 거쳐 그 '폭군(티라누스)'을 타도하여 문자 그대로 국민주권에 기반한 정부를 세웠다. 국민은 주권자로서 국가권력의 존재 양상을 올바르게 한 것이다. 현직의 대통령을 사직하게 하여 형사 재판에 소추(탄핵)할 정도로 국민의 목소리에는 힘이 있다. 그 때문에 국가권력을 통제하는 입헌주의가 한국에서는 뿌리 깊다고 생각한다.

문제는, 한국의 이웃국가인 일본은 어떠했던가 라는 것이다.

2. 일본의 자유민권운동 격화 사건의 검토

3·1독립운동은 폭동이라는 의견이 존재하였지만, 오늘날에는 그 견해를 유지하는 것이 불가능하다. 그러나 소극적으로 불가능하다는 것에 머문다면 그것에는 의문이 남는다. 거기서 적극적으로 3·1운동에서 질문을 계속 던졌던 것을 명백히 하자고 생각하여, 그 단서로서 3·1운동을 폭동, 내란이라고 하는 판결을 다시 고쳐 읽었다. 당연히 '내란'이란 무엇인가를 해석론으로서 검토하였다. 그것이 이 책에 이미 수록되어 있는 필자의 논문이다. 거기서, 3·1독립운동이 한국 국가 형성에 기여한 것을 볼 때, 일본에서 그에 상당하는 것은 없었을까. 메이지 유신明治維新에서는 압도적인 하급의 구 무사계급이 변혁의 주체였으나, 3·1독립운동에서와 같이 일반 대중은 주체가 아니었다. 그렇다면 자유민권운동은 어떠하였을까. 3·1독립운동과 같이 폭동이 문제가 되었다는 것은 자유민권운동 격화 사건에도 그러하다.

자유민권운동 격화 사건의 연구는 종래 역사가에 따른다. 필자는 그 연구를 수용해 가며 그 사건의 판결에 나타난 법리가 어떠한 것인가를 분석한다.

먼저 내란에 관한 형법에 대하여 서술하고자 한다. 즉, 세이난 전쟁西南戰爭(1877) 당시에는 내란에 관한 형법은 없었다. 그러나 자유민권운동이 고양되는 가운데 운동의 탄압을 위해 1880년에 형법이 제정되었다. 그 제정에는 부아소나드Boissonade의 기초起草와 같은 프랑스 형법의 영향이 나타나고 있다. 3·1독립운동 당시의 형법은, 1880년 형법이 개정되어 1907년에 공포, 1908년에 시행된 것이다. 내란에 관해서 말하자면, 1880년 법과 1907년 개정법에서 내용에 차이는 없으나 조문의 숫자가 다르다. 형법 제2장은 국사범國事犯을 규정하고, 그 제1절은 내란죄, 제2절은 외환죄를 다룬다. 내란죄는 다음과 같다.

제121조 정부를 전복 혹은 봉토를 참절僭竊하여 그 밖의 조헌朝憲을 문란케 하는 것을 목적으로 하여 내란을 일으키는 자는 좌(左 : 아래)의 구별에 따라 처단한다

일 수괴 및 교사자는 사형에 처한다 …

제125조 제2항 내란의 음모를 행하거나 예비에 그친 자는 각 2등을 감한다

다음으로, 관련된 주된 사건을 개관하여 보자. 자유민권운동 격화 사건으로 알려져 있는 후쿠시마 사건(1882)에서, 고노 히로나카河野廣中는 구 형법 제125조 제2항의 내란음모죄로 경금옥輕禁獄 7년형을 받았다.[3] 그러나 후쿠시마 현령과 정부 대신의 살해를 꾀한 가바산 사건加波山事件(1884)에서 피고는 국사범國事犯이 아니라 상사범常事犯(국사범이 아닌 보통 범죄)으로 유죄가 되었다. 그리고 치치부 사건秩父事件(1885)의 큰 특징은 빈농들이 들고 일어난 무력 투쟁이지만, 농민군은 철저하게 메이지 정부의 최신식 군사력에 의해 탄압되었다는 점이다. 피고에게는 형법 제137조의 흉도취중죄兇徒聚衆罪를 묻게 되나 형법 제121조의 내란죄는 적용되지 않았으며, 국사범이 아니라 상사범으로 유죄가 된다.[4] 가바산 사건과 치치부 사건에서 보이는 것처럼, 사건에서는 내란죄의 실제가 보이면서도 피고에게 내란죄는 적용되지 않았다. 또한, 오사카 사건大阪事件(1887)의 피고로 자유민권의 투사, 변호사였던 오이 겐타로大井憲太郞는 제1심 오사카 중죄 재판소에서 국사범인 외환죄

---

3) 川島幸信筆記,《福島事件高等法院公判錄》, 絲屋壽雄藏, 近代日本史料硏究會刊〔1955년 복각판〕(이하 絲屋藏版). 이 책은 1883년 12월 東都松扇館이 발행 예정이었던《福島事件高等法院公判錄》全5卷(絲屋藏)의 복사판이다. 〈近代日本史料〉 近代日本史料硏究會〔報〕, 第1號, 絲屋壽雄《福島事件高等法院公判錄》解題〕 4쪽에서 복각의 경위를 알 수 있다. 또한 후쿠시마 사건에 대해서는 服部史總,《服部史總著作集》, 理論社, 第5卷〈明治の革命〉 127쪽; 高橋哲夫,《福島自由民權運動史》, 理論社, 1954年(이하 高橋)도 참조할 것.

4) 관계된 판결은 江袋文男,《秩父騷動》, 秩父新聞部發行, 1956년(이하 江袋) 205~222쪽에 있다. 이 책은 1982년에 재판되었다.

外患罪 위반으로 경금옥 6년의 형을 받아, 상고한 결과 그 다음해 더욱 중한 중징역重懲役 9년형을 받았다.5) 그러나 오이에게 국사범의 내란죄는 적용되지 않았다.

이렇게 볼 때, 후쿠시마 사건과 가바산 사건, 치치부 사건, 오사카 사건 사이에는 내란죄를 둘러싼 중요한 차이가 나타나고 있다. 후쿠시마 사건의 고등법원 판결은 일본에서 내란에 관한 유일한 판결이라 일컬어지고 있다.

1) 후쿠시마 사건 판결-내란죄

(1) 후쿠시마현령福島縣令 미시마 미치쓰네三島通庸는 사쓰마번薩摩藩 출신으로, 오쿠보 도시미치大久保利通의 심복이다. 사이고西郷의 동북의 거점을 진정시키고, 전제 정부를 배후 세력으로 하여 절대주의적 지배로 도로, 학교 등의 토목 공사를 현민에게 강제하였다. 그는 출세하여 후쿠시마현령이 되었다. 그리고, '나는 정부로부터 3개의 내령을 받아 부임한 것이다. 자유당의 소멸은 그 첫 번째로, 제정당帝政黨의 원조는 그 두 번째, 도로의 개간은 그 세 번째다'라고 주위에 말하고 있었다. 부임 후 아이즈會津를 거쳐 에쓰고越後, 도치키栃木에 이르는 아이즈 삼방 도로의 개발에 투입하여, 현의회에 한 번도 출석하지 않고 그리고 현의회의 논의를 거치는 일 없이 관계 6군郡의 15세 이상 60세 이하되는 인민을 모조리 2년 동안 1개월당 하루씩 공사에 종사할 것, 일꾼[役夫]으로서 일할 수 없는 자는 남자 1일 금 15전, 여자 10전의

---

5) 제1심의 오사카 임시 중죄재판소 판결은 히라노 요시타로平野義太郎 編著, 《馬城大井憲太郎傳》, 大井傳編纂部, 1938(이하 平野, 《馬城大井》), 176~177쪽, 또한 동 《民權運動의 發展》, 雄鷄社, 1948, 90~91쪽에 인용된 형태로 게재되어 있다. 단 판결일은 기록되어 있지 않다. 그런데 1888년 대법원에의 상고가 기각되어, 오히려 더 중한 중역죄 9년형이 나고야 중죄재판소에 의해 내려지나, 그 판결은 《馬城大井》 197~203쪽에 실려 있다.

부임夫賃을 정해 그 밖의 유지금有志金으로 부르며 강제로 징수하였다.[6] 농민은 대부임을 강제적으로 징수당해, 역부로 일하는 자는 종일 가혹한 사역을 하였다. 공사 반대자에 대한 당국의 탄압은 점점 더 심해져 갔다. '당국은 농민의 불만과 그 저항력을 두려워하여, 그것을 조직할 수 있는 지도층을 일제히 검거하여, 양자의 분리를 꾀하'고 있었다. 그리고 1882년 11월 28일 단조가하라彈正ガ原 사건이 일어났다. 즉, 농민 수천 수백 명이 경찰에 체포되었으나, 석방을 요구하며 단조가하라에 모여 기세를 올렸다. 미시마가 의도한 대로 들어맞아 흉도불집죄兇徒嘯集罪로 일제히 검거, 체포하여 현의 자유당원은 남김없이 체포되었다. 12월 1일 저항의 중심에 있던 현회의장인 고노 히로나카가 체포되었다.[7] 약 2,000명이 체포되었다. 경찰서에서 사람들은 가혹한 고문을 받아, 58명이 국사범인 내란 음모로 와카마쓰若松 감옥에 이감되었다.[8]

(2) 사건의 대강은 이러한 것이었으나, 형사 사건으로서는 다음의 내용에 주목하고 싶다. 즉, 와카마스 재판소에서는 그 다음 해인 1883년 내란 음모의 사실이 있다고 하여, 대심원〔大審院, 최고 재판소〕안에 있는 특별 재판소의 고등법원의 심리를 위해, 눈이 내리는 한겨울의 추위 속에 도쿄로 호송되었다. 그들은 '셔츠도 바지도 입지 않고 있었기 때문에, 팔도 다리도 내놓은 채로 말에 걸터앉고 있으니 …… 체온도 떨어졌'다.[9] 그 결과, 고노 등 6명을 제외하고 50여 명은 석방되었다. '공소장'에 따르면 공소 이유는, 피고인 등은 형법 제125조 제2항에 따라 '정부를 전복하는 일을 서로 공모하였'고, 그 증빙은 '피고인의 임의 진술 및 필기한 맹약서'였다(26쪽). 이하 '/'은 필자가 삽입한 것이다. 또한 자료를 읽기 쉽게 하기 위하여 현재의 문법에 맞추어 가타카나를

---

6) 高橋, 86, 99쪽.
7) 高橋, 112~113쪽.
8) 高橋, 125쪽.
9) 高橋, 130~131쪽.

히라가나로 바꾸고 탁점濁点을 사용하였다.

나카지마 마타고로中島又五郎 변호사 '본건에 관련한 내란음모라는 것은 맹약서뿐인가 혹은 다른 이유가 있는가.'

와타나베 스스무渡邊驥 검찰관 '혈판血判 맹약서가 거듭되는 증거이다 / 그리고 피고 등이 이를 취소 혹은 개정했다 따위로 말하는 것은 본직이 보기에는 발뺌하는 일에 지나지 않는 일이다'(197쪽).

더욱이 이하 서술하겠지만, 내란 음모의 죄로 여겨진 증거는 맹약서의 '전복' 두 글자이다. 그런데 고노는 1883년 7월 21일 공판에서 고등법원의 재판관이 서기에게 읽게 시킨 와카마쓰 재판소의 신문 조서에 의해 히라시마 마쓰오 등의 진술 때문에 '서약'을 알았다.10) 이를 인정할 것인가 아닌가가 질문되어, 고노는 기초한 '서약'의 의도를 서술하였다. 이는 즉

그 서약은 피고에게는 히라시마 등의 다른 같은 주의자들과 차이 없다 / 그렇지만 지금 읽어 제시하신 글에는 큰 차이가 있다 / 그 날짜에 대해서도 피고가 판연 기억하는 것은 메이지 15[1882]년 8월 1일이라고 하는 것이다 / 그 취지의 전제 정체專制政體는 나라에 해가 있다면 공의정체公議政體를 확정하는 것을 목적으로 하는 것이다 / 그러나 지금 낭독하신 것처럼 혹은 일본국에게는 …… 운운11) 혹은 신명에 맹세하는 듯 …… 운운12) 하는 것은 상이한 것이다.

---

10) 絲屋藏版, 45~46쪽.
11) 絲屋藏版, 313쪽. 히라시마 마쓰오의 진술에 있는 '맹약서' 제1조의 '일본국에 있어서'가 해당한다.
12) 絲屋藏版, 《公判錄》, 309쪽. 하나카 교지로花香恭次郎의 공술에 있는 '맹약' 제1조의 '일본국에 있어서'와 말문의 '신명에 맹세'가 해당한다.

이 '서약'은 '신랄한 고책拷責에 견디기 어려웠'[13]던 한 명의 피고가 예심에서 자백한 진술에서 찾아낸 것이다. 실제로 다른 피고도 기억에 근거하여 자백하고 있었으므로, 이하 서술하는 고노의 것과 '맹약서'는 네 종류 있는 것이 된다.[14] 확실히 고노의 발기에 근거한 전문 5조와 말문의 '서약[원문 그대로]'[15]에 자유당 간부 일동은 이론 없이 혈판(血判, 단지하여 찍은 도장)하였다. 그 제1조는 다음과 같다. '우리 당은 자유의 공적인 전제 정부를 전복하여 공의정체를 건립하는 것을 책임으로 한다.'[16] 따라서 자유당의 '우리 당'의 결성 취지는 '전제 정부의 전복'과 '공의정체의 확립'을 핵심으로 하고 있다.

이 고노의 발상은 재판 중에 어떻게 될 것인가에 대해 주목해 보기로 한다. 이토야 소장판絲屋藏版에 보이는 관련 기사로부터 자세히 조사해 보자.

먼저 피고 고노 히로나카와 피고 히라시마 마쓰오가 주장하는 골자를 확인하고자 한다.

고노는 1882년 12월 1일 갑자기 포박되어 '경찰서에 가는 도중에 처음으로 흉도 취중의 혐의가 있다는 것을 알게 되어 / 그 후에 …… 아직 국사범이라는 명칭은 붙여지지 않았'지만, 사태가 급변하는 것을 알게 된다. 즉, '그런데 같은 달 21일에 이르러 무슨 연유인지 그쪽은 모모 등의 맹약을 하여 거병하여 현청을 습격한다고 획책할 것이라는 일에 '나는 조금이라도 그런 일이 없다'고 대답하니 경부는 한 장의 종

---

13) 高橋, 128쪽.
14) 고노 이외에도, 絲屋藏版 41쪽의 다모노 히데아키[田母野秀顯]의 '우리 당은 자유의 적인 압제 정치를 개량한다', 같은 309쪽의 하나카 교지로의 '우리 당은 우리 일본국에서 압제 정부를 전복하여 진정한 자유 정체를 확정하는 것을 힘쓴다', 같은 313쪽의 히라시마 마쓰오의 '우리 당은 우리 일본국에서 압정 정부를 전복하여 자유의 제도를 확립하는 역할을 다해야 할 것'이 있다.
15) 絲屋藏版, 47, 305쪽.
16) 絲屋藏版, 47쪽.

잇조각을 꺼내서 '이것은 무엇인가' 무엇보다도 증거이며 공범인 모모의 구술이다 / 나는 이것을 한번 훑어 보고 이것은 내가 발기하여 만든 것이 맞지만 아까 이야기 들은 대로 **거병하여 현청을 습격한다는 등의 뜻으로 맹약한 것은 아니다**라는 답변을 하였다.'[17] (굵은 글씨는 필자)

히라시마는 '무릇 내란이라는 것은 병기를 쓰는 것인데 그 음모는 즉 사전 준비이다 / 애초에 죄적罪跡을 판정함에는 그 사람의 행위와 증거 양자에 의하지 않으면 안 된다 / 검찰관은 지금 증거에 가까운 물건 하나를 들어 바로 내란 음모가 된다고 판정한다 / 우리들은 그 무슨 원칙이 있는지 모르겠다 / 검찰관은 맹약서 가운데 정부 전복 등의 문자가 있는 것을 가지고 판정을 내렸으나 법률은 추측을 가지고 상상하는 것을 허락하지 않는다'고 검찰관과의 쟁점을 적확히 지적하고 있다.[18]

나카시마 나카고로 변호인은 고노와 히라시마의 주장을 법리적으로 정리하여 변론을 한 것처럼 보인다. 변론의 핵심은, 검찰관이 '전복'의 문자를 바로 피고에게 결부시킨 비논리를 날카롭게 지적하는 것이었다. 길지만 중요하므로 이하 상세히 보고자 한다.

검찰관은 본 건을 내란 음모라고 여겨 피고 등의 진변陳弁 전부를 취하지 않았으며 피고 등이 분명히 대답하지 않음으로써 죄를 면하려고 한다고 단정하였으나 어떤 점이 내란의 음모에 해당하는가, 어떤 점이 분명히 대답하지 않는 것인지 명언하지 않았다 /

나는 이것보다 나아가서 내란이라는 것의 정의를 부언할 것이다 / 원래 국사범은 다른 범죄와 다르게 다른 범죄에서는 아직 행위를 보이지 않은 것은 벌할 수 없으나, 국사범에 있어서는 그것을 벌할 수 있다 / 그렇지만 음

---

17) 絲屋藏版, 49~50쪽.
18) 絲屋藏版 210-211쪽.

모한 자는 아직 행위를 보이지 않았기 때문에 이것을 판정함에는 충분히 고려를 하지 않으면 안 된다 / 그래서 그 음모 내란에 관해서는 또한 다른 사정과 달리 평상의 일이라면 2인 이상의 사람이 속되게 말하는 것과 같이 몰래 상담하는 것을 가리키는 것이다 / 그렇지만 내란의 음모는 중대하게 관계하는 것이기 때문에 이렇게 막연한 일에는 아직 이 이름을 붙이기에는 부족하다 / 때문에 이번 국사범이라는 것은 어떠한 것인가 라고 생각할 때 즉 정부를 전복하는 것을 목적으로 공모하여 그래서 이 목적을 달성하는 수단을 계획하여 법률의 범위를 초탈하는 것을 말하는 것이다 / 이는 나 혼자의 의견이 아니다 / 예로부터 학자가 시인是認하는 것이다 / 때문에 이 두 가지를 구비具備하지 않는다고 한다면 결코 국사범이라 칭할 수 없을 것이다 / 정부 전복을 목적으로 수배를 하여 갑이 이것에 종사하여 을이 그것을 담당하는 것으로 계획하여 그 행위에 나서지 않는 이상 국사범이라고는 할 수 없을 것이다 / 우리의 형법 초안자 부아소나드씨의 해석에도 자기를 믿는 정체政體를 세우는 것을 목적으로 완력을 행사하는 것 운운이 있어 이것은 즉 전과 동일하게 함께 목적과 수단을 구비하는 것을 말하는 것이다 / 이것으로 본 건을 생각할 때 추호도 이것에 해당하는 사실이 없다 / 지금 한발 양보하여 그의 맹약서에 과연 정부 전복의 문자가 있다고 하더라도 수단 같은 것은 조금이라도 계획하는 일 없이 그저 이 문자를 지면에 쓴 것이다라고만 할 수 있을 것이다.[19]

이 내란의 법리는, 내란에는 정부 전복의 목적과 그 목적 달성의 수단의 구비가 있지 않으면 안 되는 것이 된다. 그리고 수단은 '완력 폭

---

19) 絲屋藏版 211~212, 214~216쪽. 또한 오이 겐타로 변호인과 호시 도루星亨 변호인도 나카지마와 같은 주장을 전개하고 있다. 즉 오이는 '원래 내란 음모하는 자는 마음으로 생각해도 행위로 나타나지 않는다면 이것을 벌할 수 없다 / 맹약서의 전복 두 글자는 곧 나타내는 행위라고 검찰관은 첩첩히 그 죄가 있음을 논하였으나 원래 이 전복이라는 두 글자는 내가 볼 때 그와 같이 바꾼다고 하는 것에만 사용하는 자를 제외하고는 내각 경질이라는 것에도 또한 전복이라고 말하는 것이 가능할 것이다 / 맹약서 가운데 전복의 문자가 있지만 결코 법률에 저촉되는 일 없다' 絲屋藏版 219~220쪽.

행'이다. 이 법리에서 재검토해 보면 고노와 히라시마는 정확히 그 법리에 따르고 있다. 그렇다고 한다면, 검찰관은 어떠한 반론을 하였는가 주목된다.

(3) 홋타 마사타다堀田正忠 검사는 피고와 변호인이 말하는 '음모라고 말하자면 그 행위가 없으면 안 된다'는 것이 '오류'라고 한다. '원래 음모는 행위에 나타나지 않는 것으로서 소리도 없고 타인의 귀에 들리지 않고 눈에 띄지 않고 공모자의 밀담에 그친다'이기 때문이다.[20]

그렇지만, 이 홋타 검찰관의 의견은 밀담이 다른 사람에게 알려지는 상황을 어떻게 이해할 것인가를 말하고 있지 않다. 밀담은 어떻게 해도 타자는 지각할 수 없다. 지각할 수 있는 단계에서 밀담은 더 이상 밀담이 아닌 것이 아닌가. 피고와 변호인이 문제시한 곳은, 타자가 지각한 단계에서 내란의 목적과 그 달성 수단 두 개의 구비를 알 수 있는 것이 아닌가.

이렇게 본다면, 검찰관이 피고와 변호인에게 반론하는 중에 '이미 전복을 음모하는 이상은 이를 실행하는 것에 합의하고 있는 것이다'[21]라는 언급은 무시할 수 있는 것이 아니다. 누구도 알 수 없는 레벨에서 어떻게 수단에 해당하는 실행의 세계로의 변환의 '합의'가 증명될 수 있는가가 문제시되기 때문이다. 다시 이렇게도 이야기 된다. '겉에 드러나지 않는 것은 누구도 알 수 없다 / 이미 내란의 음모를 일컬어 법률에 저촉되는 이상은 조금의 계획이라도 있어서는 안 된다.' '합의'라고

---

20) 호시 도루 '원래 내란이라고 하는 것은 지면에 나타난 문자 등을 말함이 아니다 / 병을 일으켜 국내를 소란하게 한다는 뜻으로 즉 폭거이다 / 〔불어, 영어에는〕 모두가 국내에서 병을 일으킨다는 의미이다 / 때문에 정부 전복이라고 문자로 쓰는 것은 무기 금곡武器金穀을 구비하던가 혹은 그것을 구비하는 계획을 하지 않는다면 이것을 내란 음모라고 할 수 없을 것이다 / 본 건 과연 내란의 음모를 행하였는가 그 증거를 대라고 하면 맹약서에 있다고 답할 뿐이다 / 맹약서 과연 증거가 되는가 그 내용을 들어보아라 묻는다면 없다고 말할 수밖에 없을 것이다 / 검찰관이 증거로서 거론한 것은 벌써 소멸하여 형체도 없을 것이다'(絲屋藏版, 221~222쪽).
21) 絲屋藏版, 227쪽.

하여 '조금의 계획'이라는 추정에 기초한 사실의 존재를 전제로 한 견해의 근거가 문제시되는 가운데 어떻게 법률 위반의 증명을 하는 것이 가능할 것인가. 그 때문에, 오이 변호인이 '다만 맹약서를 만들었지만 아직까지 계략은 없다 / 이미 계략이 없다고 한다면 몇 년이 지나도 정부를 전복한다는 결과는 있을 수 없다 / 무엇을 가지고 내란 음모라고 하여 그것을 벌할 것인가 / 적어도 그 계획이 없는 이상 결코 사실이라고 말할 수는 없을 것'22)이라고 반론하는 것에 일리가 있을 것이라 생각한다.

고등법원은 피고와 변호인의 현대에 통용되는 정부 전복에 관련한 목적과 수단의 치밀한 법리를 완전히 무시하고 검찰관의 추정에 기반한 해석에 서서 피고를 내란음모로서 유죄로 하였다. 메이지 정부의 전제 정치는 자유민권의 권력 억제의 싸움을 패소에 몰아넣었다. 이상의 분석에서 본다면 법리에 근거하여 패소하였다고는 생각되지 않는다. 전제 권력이 자기의 비논리 즉 정치적 요구를 재판소에 밀어붙여 재판소를 자기 지배의 도구로 바꿨다고 말하지 않을 수 없다.

(4) 결론 : 후쿠시마 사건의 탄압에 자유당이나 그것을 둘러싼 여론이 격앙하여 재판소에는 방청인이 넘쳤다. 그러자 고등법원의 재판은 한쪽으로는 탄압하는 측의 전제 권력과 다른 한쪽으로 지원하는 여론과의 격한 경쟁의 기회가 되었다.23) 따라서 정부는 여론의 고양이 두려웠음이 틀림없다. 결론부터 말하자면 정부의 경험이 이후의 자유민권운동 격화의 재판에 영향을 미친 듯하다. 바꿔 말하여 보자. 3·1독립운동의 경우, 식민지의 재판소인 고등법원이 검찰관의 내란죄의 적용 요구에 응하지 않았던 사실은 이미 알려져 있다. 그 결과, 후쿠시마 사건 후 자유민권운동 격화사건이 연발하는 가운데 메이지 정부의 대응은 거듭

---

22) 絲屋藏版, 230쪽.
23) 絲屋藏版, 247~248쪽.

미묘한 움직임을 보인다. 그 때문에 내란에 관한 같은 형법이 국내(내지)와 식민지(외지)에서 달리 적용을 받았던 것에 주목하고 싶다. 이것은 차후에 검토하여 보자.

2) 가바산 사건-국사범과 강도범의 구별

(1) 가바산 사건의 피고와 후쿠시마 사건의 피고는 인적으로 밀접하게 관련된다. 그리고 가바산 사건 참가자의 주체는 후쿠시마현 출신자이며, 복수로서의 미시마三島 암살 계획이 가바산 사건의 피고들에 의해 기획되었다고 일컬어진다. 그리고, 후쿠시마에서 탄압을 받으면서 관헌의 방해를 물리치고 8천의 농민을 조직한 거국적인 자유당의 지원 등이 있었기 때문에 극히 적은 16인의 행동으로서 피고를 파악하는 것은 문제라는 의견도 있다[24]. 피고를 고립적으로 파악하지 않도록 주의하자.

확실히 가바산 사건에서는 16명이 1884년 9월 23일 격문檄文[25]에서 중서(衆庶, 서민) 평등, 천부 자유天賦自由와 행복을 간호(扞護, 옹호)하기 위한 정부, 가혹한 법률을 만들지 않으며 의리에 어긋나는 악역을 행하지 않으며, 자유의 공적公敵인 전제 정부의 전복 등을 드러냈다. 이 격문의 취지는 천부인권론과 가법압역苛法壓逆한 전제정부에 대한 저항이며 그 전복인 것이다.[26] 그리고 그들은 거병하여, 더욱이 경찰서를 폭탄으로 습격하고 군자금 획득을 위해 호상豪商을 습격하였다. 이윽고 동지 규합을 위해 하산하여 경찰대와 충돌하여 27일에는 체포되었다.

---

24) 미우라 스스무三浦進·츠카다 마사히로, 《가바산 사건 연구》, 同時代社, 1984(이하 미우라·츠카다), 46쪽.
25) 미우라·츠카다 45쪽.
26) 《도스이 민권사東陲民權史-메이지 문헌 자료총서-》 메이지문헌자료간행회 편, (주) 메이지문헌, 1966/1903(이하 《도스이 민권사》), 255~258쪽.

재판에서는 피고들의 여러 차례의 항의에도 불구하고 국사범이 아니라 강도범이 적용되었다. 이 일은 야마다 아키요시山田顯義 사법경司法卿(사법성 장관)의 1884년 10월 4일 미토水戸 제일심재판소 앞의 지시서에서 유래한다. 즉 '이바라키현하의 폭도 처분 재판 관할의 건에 관하여 / 도치기栃木 제1심 재판소 그 밖의 별지의 통通 및 내훈에 따라 / 그 관청 안에서 처분할 것.'[27] 또한, 도치기 제1심재판소 외 9개의 재판소 앞으로 보낸 지시서(동년 동월이나 날짜는 없음)는 이바라키 현의 '폭도' 사건에 대해서는 체포한 곳의 재판소에 관할권을 주었다[28]. 그 결과 사건은 그곳의 재판소에서 심리되었기 때문에 고등법원에서는 심리되지 않았다. 야마다 사법경은 관할권을 지시하는 권한을 구사하여, 고등법원의 내란죄 심리를 회피하였다. 이것은 정치 목적을 위해 형식적 합법성을 관철한 결과라고 할 수 있을 것이다.

(2) 그런데, 왜 내란죄의 회피가 이루어졌을까. 그 이유를 파악하는데 다음의 자료가 도움이 될지도 모른다. 즉, 1884년 10월 10일의 히토미人見 사법권 대서기관이 미토 제1심재판소 검사 다카자와 시게미치高澤重道앞으로 보낸 지시서 가운데 다음과 같은 내용이 있다.[29]

〔A〕 지난날 계신 곳에 출장하였을 때 사법경의 내명의 주의를 말씀드려 두었던 것처럼／이번 〔B〕 폭도 신문상 그들이 사상을 말할 때는 반드시 국사

---

27) 이이즈카 아키라飯塚彬, 〈가바야 사건과 도마츠 마사야스《사상》의 일고찰〉, 《호세사학》 제79권, 2013(이하 이이즈카), 112쪽.
28) 稻葉誠太郎 編著, 《加波山事件關係資料集》, 三一書房, 1970(이하 稻葉 編著), 438쪽; 二浦·塚出, 238쪽.
29) 稻葉 편저 439쪽에 따르면 우츠노미야, 우라와, 후쿠시마, 시라카와, 치바, 마에바시, 센다이, 도쿄, 니가타의 각 재판소가 지시되어 있다.
　　三浦·塚田, 240쪽은 이 서시관의 지시서를 언급한 중요한 연구지만, 지시서의 '세세한 것에도 신경을 쓴 수법'을 '정치 재판이라고 이해하는 것을 아무래도 무리'라고 평한다. 이 평은 필자가 알기 어렵다. 필자가 보기에는 실정법을 구사해서 피고 등을 억제하는 '정치재판'인 것에는 변함이 없다.

범으로 맞춰 이야기했습니다 /〔C〕 제1 그들의 형적에 나타나는 폭행을 취조하여 사상에는 하나도 신급訊及하지 않도록 부디 주의 있으시기를 /〔D〕 그들이 사상에 관해 진술했을 때 본 안에 종속물로서 청취하실 수 있으시도록

〔A〕의 사법경의 내명이라는 것은, 문맥에서 본다면 사건을 국사범이 아니라 상사범으로 취급하라는 재판소 관할의 공소법상의 지시를 가리킬 것이다. 그리고 〔B〕에서는, 신문할 때 피고는 국사범에 맞춰 그 '사상'을 이야기할 것이니, 〔C〕는 검사가 피고의 '형적形蹟' = 행위인 폭행을 취조해야 한다는 것으로, 신문에 의해 피고는 사상을 말하지 못하도록 하라고 명하였다. 그렇게 된다면, 서기관은 피고에게서 행위의 대의 즉 전제 정부의 전복을 말하는 기회를 빼앗아, 신문을 대의와 무관계한 폭행이라는 상사범에 수렴되게 한다. 그리고 〔D〕에서는, 만일 사상을 이야기했어도 그 사상에는 행위의 '본 안에 부속'하는 종속적인 위치 부여를 하도록 검사에게 지시하였다. 따라서, 사상과 행위의 분리가 나타난다. 그렇게 되면, 일반론으로서, 목적에 대의가 있다면 수단으로서의 행위는 모두 정당화되나, 그런 일은 없다. 그렇게 말하려면, 흡사 피고의 행위에 대한 책임 의식의 희박함이 사법경에게 약점으로 이용되는 원인이 된 것이 아닌가. 바꿔 말하자면, 모든 것은 전제 정부를 전복하기 위함이라는 것만으로는 끝나지 않는 것이지 않는가. 확실히 국사범인가 상사범인가는 법 해석상의 하나의 중요 문제였지만, 그것과 동시에 목적과 수단의 관계를 둘러싼 심각한 물음이 나왔다고 생각한다. 도대체 어떻게 이 물음에 답을 할 수 있을 것인가. 여기서 참주(티라누스)에 대한 것과는 다른 폭군(티라누스)에 대한 존재양상에는 고유한 어려움이 있다는 점이 부각되었을 것으로 보인다.

(3) '국사범이라면 개정開廷되었어야 하는 고등법원으로 넘어가지 않은 일이, 사건의 직후에는 정해지지 않았다'[30]라는 의견이 있으므로,

당시의 치죄법治罪法에 견주어 볼 필요가 있다. 치죄법 제7장 '고등법원' 제83조는 확실히 형법 제2편의 제1장 '황실에 대한 죄'와 제2장 '국사에 관한 죄'를 고등법원이 재판하도록 하고 있다. 그런데 동 제84조는 사법경의 '주청奏請'에 의해 '상재上裁'하여 이것을 연다고 하며, 더욱이 '그 재판을 해야 할 사건 및 개원해야 할 장소도 상재를 가지고 그것을 정한다'고 되어 있다. 즉, 사법경은 제83조에서 황실에 대한 죄와 국사범에 관해서는 천황에게 개원을 할 것인가 아닐 것인가 의견을 구해 그 결정에 따르고, 또한 제84조에서 심리해야 할 사건이나 개원 장소도 천황의 결정에 따른다. 그렇다고 한다면, 국사범의 경우에서도 고등법원이 심리한다고만은 할 수 없고 그 외의 장소에서도 재판이 열린다. 그 결과, 고등법원이 국사범을 절대적으로 심리하는 것이 아니게 되는 것에서, 국사범이 상사범으로 바뀌는 가능성이 생겨, 고등법원이 아닌 각지의 재판소가 그 사건을 재판하는 일이 일어난다. 그것은 사건을 국사범으로 판단하지 않는 선택이 사법경에게 있기 때문이다. 제83조와 제84조의 관계는 근본적으로 사법경의 정치적 판단에 의해 결정된다. 천황은 그것의 정당화를 한다.

(4) 피고 등은 여러 번 항의를 하였음에도 일절 받아들여지지 않았다. 국사범으로 하지 않는다는 정부의 정치적 판단이 피고에게 끼친 악효과는 크다. 확실히, 피고의 한 사람이었던 고노 히로미河野廣躰는 후년 '국사범이라고 주장한 재판관이 제외되어 버려 우리 피고인들은 변호사를 붙일 힘도 잃었다'고 말하고 있다[31]. 그러나 고노가 말한 것과 약간 다른 양상도 기록되어 있다. 즉 예심의 선고서 낭독이 끝나자, 피고들의 눈초리가 찢어졌으며, 피고들의 징이 부시지는 것 같았다고 히고 있다.[32] 당시의 묘사는 생생하여 읽은 사람의 심금을 울린다.

---

30) 三浦·塚田 238~239쪽.
31) 飯塚, 132쪽.

강도범이라 판결 받은 피고 등은 '큰소리를 내며 통곡하였다. 특히 미우라는 판결에 대하여 우리 학생들은 이제 사회에서도 가장 기피되는, 극히 폭악한 강도죄를 받았다. / 그들이 잠과 식사를 잊고, 간고艱苦를 겪어 감가憾軻(길이 험하여 다니기 힘듦. 일이 뜻대로 안 되어 마음이 답답함) 기구崎嶇(산길이 험함. 세상살이가 순탄치 못하고 가탈이 많음)도 아랑곳 않고, 불굴불요의 정신을 가지고 혁명의 목적을 관철하기를 원하였는데 / 그러나 금전 물품을 약탈하는 것과 같음은 지엽적인 소소한 계략이라는 것은 말할 필요도 없다 / 그런 지엽적인 수단을 잡아 주형으로 하여, 그들이 압제 정부를 전복하여 완전한 헌정을 수립하려고 하는 최대 목표에 대해서는 일언반구도 논급하지 않았다.'

예심을 언도 받은 피고 등은 풀이 죽어 침묵하기는커녕, '철두철미 불복을 주창하며', 언도의 다음날 반대 취의서를 제출하였다. '그 불타오르는 전신 강개慷慨의 피, 넘쳐흐르고 눈에 충만한 비분悲憤의 눈물을 닦아' 내었다.[33] 그리고 중죄 재판소의 재판 언도서(판결)는 그 정황을 아래와 같이 정리하고 있다.

피고 몬나門奈 : 전당포업質商 야마기시 도요쥬로山岸豊壽郎를 '포박하여 검을 뽑음으로써 위압하여 돈을 강탈하거나 한 소행이 정사 개량을 위한 의병을 거병할 목적을 가지고 …… 나온 것이라고 한다면 물론 보통 강도로 봐서는 안 된다. 따라서 이 피고 사건은 보통 중죄 재판소의 관할이 아니라 고등법원의 심판을 받아야 할 것이다'.

피고 요코야마橫山 : 정사 개량의 목적 즉 중요한 지위의 고관의 암살, 의병의 거병, 폭탄 제조, 격문 배포 등등은 '사리사욕을 영위하는 강도 등의

---

32) 《東陲民權史》, 308~309쪽.
33) 野島幾太郎/林基·遠藤鎭雄 編, 《加波山事件－民權派激擧の記錄－》, 東洋文庫 79, 平凡社, 1989/1966(이하 野島), 320, 322쪽.

행위가 아닌 것은 물론, 따라서 보통 중죄 재판소가 관할해야 하는 것이 아니라 고등법원의 심판을 받아야 할 것'이다.

(5) 그렇다면, 확실히 재판소는 피고의 법리적 주장을 소개하고 있다. 그러나 '국사에 관한 범죄의 증빙이 된다고 신인信認할 수는 없다'[34]고 단정적으로 말하고 있는데, 즉 별로 국사범의 상세한 취조를 한 것이 아니라고 고백하여, 관할이 다르다는 피고의 주장을 거부하였다. 그렇게까지 하며 '메이지 전제 정부는, 1884년 시점에서는 "강도범"의 적용으로 가바산 사건이 본래 무엇을 목적으로 한 것인가의 진상을 국민에게 차단하려고 한 것 이외에는 없었다'[35]는 것은 지당한 것이었다. 그렇다면, 피고의 법정 투쟁은 무의미한 것이었을까. 그렇게 생각되지 않는다. 왜냐하면, 재판소는 국사범으로서 범죄의 증빙의 법리적 검토 이전에 사법경의 정치적 판단이 있었다는 것을 부각시킨 것처럼 보이기 때문이다. 전제적 권력의 상태를 추궁하는 피고, 인민의 투쟁의 포인트는 사라져 없어지지는 않는다.

3) 치치부秩父 사건-상사범

(1) 판결에 따르면, 고리 대금업에 의한 높은 이자 때문에 빈곤에 빠져 고생하는 농민 등의 영세민을 보고 피고 등은 당취黨聚를 모아 집회하여, 연부 상각年賦償却을 담판하였으나 승낙을 얻지 못하였으며, 경찰에 해산을 회유받아, '거의 그 수를 당해낼 수 없었다.' 피고 등은 수십 개 마을의 전체 대표가 되어, 부채는 4년 거치 40년 상환, 잡세를 줄이고 빼며, 3년 동안의 학교 폐쇄, 그리고 촌비村費를 줄이고 간단하

---

34) 稻葉 編著, 505~506쪽.
35) 三浦·塚田, 253쪽.

게 하는 등의 4개조를 지방청에 청원하였으나 받아들여지지 않았다. 그때 바로 가옥을 파괴하고 증서를 약탈하며 가혹한 인가人家는 불태우는 것을 의논하여, 영세민은 '죽음으로써 반드시 성공하기를 맹세하기에 이르렀다.' 피고 등은 고리대의 폐해를 개탄하여, 크게 감격하여 동의하였다.[36] 1884년 10월 29일의 자유당 해산 후의 1884년 11월 1일에 거사하기로 확정하고, 5개조의 군율을 정하였다. 사방에서 수천 명이 모였다고 한다.[37]

야마가타 아리토모山縣有朋는 메이지 정부의 군부 거두이다. '폭동 발발의 소식은 당시 내무경인 야마가타를 흔들어 움직였다. "폭동의 목적은 아직 판연하지 않다고 할지라도 예사로운 부채당負債黨에 비할 바는 아니라고 추측된다."[38] 무장한 농민을 탄압하기 위하여 야마가타는 도쿄, 다사카키高崎의 진대병鎭台兵, 도쿄의 헌병 중대, 방대한 경찰군을 치치부에 계속 투입하여, 최신식의 '무라타村田 총'을 가지고 '겨우 먹고 사는 빈농, 소작 산촌민의 살기 위한 결기를 폭압하였다.'[39] 확실히 곤민군困民軍은 '경찰대와 군대 1개 대대의 출동에〔11월〕4일에는 붕괴하였으나, 전선은 확대되어 11월 9일까지 전투는 지속되었다.[40]

1885년 2월 19일 우라와浦和 중죄 재판소는 피고에게 형법 제137조의 흉도취중소요폭동죄兇徒聚衆騷擾暴動罪로 중징역을 과하였다. 더욱이 형법 제138조에서는 폭동시 사람을 죽이거나 가옥 등을 불태워 없앨 경우 사형으로 정했다. 그 결과, 에부쿠로江袋에 따르면,[41] 피고 다시로

---

36) 江袋, 205~206쪽. 井上幸治·色川大吉·山田昭次 編,《秩父事件史料集成 第1卷 農民裁判文書(1)》, 二玄社, 1984(이하《農民裁判文書(1)》, 53~56쪽).
37) 井出孫六 編著,《自由自治元年秩父事件資料·論文と解說》, 現代史出版會, 1975(이하 井出), 257쪽.
38) 井出, 203쪽.
39) 平野義太郎,〈秩父暴動について〉; 井出, 174쪽.
40) 井出, 12~13쪽.
41) 江袋, 205쪽 이하 참조.

에이스케田代榮助를 수괴(총리)로서 사형, 가토 오리헤加藤織平(부총리), 다카미네 젠키치高岸善吉(神吉田村 소대장)도 사형에 처하였다.

판결은 가바산 사건의 경우와 마찬가지로 내란으로 다루지 않았다. 형법 제137조, 138조의 흉도취중소요폭동죄라는 상사범으로 말미암은 처리였던 것이다.

(2) 그 때문에, 판결이 다루어지지 않은 점이 의문시될 것이라고 생각한다. 첫째로는, 어째서 사건이 일어난 것인지 살펴볼 필요가 있다. 사실, 사회 경제적 배경에 따른 원인이 있다. 즉, 산지인 치치부에서는 '일찌감치 양봉, 제사製糸, 견직물 등의 농가 부업이 발달하고 있었다'. 또한 '제사업이 공장제 수공업 단계에 들어서자 정부가 우량 공장 육성의 방침을 정하였기 때문에, 새로운 경제의 움직임에 대응할 수 없는 소지주, 소생산자의 대량 몰락 현상이 일어났다.' '그때에 고리대의 채무에 고통받는 빈농을 중심으로 〈곤민당困民黨〉, 〈부채당負債黨〉이라는 조직이 만들어져, 이율의 인하, 빌린 돈의 거치 운동이 일어났다.42) 마치 '오치아이 도라이치落合寅市, 다카미네 젠키치高岸善吉, 사카모토 소사쿠坂本宗作 등의 중핵적 조직책을 중심으로' '일상의 수수한 투쟁으로 대중을 조직'43)하였던 곤민당의 조직은 치치부 전역에 퍼져 나갔다. 1885년 9월 초순, 다시로 에이스케가 총리로 결정된 단계에서는 '빚의 10년 거치, 40년 상환을 축으로 한 농민의 여러 요구가 굳건해져서, 군청〔郡役所〕, 경찰에 대한 청원, 고리대와의 개별 교섭으로 발전'한다.44) 그런데 교섭이 벽에 부딪히자 실력으로 문제 해결을 하는 방향으로 농민의 조직이 움직였는데, 그 움직임을 메이지 정부와 군부, 경찰이 힘으로 절저하게 억제하려고 해도 명백히 농민의 근본문제는 해결되지 않

---

42) 井出, 11~12쪽.
43) 井出, 210쪽.
44) 井出, 12, 14쪽.

았다. 여기서도 문제는 남았던 것이다.

또 하나는 곤민당을 지탱하던 정치사상을 들 수 있을 것이다. 이데 井出는 오치아이 도라이치의 사상에 대해 '오이 켄타로적인 것이었을 것이다. 거기에는 상류의 산업자본가가 만들어 낸 민권 사상과는 이질 적인, 소농민, 소작인 등을 끌어넣은 민권 사상을 찾을 수 있다'고 기대 한다.45) 그렇다고 한다면 총리 다시로 에이사쿠의 신문 조서46)에 나오 는 피고들 사이의 다음과 같은 대화를 주목해 보아야 할 것이다.

> 다시로: 고리대에 의한 생계 곤란 때문에 부채 10년 거치, 40년 상환 등의 일은 '용이치 않은 사건이자, 어느 것도 생명을 버릴 수밖에 없는 사정이 므로 숙고할 수밖에 없다.'
>
> 〔다카미네〕 젠고 외 6인: '빈농을 구하기 위해 처음부터 한 목숨을 아낌없 이 내놓는 일을 꾀하게 된다면, 기꺼이 그 행동에 찬성한다.'
>
> 고가시와 츠네지로小柏常次郎: '빈민은 사이타마 한 현에만 머물지 않는다. 어느 현이나 마찬가지였던47) 것이다.'

다시로와 다른 사람들이 빈민의 생계 개선 운동을 한다면 정부 권력 이 반드시 나온다는 것을 예상하고 있었다. 그리고 고가시와는 '어느 현에서도' 즉 '어느 곳에서도' 빈민이 있다고 말하고 있다. 그렇다고 한 다면, 다시로는 특정의 지역에 한정되어 일어난다고 보지 않고, 시대의 보편적인 문제에 직면하여 대처 방법을 구하는 것을 볼 때, 1884년 5 월 치치부 자유당 조직 성립시의 비밀 회합에서 '맹약5조' 제1항 '우리

---

45) 井出, 220쪽.
46) 江袋, 225쪽.
47)《農民裁判文書(1)》34쪽은 여러 종류의 신문 조서가 존재한다고 하는 데다가, '어느 곳에서도'라고 하고 있다. 때문에 에부쿠로가 기초한 원 자료는 무엇인가 묻게 된 다. 또한,《秩父事件史料》第一卷, 埼玉新聞社出版部, 1970, 101쪽에 신문 조서에 해 당하는 개소는《農民裁判文書(1)》와 다르지 않지만 한자가 현대 문자로 되어 있다.

들은 일본국에서 압제 관리를 자르고 직정直正한 사람을 세움에 노력한 다'48)는 것도 시야에 넣고 있었다고 말할 수 있을 것이다. 그 제1항은 '압제 관리를 자르고' 즉 권력에 대한 저항과 '직정한 사람을 세움' 즉 존재해야 할 통치 조직의 수립, 이 두 개를 필요로 하고 있다.

(3) 치치부 자유당의 조문 형식으로 된 비밀 회합의 맹약 5조의 정치 사상을 생각해 본다면 하나의 대조가 되는 것이 다음과 같은 것이다.

하나는 치치부 자유당의 맹약 5조에서 3개월 후인 1884년 8월 2일을 '자유 자치 원년' 8월 2일이라고 표기하는 치치부 사건의 '맹약서'이다.49) 또 하나는 1884년 9월 23일 가바산의 거병 '격문'이다.50)

이 두 개의 문서는 어느 쪽이나 조문의 형식이 아닌 평서문平敍文의 형식이다. 내용적으로는 두 개가 비슷하다. 선행 연구에서는 맹약서와 조문의 관계를 둘러싸고, '완전 같은 문장'설51)을 별도로, '매우 닮음'52)설이 있다. 또한, '자유 자치 원년'을 쓴 맹약서의 작자가 불명이기 때문에 '위조 문서로 의심이 된다'53)는 견해마저 있다. 이러한 역사학자의 연구를 학습하면서 이 관계를 생각하는 것은 피할 수 없을 것이다.

번거롭지만 주요부를 비교하여 보고자 한다.

치치부 사건의 맹약서 : 〔A〕'대저 건국의 요는 중서 평등衆庶平等의 도리를 명확히 하여 각 천부의 행복을 군등히 향수하는 것에 있다 / 그리하

---

48) 井出, 227쪽. 같은 조항은 鎌田沖太, 《秩父暴動實記全(題)》, 埼玉縣立圖書館所藏 복사본에서도 확인할 수 있다.
49) 江袋, 29쪽.
50) 《東陲民權史》, 255~259쪽: 稻葉 編著, 792쪽.
51) 林基, 《百姓一揆の傳統》, 新評論, 1971, 240쪽.
52) 小池喜孝, 《秩父颪秩父事件と井上傳藏》, 現代史出版會, 1974, 208~209쪽.
53) 本田公榮, 〈自由民權百年と歷史敎育の課題〉, 石山久男・渡邊賢二 編, 《展望日本歷史2 歷史敎育の現在》, 東京堂出版, 2000, 82쪽.

여 정부를 두는 주지主늘 있음이야 인민 천부의 자유와 행복을 옹호하는 데 있다 / 결코 가혹한 법을 만들어 압역壓逆을 행하는 자에 있지 않다.' 〔……〕〔B〕'자유의 공적인 전제 정부를 전복하여 완전한 자유 정부를 조출 造出'한다.

가바야 사건의 격문 : 〔C〕'대저 건국의 요는, 중서 평등의 도리를 명확히 함이며, 각자 천부의 행복을 균등히 향수함에 있다. 그리하여 정부를 두는 취지는 인민 천부의 자유와 행복을 옹호하는 것에 있다. 결코 가혹한 법을 만들어 압역을 행하는 자에 있지 않다.'〔……〕〔D〕'자유의 공적인 전제 정부를 전복하여, 그리하여 완전한 자유 입헌 정체政體를 조출함.'

양자를 비교하자면 (〔A〕 대 〔C〕, 〔B〕 대 〔D〕), 양자는 거의 동등한데, '자유 정부'(〔B〕)와 '자유 입헌 정체'(〔D〕)라는 차이도 있다. 작성일시에서 본다면 맹약서가 2개월 정도 격문의 선배 격이라고 할 수 있으나, 반드시 그렇다고 말할 수는 없다. 왜냐하면 맹약서는 그 서명자 가운데 한명인 오타 지로太田次郎(요시노부義信)가 1884년 11월 12일 우츠노미야 경찰에 자수하였을 때 제출당한 것으로, 그 당시 이미 격문은 세간에 알려져 있었기 때문에 일시를 근거로 맹약서가 격문에 기반한 것이라고는 단정할 수 없기 때문이다. 그렇다고 해도 내용이 워낙 유사하기 때문에, 누가 각각 기초하여 상호 연계하였는가 의문시된다.54)

그렇다면, 기초자 문제는 조금 차치하고, 문장 자체에 바탕을 두고

---

54) 稻葉 編著, 792~793쪽에는 '격문'으로서 세 종류가 게재되어 있다. 그 최초가 있는 것은 《東陲民權史》이다. 이 책의 255쪽은 平尾와 琴田 두 명이 기초한 것이다. 그러나 野島, 232쪽은 琴田岩松와 平尾八十吉가 각 1편을 기초하여, 衆熟議의 結果 平尾 글을 채용하였다고 한다. 三浦·塚田, 231쪽은 稻葉 편저의 예심 조서를 기초로 하여 平尾를 기초자로 하고 있다. 또한 江袋, 28~29쪽은 西鄕旭道·富松正安·太田次郎(義信)의 세 명이 맹약한 것으로 맹약서를 파악하고 있을 뿐으로 3명 가운데 누가 기초자인가는 언급하고 있지 않다.

〈그림 1〉 치치부 사건을 형상화한 판화작가 고구치 이치로小口一郎의 작품
〈치치부 바람秩父風〉

생각하여 본다면, 천부인권론의 옹호와 전제 정부 전복에 의한 자유 입헌정체의 창출이라는 점에서는 누가 활동하였는가 하는 의문이 생긴다. 그리고 전술의 조문 형식의 비밀 회합에 의한 맹약 5조에는 없는 서술로서, 맹약에서도 격문에서도 다음과 같은 현상 인식이 공통되고 있다.

아직 조약 개정이 없고, 국회는 아직 열리시 않으며, 간신(姦臣, 奸臣) 정치권력政柄을 농간부려 '상성 천자上聖天子를 멸여蔑如(업신여김) 하에 인민에 대한 수렴(세금을 거둠)이 시도 때도 없어 아표餓莩(아사)하여 길에 쓰러져 / 그 참상 적어도 지사인인志士仁人인 사람이라면 어찌 묵시하여 참을 것인가'

이러한 참상을 확인하였을 때, '지사인인'은 묵시할 수 없다. 그렇다면, 개혁의 주체로서 나오는 '지사인인'은 누구인 것일까. 에부쿠로에 따르면, 오타 요시노부太田義信, 도마쓰 마사야스富松正安의 그것은 자유당 잔당의 이른바 지사인인(가바산 사건의 봉기자)이지만, 사이고西郷旭道의 그것은 대중의 이른바 지사인인(치치부의 박도博徒 및 빈민 수천인)이다.[55] 혹시 그 주체가 상이함이 사실이라면, 자유 입헌 정체를 조출하는 주체는 치치부 사건으로 본다면 사이고西郷旭道 측에 기울 것이다. 다시로 에이스케도 또한 사이고西郷旭道 측에 기울 것이다. 가바산 사건으로 본다면 도마쓰 마사야스富松正安 측에 기울 것이다. 가바산 사건의 봉기자가 16명이라는 것은 흡사 대중의 기반을 결여한 사태를 나타내는 것일지도 모른다.

(4) 그렇다면 본론으로 돌아가서 본다면, 선행연구에서는 주목하고 있지 않지만, 문서의 형식에는 무시할 수 없는 차이가 있다. 맹약과 격문은 어느 쪽도 평서문으로, 치치부 자유당의 맹약은 5개조의 조문으로 되어 있다. 다음으로, 내용을 보면 치치부 자유당의 맹약5조의 정치사상은 확실히 치치부 사건의 맹약서나 가바산 사건의 격문의 천부인권론과 사람들(양의적兩義的인 지사인인)이 수립하는 자유정부론, 자유입헌 정체론과 공통될 것이다. 그렇다고 한다면, 치치부 자유당의 맹약5조는 형식 내용과 함께 후쿠시마 사건의 고노 히로나카가 기초한 서약에 가깝다. 그 때문에 후쿠시마 사건의 피고 고노 히로나카가 기초한 서약과 치치부 사건의 맹약서는 '내용 면에서는 거의 같은 것'[56]이라는 이해는 주목된다. 그렇다면 치치부 사건의 맹약서와 가바산 사건의 격문은 고노 히로나카의 서약의 영향을 받았을 가능성이 있다. 왜냐하면 고노 히로나카 외의 고등법원에서의 후쿠시마 사건의 재판 투쟁이 자유민권운

---

55) 江袋 31쪽.
56) 井出, 222쪽.

동에서 도쿄뿐만이 아니라 전국 각지의 많은 사람들에게 감명을 준 사실이 있기 때문이다. 다음에 하나의 관점을 소개하고자 한다.

> 후쿠시마 사건의 탄압에 자유당이나 그것을 둘러싼 여론이 격앙한 것은 다 아는 사실이다. 고등법원의 공판에는 전국 각지에서 온 방청인이 넘쳐, 《에이리지유신문繪入自由新聞》에는 상세한 〈공판 방청 필기〉가 게재되어, 13편의 팜플렛으로 출판되었다. …… 이러한 후쿠시마 사건에 관심이 집중 되는 가운데 각지의 자유당원들은 이 탄압의 경험을 각자 모아서, "길[道]"을 찾았다.[57]

확실히 《에이리지유신문》의 〈공판 방청 필기〉는 13편에 걸쳐 각지의 '중개점[大賣捌所]'에서 판매되었다. 따라서, 공판에서 문제가 된 고노 히로나카의 서약은 문자 매체를 통하여 금세 전국의 자유민권론자가 공유하게 되었음이 틀림없다. 그리고 자유민권론자는 각각 각지에서 독자적으로 운동을 하였을 것이다. 그 결과가 치치부 자유당의 맹약, '자유 자치 원년'의 말이나 기초자의 말은 별도로 치치부 사건의 맹약서, 가바산 사건의 격문이었다. 때문에 내용이 거의 같은 것이라는 것에 그 상호 간의 영향 관계를 묻는 것은 의미가 없을 것이다. 오히려 새삼스럽게 주목할 것은 근저에 있는 후쿠시마 사건의 고노 히로나카 등의 자유민권사상이 아닐까.

그리고 이 재판 투쟁을 통하여 자유민권은 무엇인가라고 생각한 사

---

57) 三浦·塚田 46쪽. 확실히 현재 《繪入自由新聞》의 《公判傍聽筆記》는 인터넷으로 열람 가능하다. 그것은 출판된 《福島事件高等法院公判傍聽筆記:附·河野廣中君略傳》, 渡邊義方編, 繪入自由新聞社, 1888이다. 그리고 팸플릿화되었다. 또한, 원인은 알 수 없으나 종행縱行이 전부 불완전하게 복제되었기 때문인가 판독 불가한 곳이 있다. 필자는 《繪入自由新聞》의 속보에 견주어 세상에 나도는 것이 느렸던 공판 기록을 등사판인 絲屋藏版에서 읽을 수 있었다. 絲屋藏版의 공판 기록은 전체 4편에 나누어져 있었다.

람들이, 이미 서술한 것처럼 자유민권운동 격화 사건을 일으켰다. 그러자 메이지 정부는 고노 히로나카 등의 내란 사건의 심리를 통해 자유민권의 사상의 전파에 기여하였다는 사실을 알게 됨으로써 후쿠시마 사건 이후의 내란 사건에서 피고들에게서 자유민권의 사상 전파의 기회를 빼앗을 방책에 나섰다는 점도 그런대로 이해가 된다. 그 결과 야마다 사법경은 고등 법원의 기소 관할권을 강력하게 간섭하여 하급심에 지시서를 내서, 서기관은 하급심의 검찰관과 실수 없도록 협의를 하고 있다. 그리하여 사실 내란에 상당하는 사건이 피고 등이 굴욕에 못 이겨 울부짖는 파렴치한 상사범으로 변환되었다고 생각한다.

(5) 결론 : 확실히 치치부 사건은 자유민권운동의 격화 사건 가운데에서도 가장 민중에 가까운 거리에서 일어났다.[58] 그리고 당시의 전제적인 메이지 정부와 군부, 경찰이 그러한 사건을 철저하게 억지抑止하였다. 그러나 그뿐만이 아니라, 정부는 실정법의 장치였던 재판소를 교묘히 활용하여, 자유민권운동이 고조되는 것을 딴 데로 돌려, 자유민권운동 자체를 민중에게서 떨어뜨려,[59] 정부의 정치적 지배를 용이하게 하는 재판소의 틀을 만드는 것에 성공하였다. 한편, 자유당은 해체되어 있었으므로 민중이 전제 정부와 싸우는 투쟁을 지도할 수 있는 유력한 조직은 없었다.

그렇게 이해가 된다면, 치치부 사건은 3·1운동과 상당히 성격이 다

---

58) 참조 : 平野義太郎, 〈秩父暴動—その資料と檢討〉(井出, 161~162쪽)는 다음과 같이 말한다. '치치부 사건은, 모든 점에서 특히 메이지 초년 농민 소요의 발전 형태인 점과 자유민권 운동과 피수탈 농민과의 상호 연관에서, 자유민권운동 과정에서 농민 격화의 가장 집중적, 전형적인 최고의 형태인 점'을 가졌다 한다. 井出는 平野의 논문이 1933년에 발표되었다는 것을 언급하며 '시대는 이미 파시즘의 조짐이 현저하고, 쇼와 10년대 학문적 암흑기의 조짐이 보이는 시대에 들어서는 시점의 긴장감이, 그 문제의 배후에 있다는 것을 보면서 읽지 않으면 안 된다'라고 하였다.
59) 자유민권운동 격화사건의 포인트인 내란죄의 설정과 적용의 양상을 문장화하여 알기 쉽게 쓴 것으로 春田國男, 《裁かれる日々—秩父事件と明治の裁判》, 日本評論社, 1985, 35쪽 이하가 있다.

르다. 왜냐하면, 3·1운동은 근본적으로 농민뿐만이 아니라 거의 모든 한국인[60]들의 일본의 침략에 대한 저항이었고, 더구나 그 탄압을 벗어난 사람들이 중국에서 상하이 대한민국 임시정부를 설립하여, 그 임시정부가 1945년 8월 해방까지 한국사회에 민족주의적 동향의 사령탑으로서 영향을 계속 주었기 때문이다. 치치부 사건처럼 아래로부터의 격렬한 무력 저항과 새로운 정부 설립을 요구하는 사건은 일본에서는 이후 전혀 생기지 않았다. 메이지 정부는 그 정도까지 자유민권운동의 싹을 잘라 버리는 것에 필사적이었다. 그 경향을 보여주는 사례를 다음에 보자.

4) 오사카 사건-자유민권운동의 하나의 도달점: 오이大井의 '심령의 자유'론

(1) 오사카 사건에는 자유민권의 지도자로서 오이의 개성이 강하게 반영되었다고 할 수 있다. 조선과의 관계에서 오이를 보자.

김옥균이 개혁에 실패하고 일본에 망명하자(1884), 그것을 지원하였던 오이 겐타로 등은 조선의 사대당을 쓰러뜨리도록 한국에 건너갈 계획을 세웠다. 그리고 '뒤집기'로 전제적인 메이지 정부를 쓰러뜨릴 것을 시도하였다. 그 사건이 발각되어 오이는 주모자로서 외환죄外患罪를 묻게 되어, 58명이 체포당하고 경금고 6년의 판결(1888)을 나고야 중죄재판소에서 받았다. 그것을 대심원에 상고하자 오히려 중징역 9년형을 받았다. 메이지 헌법 공포(1889)에 따라 은사恩赦로 석방되었다. 구형법 제133조 외환죄는 '외국에 대해 사私(비밀리)에 전단戰端을 여는 자

---

60) 하나의 사례를 들어보자. 이 모씨는 도박죄 상해죄로 복역하여, 출소 후 독립운동을 하지 않는다는 서약서를 헌병주재소장에게 제출한 인물에게 왜 독립운동을 하지 않는가, 독립운동을 방해하는 자라고 이야기하였다. 그는 불온한 언론으로 치안을 방해하였다고 여겨져 보안법 위반으로 징역 8개월의 형을 받았다(공주지방재판소 청주지청 판결 1919년 5월 10일). 이른바 전과자도 독립운동을 하고 있다.

는 유기 유형에 처한다 / 그 예비에 그친 자는 1등 혹은 2등을 감한다'는 것이다.

이 글의 주제인 내란에 관하여 오사카 사건에서 무엇을 다루어야 할 것인가. 오이가 외환죄로 처벌받았기 때문에 내란과의 관계를 찾아내는 것은 무리가 있다. 그러나 히라노平野는 이 재판과 관련하여 재판관에 주목했다. 히라노[61]에 따르면, 1922년 쓰루미 총지사鶴見總持寺에서 자유당 오사카 사건 관계자를 위한 건비식建碑式이 행해진 뒤 '회고 좌담회'에서 오사카 사건의 제1심 오사카 중죄 재판소 재판관이었던 야노 시게루矢野茂가 남긴 감상담感想談은 매우 흥미롭다.[62] 중요한 부분은 다음과 같다.

> 오이의 공판에는 '도쿄에서 대신大臣도 방청하러 왔을 정도로 정부의 방침에서는 철저하게 탄압을 벌이고 무리비도無理非道를 다해, 사실이 무엇이 없는가를 묻지 않고, 정부의 내명에서 항상 자유당의 행동을 심하게 증오하여, 어느 것이라도 "폭렬탄 단속 벌칙"를 가지고 엄벌에 처하는 등 운운하며 "죄를 무겁게 해라 무겁게 해라"라고 말하는 것을 각 판관은 듣고 있었던 것이다.'

그렇지만 야노는 '정부의 심한 간섭을 피해 사법권의 엄중한 독립을 유지하기 위해 일체의 면회를 물리치고 은밀히 판결서를 작성하고 있었다'고 한다. 그런데 '가바산 사건 때도 처음에는 국사범으로 조사하고

---

61) 平野, 《馬城大井》, 174~176쪽; 平野, 《民權運動の發展》, 88~89쪽.
62) '감상담'은 平野, 《馬城大井》, 174~175쪽에서 인용하는 '야노 시게루군의 감상담'과 石川諒一·玉水常治 編, 《覆刻 自由黨大阪事件》, 長陵書林, 1981년의 '서문'에 나오는 '야노 시게루씨의 감상담' 두 종류가 있다. 큰 줄거리는 다르지 않으나 문자수로 본다면 자세한 것은 전자이다. 또한 전자는 平野, 《民權運動の發展》, 88~89쪽에 재수록되어 있다. 또한 手塚豊, 〈大阪事件の裁判と兒島惟謙〉, 《自由民權裁判の研究》 中[手塚豊著作集第2卷], 慶應通信, 1982, 138~139쪽에는 회담록과 대담 두 개가 실렸다.

있었으나, 정부의 간섭이 너무 심했기 때문에 결국 재판의 독립권을 다하지 못하고, 유감이지만 상사범으로 처형하게 되었다'고 후회하고 있다[63]. 담화가 사실을 말하고 있는 것이라면, 사법권의 독립을 침해해서라도 정부는 국사범의 심리를 회피하고 싶었으며, 대의 없는 파렴치한 강도죄 등의 상사범으로 자유민권운동 격화 사건을 몰아가고 싶었다. 요컨대 고노 히로나카 외의 후쿠시마 사건의 내란죄처럼 전 국민에게 호소하는 재판 투쟁은 두 번 다시 보고 싶지 않았다.

(2) 그렇다면, 오이는 왜 사대당을 쓰러뜨리려는 계획을 세웠을까. 그가 한일 관계를 '형제'로 여기고, 상호 돕는 관계를 말한 것은 중요하게 볼 필요가 있다. 오사카 사건을 일으킨 오이를 연구한 히라노의《바죠 오이馬城大井》에 대해서 나카츠카 아키라中塚明[64]는 사대당 타도 계획성과 조직의 허술함을 낱낱이 지적하여 엄격히 비판하고 있다. 하나하나가 지당하다. 그 비판을 수용하면서도, 또한 히라노에게는 배울 점과 의문점이 있다고 생각한다.[65]

확실히 나카츠카가 언급하고 있는 것처럼 정부가 철저하게 자유민권의 여러 운동을 탄압하여, '언론이나 집회를 봉쇄하는 전제 정부의 공격'[66]에 의해 민주주의 운동을 이끌어 나가는 자의 유효한 전망을 가지게 하지 못하였다. 그 점에서 오이가 '심령의 자유'에 주목한 것은 본질적으로 큰 의의가 있다고 생각한다. 그는 결코 '마음'을 전제 정부에

---

63) 野島, 335쪽. 이 야노 담화의 출처를 〈玉水常治自傳《自由か死か》〉로 하는 것은 잘 못된 인용이다.

64) 中塚明, 〈自由民權運動と朝鮮問題—とくに大阪事件について〉, 奈良女子大學文學部附 屬中學校·高等學校, 《研究紀要》, 1959年 第2號, 1~17쪽.

65) 松尾章一, 〈大阪事件研究の今日的意義〉, 大阪事件研究會 編著, 《大阪事件の研究》, 柏 書房, 1982, 18~21쪽은 아직 평가가 확정되지 않았다며 오이에 호의적이다. 또한 福島新吾, 《《馬城大井憲太郎傳》解題》, 所收 平野義太郎·福島新吾 編著, 《大井憲太郎の 研究〔馬城大井憲太郎傳別冊〕》, 風媒社, 1968(이하 平野·福島, 《大井研究別冊》) 21쪽 이하 참조.

66) 中塚, 13쪽.

게 열어 주지 않았다. 가령 패배하면서도 그 '마음'의 시각에서 인민과 권력을 계속 보았다고 생각한다.

더욱이, 오이가 조선인을 '형제'라고 부르면서 조선의 개혁을 주관적이지만 실행하려고 했던 점은 무시할 수 없다. 왜냐하면, 제1심재판소에서 오이가 다음과 같이 변론했기 때문이다.[67]

세상 사람이 괴아怪訝한 마음을 품고 같은 마음으로 서로 가엾게 여겨 〔同情相憐〕 서로 어려움에서 구해 주는〔艱難相救〕 것은 다른 나라엔 결코 없다고 생각하는 자도 있다'지만, 그것은 생각이 변변치 않음에서 오는 것이다. 그 종교가인 오미가와海川에 의해 나라를 나누지 않고 세계〔四海〕 모두를 형제라고 하는 것과 같이, 나보다 늙은 사람은 아버지이며, 또한 어머니인 것이다. 젊은 사람은 동생이며 또한 여동생이다. 즉 조선인도 또한 부모형제이다. 그들이 일본을 돕는다면 일본인도 또한 그들을 돕는 감상을 가져야 한다. 때문에 나라가 다르다고 해서 동병상련同病相憐과 간난상구艱難相救의 감상을 가지는 것이 괴아怪訝한 것이 결코 아니라 그 감상을 가지지 않는 자야말로 우리들이 오히려 이상하게 봐야 한다. / 우리들은 이것에 이르러 그것을 돕는 마음이 생긴 것이다.

이 '형제'론은 헌법론으로서 구성한다면, 일본 국내와 일본 국외에서 같은 법 원칙을 적용하려는 국제상호주의가 된다. 즉, 국내에서 입헌주의를, 국외에서도 입헌주의인 것이다. 메이지기 전반만이 아니라 다이쇼大正 데모크라시 시기에는, 안은 입헌주의, 밖은 제국주의라는 이원론이 보통이었으므로, 메이지기 전반은 오이의 '형제'론이 주목되어야 한다. 문제는 오늘날에도 그러한 일원론을 관철하고 있는가 아닌가 하는 문제이다. 일본 국내에서 군비 없는 평화주의를, 일본 국외에서도 군비 없

---

67) 平野,《馬城大井》, 149~150쪽. 또한 平野,《大井憲太郎》, 吉川弘文館, 192, 196~197쪽.

는 평화주의를 관철할 것인가. 그 때문에 '형제'론은 메이지기 이래 역사적 과제를 명백히 제시하고 있는 것이다.

(3) 오이의 자유민권론에 끼친 영향을 생각해 보자. 다시 한 번 한일관계를 '형제'라고 한 것에서부터 보자. 오이의 형제론은 '종교가인 오미가와海川에 의해 나라를 나누지 않고 세계〔四海〕 모두를 형제로 한다'는 종교적인 배경을 가지고 있는 것은 지금까지 그다지 주목받고 있지 않다.[68] 그런데 그는 청년기의 나가사키 유학 시기에 그리스 정교에 입신하여,[69] 온 가족이 기독교 신자로 매주 일요일 니콜라이 교회에 다니는 열성 신자였다.[70] 그렇다고 한다면 러시아인을 알고 있기 때문에 그의 형제론은 러시아인을 포함하는 조일鮮日을 뛰어넘은 확장을 가졌을 것이다.

더 나아가, 필자는 오이가 청일전쟁과 같은 일본 국가의 대외 전쟁에 향하는 국권주의에 이용당하는 측면이 있었다는 비판에는 귀를 기울여야 할 점이 있다고 생각한다. 그리고 그 형제론에는 안중근이 주장한 상호 자주 독립이라는 관점이 없다는 점에서 문제가 있다.[71] 그것은 국가 사이에서도, 개인과 마찬가지로 상호 자주독립하고 있는 한, 한쪽의

---

68) 石川傳吉 編, 《大阪國事犯公判傍聽筆記》, 正求堂, 1887.8(재판)에는 종교에 관한 오이의 견해가 산견되나 그것에 대해서는 별도로 검토하고자 한다.

69) 平野義太郎, 《大井憲太郎》 人物叢書, 吉川弘文館, 1988/1965, 8~9쪽.

70) 福島新吾, 《〈馬城大井憲太郎傳〉解題(附)傳記資料の補足》, 所收 平野·福島, 《大井研究別册》, 24쪽에서는 니콜라이師에 의해 기독교에 입신하였다고 하나, 메이지 4,5년1871,72년)에는 나가사키에 러시아 정교회가 없었을 것이라고 한다(〈父 大井憲太郎の思い出〉, 所收 平野·福島, 《大井研究別册》, 86쪽). 그런데 長繩光男, 《ニコライ堂の人々—日本近代史のなかのロシア正教會》, 現代企畵室, 1989, 72~76쪽에 따르면, 막부는 푸탸틴 내항시에 니가사기의 이혼 이나사稻佐를 상륙지로 지정했나. 이나사가 러시아인 선원의 휴식지였다. 병사한 선원의 묘지가 거기에 있었고 또한 정교회가 있었다. 인터넷에서는 이나사의 러시아인과의 교류의 모습을 상세히 볼 수 있다. 그 때문에 후쿠시마와는 다르게 나가사키 시절에 입신하였다는 히라노설이 성립할 여지가 생겨났다.

71) 笹川, 〈安重根の裁判〉, 《安重根と東洋平和論》, 李泰鎭·安重根ハルビン學會 編著, 勝村誠·安重根東洋平和論研究會監 譯, 日本評論社, 2016, 287쪽.

선의가 다른 쪽에 받아들여진다고는 할 수 없는 관점이다. 즉, 조선의 자주독립을 인정하며, 그 존재 양상은 상대 쪽에 규정되어 있다는 자기 억제 혹은 자중의 시점이다. 왜 필요하냐고 한다면, 한쪽 즉 문명개화가 한발 앞섰다고 하는 일본의 조선에 대한 우쭐함이 있을 수 있기 때문이다. 국제협조주의를 말한다면 그 관점은 불가결하다.

그러한 불충분함이 있다고 해도, 그리고 그것뿐만이 아니라, 이용당하는 측면과 그것에 이르지 않는 측면, 두 면을 오이가 가지고 있다는 것을 의식하고 싶다. 왜냐하면, 후자의 측면으로 오사카 사건의 복역 중에 쓴 《자유약론自由略論》[72]에 '심령의 자유'의 관점이 있었기 때문이다. 아쉽게도 오이는 그 자유론의 전개를 충분히 이루지 못하고 생을 마쳤다. 히라노도 후쿠시마도 그 자유론을 상세히 다루지 않고 있다.[73] 그러나 필자는 여기에 전후 헌법에서 국민주권론에 이어지는 사상의 원천의 하나로서, 몇십 년이 지났다고 해도 자유민권운동의 정신을 보는 것이 가능하다고 생각한다. 이 책은 메이지헌법 공포의 대사大赦로 출옥한(동년 2월 14일) 후인 1889년 3~4월에 간행되었다. 이 책은 다음과 같이 일컬어진다(인용이 많아지므로 페이지를 본문에 기입하였다).

---

72) 平野, 《馬城大井》, 397쪽 이하에 수록되어 있다.
73) 福島新吾, 〈大井憲太郎〉, 朝日ジャーナル 編, 《日本の思想家》 2, 朝日新聞社, 1953, 10~11쪽은, '오이는 후쿠시마 사건을 변호하여 "원래 피고인의 지망은 그저 자유 사회를 만드는 것에 있다. 때문에 사회를 개량하는 것은 그 주안점이다'라고 지적한 것을 '점진주의 사상의 고뇌'가 나타났다고 한다. 그것은 그렇지만, 자유가 어디에서 왔는가를 후쿠시마 사건 변호의 단계에서는 아직 안 드러나지 않았는가. 그 자유가 '심령의 자유'에서 유래한 것이라고 주장한 것은 감옥에 들어간 후의 일로 이것은 오이의 사상이 심화된 증거라고 생각된다. 그렇다고 한다면, 후쿠시마가 '오이는 정치 개량의 방법으로서 혁명의 기회를 빼앗겼을 시기에, 내셔널리즘에 호소한다는 권도(權道, 원문)에 의지하였다. 그는 대외적으로 자유로운 국가(강국)를 실현하여도, 반드시 대내적으로 자유로운 사회(국가에서 자유로운 인민)는 태어나지 않는 것을 인식하지 않았다'(13쪽)고 한 것은, 과연이 아닐까 생각한다. 흡사 오이가 《자유약론》에서 '심령의 자유' 없이는 자유로운 사회는 생겨나지 않는다고 인식하는데 이르렀기 때문이다. 이 시기에 그러한 자유론을 전개한 다른 자유민권가는 없지 않을까.

'많은 세상 사람들은 외부의 자유를 중시하여, 내부의 자유(즉 심령의 자유)를 경시한다'(404쪽)나, '천부 고유의 성性'(421쪽)인 '심령의 자유(일명 본심本心의 자유)'에서 '심령'이란 프랑스에서는 '에스프리 esprit', 영어로는 '스피릿spirit'이다. 이 심령의 자유는, '사람은 선악에 그 소욕所欲을 행할 수 있는 능력(즉 자유)'이 있으나, 그 땅의 사정(예 : 압정壓政)을 향해 변화하는 점에 '사상의 자유'가 있다(421~422쪽). '심령상의 자유, 또한 가장 상미賞美할 것, 가장 애모愛慕할 것, 결코 정치상의 자유에 양보할 수 없다'(403쪽).

이러한 '심령의 자유'로 사는 사람의 강렬한 모습을 다음의 문장에서 보는 것이 가능하다. 오이는 자기를 그러한 사람이라고 인정하고 있었음에 틀림없다.

즉 사회에는 '자유 평등의 진리를 굳게 지키며, 백절불요百折不撓 천좌불굴千挫不屈, 줄곧 사회의 개량을 자임하여, 몸을 속박하는 것도 구태여 불사하고, 사형대 위에 몸을 두는 것도 구태여 피하지 않으며, 죽음으로써 몸소 목숨을 잃는 유사와 같은 사람이 적다'(407쪽).

그리고, 그는 그 '심령'을 뒷받침 하는 것을 기독교에서 찾고 있었다. 즉 기독교에 대해서 '세속의 눈으로 보는 바에 의하면, 크게 자유를 해치는 것 같다. 그렇지만 사실은 크게 자유의 정신을 수양 연마하여, 크게 자유를 돕는 것이 된다. 사람은 나의 마음에서 나(吾自)로부터 주主가 되지 않으면 안 된다'(417, 422쪽).

이와 같이 자기의 확립은 자유로운 '나의 마음'에 바탕을 둔다. 내가 자기의 '주主'가 된다. 그리고 '자유의 효력'(42쪽)이 정치상에서는 자유 징체 즉 대의 정체가 될 때에는 '압세'에 대한 저항을 포함하는 것만이 아니라 정권을 쥐고 '국리민복國利民福을 증진'한다.

자유 평등에서 노예 해방, 종교의 자유, 마그나카르타, 북미 13주 독립, '군민동치君民同治'가 생겨난다. 과격하게 되면 바스티유의 감옥이 된다(424쪽). 자유 정부에서는 전제 정부 아래 편호偏護의 보호상도 없고, '조세의 금액을 정하는 것은 인민의 특권에 귀속되어, 국회에서는 그것을 의정하기 때문이다.' 자유 정체에서는 황실 독재가 아니라, '여론 항상 그 것을 익찬하여…… 관민 일체'가 된다'(425, 429쪽). '나라에 이미 황실 이 있어' '민의를 취해 보익補翼을 하'는 것이 '황조장구皇祚長久 국가 안 전의 기초가 된다. …… 자유 정체가 될 때, 황실이 안전하고 탄탄하게 된다.' '정치가 자유롭게 될 때는, 즉 사회 각자가 그 나라를 사랑하는 정이 있어 그 나라에 힘을 다한(다).' '제민동치(즉 자유정)'을 채용해야 한다(434, 469쪽).

그런데 오이는, 부담은 빈부가 같이 평등한 것이 아니라 '항상 빈민 사회에 편중'되고 있다고 인식하고 있다(449쪽).[74] 즉, 사회의 상황을 본다면 '문화를 좇아 나가면 빈민은 따라서 곤고困苦하게 된다', '사회 의 큰 병, 인민의 불행, 이것보다 큰 것은 없다'(449쪽). '사회 상류의 인사는 전혀 마음을 사회 개량에 쓰지 않고, 옛 관습에 안주하여, 정치 의 법을 강구하는 일을 하지 않는다'(450쪽). 이러한 말은 치치부 사건 의 빈노의 모습을 상기시킨다.

(4) 결말 : 이렇게 볼 때 오이는 철저한 권력으로부터의 자유와 그 자유에 바탕을 둔 정치 사회의 형성이라는 근대 입헌주의의 민주주의를 시야에 넣고 있다. 그것은 자유민권운동 격화 시대의 주장으로 말하자 면 자유 정체政體 혹은 대의 체정體政이며, 또한 고노 히로나카의 맹약 제1조로 말하자면 '자유의 공적인 전제 정부를 전복하여' 공의 정체政體

---

74) 《時事要論》, 1886(平野《馬城大井》에 수록, 357쪽 이하)는 오이가 《자유약론》과 같 이 투옥중에 집필한 것이다. 이 《要論》은 바로 시대 속에서 '빈자는 더 가난하게, 부자는 더 부유하게, 빈부의 현격이 점차 심하다'(361쪽)고 하였다. 그리고 농민을 위해 '토지 평분법'을 논해, 농민의 자산이 같지 않음에도 불구하고 '빈부 동일하게 징세한다', 유럽 각국과는 다르게 '우리 국비는 오직 지세에만 의존한다'(387쪽)고 주장한다.

를 건립하는 것과 같은 것이다. 전후 헌법 학계로 말하자면, 근대 입헌주의 국민주권론의 전개와 다르지 않다. 더욱이 그는 그 정치 사회가 경제적으로 실질적인 평등에 설 것을 주장하고 있다. 히라노의 연구에서 배워 말한다면, 그는 '국민의 대다수를 점하는 소농민, 소작인, 도시 근로 시민'의 입장에 서서, '번벌藩閥 정치에 의해서만이 아니라, 다름이 아닌 다수의 이른바 민권자유론자 바로 그 자체에 따라서는, 호상호농豪商豪農75)의 입장에 서지 않았다. 그 때문에 사회민주주의가 그의 시야에 있다. 그렇다면, 그의 민주주의는 자유주의와 사회주의의 양면을 가지고 있다. 이것은 이 글에서는 논하지 않지만, 다이쇼 데모크라시 시기의 후쿠다 도쿠조福田德三보다 앞서는 것 같다.

따라서 '정치 개혁의 근저에 종교를 두자'76)고 하는 오이에 주목하고 있는 야나기다의 연구가 사후 15년이 지난 1937년에 나타나는 것은 매우 흥미롭다. 왜냐하면 과대평가라고 일컬어지고 있으나, 그의 연구는 군국주의가 활개치는 시대의 폐색 상황을 초래하는 가운데 오이의 '심령의 자유'와 같이 근원적으로 비판적인 관점이 될 수 있는 것을 제시하였기 때문이다. 1937년은 2.26사건의 다음 해로서, 미노베 다쓰키치美濃部達吉의 주된 저서 《헌법촬요憲法撮要》가 발매 금지 책이 되었던 1935년으로부터 약 2년 후이기도 하다.

.

3. 끝맺음을 대신하여

자유민권운동 격화 사건 중에는, 특히 치치부 사건이나 오이에게 보

---

75) 平野,《馬城大井》, 71쪽.
76) 柳田泉,〈素描·大井憲太郎〉,《東大陸》15卷 4號, 1937, 116쪽.

이는 것처럼, 일반 민중의 생활에 기반한 것이 있었다. 그러나 자유민권운동 격화를 통해 메이지 정부는 민중이 정치적인 힘을 가지는 것을 두려워하여 진정시키려고 애를 썼다. 그리하여 자유민권운동은 자유당의 해체와 자유민권운동 격화 사건을 마지막으로 없어진다. 그러나 개략만 서술하지만 메이지 헌법(1889)과 의회(1890)가 기능을 시작하자 정당이 생겨났다. 자유민권이 뿌린 씨가 여기저기서 자라고 있었던 것이다. 이윽고 민중이 선거를 통해서 정치의 세계에 관여하게 되는 보통선거제도도 실현되었다. 그리고 다이쇼大正 데모크라시라고 불리는 경향이 나타났다. 이 시기의 미노베 다쓰키치美濃部達吉, 요시노 사쿠조吉野作造, 후쿠다 도쿠조福田德三 등의 활동은, 필자가 오이 겐타로의 사상으로 추적할 수 있다고 생각된다. 그러나 정부는 사사건건 민중의 자유로운 활동을 억제하였고, 그때에 불경죄나 치안유지법은 위력을 발휘하였다. 게다가 군국주의는 이러한 정부를 집어삼켰다. 따라서 일본에서는 일반 민중이 정치의 방식을 좌우할 수 있는 기회는 1945년 8월의 무조건 항복 후로 미루어졌다. 그러나 이 항복은, 전통적인 정치 세력인 천황과 그 지지자의 존재를 그대로 둔 것이며, 그러한 용인容認을 뒷받침하는 정부의 정치적 판단과 구체적 방책에는 큰 힘이 있다. 일본국 헌법에 국민주권이 규정되었다고는 하나, 민중이 정치의 세계에 실질적으로 힘을 가져 정치 세력을 억제하는 데까지는 발전하지 않았다. 따라서 헌법의 규정에 반한 국가 권력이 '폭군(티라누스)'이 되는 것에 대처하는 국민 주권은 완전하게는 실현되지 않는다. 그 때문에 국민주권의 완전한 실현에 의한 정치권력의 통제는 자유민권운동 이래의 역사적 과제이다.

그리고 이러한 역사적 과제를 끌고 가는 일본 국민은 어디에 기인하여 변혁에 노력해야 할 것인가. 필자는 그것은 오이 겐타로가 파악한 '나의 마음'을 자기의 '주主'라고 하는 자유 즉 '심령의 자유'가 아닐까 생각한다. 이 자유를 오늘날의 헌법으로 말하자면 사상 양심 신앙의 자유일 것이다. 그리고 그 세속적 자유의 중심에 있는 것은 '마음'이며, 기독교적으로는 신에 지탱 받은 '마음'이다.

한국은, 몇 번이고 다루었지만, 3·1독립운동을 통해 일반 민중이 한국 국가 형성에 기여했다. 그 때문에, 국가 형성에 관한 민중의 역할과 비중은 한일 사이에 크게 다르다.

3·1독립운동 관계 판결에 의거하여
- 내란죄를 둘러싼 판결의 점검 -

사사가와 노리카쓰(국제기독교대학ICU 명예교수)

1. 들어가며

일본 식민지통치 시대에 조선에는 여러 개의 재판소가 있었다. 그리고 그 재판소의 형사판결은 북한 땅에 있던 재판소의 사정을 알 수 없으므로 한국에 한정되기는 하나 오늘날 국가기록원에 보존되어 있다. 분명 국가기록원 인터넷 홈페이지에는 2014년까지 정리된 판결문이

19,167건 있다.[1] 한편 필자는 2016년 봄에 우연히 국가보훈처가 인터넷을 통해 식민지통치 시대의 판결 6,608건을 공개하고 있다는 것(공훈전자사료관 국가보훈은 대한민국의 과거, 현재, 미래입니다 http://e-gonghun.mpva.go.kr/user/IndepMeritsDataList.do)을 듣고 충격을 받았다. 지금으로부터 기껏해야 2년여 전에 6,608건의 3배 가까운 수의 판결문이 공개되어 있었다니 굉장하다고 본다.

당시 형사판결은 최근 한국의 두 국가기관의 인터넷에 공개되어 있다. 과연 이들 정보는 이제껏 어떻게 연구되어 왔을까. 3·1독립운동에 관련된 판결은 얼마나 있을 것인가. 의문은 계속 솟구친다.

국가기록원 인터넷(http://theme.archives.go.kr/next/indy/viewIntroduction3.do)에서 검색하자 다음과 같은 것을 알 수 있었다. 분명 번호 1에서 번호 19167까지 판결문에 번호가 붙여진 일람표 첫머리에 '총 19,167건이 검색되었습니다'라는 문구가 있다.[2] 그리고 최대 50건씩 검색된다. 50건씩을 1페이지라 한다면 19,167건은 384페이지에 이른다. 더욱이 시험 삼아 마지막의 번호 19167의 신갑도申甲道 판결문을 보면 '신갑도'는 '허탁許鐸'을 피고의 선두자로 하는 판결 속에 포함된 상피고이다. 그렇

---

1) 2018년 여름 조규상씨로부터 국가기록원 정보공개 사실을 들었다. 또한 조규상씨에게는 다음의 논문이 있다. 조규상, 〈3·1독립운동 재판기록의 법적 활용방안에 관한 연구〉, 국회사무처 연구보고서, 2009.12.21.
2) 총 19167건이 검색되었습니다. フォームの終わり

		판결문 검색 내역			
번호	이름/별명	판결기관	판결 날짜	주문	e-book
19165	2013 최판수(崔判水) /둔수(?洙)	광주지방법원 목포지청	19330622	면소	원문보기
19166	2013 이희우(李喜雨) /	광주지방법원 순천지청	19200226	징역 6월 미결구류일수 30일 본형에 산입	원문보기
19167	2013 신갑도(申甲道) /	광주지방법원 순천지청	19190404	징역 4월	원문보기

다면 상피고가 여럿 있으면 선두자 이름을 똑같이 하는 판결문이 중복되어 집계되었을 가능성이 19,167이라는 숫자에 있다. 때문에 판결의 선두자 이름으로 집계하면 실제 판결 수는 내려갈 터이다. 이를 확인하기 위해서는 19,167건을 형식적으로 정리하는 작업이 불가결하다.

그런데 필자는 6,608건의 정보를 알았을 때 무모하게도 그 정보에 접근을 시도했다. 그리고 그 전체 양상을 알기 위해 형식적인 정리에 따라 판결의 개관을 파악하고자 했다. 정리 없이 3·1독립운동 관계 판결을 종합적으로 연구하는 것은 기대할 수 없기 때문이다. 게다가 판결문 내용 분석이라면 이야기는 더욱 어려워진다. 다시 말해, 판결문은 전부 일본어인데 경우에 따라서는 초서체라서 읽기 어렵고, 타이프 인쇄의 글자가 지워져 있거나 또는 글자가 뭉개져 있어서 판결문을 읽을 수 있는 일본어로 번역하여 그 내용을 분석하는 단계에 이르지 않고 있기 때문이다. 따라서 나와 같은 형식적인 정리라는 접근은 어차피 차선책에 지나지 않지만 당분간 하나의 시도로 계속하고자 한다.

어느 쪽이건 19,167건은 따로 생각하고자 한다. 지금은 6,608건의 판결문에 의존할 수밖에 없지만 그 분량도 실제로는 굉장히 많다. 따라서 6,608건을 종합적으로 파악하는 일은 몇 년 앞의 이야기임에 틀림없다. 그것은 학문적으로 지향하는 꿈이다.

이 공개된 판결문 6,608건을 형식적으로 정리하니(판결문의 선두자, 재판소, 판결일, 약간의 코멘트), 이들 판결문에는 일본 식민지통치 40년 동안(1905~1945)의 ① 통감부시대의 판결문을 비롯하여, ② 조선총독부시대의 재판소 판결문, 즉 3·1운동에 관련된 것, ③ 3·1운동 이후 치안유지법에 관련된 것 등이 혼재되어 있음이 밝혀졌다. 그 안에는 중복된 판결문이 여럿 있으므로 실제 숫자는 내려간다. 어찌되었건 1919년부터 약 2년 동안에 3·1운동에 관련된 재판 판결은 6,608건의 약 40퍼센트에 달한다. 3·1운동 재판이 얼마나 단기간에 집중되어 있었는지 알 수 있다.

그런데 필자가 이전에 조사했을 때에는 3·1운동에 관련된 판결문이
약 3,500건3) 있었으므로 2,582건과 약 1,000건의 차가 생겼다. 그 원인
을 필자는 다음과 같이 생각한다. 즉, 분명 국가보훈처로 유공자 인정
신청자가 증거의 하나로 판결문을 첨부하고 있는 경우 등과 그 밖 사
정에 의한 것을 합산한 약 700건4)을 국가보훈처는 6,608건과는 별도로
취급하고 있지는 않은지 염려가 되었다. 이렇게 걱정하면서 필자가
6,608건의 형식적인 정리를 실행한 결과, 6,608건의 제시에는 이미 인
정된 유공자가 사용한 판결문 약 700건은 포함되어 있지 않다고 판단
하기에 이르렀다. 그러나 6,608건의 인터넷 공개에 이미 유공자라 인정
된 사람과 관련된 판결을 포함시키지 않는 것은 충분히 합리성이 있다.
왜냐하면 국가보훈처로서는 새롭게 유공자가 발견되는 것이 정책적으로
우선되어야 할 터이며, 이미 인정된 사람에 관련한 판결을 제외하기로
해도 이는 정책이 야기한 결과에 지나지 않기 때문이다.

하지만 학문적 관심에서 3·1운동에 관련된 판결이 총체적으로 얼마
나 있는지 정책과는 별도로 생각한다. 따라서 확실하지는 않지만 국가
보훈처 조사보고에 기초하여 유공자가 첨부한 판결문과 기타 약 700건
과 필자의 정리에 기초한 2,582건을 합친 약 3,282건이 3·1운동에 관
련된 판결의 잠정적 총수이다. 필자는 어느 정도 폭넓게 3·1운동을 파
악했으므로 유공자의 엄격한 인정기준을 기타로 합친다면 2,582건의 수

---

3) 笹川紀勝 編, 《3·1運動關係判決一覽表—中間報告2004年》, 國際基督敎大學21世紀COE
  프로그램, 《平和·安全·共生》硏究敎育の形成と展開, トヨタ財団硏究助成, 〈朝鮮にお
  ける植民地支配と裁判—判例の收集と分析−〉, 2004. 여기에는 국가기록원 마이크로필
  름에서 존재를 확인한 2,854건과 《독립유공자공훈록》 제2권 〈3·1독립운동편〉 상,
  국가보훈처, 1986의 유공자 인용과 관련된 판결, 그 제2권에는 나오지 않지만 같은
  책 제5권에 나온 것을 목록으로 정리한 笹川 編, 《3·1運動關係判決一覽表》,
  203~238, 238~240쪽에 있는 약 700건을 합산한 약 3,500건이 3·1운동 판결 전부
  라 추정되었다.
4) 앞의 주 참조.

치는 내려가며, 따라서 당연히 3·1운동 판결의 총수도 내려갈 것이다. 첨언하자면 북한에 설치된 조선총독부 재판소의 판결 존재가 확인된다면 3·1 판결의 잠정적 총수도 더욱 변화할 것이다. 결국 3·1 판결의 총수를 확정할 수는 없다. 연구의 기준으로 이 숫자는 이용될 것이다.

한편 국가기록원의 19,167건 판결문 중에는 국가보훈처의 6,608건 판결문에 기재되지 않은 새로운 것도 있다. 예로 든 19,167번째의 허탁許鐸이 바로 그러하다. 따라서 두 인터넷 정보의 상관관계가 주목된다. 각기 증감이 있을 것이다. 그렇다면 이제 곧 3·1운동으로부터 백 년이 되는데 3·1운동이 이미 속속들이 연구되어 있다고는 생각하기 어렵다. 19,167건의 이야기와 6,608건의 이야기가 나온 것처럼 아직 무엇이 나올지 모르지 않는가.

인터넷 공개에 의해 판결은 직접 인쇄가 가능해졌고 그 수고와 비용이 크게 경감되었다. 이 상황 변화는 연구자에게는 기쁜 일이다. 이렇게 인터넷에 판결이 공개되기 전까지 이용된 문헌은 다음과 같다. 《조선고등법원 형사판결록》, 고등법원서기과 편찬, 제6권, 제7권, 제8권, 제9권(이하 《조선고등법원 형사판결록》); 《조선고등법원 판례요지류집朝鮮高等法院判例要旨類集》, 고등법원장판, 사법협회, 1937; 구 국가보훈처가 이끈 독립운동사편찬위원회편, 《독립운동사자료집》 제5권, 1973(일본어 판결문의 한글판)[5]; 사사가와 노리카쓰·김승일 편저에 의한 일본어 판결원문을 연구자료로 그대로 복사한 《삼일독립운동판결정선三一獨立運動判決精選》 전3권 4분책, 1999년(이하 《판결정선》).[6]

설령 3·1 판결 전체의 분석은 미룰 수밖에 없다 하더라도 하나의 궁리로서 당분간은 숫자가 한정된 내란사건을 점검해 보고 싶다. 6,608

---

5) 독립운동사편찬위원회 편, 《독립운동사자료집》 제5권, 1973. 이는 일본어 판결문의 한글번역판이다.
6) 《판결정선》은 일본어 판결원문을 협동연구자료로 복사, 편집하여 약간의 코멘트를 추가한 것이다. 비용 면에서도 연구자 사이에서만 사용되었다.

건 판결을 정리하고 있을 때 3·1독립운동까지 많은 내란사건이 있었던 것을 알았기 때문에 내란사건과 3·1독립운동 후의 이른바 '후 내란사건'의 관련성에 의문이 든다. 그러나 필자는 이를 추적할 수 없다. 때문에 수가 한정된 후 내란사건을 다루는 연구에는 당연히 불충분한 점이 있다. 그러한 점은 장래에 연구자들에 의해서 채워질 것이다. 앞으로 한국 학자와의 비판적 토의를 기대하고 싶다.

관계 판결을 판결일순으로 정렬시키면[7] 아래와 같이 9건이 있는데, 제1번부터 제6번까지는 같은 날(1920년 3월 22일)에, 더욱이 동일 판사들(재판장 長渡邊暢, 石川正, 横田俊夫, 水野政之丞, 菊池德次郎)에 의해 판결받고 있다. 앞서 말한 판결일과는 다르지만 제7번도 동일 판사들에게 판결을 받고 있다. 그리고 제8번은 엄밀하게는 3·1운동 후의 것이지만 안중근 재판의 재판장을 역임한 남작 마나베 아키라眞鍋十藏가 판사에 추가되어 있다. 추가된 사정은 확실치 않다. 다른 판결 분석에 빛을 비추는 시점이 되는 것이 제8번째의 오학수 외 사건 판결이었기를 짐작하면서 여기서 다룬다. 그리고 6,608건의 정리를 하고 있을 때 제9번째의 판결을 발견했으므로 이를 소개하면서 검토해 보고자 한다. 제9번째의 판사는 전원 새로운 인물들이다(재판장 長岡本至德,岡本正夫, 增永正一, 野村調太郎, 森田秀次郎).

1. 손병희孫秉熙 외 사건 고등법원 예심결정 1920년 3월 22일 1920년 특예 제1호 제5호[8]

---

7) 엄밀하세 예심에서는 〈결정〉이지만 6,608건 정리의 필요상 〈판결〉로 나누겠나.

8) 원본은 인터넷에서 손병희로 검색할 수 있다. 또한 한국의 로고마크에 들어가려면 한국 문자여야 하며 일본어 한자나 한글로는 들어갈 수 없다. 단 6,608건 후반에는 한글이 부기되어 있는 한자명으로 입력 검색이 가능하다. 그리고 간략히 하기 위해 필자는 피고 필두자명으로 판결을 나타낼 것이다. 한편《法律新聞》1920年 4月 15日 1678號 13쪽 및 市川正明 編,《三·一獨立運動 2 朝鮮獨立運動·別卷》, 明治百年史叢書, 原書房, 1984(이하 市川), 13쪽 이하 참조.

2. 김현묵金賢默 외 사건 고등법원 예심결정 1920년 3월 22일 1919년 특예 제2호[9]

3. 최은식崔殷植 외 사건 고등법원 예심결정 1920년 3월 22일 1919년 특예 제3호[10]

4. 박경득朴擎得 사건 고등법원 예심결정 1920년 3월 22일 1919년 특예 제4호[11]

5. 안봉하安鳳河 외 사건 고등법원 예심결정 1920년 3월 22일 1919년 특예 제6호 제7호 제10호[12]

6. 권영대權寧大·윤상태尹相泰 외 사건 고등법원 예심결정 1920년 3월 22일 1919년 특예 제8호 제9호[13]

7. 이창화李昌和 외 사건 고등법원 예심결정 1920년 4월 30일 1919년 특예 제11호, 1920년 특예 제1호[14]

8. 오학수吳學洙 외 사건 고등법원 특별형사부결정 1921년 5월 9일 특형 제2호의 1[15]

---

9) 해당 결정은 인터넷에서 김현묵으로 검색할 수 있다. 또한《判決精選》第1卷 第2番目(7);《法律新聞》1920年 5月 8日 1678號 13쪽.

10) 해당 결정은 인터넷에서 최은식으로 검색할 수 있다. 또한《判決精選》第1卷 第3番目(7). 또한 한글번역의《獨立運動史資料集》第5輯 422쪽 참조.

11) 해당 결정은 인터넷에서 박경득으로 검색할 수 있다.《判決精選》第1卷 第4番目(7);《法律新聞》1920年 4月 18日 第1679號 21쪽.

12) 해당 결정은 인터넷에서 안봉하로 검색할 수 있다.《判決精選》第1卷 第5番目(7);《法律新聞》1920年 4月 18日 第1679號 19쪽.

13) 윤상태를 필두자로 하는 고등법원 예심판결 속에 권영대가 나오므로, 권영대를 필두자로 하는 고등법원 예심결정은 없다. 고등법원에서 윤상태 그룹과 권영대 그룹의 병합심리가 이루어졌다. 또한 독립운동사편찬위원회 편,《독립운동사자료집》제5권, 886쪽 참조.

14) 필두자로 하는 고등법원 예심결정이 6,608건 판결 정리 과정에서 발견되었다. 이러한 수수한 정리에 의미가 있었다, 국사편찬위원회,《한민족독립운동자료집》제9권, 246쪽에서 같은 판결을 참조하는 것에 그치고 있었기 때문이다. 단 6,608건 속에 이정화에 관한 고등법원 예심결정은 양쪽 페이지 중앙부가 그을려 있어 깨끗하게 복사하지 못해서 정확히는 읽을 수 없다. 그러나 국가기록원 홈페이지에서 깨끗한 사본을 입수할 수 있었으므로 그 깨끗한 사본을 이용하여 이 글의 작성이 가능했다는 점을 첨언하고자 한다.

15) 해당 결정은 인터넷에서 오학수로 검색할 수 있다. 또한 김정명 편,《조선독립운

9. 이동휘[李東輝] 외 사건고등법원 예심결정 1924년 3월 12일 1920년 특예 제2호16)

한편 이하 본문의 고딕문자, [A][B]……, ①②……, 줄바꿈의 〈/〉는 전부 필자가 사용한 것이다.

2. 선행연구의 시점에서 - 강덕상설

3·1운동의 다수 판결의 점검은 3·1운동의 역사연구와 밀접한 관계에 있다. 필자가 주목하는 역사연구는 강덕상의 3·1독립운동 연구17)이다. 그 서술은 이해하기 쉽다고만은 할 수 없기 때문에 필자의 관심 사항을 요약하겠다. 그는 일본 제국주의 양상 서술 후에 3·1운동에 대해 다음과 같이 말하고 있다. 한편 이하 「」의 인용문은 원문 그대로이다.

① 제1차 대전 말기의 러시아혁명, 그리고 미국 윌슨 대통령이 제창하는 민족자결론이 세계의 주목을 받음에 따라 재일유학생도 1919년 2월 8일 도쿄에서 독립선언서를 발표하였다(이른바 2·8선언). 이러한 뉴스는 곧바로 조선에 전해졌다. 천도교 교주 손병희, 기독교 목사 이승훈, 불교 승려 한용운 등 종교인 33인은 민족대표로서 내외 정세가 유리하게 전개되고 있다고 판단하고는 조선인이 독립 의지를 보

동 제1권 분책》 707쪽에 번역본이 있다.
16) 이동휘를 사건 필두자로 하는 고등법원 예심결정이 1920년의 2호라는 것에서 1호는 이정화 외 사건 고등법원 예심결정인 것도 알게 되었다. 그리고 이정화 외 사건의 경우는 고등법원 결정이 나오기까지 수개월밖에 걸리지 않았지만, 이동휘 외 사건의 경우 고등법원 결정이 나오기까지 4년이나 걸렸다. 이 차이는 후자 사건이 가진 무언가 특별한 사정에 기인할 것이다.
17) 姜德相, 〈さんいち運動／三・一運動〉, 《國史大辭典》 第6卷, 吉川弘文館, 2001, 493~494쪽.

이면 일본제국주의도 독립을 승인할 것이라 기대했다. 그리고 그들은 3월 1일의 고종 국장일에 군중 앞에서 독립선언을 할 준비를 진행하고 있었는데 요정 태화관에서 내부적으로만 독립선언을 하고 일본 당국에게 자수했다.

② 그들의 독립선언이 파고다공원에 모인 민중 앞에서 발표되자 독립만세 소리는 전 국토에 퍼지고 민중적 투쟁이 되었다. 그러한 점에서 도화선이 된 그 역할은 정당하게 평가되어야 한다. 그러나 그들은 그 정치적 사명을 끝마치고 말았다. 그들은 민중봉기 대열에 가담할 의지도 없었으며, 지하에 잠행하며 운동을 지

〈그림 1〉 만해 한용운(1879-1944). 3·1운동에 불교대표로 참가, 법정에서 민족 자주독립의 당위성을 설파하였다. 출전: 《독립운동》 사진첩 한글판.

도하지도 않았기 때문이다. 그들을 넘어서 운동을 지속적으로 지도한 것은 이름 없는 민중들이었다.

③ 민중은 민족독립이 한쪽의 선언이나 청원으로 이루어지지는 않고, 독립은 투쟁에 의해서만 실현된다고 확신하며 끊임없는 집회와 시위를 속행했다. 장시일場市日에 사람들이 모이면 태극기를 나눠주고 만세를 외쳤다. 「처음에는 맨주먹의 평화적 시위였지만, 일본제국주의의 가혹한 탄압과의 상관관계에서 점차 **폭동화**되어 도시에서 농촌으로 파상적으로 확대해 갔다.」

④ 「국내에서의 봉기는 5월 중순을 경계로 감소해 갔지만 반대로 만주·

시베리아에서는 고양되어 차례로 무력투쟁 양상을 명확히 해 갔다. 평화적 데모를 지도이념으로 삼았던 것이 실패한 교훈에 입각한 전술 전환이었음은 말할 것도 없다.」

그러면 생각해 보고자 한다.

①은 사실의 서술이다.

②는 민족대표 33인의 역할은 도화선에 그쳤으며, 독립운동은 민중적 투쟁에 의한 것이라는 역할분담의 서술이다.

③은 독립은 투쟁에 의해 실현된다는 인식과, 그 운동이 처음에는 평화적 시위였으나 탄압과의 관계에서 폭동화하였다는 인식의 서술이다.

④는 평화적 데모에서 무력투쟁으로의 전술 전환 서술이다.

그러면 강덕상의 3·1독립운동 서술의 관심은 실패하고 만 민족대표의 평화적 데모와 민중에 의한 폭동·봉기라는 무력투쟁의 대비에 있는 것이 아닐까 생각된다. 그러나 주의해야 할 것은 '싸움'이나 '투쟁'에 대한 자세한 언급은 없다는 것이다. 따라서 정의는 없기 때문에 당장 그 대비에는 애매함이 있지 않을까 한다. 예를 들면 만주·시베리아와 간도 이남에서는 일찌감치, 그리고 시시각각으로 독립운동 형태 면에서 매우 차이가 나타난 것은 아닐까. 탁월한 연구업적을 올린 강덕상에 대한 경의에 흔들림은 조금도 없지만, 그럼에도 불구하고 그 서술의 이해(필자의 서툰 요약)가 민족대표가 제기한 독립선언과 독립만세를 외치는 많은 사람들의 데모라는 3·1독립운동 고유의 특징 해명에 어떻게 이바지하는지, 학문적으로는 당혹스러운 점이 있다. 다시 말해 분명 '독립만세 소리는 선 국토에 퍼지고 민중석 투쟁이 되었다'는 인식이야말로 3·1녹립운동 이해에서 가장 핵심적이며 중요하게 여겨지기 때문이다(여기서 '투쟁'이란, 강덕상이 말하는 무력투쟁=봉기의 의미가 아닌 그 이상으로 폭넓은 것으로 받아들인다는 조건부의 것이다). 확실히 그 투쟁의

〈그림 2〉 전국 3·1운동 봉기도
(출전: 독립운동기념관 소장 자료)

배후에는 한 사람 한 사람 민족의 '자유 정신' 발휘는 '배타적 감정에 의해 정도에서 벗어나서는 안 된다'(공약3장)며 '힘'이 아닌 '도의'에 입각해야 한다는 독립선언의 고상한 정신적 울림이 있다.18) 실로 한국 민이 일체가 되는 근대적 국가·헌법사상이 여기에 싹튼다. 상하이 한국 가假정부 혹은 한국임시정부가 이를 이해하고 키워 나갔다. 생각해 보

---

18) 〈三·一獨立宣言書〉(1919年3月1日),《日本の植民地支配の實態と過去の淸算—東アジアの平和と共生に向けて》, 笹川紀勝·金勝一·內藤光博 編, 風行社, 2010, 9쪽.

건대 일본에는 이러한 선언과 운동에 필적할 것이 존재하지 않는다. 만약 있다고 하면 그것은 무조건항복에 수반하여 점령군의 지도를 받아 국민주권과 평화주의를 내세운 전후 일본국헌법일 것이다. 전후 국가형성에 관련하여 한국과 일본 사이에는 무시할 수 없는 차이가 있다고 생각된다. 이를 필자는 의식하고 싶다.

3. 형법 법전의 단어

그런데 위의 ③에는 3·1독립운동을 특징짓는 '폭동화'란 단어가 있다. 강덕상에게는 '폭동화'나 '폭동'이란 단어의 정의는 보이지 않는다. 그러나 이들 단어는 3·1독립운동 관계 판결을 검토할 때 중요하다.

1) 내란-학설

3·1독립운동이 일어났을 때 이는 내란이라는 인식이 있었다. 키워드가 되는 한 가지가 '폭동'이다. 이를 아래에서 서술하고자 한다. 일본국가 형법 제2장은 내란죄를 규정하고 있다(1880년 제정 형법. 한편 그 개정인 1907년 공포 1908년 시행 형법이 3·1독립운동 당시의 형법). 같은 장의 제77조는 내란죄, 제78조는 내란예비죄·음모죄, 제79조는 내란방조죄, 제80조는 자수에 의한 내란죄의 형 면제를 규정한다. 제77조는 다음과 같다.

> 제77조 정부를 전복하거나 또는 방토邦土를 참절僭竊하며 기타 조헌朝憲을 문란케 하는 것을 목적으로 폭동을 일으키는 자는 내란의 죄로 삼아 다음 구별에 따라 처단한다.[19]

1. 수괴는 사형 또는 무기금고에 처한다

2. 모의에 참여하거나 또는 군중의 지휘를 행한 자는 무기 또는 3년 이상의 금고에 처하며 기타 제반 직무에 종사한 자는 1년 이상 10년 이하의 금고에 처한다

3. 부화뇌동하여 기타 단순히 폭동에 관여한 자는 3년 이상 10년 이하의 금고에 처한다

앞항의 미수죄는 이를 벌한다. 단 앞 항 제3호에 기재된 자는 이 한도에 있지 않다.

형법 제77조의 해설은 나중에 하겠지만 확실히 그 한 항에 '폭동'이라는 단어가 있다. 이 단어는 중국 유래의 한어가 아니다. 일본에서 만들어졌다. 그 때문에 모로하시諸橋 《대한화사전大漢和辭典》[20]에는 '폭동' 항목이 없다. 《일본국어대사전日本國語大辭典》 第2版, 小學館, 2001년에는 '폭동'이 '메이지 초기에 만들어진 신 한어'라 되어 있다. 그리고 이는 '단순히 난폭한 행위의 뜻이었지만 점차 폭행에 의한 반사회적 동란, 사회 안녕을 해치는 소동의 뜻에 한정되게 되었다'(1457쪽)고 되어 있다.[21] 따라서 형법 제77조가 '폭동'[22]이란 단어를 쓸 때, 이는 《일본국어대사전》이 말하는 폭행을 수반하는 반사회적 동란, 사회 안녕을 해치는 소동을 의미한다. 그뿐 아니라 해설에서 흥미로운 것은, 폭동이 '도당을 조직하여 소동을 일으키고 사회 안녕을 해치는 것'이라 하는 것처럼 '도당을 조직하여 소동을 일으킨' 점에 있다. 즉 소동에 대해 일

---

19) '전복顚覆' '전복顚覆'은 양쪽 다 쓰이며 '참절僭竊' '참절僭竊'도 같은 의미로 쓰인다.

20) 諸橋轍次, 《大漢和辭典》, 大修館, 1958(이하 諸橋, 《大漢和辭典》).

21) 덧붙이자면 '내란'이란 단어는 중국에서 유래하는 한어이다.

22) 1880년(메이지13)의 구형법 제3장 〈靜謐ヲ害スル罪〉, 第1節 〈兇徒聚衆ノ罪〉 제136조 〈兇徒多衆ヲシテ暴動ヲ謀リ〉나 제137조, 138조에도 '폭동'이라는 단어가 있다. 소중嘯衆이란 '사람들을 불러모으는' 것이다.

정 조직이 기능하는 측면으로 파악하고 있으며, 결코 조직과 관계없는 오합지졸로 보고 있지는 않다.

전전戰前의 형법학자23)의 형법 제77조 해설에는 학설상 큰 차이는 보이지 않는다.

형법제정 시기라는 매우 이른 단계에서 해설한 니시무라西村는 다음과 같이 말한다. 내란죄 성립은 ① 조헌朝憲 문란의 목적으로, ② 폭동을 행하는 것이다. 이 두 요소는 내란죄 성립의 핵심이다. 두 요소에서 한 개가 빠지면 내란죄는 성립되지 않는다. 즉 조헌문란의 결과가 있어도 '그 수단으로 폭동을 채택하지 않으면 내란죄를 구성하지 않는다.'

그리고 조헌이란 국정의 강기綱紀, 왕조의 대헌大憲을 말한다. 다시 말해 통치기구의 기본적인 것이다. 문란이란 어지럽히는 것이다. 때문에 조헌문란의 예로 정부 전복과 방토의 참절을 들고 있다. 그리고 방토의 참절은 제국영토 일부에 주제넘게 할거하여 그 지방의 왕이라 일컫고 천황의 통치를 방해하는 것을 말한다. 즉 영토 일부에 다른 이를 물리치고 고유 주권을 행사하는 것이다24).

그리고 니시무라는 이렇게 말한다.

폭동을 행하더라도 조헌문란의 목적이 없으면 내란을 구성하지 않으며 이는 소요의 죄(제8장)이나 폭동행위가 있음에도 불구하고 내란죄라 하지

---

23) 西村勘之助, 《法典釈義全書 第二編 新刑法義解》, 1910/1909, 374쪽 이하; 岡田庄作, 《刑法原論(各論)》, 明治大學出版部, 1918, 22쪽 이하; 岡田朝太郎, 《刑法各論》, 明治大學出版部, 1926/1925, 4쪽 이하; 泉二新熊, 《日本刑法論》 下卷, 有斐閣, 1929/1908, 24쪽 이하; 牧野英一, 《訂增日本刑法》, 有斐閣, 1929/1916, 513쪽 이하; 新保勘解人, 《日本刑法要論》, 敬文堂, 1929/1927, 10쪽 이하; 小野淸一郎, 《全訂刑法講義》, 有斐閣, 1946/1945(이하 小野), 357쪽 이하. 한편 전후 문건인 〈內亂ニ關スル罪〉, 《改正刑法各論學說判例總覽》, 高窪喜八郎·草野豹一郎 編著, 中央大學出版部, 1951/1950, 3쪽 이하 참조.

24) 흥미롭게도 니시무라는 조헌문란이란 '헌법의 조규를 유린함을 말한다'고 말하며, 이는 '국체 및 정체 조직을 변경하려는 것이 된'다고 한다. 예를 들어 현행 국체를 바꿔 민주국체로 하거나 입헌정체를 바꿔 군주전제정체로 하는 것이다.

않는다.

소요죄의 형법 제106조는 다음과 같다.

> 제106조 다중취합多衆聚合하여 폭행 또는 협박을 행하는 자는 소요의 죄라
> 하여 다음 구별에 따라 처단한다.
> 1. 수괴는 1년 이상 10년 이하의 징역
> 2. 타인을 지위하거나 또는……
> 3. 부화뇌동하는 자는 50엔 이하의 벌금에 처한다.

때문에 소요죄는 다중 공동의 힘에 의해 공익질서를 문란케 하는 범죄이며, '내란죄와 그 실질을 같이 한다'. 그럼에도 불구하고 소요죄의 경우, '조헌문란 이외의 목적으로 다중취합하여 폭행 또는 협박을 행하는 행위를 처벌'한다. 그러므로 내란죄의 폭동과 소요죄의 폭행·협박은 '실질'적으로 같지만 목적에서 다르다. 내란죄의 경우 조헌문란의 목적을 가진 폭행·협박이 폭동이라 불리우게 된다. 때문에 소요죄의 경우, 피고 측에 조헌문란의 목적이 있어도 그건 상관없이, 다수 공동의 힘으로 공익질서를 어지럽히는 폭행·협박 행위를 했는지가 문제시된다.

2) 내란의 법률

(1) 오늘날 일본의 형법 제77조는 구 형법 제77조의 구어체 번역으로 되어 있다.

> 제77조 국가의 통치기구를 파괴하고, 또는 그 영토에서 국권을 배제하고 권력을 행사하며, 그 밖에 헌법이 정하는 통치의 기본질서를 괴란壞亂하는 것을 목적으로 폭동을 한 자는 내란의 죄라 보고 다음 구별에 따라 처단

한다.

1. 주모자는 사형 또는 무기징역에 처한다.

2. 모의에 참여하거나, 또는 군중을 지휘한 자는 무기 또는 3년 이상의 금고에 처하고, 기타 제반 직무에 종사한 자는 1년 이상 10년 이하의 금고에 처한다.

3. 부화뇌동하거나 그 밖에 단순히 폭동에 참가한 자는 3년 이하의 금고에 처한다.

제78조 제79조 생략

제80조 자수에 의한 형의 면제. 앞 2조의 죄를 범한 자여도 폭동에 이르기 전에 자수했을 때는 그 형을 면제한다

그리고 소요죄에 상당하는 것은 소란죄라 일컬어진다.

제106조 다중이 집합하여 폭행 또는 협박을 한 자는 소란의 죄라 하고 다음 구별에 따라 처단한다.

1. 주모자는 1년 이상 10년 이하의 징역 또는 금고에 처한다.

2. 타인을 지휘하거나 또는 타인에 솔선하여 세를 이끈 자는 6월 이상 7년 이하 징역 또는 금고에 처한다.

3. 생략

한편 제107조 다중불해산죄에서는 '폭행 또는 협박을 하기 위해 다중이 집합한 경우'라고 하여 폭행·협박의 단어가 쓰이고 있다.

한국형법[25] 제87조는 다음과 같다.

제87조(내란) 국토를 참절하거나 국헌을 문란하게 할 목적으로 폭동한 자는

---

25) 《資料　韓國法令集》, たいまつ社, 1974, 173쪽 이하. 한국형법에 대해서는 인터넷으로도 검색할 수 있다.

다음의 구별에 의하여 처단한다.

1. 수괴는 사형, 무기징역 또는 무기금고에 처한다.

2. 모의에 참여하거나 지휘하거나 기타 중요한 임무에 종사한 자는 사형, 무기 또는 5년 이상의 징역이나 금고에 처한다. 살상, 파괴 또는 약탈의 행위를 실행한 자도 같다.

3. 부화수행하거나 단순히 폭동에만 관여한 자는 5년 이하의 징역 또는 금고에 처한다.

제91조(국가문란의 정의) 본 장에서 국헌을 문란하게 할 목적이라 함은 다음 각호의 1에 해당함을 말한다.

1. 헌법 또는 법률에 정한 절차에 따르지 아니하고 헌법 또는 법률의 기능을 소멸시키는 것.

2. 헌법에 의해 설치된 국가기관을 강압에 의하여 전복 또는 그 권능행사를 불가능하게 하는 것.

이 한국형법 제91조 국헌문란의 정의에 상당하는 것이 일본 형법에는 없다. 그러나 의미상으로는 니시무라설 등과도 일치하므로 특별히 위화감은 없다. 오히려 일본의 해석론으로 전개되어 온 부분이 명문화되었는지도 모른다.

(2) 이렇게 본다면 형법 법전에서는 폭동과 폭행·협박은 실질적으로 같으면서도 그 목적에서 다르다는 생각은 메이지시대와 현대에 공통하고 있다는 것을 알 수 있다. 때문에 내란죄와 소요죄/소란죄는 구별된다. 그렇기 때문에 강덕항이 '폭동화'라고 할 때 내란죄로 생각하고 있는지 소요죄로 생각하고 있는지 의문이 생긴다. 그러나 강덕상은 역사가이므로 법과의 관계에서 폭동화를 생각하고 있지 않음은 당연할 것이다. 그럼에도 불구하고 '폭동화'라는 용어에 의해 역사 사실은 얼마나 해명될지 의문이 없어지지 않는다. 무엇이 해명되며 또한 해명되지 않는가를 생각할 필요가 있지는 않을까.

만일 이러한 구별이 명확히 인식되지 않고서 폭동을 이야기할 경우에 학문적으로는 애매함이 따라다닌다. 물론 폭동과 폭행·협박이 실질적으로 같다 한다면 사회학적, 혹은 역사학적으로 사태를 설명할 때에는 어떤 서술 방식을 취하건 문제가 되지 않는다. 그렇긴 하지만 만일 연구 대상이 판례나 형사사건에 관련되는 경우에는 법학적으로 차이를 전제하는 이해가 중요해진다. 그렇다면 강덕상의 폭동화, 혹은 폭동의 의미는 더욱 대상과의 관계에서 명확히, 그리고 한정적으로 좁혀질 터이다.

그리고 내란죄나 소요죄에 대해 한국형법을 일본법과 비교할 때 거의 같은 경향이 보였다. 그 때문에 양국 형법 법전에서는 폭동과 폭행·협박에 관한 해석도 같음에 틀림없다.

4. 판례에 의거하여

이미 서술한 것처럼 조선총독부 고등법원의 내란에 관련된 판례는 많지는 않다. 이들 내용에 의거하여 판례를 개관해 보자.

1) 손병희 외 사건 고등법원 예심결정

(1) 예심결정 설명

손병희 외 사건 고등법원 예심결정은 크게는 피고 등에 관한 사실판단 부분과 법적판단 부분으로 나뉘어져 있다. 그 논리적 흐름을 정리하여 검토하고자 한다.

제1 피고 등에 관한 사실판단

〈그림 3〉 형사소송기록 내란죄·손병희 외
(출전: 독립운동기념관 소장 자료)

예심결정 요지는 다음과 같다.

① 1919년 1월 하순 호기가 찾아왔다고 본 손병희 등은 회합 끝에 실로 '독립운동은 민족전체에 관한 문제이며 종교의 다름을 묻지 않고 합동할 수 있다'(기독교 신자인 보성고등보통학교 교장 최린의 말)란 입장에서, '조선 민족은 마땅히 마지막 한 명 마지막 일각까지 독립 의지를 발표하고 서로 분기하여 제국의 기반을 벗어나서 조선 독립을 꾀해야 한다는 취지로 조헌을 문란케 하고26) 독립 시위운동을 도발하는 문구'를 기재한 선언서를 비밀

---

26) 《法律新聞》 앞의 호, 3694쪽은 원본의 고등법원 예심 결정이 본문에서처럼 이중 선으로 삭제된 '조헌을 문란케 하고'란 어구를 부활시키면서, 왜인지 '기헌期憲을

리에 인쇄하여 조선 전 도에 배부했고, 민중을 선동하여 조선독립의 시위운동을 일으키게 하였으며, 제국정부회의, 조선총독부 및 파리강화회의의 열국위원에게 조선독립에 대한 의견서를 제출하고, 대통령 윌슨에게 청원서를 제출할 것을 결정하여 그 기획 실행을 최린에게 담당케 했다. 일은 그렇게 진행되어 최린 등은 고종의 국장을 위해 경성부에 모이기 전전일인 3월 1일 오후 2시에 동 선언을 파고다공원에서 낭독하기로 했다. 그 결과 '백만 신도가 갈앙渴仰하는 천도교성사 손병희의 이름을 건 독립선언서는 특히 민중선동의 효과를 나타내서 금세27) 조선 내 도처 대부분에 독립시위운동이 일어나지 않는 곳이 없고, 독립만세 소리는 도시와 시골에 떠들석하게 민중의 망동일을 좇아 성대해져서 일시적으로 그것을 저지할 수 없는 상태를 야기하기에 이르렀다'.

② 피고 이경섭은 안봉하 등과 모의해서 천도교도를 규합하여 조선독립의 시위운동을 행할 것을 계획했는데, 참가자 대부분이 '헌병분대에 체포 구금되기에 이르렀기에 그 체포에서 빠진 천도교도 이영철 등은 숙의 끝에 다중을 인솔하여 헌병분대에 이르러 만세를 부르고 동 분대의 퇴거를 강요하며 시위운동을 지필 것을 기획'했고, 황해도 수안면 등의 천도교도 등 백삼사십 명 군중이 모여 수안헌병분대 사무실에 들이닥쳤다.

제2 피고 등에 관한 법적판단—예심결정 정리와 해설

우선 위에 든 사실판단의 ①은 일반론을 전개하고 있는데 3·1운동 그 자체를 돋보이게 하면서 손병희의 존재감을 언급하고 있어 흥미롭다. 강덕상은 주목하지 않고 있던 측면이 고등법원 결정에서는 파악되고 있을지도 모른다. 그리고 동 ②는 헌병분대에 체포 구금된 천도교도가 있

문란케 하고'와 같은 오역을 범했는데, 그 어구를 '독립 시위운동을 도발하는 문구' 앞에 집어넣고 있다. 市川, 앞의 책 20쪽은 '독립 시위운동을 도발하는 문구' 직전의 '취지늡'를 '위上'로 하고 있다.

27) 市川, 앞의 책 26쪽은 '효과를 나타내서 금세效を現はし候にして'의 해당 부분을 원문판독 불명이라 한다. 또한 예심결정에서는 '候'의 속자俗字가 쓰이고 있는데 컴퓨터에서는 칠 수 없다. 속자에서는 '犬'부분이 '火'로 되어 있다.

었다는 것이 계기가 되어 다른 천도교도가 헌병분대에 들이닥쳐 조선독립의 시위운동을 했다고 전해진다. 그렇다면 '그 체포에서 빠진 천도교도 이영철 등은 숙의 끝에' 들이닥친 것은 우발적 사건의 결과였음이 틀림없지만 그들이 각오를 하고 그렇게 했다는 점은 놓칠 수 없다.

다음으로 법적 판단의 논리구조는 복잡하다.

③ 이상의 사실은 한 건의 기록으로 보아 이를 인정하기에 충분하다고는 하나/

[A] 보통 내란 교사죄가 성립하기 위해서는 폭동을 수단으로 하여 정부를 전복하거나 또는 방토를 참절하며 기타 조헌을 문란케 할 목적을 달성하려는 것을 교사하는 행위가 있음을 요한다/

[B] 그러므로 단순히 조선민족 되는 자는 마지막 한 명 마지막 일각까지 독립 의지를 발표하고 서로 분기하여 제국의 기반을 벗어나서 조선 독립을 꾀해야 한다는 것을 격려 고무함에 그쳐서 별로 폭동을 수단으로 조선독립의 목적을 달성하려는 것을 교사하지 않았을 때는/

[C] 설령[28] 그 격려 고무로 말미암아 우연히 폭동을 수단으로 하여 조선독립의 목적을 달성하는 행동에 나선 자 있다고 가정해도, 그것[29]은 오로지 그 자의 자발적 의사에서 나온 것이라 해야 하며 위 격려 고무하는 자

---

28) 市川, 앞의 책 28쪽은 '설령縱しや'을 '從者'라 한다. 그런데 《漢字源》, 學研에서 '縱'은 '설령たとい' '설령 … 하더라도たとい……とも'를 의미한다. 그러나 이걸로는 'しや'와의 연결을 알 수 없다. 이에 대해 服部宇之吉・小柳司氣太, 《增訂增補詳解漢和大辭典》, 冨山房, 1953/1916(이하 服部・小柳), 1476쪽에서는 '縱令'을 'よしや'로 풀어 읽는다. 이런 흐름으로 보면 《大辭泉》, 小學館은 'よし'는 부사이고 'や'는 사이에 들어가는 조사이며 '縱'을 나타낸다고 한다. 'よしや'='縱や', 즉 '설령'을 의미한다.

29) '그것丌'은 '亓'와 같으며 '丌'의 간체자이다. '켄ケン' '카이カイ'라 읽는다. '평탄히 모이는 뜻'을 가진다(《漢字源》, 學研). 諸橋, 《大漢和辭典》 第4卷, 520쪽은 읽는 방식에 〈켄けん〉이 있으며 '타히라たひら, 소로후そろふ'라고도 한다. 이에 대해 服部・小柳 74쪽에서 '亓'는 '그 옛 글자인 元을 틀린 것. 그것'이라 한다. 諸橋, 《大漢和辭典》 第2卷, 92쪽은 '其'를 해자하여 '예전에는 兀・元으로 만든다'고 하지만 '亓'는 언급하지 않는다. 市川, 앞의 책, 28쪽은 '其'를 채용하고 있다. 전체 글의 의미에서 보자면 市川가 적절하다고 생각된다.

에게 내란죄 교사가 있다고 봐서는 안 된다.

④ 그러나……피고 등의 행위[는 조선 독립을 위해 민중을 선동고무하는 등의 취지를 기재하고는 있지만]/

[D] 별로 폭동을 일으키는 것 및 폭동을 수단으로 조선독립의 목적을 달성하는 것을 교사하는 문구가 없으므로, 각 독립선언서를 배포하거나 또는 독립만세를 외쳐야 한다는 것을 전달해도 이를 내란죄를 교사하는 것이라 봐서는 안 된다/

[E] 따라서 그 배포 또는 전달을 받은 자가 우연히 폭동을 수단으로 조선독립의 목적을 달성하는 행동에 나선 것이 있다고 해도, 이는 그 자의 자발적 의사에 따라 결정된 것이라 해야 하므로 위 피고 등의 행위는 내란죄 교사로 논할 수 없다/

⑤ [F] 또한 내란죄는 정부를 전복하거나 방토를 참절하며 기타 조헌을 문란케 하는 것을 목적으로 폭동을 일으킴으로 말미암아 성립하는데, 그러므로 폭동을 일으키는 일이 있어도 위의 목적을 달성할 수단으로 행한 것이 아닐 때에는 내란죄를 구성하지 않는다/

[G] 그런데 앞의 제2에 기재한 수안헌병분대 사무실에 들이닥친 행위와 같은 것은 조선독립을 희망함에서 나와 조헌을 문란케 할 목적을 지녔음이 분명하다고 하더라도, 조선 각지에서 일어난 예로 보아 **조선인으로서 조선독립의 희망이 격렬함을 세상에 발표할 수단으로 실행한 것에 불과하므로, 이는 곧 조선독립의 목적을 달성하려는 수단으로 실행한 것이 아니다**/

[H] 즉 처음부터 단순히 다중취합하여 독립만세를 외치고 수안헌병분대의 퇴거를 강요했다는 것은 시위운동의 방법으로 행한 것에 그치며, 별로 조선독립의 목적을 달성할 수단으로 행한 것이 아니기 때문에 소요죄를 구성하기는 하지만 내란죄를 구성하지 않는다/

⑥ 그런데 본 건은 고등법원의 특별권한에 속하지 않는다 하더라도, 그렇다고 해서 앞의 피고 등의 행위 … 는 모두 보안법 제7조, 다이쇼 8년 제령 제7호 제1조 제1항, 출판법 제11조 제1항 제1호, 제2항의 죄에 … 해당하며 지방법원의 권한에 속하는 것으로 … 경성지방법원을 본건의 관할재

판소로 지정하여 사건을 동 법원에 송치한다 …

분석 가: ③과 ④에서는 차이가 눈에 띈다. 즉 ③에서는 조선독립운동과 관련하여 내란죄 성립의 일반론이 전개되고 있다. ④에서는 피고의 행위에 의거하여 내란죄 성립의 특수적 해석이 전개되고 있다. 일반이냐 특수냐의 차이는 별도로 하고, 내란죄 성립에서는 '폭동을 수단으로'([A][B]) 정부 전복 등([A])이나 조선 독립([B])이라는 목적을 달성하려 하는가가 요점이 되고 있다.

분석 나: '우연히' 폭동을 수단으로 조선독립의 목적을 달성하려는 자가 있어도 이는 그 사람 개인의 자발적 의사에 입각한 것이며 '격려 고무하는 자'([C])에 기초하는 것이 아니다. 그렇다면 자발적 의사의 개인과 '격려 고무하는 자'의 대비는 중요하다고 볼 수 있다. 다시 말해, '격려 고무하는 자'란 단순히 개인으로부터 구별되어 격려 고무하는 조직체를 의미하는 것이 되기 때문이다. 이러한 관점과 관계된 학설을 보면 여러 표현이 있음을 알 수 있다. 그리고 반드시 대립적으로 볼 수는 없으나 그 표현은 크게 나누면 두 개로 구분되며, 그 구별은 예심결정 분석에 시사적이다.

그 하나: 조직을 전제할 것을 지적한다.

니시무라西村(1910/1909): '내란죄는 그 성질상 다수의 집합에 의해 일어나는 것이고 다수의 집합에 의해 성립하므로 **집합하는 사람들의 역할**은 한결같지 않아서 흡사 극을 공연하는 데에 여럿의 연기자를 필요로 하는 것 같이 중요한 직무를 집행하는 자 있으며 경미한 역할을 맡는 자 있다 … 내란 범인을 세 종류로 구별하여 형에 경중의 차이를 둔다'(380쪽).

모토지泉二(1929/1908): '내란죄는 조헌 문란의 목적에서 나오는 폭동으로 **통상 조직적인 계획에 기초한 것**이며 다중 사이에 주된 관계를 지닌 자, 부수 관계를 지니는 자 및 양자 사이에서 알선하는 자를 구별할 것을 통례로 한다'(28쪽).

마키노牧野(1929/1916): '폭동은 세 개의 요건을 요한다. 그 첫째는 **다중의 결합**이다. 그 둘째는 폭행 협박이다. 그 셋째는 한 지방의 정밀靜謐함을 소란케 하는 정도가 될 것이 이것이다'(515쪽). '내란의 폭동은 필경 죽창과 거적으로 만든 깃발竹槍蓆旗의 행위이다.' '즉 내란 목적으로 나와서 또한 일반 견해상 그 목적에 **적합**하다고 인정되어야 하는 것이다'(516쪽).

마키노의 '죽창과 거적으로 만든 깃발' 예시에 따르면 '다중의 결합'이 조직적인 것이라 해석된다.

다른 하나: 내란 목적을 가진 다수의 결합 자체에 주목하는 것이 있다.

오카다(庄)(1918): '폭동이란 **다수 대중이 일단**一團이 되어 폭행 협박을 하는 행위를 말한다'(24쪽).

오카다朝(1926/1925): '폭동, 즉 **다중의 협동**에 의한 불법의 완력 또는 협박'(4쪽).

신보新保(1929/1927): '폭동을 한다는 것은 **다중이 집합**하여 폭행 협박을 행함을 말한다'(10쪽).

오노小野(1945): '폭동'이란 '본래 **군중적 행위**'라 한다(358쪽).[30]

---

30) 오노는 조헌문란의 개념을 학설판례에 따라 검토한 쿠사노 효이치로草野豹一郎, 《出版罪卜朝憲紊亂》, 淸水書店, 1922, 121쪽 이하를 인용한다(382쪽). 구사노는 통설적으로 조헌문란을 대략 국가의 기본원칙을 어지럽히는 것이라 해석하고 있으나, 그 저서의 부록(176~179쪽)에서 〈다이쇼 8년 제령 제7호 위반 및 신문지법 위반〉의 이달李達 사건 고등법원 1920년 12월 16일 판결, 《조선고등법원 형사판결록》 제7권, 199쪽 이하를 소개한다. 그렇게 본다면 손병희 외 사건 고등법원 예심결정 및 허내삼 외 사건 고등법원판결의 3·1독립운동에 관련된 내란죄 해설에 설명된 부분이 신문지법 위반 사건의 조헌문란 해석에도 적용되어 있다는 것을 알 수 있

그렇게 본다면 조직적이건 그렇지 않던 어느 쪽이라도 피고 등의 행동이 내란 목적과의 관계에서 '적합적'(마키노)인지가 가장 중요한 물음이 됨에 틀림없다. 이 적합성의 관점에서 보면 전후 단도團藤[31]의 주장은 '국가의 정치적 기본조직을 불법으로 파괴하는 것'(大判昭10·10·24集14·1366쪽)이라 정의된 조헌문란과 '조선독립의 희망이 격렬함을 세상에 발표하는 수단으로 실행하는' 3·1독립운동의 관계를 생각하는데 시사적이라 보여진다. 이 주장은 두 가지 부분에 걸쳐 있다. 첫째로, '폭동행위와 조헌문란 목적은 연결지어야만 하는 것이기 때문에 조헌문란의 목적달성을 위해 알맞은 규모·형태의 폭동일 것을 요한다.' 그 때문에 조헌문란을 목적으로 한다는 것은 이를 '직접적인 목적'으로 함을 말한다. 둘째로, '이를 직접적인 목적으로 하지 않고, 해당 폭동을 기회로 새롭게 발생할 다른 폭동에 의해 조헌문란 사태의 출현을 기하는 것은 내란죄가 되지 않는다.' 이 해석은 5·15사건에서 대심원 판결로

다. 우선 신문지법 제42조는 '황실의 존엄을 모독하고 정치 형태를 바꾸거나 또는 조헌을 문란케 하는 사항을 신문지에 게재할 때는 발행인, 편집인, 인쇄인을 2년 이하의 금고 및 삼백엔 이하의 벌금에 처한다'라 한다. 그리고 이달 사건의 판결은 다음과 같이 말한다. 〈조선을 독립시키려는 것은 제국영토 일부에 대한 제국주권의 실력을 배제하려는 것이므로 그 행위가 조헌을 문란케 하는 것임은 물론이고, 따라서 조선민중으로 하여금 조선 독립을 기도하게끔 하는 것과 같은 기사를 신문지상에 게재할 때는 그 기사는 조헌을 문란하는 사항을 게재했다고 말하지 않을 수 없다.' 그 때문에 내란죄 제77조에서 말하는 조헌문란과 신문지법 제42조의 조헌문란은 동일하게 파악되고 있다. 그렇다는 것은 형법에서 조헌문란은 폭동과 연결되어 있었지만 신문지법의 조헌문란은 폭동이나 폭행·협박과 관계없이 신문지에 게재했다는 점만 연결되어 있으며, 신문기사가 조헌 문란을 일으켰다고 설명되고 있다. 분명 형법의 폭동은 엄격히 파악되었지만 그럼에도 신문기사가 조헌문란을 일으켰는지 판결에서는 검토되고 있지 않다. 때문에 신문기사가 되면 곧바로 조헌문란을 일으킨다고 해석되고 있다. 그렇다면 조헌문란은 신문의 언론탄압에 용이하게 이용되었을 것이다. 신문지법에서 조헌문란이 유추 해석되어 적용된 것인데, 쿠사노는 《出版罪卜朝憲紊亂》란 저서에서 조헌문란 학설을 상세히 소개하고 있음에도, 형법의 폭동과 연결된 조헌문란과 신문지법의 기사 억압을 야기하는 조헌문란의 엄격한 비교에 대해서는 언급하고 있지 않다. 죄형법정주의가 흔들리고 있는 모습이 보인다.
　　그러면 오노는 3·1독립운동의 피고 등을 조직으로 보고 있는가, 아니면 〈군중적 행동〉으로 보고 있는가. 어느 쪽이든 간에 그 설명은 너무 간략하다.
31) 團藤重光 編著, 〈內亂に關する罪〉, 《注釈刑法(3)各則(1)》, 有斐閣, 1965, 10쪽.

확립되었다(大判昭10·10·24集14·1267).32)

이러한 단도의 해설에 기초한다면 3·1독립운동을 조선독립의 희망이 격렬함을 세상에 발표하는 수단으로 조헌문란을 목적으로 하고 있지 않는다면, 조선독립이라는 조헌문란의 목적 자체가 성립하려면 그 목적 달성에 요하는 규모·형태를 갖춘 폭동이어야 한다는 것이 된다. 그렇게 보면 직접적인 목적과 직접적으로 닿지 않는 부분인 소망 표명으로서의 목적이 구별될 것이다.

분석 다: ④부터 피고 등의 행위에 의거하여 서술하고 있다. 그리고 예심결정은 피고 등의 독립선언서에는 폭동에 의해 조선독립의 목적을 달성하려 하는 〈문구〉가 없다고 한다([D]). 이에 반해 독립선언서 배포와 독립만세 제창의 전달이 있다고 한다. 따라서 이러한 있고 없고의 대비로부터 피고 등에 의한 독립선언서 배포와 독립만세 제창의 전달에서 내란죄는 성립되지 않는다고 한다. 다시 말해, 위에 든 분석 나에서 언급된 개인과 '격려 고무하는 자'인 조직체의 대비가 구체적 사건에 적용되어, 이러한 배포와 전달을 받은 자가 우연히 폭동을 수단으로 조선독립의 목적을 달성하려 했다고 해도 그것은 그 사람의 자발적 의사에 따른 것이므로([E]), 폭동에 의하지 않은 피고 등의 행위와는 다르다. 때문에 정부 전복 등의 목적달성을 위한 폭동이 피고 등에 의해 수단으로 행해지지 않으면 내란죄는 성립되지 않는다([F])며 명확히 판단

---

32) 5·15사건에서 확립된 대심원판사판례집 1935년 10월 24일 제14권 1270쪽의 요지 제5에 따르면, 형법 제77조의 '조헌문란이란 국가의 정치적 기본조직을 불법으로 파괴하는 것'이다. 같은 요지 제6에 따르면 '집단적 폭동행위로 말미암아 직접적으로 조헌문란 사태를 야기하는 것을 목적으로 하지 않고 이를 연유로 새로이 발생할 수 있는 다른 폭동으로 말미암아 이러한 사태의 출현을 기하는 것과 같은 것은 형법 제77조 소위 조헌을 문란케 하는 것을 목적으로 폭동을 일으키는 자라 칭하는 것이다.' 따라서 내란죄 성립에는 조헌문란을 직접적 목적으로 할 것이 불가결하게 된다.

한 것이다. 따라서 적합성은 긍정되지 않았던 것이다.

분석 라: 수안헌병분대 사무실에 들이닥친 행위는 '조선독립의 희망이 격렬함을 세상에 발표하는 수단'인 '시위운동의 방법'에 그치며 조선독립의 목적달성 수단으로 실행된 것은 아니라고 예심판결에 의해 판단되었다. 따라서 들이닥친 행위 자체는 내란죄 성립을 부정하는([G]) 기초적 사실이지만 이러한 부정보다도 예심결정이 피고의 행위를 소요죄에 해당된다고([H]) 판단하고 있는 것이 중요하다.

그 결과 어떤 것이 확인될 것인가. 이는 3·1독립운동에 관련된 독립선언서 배포와 독립만세 제창의 전달은 조선독립의 목적을 지니고 있다는 사건의 고유성이 정면에서 인식되고 있다는 점이다. 그런데 사건의 고유성은 사실문제로 부정되지 않으나 그 목적을 달성하려 한 피고의 행위가 폭력이 아닌 폭행·협박 행위이다. 분명 내란죄의 폭동과 소요죄의 폭행·협박 구별은 입법에서 법 기술적인 구별에 기인하는 데 불과하지만, 그러나 사건의 목적과 수단 관계의 적합성이 긍정될 경우에는 내란죄가 성립하며, 부정될 경우에는 소요죄가 성립하므로 적합성 판단이 그 구별을 좌우한다. 그렇다면 폭동과 폭행·협박의 구별은 사건에서 사실판단에 기인한다. 입법에 의한 것은 별도로 하더라도 결코 선천적으로 구별이 있는 것은 아니다. 만일 그렇다 한다면 강덕상처럼 일률적으로 '폭동화'로 3·1독립운동을 파악할 때에는 개개 사건의 역사적 차이가 보이지 않게 되거나 하지는 않을까.

분석 마: ⑥에서 예심결정은, 본 건은 내란죄 경우의 고등법원 특별권한에 속하지 않는다고 판단하면서, 피고 등의 행위는 몇 가지 형사법에 해당된다고 하며 경성지방법원에 사건을 송치한다고 한다.

그런데 본 건은 고등법원의 특별권한에 속하지 않는다 하더라도, 그렇다고 해서 앞의 피고 등의 행위 … 는 모두 보안법 제7조, 다이쇼 8년 제령 제7호 제1조 제1항, 출판법 제11조 제1항 제1호, 제2항의 죄에 … 해당하며 지방법원의 권한에 속하는 것으로 … 경성지방법원을 본 건의 관할재판소로 지정하여 사건을 동 법원에 송치한다 …

예심결정은 내란죄를 고등법원의 특별권한에 속한다고 보는 조선총독부 재판소 제3조(본토 재판소 구성법이 정한 대심원의 특별권한에 상당)에 기초하여 판결하는 것을 인정치 않고, 보안법, 정치에 관한 범죄 처벌의 건(제령 제7호), 출판법, 형법 제106조의 소요죄로 지방법원 권한에 속한다고 판단했다.

2) 선례와의 비교 혹은 판결의 흐름

(1) 허내삼 외 사건의 판결

분석 가: 손병희 등의 내란죄 성립 여하에 관련한 상기 1920년 3월 22일의 고등법원 예심결정 이전에 거의 같은 법 해석이 전개되고 있었다. 그러나 이하에서 검토하겠지만 허내삼 외 사건 고등법원의 1919년 9월 18일 판결과 박상진 외 사건 고등법원의 1920년 3월 1일 판결에서는 그 내용 면에서 중요한 차이가 있다.

우선 허내삼 외 사건 고등법원 1919년 9월 18일 판결[33]을 보고자 한다.

상고취의는 다음과 같다. 즉 원심(경성복심법원)이 내삼은 조선 각지에 조선독립 시위운동이 발발하는 것을 접하고 다중과 함께 그 운동

---

33) 해당 판결은 인터넷에서 허내삼으로 검색할 수 있다. 또한《判決精選》第2卷下 第114番目(3). 고등법원 1919년 형법 제867호 1919년 9월 18일 판결,《조선고등법원 판사판결록》제6권, 290쪽 이하.

을 하려 했고, 또 관헌이 그 운동을 제지한다면 폭행을 해서라도 운동을 계속할 것을 주모하였으며 방성묵 등 피고 및 경기도 개성군 중서면 면민 수십 명을 선동하여 1919년 4월 1일 오후 8시 무렵 집합해서 피고 내삼 지휘하에 한 무리를 이뤄 출발하여 햇불을 피우며 동지 폭민을 모았으며, 폭행용 목편 등을 준비해서 돌진하다가 순사 4명 사보 5명을 이끄는 야마다 소이치 순사부장과 만났는데 동 순사부장이 피고 등의 망동을 제지하려 했다. 피고 등은 순사부장 등을 포위하여 그들에게 기왓조각을 던지고 목편으로 몰아대며[打蒐り]³⁴⁾ 동 순사 등과 격투를 시작해서 신체를 상해했다.

그리고 고등법원은 피고 등의 행위는 '형법 제77조 소정의 내란죄 구성의 요소를 구비하고 추호도 결여되는 것 없음'이라는 상고취의를 받아 제77조에 대해 다음과 같이 말한다.

내란죄가 성립되려면 다중이 공동으로 폭동을 일으키는 것을 요하고, 그 폭동이 정부 전복 또는 방토의 참절, 기타 조헌문란의 목적에서 생겨나 그 목적을 실행하는 수단으로 행해질 것을 요한다/ 애당초 조선은 제국영토의 일부에 속하므로 조선을 독립케 하려는 것은 즉 제국영토 일부에 대해 제국 주권의 실력을 배제하려고 하는 것으로, 소위 방토참절에 해당되며 조헌을 문란케 하는 행위가 됨은 물론이다.

---

34) '蒐'는 분명 허내삼 사건의 경성지방법원판결 1919년 5월19일에서도 사용되고 있다. 또한 《判決精選》第2卷下 第114番(1) 京城覆審法院判決 1919年7月26日, 1919年刑控 第532號(《判決精選》第2卷下 第114番(2)), 高等法院判決 1919年9月18日, 1919年刑上 第867號(《判決精選》第2卷下 第114番(3)). 또, 《朝鮮高等法院刑事判決錄》第6卷 9號, 292쪽에서도 사용되고 있다. 때문에 '打蒐'이란 말은 사전에서 찾을 수 없다 하더라도 '蒐'을 잘못 옮길 수는 없다. 문맥에 따라 의미를 생각할 수밖에 없다. 그렇게 보면 '蒐'는 '모으는' 것이다. '打'는 무언가를 때리는 것이다. 그렇게 되면 '打蒐り'란, 피고 등이 순사 등을 둘러싸듯이 일정 장소에 몰아대는 것을 나타내는 것이 아닐까 한다.

그러면 어떻게 내란죄는 아니라는 것일까. 고등법원은 내란죄 성립 부정에 대해 다음과 같이 말한다.

'피고 내삼은 **근래 조선각지에서 조선인 다중이 공동으로 조선민족은 조선을 독립국이게끔 할 희망을 가지는 것을 폭행 방법에 의하지 않은 다중 공동의 위력으로 세상에 제시하고자 하는 이른바 조선독립 시위운동**이 발발함을 접하고, 스스로 주모자가 되어 공동피고 등 외 수십 명을 선동해서 그 찬성을 얻어 동 인물 등과 다음과 같은 운동을 행했다. 만약 관헌에서 해당 운동의 실행을 제지하는 일 있으면 폭행이라는 수단에 의해서라도 그 실행을 속행할 것을 공모했으며, 피고 등은 다음 운동을 위해 무리를 지어 길을 진행 중인 경찰관에게 망동을 제지당하자 이에 반항하여 해당 관리 수명에게 상해를 입힌 자'이다. 그 때문에 피고 등의 이유는 '**단순히 이 운동으로 말미암아 조선을 독립게 할 희망 있음을 세상 일반에 보이는**' '**취지가 됨에 그치**'며, 또한 '피고 등은 예기한 대로 이 운동실행 때에 그 실행을 제지하는 관리에 대'한 '**해당 폭행은 조헌문란의 목적을 실행하는 수단되는 관계가 아니기 때문에 … 내란죄의 구성요소가 결여**'되어 있으며, '공무집행방해상해소요의 각 죄명에 해당되는 것'으로서 고등법원의 특별권한에 속하는 것은 아니다.

이렇게 본다면 고딕문자로('근래 … 이른바 조선독립 시위운동') 3·1독립운동의 정의가 되었다고 해석할 수 있다. 그 요점은 두 가지이다. 즉 하나는 조선을 독립국이게끔 할 희망을 가지는 것을 세상 일반에 제시하는 것이다. 또 다른 하나는 '폭행이란 방법에 의하지 않은' 조선독립 시위운동이다. 허내삼 등은 이들 요점에 따른 부분을 가지고 있다. 그렇게 보면 피고 등의 행위는 세상 일반에 알리는 것에 그치며, 애초에 폭행에 기초하지 않으므로 내란죄 성립의 구성요소를 충족시키지 않게 된다.

앞의 손병희 외 사건의 고등법원 예심결정과 비교해서 허내삼 외 사건 고등법원판결은 독립시위운동과 폭동의 관계를 검토하고 있다는 것을 알 수 있다. 다시 말해 손병희 외 사건의 경우, 독립선언서의 인쇄 배포, 헌병대에 들이닥친 것, 시위운동이 문제가 되었으나 허내삼 외 사건에서는 제지하는 경찰관과 진행하려 하는 다중과의 폭행적 충돌이 문제가 됨으로 말미암아, 보다 폭행적인 측면이 떠오르게 되었다고 말할 수 있을 것 같다. 그렇긴 하지만 그 폭행은 조헌문란의 목적을 위한 수단으로서 폭동으로까지 이른 것은 아니다. 왜냐하면 허내삼 등의 행위는 조선독립 희망을 세상 일반에 알리는 것에서 그쳤기 때문이다. 그러므로 내란죄의 폭동까지는 이르지 않지만 공무집행방해 상해소요죄의 폭행이 의식되기에 이르렀다고 보인다.

그렇게 보면 오노[35]가 국헌 또는 조헌을 해설하면서 '예를 들면 제국영토의 일부인 조선에서 제국 주권을 배제하고 그 독립을 기도하려는 것과 같은 것도 국헌문란에 해당한다'는 것을 어떻게 이해해야 할까. 물론 조선에 대해 언급한 드문 예로 오노를 소개할 수 있겠으나 그보다 중요한 것은 고등법원이 형법 제77조의 내란죄를 해석하여 제국주권의 실력을 배제하는 조헌문란에 대해 언급하면서, 한편 그 성립 부정을 언급하고 있는 점이 오노에게서 볼 수 없는 것이다. 이런 점에서 오노의 조선독립운동에 대한 관심 부족은 《조선고등법원 판례요지류집》[36]과 비교하면 한층 분명해진다. 다시 말해 동 《류집》은 허내삼 외 사건 고등법원판결의 제국주의 실력을 배제한다는 조헌문란에 관한 판결 요지를 게재했을 뿐 아니라, '폭행을 수반하는 조선독립 시위운동과 내란죄의 성립 여부', 즉 조선독립 시위운동이 조헌문란 목적의 실행 수단이 아니라는 판결 요지도 게재하고 있기 때문이다.

---

35) 小野, 앞의 책, 382쪽.
36) 《朝鮮高等法院判例要旨類集》高等法院藏版, 司法協會, 1937, 877쪽 이하.

(2) 박상진 외 사건의 판결

박상진 외 사건 고등법원 1920년 3월 1일 판결[37]의 법적판단은 공소 전개에 입각하고 있기 때문에 복잡하다. 이하 동 판결에는 손병희 외 사건 고등법원 예심결정으로 연결되는 부분이 있는가란 관심에서 검토해 보고자 한다.

분석 가: 박상진 외 사건은 보안법 위반, 공갈살인방화강도 총포화약류단속령 위반에 관련된다. 대구복심법원[38]에 따르면 제1심인 공주지방법원은 1919년 2월 28일 박상진 외에게 사형을 선고하였다. 피고 등은 경성복심법원에 공소했으나 공소기각을 받아 고등법원에 상고했다. 상기 첫 번째인 1920년 3월 1일 상고심 판결은 피고 등에 관한 판결부분을 파기하고 사건을 대구복심법원에 이송한다고 하였다. 그리고 이송을 받은 대구복심법원은 공주지방법원과 똑같이 피고 등을 사형에 처한다는 판결을 내렸다. 이에 대해 피고 등은 고등법원에 다시 상고하여, 두 번째인 1920년 11월 4일 상고심판결[39]은 상고를 기각했다.

제1회 상고심 판결은 다음과 같다.

[A] 따라서 생각하건대 내란죄는 조헌문란의 목적으로 폭동을 일으킴으로 인해 성립하는 것인데/ [B] 피고 등이 구 한국의 독립을 기도하고 그 목적을 달성하기 위해 동지를 모아 단체를 조직하여 흉기를 준비하고 금전을 모집하는 것을 모의획책하였으며, 또 그 획책에 기초하여 일면 정치상

---

37) 해당 판결은 인터넷에서 박상진으로 검색할 수 있다. 또한 高等法院 1919年刑上第986號1920年3月1日判決, 《判決精選》 第3卷 第1番目(3). 《朝鮮高等法院刑事判決錄》 第7卷, 25쪽 이하.

38) 해당 판결은 인터넷에서 박상진으로 검색 할 수 있다. 대구복심법원 1920년 9월 11일 판결, 《判決精選》 第3卷 第1番目(4). 또한 제1심인 공주지방법원 판결 1919년 2월 28일은 인터넷에서는 찾을 수 없다. 분실되어 버렸을 것이다.

39) 해당 판결은 인터넷에서 박상진으로 검색할 수 있다. 또한 《判決精選》 第3卷 第1番目(5); 《朝鮮高等法院刑事判決錄》 第7卷, 137쪽 이하.

불온에 이르고 일면 사람을 공갈하는 문구를 기술한 문서를 타인에 송부해서 출금을 요구하거나, 혹은 폭행 협박을 가해 금전을 강탈하고 혹은 다른 자산가를 위협하여 자금조달을 용이케 하기 위해 요구에 응하지 않는 자산가를 살해하고 또는 그 집에 방화하는 등의 행위를 하였는데도 그 독립 목적을 달성하는 수단으로 폭동을 행하려는 것이 아닐 때는 이를 내란죄 음모 또는 예비로 논하지 않음은 물론이고, 만약 그 독립 목적을 달성하는 수단으로 폭동을 행하려는 것이 아닌 상기 피고 등의 모의획책 및 이에 기초한 제반 행동은 즉 형법 제78조에 이른바 내란의 음모 또는 예비를 행함에 해당하는 것으로 한다/

[C] 그러나 원심[경성복심법원]이 말하는 '피고 등이 준비하고 모집하려 하는 흉기 및 금전에 대해 단순히 피고 등이 호칭하는 바를 빌어 이를 표시할 취지에 불과하다고 해석할 수 있는 것이며, 만약 그렇다 한다면 과연 세속에서 상기 언사의 용례는 반드시 그 용도가 교전요란交戰擾亂에 있는 경우에 한정된 것이 아니기 때문에 앞 서술은 아직 피고 등이 전기 폭동의 획책 및 준비를 행하는 사실을 인정하는 것이라 보기에 부족하다고 해야 한다. 그러면 원 판결의 서술은 곧바로 피고 등이 구 한국 독립의 목적을 달성하기 위해 폭동을 일으킬 것을 모의획책하고 그 준비를 행했다는 사실을 인정한다고 단정할 수 없음과 동시에 이 같은 사실을 인정하는 것이 아니라고도 단정할 수 없다. 즉 양자 어느 쪽에 속하는지를 견별甄別할 도리가 없다고 인정함에 상응한다고 한다 ….' 그 때문에 '원 판결이 상기 중요한 사실관계를 명확하게 한다고 하며 그 관할[조선총독부 재판소령 제3조에 따른 내란의 음모예비에 관한 고등법원의 특별권한에 속하는 것]을 인정하고 유죄 처분을 하는 것은 결국 심리부진이며 또한 이유불비의 불법이 있음을 면할 수 없으므로 [피고변호인의 상고]는 이유 있고, 원 판결 가운데 피고 박상진에 관한 부분은 파기를 면할 수 없다.'

지금까지의 허내삼 외 사건의 고등법원판결이나 손병희 외 사건 고등법원 예심결정과 비교해서 이 박상진 외 사건에 대한 고등법원의 판결은 내란죄의 정의에 관해 겨우 [A] 항목에 매우 간단히 언급하고 있음에 불과하다. 그런데 [B]에서는 박상진 외 사건의 특수성인 조선독립의 목적달성 수단으로 흉기 준비와 금전 조달을 위해 자산가를 위협하고 있는 것이 길게 서술되어 있다. 이는 내란 음모예비로 보인다. 그리고 [C]에서 내란 음모예비의 근거가 충분치 않다고 하여 원심인 경성복심법원 판단을 심리부진 이유불비로 판결을 파기하여 대구복심법원에 이송하고 있다.

그렇게 보면 내란죄에 관한 판례의 흐름은 이제까지의 허내삼 외 사건이나 손병희 외 사건에서 보이는 사실관계와는 다른, 폭동에 직결될 가능성이 있는 사실관계 해명에 판결의 중점이 옮겨졌다는 인상을 받는다. 실제 이송을 받은 대구복심법원 판결은 사실 해명에 나서고 있다.[40] 다시 말해, 박상진 외는 '일한병합에 불평을 가지고 구한국 국권회복을 호칭하며 여기저기를 배회하는 불령의 무리로서, 똑같이 병합에 불평을 가지고 원심 상피고[외] 등과 함께 광복회란 것을 조직하고 **국권회복을 위한 자금조달을 구실로 하여**[41] 동 회가 조선 각지에서 조선인 자산가를 공갈해서 금전을 교부케끔 하는 것을 기획하고, 또한 그 자산가들에게 쉽게 돈을 내게끔 궁리하며, 한두 자산가를 암살해서 다른 이들을 위협함으로써 그 수행을 용이하게 할 것을 모의하여 다음 계획 아래' 각 피고는 행동했다.

따라서 대구복심법원은 박상진 외는 표면적으로는 국권회복을 위한 자금조달을 말하면서도 본심으로는 금전을 얻으려 하는 것에 사건 핵심

---

40) 해당 판결은 인터넷에서 박상진으로 검색할 수 있다. 대구복심법원판결 1920년 9월 11일 《判決精選》 第3卷 第1番目(4).
41) '구실로 하다かける'에는 '빌다藉りる'와 '빌리다借りる'가 있다. '藉'는 '기초를 만들어 그에 기대는' 것이며 '사이에 이유·구실이나 여유를 두어 누그러뜨리는'(《漢字源》)것이다. 즉 '藉りる'에는 본심이 따로 있는 것이다. 한편 '借りる'는 '차용하는' 것을 일컬으며 본심과는 관계가 없다.

을 둔 것이었다. 그렇다면 박상진 외가 말하는 독립운동은 손병희 외나 허내삼 외와 같은 조선이 독립국이 될 희망을 세상 일반에 드러낸다는 것과는 근본적으로 다르다. 그렇게 본다면 거의 서두 문구와 같은 [A]의 내란죄 관련 냉담한 서술에 견주어, 사건의 사실관계 조사에 관련된 [B]의 자세한 지적사항도 이해할 수 있다.

분석 나: 두 번째의 고등법원 1920년 11월 4일 판결을 보고자 한다. 이는 다음과 같다.

변호인 양대향은 원심에서 각 피고가 조선 독립을 목적으로 폭동을 일으키기 위해 군자금을 모집하고 군 물품을 구입한 이유가 내란죄의 예비행위로서, 고등법원 관할에 속하는 것이지만 이 점에 대해 특히 판결을 구하는 신청을 한다고 진술한 것이 분명하므로 동 인물은 원심에 관할 변경 신청을 한 것이 아니라고 말하지 않을 수 없다.

그렇다고 한다면 피고가 고등법원 관할에 속하는 내란죄 심리를 구하고 있지 않으므로, 고등법원이 내란죄에 관련된 것에 대해 판단을 하고 있지 않는 이유를 알 수 있다. 때문에 박상진 외 사건의 두 번째 고등법원판결이 손병희 외 고등법원 예심결정의 법정판단에 영향을 주는 일은 없었다는 것이 분명해졌다.

(3) 기타 고등법원 예심결정에 대해

이미 서술했듯이 손병희 외 사건 고등법원 예심결정 이외에 고등법원 예심결정이 몇 개 더 있으므로 가능한 한 개관해 보고자 한다.

분석 가: 김현묵 외 사건 고등법원 예심결정 1920년 3월 22일

경기도 수원군 장안면 및 우정면에서도 다른 곳과 같이 시위운동이 일어나서 피고 등은 1919년 4월 3일 오전 중에 조선 독립을 희망해서 시위운동 방법으로 다중집합하여 장안면, 우정면사무소, 우정면 화수경찰관주재소를 습격하려 봉을 지니고 집합하도록 면민에게 통달했다. 면장인 피고 김현묵에게 사무를 멈추고 함께 해야 한다고 권유했다. 면장은 조선독립을 호소했다. 200명 정도 모였다. 군중은 독립만세를 외치며 곤봉으로 면사무소를 파괴하며 구비서류 등을 파기했다. 오후 5시쯤에는 2,000명에 달했다. 불을 지르고 사무소를 태우며 순사 川端豊太郎을 곤봉이나 돌로 참살했다.

피고 차병한, 차병혁도 또한 조선 각지에 일어나는 예를 따라 조선인으로서 **조선독립의 희망이 격렬함을 세상에 발표하는 수단으로 함에 지나지 않았으며 바로 조선독립 목적을 달성할 수단으로 실행한 것이 아니다.** 즉 처음부터 단순히 장안면과 우정면사무소 및 화수경찰관주재소를 습격하여 그 사무를 실행하지 못하게 함으로 시위운동의 방법을 삼았음에 그치며, 별로 조선독립 목적을 달성할 수단으로 한 것이 아니기 때문에 소요죄를 구성하지만 내란죄를 구성하지는 않는다.

이 기술에서 보면 고딕 부분은 손병희 외 사건 고등법원 예심결정에서 조선독립운동의 정의와 같은 표현이다. 그리고 내란죄 성립을 부정하며 소요죄 성립을 긍정한다는 점에서도 손병희 외 고등법원 예심결정과 다르지 않다. 오히려 김현묵 외 사건 고등법원 예심결정의 법적 판단은 손병희 외 사건 고등법원 예심결정 법적 판단의 요약이라 생각된다. 양 예심결정의 차이는 사건의 진실관계에 있다.

분석 나: 최은식 외 사건 고등법원 예심결정 1920년 3월 22일
1919년 3월1일 이래로 '조선 각지에서 조선인 등 다수가 합동하여

조선을 독립국으로 할 희망 있음을 세상에 선전하기 위해 조선독립만세를 외치는 이른바 조선독립 시위운동을 행하는 자 계속 나와, 경기도 안성군 원곡면, 장성면 각처에서도 면민이 모여 위와 같은 시위운동을 행하는 자 생겼다.'

그리고 피고 최은식이나 이유섭 외는 거의 김현묵 외 사건과 같이, '조선은 독립국이 되어야 하므로 일본의 정책을 행하는 관청은 불필요하기 때문에' 순사주재소, 면사무소, 우체국 등을 파괴하고 내지인(일본인)을 구축해야 한다고 연설하며 그리 행하였다.

그리고 내란죄 성립에 대해 다음과 같이 말하고 있다.

[A] 본 건에 대해 내란죄 성립을 인정해야 한다는 견해가 없지는 않더라도 대개 내란죄가 성립하려면 다중 공동으로 폭동을 일으킬 것을 요하고, 그 폭동이 조헌문란의 목적으로 나타나며, 그 목적을 실행할 수단으로 행해질 것을 요한다. 그러므로 본 건 피고 등의 행위로 인정할 부분은 상기와 같은 것으로서, 그 행위는 오로지 조선독립 시위운동으로 기획, 실행된 것이라면 그 연유가 되는 것은 조선독립의 희망에 있기 때문에 조헌문란의 목적으로 나타난 것임은 명백하지만, 피고 등의 소행 가운데 다수 공동으로 조선독립만세를 외치며 각처를 횡행하는 행위는 형법 제77조[의] 이른바 폭동행위를 행하는 자가 아니므로 원래부터 내란죄에 해당되지 않음은 물론이다/

[B] 또 기타 행위인 폭행에 대해 논하겠으나 피고 등은 상기와 같은 조선독립 시위운동을 위해 단순히 조선의 한 군내에서 일개 작은 부락인 원곡면, 장성면 내 경찰관주재소, 면사무소, 우체국 및 한둘의 내지인(일본인) 주택만을 습격하여 폭행을 행하려는 결의에 기초하여 이를 실행한 것에 지나지 않으므로/

[C] 기본 취지로 할 부분은 오로지 이러한 폭려暴戾된 거동으로 말미암아 조선민족으로 하여금 그 조선독립의 희망을 세상에 선전하려는 점에 있으며, 이에 조헌문란 목적을 실행하는 수단으로 할 취지는 아니다 … 이 행

위는 내란죄를 구성하지는 않는다 ….

이렇게 보면 최은식 외 사건의 사실관계가 지금까지의 고등법원 예심결정의 그것과 다른데, 법적 판단에 관련된 부분([A][B][C])은 기본적으로 같으며 조선독립 시위운동이 조선독립의 희망에 유래하고 조헌문란의 목적에서 나온 것이 아니어서 내란죄 성립이 부정된다. 그리고 면사무소 등의 파괴행위는 '폭려暴戾된 거동'으로 집약되는데, 이 또한 '조선민족으로서 조선독립의 희망을 세상에 선전하려는' 것이라며 이제는 거의 정형화된 말투로 해석되고 있다.

그리고 이제껏 보이지 않았던 '한 군내에서 일개 작은 부락' '한 둘의 내지인 주택'([B])에서 습격이나 폭행 표현도 최소한의 피해대상을 향하고 있어서 조선독립 시위운동 결의가 격렬했다는 것이 고의로 강조되고 있다는 듯한 구절도 있다.

어느 쪽이건 손병희 외 사건 고등법원 예심결정의 상세한 법적 판단 전개에 비해, 최은식 외 사건 고등법원 예심결정의 법적 판단 서술은 김현묵 외 사건 고등법원 예심결정의 그것과 같이 간략히 되어 있다.

분석 다: 박경득 사건 고등법원 예심판결 1920년 3월 22일

박경득 사건은 이제까지의 복수 피고 사건과는 달리 단독범의 사건이다.

[A] 피고는 '독립에 대한 조선인의 희망이 격렬함을 천하에 발표하고 질서를 손숭하며 배외적 행위를 피해 시송일관 그 목적을 관철하는 것에 노력할 것을 종용하는 이른바 조선독립선언서 … 의 취지에 찬동하고, 다중취합하여 조선독립만세를 외치며 조선독립 시위운동을 행한 것을 접하고는 김시항과 함께 … 피고 거주 마을, 삼하동 및 그 부근 동리에서 다중을 규합하

여 조선독립 시위운동을 일으킬 것을 계획하였고, 1919년 3월 7일 의주군 옥상면 삼하동, 당목동에서 약 50명의 군중과 함께 조선독립만세를 외치며 각 읍내를 행진했으며 … 4월 2일 의주군 옥상면민 약 3천 명을 규합해서 면사무소에서 조선독립 시위운동을 일으켰고, 또 소요를 일으킨다는 소식을 알고서 각자 곤봉 등을 지니고 집합해 왔다.

[B] 피고는 김시항의 명에 따라 선봉대장이 되어 그 지휘를 맡으며 선두에 서서 동 면사무소에 들이닥쳐 이를 포위하고는' 사무 집행을 하지 말라고 말하며 장부, 공금 등의 제출을 요구하고 '응하지 않으면 이들을 살해한다고 협박'하며 그것들을 강탈했고, 실내의 포단 등을 꺼내 면사무소 밖의 밭에서 이를 손괴하는 등 폭행을 하고 소요를 행했'다. 이러한 피고의 행위는 보안법 등을 적용해야 할 것이다.

[C] '피고가 타인을 지휘하고 폭행, 협박을 행한 점은 조선이 다른 이유에 의해 독립국임을 예기(豫期)하고 면사무소를 폐쇄하여 면리인 등의 사무 집행을 금지했기 때문에 소요를 행한 것에 불과하고, 조선을 일본제국의 기반을 벗어나 독립시키는 수단으로 이를 감행한 것이 아니라면 위 피고의 행위는 소요죄를 구성하고 내란죄를 구성하지는 않는 … 것이 분명하다.'

이렇게 보면 박경득 사건 고등법원 예심결정은 박경득이라는 조선독립 시위운동을, 손병희 외 사건 고등법원 예심결정과 똑같이 〈독립에 대한 조선인의 희망이 격렬함을 천하에 발표〉([A])한 것으로 파악하고 있다. 그리고 박경득은 면사무소에 들이닥쳐 사무 집행을 방해하는 등 시위운동을 지휘했으므로 보안법 소요죄를 묻는다 하였다([B]). 그래서 내란죄 성립 요건인 '일본제국의 기반을 벗어나 독립시키는 수단'([C])의 검토는 이제 필요가 없어졌을 것이다. 내란죄 검토는 지극히 간단히 끝났으므로 이제까지의 손병희 외 사건, 김현묵 외 사건, 최은식 외 사건의 고등법원 예심결정과는 크게 달라서 박경득 사건의 사실관계 해명 심리에 노력을 부은 느낌이 든다.

분석 라: 안봉하 외 사건 고등법원 예심결정 1920년 3월 22일

천도교구장 안봉하의 이름은 이미 손병희 외 사건 속에 등장한다. 때문에 분명 안봉하 외 사건은 내란피고사건으로 심리되었는데, 그러나 안봉하 외 사건 고등법원 예심결정은 기본적으로 손병희 외 사건 고등법원 예심결정 내용을 가지고 파악된다. 그러므로 여기서 독자적으로 검토해야 할 것은 아니다.

분석 마: 권영대·윤상태 외 사건 고등법원 예심결정 1920년 3월 22일

병합심리가 행해진 것과 같이 재판소 결론도 두 개로 나뉘었다. 사건은 29명으로 이루어진 내란피고사건이었다. 그리고 고등법원 예심계 조선총독부 판사 永沼直方의 의견서가 고등법원에 제출되었다. 이 의견서[42])에 따르면, 배일사상을 가졌던 윤상태는 손병희의 독립선언과 각지의 불온한 언론동작을 하는 자에 이어 출현, 상해 임시정부 설립 정보를 접하고 조선독립의 목적달성을 위해 시위운동을 행하며 한편으로 상해의 조선임시정부와 결탁해야 한다고 모의했다. 그에 가담하고 있던 변상태는 다이쇼 8년 4월 3일 약 2,000명의 군중을 선동하여 구 한국 국기를 앞세우고는 독립만세를 외치며 시위운동을 하고 있었지만 헌병에 저지당해 흩어져 도주했다. 그 군중 속에 권영대도 있었다. 나가느마永沼의견서는 상세히 시위운동을 파악하며 윤상태, 변상태 등을 보안법 제7조, 혹은 다이쇼 8년 제령 제7호 제1조를 적용하여 처단함에 그쳤으며 그 이외에는 면소, 혹은 무죄로 해야 한다고 했다. 그리고 '다시 말해 본 건에서 내란죄를 구성하는 것이라 인정하기엔 그 증거 충분치 않음'이라 하였다.

따라서 나가느마永沼 의견서는 피고 등을 보안법 제7조로 처단되는

---

42) 〈高等法院予審掛判事意見書1920年2月12日〉, 《判決精選》 第1卷 〈內亂罪の成立如何〉, 676쪽(국사편찬위원회, 《한민족독립운동사자료집》 제9권, 246쪽 재록).

그룹과 면소·무죄가 되는 그룹으로 나눴다. 그리고 내란죄에 관해 증거는 불충분하다고 결론지으며 어떠한 검토도 하지 않고 있는 것에서 알수 있듯이, 이 의견서 제출 시점에 이미 내란죄 성립에 관한 해석이 정착되어 있었다고 말하지 않을 수 없다. 실제로, 권영대·윤상태 외 사건 고등법원 예심결정 1920년 3월 22일이 피고 변상태, 권영대 등의 그룹에 대한 관할재판소를 경성지방법원[43] 으로 지정하고, 윤상태 등의 그룹을 면소로 한 배경에는 이제까지의 내란죄에 관한 고등법원의 일정한 해석론이 기능하는 것이 우선 사항이었다.

분석 바: 이정화사건 고등법원 예심결정 1920년 4월 30일 1919년 특예 제11호, 1920년 특예 제1호

고등법원 예심판결은 필두자인 이정화 외에 19명에 대한 것이었다. 고등법원 예심담당판사 쿠스노키 쯔네조우楠常藏가 의견서를 제출했다. 이 예심결정 주문은 피고를 두 그룹으로 나누고 있다. 즉, 앞의 권영대·윤상태 외 사건에 대한 예심결정과 같이 관할재판소를 평양지방법원으로 하여 재판을 받는 그룹과 면소방면을 받는 그룹이었다. 따라서 예심결정은 애초에 내란피고사건으로 사건을 다루고 있지 않다. 이하 개략적으로 살펴보자.

[A] 필두자 이정화는 평안북도 강계군, 자성군, 후창군의 3군과 중국임강현의 천도교무를 통괄하는 천도교 대교구장이다. 그는 이태왕李太王 국장 참관과 천도교대기도일 참례를 위해 출경했는데, 예정보다 늦은 3월5일 경성에 도착했다. 천도교 중앙총부에서 천도주 박연홍을 면회하

---

43) 경성복심법원판결 1921년 2월 23일에 경성지방법원판결 1920년 8월 7일이 기재되어 있음으로 인해 고등법원이 지정한 경성지방법원의 판결일을 알 수는 있지만 그 판결 원본은 발견되지 않는다.

고 천도교주 손병희 등이 조선독립선언을 발표하여 체포 구금되었다는 것을 알고 박연호에게 명령을 받았다.

박연호 등은 손병희의 의사를 이어 조선독립 시위운동을 행하며 그 독립의 목적을 달성하기 위해 대표자·위원을 파리강화회의 및 재중국상해동지 곁으로 파견할 것을 기도했으나, 중앙총부에 보관한 재산도 관헌에 압수당해 독립운동자금에 궁핍을 느끼고 있을 때에 '시급히 피고들의 임지에 돌아가 교구내 신도에게 해당 운동자금을 모집하거나, 미리 천도교교당 건축비로 모집한 자금은 … 각 기부자에게 반환하지 말고 각 기부자로 하여금 독립운동자금에 낼 것을 승낙받아 … 모집한 독립운동자금과 함께 이를 중앙총부에 송부하도록 명했다.'

박연홍의 명에 따라 독립운동자금 모집에 뛰어들어 그 뜻을 선동하고 치안을 방해했다. 피고 양재학 등은 이정화 등의 선동을 받아 각 담당 천도교도에게 박연호의 명령 취지를 선전했고, 조선독립운동비를 모집할 것을 꾀했으며 모집한 운동비는 백인옥이 관리하기로 했다. 예심결정에 따르면 이들 사실은 증거충분으로 이정화의 소행은 보안법 제7조, 조선형사령 제42조, 다이쇼 8년 제령 제7호 제1조 말항, 형법 제6조, 제10조에 해당하며, 고등법원의 특별권한에 속하지 않는다. 따라서 평양지방법원을 관할재판소로 지정한다.

그런데 피고 김문벽, 문여필, 김영순, 이병기, 장세준, 장세호, 김세훈, 허태하, 이병운, 이윤조, 이득수, 이승주와 관련해서 논조가 바뀐 것으로 보인다. 길지만 중요하므로 인용한다.

[B] 다이쇼 8년 2월 중 천도교주 손병희 외 32명은 조선을 일본제국 통치로부터 이탈시키고 그 지역에서 새로이 하나의 독립국을 건설하려 꾸몄는데 우선 조헌을 문란케 하는 불온문서를 공표하고 전 조선인의 독립의사를

고취시켰으며 각지에 시위운동을 개시하게 했다. 더욱이 해당 운동은 자연스레 내란죄 요소인 폭동을 감행해야 함을 미리 인식하면서 선언서라 제목을 짓고, 조선인은 자유민이며 조선은 독립국이며 전 조선민족은 서로 호응하여 최후의 한 명에 이르기까지 독립 완성에 노력해야 한다는 문서를 다수 인쇄하여 동년 3월 1일 이후 이를 조선 내에 뿌렸으며, 또는 사람을 주요 시읍에 보내 그 취지를 선전할 때 그에 찬동해 자금을 자급할 목적으로 앞의 피고 이정화 외 7명과 협력해서 같은 달 13일부터 7월 16일까지 평안북도 자성군, 기타 각지의 천도교도 수백 명에게 그 취지를 전했는데 합계 17,765엔 60전을 모집하여 그 가운데 5,000엔은 두 번에 걸쳐 천도교 중앙총부에 송부자급하여 손병희 등의 기획행동을 방조했다 … 각지의 독립운동 자금으로 이를 지불하거나 했다는 공소사실은 범죄의 증거가 충분치 않으므로 … 주문과 같이 결정한다.

그렇게 보면 [B]에서는 독립선언서 내용과 각지의 독립시위운동을 소개하고, 그 운동이 '자연스레' 내란죄 요소인 폭동을 행하는 것도 나오게 될 것이란 점을 인식하면서 천도교는 독립운동에 자금을 제공하고 있다는 것이 설명되어 있다. 그리고 조헌문란인 당 운동이 '내란죄 요소가 되는 폭동'에 이르고 있다고는 말하지 않는데, 오히려 '폭동'을 증명하려면 '충분'해야 한다고 말한다. 따라서 이정화 외 고등법원 예심결정은 선례인 손병희 외 예심결정에서 정립된 폭동의 이론에 입각하여 말하자면 그에 이르지 못한 바로 직전 단계로 이정화 외의 행동을 자리매김하고 있다.

그렇다고는 해도 이정화 외 예심결정은 폭동 증명이 충분치 않다는 지적뿐 아니라, 피고 김문벽 외 11인의 그룹을 피고 이창화 외 그룹과는 달리 평양지방법원 관할에서 해방하여 면소·무죄로 하였다.

5. 판결에서 내란 성립의 조건

1) 오학수 외 사건 고등법원판결 1921년 5월 9일 특형 제2호의 1

오학수 외 사건의 고등법원판결은 3·1독립운동 탄압 후의 오학수 외 사건과 관련된 독립운동에 대해 다음과 같이 말한다.

1919년 3월 이후 '독립만세를 외치며 소요를 일으키기에 이르러 관헌이 탄압하게 되었는데, 소기 목적을 달성하는 것은 어렵다 하더라도 독립사상 고취의 기관으로서 조직한 청년단'이 각지에 있었다. 피고 오학수 외는 '동지와 함께 각지 청년단을 통일하여 동일한 방침 아래에 독립운동을 계속할 것을 기획하여 1919년 11월 대한청년단연합회란 것을 설립했고, 익 12월 중국 콴뎬寬甸현 향로구香爐溝에서 제1회 총회를 개최하여 내외의 각 청년단을 연합할 것, 단원은 매년 2엔씩 낼 것, 제 규칙의 제정, 임원 선거를 행할 것의 3개조를 결의'하여 오학수는 통신부장에 취임했다. 1920년 4월 19일 제2회 총회에서 '재상해 대한민국임시정부와 기맥氣脈을 취하여 이들과 연락하고 함께 전쟁에 의해 독립을 기도할 것을 결의'했으며, 익 20일 '매년 금 6만 엔을 동 정부에 송부할 것, 무기를 구입할 것, 기타 전쟁준비 건을 협정했다.' 임시정부원은 광복군사령부란 것을 설치했고, 이탁李鐸이 사령관이 되어 총괄하면서 폭탄, 권총폭탄제조용 원료기구 등 전쟁에 쓸 물건……을 구입하여' 배편으로 이들을 가져오게 되었는데, 오학수와 함께 같은 해 7월 6일 상해를 떠나 동 9일에 안동현 이륭양행怡隆洋行 앞에 상륙하여 10일 미명未明 관계자는 모두 체포되었고 짐은 압수되었다. '피고 오학수 … 의 행위는 **형법 제78조에 … 해당하므로** 그 법정 형기범위 안에서 주문의 형에 처함에 상당한다.' 즉 '금고 1년에 처한다.'

그런데 형법 제78조는 다음과 같다. '내란의 예비 또는 음모를 행한 자는 1년 이상 10년 이하의 금고에 처한다.' 판결은 오학수의 행위를 '내란의 예비 또는 음모'에 해당한다고 주장하면서 아무 해설도 하지 않고 있다. 때문에 고등법원은 형법 제78조의 적용에 어려움을 느끼지 않았음에 틀림없다. 또, 물론 오학수 외 사건 고등법원 판결은 형법 제77조를 적용해야 할 사건을 다루지 않았다는 사정도 있을 것이다. 그러나 제77조와 제78조는 내란에 관한 일련의 법규이므로 내란 자체의 이해에는 공통성이 있을 터이다.

그러나 3·1독립운동과 내란죄의 관계를 이 글의 관점에서 본다면 손병희 외 사건 고등법원 예심결정 이외의 3·1독립운동 판결에서는 오학수 외 사건에서와 같은 피고의 내란 목적 달성을 위한 구체적이고 조직적인 활동의 측면을 발견하고 있지 않았다는 점이 두드러진다. 바꿔 말하면 손병희 등의 고등법원 예심결정은 3·1독립운동이 구체적이며 조직적인 폭동이나 폭행·협박에 의해 내란의 측면과 이어지는 점을 보기보다, 독립선언에서 태동되는, 말하자면 보통의 개개인·대중의 독립 희망이 격렬함을 제시·표현되는 것을 지적하고 있다. 예심결정은 실로 3·1독립운동의 대중적 특질을 떠올리게 했다고 봐야 하지 않을까.

2) 이동휘 외 사건 고등법원 예심결정 1924년 3월 12일 1920년 특예 2호

피고 16명 가운데 12명이 상해 프랑스조계에 주소를 가지며 주소 불특정 등 3명, 나머지 1명은 영국인으로 중국 봉천에 주소를 가진 무역상, 아일랜드 출신의 쇼이다. 따라서 3·1운동의 지역적·국제적 관계의 다양성이 나타나 있다. 공소이유에 해당하는 지점에서 사건을 다음과 같이 설명한다.

[A] 예심을 수행한 서류에 따르면 1919년 3월 이래 '조선 각지에서 봉

기한 독립운동과 책응하여 조선 독립을 꾀할 목적으로 중국 상해 프랑스 조계에서 대한민국임시정부라 참칭하며 의정원 및 구국모험단이란 기관을 조직했는데, 피고인 등은 각기 요직을 맡아 독립사상 선전에 힘쓰고 더욱이 다이쇼 9년 1월 무렵 단연 독립전쟁을 일으킬 정도로 무력에 호소해서 뜻을 관철시킬 것을 결정해서 그 획책을 일으키고, 또한 피고인 안병찬, 이탁, 양준명은 다른 다수와 함께 동일 목적으로 중국 성경성盛京省에서 대한청년단연합회를 조직하여 위 임시정부와 기맥을 통해 무력으로 목적을 달성할 것을 기도하였다. 안동현에 위 임시정부의 군무지국, 교통지국을 설치하는 등 조선 내 진입 준비행위를 행하는 등 내란의 예비행위를 감행하였다/

[B] 피고인 쇼는 위 임시정부 및 연합회의 성질, 목적, 수단 등을 자세히 알면서도, 그 목적 달성에 이바지할 목적으로 다이쇼 8년 7월쯤부터 다이쇼 9년 7월 상순까지 위 임시정부원 및 연합회원 등에 대해 재안동현 자기소유의 주택, 기타 건조물을 대여했고 자기관리의 선박을 제공하여 상해, 안동 간 왕래에 쓰게 했으며, 군수품문서 등을 운반하여 금품 발착에 자기명의를 사용케 했고 또한 제국관헌의 행동을 통보하는 등 앞의 내란예비 행위를 방조했다고 하는 점이 있으나 다이쇼 13년 3월 7일 고등법원검사장 나카무라 다케조中村竹藏으로부터 공소의 취소 있음으로 인해

이상의 내용에 이어 고등법원은 주문에서 공소기각을 언급했다. 그러나 판결 이유에 해당되는 것은 없다. 재판소는 검사의 공소기각을 받아들이고 있을 뿐이다. 따라서 통상적으로 보이지 않는, 변칙적이라 할 수밖에 없는 지극히 긴 공소이유 [A], [B]가 실제로는 판결 이유에 상당하는 것이 아닐까 생각할 수밖에 없다. 재판소는 아마도 의도적으로 [A], [B]를 언급했을 것이다. 만약 그렇다면 [A], [B]는 내란에 괸해 손병희 외 사건결정에서 설명한 것을 답습했다고 생각된다. 즉 오학수 외 사건 고등법원 판결과 같이 내란의 목적달성을 위한 구체적이며 조직적인 활동이란 어떤 것을 말하는가를 이동휘 외 사건 고등법원 예심결정

은 확인했던 것은 아닐까. 만약 그렇게 볼 수 있다면 3·1독립운동의 전체적 특징은 강덕상의 기대와 달리 내란의 목적달성을 위한 구체적이며 조직적인 활동, 다시 말해 폭동을 가리키고 있지 않다는 것이 아닐까.

6. 나가며

한마디 설명해 두고자 한다. 전부터 3·1독립운동은 폭동이라는 이해가 일본의 교과서 문제에 있었다. 이는 더 이상 오늘날 유지할 수 있는 것이 아니다. 그러나 폭동이 아니라는 소극적인 표현으로 만족해도 좋을지, 필자는 의문으로 생각하고 있었다. 때문에 3·1독립운동이 가진 적극적이고 깊은 의의를 나타내는 단어를 찾아왔다. 물론 이러한 단어도 또한 식민지 지배자의 일익을 담당한 고등법원 판결이라는 역사적 조건에 제약받고 있다. 그럼에도 불구하고 1919년 3월 1일에 민족대표자에 의한 독립선언으로 해방되었을 터인 무수한 개개인·대중의 독립 희망이 격렬함을 제시·표현하는 것이 그 유력한 핵심이 아닐까 생각하기에 이르렀다. 따라서 역사적 고투를 거쳐 형성되어 온, 그리고 오늘날에도 한국을 움직이는, 혹은 지탱하는 이러한 국가 형성의 데모크라시 정신을 일본인은 이해해야 한다. 한일 교류에 이러한 이해가 필수적이라 생각한다.

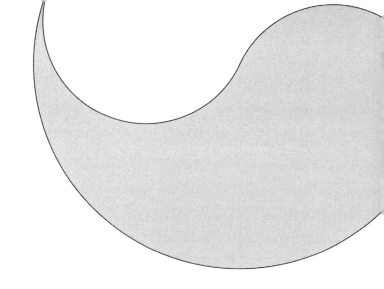

제3부

3·1만세운동의 사상과 문학

손병희의 사상과 3·1독립만세운동

변영호(쓰루분카대학 비교문화학과)

1. 머리말

1919년 3월 1일, 독립을 외치는 소리가 식민지 조선과 해외에 거주하는 한국인, 조선인들 사이에서 높아갔다. 그것은 민족대표 33명이 〈독립선언서〉에 서명하여 발표한 것을 계기로 순식간에 펼쳐진 것이었다. 현대 한국에서는 3월 1일은 공휴일이 되어 그 식전의 대통령 연설은 중요한 방침을 발표하는 장이 되고 있다.

3·1운동은 내부적으로는 1905년 대한제국의 보호국화, 1910년의 한

국병합과 이후의 무단통치에 대한 반발과 대외적으로는 격동하고 있는 세계정세와 연동되어 일어난 것이었다. 제1차 세계대전, 러시아의 사회주의혁명, 미국 대통령 윌슨의 민족자결주의民族自決主義와 강화조약회의의 개최가 그 원인이었다. 3·1독립운동은 민족대표자들에 의한 비폭력 형식이었고, 윌슨이 제창한 민족자결주의에 의한 독립을 열강으로부터 인정받으려는 것이 주된 목적이었기 때문에 당사자들은 가능성이 있다고 기대했었다. 이 운동은 동학 제3대 교령敎領 손병희孫秉熙(호는 의암義菴 1861-1922)가 주도하고 기독교와 불교의 저명인사들을 동원하여 자금원조도 하였다.

손병희는 옥중생활에서 병이 깊어져 겨우 석방되나 정신적 육체적으로 회복되지 못한 채 세상을 떠난다. 독립운동을 거의 옥중사獄中死로 끝냈다고 해도 과언이 아니다. 당연히 3·1운동의 주도자로서 손병희는 3·1운동 후의 각종 망명정부들 가운데서 본인의 의사와는 관계없이 주석, 대통령으로 추대받은 사례가 많다. 하지만 오늘의 한국에서는 손병희에 대한 평가가 높다고는 볼 수 없다. 김구, 안창호, 유관순, 윤봉길의 이름과 초상화는 흔히 보지만 손병희의 모습을 보는 일은 거의 없다.

왜 현대한국에서 손병희에 대한 평가가 그다지 높지 않은가? 여기에는 여러 가지 원인이 있다.

첫째로 러일전쟁 전후 일본과 협력한 것이다. 정치적인 이용가치가 있는 사람들에게는 시기에 따라 이용하냐 이용당하냐는 이면성이 나타나기 때문에 복잡해질 수밖에 없지만 이 시기는 조선왕조로부터 탄압을 계속해서 받고 있었고 또한 일본과 러시아와의 관계가 뒤엉켜 손병희의 거동은 복잡해질 수밖에 없었다.

두 번째로 천도교의 핵심교리인 '인내천人乃天'을 어떻게 해석하냐 하는 문제이기도 하다. 손병희가 동학을 천도교로 개칭할 때 표어를 시천주'侍天主'로부터 '인내천人乃天'으로 일컫는데 이에 대한 이해가 혼란을 불러일으키고 있다. 특히 인격신人格神으로서의 천주天主가 부정당하고 비인격적인 천天하늘로 되었다는 해석이다. 그것은 비인격적인 주자학(성리학)에로의 회귀이면서 손병희 등은 유교적 우민관념愚民觀念을 가지고 있다는 견해도 있다. 이렇게 손병희의 3·1운동에 대한 공헌은 소극적인 것으로 인정되었다. 하지만 여기에는 적지 않은 오해가 있는 듯하다.

세 번째로 정치와 종교를 독자적인 논리로 결합시킨 손병희, 천도교의 교의에 관련시키는 시각이 있다. 손병희는 정치와 종교를 상호적인 배우자의 관계로 보고 '교정쌍전敎政雙全'이라 하고 있지만 정치와 종교는 같은 천도에 의하여 통합되어 있고 근대적인 정교분리政敎分離와는 정반대라는 관점은 손병희에 대한 부정적 평가와도 관련된다. 또한 3·1운동을 주도하고 정치에 적극적으로 관여하였다는 점에서 손병희가 종교가라기보다는 정치적 야심을 가졌다고 비판적인 시선으로 보는 사람들이 있다.

네 번째로 동학과 천도교를 한국 토착의 자생적인 근대사상으로 이해하는 시점의 연약함에서 오는 부정적인 평가이기도 하다. 한국의 근대사상이라고 하면 개화파 등의 서양적인 근대화를 지향하는 사상을 가리키고 동학, 천도교는 민중투쟁에서는 거론되지만 그 자체가 한국의 토착적이고 자생적인 근대사상이라는 평가는 없다. 근대라고 하면 서양적인 근대화만을 염두에 두고 있다. 이런 시점으로부터 보면 자생적인 근대사상으로서 동학, 천도교가 높이 평가받는다는 건 아예 기대하기 어렵다. 최근에 시작된 새로운 집단적 지성의 장에서 '토착적 근대', '영성靈性'을 키워드로 한국의 토착적 근대사상을 찾아보는 연구가 진행되고 있는데 동학-천도교-증산교-원불교를 한국의 토착적인 근대사상으로 보고 '개벽파開闢派'로 부르자고 제창하고 있나. 이 점은 마지막에 전망으로서 문제제기를 하고 싶다. 여기서는 위의 네 가지 원인을 순차적으로 재검토하여 손병희에 대한 재평가를 시도해 보려고 한다.

2. 손병희의 생애

손병희를 알려면 먼저 동학의 역사를 보지 않으면 안 된다. 동학은 최제우崔濟愚(호는 수운水雲 1824-1864)가 돌연히 나타난 상제上帝(천주天主, 천天)와 대화한 '천인문답天人問答' 체험(1860년)으로부터 시작된다. 최제우는 영락한 양반가에서 태어났지만 가산을 탕진한 후 한 시기는 무술을 배워서 무과거武科擧를 지향하기도 하고 그 다음에는 상인이 되어 행상하면서 전국을 돌기도 하였다. 친족 가운데 한 사람이라도 상업에 종사하면 주위로부터 양반 취급을 받지 못하는 천상의식賤商意識이 강한 조선왕조시대에서 이색적인 경력이기도 하다. 하지만 천시받는 직업에 종사하고 공동체로부터 떨어져 전국을 유랑한 경험이 그의 식견을 넓혀 동학의 창도創道에 영향을 준 것은 의심할 여지가 없다. 아버지는 이퇴계(이름은 황滉, 퇴계는 호 1501-1570) 학파에 관련이 있는 인물로서 최제우 자신도 유교적인 학문소양을 충분히 갖추고 있었다. 고향에 돌아온 후로는 수행에 전념하여 '천인문답' 체험 이후 64년에 처형될 때까지 포교를 하였다. 최시형崔時亨(호는 해월海月, 1827-1898)은 머슴신분으로서 당시의 학문적 소양을 별로 갖추지 못했지만 최제우는 처형되기 직전에 최시형에게 우리의 가르침은 '수심정기守心正氣'의 네 문자만이라고 가르치고 제2대 교령으로 지명하고 후사를 부탁했다. 최시형은 교전敎典 정비, 신자 확대 등에 전력을 다하여 이 시기에 동학 교단을 크게 성장시켰다. 하지만 대한제국 때 조선왕조에 의해 체포되고 교수형을 당한다.

손병희는 충청북도 청원군淸原郡(현재의 청주시) 향리(지역관청의 세습적 실무단당자, 중인 신분)의 가정에서 태어났다.[1] 아버지는 첫 부인과 사별한 후 재혼하고 그 재혼한 어머니가 손병희를 낳는다. 하지만 전처에게서 태어난 장남이 있었기에 서얼庶孽로 대우되어 제사에도 참가하지 못하고 차별에 분노를 품는다. 중인(향리) 신분으로서 서얼 대우를 받은 것이 원인이 되어 조선왕조의 신분차별과 그 유교사상에 강렬히 반발하고 동학에 매료되어 입교한다. 1882년에 동학에 입도하고 3년 후에 최시형과 만나 고족제자高足弟子가 된다. 1894년 갑오농민전쟁 때는 충청도의 북접군北接軍을 인솔하여 남접군南接軍(전라도)을 인솔하는 전봉준全琫準과 함께 관군과 맞서 싸웠다. 관군의 토벌을 피하기 위하여 최시형을 모시면서 원산元山에 몸을 감추고 최시형이 체포되기 직전에 제3대 교령으로 지명된다.

1994년의 동학농민전쟁 패배 후, 동학교단은 조선왕조로부터 철저한 탄압을 받고 비합법조직으로 찍혀 체포되면 처형당하는 상황이었다. 당시 근대화된 일본군은 그 위력을 과시하고 있었다. 일본과 러시아가 한반도의 패권을 둘러싸고 긴장감이 높아지면서 드디어 러일전쟁이 폭발하게 된다. 손병희는 상당히 복잡하고 어려운 과제에 대처하지 않을 수 없었다. 우선 조선왕조로부터 도망하면서 세계의 근대국가를 알기 위해 1901년에 일본에 망명한다. 처음에는 일본을 거쳐 미국에 가려고 했었지만 그러지 못하고 일본에서 5년 정도 망명생활을 하게 된다. 근대화의 필요성을 통감한 연유로 조선에 있을 때도 일본에 있을 때도 망명 개화파 인사들과 교류하고 상해上海나 메이지 유신 이후 개혁의 발걸음이 빠른 동경東京을 돌아보면서 인재육성의 필요성을 느낀다. 손병희는 러일전쟁은 피할 수 없고 이 전쟁에서 일본이 승리할 것을 예측하였다.

---

1) 손병희의 생애에 대해서는 김삼웅, 《의암 손병희 평전-격동기의 경세가》, 채륜, 2017.

그리하여 일본 승리 후에 일본이 전승국의 지위를 얻게 하도록 도와주고 일본군인과의 접근도 시도하며 러일전쟁 전에는 일본에 군자금을 제공하고 또한 군용(서북)철도 건설에 동학신도를 무상으로 동원하기도 하였다.

동학농민전쟁 시기에는 국왕에 대해 환상을 품었는지 모르겠지만 손병희가 교령이 된 시기에는 조선왕조와의 관계가 명백하게 변해 있었

〈그림 1〉 젊은 시절의 손병희

다. 조선왕조는 최제우, 최시형을 처형했고 또한 손병희는 근대적인 세계의 흐름으로부터 군주제도에 대하여 부정적인 생각을 가지고 공화정체共和政體를 구상하게 되었다.

하지만 일본의 러일전쟁 승리에 적지 않은 공헌을 했음에도 불구하고 일본은 손병희 등에게 전승국민의 지위를 주기는커녕 1905년의 일한보호조약, 1910년의 한국병합으로 나갔다. 또한 일본은 동학교단을 분열시킬 공작도 했다. 그것이 일진회一進會이다. 원래 손병희는 근대적인 민주주의의 모체를 구상하고 1904년에 조선 안에 있는 동학교단 간부인 이용구李容九에게 지시하여 민회民會(진보회進步會)를 조직하였다. 그러나 이 시기 친일단체로서 송병준宋秉畯이 만든 일진회가 이용구를

매수하여 진보회는 일진회와 합동하게 되었다. 합동일진회는 일본에 한국 보호국화를 진정陳情하는 성명을 발표하였다. 이 시기 일본에 있었던 손병희는 상황을 파악하기 위하여 이용구를 부르고 '보호국이 왜로부터 독립인가?'고 질책하고 일한보호조약에 견결히 반대하였다고 한다. 하지만 이 당시 러일전쟁에서 일본에 대해 협력하고, 진보회가 친일단체인 일진회와 합동한 일들이 손병희에 대한 나쁜 인상을 불러일으켰다는 것은 부정하기 어렵다.

손병희는 1905년 12월 1일 동학을 '천도교天道敎'로 개칭하고 '인내천人乃天'을 표어로 하였다. 1905년 말에는 동학, 손병희를 탄압한 대한제국이 일본의 보호국이 된 이유로 탄압이 약화되자 한국으로 돌아왔다. 교단 이름을 바꾼 이유는 동학은 일진회라는 조선민중의 인상을 바꾸기 위한 것과 교리, 조직 등 면에서 근대적인 종교교단으로 발전시켜 일본에 그 존재를 인정시키고 동학, 천도교에 대한 조선왕조의 정치탄압을 끝내게 하기 위한 데 목적이 있었다고 본다. 천도교 내부에서는 일진회의 송병준, 이용구 등 친일세력과의 반목이 격화되고 손병희는 일진회의 인물들을 교단으로부터 추방하였지만 재정 면에서 곤란에 봉착하게 된다. 이후 일진회 계열의 이용구 등은 천도교로부터 추방된 후 '시천교侍天敎'를 창설함으로써 동학은 분열된다.

손병희가 교섭 상대로 기대했던 일본은 배신행위를 계속하여 최종적으로는 식민지화와 무단정치 실시에 이르렀다. 당시 상황에서는 군사력으로 일본과 싸운다는 것은 비현실적인 이야기였다. 때를 기다리던 차에 윌슨의 민족자결권 구상과 강화조약회의 개최의 뉴스가 전해졌다. 이 시기 손병희는 자신의 체포를 고려하여 교령을 박인호朴寅浩에게 양도하고 1919년에는 3·1독립운동을 주도하여 민족대표 33명이 서명한 〈선언서〉를 발표한다. 그는 평화적인 독립운동을 모색하고 독립의 실현을 기대하기도 하였다. 〈독립선언서〉(최남선崔南善 집필)를 낭독한 후

민족대표들은 경찰에 출두하여 체포되고 손병희는 징역 3년형을 선고받는다. 병이 깊어져 보석 석방된 후 1922년에 서거한다. 손병희의 대일협력은 당시의 문맥 가운데서 재검토되어야 하지 않을까.

3. '시천주侍天主'로부터 '인내천人乃天'으로

1) '인내천'의 등장 경위

손병희의 저작은 크게 말하면 다음 네 단계로 분류된다. (1) 제3대 교령이 되었던 1890년대 후반의 것은 교단 재건을 위한 《각세진경覺世眞經》(1899), 《수수명실록授受明實錄》(1899) 등 동학 교리의 재정리를 한 것이다. (2) 일본에 망명 중이던 때(1901~1905)에 정치 경제 종교도 포함한 근대화가 전면에 나타났을 즈음에 《명리전明理傳》(1903), 《삼전론三戰論》(1903)을 집필하였다. 더욱이 《준비시대準備時代》(1905.4.)는 새로운 국가의 정권 구상이라 할 수 있는 구체적인 분석이 지방자치의 구체책具體策까지 포함되어 제안되고 있다. (3) 엄밀하게는 일본 체류 중에 쓴 것도 포함되지만 천도교로 개칭하고 귀국한 후의 것으로, 정치와 종교와의 관계도 포함한 교리의 체계적인 정리가 중심이 된 《천도태원교天道太元敎》(1906), 《대종정의大宗正義》(1905~1906) 등이 있다. (4) 완전 식민지화되기 전후시기의 것으로, 체계화된 교리의 완성판인 《無體法經》(1910.4.), 《성령출세설性靈出世說》(1909), 《이신환성설以身換性說》(1913~1916) 등이 있다. 이 시기의 저작은 용어 등 면에서 이전의 것과 비교하여 불교적인 색채가 상당히 농후해지고 생사에 관한 문제를 주로 다루고 극히 난해하였다.

'인내천人乃天'의 근본 교리가 되는 《각세진경》(1899)에서는 '시천주'로부터 '주主'가 탈락하고 '인이시천人以侍天'으로 된다. 《수수명실록》(1899), 《명리전》(1903)에서는 "인人은 천인天人이다(人是天人)"라는 표현이 보이지만 《대종정의》(1905)에 와서는 '인내천'이라는 표현이 등장한다. 이 시기에 새롭게 천도교로 개칭하고 교단의 표어로서 '인내천'을 전면에 내놓았다.2) 지금에 이르러서는 동학, 천도교라고 하면 사람들은 '인내천人乃天' 사상이라고 일컫게 된다.

2) '시천주'

최제우가 창시한 동학의 핵심사상은 '시천주侍天主'이다. 최제우는 신비적인 천天, 천주天主, 상제上帝와의 대화를 체험한 후 '시천주'에 이르는데 그 경위는 최제우 자신이 쓴 《동경대전東經大全》 〈포덕문布德文〉의 〈천인대화天人對話〉, 〈논학문論學問〉에서 아래와 같이 전해진다.

> 1860년 4월 5일, 산중에서 수행하던 최제우는 갑자기 한기를 느끼고 이상한 신체의 떨림에 사로잡혔습니다. …… 무언가 영적인 느낌을 받은 것 같다는 생각이 드는 순간, 아무것도 없던 공중에서 갑자기 신이神異한 소리가 들려왔습니다. 그는 깜짝 놀랐습니다. 가까스로 마음을 진정한 후 조심조심 "누구십니까?"하고 물었습니다. "두려워마라, 두려워마라."라고 소리의 주인이 답하였습니다. "세인은 나를 상제라고 부른다. 그대는 상제를 알지 못하는가?"
> 최제우는 상제가 도대체 자기 같은 사람에게 무슨 일이 있냐고 물었습니다. 그러자 상제는 "나는 아직까지 아무것도 이룬 것이 없었다. 그런 까닭에 그대를 이 세상에 태어나게 하고 법을 주어 사람들을 교화시키도록 한다. 결코 의심하지 말고 의심하지 마라."라고 말하였습니다. 그리고 또한 "내 마음

---

2) 朴孟洙, 《개벽의 꿈》, 모시는사람들사, 2011, 506쪽.

은 곧 그대의 마음이다(吾心卽汝心). 세간 사람들이 어찌 이것을 알겠는가. 사람들은 천지에 관해서는 알아도 그 천지를 지배하는 귀신에 관해서는 알지 못한다. 귀신이란 바로 나를 말한다. 너에게 무궁한 도를 주니, 도를 수련하고 문장으로 사람들을 가르치며, 상제의 법을 바르게 닦아 덕을 전파하라."고 말하였습니다.

최제우는 소리의 주인을 향해 "그렇다면 서도西道(西學, 기독교)로 사람들을 교화시키라는 것입니까?"하고 물었더니, 소리의 주인은 "그렇지 않다"라고 단호히 부정하였습니다. 그리고 상제는 "내가 지금부터 줄 영부靈符로 사람들의 병을 구제하고, 주문으로 사람들을 교화시키라"고 하면서 "그렇게 하면 너 또한 장생하고 천하에 덕을 널리 전파할 것이다"라고 덧붙였습니다.[3]

이 사료는 한문으로 쓰인 것으로 '천天', '천주天主', '상제上帝'는 한글로 쓰인 사료에는 하눌님(HANULNIM 하늘님 아닌 하눌님)이 되었다. 또한 "도는 천도를 이르며 학은 동학이니라(道雖天道, 學則東學. 〈논학문〉)"에서 천도교天道敎는 여기서 이름을 얻은 것에 주목하여야 할 것이다.

최제우는 동학의 교의敎義를 다음 21문자로 압축하여 누구나 알 수 있는 21문자 주문을 외우며 수행을 실천케 하였다.

"至氣今至. 願爲大降. 侍天主. 造化定. 永世不忘. 萬事知."
'지기至氣'는 "허령창창虛靈蒼蒼한 것으로 간섭할 수 있는 일이 아니며 명命을 가진 일이 아니다. 그러나 형形은 있으나 형상形狀은 없고 들리나 보기 어렵다. 이것을 혼원渾元의 일기一氣라고 이른다(〈논학문〉)."

지기至氣란 자연과 세계에 가득한 것으로 우주만물을 가로지르는 근원적 힘으로서 생명력을 의미하는 것이다. '천주天主'란 감각적·경험적

---

3) 김태창 구술/야규 마코토 기록/정지욱 옮김, 《일본에서 일본인들에게 들려준 한삶과 한마음과 한얼의 공공철학 이야기》, 모시는사람들, 2012, 359~360쪽.

세계를 초월한 유일절대의 주재主宰하는 인격적 호칭으로 구극원리究極原理를 가리키는데 이것을 '님'[主]이라 부르는 것이다. 후반의 "侍天主, 造化定, 永世不忘, 萬事知" 13자는 본 주문本呪文이라 하여 동학에서 특히 중시하는 것으로 "주문 13자를 성심성의로 외우면 만권시서萬卷詩書도 미치지 못하니라(〈교훈가敎訓歌〉)"고 하였다.

'시천주'는 '천주'를 모시는 것이 아니다. 절대 권력자인 천주를 향한 일방적인 모심이 아니다. 최제우는 '시侍'자의 의미를 "內內有神靈. 外有氣化. 一世之人. 各知不移者也."(〈논학문〉)라고 설명하였다. 한 사람 한 사람 인간의 내면 깊이에 있는 신묘한 영기靈氣의 효능과 외계의 천지만물에 이르는 작용으로 생생화화生生化化한 기능을 일컫는 것으로, 기화氣化와 상관 연동을 자각 체감하는 동시에 함께 세상을 사는 사람들까지 이러한 경지를 지득케 하여 정신적 미주迷走(일탈)가 없는 것에 이르는 것이다. 시천주는 "인간의 내적 신령을 가지고 외적 기화를 이루는 것(內有神靈, 外有氣化)"이라고 설명하여 인간이 내면에 천주의 영靈을 모시는[侍] 것을 이른다.

3) '인내천'에 대한 비판

신앙과 체험을 중시하는 표어인 '시천주'에 견주어 손병희가 표어화한 '인내천人乃天'의 핵심은 "인간이 곧 하눌[天]"이라는 데 있다. 하눌님[天主]과 인간의 관계에서 인간 주체를 중시한 표어이다. 손병희는 "인내천은 최제우의 가르침을 받은 것이라고 하지만 사료적 견지에서 시천주부터 인내천으로의 전환은 여러 가지 해석을 낳게 한다. 이 해석의 주가 되는 하나는 시천주에 있는 인격적인 천주天主＝상제관上帝觀을 부정하고 자연법칙적, 이법理法적 천관을 자각적으로 지양하며 성리학(주자학)으로 이르려는 것이다. 최제우 자신이 동학이 유교와 근접함을 "나의 길은 공자의 도와 대동소이하다"고 《동경대전》〈수덕문修德文〉에서 강조하였거니와 천주가 천으로 표기되어 법칙적 세계관이 전면에 나서게 한 것이다. 이러한 평가를 하는 논자는 주자학 자체를 비인격적이라고 평가한다.[4]

또한 손병희는 인내천을 표어화하면서 인간 주체를 중시하는 한편 동학시대의 주문수련 등도 중시하였다. 이 점에 착안하여 손병희는 민을 변혁 주체로 보지 않는 우민관愚民觀을 보지하고 있었다는 주장이 있다. 손병희도 수행을 구하는 한편 민중은 천이 아니라 수행을 한 각성자만이 천황씨天皇氏로 되고 각성하지 못한 자는 범인이 된다고 하였다. 손병희는 인간 가운데 수행의 차이 나아가 차별을 논하며 변혁의 주체로서의 민중관으로부터 멀어져 갔다. 손병희에 따르면 3·1독립운동의 33인의 민족대표가 소수의 변혁 주체인 구체적 존재였던 것도 이런 연유에서였다고 한다.[5] 따라서 손병희의 사상과 3·1운동에서의 역할은 소극적일 수밖에 없었다. 하지만 과연 그렇게 말할 수 있을까.

4) 유교, 주자학에서 천과 인격신

동학, 천도교의 하늘[天, 天主]에 대하여 검토하기에 앞서 인격신이라는 시점에서 유교적, 주자학적 하늘[天]에 대하여 간략하게 정리할 필요가 있다.[6]

먼저 고전유교이다. 여기서 법칙으로 보는 형形으로서의 인격성 표현이 있는가를 확인해야 한다. 자연의 법칙적 파악의 예로 춘하추동이

---

4) 崔東熙, 〈天道教思想〉, 《韓國現代文化史大系》, 高麗大學校民族文化研究所, 1976; 趙景達, 《異端の民衆反亂》, 岩波書店, 1998, 368쪽.
5) 趙景達, 《異端の民衆反亂》, 위의 책, 370쪽.
6) 고전유교부터 주자까지는 아래 글을 참조하라. 岩間一雄, 〈中國の天について〉, 《中國—社會と文化》第3號, 東大中國學會, 1988.

라는 계절의 순환을 두고 그 법칙에 따르는 생산활동을 하려면 수확물을 얻는 형形으로 하늘[天], 신의 은혜를 받아야 한다. 하늘은 통상적으로 이를 수 없지만 법칙질서의 준수를 요구하는 것은 인격적 의사를 표현하는 것으로 보여진다.

> "하늘은 무엇을 말하는가. 아무 것도 말하지 않는다. 다만 사시(춘하추동)가 순환하여 백물百物이 생겨나는 것이다. 하늘은 무엇을 말하는가. 아무 것도 말하지 않는다(天何言哉, 四時行焉, 百物生焉, 天何言哉, 《論語》〈陽貨〉)."

인격신이라는 것은 의인신擬人神이 아니다. 인격신이 인격신인 것을 "신의 이해와 사랑"이라고 한다. 이해와 사랑의 주체가 비의인적非擬人的이라고 해도 거기에 인격성을 찾아볼 수 있다. 이렇게 하늘[天]의 인격적 의사를 구하는 인간과 하늘[天]의 대화는 고조된다. 인격성의 높이는 신과 인간의 대화 가능성의 높이라고 말할 수 있다.

그러나 일반법칙을 넘어 하늘의 의지, 인격성이 보이는 곳에 이른다. 《논어》에서는 먼저 법칙이 포착하지 못하는 하늘[天]의 하위의 것을 "不語怪力亂神"(괴력난신을 말하지 않는다)이라고 방치하지만 법칙을 넘어서는 하늘[天]도 말하고 있다. 공자가 가장 기대하였던 안연이 30대의 젊은 나이로 요절했을 때 "아아 하늘이 나를 버리는구나"라며 깊이 탄식하였다(顔淵死, 子曰 "噫, 天喪予, 天喪予"《論語》〈先進〉). 그리고 "하늘을 원망치 않으리"라고 하늘과의 대화를 단념하기도 한다(不怨天, 不尤人, 下學而上達, 知我者其天乎《論語》,〈憲問〉).

한대의 유교에서는 〈천견설天譴說〉, 〈천인상관설天人相關說〉에 도달하였다. 동중서(董仲舒 기원전 176年?-紀元前104年?)는 하늘[天]이 민 가운데서 가장 영적인 인물을 뽑아 군주라고 하고 민에 인정仁政을 베푸나 천은 인군人君을 인애仁愛하는 고로 인군人君의 '실도失道의 패敗'

에 대하여 천이 재이현상을 일으켜 경고를 보여주지만 그것을 받아들이지 않으면 천명天命을 받은 성의 자에게 준다고 하였다(이를테면 역성혁명易姓革命). 그러나 자연과학이 미발달한 시대에 이런 설명이 일정하게 받아들여지나 현대에 이르러 자연재해가 인애의 정치적 부재 탓이라는 설명을 받아들이는 사람이 몇이나 될까. 고전유교에서 하늘의 인격적 의사를 살펴보고 인간이 천과 대화하려는 시도는 여기에서 후퇴, 중단된다.

송대의 신유교新儒敎에 이르러 천의 인격화는 진일보되었다. 주자朱子(이름은 희熹, 자는 원매元晦 1130-1201)는 이理의 기氣에 대한 근원성을 드러내기 위하여 "천지보다 먼저 이理가 있었다"라고 하였다. 천은 이에 선행한다는 것이다.

천지가 있기 전에 필경 이理가 있었다. 이가 있어 이 천지가 있다. 만약 이가 없으면 천지도 없다(未有天地之先, 畢竟也只是理. 有此理, 便有此天地. 若無此理, 便亦無天地.《朱子語類》권一).

주자는 자연관찰이 고전유교 당시보다 진일보한 시대에 살았기에 그의 천, 자연의 법칙적 파악은 상당한 발전을 보인다. 주자는 통상의 법칙(＝理)대로 자연이 운행할 때 "하늘[天]에 마음이 없다"고 하고 꽃이 피는 등 법칙에 따르지만 무엇인가 있을 때는 "하늘[天]에 마음이 있다"라고 표현한다. 이가 천에 선행하기 때문에 법칙적 관점으로부터의 인격신적 성격은 높아진다. 그러나 통상의 법칙의 운행과는 다른 현상을 생성시키는 인격신으로서의 천의 약동적인 양상을 보는 것은 어려운 일이다. 천과 인간과의 대화는 더욱이 한정적이다. 주자는 "천리天理와 인욕人欲"을 강조하면서 '이천理天'은 '천리天理'에 역전하며 더욱 천인상관설에로 역전한다고 하였다(臣愚竊以爲, 此乃天心仁愛陛下之厚, 不待政過行失, 而先致其警戒之意, 以啓聖心, 盛德大業, 始終純然, 無可非間, 如商中宗周宣王, 因災異而修德, 以致中興也.《朱子文集》卷十一, 九 張左, 壬午

應詔封事).

최제우가 직접 아버지에게 배우고 의식한 것은 조선왕조의 주자학, 그리고 그 완성자 이퇴계이다. 그는 주자와 미묘한 차이를 보인다. 그는 "천이란 이理"라고 천명하였다(《天命圖》冒頭). 천은 이理＝법칙에 선행되는 '이천理天'이 아니라 '천은 이＝법칙'이라는 것이다. 이퇴계의 '이理는 일어나고〔發〕', '이理는 움직인다〔動〕', '이理는 이른다〔到〕'는 것은 주지하는 것이나 천이 인격적 의사에 따라서 일어나고 움직이고 이른다고 본 것이다. 이퇴계는 주자학자이기에 그의 사상에는 천견설(天譴說 천인상관설)의 관점도 엿보인다(故臣愚以爲, 君之於天, 猶子之於親. 親心有怒於子, 子之恐懼修省, 不問所怒与非怒, 事事盡誠而致孝, 則親悅於誠孝, 而所怒之事, 竝與之渾化, 無痕矣. 不然只指定一事, 而恐懼修省於此, 余事依旧恣意, 則不誠於致孝, 而僞爲之. 何以解親怒, 而得親歡乎.《退溪全書一》191頁下, 卷6,56張).

주의해야 할 점은, 이퇴계는 한문으로 천이라고 표기하고 주자학의 틀에서 사고한다고 보기 어려우며, 그가 본 천은 조선의 토착적, 자생적인 천이며, 하늘님인 것이다. 유교는 중국에서는 토착, 자생 사상이지만 조선에 이르러서는 수용 이후 긴 세월을 경과하여 전통사상화된 것으로 외래사상이며 토착·자생사상이 아니다. 그러나 오늘에 이르러 조선의 사상전통을 연구하는 데에 토착, 자생 사상과 전통사상을 구별하지 못하였기에 이퇴계의 이 천관념을 자각적으로 포착하지 못하였다. 이퇴계의 이학에는 많은 연구가 거듭되어 왔지만 천학은 이제부터 연구를 깊이해야 할 과제이기도 하다. 동학에 적어도 문서화한 교전敎典의 형식으로 한국(조신) 토착의 인격신, 친이 역사의 정식 무대에 등장한 것이다. 그것은 한국(조선)사상사상의 사건이라 하겠다. 1860년이라는 해는 토착·자생적인 한국(조선)근대사상의 출발점이 되었다.

주자학(성리학)의 천을 비인격적이라고 보는 것 자체에는 무리가 있다. 이理가 전면에 나와도 그 자체로 인격신의 부정이 될 수 없기 때문이다. 다만 여기에는 시천주로부터 인내천에 이르는 흐름이 주자학에로의 퇴행이었을까 하는 점에 주목할 필요가 있다. 손병희가 인내천이라고 하면서 민에 수행을 요구하기 때문에 얼핏 보면 모순되는 듯한 그의 사상을 정합적으로 이해할 필요가 있다.[7]

최제우의 경우에 처음에는 천주가 밖에 있다고 생각하며 천주의 인격적 만남과 문답을 체험하고 이어서 수행이 심화됨에 따라 천주가 자기의 내부에 있음을 자각하며 후에는 "내 마음이 곧 너의 마음이다"(吾心卽汝心)라고 양자가 하나가 되는 자각에 이르게 된다. 따라서 수행이 깊어질수록 외재적인 대상에 대한 신앙보다도 자연과 심心에 대한 주체적인 자각이 강조되고 나아가서는 합일을 강조하게 된다. 최시형도 "마음은 곧 하늘이다"(心卽天), "사람은 하늘이다"(人是天)라고 말하였다.

손병희는 이에 대하여 다음과 같이 말하였다.

내가 가르치는 것은 과거에는 의뢰依賴시대에 있은 연고로 천이 기적·영적靈跡에 의해 사람을 인도하였지만 금일에는 희화熙和시대에 있다. 예를 들어 밝은 태양이 천에서 만물을 비추기에 작은 구름이 있어도 진주眞晝에는 천하가 크게 밝은 것과 같다. 내 신도는 이제부터는 하늘님〔天主〕과 신사神師(최제우·최시형을 가르킴 : 인용자주)에 의뢰하는 심을 타파하고 자기 내부에 있는 자천自天을 스스로 믿으라. 만약 자천을 스스로 믿지 못하고 천주와 신사만에 의뢰하면 사事에 임하였을 때 자력을 얻을 수 없게 되고 진실을 얻지 못하게 되리라. 자천은 시천주의 본체이기 때문에 우리 신도는

---

7) 金容暉, 〈韓末東學의 天道敎改編과 人乃天敎理化의 性格〉, 《의암손병희와 3·1운동: 통섭의 철학과 운동》, 모시는사람들, 2008.

오로지 주체를 객체와 구별하여 수련하여야 할 것이다.[8]

손병희는 인내천을 이야기하면서 그 수도자의 수양과 자각의 단계적 정도가 깊어지면 최종적으로 '마음이 하늘임'을 깨닫게 되며 나아가서 '사람이 곧 하늘'이라고 각성하는 일이 동학의 수도에서 중요한 일이라고 생각하였다. 손병희에게는 인내천이 원리라면 수양에서 구체적 실천지침은 '이신환성以身換性'이었다. 이신환성이라는 것은 마음[心]을 항상 육신에 두지 말고 본래의 성령性靈에 두며 성령이 주체가 되는 삶을 살지 않으면 안 된다는 것이다. 이신환성은 식민지화되던 시기에 몇 번이나 반복하여 손병희가 간부들에게 수양을 중요시하라고 지적한 내용이다. 이 법설은 일본과 싸우려는 마음의 준비를 시키기 위한 것도 있지만 '인내천'에도 그 의미가 포함되어 있었을 것이다.

손병희에게 인내천은 이신환성을 의미하였지만 수행에 대강령大降靈(천주와의 인격적 만남을 체험하는 일 : 인용자주)을 체험한 자들만이 '이신환성'을 하도록 하였다고 한다.

> 손병희는 1912년 4월 5일부터 1914년 3월 25일까지 7번이나 우이동의 봉황각鳳凰閣에서 전국의 대두목大頭目 483명을 불러 49일 동안 수련을 실시했으며 주요하게 '이신환성'을 강조하였다. 이 수련을 거친 사람들은 강령降靈을 받게 하여 대강령大降靈을 체험한 자들을 개별적으로 불러 모아 "이제 강령이 되었으니 이신환성공부를 해야 한다"고 했다.[9]

이렇게 보면 주자, 이퇴계의 천에 대한 오해는 잠시 놓아두고 손병희가 인격적 천주를 부정한다는 이해는 동학, 천도교의 수련을 이해하지 못하는 사람들의 피상적인 외부적 관찰에 지나지 않는다. 《무체법경

---

8) 李敦化, 《天道教創建史》, 京城: 大東印刷所, 昭和8(1933), 제3편 제10장, 72쪽.
9) 金容暉, 〈韓末東學의 天道教改編과 人乃天教理化의 性格〉, 앞의 글, 104~105쪽.

無體法經》등 천도교의 교리를 체계화한 저작은 틀림없이 법칙적인 세계, 인간의 설명이 많다. 그러나 손병희에게 인격적인 천, 하눌과 법칙적인 자연, 인간관은 상호적으로 양자택일적인 것이 되지 않는다.

〈그림 2〉 동학 3대 교주 손병희의 모습

또한 손병희가 수련을 요구하고 수업修業의 결과로 각성한 자와 각성하지 못한 자 사이에 서열을 설정하는 것은 주자학이 학문과 수양으로 공부하여 성인에 이르는 단계와 인간의 서열을 설정하는 것과 동일하다고 보았다. 이로부터 손병희는 주자학에로 퇴행하는 우민관愚民觀을 가지고 있다는 주장이 있다. 동학에서는 《동경대전》을 비롯한 동학의 경전학습과 수련을 요구하고 특히 천주와의 대화(심고心告, 주문수련 등)를 중요시하고 있다. 대개는 어떠한 종교도 수행과 수양을 필요치 않는 것이 없으며 수행과 수양의 정도에 따라 신자와의 사이에 단계적인 차이가 생긴다. 다만 이런 상위相違가 전근대적인 신분차별 등을 합리화시키는 일인가 하는 것은 묻지 않을 수 없다. 주자학에서는 이理가 만인에 내재하여 있으며 기의 청탁에 따라 차별이 드러나는데, 기가 맑고 이가 밖으로 드러나도 이때의 이의 내용은 봉건적인 상하를 포함한 오륜(군신 부자 부부 형제 붕우)이었다. 신神, 불佛, 이理 등 명칭은 무어라도 좋지만 신, 불, 이가 내재하여 밖으로 드러나기 때문에 인간은 평등하다고는 되지 않으며 이 내용이 인간평등을 의미하는 것으로 되어야 한다. 단지 수행의 정도에 따라 인간의 차이가 있기에 민을 변혁주체로 보지 않고 주자학 (성리학)에로의 퇴행으로 본다면 이것은 논리비약이라 하겠다. 동학, 천도교에서는 부부의 평등을 가장 강조하고("부화부순夫和婦順은 오도吾道 의 제일 종지이다"《海月法說》17), 양반과 양인, 천인까지 평등하게 지냈다는 보고가 많이 있다. 양반이 상업에 종사하면 양반으로 보지 않는 사회적인 환경에서 최제우가 행상 경력이 있으며 양인과 노비의 중간적인 신분으로 머슴이었던 최시형이 제2대 교령이 되고 중인으로서 서자 차별을 받은 손병희가 동학에 매혹된 것 등에서 동학은 조선왕조의 주자학이 긍정해 온 신분차별을 부정하는 것이 된다. 이 점은 보다 상세한 검토가 필요하지만, 동학, 천도교에서 수양단계를 설정하는 것을 주자학에로의 퇴행이고 민중을 변혁주체로 보지 않는 우민관으로 본다는 것은 비약이라고 하지 않을 수 없다.

4. 종교와 정치

손병희는 정치와 종교를 서로 배우자의 관계로 보면서 '교정쌍전敎政 双全'(《천도태원교》)이라고 하였는바, 정치와 종교는 같은 천도에 의하여 통합되고 있다고 보고 근대적인 정교분리와 정반대되는 생각을 가졌다. 이는 손병희에 대한 부정적 평가와 관련된다. 또한 근대화, 외교 등 정치에 적극적으로 관여하여 3·1운동을 주도한 이후에 발표한 민국정부의 구상에서 주석, 대통령으로 추대된 것에서도 손병희는 종교가라기보다는 정치적 야심을 가졌다고 비판적으로 보는 사람도 있는데 이것은 손병희에 대하여 부정적 평가를 하는 근거가 된 듯하다.

먼저 정교분리란 점에서는 어떠한가. 천도교는 '교정쌍전'으로 정치와 종교는 같은 천도에 의한 통합이라고 보며 동학농민전쟁 이래 오늘에 이르기까지 정치활동에도 적극적이었는데, 이는 천도교의 교의와 연관된다. 오늘 서양근대화만을 정상적인 근대화라고 보고 근대사회는 정치와 종교가 분리된 정교분리의 사회가 정상적이라고 보는 이가 많지만, 이로부터는 동학, 천도교를 적극적으로 평가하기는 어렵다.

정교분리와 근대화라는 점에 관해서는 특수한 유럽의 역사적 사정이 큰 영향을 주었다는 것을 확인해 두고 싶다. 중세에서 기독교회가 세속권력에 우위하면서 서로 의존하는 관계에 있었다. 그러나 세속권력은 기독교교회로부터 분리하는 지향을 강화하여, 자기 권력의 근거를 교회 이외에서 찾으려 했다. 그 속에서 국가를 기축으로 하는 사상이 등장했다. 그 과정에서 카톨릭에 반항하는 개신교(프로테스탄트)들도 있어 신구 그리스도교 사이에서 피의 종교전쟁이 계속되었다. 서로 상대를 몰살하든지 아니면 평화를 가져올 수 있는 그 어떤 지혜, 해결방법이 필요하게 되었다. 서양의 그리스도교는 인간생활의 모든 분야를 포괄적으로 지배하는 엄격한 체계적 교의를 가진 종교사상이다. 그 때문에 타종교, 가치관을 가진 사상과 부분적으로 충돌되는 경우 그것은 부분적인 충돌에 멈추지 않고 쉽게 전체적인 충돌로 전화될 수 있다. 한자어로 이단異端이라면《논어》에 기술되어 있는 것처럼 종교나 사상집단 안에서는 사용하지 않는다. 그러나 서양의 그리스도교가 스스로를 정당하고 정통적인 사상이라 자리매김하며 다른 종교에 그치지 않고 그리스도교 안의 다른 파를 이단파라고 한다. 기독교가 다른 종교나 사상집단뿐만 아니라 같은 기독교 안의 다른 파에 대해서도 배타적이고 공격적이게 된 것은 이 때문이었다. 이와 같은 특징을 가진 종교조직이 정치권력을 장악하고 또한 정치권력에 강렬한 영향력을 일으켜 인간생활의 모든 영역을 지배하게 되면 타종교, 가치관과의 싸움을 피할 수 없게 된다. 이

〈그림 3〉《의암성사 법설》의 목차. 이 법설은 천도교 교단에서 손병희의 저술이나 설법을 엮어 펴낸 경전이다.

렇게 해서 일어난 것이 종교전쟁이다. 그 때문에 교회의 권위에서 독립하여 새로 등장한 세속권력, 즉 국가는 종교전쟁 등의 여러 문제를 해결하기 위해 특정한 종교교단이 정치권력을 장악하거나 강렬한 영향을 행사하는 것을 금지시키고 인간생활의 사적私的 분야의 일부분에 존재영역을 한정시켰다. 그 해결책이 정교분리였다.

그러나 엄밀히 말하면 오늘의 구미세계에서 정교분리가 완전히 실현된 국가는 없는 것처럼 보인다. 예를 들면 영국교회의 수장은 여왕이다. 서양의 역사 가운데서 구체적인 여러 문제 회피의 해결책으로써 정교분리를 선택했지만 분쟁을 피할 수 있었다면 정교의 미분리는 문제점으로 되지 않았을 것이다. 미국은 서양의 신구그리스도교의 종교전쟁을 경험하지 못하였기에 정치와 종교의 관계가 일층 농후하다. 국립묘지, 대통령취임선서식에서 그리스도교의 성서에 손을 얹고 선서하는 일, 대통령선거에서 낙태, 진화론, 동성결혼 등 종교적 문제가 쟁점이 되어, 대통령후보자격에서 종교적 문제가 적지 않은 비중을 차지하고 정치권력과 종교(교단)

과의 미분리를 곳곳에서 목격하게 된다. 그러나 현대의 미국에서 정교분리를 지키자고 강렬하게 주장하는 큰 움직임은 없는 것 같다.

그러나 구미세계 이외의 국가나 지역에서 정교분리를 외래적 근대사상의 일부분으로 수입하는 경우, 특수한 유럽적 사정을 이해하지 못하고 기계적으로 이해하고, 종교단체가 정치에 관여하는 것이 모두 전근대적이라고 보는 경향이 있다.

천도교에서 정치와 종교는 천도를 통하여 완성된다. 최재우가 자기의 가르침이라고 강조한 '마음을 지켜 기운을 바르게 하는 것'[守心正氣]을 통하여 마음을 천도에 이르게 하는 것이 동학, 천도교의 마음공부이다. 그리하여 어떠한 종교도 천도의 거울을 통하여 대도에 이르게 되는 것이다. 모든 종교는 같은 대도에 이르는 것이지만 그것은 모든 종교의 진리(大道: "천도교교전" 안의 《의암성사 법설》義菴聖師法說' 가운데 하나)와 동일한 것이라는 교리를 동학은 최제우 이래 '동귀일체同歸一體' '동귀일심同歸一心'이라고 말하였다. 손병희는 《천도태원경》 등에서 이 천도에 대하여 상세하게 서술하면서 《의암성사 법설》〈천도교와 신종교〉에서 다음과 같이 서술하였다.

> 천도교는 천도교인의 사유물이 아니라 세계인류의 공유물이다. 천도교는 문을 닫은 종교가 아니라 개방적 종교이다. 천도교는 계급적 종교가 아니라 평등한 종교이며 구역적 종교가 아니라 세계적 종교이다. 편향적 종교가 아니며 광역적 종교이다. 인위적인 종교가 아니며, 천연적 종교이다. 오늘에도 옛날에도 들은 적 없고 오늘에도 옛날에도 비교할 수 없는 새로운 종교이다."

이처럼 모든 종교의 천도(진리)는 동일함에 따라서 이런저런 종교 사이의 서로 다른 진리를 둘러싼 싸움을 피할 수 있게 된다. 더욱이 그리스도교처럼 인간의 전체 생활을 지배하는 강력한 체계적인 신학도 아니고 부분적 충돌이 종교 사이의 전면충돌이 되는 일도 없다. 천도교는

타종교와 사상에 대하여 배타적이지 않고 전투적이지도 않으며 타종교
를 통하여 포섭하는 '통섭通攝의 종교'라고 평가받고 있다.[10] 이 때문에
3·1운동에서도 그리스도교, 불교지도자들도 함께 참가하도록 불러일으
키는 일이 가능하였다. 오늘 천도교는 한국 내의 종교뿐 아니라 공산주
의, 주체사상에도 통하려고 하는 듯 한반도의 남북대화에도 적극적인
'통섭의 종교'로 계속되고 있다. 한국사상사에서 이러한 민중에 뿌리박
은 동학, 천도교와 같은 '통섭의 종교'가 있는 것과 대조적으로, 통치자
의 사상이었던 유교, 성리학에서는 사문난적斯文亂賊으로 대표되는 이단
異端적인 해석에 대해서 공격적인 측면이 있었다. 금후 총합적인 시야
로 동학, 천도교를 바라볼 필요성이 있는 것이다.

다음에는 손병희가 권력에 야심을 가지고 행동하는 사람이었는가 하
는 문제이다. 손병희는 이미 대한제국시기에 군주제를 비판적으로 보았
고 공화정, 입헌제를 찬성하였다. 제1차 세계대전 한가운데 "전쟁이 종
식되면 세계의 정세가 변화되고 세계에는 군주가 없게 된다"고 우의동
의 수련원에서 제자들에게 가르쳤고 3·1운동 이후 심문당할 때도 "민
주정체를 바란다"고 진술하였다.[11] 손병희의 군주제 부정, 민주적공화정
치 지지는 제3대 교령이 된 이후 일관적이었다.

동학농민전쟁 시기에는 아직까지 군주에 대한 환상에서 벗어나지 못
한 상황이었지만 조선왕조로부터 철저하게 탄압받은 이후 손병희 사고
의 진화가 정치체제에 대한 평가에 미치고 있다.[12]

---

10) 오문환 기타 편저, 《의암손병희와 3·1운동; 통섭의 철학과 운동》, 모시는사람들
    사, 2008.
11) 소규배, 〈係秉熙의 꿈과 민족운동〉, 《中原文化硏究》 제13집, 2009, 59~60쪽; 李炳
    憲 編著, 《三·一運動秘史》, 서울: 時事時報社出版局, 檀紀 4292年(西曆 1959年).
12) 다음의 에피소드는 손병희가 조선왕조에 대한 환상에서 벗어나는 이야기에서 온
    것이다. 일본체류 중이던 때 의친왕 이강공李剛公이 성사聖師(손병희)의 인격을 흠
    모하여 자주 성사를 방문하였는데 성사 또한 때로는 의친왕의 부름을 받아 종종
    국가의 대계와 경륜을 설파하였으며 귀국 후에도 의친왕은 성사의 충의와 동학의
    진리에 공명하여 현도顯道 이후 비밀히 입교식을 거행한 후에 성사를 사부의 예로

그리하여 3·1운동 이후 문초 과정에서는 "나는 조선이 독립국이 되더라도 벼슬길에 나아갈 생각은 없다. 만약 내가 독립 후에 벼슬길에 나아간다고 한다면 정치상의 야심이 있었다고 하더라도 어쩔 수 없지만 나에게는 종교의 목적을 달성한다는 일 외에는 아무것도 없다."라고 대답하며 정치적 야심을 부정한 것이다.13) 다만 이 진술이 심문서류라는 성격을 고려하면 좀 더 검토할 필요성이 있다.

손병희는 1905년 말 귀국할 때 마중 나온 이종훈에게 "한울(사람의 마음을 가리킴: 인용자주)을 뜯어고치기 전에는 별다른 수가 없다고 생각하였소"라고 말하였고 김연국에게는 《천도태원교》를 건네주었다.14)

《천도태원교》는 천도가 현실에서 나타나는 차원으로 종교와 정치를 보고, 종교와 정치는 서로 배우자 관계가 되어 종교는 선악의 구별을 통하여 인간으로 하여금 선을 지향하게 하고 정치는 사물의 분별을 통하여 모든 사람들에게 정의를 구현하게 하는 것이다. 종교는 모든 사람이 따르는 기준을 정하여 선으로 하여금 그 극치에 다다르게 하고 악은 싹이 트기 전에 소멸시키는 것이 중요하며 사람들로 하여금 선도 악도 없는 천도의 차원에 이르게 해야 한다. 정치는 사물을 분별하게 하지만 그것은 모두 이익을 감정하여 공동체생활에 필요한 물질적 문제를 주재하는 기준점을 설정하여 공정하게 관리하려는 데 있다. 이를 위하여 법이 필요하다. 인간은 살아가기 위하여 물질적 토대가 필요하기 때문에 정치로부터 떨어져 생활할 수 없다. 이렇게 정치와 종교가 조화

대하였다(《天道敎百年略史(上卷)》,〈2.의친왕의 동학입도〉, 天道敎中央總部 敎史編纂委員會, 未來文化社, 1981, 329쪽.
13) 조규태,〈孫秉熙의 꿈과 민족운동〉,《중원문화연구》 13, 2010, 59~60쪽; 李炳憲 編著, 앞의 책.
14) "한울을 뜯어고치기 전에는 별다른 수가 없다고 생각하였소. 내가 말하는 한울은 저 푸른 한울이 아니라 사람의 마음이 곧 하눌이니 사람의 마음을 바로 고치기 전에는 누가 무슨 재주를 부린대도 이 세상을 바로 잡을 수 없다는 말씀이오."(趙基周 編著, 10-1〈聖師의 還國〉,《東學의 源流》, 普成社, 1979, 237쪽)

적으로 그 지향을 실현하여 '교정쌍전敎政雙全'을 이루면 지상의 천국이라 하겠다.

손병희는 근대화도 독립도 인간이 해야 하며 먼저 인간의 마음을 변화시키지 않으면 안 된다고 보았고 그 점에 자신과 천도교의가 해야할 역할이 있다고 생각한 것은 믿어 의심치 않는다. 권력이나 제도 등 인간의 외부적 여건 이전에 종교가로서의 인간의 마음을 변화시키는 역할을 하려고 한 것을 권력적인 야심에 따라 행동했다고만 볼 수는 없다. 손병희가 기대한 대로 3·1운동이 일어나고 독립된 대한민국이 탄생하였다면 최대급의 공로자의 한 사람인 그가 어떠한 형식으로든 새 정부에 참가할 가능성은 있었지만, 손병희가 종교지도자라기보다는 정치적 야심을 가진 인간이었다고는 말할 수 없을 것이다.

손병희의 이런 정치의 관여방법은 사실 아리스토텔레스 이래 구미의 정의론과 비슷한 것으로, 흥미로운 일이다. 현대 구미에서 빈부 격차 시정 때문에 공동체구성원의 공통선 가운데서 정의가 활발하게 논의되고 있다. 여기서 정의란 인간이 살아가기 위해 필요한 물질적인 것을 계속적으로 공정하게 분배하는 것을 이르는바 분배에 대한 끊임없는 의론이 있을 가능성이 있다. 이를 위해서 국가, 정치적 공동체는 제1차적으로 공통선의 공동체, 정의로운 공동체를 이루는 동시에 사회의 안정을 위한 제2차적인 법적 공동체를 이루게 된다. 정치는 도덕, 기술, 권력의 측면이 있다. 특히 권력이란 단적으로 말하면 폭력이고 국가란 유일하게 정당한 폭력의 독점체가 되며 이 점에서 정치권력과 종교는 강한 긴장관계를 가지게 된다. 그러나 국가는 폭력만이 아니라 공통선의 공동체이나. 경찰 정도는 있으나 그 이상의 폭력장치를 가지지 않는 국가로 파티칸국 같은 사례가 있지만 여기서 보면 아리스토텔레스의 주장과 같은 국가의 가장 근본적인 요소는 공통선의 공동체에 있다고 볼 수 있다. 서양에서 발생한 근대주권국가는 유일한 배타적 권력을 실현시키기 위하여 정당한 유일한 폭력을 가지고 있지만, 폭력을 국가의 가장 본질적 요소라고 한다면 주권국가의 상위적 정치공동체를 실현시킬 수 없게 된다. 현재 EU와 같은 주권국가를 초월하는 공동체가 성립되고 중첩적인 정치공동체가 성립되고 있지만 사실은 서양 중세에서 영방領邦국가, 독일왕 등이 있는 차원의 국가가 있었고, 서양의 대부분 전역을 카톨릭교회가 지배하는 차원의 국가와 정치공동체가 중층적으로 성립되었다. 근대주권국가가 이 중세의 중층적 정치공동체 관계를 청산하였으나 현대에는 또 다시 정치공동체, 국가는 중층화되어 가고 있다. 이러한 것은 국가의 본질을 공통선의 공동체로 보면서 처음으로 가능해졌다.

오늘에 이르러 동아시아도 주권국가를 초월하여 지역적 공동체의 필요성이 강조되고 있지만 그것을 위하여서는 국가를 공통선의 공동체로 보지 않으면 안 된다.[15) 손병희는 정치공동체를 공통선으로 보았지만 이것은 그가 천도교를 세계종교라고 하는 주장과 관계가 있는 것이 아닌가 본다.

5. 맺음말을 대신하여

마지막으로 동학과 천도교를 한국의 토착적, 자생적 근대사상이라고 이해하는 시각의 빈약함이 동학, 천도교에 대한 부정적 평가의 원인으

---

15) 동아시아 공동체의 형성의 요인이 경제적인 자극뿐만이 아니므로 동아시아에서 공통선이 불가결하다. 그러나 이 연구는 아직 시작일 뿐으로 이런 시도에 대하여 다음을 참고하는 것이 좋다. 荒木勝 감수/ 변영호 편집,《동아시아의 공통선 - 화.통.인의 현대적 재창조를 향하여 東アジアの共通善 - 和・通・仁の現代的再創造をめざして》, 오카야마岡山大學出版會, 2017.

로 되는 듯 보이는 점에 대해서 이야기 해 보겠다. 한국에서는 근대지향의 사상으로서 실학연구가 있는데 근대사상이라는 것은 개화파, 고종황제 등의 서양적 근대화를 지향하는 사상을 가리키는 것이다. 동학, 천도교는 민중투쟁 가운데서 제기되었지만 그 자체가 한국의 자생적 근대사상으로서 역사 교과서에서 다루어지는 일은 없다. 서양적 근대화만을 근대화라고 보고 거기에 이르려한 사상적 활동만 근대, 근대지향적 사상이라는 높은 평가를 받고 그렇지 않은 것은 평가받지 못하고 있다. 그렇다면 한국의 자생적 근대사상이란 없는 것인가. 유교는 한국의 전통사상으로 유교가 근대적 사상으로 변화되었다는 사례를 검출하려는 시도가 있었다. 그것은 유교적 근대화라지만 유교는 외래사상으로서 한국의 자생적 근대사상이라고 말하기는 어렵다. 이런 점에서 유교 자체에서 자생적 근대사상을 검토할 수 있는 중국과는 사정이 다르다.

최근 필자도 관여하고 있는 새롭게 시작하는 집단적 지성의 장場에서 '토착적 근대', '영성靈性'을 키워드로 하여 한국의 자생적 근대사상을 찾아서 연구를 진행하여 왔다. 여기서는 동학−천도교−증산교−원불교를 한국의 토착적 근대사상으로 보고 그러한 종교사상이 모두 '개벽'을 주장하고 있는 것으로부터 '개벽파'로 부르는 것을 제창하며 한국근대사상을 대폭적으로 다시 쓰기 위한 연구를 거듭하고 있다. 이 사상의 연구를 최근 정력적으로 정리하고 견인하고 있는 조성환 씨의 매력적인 최신 정리를 소개하면서 긴 문장이지만 인용하여 문제제기를 하고 끝마치려고 한다.

그렇다면 '근대'와 같은 번역어로서가 아니라 한국인들 자신이 스스로가 추구한 새로움을 나타낸 말은 없을까? 조선과는 다른 새로운 시대를 표현한 개념은 없을까? 그것이 바로 '개벽'이다. 개벽은 19세기 말의 조선 민중들이 유학적 세계관과는 다른 "새로운(modern) 세계를 열자〔開闢〕"는 의미로 사용한 말이다. 그런 점에서 개벽은 하나의 사상운동이자 이상세계를 표방하는 슬로건이다. 또한 개벽을 주창한 이들이 추구한 '새로운' 세계관이 지금 우리가 살고 있는 세계와 시기적으로나 내용적으로 '가깝다'는 점에서 – 가령 동학의 '만민평등사상'이나 천도교의 '(개벽사상을 바탕으로 한) 문명개화운동' 또는 원불교의 '생활 속의 종교' 운동 등등 – 개벽이 주창되기 시작한 시기를 'modern,' 즉 '근대'라고 부를 수 있다. 이런 의미에서 1860년 동학의 탄생은 한국적 근대의 시작이라고 해도 지나친 말이 아니다. 그리고 이 운동에 천도교를 비롯하여 증산교, 원불교 등이 일제히 '개벽'을 외치며 동참하였다. 이른바 개벽파가 탄생한 것이다.

한국적 근대의 특징은 유학과의 긴장 속에서 탄생되었다는 데에 있다. 이것은 서구적 근대가 중세와의 긴장 속에서 탄생한 것과 대비된다. 그래서 한국적 근대는 유교적 질서와는 다른 새로운 질서를 모색한 것에 다름 아니다. 유교적 질서의 특징은 모든 가치가 '성인'의 말씀에서 나온다는 데에 있다. 이에 반해 동학을 비롯한 개벽종교는 가치의 중심을 중국의 '성인'에서 한국의 '민중'으로 이동시켰다. 철학의 근원을 어느 한 사람에게 '집중'시키지 않고 모든 이들에게 '분산'시킨 것이다. 공공철학적으로 말하면 철학을 공공公共하였다고 할 수 있다. 그래서 독자적인 세계관과 인간관 그리고 수양론을 만들고, 그것을 자신들의 경전으로 담아낼 수 있었다.

그런 의미에서 개벽은 중국으로부터의 철학적 독립선언에 다름 아니다. 신라시대 이래로 성인은 항상 중국에 있었고, 그 중국에 있는 성인의 가르침을 배우고 학습하는 "학이시습學而時習"이 우리 철학의 주류였기 때문이다(해방 이후에는 그 대상이 다시 서양으로 바뀌었지만–). 이와 달리 동학에서는 누구든 '내 안의 하늘님'을 자각하기만 하면 하늘같은 사람〔天人〕이 될 수 있다는 민중 중심의 인간관을 제시하였다.

이제 한문을 모르는 민중들도 수양을 할 수 있고 하늘이 될 수 있게 된 것이다.

그런 의미에서 개벽은 단순한 '고대-중세-근대'라는 역사적 시대 구분을 넘어서 문명전환의 의미를 담고 있다. 마치 그리스도교에서 역사를 예수 이전과 예수 이후로 나누듯이, 개벽파는 19세기 후반에서 20세기 초를 조선 문명의 대전환으로 인식한 것이다. 그것은 사상적으로는 성인의 교화에서 민중의 자각으로, 사회적으로는 서열화된 신분사회에서 차별 없는 평등사회로, 정치적으로는 교화의 대상으로서의 민중에서 변혁의 주체로서의 민중으로, 전면적인 대전환을 의미한다. 이들 개벽파가 추구한 나라의 모습은, 동양포럼 김태창 선생의 표현에 따르면, 개화파와 같은 서구적인 "국민국가"가 아닌 "공공세계"였다(2018년 8월 16일 원불교사상연구원 학술대회 〈근대 한국종교의 토착적 근대화운동〉). 이 공공세계의 특징은 민중이 중심이 되어 자연과 인간이 조화되는 생명과 평화 그리고 평등의 사회를 지향한다는 데에 있다. 이상이 개벽파의 근대성이자 한국의 근대성이다. 그리고 이들이 전개한 생활 속의 실천운동이 개벽파의 근대화 운동이자 한국 민중의 아래로부터의 근대화 운동이었다.[16)]

---

16) 趙晟桓(円光大學円仏教思想研究院責任研究員), 《한국 근대의 탄생-개화에서 개벽으로》, 모시는 사람들사, 2018, 16~19쪽. 조성환 씨의 이 책에는 관련되는 흥미로운 논고가 많이 수록되어 있다.

조소앙의 '민국' 인식에 대한 연원 탐색

김승일(동아시아미래연구원 원장)

1. 머리말

상해임시정부가 채택한 '대한민국大韓民國'이라는 국호를 처음 사용한 것은 왕정에서 공화제로 이행하는 중요한 첫걸음이었다. 1919년 4월 10일 중국 상하이 조계지租界地에서 임시의정원(현재의 국회)이 열려 정부 수립에 필요한 여러 문제를 의원 29명이 논의했는데, 그중에서도 나라의 이름을 정하는 문제가 가장 중대한 안건이었다. 이날 신석우(申錫雨, 1895-1953) 선생이 '대한민국'을 국호로 하자고 제안했고, 다수결 표결 끝에 대한민국이 국호로 채택되었다.

그러나 신석우 선생이 '대한민국'이라는 국호를 제안하기 전, 이 국호를 만든 사람은 독립운동가 조소앙(趙素昻, 1887-1958: 이하 '소앙'이라 약칭함) 선생이었다. 소앙은 "자신이 쓴 〈자전〉과 〈회고〉에서 임시의정원을 만들고, 10조 헌장(임시헌장)을 썼으며, '대한민국'이란 국호를 만들었다"고 밝혔다.[1]

소앙이 기초위원으로 참여하여 제정한 《대한민국 임시헌장》 제1조에 "대한민국은 민주공화제로 한다"고 기초한 데서 '대한민국' 국호가 비롯됐다는 점은 이제는 누구나 인정하고 있는 사실이다. 그런데 여기에 나타난 '민국'이라는 개념이 서구의 공화제 개념을 받아들인 것인지, 아니면 손문孫文이 창도한 '중화민국中華民國'이라는 개념의 영향을 받아서 기초한 것인지, 아니면 18세기 조선 탕평군주들의 이념을 계승한 것인지에 대한 문제는 여전히 풀리지 않고 있는 숙제이다. 그러나 이 문제를 푸는 것은 우리 민족의 정체성을 확보하는 데 아주 중요한 키워드라 할 수 있다. 왜냐하면 이는 법제사적인 차원의 문제이기도 하지만, 특히 중요한 것은 우리의 민족사와 직결되는 문제이기 때문이다. 나아가 3·1운동 100주년을 맞이하는 우리에게 3·1운동이 바탕이 되어 성립된 대한민국임시정부의 성격을 보다 확고히 하는 데 도움이 될 수 있는 문제이기 때문이기도 하다.

그러나 사실 이러한 문제에 접근하는 것은 소앙 자신이 밝히지 않은 이상 매우 어려운 작업이다. 그렇기 때문에 한계는 있지만, 그가 겪은 경험과 활동, 그리고 그가 남긴 기록 및 다른 학자들의 견해 등을 비교 분석하면서 간접적이나마 해결점 가까이까지 도달해 보려는 것이 이 글의 목적이다.

그동안 이 글의 주제와 관련해서 한국학계에서는 두 가지 관점이 서

---

1) 조소앙, 〈자전〉·〈회고〉, 《소앙선생문집》 하, 횃불사, 1979, 157~166쪽.

로 대치해 왔다. 하나는 '민국'[2])을 국호로 사용하게 된 배경으로 조선 왕조의 통치이념 특히 탕평군주들이 제시한 '민국'이라는 전통 관념을 계승한 것으로 보는 관점이고, 다른 하나는 이러한 관점을 부정적으로 보는 견해이다. 먼저 전자의 경우에 해당하는 대표적인 주장으로는 다음과 같은 예를 들 수 있다.

먼저 이완범李完範은 '대한민국' 국호를 조소앙이 명명했다고 주장하면서 '조선'이라는 말은 원래 한자어가 아니며, "아침 해가 뜨는 나라"라는 뜻이 있다는 가설이 유력하게 받아들여진다고 하였고, '대한'이라는 말의 '한'도 어원적으로는 원래 한자어가 아니었다는 견해가 우세하며, '우두머리' '크다' '많다' '높다' '밝다' 등의 의미를 갖고 있다고 설명하였다. 또 '조선'에서 '대한'으로 국호를 바꾼 것은 대한제국부터였다고 하면서, "대한제국은 조선왕국과 대한민국을 이어준 징검다리[岩橋] 였으며, 그 사이에 역시 징검다리로서 대한민국임시정부가 있었다"고 분석하였다. 대한민국임시정부 헌법기초위원회는 신국가의 국호로 "조선공화국(조소앙이 〈임시헌장〉을 기초하기 전 기초한 〈조선공화국가헌법〉에서 언급됨)"을 준비했었는데, 고종황제 붕어 후에 나타난 국민들의 충성심을 보면서 대한제국을 승계해야 한다는 인식 아래 '대한민국' 국호가 탄생했다고 설명하였다.[3])

이태진李泰鎭은 '민국'이라는 이념이 영조가 말한 "君以民爲天(군주는 백성을 하늘로 삼는다)"[4])이라고 하는 국왕과 백성과의 관계를 천명한 유교적 민본의식의 표현이고, 이는 부왕인 숙종 때부터 있었다고 분석하였다. 그러면서 이러한 표현의 대두는 붕당정치가 한계에 도달한 시점인 18세기에 탕평군주들이 소민 보호를 외치면서 '민'을 '왕'과 함께

---

2) '민국' 개념의 일반적 의미는 주권이 국민에게 있고, 국민의 의사에 따라 직접 또는 간접으로 정치가 운용되는 국가, 즉 민주국가를 말한다.
3) 《매일경제》 2012. 8. 1.
4) 司馬遷, 《史記》 〈役生·陸賈列傳〉

국가의 주체로 인식하는 정치이념이 등장하기 시작하면서 나타나게 된 것이라고 분석했다. 그리고 이러한 민국 이념의 대두는 왕과 민을 국가의 주체로 규정해 사대부 양반의 특권을 부정함으로써 신분제 사회에서 벗어나게 하는 역사적 계기를 가져오게 한 매우 중요한 대사건이었다고 평가하였다. 그는 민국 이념이 19세기 서민 대중사회에 뿌리내린 증거로써 춘향전을 예로 들기도 했다.[5]

이러한 이태진의 주장에 대해 동조하는 경우는 한영우韓永愚로, 그는 "민본보다 upgrade된 민국은 정조의 정치이상이었다"[6]고 하여 대한민국의 '민국'은 탕평군주들이 가지고 있는 이념을 계승한 것이라는 주장에 무게를 실어 주었다. 황태연은 "1897년 고종이 선포한 대한제국의 공식 국호가 '대한제국' 또는 '대한국'이었던 점, 그와는 별개로 조선 후기의 탕평군주였던 영·정조 때부터 '민국'이라는 용어가 널리 쓰였던 점 등을 고려할 때, 자연발생적으로 대한민국이라는 나라 이름이 생겨났을 수도 있다고 하였고, 실제로 찾아보니 그 사실들을 발견할 수 있었다"고 하면서 이태진의 주장을 뒷받침해 주었다.[7]

김백철도 "어쩌다 한번 '민국'을 쓴 것이 아니었다. 이 용어는 영조 즉위년(1724)부터 나온다. 《조선왕조실록》을 보면 영조 대에 31건, 정조 대에 43건, 순조 대에 59건 등이 발견된다. 영조 대를 경계로 일종의 시대정신이 변화하고 있다고 추정해 볼 수 있는데, 이는 일반 백성의 존재가 특별히 부각되기 시작했다는 점에서 알 수 있다. 또 영조 때부터 실시된 탕평정치의 궁극적 목적이 '민국'에 있음을 강조하기도 했다. 이는 19세기 말 동학·독립협회로도 이어져 사용됐고, 대한민국임시정부에까지 계승되었다."[8]고 주장했다.

---

5) 이태진, 〈18세기 탕평정치와 소민보호정책〉, 《개정신판 한국사특강》, 2008, 서울대학교출판문화연구원, 107~108쪽.
6) 한영우, 《다시 찾는 우리역사》 제2권 '조선편', 2004, 경세원, 179~185쪽.
7) 〈대한민국' 네 글자, 1899년 독립신문 논설에 있다〉, 《중앙일보》 2015.12.11.

이들에 대해 반대하는 주장의 목소리도 높았는데, 예를 들면 다음과 같다.

김인걸金仁杰은 "탕평군주들이 민국을 강조하고 관심을 가진 것은 사실이나, '민국정치론' 입장의 의미보다는 본래 심화되고 있던 당대의 정치적 갈등 속에서 조정 신료들이 상호 비방만 하고 백성의 근심과 국가의 생활[民憂國計]에 대해서는 도외시하는 지경에 이르자 이를 경계하는 차원에서 제시된 것"이라고 보았다.[9]

주진오朱鎭五는 "민국 이념은 수사학에 불과하다. 고종이 정조의 민국 이념을 계승해 통치했다는 것은 인정하기 어렵다. 그것은 완전한 권력유지를 위한 미사여구(rhetoric)일 뿐이며, 군주의 이념적 기반은 아니다."라고 주장했다.[10]

김재호金載昊는 "18세기 '탕평군주'의 '민국정치'를 계승한 '대한제국 국제'가 근대적이었다고 하는 주장은 왕정의 극복에 대한 문제의식을 결여한 것이다"라고 하면서 18세기의 민국정치 이념이 국왕을 양반의 우두머리에서 백성(국민) 전체에 대한 통치자로 새롭게 규정하고 있다는 점에서 근대(지향)적인 것일 뿐이라는 점을 강조했다. 또한 "정치이념이 근대적이려면, 국왕의 권력을 우주의 질서로부터 도출하는 것을 그만두고 현실정치로 내려와야 한다"고도 했다. 따라서 "태극도를 재해석하는 방식의 권력이론과 마키아벨리의 군주론을 대비시켜 볼 필요가 있다"고 제기했다. 한편 "18세기에 들어와 노비제도가 완화되고 있었다는 점은 인정할 수는 있지만, 1894년의 갑오개혁에 의해서 신분제도가 혁파될 때까지 조선왕조는 제도적으로 신분제 사회였으며, 사람을 팔고 사는 인신매매가 관행적으로 이루어지던 사회였기에, 이러한 사회에서

---

8) 김백철, 《영조- 민국을 꿈꾼 탕평군주》, 태학사, 2011.
9) 김인걸, 〈19세기 '세도정치기'의 求言敎와 應旨疏-'탕평정치기'와의 비교를 중심으로〉, 《한국문화》 54, 2011, 71~97쪽.
10) 《역사비평》 1997년 여름호; 《역사와 현실》 제26호, 1997.12.

동질적인 국민(또는 민족)을 말할 수 없다"[11]고도 하였다.

이상에서 살펴본 것처럼 탕평시대에 제기된 '민국'을 해석하는 견해가 양분되어 소앙이 제정한 '대한민국' 국호 속의 '민국'이라는 용어의 출처가 어디에서 비롯된 것인지에 대한 의견이 분분한 실정이다.

따라서 이 글에서는 3·1독립운동으로 태동된 '대한민국임시정부' 속의 '민국'이라는 용어의 연원에 어떤 주장이 가장 가까이 근접해 있는지를 〈대한민국임시헌장〉을 기초한 소앙의 활동시기를 일본유학 이전과 이후, 그리고 중국 망명 초기 등 세 시기로 구분하여, 그의 학습 과정, 활동 상황, 사상 형성 등을 분석함으로써 접근해 보겠다.

2. 조선 후기에서 대한제국으로 이어진 '민국' 이념에 대한 검토

조선의 건국이념의 하나는 '민본民本'이었다. 고려 말부터 급격히 논의되었던 《서경》의 "백성이 나라의 근본이다民惟邦本"가 민본사상의 출처다. '민국'의 뿌리는 이 '민유방본'으로 연결된다. '민유방본'을 줄인 '민방'의 또 다른 압축 표현이 '민국'이었다. '방'과 '국'은 같은 뜻이다. '민유방본' 혹은 '민위국본民爲國本' 같은 표현이 《조선왕조실록》에 658회, 《승정원일기》에 446회 등장한다. 이 가운데 세종 때 21회, 중종 때 29회, 명종 17회, 선조 14회 사용되던 '민유방본'의 빈도수는 숙종 때 37회에 이어 영조 때 무려 124회로 급증한다. 정조 때 34회, 순조 때 118회, 고종 때 98회었다. '민국'이란 말이 영소 때부터 급증하는 것과 일치한다.[12]

11) 《교수신문》 제321호, 2004.8.30.
12) 《중앙선데이》 2018. 5. 19.

18세기 영·정조 시대에는 '민국', 또는 '민국사民國事'라는 용어가 국가이념으로서 사용되었다. 이는 군주들의 소민 보호의식을 반영하는 용어로서 이것의 용례는 다음과 같다.

먼저 '민국사'의 용례에 대해 알아보면, 《비변사등록》에는 "애석하다! 근일의 헤아려 도모함이 '민국사'를 크게 소홀히 하였으니 조정의 기강이 있다고 어찌 할 수 있겠는가? 어찌 민은(民隱 민의 고충)을 중히 여긴다고 할 수 있겠는가?"[13]라고 하였다. 또한 "근래 더위로 머리의 부스럼이 아파오지만 '민국사'는 감히 한가히 쉴 수가 없다"[14]고도 말했다. 《정조실록》에는 "교왈敎曰, 국에 이롭고 민에 이롭다면 살갗이라도 무엇이 아까우리오. 선왕께서 과인에게 곡진하게 타이르신 바이다. 국용國用이 떨어지고 민산民産이 다하여, 민국을 말하고 걱정하면서 한밤중에도 의자에 둘러앉았다. 궁방宮房 전결田結에 이르러, 법 외로 더 받은 것, 전용하고 거두지 못한 것은 국용을 크게 손상할 뿐만 아니라 소민을 크게 해침으로, 유사有司로 하여금 사정查正하도록 하고 이어 온빈溫嬪 이하 여러 궁방의 전결 가운데 전용한 것 및 더 받은 것들을 모두 호조戶曹에 속하게 하였다."[15]

여기서 우리가 알 수 있는 점은, 국과 민의 상호 의지관계를 강조함으로써 민이 단순한 피치의 대상이 아니라 나라의 본체로서의 중요성을 강조하고 있다는 것이다. 이처럼 민民과 상上, 즉 백성과 군주의 상호 의지 관계를 밝히고 바로 그 양자가 국체를 이룬다는 의미는, 종래 왕실과 사대부만의 관계를 강조하던 형태로부터, 사대부가 빠지고 그 자리에 백성들이 들어갔다는 가히 혁명적인 이념의 변화라고 할 수 있는 것이다.

---

13) 《備邊司謄錄》 181冊, 正祖17年 2月 18日條, 國編刊行本 18冊, 89쪽 라.
14) 위의 책, 171쪽 라.
15) 《正祖實錄》, 附錄 行狀; 國編刊行本 《朝鮮王朝實錄》 47冊 298쪽.

이처럼 영·정조 대를 거치면서 정립된 민국 이념은 한 시대에서 그치는 것이 아니라 순조 대에 그대로 이어졌다. 특히 순조 때의 기록을 보면 '민국'의 '실實'을 거론하는 대목이 나오는데, '민국'이라는 말이 실제 사실과 부합되는지의 여부를 논한 것으로, 이때 '민국'을 '백성과 나라'로 본다면 어색하기 마련이다. '나라'에 '실'이 없다는 말은 가능해도, '백성'이 '실'이 없다는 말은 성립하기 어색하기 때문이다. 따라서 이런 경우에는 '백성의 나라'로 풀이해야 자연스러워진다. 이처럼 순조 대에 이르러서는 소민보호의식인 민국론이 오히려 더 명확하게 그 의미를 규정하려는 움직임이 있었음을 엿볼 수 있다.[16]

이러한 조선의 '민국론'의 특징을 더욱 명확하게 보려면 중국의 '민국론'과 비교해 볼 필요가 있다. 중국에서 민본사상은 중국 전통문화 속에서 줄곧 거대한 영향력을 지니며 전해 내려 왔는데, 민본사상을 제일 먼저 거론한 《상서》의 경우, "백성은 국가의 뿌리이다. 뿌리가 견고해야 국가가 평안하다(民惟邦本, 本固邦)."고 했고, 맹자는 "백성이 존귀하고, 사직은 그 다음이니, 군주는 사소한 것이다(民爲貴, 社稷次之, 君爲輕)"라고 말했으며, 청초의 왕부지는 "군주는 백성을 근간으로 한다(君以民爲基)"고 했다. 이러한 사상개념은 "백성이 없으면 군주도 존립할 수 없다(無民而君不立)", "국가의 근본은 백성에 있다(國家根本在百姓)"[17]는 등의 말에 이르기까지 한 계통으로 계승되어 전해져 왔다.

그러나 이러한 중국의 민본사상은 비록 그 역사적 기반이 아주 오래되기는 했으나 그러한 사상은 봉건시대 내내 '존군尊君' 관념과 함께 정치문명 속에서 왕정체제를 옹호하기 위한 명분론에 지나지 않았던 것이다. 그러다가 신해혁명을 전후해서 손문이 서방 자본주의국가의 국가정체에 대한 10여 년 동안의 연구결과에 기초하여, 공화정체가 비록 당

16) 이영재, 《근대와 민》, 도서출판 모시는 사람들, 2018, 155쪽.
17) 喬立君 主編, 《官箴》, 北京: 九州出版社, 2006.

시 구미 각국에서 성행하는 대의정치이긴 했지만 여전히 폐단이 있다고 보았다. 또한 중국에서는 직접민권을 실시하여 "인민이 국가의 주인"이라는 데 중점을 두었기에, 자신이 창건한 '공화국'이지만 '중화공화국' 대신 '중화민국'으로 정했던 것이다.[18]

그러나 조선에서는 중국의 고대 봉건정권 체제를 옹호하기 위한 민권사상이나 서양적 요소가 가미된 손문의 '민국' 개념과는 달리, 자생적인 '민국관'이 형성되었다는 것을 중시할 필요가 있다. 이러한 자생적 '민국관'을 엿볼 수 있는 용례로서 다음과 같은 것들이 있다.

"국은 민으로서 본을 삼는다. 그 때문에 국은 민에 의지하고, 민은 국에 의지한다. 옛말에 이르기를, 본이 튼튼해야 나라가 평안하다고 했는데, 이는 참으로 왕정이 앞세워야 할 바이다."[19] "민은 국에 의지하고 국은 민에 의지한다. 민이 족하면 군(임금)도 족하다."[20] "민은 상에게 의지하고, 상께서는 민에 의지하여 둘이 서로 의뢰하여 국체를 이룬다."[21]

이러한 민본민국에 대한 개념을 정리하면, '민본'은 백성을 위한 통치라 할 수 있고, '민국'은 백성에 의한 통치였음을 알 수 있다. 즉 국과 민의 상호 의지관계를 강조함으로써 민이 단순한 피치被治의 대상이 아니라, 국가의 본체로서 중요성을 강조하고 있음을 알 수 있는 것이다. 이처럼 민과 군주의 상호 의지관계를 밝히고 바로 그 양자가 국체를 이룬다는 의미는, 종래 왕실과 사대부만의 관계를 강조하던 형태에서, 사대부가 빠지고 그 자리에 백성들이 들어간 이념의 변화라고 할 수 있다.

이처럼 영·정조 대를 거치면서 정립되어 온 '민국'이념은 한 시대에

---

18) 胡明華, 《江蘇社會科學》 2012年 第10期 참조.
19) 《備邊司謄錄》, 英祖 1年 4月 24日條, 國編刊行本 7冊.
20) 《正祖實錄》, 附錄 行狀 국편간행본 47책, 295쪽 다.
21) 《明南樓叢書》, 仁政 권 20.

서 끝나지 않고 조선 말까지 이어지는데, '민' 보호의식을 강조하며 민국 이념을 계승한 고종시대에는 '민국', '민국사'란 용어가 거의 상용되다시피 하였다. 그것은 다음과 같은 사료에서 엿볼 수 있다.

우의정 박규수가 말하길, 돈[錢]과 재물[物]은 경중 귀천이 반드시 공평함을 얻어야 한다. 그래야만 '민국'의 해가 되지 않는다. 청전(淸錢 청나라 돈)의 폐단이 근일에 극심했는데 대개 여기에 원인이 있었다."22) "지금 '민국사계民國事計'를 돌아보니 원의 둘레가 터질듯이 위험한 것, 물이 새는 배가 물 가운데 있는 것 등과 같으니, 장백將伯의 도움과 부수副手의 책임을 경이 아니고 누가 맡을 것인가?"23) "지금 정부의 산림과 현회의 좌수座首는 모두 유교에서 비롯하였으니 민망(民望 백성이 바라는 바)에 따라 선발하여 '민국사'를 협의하면 본조(조선왕조)도 역시 군민공치(군주와 백성이 함께 다스려 나감)의 풍이 있게 될 것이다." "보상(輔相 보부상)이 종사안 위에는 조금도 우려하지 않고, 다만 사사로이 봉록만 흠모하며…… 하찮은 무리가 어찌 때를 타서 나아감을 도모하고 아첨하여 즐겁게 해주는 풍습으로써 총명을 가리니 '민국'을 해치지 아니하오릿가?"24)

이렇게 '민국' 용어 사용의 급증은 대중화로 이어져 동학 집회와 독립협회의 〈관민공동결의문〉에도 사용되었고, 《독립신문》《매일신문》《황성신문》《대한매일신보》 등 일간지, 《대한자강회월보》《대한협회회보》《대동학회월보》 같은 잡지, 황현의 《매천야록》, 김윤식의 《음청사》, 정교의 《대한계년사》 등 각종 서책에도 두루 쓰이며 일상화되었다.25) 그

---

22) 《高宗實錄》 卷11, 高宗 11년 정월 13일조, 439쪽.
23) 《高宗實錄》 卷15 高宗15年 10月 5日條. 582쪽.
24) 《高宗實錄》 卷37, 光武 2년 7월 7일조, 국편간행본 중권 46~47쪽.
25) 대한제국기에 '민국' 용어가 쓰인 횟수는 《독립신문》에 63회, 《매일신문》에 34회, 《황성신문》에 395회, 《대한매일신보》에 240회로 조사되고 있다. 황태연, 《대한민국 국호의 유래와 민국의 의미》, 청계, 2016 참조.

의미는 '백성과 나라'를 넘어 '백성의 나라'로 확장되었다. 독립협회 기관지 《대조선독립협회회보》(1896)는 서울 주재 각국 외교관을 소개하며 '불란서민국'이라는 표현을 쓰기도 했다. 다른 나라는 '제국' '왕국' '합중국'이라고 하면서, 유독 프랑스만 '민국'이라고 한 것은 프랑스혁명 이후 신분·인종 차별이 폐지된 사실을 반영한 표기로 보인다. 이런 과정을 거치며 대한제국기에는 '대한'과 '민국'이 어우러져 '대한민국'이란 국호가 자연발생적으로 불렸고 그렇게 언론에 보도되기도 했다.[26]

이처럼 '민국', '민국사'란 용어는 고종의 친정부터 대한제국이 출범한 시기에 이르기까지 군신 어디에서나 모두 국가통치이념으로 사용되었다는 것을 알 수 있다. 이러한 민국 이념은 백성, 소민 보호가 우선시되는 당시의 발전된 정치의식을 증명해 주는 것으로서, 이는 우리 역사에서도 얼마든지 자생적 민주주의 사상이 발전할 수 있는 토대가 있었음을 말해 주는 것이라고 볼 수 있다. 이러한 조선의 자생적 민국관이 오늘날 한국인의 공화주의에 대한 이해로 이어지고 있음을 최장집崔章集이 정의한 한국적 '공화주의' 개념을 통해서 알 수 있다.

"서구에서 공화주의라는 말은 한국인의 심성 속에 깊이 자리 잡은 공동체 전체에 대한 애정, 향토애, 민족애와 크게 다를 바 없는 내용으로 민주주의가 일련의 절차적·제도적 장치만으로는 제대로 작동하고 발전하기 어렵다는 문제의식에서 그 의미가 발생한다. 공화주의는 공공선公共善에 대한 헌신, 공적 결정에 대한 적극적인 참여와 모든 시민이 공동체로부터 배제되지 않고 권리와 혜택을 누리는 시민권의 원리, 시민적 덕에 대한 강조를 핵심 내용으로 한다. 즉, 그것은 적극적 시민으로서 정치에 대한 참여와 선출된 공직자의 시민에 대한 사회적·도덕적 책임성의 윤리를 함축한다."[27]

---

26) 《중앙선데이》 2018. 5. 19.
27) 최장집, 《민주화 이후의 민주주의》, 후마니타스, 2010, 227쪽.

3. 시기별 조소앙의 사상관념 추이

1) 일본유학 이전의 사상관념(가학~1904)

조소앙은 1887년 경기도 교하군(현재 파주)에서 선비의 가풍이 있는 사대부 집안의 차남으로 태어났다.[28] 그가 태어난 시기는 조선왕조가 쇠락의 길로 접어든 상황에 처해 있었다. 그는 조부에게 5세부터 15세까지 한학을 배우기 시작하여 '4서5경'과 '제자백가서'를 모두 섭렵하였다고 한다. 소앙은 이처럼 자신을 가르친 조부로부터 받은 영향이 매우 컸다고 스스로 밝히고 있다.[29] 조부의 가르침은 단순한 지식교육에만 그친 것이 아니라 학문의 자세, 삶의 방향 등 청년기 소앙의 사상형성에 중요한 영향을 미쳤던 것이다. 의리와 절개를 중시한 가풍 속에서 교육을 받은 소앙이 나라가 쇠망으로 치닫는 상황에서 조부로부터 민족교육을 받은 것은 자명한 일이고, 특히 역사와 시사에 대해 특별한 관심을 가졌던 소앙의 글 속에서 충분히 엿볼 수 있는 것이다.[30]

16세가 되던 1902년에 그는 당시 대한제국이 표방한 '구본신참舊本新參' 정책에 관심을 갖고 관료가 되는 길을 택하였다. 그러나 그것은 신학문과 신지식을 통해 관료가 되는 길이 아닌 유학 공부를 본격적으로 해서 관료가 되는 길이었다. 1902년 7월에 성균관 경학과에 들어가 3년 동안 수학하면서 전통 한학교육을 받았다. 그런 면에서 그의 성장과정은 한학교육 일변도였던 것이다.

---

28) 소앙이 가문은 조선조 절이파와 생육신의 후손으로 노론 기호하파 가문이었다. 가풍은 의리와 절개를 중시했고, 가통의 계승의식이 철저했다. 〈증조 도정공 제58주년 기진〉《素昻先生文集》하, 164쪽.

29) 《東游略抄》 1906년 8월 13일조 및 1911년 2월 9일조.

30) "조소앙의 글에서 나타나는 특징은 모든 문제의식이 민족의 역사에 기초하고 있고, 문제 해결을 민족의 역사 속에서 찾고 있다는 점이다." 한시준, 〈《소앙집》 상의 해제〉, 한국정신문화연구원, 《한국독립운동사사료집 - 조소앙편(1)》, 1995, 22~23쪽.

성균관 경학과는 1895년 새롭게 개편된 최고 교육기관이었다. 신학문의 유입에 대응하고 유교를 진흥시키기 위해 설립되었기에 제도상으로는 전통적 학제와 근대적 학제가 절충된 교육기관이었으나, 유학자 관료 양성기관의 성격을 띠고 있었기에 시대 흐름에 맞는 교육기관은 아니었다고 할 수 있었다. 하지만 교육과정을 보면 만물역사, 지지, 산술 등을 통합하여 수학하게 함으로써 서양에 관한 신지식을 배울 수도 있었다. 특히 '본국사'와 '본국지지'는 독립적으로 편제되어 자국에 대한 인식을 심화할 수 있도록 되어 있었다. 따라서 조선조 대표적 군왕인 탕평군주들과 당대의 대한제국 역사에 대해 자세하고 명확한 인식을 가지고 있었다고 충분히 예상할 수가 있다. 이러한 점은 그가 일본으로 건너간 지 얼마 안 되어 쓴 각종 문장에서 "신한국인 · 민권 · 헌정"[31) 등의 용어를 자주 쓰고 있다는 점에서도 알 수 있다.

특히 황태연의 조사에 따르면 "대한민국이라는 국호가 사용된 사례 가운데 가장 오래된 것은 《독립신문》 1899년 4월 4일자에 실린 논설 〈대한전정大韓錢政〉이다. 당장 눈앞의 이익만 생각해 동전을 과도하게 찍어낸 결과 대한제국 재정에 부담을 주게 됐음을 안타까워하는 내용이다. '이렇게 된 것은 대한민국 대계를 위하야 대단히 애석히 여기노라'라는 구절도 있다. 대한민국 국호는 심지어 1903년 주한 일본공사관이 본국 외무성에 보낸 '한국 조정朝廷의 태환권 발행 계획'에 관한 보고문에도 등장한다. 일본 외교관들이 공식 보고서에 사용할 만큼 대한민국이라는 국호가 일정하게 사용되었다."[32)

이처럼 당시 시대적으로 민감한 사항을 논한 논설을 성균관생인 소앙이 못 볼 리 없고, 또한 불안한 시국을 근심어린 눈으로 지켜보던 소앙이 국가 안위에 대해 소홀히 할 리가 없었다는 점에서 볼 때, 이미

---

31) 《소앙선생문집》 상, 〈논설〉 부분 참고.
32) 〈'대한민국' 네 글자, 1899년 독립신문 논설에 있다〉, 《중앙일보》 2015.12.11.

그는 '민국'이라는 개념에 대해 인식하고 있었을 것이라고 볼 수 있는 것이다.

이러한 상황에서 향후 자신들이 헤쳐 나가야 할 문제점들을 생각할 때 "신학이 중요한가, 구학이 중요한가?"에 대한 선택은 당연히 젊은 유생들에게는 커다란 관심꺼리가 아닐 수 없었다. 그 대표적인 예가 신채호와 류인식柳仁植과의 토론인데, 이들 토론을 통해서 신학의 필요성을 공감하게 된 유생들은 서양을 소개하는 신서적을 두루 섭렵하여 후에 그들의 애국계몽사상을 형성하는 바탕이 되었다.[33] 그들 중에는 신서적에 의거한 신지식만으로는 쇠망해 가는 조국의 현실을 돌려세울 수 없다고 여기는 이들도 나타나게 되었으니, 소앙 또한 그들 가운데 한 사람이었다.

그리하여 18세가 되던 1904년 2월에 《황성신문》에서 〈한일의정서〉가 체결되었다는 소식을 듣고는 "구학을 버리고 신학을 배우겠다"[34]면서 성균관 경학과를 2년 만에 마치고 황실유학생 선발시험에 응시하게 되었던 것이다.

2) 일본유학 이후의 사상관념(1904~1912)

소앙의 일본유학은 그를 근대적 지식인으로 변모시키는 계기를 가져다주었다. 이러한 모습은 그의 견문록, 독서 상황, 일기 등에 나타난 단상을 보면 쉽게 알 수 있다. 이러한 그의 노력은 근대사상을 체계적으로 습득하는 일과 전통사상에 대한 지속적 연구라는 두 가지를 통합시킬 수 있느냐 하는 당시의 문제의식에 대한 해결점을 찾는 데 있었다. 그러한 과정을 시기별로 보면 다음과 같다.

---

33) 김기승, 《조소앙이 꿈꾼 세계》, 지영사, 2003, 25쪽.
34) 《회고》, 《소앙선생문집》 하, 166쪽.

〈그림 1〉 1904년 11월 도쿄부립 제일중학교에 입학한 대한제국의 황실특파 유학생.
최린, 최남선, 조소앙(뒷줄 오른쪽에서 일곱 번째) 등이 입학하였다.
출전: 서울대학교총동창회, 《국립서울대학교 개학 반세기사》

　　1904에서 1907년까지는 동경부립제일중학교를 다녔는데, 그는 이 학교에서 민족차별적 실용 위주의 교육과 군대식 권위주의, 보호조약 체결에 대한 울분, 그리고 한국인 유학생에 대해 학력을 무시하는 일본 교육인사들의 발언에 대한 불만 등을 이유로 동맹퇴학을 했다. 그 후 소앙은 명치대明治大 법률과에 들어갔으나 대학 강의를 소화할 만한 일본어 능력 부족 등으로 말미암아 거의 학교에 가지를 못했다. 그러던 중에 동경부립제일중학교로부터 정식으로 퇴학을 통고받자 관비 유학자금을 받을 수 없게 되었는데, 양국 정부의 타협으로 23세 이상만 전문학교에 진학할 수 있다는 결정이 내려져 19세인 소앙은 다시 중학교로 복교하지 않으면 안 되었다.35)

　　이러한 소용돌이 속에서 일본 학계의 영향을 아직 충분히 받을 수

〈그림 2〉 일본 유학시기 단체기념 사진. 두 번째 줄 왼쪽에서 네 번째가 조소앙.
출처: 김기승 교수 제공

없었던 그가 국가구성의 3요소로 "민기民氣, 국권, 정부의 인재"를 제시
하면서 이 가운데 '민기'가 입국의 첫 번째 요결이라고 주장하였다는
점은,36) 일본유학 전 조선에서 익혀온 전통학문에 바탕을 둔 발상임을
알게 해 주는 근거로 볼 수 있다. 더구나 10대 후반인 약관의 나이에
아직 자신의 사상체제를 확고히 하지 못한 상태에서 이러한 제시를 했
다는 것은, 비록 일본에 와서 1년 전후의 경험이 있었다 할지라도 일본
에 오기 전에 이미 이러한 의식이 내재되어 있었다는 점을 도외시할
수 없게 한다. 특히 '민기'를 입국의 첫 번째 요결이라고 주장한 것은
이후 '대한민국' 국호를 초안하는 그에게 제일 큰 영향을 주었던 요인
이 되었을 것이라는 점에서 주목할 필요가 있는 것이다.

　이러한 의식을 잠재적으로 지니고 있던 그는 1908년에서 1912년까
지 메이지明治대학 법학부를 다니면서 일어, 영어, 독어, 중국어를 배웠

---

35) 《東游略抄》, 1906년 5월 1~4일조.
36) 조소앙, 〈일진회평론기〉, 《대한매일신보》 1906, 8, 30~31쪽; 《소앙선생문집》 하,
　　207쪽.

고, 유교경전, 한국 역사와 지리, 세계역사와 지리, 법학이론, 일본법 등을 학습했다. 당시 메이지대 법학부의 분위기는 프랑스 법학파의 자유주의적 학풍이 매우 강했다. 이는 소앙에게 큰 영향을 주었는데, 이것은 신해혁명 후 제정된 중국헌법이 명치헌법보다 민주적이라고 평가한 데서도 엿볼 수 있다.[37]

당시 메이지대학 법학부의 바바 다쓰이(馬場辰猪, 1850-1888) 교수는 메이지대의 민권론적 법학 학풍을 수립하는 데 매우 큰 공을 세운 인물이었다. 특히 그가 저술한 《천부인권론》은 소앙이 사회진화론의 양면성을 알게 되는 큰 뒷받침이 되었다. 당시 일본 법학계에서 메이지대학 법학부와 쌍벽을 이루던 동경대 법학부에는 국권주의적 학풍을 수립한 가토 히로유키(加藤弘之, 1836-1916) 교수가 있었다. 그는 강자의 약자 지배를 합리화하여 열강의 제국주의적 침략과 국가의 인권탄압을 합리화하는 논리로서, 민권운동을 억압하는 도구로 만드는 이론을 주장하였는데, 바바 다쓰이 교수는 이를 맹렬히 비판하였던 것이다.

바바 다쓰이 교수는 자연법적으로 부여된 자유와 평등한 권리를 신장시키는 이론을 가지고 사회진화론에 대한 객관적 이해를 가능케 하였다. 이러한 논리가 담겨 있는 그의 《천부인권론》을 소앙은 1907년(19세)에 번역하면서 완전히 그의 사상으로 받아들였고, 그에게 더 많은 것을 배우기 위해 1908년에 메이지대학에 입학하였다. 그리고 그 다음 해에는 민권을 강화하기 위한 정치운동의 필요성을 주장하기에 이른 것이다. 즉 "세계변화의 대세는 전제군주제가 몰락하고 입헌체제가 발달하면서 민권이 신장될 것"[38]이라고 파악했던 것이다. 이러한 민권 강화를 주장한 소앙의 의식 속에는 이미 '민국'을 수립해야 한다는 의지가

---

37) 《東游略抄》, 1911년 11월 4일조.
38) 趙素昻, 〈甲辰 以後 列國 大勢의 變動을 論함〉, 《大韓興學報》 10號, 1910. 2; 《素昻先生文集》 하, 228~235쪽; 〈會員諸君〉 《大韓興學報》 7호, 1909. 11; 《素昻先生文集》 하, 220~226쪽.

가슴속에 품어져 있었음을 또한 엿볼 수 있는 것이다.

이러한 자신의 사상과 의지를 대화를 통해 확인하고 또한 전파시키기 위해 소앙은 여러 단체에 참여하고, 조직하고, 이끌어 가는 데 매우 적극적이었다.[39] 이러한 활동은 소앙의 민족의식 형성과 민족운동 전개에 직접적으로 영향을 미치게 되었는데, 특히 소앙이 관심을 가졌던 분야는 "일본의 자유민권운동(일본 정치 관련 행사 견문 31회)"과 재일중국인 민족운동(집회 및 강연회에 참석)이었다. 특히 중국 유학생들의 정치사상이 발달한 점과 학생활동을 높이 평가하여 중국인들과 활발하게 교류했고, 이는 소앙이 이후 중국으로 망명하는 동기가 되었다.

한편 이러한 활동을 통해 소앙은 세계적인 대세에 대한 자신의 견해도 갖추게 되었다. 즉 전제군주제가 무너지고 민권이 신장되면서 입헌체제가 수립되어 가고 있다고 보았고, 조국의 억압된 민권 신장에 대한 관심에서 일본과 중국의 정치발전에 주목하였다. 또 헌법과 법률 제정을 통해 군주권을 제한하고 민권을 신장해야 한다는 방향으로 생각을 전환하게 되었다.[40]

소앙은 또 일본 유학기간 동안에 많은 독서를 통해 자신의 사상체계를 확립하게 되었다. 이는 그의 유학일기인 《동유략초東遊略抄》에 구입한 책, 읽은 책, 독후감 등이 소상히 기록되어 있어 독서가 그의 사상

---

39) 소앙이 유학 초기부터 유학생 단체의 조직 결성에 힘썼는데, 그 상황은 일본 유학시기 일기인 《동유략초東遊略抄》에서 다음과 같이 확인할 수 있다. '進修會'(1905. 6): 독서회 성격이었는데 공동으로 학습하고 토론에 참여함. '留學生俱樂部'(1905. 12): 서기로 참여함. '大韓共修會'(1906): 관비유학생들의 조직으로, 서기, 평의원으로 참여하고 여기서 간행하는 《共修學報》이 주필로써 토론회 개최함. '大韓興學會'(1909): 평의원이면서 《대한흥학보》의 편찬부장으로 활동하였고, 이 학보를 통해 한일병탄을 반대함. '기독교청년회'(1910): 편집부와 교육부의 임원으로 연설회·토론회를 주관함. '官費留學生會'(1911. 2): 의장으로 활동함. '朝鮮留學生親睦會'(1911. 5): 회장으로 활동함.

40) 《동유략초》 1911년 5월 15일조; 〈孝의 觀念 變遷에 對하여〉, 《大韓興學報》 9(1910. 1), 43~48쪽.

〈그림 3〉 일본 유학시기에 학우들과 함께 찍은 사진으로 맨 오른쪽이 조소앙.
출처: 김기승 교수 제공

형성에 미친 점을 한눈에 확인할 수 있다. 당시 그의 독서 특징을 종합해 보면 먼저 문사철을 중심으로 한 사회과학 및 자연과학 등 여러 분야에 걸쳐 광범위하게 독서했음을 알 수 있다. 둘째로는 전통적인 동양고전과 서양의 신서적을 고루 포함하여 독서를 했다는 점이다. 동양고전은 원전 중심으로 독서를 했고, 서양서적은 주로 일본어 번역서를 통해 독서했기 때문에 서양에 대한 이해는 간접적으로 이루어졌다고 할 수 있다. 시기별로 보면 1910년 이전에는 "동서양 역사, 지리, 영웅전기, 정치학" 등을 위주로 독서를 했고, 1910년 이후에는 종교와 철학서를 위주로 독서하였으며, 1911년 이후부터는 "소앙 왈"이라는 형식으로 독후감을 써나감으로써 서서히 자기 자신의 사상체계를 확립해 나가기 시작했음을 보여주고 있다.

그러나 무엇보다도 중요한 것은 1910년을 전후로 하여 학교생활 및 사회활동을 통해 근대적 지식인으로 변모해 나갔다는 점이다. 그는 강의를 들으며 여러 학설을 비판적으로 종합해 가는 방법을 습득하여, 경전에 대한 주석을 다는 전통적 방법을 탈피하고, 스스로를 4명의 성인인 공자, 석가모니, 예수, 소크라테스 등과 동등한 반열에 위치시키면서 사고하기 시작하였다. 이러한 점은 소앙이 근대적 자아에 대한 주체적 인식에 도달했음을 의미하는 행동이었다고 할 수 있다.

이러한 행동양식은 일본 지식계의 풍토 속에서 이루어지는 것이기는 하지만, 그들의 풍토를 그대로 추종하지는 않았다. 즉 동서양 철학의 통합을 통해 기존 종교의 절대성을 부정하는 일본 철학계의 사고는, 천황제를 축으로 하는 국수주의 전통과 무관하지 않다고 보았던 것이다. 다시 말해서 일본 지식계의 사고가 서양 기독교문화의 전통 속에서 주장하는 것과는 차이가 있다는 사실을 알았기 때문에 가능했던 것이다.

이처럼 소앙은 일본유학 기간에 일본어 강의를 통해, 일본어로 번역된 책을 통해 자신의 사상체계를 확립해 나갈 수밖에 없었지만, 그것을 그대로 받아들이지 않았다. 그는 어릴 때부터 내재화된 국학을 기반으로 서양학 및 일본학을 비판적으로 수용하면서 자신의 사상체계를 체계화시켰던 것임을 그의 활동과 문장을 통해서 확인할 수 있다.

3) 중국 망명 초기의 사상관념(1913~1918)

소앙은 1904년 독일에서 외교관으로 있던 백형(伯兄, 맏형)이 보내온 《손문전》을 읽을 수 있었다.[41] 그는 이 책을 읽으면서 중국혁명의 형세에 대해 더욱 많은 관심을 갖게 되었고, 일본유학 시기 중국유학생들의 활동을 주시하게 되었으며, 나아가 한국유학생은 중국유학생의 애국활동을 배워야 한다고까지 주장할 정도로 그들의 활동에 매료되었다. 그들의 활동을 보면서 조국의 향후 행로의 모델로 삼아야겠다고 생각한

---

41) 《自傳》《趙素昻先生文集》(下), 157쪽; 《年譜》《趙素昻先生文集》(下), 484쪽.

소앙은 그들과 빈번하게 교류하기 시작하였다.[42] 그는 마음속으로 "민권을 주창하는 시대가 곧 올 것이다. 입헌하는 날이 멀지 않았다."[43]며 조국의 미래에 대해 희망의 끈을 놓지 않으려 했다. 일본유학 초기인 1904년에 이미 그의 사상 속에는 '민권'에 대한 관념이 확고히 자리 잡고 있었음을 알게 해준다. 이 시기는 아직 일본에서의 활동 및 학습, 독서 등이 본격적으로 시작되지 않았던 시기였으므로 이미 고국에서부터 내재되어 있던 민국 개념이 일본에 오자마자 위에서 말한 여러 경험들과 혼효混淆되면서 소앙의 의식 속에 확고히 자리 잡게 되었음을 말해 준다고 하겠다.[44] 이처럼 확고히 내재된 의식을 갖고 일본유학 시기를 보낼 수 있었기에, 그의 행보는 그의 의식 속에 그려져 있는 계획대로 착착 진행되어 갔음을 알 수 있다. 이러한 점은 이전 절에서 이미 확인할 수 있었다.

결국 중국유학생들과의 활동에서 많은 영향을 받은 그는 1912년 일본 유학을 마치고 귀국한 후 교사로 활동하다가 다음 해인 1913년에 북경을 거쳐 상해로 망명하게 되었다.

망명 후 소앙의 사상에 미친 두 개의 요인은 공화주의를 대표로 한 중국혁명과 사회주의였다. 이는 소앙이 〈임시헌장〉을 기초하기 전에 기초한 〈조선공화국가헌법朝鮮共和國假憲法〉[45]에서 왕실을 우대하지 않겠다는 조항을 제시하고 있다는 점에서 확인할 수 있다. 또한 소앙은 임시정부를 수립할 때 어떤 정체를 설정할 것인가에 대한 논쟁이 일어났을

---

42) 《東游略抄》 369, 395, 420, 449~472쪽.
43) 〈會員諸君〉 《大韓興學報》 제7호, 1909. 11.
44) 배경한은 조소앙이 공화주의를 받아들이는 시기를 단정하기 어렵다면서 일본유학 시기 손문의 영향과 중국유학생과의 교류를 통해 공화주의를 받아들였을 가능성이 크다고 했다. 그러나 확실하게 공화주의를 받아들이는 시기는 중국으로 망명한 후 신해혁명 즉 공화혁명의 성과를 친히 목도하면서 1913년 혹은 1914년 무렵 완전하게 받아들였다고 하였다. 裵京漢, 〈從韓國看的中華民國史〉, 社會科學文獻出版社, 2004, 72쪽.
45) 金正明 編, 朝鮮獨立運動 II, 東京: 原書房, 1967, 34~35쪽.

때, 적극적으로 공화제를 채택할 것을 주장했다는 점에서도 확인할 수 있다.[46]

이처럼 소앙이 1919년 4월 11일 〈임시헌장〉에 '민주공화국'을 명문화할 수 있었던 것은 개인적인 확고한 신념이 내재화되어 있었기 때문이기도 했지만, 최소한 본인의 인식이 체계화되어 가기 시작한 성균관 입학을 전후한 이래 일본유학, 중국망명 속에서 민주와 공화의 원리가 '민'의 영역에서 경험되고 체득되었음을 명확히 했기 때문이라고 할 수 있는 것이다.[47]

18세기 말부터 빠른 속도로 확대된 '민국 이념'은, 1850년대 무렵이면 확장된 평민공론장에서 서구적 함의의 '공화'와 '민주' 개념과 접촉이 시작되었을 것이고, 또한 이 개념이 우리의 정치적 전통에서 전적으로 이질적이고 생경한 것이 아니었기 때문에 대한제국기에는 능동적으로 습합시켜 나갈 수 있었던 것이다.[48] 다시 말해서 '민주공화국' 대한민국은 서구로부터 이식된 수입산이 아니고, 우리의 정치사상적 전통 속에서 자생한 정체政體라는 사실을 소앙은 학습과 경험을 통해 간파하고 있었다고 말할 수 있다.[49]

---

46) 〈自傳〉, 《素昂先生文集》 하, 157쪽.
47) 이영재, 앞의 책, 6쪽.
48) 이 점은 1917년 7월 신규식, 박은식, 신채호 등이 상해에서 〈대동단결선언〉을 발표하며 '주권불멸론'·'주권민유론'·'최고기관의 건립'을 주장했다는 점에서도 확인할 수 있다.
49) 사회주의에 대한 영향은 그가 제창하는 삼균주의 속에서 엿볼 수 있는데, 이에 대한 논의는 생략하고자 한다.

4. 마치는 말

소앙의 '민국'에 대한 인식이 어디로부터 영향을 받았는지에 대해서는 소앙의 글 어디에서도 나타나지 않았다. 그러나 그가 발표한 일련의 선언문이나, 임시정부헌법초안을 기초할 때 '민국'을 표시했다는 점은, 결국 그의 의식 속에는 '민국'에 대한 개념이 잠재해 있었다는 점을 확인시켜 주는 것이라 하지 않을 수 없다. 다만 그런 인식이 언제 태동했고, 언제 의식화되어 사상관념으로까지 체계화되었는지에 대해서 확언할 수 없을 뿐이다.

그렇지만 지금까지 살펴보았듯이, 집안의 내력, 조부로부터 받은 한학교육, 그리고 '구본신참'을 표방한 성균관의 교육과정 및 교육환경, 그리고 이후 그의 글에서 보이는 역사의식 등을 보면 충분히 한국의 역사를 고대부터 당대까지 잘 알고 있었음을 확인할 수 있었다.

그런 점에서 이 글의 목적인 조선의 탕평군주들이 주창했던 '민국'개념을 그가 알고 있었는지, 그리고 과연 그가 이러한 '민국'개념을 바탕으로 '대한민국'이라는 국호를 제정한 것인지에 대한 답을 확실하게 확인할 수는 없지만, 그럴 가능성이 있다는 점은 이 글에서 충분히 설명했다고 본다.

다만 '대한민국'이라는 국호를 제정한 소앙의 의식 속에는 단지 탕평군주들이 제시했던 '민국'개념만이 아니라, 일본에서의 유학을 통해 자신의 사상을 체계화하는 가운데 서양의 '공화'개념을 비판적으로 받아들임으로써 더욱 '민국'에 대한 관념을 풍부히 했음을 알 수 있었다. 거기에 더해서 소앙은 중국에 망명한 이후 중국혁명의 실질적 성과를 직접 보고 느낄 수 있었고, 손문이 '민국'개념을 정립하면서 중국에 맞지 않는 서양적 요소는 빼고 중국식 요소를 가미하여 이념의 자기화를 하는 모습을 보면서 한국화한 이념을 내재화했고, 이를 토대로 대한민국임시

정부 초안을 기초하였음을 갈파할 수 있었다. 그러한 결과로서 소앙은 군주정인 '대한제국'이라는 국호를 배제하고, 공화정인 '대한민국'으로 국호를 정하게 되었던 것이다.

결론적으로 말한다면, 소앙의 의식 속에 내재되어 있던 '민국'개념은 탕평군주 이래 제기되어온 전통적 '민국'이념, 일본 유학시기를 통해 비판적으로 수용한 서구적 공화사상, 그리고 중국혁명을 통해 성립된 중국식 '민국'을 융합한 종합사상이었다고 할 수 있다.

이렇게 해서 정해진 '대한민국' 국호를 기준으로 해서 본다면, '민국' 이념의 민족사적 계승이자, 한국화된 '민국'이념의 정립이라는 차원에서, 대한민국정부의 수립시기는 당연히 대한민국임시정부로 봐야 할 당위성이 있음을 알 수 있는 것이다.

3·1독립운동과 일본문학의 관련 양상

세리카와 데쓰요(니쇼가쿠샤대학 명예교수)

1. 들어가며

국제화를 외치고 있는 오늘날 사회에서 일본이 아시아, 세계 속에서 살아가면서 한국·조선인과 어떻게 관계를 구축해야 하는가는 매우 중요한 문제라 여겨진다. 문학의 국제적 교류와 연대를 목표로 한다는 입장에서, 일본문학이 한국·조선과 민족을 어떻게 파악하여 형상화시켜 왔는가라는 과제의 일환으로 이 글에서는 3·1독립운동(이하 3·1운동)의 충격에 당시 일본의 지식인이 어떻게 논의하여 대처했는지를 고찰하고, 다음으로 3·1운동을 테마로 한 일본인 작가의 작품을 소개하고자 한다.

2. 3·1운동과 일본 지식인의 대응

3·1운동은 일본 조야에 굉장한 충격을 주었으며 동시에 많은 관심을 모았다. 일본 측 보도 관제管制 때문에 일본인에게 알려진 것은 간신히 3월 7일이 되어 처음으로 신문지상에 등장하면서였다.[1] 보도 기사도 사설도 반일 투쟁 발발의 원인을 정확하게 보도하지 않고, "외국인 선교사의 선동"이라든가 "일부 불령선인不逞鮮人의 선동"에 있다고 하며 그 진상을 보도하지 않았다. 봉기 원인인 일본제국주의의 조선 지배와 그 가혹한 탄압정치는 물론, 투쟁 확대의 직접적 동인이 된 평화적 시위에 대한 무차별 총격 실태에 대해서도 전혀 다루지 않았다. 마치 운동이 처음부터 "폭동"에서 시작된 것 같이 자극적인 보도를 했다. 요시노 사쿠조吉野作造, 후쿠다 도쿠조福田德三, 미야자키 도텐宮崎滔天, 야나기 무네요시柳宗悅, 가시와기 기엔柏木義円, 이시바시 단잔石橋湛山, 후세 다쓰지布施辰治, 야나이하라 다다오矢內原忠雄, 거기에 조선에 있는 일본 기독교회의 일부 목사(스즈키 다카시鈴木高志, 노리마쓰 마사야스乘松雅休) 등 소수의 운동 이해자들을 제외하고 대다수 일본인은 3·1운동을 '소요騷擾사건'이라고 밖에 인식하지 못하였으며, 조선인에 대한 배외주의적 적개심을 키웠을 뿐이었다. 또한 이러한 태도는 4년 뒤 관동대지진이 일어났을 때 대학살사건으로 이어져 민족적 편견을 한층 조장시켜 갔다.

당시 논단에서 활약하고 있던 민본주의 논객 가와카미 하지메河上肇, 하세가와 뇨제칸長谷川如是閑, 오야마 이쿠오大山郁夫, 미노베 다쓰키치美濃部達吉 등도 유독 조선문제에 관해서는 마치 약속이나 한 듯 침묵을 지켰고, 또한 당시 노동운동·농민운동·사회주의운동의 앙양에도 불

---

1) 姜東鎭,《日本言論界と朝鮮》, 法政大學出版會, 1984, 164쪽 참조.

구하고 일본의 사회주의자들 또한 침묵을 지키고 있었다. 그런 가운데 요시노 사쿠조를 중심으로 하는 여명회(黎明會: 당시 군벌의 대두에 반대하며 일본의 민주화를 주장한 민주주의적 사상 계몽 단체)는 일본의 조선 지배 정책을 가장 강하게 비판했다. 또한 요시노의 영향 아래 있었던 동경대학 법학부 학생들의 신인회新人會 기관지《데모크라시》제2호(1919년 4월 1일자) 사설〈조선 청년 제군에게 바침〉과 제5호(7월 1일자)〈조선의 통치자에게 줌〉에서는 조선 병합 그 자체를 "단연코 불가"하다고 하였으며, "병합" 후의 헌병정치와 3·1운동 탄압 행위를 "변호의 여지가 없는 비인도적인 행위의 극치"라고 인정하고, 조선인이 "자유 천지에서 진실로 인류로서의 바른 생활을 획득해야 할 날이 하루빨리 오기를 희망하지 않을 수 없다"고 조선의 독립을 지지했다.

요시노 사쿠조(1878-1933)의 조선 관계 논문은 50편 정도에 달하는데, 동세대 지식인 가운데에서는 찾아볼 수 없으며, "질적으로도 견줄 만한 자가 드물다"고 일컬어진다.[2] 3·1운동 후 직접 이 사건을 다뤄〈조선폭동선후책〉(《중앙공론》, 1919.4),〈대외적 양심의 발휘〉(같은 책),〈수원학살사건〉(같은 책, 1919.7),〈조선통치 개혁에 관한 최소한도의 요구〉(《여명강연집》, 1919.8),〈지나·조선의 배일과 우리 국민의 반성〉(《부인공론》, 1918.8) 등을 발표했다. 요시노는 1916년 3월 27일부터 4월 19일까지 만주·조선을 여행하여, 같은 해 6월〈만한을 시찰하고〉(《중앙공론》)를 발표했으며, 조선인 관리에 대한 불평등 대우, 교육제도에 대한 차별, 언론억압, 가혹한 세금 등 헌병정치의 실태를 밝혔는데, 이른바 진정한 일시동인一視同仁의 선정을 요구하며 조선통치의 기본 방침인 동화주의에 근본적인 의문을 던졌다.〈조선통치 개혁에 관한 최소한도의 요구〉에서, ① 당초 이 운동을 제3자의 선동이라 보는

---

2) 松尾尊兌,〈〈解說〉吉野作造の朝鮮論〉,《吉野作造選集9》, 岩波書店, 1995, 379쪽; 中村稔,〈吉野作造〈朝鮮論〉〉,《私の日韓歷史認識》, 靑土社, 2015, 141~230쪽 참조.

여론을 비난하고, 종래 대외 정책의 잘못을 반성하지 않는 당국 및 국민의 양심 마비를 강하게 규탄하며, ② 조선민족이 독특한 문명을 가진 독립 민족이고, 그들 사이에 배일사상이 전면적으로 퍼져 가는 것을 강조하였는데, 그러한 "민족심리"를 존중하여 대책을 세워야 한다고 주장하면서, ③ 일시동인 정책의 실행, 무인정치 철폐와 함께 언론 자유의 승인과 동화정책 포기를 들었다. 그 결과 5월에 운동이 한풀 꺾이면서 8월에 사이토 마코토齋藤實가 새로운 총독으로 임명되었고, 헌병경찰을 폐지하여 〈문화정치〉의 채용 방침을 발표하자, 각 신문은 이를 환영하며 '자치' 요구는 끊기게 되었지만 독립을 기도하는 자는 '불령선인'이라 불리게 되었다. 이를 계기로 독립운동은 해외에서 활발히 이루어져 상하이에 대한임시정부가 조직되었고(1919.4.10~11), 간도지방에서는 독립무장투쟁이 활성화되었다. 요시노는 이에 대해서도 〈조선문제〉(《중앙공론》, 1921.1), 〈조선문제에 관해 당국에 바란다〉(《중앙공론》, 1921.2)를 발표하여 간도 학살문제를 재빨리 다루었다. "선교사 측 보고에 따르면 수원사건 이상의 대폭행3)이었다 한다. … 그러한 점들에 대해 우리들은 매우 확실한 재료를 가지고 있지만 지금은 말하지 않겠다."4)며 탄압을 피하기 위한 아슬아슬한 표현을 했는데, 당시 아무도 언급하고 싶어하지 않았던 간도대학살사건을 다루며 군부의 만행과 정부의 미봉

---

3) 간도 독립운동을 탄압하고 만주 출병의 구실을 만들기 위해 일본군은 중국 마적馬賊을 매수하여 훈춘琿春을 습격케 하는(1920.9.12, 10.2) 훈춘사건을 계획했다. 그리고 그 보복이라 일컬으며 간도 일대에서 무차별적 대학살을 행했다(경신년 참변). 10월 5일부터 11월 23일까지 약 3천 명이 학살당했고, 가옥 250여 호, 학교 30, 교회 10여 채가 소각당했다. 특히 10월 30일 용정 교외의 샛놀바위(間獐岩)교회에서 일어난 방화시건은 스즈키 대위가 이끄는 일본군 토벌대 72명이 40대 이상의 장년 남성 33명을 교회당에 모아 놓고 묶어서, 아직 탈곡이 끝나지 않은 서속(좁쌀) 다발과 함께 태우고, 회당에서 뛰쳐나오는 남자들을 일본 병사가 총검으로 학살한 사건인데, 제암리 사건을 웃도는 대참극이었다. 朴孝生, 〈間獐岩洞村の虐殺事件〉,《福音と世界》, 1993·11., 53~58쪽; 蔡根植,《武裝獨立運動秘史》, 廣報處, 1949, 90~91쪽 참조.
4) 〈朝鮮問題〉,《吉野作造選集9》, 168~169쪽.

책을 비판했던 유일한 인물이었다.5) 여명회의 2대 거두로 요시노와 함께 다이쇼 데모크라시의 리더를 맡았던 후쿠다 도쿠조(1874-1930)는 당초 월슨의 민족자결주의에 경계심을 가지고 있었지만 3·1운동 후에는 요시노의 영향인지 조선인 측 입장에 서서 이를 옹호하는 주장을 폈다. 1919년 3월 여명회 강연6)에서 "앞서 어떤 조선 학생이 말하고 있다. 일본에 합병당해 우리들의 생활이 아무리 좋아질지언정 우리는 매우 부패한 조선의 독립국민임이 좋다고. 이것이 진정한 외침이라 생각한다. … 아무리 그 나라의 정치가 나빠도 다른 나라에 지배당하기보다 자신의 나라인 편이 낫다."7)고 하며, 〈조선은 군벌의 사유물이 아님〉8)에서 "조선의 기독교도를 붙잡았더니 독립만세라 말했기 때문에, 곧바로 너희들은 기독교도다. 그렇다면 어차피 죽는다면 십자가에 매달려 죽는 것이 좋다고 하여 그를 십자가에 매달아 죽였다. 혹은 조선인을 모으는데, 얘기를 좀 듣겠다 하고 불러서 오면 곧바로 총을 쏴 전부 죽여버린 일도 있다 합니다. … 아무튼 이와 유사한 사실이 너무나 많이 세상 사람들에게 전해진다. 모르는 것은 우리 일본국민뿐, 최근에 이르기까지 우리들은 알지 못했다. … 너희들은 조선에서 뭘 하고 있는 거냐 물어도 일언반구도 없다. 즉 우리들은 이를 최근까지 알 수 없었다. 상상은 하고 있었지만 사실로서 이를 확실히 접하지 못했다. … 같은 일본국에 속하고 있다 하며, 일본국민이라 일컬어지는 곳의 2천만 명의 조선인에게 그러한 괴로운 경험을 한순간이라도 하게 한 것은 실로 면목 없는 일이라 우리는 생각하는 것입니다. 그것이 결코 일본의

---

5) 姜東鎭, 앞의 책, 275쪽. 이 경신년 참변을 취재하기 위해 11월 6일 간도에 들어온 장덕준(전 도쿄 조선 YMCA부간사로 요시노와도 친했다. 당시는 《동아일보》 논설위원 겸 통신부장)은 11월 11일 일본군에 살해당했다.
6) 《福田德三著作集》16, 〈암운록暗雲錄〉, 信山社, 2006 수록.
7) 위의 책, 44쪽.
8) 1919년 6월 동 강연회. 동 저작집 수록, 77~85쪽.

이익도 아니라면 일본의 국체에 요구할 것도 단연코 없는 것입니다. 만약 일본의 국체를 위협하는 것이 있어서 그로부터 국체를 옹호해야 한다면, 그것은 이른바 위험사상에 대해서가 아니고, 조선에서 행해지는 일본의 수많은 죄악에 대해서 해야 합니다. 일본의 국체가 금구무결金甌無欠하다고 한다면 이 금구무결한 나라의 체면에 큰 오점을 남긴 것은 조선에서 있었던 일본의 수많은 실패, 많은 잘못, 많은 범죄입니다. … 이와 같은 잘못이 조선에서 반복되었다는 것은 … 처음부터 나쁘다, 모든 것이 나쁘다, 적어도 조선에 관계할 정도의 인물, 조선에서 어떤 일을 행한 사람은 모두 이에 대해 책임을 지지 않으면 안 된다고 저는 믿는 것입니다."9)라고 주장했고, 이어서 "조선은 군인의 손으로 얻은 것이다. 총부리로 취한 것이기 때문에 이는 어디까지나 군인의 사유물이란 생각이 누가 뭐라고 할 것도 없이 깊이 스며들어 있다고 저는 생각합니다. … 무인정치의 폐해라는 것이 나타나고 있는 것입니다. … 조선을 큰 군대, 하나의 거대한 영사營舍라 생각하기 때문에 조금이라도 이에 대해 반항할 듯한 기세가 보이면 곧바로 군인의 강력함으로 임하는 것이다."10)라며 군국주의 비판을 전개했으며, 나아가 "왜 조선에 헌법을 선포하지 않는가. 왜 조선에 국회를 설치하지 않는가. … 정당한 권리로서 대표자를 내고 이를 논의하는 권한과 기능을 조선인에게 부여하는 것은 매우 시급한 일이다. 이를 부여하면 언론 자유도 따라서 얻을 수 있게 되고, 무인정치가 불가하다는 것도 분명해져서 이른바 동화정책의 잘못된 점도 밝혀지며, 우리들이 바라는 조선 개혁은 점차 이루어질 것이라 생각합니다."라고 주장했다. 그리고 "시급히 조선에 헌법 정지를 실시케 하여 석어노 세한적인 것이라도 좋으니 조신에 국회를 부여하라"11)고 요구하였다. 그러나 이른바 〈정체론(사관)〉의 제창자로

---

9) 위의 책, 78~80쪽.
10) 위의 책, 80쪽.

알려진 후쿠다에게는 조선민중의 독립운동을 인정하는 것은 불가능한 것이며 자주독립조선의 존재는 인정할 수 없었던 듯하다.[12]

중국혁명의 원조자로 헌신한 미야자키 도텐(宮崎滔天, 1871-1922)은 1918년 5월 12일부터 1921년 7월 5일까지 4년에 걸쳐 《상해일일신문》[13]에 로쿠베(六兵衛, 韜園主人)라는 이름으로 정치사회평론 〈도쿄에서東京より〉를 기고했다. 〈신인회〉, 〈여명회〉에 대해서는 신인회 창립 멤버였던 아들 미야자키 류스케宮崎龍介를 통해 그 내부 사정을 알고 있었던 듯한데, 도텐 자신도 《데모크라시》를 위해 집필을 준비하고 있었다 한다.[14] 〈도쿄에서〉는 3·1운동 기간과도 겹쳐서 여러 차례 조선문제를 언급하고 있었다. 미야자키는 "조선 전체에 걸친 이 대시위운동이 두세 곳에서 경관 헌병과 충돌했을 뿐 아니라, 그 운동이 무장봉기(一揆)적 폭동으로 표출되지 않고 지극히 질서 있고 엄숙하게 이루어진 것은 주목할 만하다고 생각한다. … 어찌됐든 이러한 다수의 행동이 때를 같이하여, 더욱이 엄숙히 이루어지는 것은 존경할 만한 것이다. 특히 그 선두에 선 것이 남녀 학생이라는 사실은 합병자되는 우리나라로서는 크게 고려할 만한 가치가 있다고 생각된다."[15]며, 그 시위 행동을 평가했고, 또한 "극단적인 헌병정치에 철도역원, 소학교 교원까지도 칼을 차게 하는 총독정치는 구세계 골동정치 모형으로서 제대로 된 판단으로 보여지는 현상이 아니다"며 슬프게 탄식했으며, "일본의 무력은 고작

---

11) 위의 책, 85쪽.
12) 姜尚中, 〈福田德三の〈朝鮮停滯史觀〉--停滯論の原像〉, 《季刊三千里》, 1987.2.; 旗田巍, 〈日朝關係と歷史學〉, 《日朝關係史を考える》, 靑木書店, 1989 참조. 또한 이 항목 및 다음의 미야자키 도텐의 항목은 笹川紀勝, 〈日本文化人の3·1運動の受け止め方と日韓の戰後憲法體制への3·1運動の影響の比較〉(한국역사연구원 주최 제4회 식민지 지배체제와 3·1독립만세운동 하얼빈 학술회의 발표논문, 2018.3. 23쪽)를 참고로 했다.
13) 1914년 10월 1일, 미야지 간도宮地貫道라는 인물이 상해에서 발간.
14) 《宮崎滔天全集》2, 平凡社, 1971, 657쪽 참조.
15) 3월 4일, 동 전집2, 94쪽.

모르핀 정도의 효과 밖에 없어서 도저히 이를 근원부터 고칠 수 없고, 이를 고치는 것은 정의 인도에 근거한 최상의 미덕 밖에는 없다고 생각한다"16)고 단호히 말했다. 또 동경에 있던 조선인학생들이 3·1운동의 전조가 됐던 2·8독립선언을 발표하기 전에 일본 조야의 명사를 방문하여 조선자치문제에 대해 그 의견을 물었을 때, 이구동성으로 그저 '건방지다'는 한마디로 치부하며 이들을 되돌린 것을 두고, 조선인에 대한 일본인의 그 '거만무례'한 태도를 지적했고(4월 5일), 일본정부의 '구태의연한 도검刀劍정치'에 대해 "그렇지만 이에 그들 … 즉 스스로 위험케 하는 까닭을 모른다", "힘에 기대는 자는 힘에 쓰러지고 칼에 기대는 자는 칼에 패한다, 우리나라의 깊고 큰 우환은 바로 이것이다."17)라고 주장했다. 또한 그들로부터 불평불만을 제거하기 위해서는 그들의 자유와 권리를 존중하고 일본인과 동일한 대우를 하며, "게다가 적당한 시기에 온전한 독립을 승인한다는 성명을 내어, 그들로 하여금 앞날의 희망으로 가득차게끔 함에 있다"18)고 논하였다.

9월 1일 새로 부임한 총독 사이토 마코토에 대한 독립운동지사 강우규姜宇奎의 폭탄사건은 일본 조야에 큰 충격을 주었는데, 사건의 원인이나 배경에 대해서는 그 행위가 조선민중의 멈출래야 멈출 수 없는 반일감정 표현이라 보지는 않고, 조선인의 민족성의 발로라는 일부 '불령분자'의 '흉폭한 행위'라는 시각이 일반적이었으며 대응책으로 철저한 탄압을 하자는 주장이 많았다. 이에 도텐은 "그들이 요구하는 바는 독립에 있고, 자치에 있으며, 적어도 확연한 희망을 가질 수 있게끔 하는 데 있다." 그러나 "이는 매우 고식적 수단임을 면할 수 없어서, 즉 철저한 정책은 달리 없고 완전한 독립 자치를 허가하여 연맹국이 됨에 있

---

16) 위의 책, 95쪽.
17) 4월 5일, 4월 7일, 114~117쪽.
18) 6월 27일, 같은 책 171쪽.

다 … 조선, 대만에 자치를 허가하고 이와 연맹하여 아시아연맹의 기초를 만듦에 있다."[19]고 주장하며, 이것이 결국은 군국주의를 취하느냐 인도주의를 취하느냐의 분기점에 선 현재(당시) 일본의 선택에 달린 것임을 강조하고 있다.

야나기 무네요시(1889~1961)가 1916년 8월 최초의 조선 여행 후, 처음으로 조선문제를 논한 것은 1919년 5월 20일부터 24일까지 《요미우리讀賣》 지상에 〈조선인을 생각한다〉를 투고한 것인데, 3·1운동을 탄압하는 일본을 "올바른 사람의 길을 가지 않고 있다"고 비판하여 조선인의 행동에 동정을 했다. 이 논문은 큰 반향을 일으켰고, 다음 해인 1920년 5월에 두 번째 조선여행을 하여, 야나기는 강연회, 가네코兼子 부인은 독창회로 일약 주목을 받았다. 이 무렵 쓴 것이 〈조선의 친구에게 보내는 글〉(《개조》 6월호)이며, 조선의 노예화는 일본에게 치욕이며, 조선 인민이 독립을 위해 일본에 한 '반항'을 긍정했다. 같은 해 《개조》 10월호 〈그의 조선행〉에서는 일본인의 횡포에 대한 조선인의 비통한 심정을 폭로했고, 또한 1922년 9월호 같은 《개조》의 〈잃어버리려고 하는 한 조선 건축물을 위해〉에서 광화문光化門 철거를 반대하고, 그것이 한성(서울)의 중심을 잃는 것과 같다고 주장하며 이전계획에 반대했으며, 조선 백성이 공공연하게 반대할 수 없는 상황 아래에서 자신이 대신 철거 반대를 주장한다고 말했다. 이해에 야나기는 조선에 관한 글을 모아서 《조선과 그 예술》이란 책을 냈다. 그 서문의 끝부분에서 다음과 같이 썼다.

일본의 동포여, 칼을 가진 자는 모두 칼로 망하느니라 하고 그리스도는 말했다. 지언至言 중의 지언이다. 군국주의를 빨리 포기하자. … 자신의 자유를 존중함과 동시에 다른 사람의 자유도 존중하자. 만약 이 인륜을 짓밟

---

19) 9월 13일, 같은 책 221~222쪽.

는다면 세계는 일본의 적이 될 것이다. 그렇게 되면 망하는 것은 조선이 아니라 일본이 아닌가.[20]

가시와기 기엔(1860~1938)은 일본 조합기독교 안나카安中교회(군마현群馬縣) 목사로, 1898년 11월부터 《가미노게 교계교회월보上毛敎會月報》를 창간하여 주필을 맡았다. 1919년 3·1운동이 일어나자, 1911년 6월부터 조선 전도에 착수한 조합교회의 와타세 쓰네키치渡瀨常吉가 총독부의 동화정책에 따라 3·1운동을 나쁘게 보도하고 있는 신문을 비판하였다.[21] 〈와타세씨의 조선사건론〉(1919.5.15.)에서는 여러 신문에 나타난 제암리 학살 사건 보도를 바로 잡았고, 《복음신보》에 자세한 진상

---

20) 《柳宗悅全集》 第6卷, 筑摩書房, 1981, 21쪽. 야나기의 3·1운동과의 만남이 후에 '민예民藝'라는 말을 탄생시켜 지속적인 민예운동을 추진케끔 한 것을 고찰한 논고로, 다케나카 히토시竹中均의 〈民藝の指導者柳宗悅にとっての3·1運動〉(《3·1獨立運動80周年を考える--日韓の和解とアジアの平和》, 日韓シンポジウム資料集, 1999.8.27~28)이 있다. 야나기 무네요시의 조선관에 대해서는 그 사상성에서 거리가 먼 미술운동이나 사상성을 뺀 미술에 대한 애정이 지닌 위험성이 지적되며, 유명한 〈悲哀の美〉론(백색白色의 이해가 잘못됐다는 점)의 약점 극복도 문제시되나, 그에 대한 재평가도 이루어지고 있다. 이 점에 대해서는 다음의 논고를 참고할 수 있다. 生方直吉, 〈柳宗悅と朝鮮〉, 《季刊三千里》, 1975.11.; 高崎宗司, 〈柳宗悅と朝鮮·覚え書き〉, 같은 책, 1977.11.; 李進熙, 〈李朝の美と柳宗悅〉, 같은 책, 1978.2.; 李進熙·生方直吉, 〈対談 日本人の朝鮮研究·朝鮮觀〉, 같은 책, 1984.5.; 柳宗理·旗田魏, 〈柳宗悅を語る〉, 《季刊靑丘》 1990.2.

21) 飯沼二郎, 〈柏木義円と朝鮮〉, 《季刊三千里》 1978.2.; 飯沼二郎·韓晳曦, 《日本帝國主義の朝鮮傳道》, 日本基督敎団出版局, 1985 참조. 가시와기가 속한 안나카 교회원으로 니이지마 죠新島襄 사망 후 도시샤同志社 경영을 맡은 유아사 지로(湯浅次郎, 1850-1932)는 조선 동화를 직접적 목적으로 하는 전도를 총독부 원조 아래 추진하던 조합교회를 처음부터 강하게 비판하고 있었다. 기독교가 조선동화정책의 도구가 되는 것에 반대한 유아사는 동화정책 자체에 반대했지만, 가시와기가 3·1운동 진압에 협력하는 조합교회 조선전도부를 강하게 공격했을 때, 유아사는 "애국이란 반드시 일본에 대해 순종하고 총독정치를 칭송하며 그들의 기개를 빼버리는 것이 아니다. 조선민족의 자각을 가지고 부당한 정치에는 반항할 기력이 있는 것이 진정한 애국일 것이다."(《上毛敎會月報》 1919.11.15)라며 가시와기를 도왔다. 松尾尊兊, 〈吉野作造と湯浅次郎〉, 《季刊三千里》 1975.1.; 土肥昭夫, 《思想の杜 --日本プロテスタントキリスト敎史より》, 新敎出版社, 2006 수록 〈湯浅次郎 --その原資料に學ぶ〉, 46~85쪽 참조.

을 소개했으며, 〈조선인 학살의 실황〉(1919.7.15.)에서는 《Japan Advertiser》
(1919.4.29.)에서 《시사신보時事新報》에 전재한 4월 3일 수원의 수촌리,
화수리 시위, 다음으로 4월 15일 정오 넘어서 일어난 제암리교회 학살
사건에 대해서 보도했다. 23명의 마을 주민(기독교도 12명, 천도교도
11명)이 교회에 소집되어 사살당하고 불에 타 죽고, 고수리에서는 천도
교도 6명이 포박당하여 총살된 일을 상세히 보고하며, '마치 터키 병사
의 아르메니아 학살과 같다'고 말하고 있다. 또한 국민당 모 대의원이
《시사신보》 지상에 "폭도가 진무鎭撫하러 간 순사대를 포위하여 순사
전원을 학살했다"든가, "급히 달려온 응원군대도 손을 쓸 수가 없었고,
또 새로 내지(일본)에서 파견된 신병들이라, 분노와 위험 방지에서 오
는 군중심리 결과 눈사태 나듯 밀어닥치는 폭도 일단을 향하여 일제
사격을 가했다"며, 이 학살을 정당 방위하려는 사실과 전혀 상반되는
주장에 반박을 했다.

　일본군과 헌병 경찰의 가혹한 탄압에도 불구하고, 투쟁은 3월 하순
부터 4월 말에 걸쳐서 더욱 격화되었고, 바야흐로 전국적(전국 232 부·
군·도 가운데 212 부·군·도에서 약 200만 명이 참가한)이고 거족적인
투쟁으로 발전했다. 이에 놀란 통치 권력층은 4월 6일 드디어 일본군
증파를 결정하고, 병력을 4월 13일까지 급파하여, 이전 병력과 합하여
4월 15일까지 재배치하고 시위 발생 지역으로 출동했다. 3월 31일의
향남면 발안시장 시위와 4월 3일의 화수리, 수촌리 시위에 대한 보복으
로, 발안을 떠맡기 위해 중위 아리타 도시오有田俊夫가 지휘하는 〈보병
79연대〉 소속 보병 11명의 부대가 지원해 왔는데, 발안에 도착한 것이
4월 13일이었다. 따라서 그들의 임무는 토벌 작업이 끝난 발안 지역 치
안 유지였지만, 발안 시위를 주도한 제암리 주모자가 체포되지 않아서
불안요소가 남아 있는 것을 안 아리타가 그 엄청난 살육을 벌인 것이
었다.

이시바시 단잔(1884~1973)은 전전戰前에는 언론인으로, 전후에는 정치가로 저명한 인물이다. 다이쇼 데모크라시기 시대사조의 첨단尖端에 위치하고 있었던 단잔은 다른 나라의 민중을 무시하고 영토의 확장을 당연시하는 근대 일본의 제국주의적 발전을 날카롭게 고발했다. 1911년 동양경제신보사東洋經濟新報社에 입사한 그는 3·1운동이 일어나자 5월 11일에 〈선인鮮人 폭동에 대한 이해〉라는 사설을 실었다.

조선인도 하나의 민족이다. 그들은 그들의 특수한 언어를 가지고 있다. 충심으로 일본의 속국됨을 기뻐할 선인은 아마 한 명도 없을 것이다. … 때문에 그들은 그들의 독립 자치를 얻을 때까지는 결코 반항을 멈추지 않을 것이다. 문제의 근본은 여기에 놓여 있다. … 지금 선인의 폭동은 모두 독립 자치 요구에서 출발하는 것으로 직접적으로는 일본인의 횡포에 대한 보복이란 감정에 다분히 지배됨은 물론이다. 이를 다시 말하면 현재 폭동의 근저는 지극히 깊어서 그 의의는 지극히 중대하다. 선인은 자치를 얻을 때까지는 이번을 시작으로 금후 기회 있을 때마다 폭동 말고도 여러 방법으로 끊임없이 반항운동을 일으킨다는 것을 각오하지 않으면 안 된다. 그 결과 때로 너무나 비참하고 큰 희생을 내는 일도 일어나지 않는다고 할 수 없다. 만약 선인의 이 범행을 완화하고 무용의 희생을 회피할 길이 있다면 필경 선인을 자치 민족으로 하는 것밖엔 없다.[22]

또 1921년 7월 23일호의 사설 〈모든 것을 버릴 각오〉, 같은 해 7월 30일호, 8월 6일호, 8월 13일호에 걸친 장대한 논설 〈대일본주의의 환상〉을 발표하고, "조선, 대만, 만주를 포기할 각오를 하라. 중국이나 시베리아에 대한 간섭도 물론 멈춰라."[23]고 하면서, 모든 식민지와 특수권익의 포기를 주장했다. 더욱이 일본은 세계 약소국가와 공생하라며

---

22) 松尾尊兌編, 《石橋湛山評論集》, 岩波文庫, 1984, 87~89쪽.
23) 위의 책, 101쪽.

소일본주의를 주창했다.[24]

후세 다쓰지(1880-1953)는 1919년 3·1운동부터 1953년 죽을 때까지 조선 민족의 독립과 인권 옹호를 위해 조선인과 함께 끝까지 싸웠으며, 2004년 한국정부로부터 건국훈장 애족장을 수여받은 인권파 변호사이다. 후세는 처음부터 일본의 조선 합방에 반대했으며, 1911년에는 〈조선 독립운동에 경의를 표한다〉라는 글로 검찰의 취조를 받았다. 그리고 변호사로서 처음으로 조선인을 변호한 것이 1919년 2월 8일의 2·8독립선언사건이었다. 그는 엄한 내란죄를 적용하려고 한 검사의 논고를 모두 반박했고, 결국 출판법 위반이라는 경미한 죄목을 쟁취했다. 후세는 그 후에도 관동대지진 때의 조선인 학살, 가메이도龜戶 사건, 박열·가네코 후미코金子文子 사건, 조선공산당 사건(박헌영 등 110명) 변호를 위해 네 차례 조선에 건너가서, 조선 민족의 독립운동에 공감하고, 스스로도 조선을 위해 힘을 쏟았다.[25]

조선에 있었던 일본인 목사로는 스즈키 다카시(鈴木高志, 1877-1944)의 발언이 중요하다. 그는 군산에서 재직한 일본기독교회 목사였는데 〈조선의 사변에 대해서〉[26]에서 사건의 진상을 정확하게 말하고, 배일사상의 기원이 일본의 자기 본위적 제국주의에 있다고 하면서 일본의 자기반성을 촉구했다. 제국주의는 자국 본위의 유물적인 사고라고 했다. 일본만을 생각하고 다른 나라를 도외시하는 맹목적인 애국심으로 이웃 나라가 모두 반일이 되어 오늘날 팔방이 꽉 막혀버렸다고 했다. 지금의 학교 및 군대의 교육으로는 수원 제암리 사건 같은 일이 다시 일어날

---

24) 深津眞澄, 《近代日本の分岐点》, ロゴス, 2008 참조. 이시바시의 조선독립론 및 3·1 운동과의 관련에 대해서는 大沼久夫, 〈石橋湛山の朝鮮獨立論〉, 《季刊三千里》, 1982.11. 을 참조.
25) 大石進, 〈布施辰治の生涯と朝鮮〉, 《布施辰治と朝鮮》, 高麗博物館, 2008 참조.
26) 《福音新報》 1919.5.8., 5.15.

지도 모른다고 했다. 또 조선인의 민족애와 애국심을 지적하여, 아무리 총독부가 선정을 펴도, 그들을 멸시하는 일본인의 소질이 변하지 않는 한 조선인의 마음을 얻을 수 없다고 했다.

노리마쓰 마사야스(乘松雅休, 1863－1921)는 일본 개신교 최초의 해외 전도사로 일컬어지며, 1896년 12월에 인천으로 건너가 수원에 자리 잡았다. 조합교회의 전도와는 달리 동화정책은 생각하지도 않고 오로지 복음만을 단순히 설교했다. 그의 가족은 조선인과 같은 언어, 같은 의복과 음식으로 생활을 함께 했다. 그에겐 경제적 원조를 받을 교파도 없었으며, 신앙이 같은 친구들이 보내온 비정기적인 헌금으로 생활했기 때문에 극도의 가난으로 고생했다. 아사상태로 떨어질 때도 자주 있었다고 한다. 1914년 병으로 귀국하였으나 회복하여, 3·1운동 때는 병을 이기고 2월 중순에 조선으로 건너와 3월 23일까지 체재하고 있었다. 수원에서 모든 민족에게는 때가 있다고 하며 자중을 권했다고 한다. 3월 6일자 노리마쓰 서간에 따르면, "하루에 대한문 앞, 그 밖의 장소에 가서 독립만세 등 외치며 근신하지 않는 경거망동을 행하는 무리도 있어 관헌 쪽에서도 고심했고 진무에 종사하는 상태이므로, 오늘 복음 책자 등을 배포해도 괜찮은지 다소 걱정이 없지도 않았다. 하지만 신앙과 선한 양심으로 주님의 이름을 부르며 복음의 진정한 길을 전함에 주저해서는 안 되므로, 함께 겸손히 기도하면서 복음서책을 나눠주는 데, 어떠한 방해도 없이 우리들 일동의 마음에 의해 위로 받고 격려 받음은 실로 감사하다."27)란 기술이 있다. 노리마쓰의 신앙은 스스로를 비우고 오로지 그리스도에게 의지해 살아가려는 순수한 성롱 신앙이기는 했으나, 계속 팽창하는 메이지국가에 소리 높여 이의를 제기하지 않고 추종

---

27) 飯沼二郎·韓哲曦,《日本帝國主義下の朝鮮傳道》, 日本基督敎團出版局, 1985, 42쪽.

하던 평범한 한 국민으로서의 메이지인 노리마쓰의 한계를 지적할 수도 있다. 그러나 줄곧 신앙이 같은 친구들의 안부를 염려하고 병을 이겨 '독립만세'로 시끄러웠던 한가운데를 방문해 준 노리마쓰에게, 조선의 형제들은 그저 감동을 받아 맞이했다고 전해진다.[28] 그의 유언에 따라 유골은 부인이 잠들어 있는 수원 땅에 매장되었다. 노리마쓰가 뿌린 복음의 씨는 오늘날에도 한국기독동신회韓國基督同信會로서 그 명맥을 유지하고 있다. 노리마쓰의 기념비는 한국기독동신회 수원교회당 수원성 서강당 터에 세워져 있다. 동 회당은 1979년 3월 22일 헌당식이 거행되어, 그 식상에서 시인 이(인)열의 〈노리마쓰 형이 뿌린 씨가 크게 그리스도의 나무로 자랐습니다〉라는 다음의 긴 시가 낭독되었다.

우리들은, … 노리마쓰와 같은 선량한 일본인을 사랑합니다.
그는 어둠에 갇힌 우리나라로
진정한 빛을 증거하기 위해 왔습니다.
절망의 바닥에서 한숨 쉬는 우리 백성에게 생명의 나라를 소망하게 했습니다.
한복을 입고 한국말을 쓰고 초가집에서 우리 백성 중에서도 가장 가난한 사람과 같이 살고
우리나라를 자기 나라보다 자신의 아이보다 더 사랑했습니다.
단순한 전설이야기는 아닙니다.
그건 역사상 사실입니다.
한국기독교 선교 백년사상의

28) 위의 책, 44~45쪽; 麻生和子, 〈キリスト者の芳香 乘松雅休〉, 《明治學院人物列傳》, 新教出版社, 1998, 179~195쪽; 川瀬貴也, 《植民地朝鮮の宗教と學知》, 靑弓社, 2009, 86~90쪽 등을 참조. 그 밖에 노리마쓰의 사적에 관해 朴魯洙, 〈乘松雅休兄〉, 《恩寵と眞理》, 585號, 同信社, 1965.11.; 韓宇信, 《乘松雅休の生涯の研究》, 延世大聯合神學院修士論文, 1998; 大野昭, 《乘松雅休覺書》, キリスト新聞社, 2000; 中村敏, 《日本プロテスタント海外宣教史》, 新教出版社, 2011 등을 참조.

첫 페이지에 새겨진

언더우드와 같이 아펜셀러와 같이

노리마쓰 마사야스도 이 나라에 그리스도의 복음을 심은 선구자입니다.

...

일본인이 남긴 것은 모두 흔적 없이 사라지고

남아도 돌이켜보는 이도 없는 가운데

이 사랑의 사도가 오로지 뿌린 시는

이 나라 신앙의 형제자매가

자랑스럽게 기르고 키우고

어느덧 큰 나무로 자랐습니다.

80년은 긴 세월입니다.

그러나

그들이 전한 그리스도의 복음은

그들이 뿌린 그리스도의 사랑의 씨는

우리나라 곳곳에 한아름의

나무로 자라서 30배 60배 100배로

나뭇가지마다 가득 열매 맺어 갑니다.[29]

앞서 소개한 가시와기 기엔은 〈유한여적遊閑余滴〉[30]의 〈조선에 헌신
한 사람들〉에서 조선 선교에 헌신한 노리마쓰를 소개했다. 그는 1892년
쯤 조선의 한 청년이 일본에서 예수를 믿고 귀국한 지 얼마 되지 않아,

---

29) 李烈, 〈乘松兄の蒔いた種が大きくキリストの樹に育ちました〉, 《恩寵と眞理》 798號,
   同信社, 1983.9., 6~9쪽; 大野昭, 앞의 책, 《乘松雅休覚書》, 152~158쪽, 이 시는 작
   자 자신이 일본어로 쓴 것이다. 이인열에 관해서는 藤尾正人, 〈三たび韓國をたずね
   て--1979年--〉, 〈ソウルへ來て,見て,考えて--1986年--〉, 〈韓國とわたし--あと
   がきに代えて--〉, 《韓國へ愛をこめて》, 白鷺えくれ舎, 1995 참조. 이하 일본어 작
   품의 번역은 모두 글쓴이가 한 것임.
30) 《上毛教界月報》, 1925.6.20.

금교령을 어겼다고 해서 사형되었다는 소식을 듣고 조선 전도의 뜻을 세웠다고 말했다. 때로는 풍족하지도 않은 자기들의 생활비를 쪼개서 가난한 사람들에게 주었고, 한 모의 두부로 부모자식 세 사람이 하루를 지낸 적도 있다는 에피소드를 소개했으며, 그의 노력으로 신앙을 가진 사람이 천 명 이상이 되었다고 말하고 있다.

야나이하라 다다오(矢內原忠雄, 1893-1961)는 1920년 니토베 이나조新渡戶稻造의 후임으로 도쿄제국대학의 식민지정책 강좌를 담당했다. 1937년 10월의 후지이 다케시藤井武 기념강연회에서 〈신의 나라〉라는 제목의 강연, 또 12월의 논문 〈국가의 이상〉으로 대학에서 쫓겨날 때까지 식민정책을 사회과학적으로 기초 짓기 위해 정력적으로 일했다. 그 학문의 특색은 과학적 방법론에 철저할 뿐만 아니라, 제국주의 아래에서 살아가는 식민지 사람들에 대한 깊은 사랑과 식민지를 통치하는 권력을 등에 업은 부정에 대한 분노가 저절로 스며나온 결과였는데, 이는 그가 제일고등학교第一高等學校 시절부터 스승인 우치무라 간조內村鑑三에 의해 길러진 기독교 신앙으로 관철된 것이었다.[31]

야나이하라는 1916년, 이듬해의 도쿄대 졸업과 취직을 앞두고 조선에 가서 일하려는 생각을 하게 되었다. 〈가시와회柏會 소감〉(1월 23일), 〈십자가를 질 결심〉(2월 22일), 〈나의 최초의 성서〉(5월 7일), 〈시험 전후〉(6월 22일), 〈취직에 대해〉(10월 9일) 등이 모두 《전집》 27의

---

31) 일고 재학 중의 일기(1911년 1월 26일)에는 다음과 같은 기사가 있다. "오후 세시부터 제일 대교장에서 강연회 있음. 제1석 'The Tragedy of Corea'를 읽고 식민정책의 진상을 생각한다. 법학사 쓰루미 유스케鶴見祐輔군 제2석 회고 8년. 법학사 마루야마 쓰루키치丸山鶴吉군 두 연설 다 매우 좋았다. 거기서는 하층사회의 위안이 되며 힘이 되어야 한다고 외쳤다. 자성과 활동 한쪽에만 치우쳐도 안 된다고 하였다. 아팠던 머리도 연설을 들으니 꽤 나은 듯하다."(《矢內原忠雄全集》 28, 岩波書店, 19~20쪽) 또한, "대학을 졸업했을 때 내 지망은 조선으로 건너가 조선인을 위해 생애를 바치는 것이었습니다"(〈私は如何にして基督者となったか〉, 같은 책, 전집, 144쪽)라고도 했다.

575~604쪽에 수록된 초기의 문장인데, 그 속에서 "나는 어딘가에 가서 생활을 하지 않으면 안 된다. 그것은 지금까지 여러 차례 썼던 조선이다. 원래 나는 조선인을 불쌍하게 생각하고 있었다. 사람으로서 그들을 대하고 그들의 친구가 되어가고 싶다. 나와 조선인이 벗이 되는 것은 일본과 조선이 진정한 친구가 되는 것의 일부분이다. 정권과 무력만으로는 도저히 조선인을 감복시킬 수 없다. 사랑이다. 나는 사랑의 마음을 지니고 조선에 가고 싶다. 조선에서 내가 하고 싶은 일은 조선 청년과 예수로 교류하는 것이다. 작은 사립학교를 만들어 진정한 교육을 하고 싶다. 그리고 또한 제대로 된 잡지를 발행해서 조선인을 대변하고 조선인을 위해 말을 함께 하고 싶다. 기치는 기독교, 목적은 조선인을 사랑해서 일본과 조선의 간극을 좁히는 것, 사업은 학교와 잡지, 이것이 내가 뜻하는 바이다."[32]라며 그 결의를 표명하고 있다. 여기에는 그 자신의 만주·조선 여행 경험,[33] 우치무라 간조와 그의 친구였던 김정식(金貞植, 재일본동경조선 YMCA 총무), 니토베 이나조, 요시노 사쿠조, 가시와기 기엔[34] 등의 영향이 있었을 것으로 생각된다.

1923년에 도쿄제국대학 교수로 임명되었고, 1924년에는 한 달 동안(9월 30일~10월 29일) 조선·만주로 출장을 명령받았다. 야나이하라는 이러한 각지 조사여행을 통해 3·1운동에 대해서도 많이 알게 되었다. 귀국 후 그 성과는 속속 발표되었다. 〈조선 산미증식계획에 대해〉[35]에서는, 이 계획이 내지인인 자본가 계급의 직접 이익에 연결될 뿐이며

32) 〈취직에 대해〉, 위의 책, 604쪽.
33) 1912년 7월 18일~8월 2일, 일고 고후카이[興風會] 주최 어행단에 참가. "만주 어행에서 돌아오는 길에 조선철도 차창으로 민둥산의 누추한 가옥들 사이에 드나드는 긴 담뱃대 흰 옷의 조선인이 또한 눈앞에 아른거렸다"(〈十字架を負ふの經驗〉, 위의 책, 전집, 581쪽; 〈感想の種々ーー 一高健兒の滿洲觀(三)〉전집29, 543쪽 참조.
34) 1919년 7월 1일, 도미오카富岡 여행 도중 안나카安中교회를 방문하여 성 프란시스를 만난 것 같은 강한 인상을 받았다, 위의 글, 전집 620~621쪽.
35) 《농업정책연구》 1925년 2월, 전집1 수록.

조선에는 식량문제를 야기하여 조선인의 생활은 향상되지 못하고 반대로 이들을 무산자화할 염려가 있다고 비판했고, 〈일본의 이식민정책〉[36]에서는 조선에서의 동양척식회사 이민에 관해 "그들은 조선 사람이 되지 못한다. 아무리 공존공영을 입에 담더라도 조선 및 조선인 착취를 목적으로 조선에 건너간 것으로 여겨져도 어쩔 수 없을 것이다."라고 말하며 조선 및 대만에서 "세계 어느 식민지에서도 거의 비슷한 예를 볼 수 없을 정도의 총독전제정치가 이뤄지고 있다."고 말했고, "이렇듯 식민지사회는 이른바 문화정치 아래에서 오히려 빈민화되는 손해를 발생시킨다. 자본주의적 식민의 원주민 경제에 대한 파괴적 작용은 실로 크다."고 강조했으며, 또 내지와의 결합 관계를 강고히 하려 한다면 식민지인들을 어느 정도 정책결정에 참여시키는 것이 근본적으로 중요해서, "식민지도 본국 의회에 대표를 보내야 하는가, 혹은 식민지의회를 특별히 만들어야 하는가 하는 문제에 관해 나는 결정적으로 후자를 고를 것이다"라면서 식민지사회의 자주적 발전을 위한 정책을 제안하였다.

야나이하라는 1926년, 6·10만세운동[37] 소식을 접하고서 2년 전 조선여행을 회상하며 그 견해를 정리한 〈조선통치의 방침〉[38]을 발표했다. 야나이하라는 우선 3·1운동을 "조선민중의 승리"이고 "총독정치의 패배"이며 "도검정치의 파멸"이라고 하며 "지금 이왕李王의 서거, 모여드는 민중! 공교롭게도 무단주의 총독정치가 다이쇼 8년에 시험에 들며 그 무능력이 폭로되었듯이 문치주의 총독정치의 효과가 지금 비슷한 시험과 조우하는 것이다."라고 말하면서 당시 총독부 정치의 기본정책인 동

---

36) 《이코노미스트》 1926년 4월, 전집5 수록.
37) 조선공산당이 4월에 조선왕조 마지막 왕 순종이 서거한 것을 기해, 6월 10일 국장일에 대규모 시위운동을 결행하려는 계획을 세웠지만, 사전에 발각되어 지도자가 전원 검거되었고, 이를 이은 학생을 중심으로 데모 행진이 퍼져 전국에서 천여 명이 체포, 투옥된 사건.
38) 《중앙공론》 1926년 6월, 전집1, 1926년 5월 29일~6월 4일 《동아일보》 번역.

화주의의 파탄을 지적하였고, 또 조선인 참정권 요구의 합리성을 인정하여 일단은 식민지회의 설치가 급선무라 하였다.[39] 또한 같은 해 6월에 발행된 《식민 및 식민정책》[40]의 〈내선동치정책內鮮同治政策〉 속에서 "지금 조선에 관해 말하자면, 만일 '내선동치' 방침에 충실하면서 단지 '문화적 정치'라고 하지 않고 진정으로 '민의창달' 방침에 충실하다면 일본의 조선통치정책은 조선인에 의해 완전한 참정 방향에 있는 것이라고 논리적으로 결론지어져야 한다"[41]고 했고, 〈일본식민지의 상태〉의 〈조선〉 항목에서는 "다이쇼 8년의 독립만세사건 때 군대와 경찰이 한 행동은, 예를 들면 수원군 발안면 제암리 사건과 같은 것은 절대로 있어서는 안 될 사건인데 묵인했다"[42]고 말했으며, 〈교육언어종교〉의 〈교육의 내용〉 항에서는 "보통학교에서 일본역사 및 지리 수업은 다이쇼 9년에 신설된 것이긴 하지만, 다이쇼 11년에 이르러 오른쪽과 같이[43] 조선에 관한 항을 한층 더하게 되었다. 그러나 이는 일본역사와 지리의 일부로서 끼워 넣은 수업에 지나지 않으며 조선지리를 주로 하는 교과목이 없는 것이다. 나는 조선의 보통학교 수업을 참관하여, 조선인 교사가 조선인 아동에게 일본어로 일본역사를 가르치는 것을 보고 마음속으로 울지 않을 수 없었다."[44]며 그 심정을 토로했다. 마지막으로 영·불·미·네덜란드 식민지는 정도의 차는 있을지언정 주민 참정권은 인정되고 있다, 왜 조선에 대해서는 총독의 전제정치인 것인가 라고 물으며, "조선에 가서 보아라, 길가의 돌도 모조리 자유를 외친다. 돌은 아무리 외쳐도 경관에게 잡히지 않으니까. 즉 조선민중에게 참정을 인정치 않

---

39) 같은 글, 전집1, 725~744쪽.
40) 같은 글, 전집1.
41) 전집1, 284쪽.
42) 같은 글, 전집1, 307~308쪽.
43) 1922년 신교육령에 의해 조선어를 필수로 하고, 특히 역사와 지리에서는 조선 관련 사항을 종래보다 한층 증가시킨 것.
44) 같은 글, 전집 325쪽.

는 것은 정부가 이를 원치 않는 것 밖에 어떠한 적극적 이유가 존재할
수 없다."45)며 비통한 모습으로 호소하고 있었다.46)

3. 3·1운동과 근대문학

문인들은 3·1운동을 작품에 표현하였다. 3·1운동을 작품의 일부분이
라도 역사적 시점에서 다룬 작품으로, 해방 전에는 소설 작품에 모리야
마 게이森山 啓의 〈불〉,47) 유아사 가쓰에(湯浅克衛, 1910-1982)의 〈간
난이カンナニ〉48) 등이 있고, 시 작품에 마키무라 히로시槇村浩의 〈간도
빨치산의 노래〉,49) 사이토 다케시齋藤勇의 〈어떤 살육사건〉,50) 사이토
구라조齋藤庫三의 〈살육의 흔적--사이토 다케시의 어떤 살육사건을 읽
고〉51) 등이 있다. 해방 후의 소설로 가지야마 도시유키(梶山季之, 1930-
1975)의 《이조잔영李朝残影》,52) 고바야시 마사루(小林勝, 1927-1971)
의 《조선·메이지 52년》,53) 스미 게이코(角圭子, 1920-2012)의 《조선의
여인朝鮮の女》,54) 시 작품으로는 아키노 사치코(秋野さち子, 1912-2004)

---

45) 같은 글, 전집, 740쪽.
46) 이 항목은 주로 다카사키 소지高崎宗司의 〈矢内原忠雄と朝鮮·覚え書き〉, 《季刊三
    千里》 13號, 1978.2.와 〈日本人の朝鮮統治批判論--三·一運動後を中心に〉, 《季刊三千
    里》 34號, 1983.5.에 의거하였다.
47) 《戰旗》 1928.5.
48) 《문학평론》 1935.4 후에 고단샤講談社 간행 《간난이》 1946.11 수록.
49) 《프롤레타리아 문학》 1932.4.
50) 《福音新報》 1919.5.22.
51) 《福音新報》 1919.6.15.
52) 文藝春秋新社, 1963.8.
53) 新興書房, 1971.5.
54) 사이마루出版會, 1972.2.

〈그림 1〉 1923, 24년 무렵 제4고등
학교 2년생 모리야마 게이의 모습
출전: 石川近代文學館,《石川近代文學
全集》⑨,〈森山啓〉, 1988, 343쪽.

의 〈수양버들처럼 흔들린 손楊柳のよ
うにゆれた手〉55) 등을 들 수 있다.

이 글에서는 그 가운데에서도 특히
해방 전 작품으로 모리야마 게이의
〈불〉, 마키무라 히로시의 〈간도 빨치
산의 노래〉, 유아사 가쓰에의 〈간난
이〉, 해방 후 작품으로 가지야마 도시
유키의 《이조잔영》 등을 중심으로 소
개하고자 한다.

1) 해방 전의 작품

〈불〉(《戰旗》 창간호, 1928.5.)의 작자
모리야마 게이(森山啓, 1904-1991)는 소
설가, 시인, 평론가로 알려져 있다. 노
동자의 거리에서 살았던 프롤레타리아 시인으로서 그곳에서 살고 있는
노동자와 생활하는 사람들에 대한 관심을 노래한 시집 《스미다가와隅田
河》(1933)로 잘 알려졌는데, 쇼와昭和 10년대에는 《문학론》(1935), 《문
학논쟁》(1935)으로 사회주의 리얼리즘의 추진자로서 활약했다. 〈불〉의
내용은 다음과 같다.

때는 1919년 3월 3일, 장소는 수원에서 그리 멀지 않은 곳, 주인공
이진유李眞裕는 일찍이 아버지와 함께 내지로 건너가 오우奧羽산 속 탄
광에서 광부로 일하고 있었다. 3년 전에 아버지도 죽고 봄이 가까워지
자 갑자기 광산에서 해고당한 것을 계기로 삼촌을 의지하려 막 귀향하
였다. 마을 근처에서 사륜마차를 타지만 피로 때문인지 요새 경성에서

---

55) 시집 《북국의 눈北國の雪》, 國文社, 1982.

일어난 만세 사건 이야기를 들으면서 마차 안에서 쓰러진다. 그가 정신을 차리자 여자가 뒤에서 끌어안고 약을 먹이려고 하고 있었다. 그 집은 소꿉친구 김직영金直永의 집인데, 여자는 본 적이 있는 직영의 여동생 간난이이며 간난이는 아버지, 오빠와 14살 난 남동생 식植과의 네 식구였다. 아까부터 집 밖 멀리서 소동이 벌어지고 있었다. 간난이 동생 식이 누나를 부르러 와서 나가자 진유도 뒤쫓았다.

　소학교 운동장에서는 몇백이나 되는 동포의 집회가 있어 누군가 연설을 하고 있었다. 다른 연설자가 섰는데 진유는 그가 영리하고 학문이 있던 직영이 틀림없다고 생각했다. 그는 차분한 모습으로 이렇게 말했다.

> 　나는 한 시간 전에 경성에서 급히 달려왔다. 내 마을의 몇백을 헤아리는 형제요! 어떤 일이 경성에서 일어났는지 들어보세! 누구나 다 마지막 한 명까지 나아가려 한다. 누구나 다 오랫동안 기다리고 있었어, 누가 앞으로 더 긴 시간 동안 ××××××　욕 보겠는가! 들어보세. 여자들이 …… 젊은 몇백 명의 여자들이 말이야 ××××의　××를 향하여 기가 꺾이지 않고 맨 앞에서 행진해 갔다. 그리고 …56)

　이때 일대의 경관이 많이 몰려왔다. 뭐라고 말도 못하고 긴장하고 있던 진유는 농부들과 같이 가슴 터질 듯이 만세를 불렀다. 검은 옷의 경관대는 일시에 무리를 흐트러뜨리고 아주 빠른 속도로 퇴각하기 시작했다. 진유는 순간 무언가 그들에게 교묘하게 속아 유인된 것 같은 마음이 들었다. 문득 "교회 안에서 연설이다" 하는 소리가 선두에서부터 차례차례 전해져 왔다. 선두는 이미 교회 안으로 우르르 몰려 들어간 듯 했다. 돌연히 김직영이 그의 등을 두드려 재회의 기쁨을 나누었다. 그들은 교회 앞 정면까지 왔다. 이 교회는 약간의 공터에 세워진 건물

---

56) 〈火〉, 129쪽.

로 아직 지은 지가 얼마 되지 않았으며, 이런 마을에는 어울리지 않는 하이컬러한 건물이었다. 출입구에는 농민 옷을 입은 한 사내가 서서 "모두 들어오세요. 바깥은 바람이 세서 연설을 못 해요." 라고 몇 번이나 되풀이하고 있었다. "못 보던 사내인데"라고 누가 말했다. 교회에 농부들이 속속 밀고 들어갔다. "왜 안 들어가요? 형님"하며 동생 식이 재촉했는데, "저 쪽을 봐봐"하고 직용은 불안스러운 얼굴로 말했다. "무언가 이상하다. 경관이 아무것도 안하고 우글거리고 있잖아." "아버지가 들어가시는 걸 잘 보고 있어"하고 간난이는 오빠 어깨 위에 손을 놓고 발돋움하면서 교회 입구를 직시하고 있었다. 그리고 갑자기 아버지를 발견하고는 "아부지! 아부지!" 하고 외쳤다. 듣지도 못 하고 아버지는 키 큰 몸을 교회 안으로 감췄다. 그 찰나 조금 전의 농민 옷을 입은 사내가 교회 현관문을 갑자기 바깥쪽에서 닫고 말았다. 그리고 몇 명의 사내가 아직 들어가려고 하는 사람을 가로막으면서, "이젠 만원이야! 만원!"이라고 말했다. "열어 놓아라! 이봐! 어째서 닫는 거야" 직영은 그때 서슬퍼런 얼굴로 격분해서 외쳤다. 그리고 빠른 말씨로 주위 사람들을 돌아 보면서, "나는 잘 모르지만 이상하네. 저놈들은 마을사람이 아니잖아?" 직영은 간난이 동생 손을 당기면서, "정말 김군 말대로야, 이상해. 이봐! 이봐! 다 같이 저 문을 열어!" 그때 정말 복병이 나타나듯이 교회 뒤에서 무장한 경관이 나타났다. 총소리가 길 왼쪽에서 울려퍼졌다. 농부들은 혼란상태에 빠졌다. 진유는 길 왼편에서 한 무리의 헌병이 다가오는 것을 목격했다. "이봐! 거기 문을 열어. 속지 말아. 열어라!" 키 큰 직영이 미친 듯이 절규했다. 총성이 울리고 직영은 여동생 간난이를 밀어 넘어뜨리면서 뒤로 넘어졌다. "열어라! ××××만세!" 진유는 직영을 즉시 옆집으로 옮기기 위해 직영의 동생과 간난이를 격려했다. 문 밖은 총성과 아이고 소리로 지옥으로 변하고 있었다.

거기는 독살스러운 연기와 불길이 날아 올라가는 교회 건물 안에서, 몇 백 명의 사람들이 땅바닥에서 지면을 뚫고 밀어 올리는 듯한 신음 소리를 내고 있는 아비규환이 아닌가. 세찬 바람이 부추겨서 불은 의기양양한 듯이 건물과 건물 안의 사람을 불태우고 있었다. … 그리고 이러한 잔악함을 계획한 인귀들을 보라. 그들은 창문으로 빠져나가려 하는 자를 ××하고, 죽음을 무릅쓰고 접근하는 마을사람들을 같은 최후로 내던지고 있었다.[57]

진유는 간난이와 그 동생 식에게 제방 쪽으로 도망가라고 소리치고는 그대로 의식을 잃고 쓰러져 버렸다. 다음다음 날 오후 진유와 간난이와 소년 식은 전날 직영을 운반해 준 마부의 마차를 타고 해안가 남쪽으로 향하고 있었다. 어젯밤 김직영의 유해는 마을 뒷산에 있는 묘지에 몰래 매장되었다. 그들은 일단 이웃마을에 있는 마부의 아내 집에 자리를 잡기로 했다. 진유는 이 오누이를 누구보다도 소중히 생각했다.

정말로 나에게도 해야 할 일이 무척 많다! 여기 봄이 가까운 파란 바다나 그 하얀 갑이나 녹색 숲을 보아라. … 지상의 형제가 그들 지상에 자유를 심어 놓는 일을 강하게 원할 때만큼 좋을 때는 없다고 생각한다! 나는 노동자 이진유의 이 이후 생활에 대해 꼭 쓰지 않으면 안된다. 그렇지만 그가 마을에서 만난 큰 사건에 대해선 대강 말할 수 있었는지도 모른다. … 그리고 이후 그들의 생활에 대해서, 혹은 누군가 훌륭한 시인이 그려 줄지도 모른다. 이진유, 간난이, 식, 마부 그리고 그들이 태어나고 자라 짓밟히고 있는 반도半島 만세![58]

이 작품은 제암리 학살 사건의 모습이 정확하게 그려져 있는 것은 아니나, 제암리 학살을 모델로 하고 있음을 알 수 있다. 모리야마의 이

---

57) 앞의 책, 132쪽.
58) 앞의 책, 137쪽.

작품은 그의 초기 작품인데 그가 본질적으로 가지고 있는, 가난하고 불행한 노동자와 서민 생활에 대한 관심과 가까운 이들을 사랑하며 살려고 하는 자세가 잘 그려져 있다.

3·1운동으로부터 13년째 되는 1932년 3월, 마키무라 히로시는 장편 서사시 〈간도 빨치산의 노래〉[59] 속에서 3·1운동을 다음과 같이 노래했다. 이 시는 전부 14연으로 되어 있는데 그 가운데 3·1운동 부분(6~10연)이 가장 긴 중심부를 이루고 있다.

> 오 3월 1일
> 민족의 피 물결이 가슴을 울린다. 우리들 중 어느 하나가
> 무한한 증오를 한 순간에 내던졌다. 우리들 중 어느 누가
> 1919년 3월 1일을 잊을 수 있으랴!
> 그날
> "대한독립만세!"소리는 방방곡곡을 뒤흔들고
> 짓밟힌 일장기대신
> 모국의 깃발은 집집마다 펄럭였다.
> 가슴에 솟구치는 뜨거운 눈물로 우리는 그날을 떠올린다!
> 반항의 우렁찬 만세소리는 고향 마을까지 울려퍼지고
> 자유의 노래는 함경의 봉우리에 메아리 쳤다.
> 오, 산에서 산, 골짜기에서 골짜기로 넘쳐난 학대 받은 자들의 끝없는 행렬이여!
> 선두에서 깃발을 들고 나아가는 젊은이와
> 가슴 벅찬 만세를 아득히 먼 지붕까지 큰 소리로 외치는 노인과
> 눈에 눈물을 머금고 옛 민요를 부르는 여자들과
> 풀 뿌리를 갉아 먹으며 뱃속 깊은 곳에서 나온 기쁨의 환호소리를 내지

---

59)《プロレタリア文學》임시증간, 1932.4.

르는 소년들!

붉은 땅이 허물어져 무너지는 고개 위에서

소리를 질러 부모와 오누이가 외치면서, 북받쳐오는 뜨거운 것에 나도 모르게 흘린 눈물을

나는 결코 잊지 않는다!

오오, 우리들의 자유의 기쁨은 너무나도 짧았다!

해질녘 나는 지평선 끝에

연기를 올리고 돌진해온 검은 덩이를 보았다.

악마와 같이 햇불을 던지고, 마을들을 불길의 파도로 적시며,

함성을 지르고 돌격하는 일본 기마대를!

그러나 타서 내려앉은 부락의 집들도

언덕에서 언덕으로 작렬하는 총탄소리도, 우리에게는 무엇이겠는가

우리는 함경의 남과 여

착취자에의 반항으로 역사를 만들었던 이 고향 이름을 걸고

전한全韓에 봉화를 올린 몇 번의 봉기에 피를 흘린 이 고향 땅의 흙에 걸고

고개 숙여, 이대로 진지를 적에게 넘길소냐

깃발을 접고 항복하여 땅에 엎드리는 자는 누구인가?

부서를 버리고, 적의 말발굽에 고향을 바치는 자는 어느 녀석이냐?

설사, 불길이 우리를 감싼다 해도

설사, 총검을 겨눈 기마대가 야수와 같이 우리에게 덤벼든다 해도

우리는 높이 머리를 쳐들고

의기양양 가슴을 펴고

노도와 같이 산봉우리를 뒤흔드는 만세를 외치자!

우리들이 진지를 버리지 않고, 우리들의 함성이 들리는 곳

"폭압의 구름이 덮은" 조선의 한 구석에

우리의 고향은 살고
우리 민족의 피는 힘차게 뛴다!

우리는 함경의 남과 여!
또 피의 3월---그날을 마지막으로
부모 누나와 나는 영원히 헤어졌다
포탄에 무너진 모래 안에 잃은 세 사람의 모습을
흰 옷을 피로 물들여 들에 쓰러진 마을사람들 사이에
적송赤松에 거꾸로 걸린 주검 사이에
총검과 기마대를 피하면서
밤도 낮도 나는 찾아 다녔다

가엾은 고국이여!
네 위에 떠도는 주검의 냄새는 너무도 끔찍하구나
벌집처럼 총검에 찔려, 산 채로 화염 속에 던져진 사내들!
능욕당하고 갈기갈기 찢겨 내장까지 터져 나온 여자들!
돌멩이를 손에 쥔 채 목 졸려 죽은 노인들!
작은 손에 태극기를 움켜쥔 채 엎드린 아이들!
오 너희들, 앞서서 해방의 싸움에 쓰러진 만 오천 동지들의
관에도 못 들어가고, 썩은 시신을 독수리의 먹이로 내놓은 몸 위를
황폐한 마을마을 위를
망망한 삼나무 소나무 숲에 몸을 숨기는 화전민 위를
북선의 광야에 싹트는 풀 냄새 머금고
불어라! 봄바람아!
밤새 산은 활활 타오르고
화전을 에워싼 군락 위를, 새는 대열을 흐트러뜨리며 흩어졌다.

아침

나는 새벽 하늘에
소용돌이치며 북쪽으로 날아가는 학을 보았다
들쭉 숲을 헤치고
울창한 숲의 바다를 넘어서
국경으로– – –

불 같이 붉은 구름 파도를 가로질러, 곧바로 날아가는 것!
그 고국으로 돌아가는 흰 대열에
나, 열두 살 소년의 가슴은 뛰었다.
흥분하여, 콜록거리며 최 선생이 말한 자유의 나라로
봄바람에 날개를 치고
환성을 멀리 외치며
지금 즐거운 여행을 가는 자!
나는 뺨이 화끈거려
손을 들어 학에 대답했다
그 13년 전의 감격을 지금도 생생하게 기억하네[60]

이 시는 당시 일본에 살면서 조선에 간 적이 없는 작자가 조선의 한 소년이 되어 조선을 노래하고 있다. 조선의 함경도에서 태어난 소년은 누이와 함께 고된 노동의 나날을 보내고 있었다. 서울에서 귀향한 어느 젊은이가 전해 주는 러시아 10월 혁명에 가슴 벅차하며, 자신들의 암울한 식민지 현실을 생각했다. 그리고 1919년의 그날. 그러나 자유의 환희는 너무 짧았고 일제의 가혹한 탄압이 시작되었다. 12살이었던 소년은 '소용돌이치며 북으로 날아가는 학'을 쫓아가듯이 국경을 넘어 만주·간도로 도피했다. 만주에는 19세기 말부터 압록강과 두만강 부근에 거주

---

60) 〈間島パルチザンの歌〉, 《日本プロレタリア文學大系》⑥, 三・一書房, 1954, 306~308쪽.

하던 극빈의 농민들, 국법을 어긴 망명인사, 일제에 저항하여 건너온 독립투사가 이주하여 살고 있었고, 1920년대에는 민족주의자들, 1930년대에 들어서는 중국공산당과 손잡은 조선인 공산주의자들이 이 간도를 무대로 무장 투쟁을 전개했다. 3·1운동 전후에는 이주 호수가 4, 50만호, 인구가 200만을 넘었다.[61]

〈그림 2〉 관서중학 시절의 마키무라 히로시 모습
출전: 《槇村浩全集》, 平凡堂書店, 1984, 352쪽.

    마키무라 히로시(槇村浩, 1912-1938), 본명 요시다 도요미치吉田豊道는 고치현高知縣에서 태어났다. 6살에 아버지를 잃고, 간호사·산파 자격을 가지고 있는 어머니 슬하에서 자랐다. 초등학생 시절부터 많은 동요와 동화를 썼다. 가이난중학교海南中學校 4학년 때 생도 전원이 군사교련의 필기시험 답안을 백지로 냈다. 1925년 중등 이상 학교에서 육군 현역 장교에 의한 군사교련이 실시되기 시작했다. 치안유지법이 성립된 해이다. 전국 각지에서 군사교련 반대 운동이 일어나고 있었다.

    가이난 중학 백지답안 제출의 주모자는 마키무라였다. 1931년 9월 만주사변이 일어났다. 11월에 프롤레타리아 작가동맹 고치지부가 결성되자 마키부라도 그 일원이 되어 프롤레타리아문학 운동에 잠가했고, 처음으로 마키무라 히로시 이름으로 〈살아 있는 총가銃架〉라는 반전시反戰

---

61) 《韓國現代史》⑤, 〈光復을 찾아서〉, 新丘文化社, 1973, 140쪽.

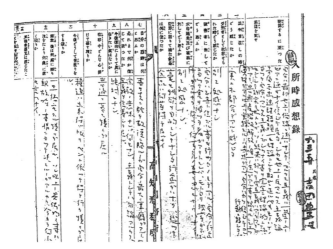

〈그림 3〉 마키무라가 고치형무소에 입소했을 때 입소감상록
출전: 《槇村浩全集》, 平凡堂書店, 1984, 352쪽.

詩를 발표했으며 다음 해 〈간도 빨치산의 노래〉를 써서 그것들은 다음 해 잡지에 게재되었다.

1932년 4월 21일, 반전 전단을 뿌린 것이 치안유지법 위반으로 검거되었고, 투옥되어 고문을 받았다. 징역 3년형을 선고 받고 1935년 6월 석방될 때까지 비전향을 관철했다. 1936년 '고치 인민전선 사건'으로 구속되었지만 몸이 쇠약해져 석방되어 1938년 9월 3일 26살의 나이로 생애를 마감했다. 마키무라와 조선인과의 접점은 어디에 있었을까. 고치 시내에는 조선인 거주구역이 있었는데 거기에는 간도지방에서 온 사람도 있었다. 마키무라는 그곳에 드나들고 있었다. 그가 가이난중학교를 퇴학당하고 1년을 지낸 오카야마岡山의 간세이關西중학교와 고치高知고등학교에도 조선인 유학생이 있어서 그와 친했다고도 전해진다.[62]

---

62) 小川晴久, 《アジアチッシュ・イデオロギーと現代――槇村 浩との対話》, 凱風社, 1988 에는 〈槇村浩小傳〉, 22~69쪽이 있다. 후에 마키무라의 생애를 모델로 하여 두 개의 작품이 탄생했다. 하나는 고치에 살던 향토 작가 도사 후미오土佐文雄의 《人間の骨》, 新読書社, 1974이며, 또 하나는 역시 고치 출신인 오하라 도미에大原富枝의 〈一つの

〈그림 4〉 유아사 가쓰에의 젊은 시절 모습
출전:《カンナニ ─ 湯淺克衛植民地小說集》,
インパクト出版會, 1995, 354쪽.

1929년 3월 1일은 3·1운동의 10주년에 해당하며,《전기戰旗》를 비롯해 좌익계 신문·잡지는 3·1운동에 대해서 보도했다. 그리고 1930년 5월 30일에 간도에서 중국공산당의 폭력 혁명노선과 조선인 공산주의자들에 의한 반일무장투쟁이 일어났는데, 이것들이 계기가 되어 〈간도 빨치산의 노래〉가 태어났다고 생각된다.

《간난이》의 작자 유아사 가쓰에는 가가와현香川縣 젠쓰지善通寺에서 태어나 조선의 경찰서에 근무하게 된 아버지를 따라 1916년 수원으로 이주, 1927년 경성중학교를 졸업하고 도쿄로 이주할 때까지 거기서 살았다. 따라서 1919년의 3·1운동을 조선에서 시위가 가장 격렬했던 지역의 하나인 수원에서 목격했다. 유아사의 작품은 수원을 무대로 한 것이 많으며 수원이 아주 중요한 모티브가 되어 있다. 간난이를 처음 발표한 잡지에는 복자伏字가 많고, 또 작품 후반부에 해당하는 46장이나 되는 분량이 삭제되어서 작품의 전체적인

青春〉(《群像》 1967년 2월호, 후에 講談社, 1968년 6월에 단행본화)이다.
　오가와 하루히사小川晴久는 모리야마 게이의 〈불〉을 읽고 작품 말미의 "이후 그들의 생활에 대해, 혹은 누군가 훌륭한 시인이 그려줄 지도 모른다"란 요청을 받고 〈간도 빨치산의 노래〉를 썼다는 가설을 세우고 있다(같은 책, 65~66쪽).

모습을 보기는 어렵다. 그러나 전후에 발간된 창작집 《간난이》에는 복자와 삭제된 부분이 복원되어서, 약간 다른 점이 있다는 문제는 남지만 대체로 그 전체상을 볼 수 있다. 그 내용을 소개하면 다음과 같다.

《간난이》는 모가미 류지最上龍二라고 하는 12살 일본 소년과 이감람李橄欖(간난이)이라는 조선 소녀를 주인공으로 하고, 3·1운동을 배경으로 시정詩情이 풍부한 소년소녀의 세계를 그린 작품이다.

제1차 대전이 끝나 얼마 되지 않았을 무렵, 조선의 수원에 이주해 온 류지는 간난이라고 하는 조선의 소녀와 친해진다. 순사인 아버지가 수원의 이근택李根宅 자작子爵 집의 청원 순사를 겸하고 있어서 일가는 그 집의 방 하나를 빌려 살고 있었는데, 이근택 자작의 문지기의 딸이 간난이였다. 두 사람은 사이가 좋았기 때문에 일본과 조선 양쪽의 소년들로부터 따돌림을 당하기도 하고 놀림감이 되기도 한다. 다음은 장차 어른이 되면 신랑 각시가 되기로 서로 약속하는 장면이다.

"아, 좋네, 어찌하면 각시가 될 수 있을까나." 간난이는 한숨을 쉬며 눈을 지긋이 감았다. 언년이가 눈을 반짝이며, "50엔이야, 50엔"이라고 말했다. "우리 언니는 말이야, 50엔에 팔려갔단다. 신랑이 사줘야 해" 간난이는 류지의 겨드랑이 밑을 찌르며, "그치, 류지"라고 말을 걸었다. "50엔에 사줄거야?" "그래 어른이 되면," "어른이 되면 류지가 50엔을 가지고 있을까"라고 말하며 각시 쪽을 홀린 듯이 바라보았다. "류지의 각시가 되는 거라면 간난이는 공짜로 시집가 주렴." 언년이가 말했다. "너희들 마을에서도 유명한 단짝이잖아." 간난이는 입고 있던 저고리 고름을 얼굴에 대면서 어느 사이에 얼굴이 빨갛게 달아 올랐다. 토담 옆으로 달아나 쪼그리고 앉아서는 "언년이는 심술꾸러기"라고 종알거렸다. 그러나 언년이는 그만두지 않았다. "류지는 일본사람이라구. 돈이 없어도 결혼할 수 있어. 류지는 어른이 되면 부자가 될 거야. 일본사람이니까. 간난이는 행복한 각시가 될 거야 간난이는 복덩어리야."[63]

류지는 이전에는 학교에서 "육군대장 지망"으로 유명했고, 조선에 오고부터는 "조선을 정복한 도요토미 히데요시豊臣秀吉와 같은 영웅이 되고 싶다"고 생각했는데, 조선에서는 총독이 가장 위대하다고 들은 뒤로 "열렬한 총독 신자가 되어" 조선 아이들을 "귀여워하고, 손잡고 모두에게 칭송 받으려는" 꿈으로 가득 차 있었다. 그러나 그 꿈도 간난이와 만나면서 점점 시들어 갔다. 왜냐하면 간난이의 아버지는 "일본사람은 너무 싫어, 헌병이 제일 싫어, 순사가 그 다음으로 싫어. 조선사람을 괴롭히니까, 나쁜 짓을 하니까"라고 하거나, "순사의 자식과 놀지마"라고 해서 간난이도 그런 생각을 하고 있었기 때문이다. 류지는 "일본사람은 나쁜 짓은 안 해, 천황폐하가 다스리고 계시니까, 이세伊勢의 오가미사마大神様가 보고 계시니까"라며 열심히 반론하지만 효과는 없고 반대로 설득당하기만 했다.

> 우리 집에서도 …… 라고 간난이는 말했다 …… 집이 망했어. 가지고 있던 논밭은 어느샌가 새 지주의 것이 됐어. 그럴 리가 없다고 추수를 하려고 하니, 순사가 와서 아버지를 감옥에 가두고, 아버지가 하던 서당은 나쁜 것을 아이들에게 가르치기 때문이라면서 문짝에 못을 박아버리고, 아이들을 강제로 보통학교에 넣어버렸어. 그래서 아버지는 옛날에 드나들던 이근택에게 부탁하여 문지기가 되어 겨우 생활하고 있지.[64]

학교에서 간난이는 "우에무라植村라는 할아버지 선생"이 제일 싫었다. 불쾌한 진구神功황후의 "삼한정벌" 이야기나 도요토미 히데요시의 "조선정벌" 이야기를 할 때는 다른 조선 학생과 "약속이나 한 듯이 재잘재잘 수다를 떨곤 해서", 선생님은 "머리로부터 푹푹 김을 내뿜으며",

---

63) 湯浅克衛, 《カンナニ》, 講談社, 1946, 10~11쪽.
64) 위의 책, 26~27쪽.

"그러니까 너희들은 나라를 잃은 거야. 비뚤어진 놈들!"이라고 고함치곤 했다.

어느 해 7월, 큰 비가 오던 날 대홍수가 나서 강에는 참외나 호박, 수박이 떠내려가고 있었다. 류지는 여기서 필사적으로 참외를 주우려고 하는 조선 소년들의 행동이 아무래도 이해가 되지 않았다. '창순아'라고 불리는 소년은 물살에 휩쓸려서 잠겼는데, 떠올랐을 때는 "필사적인 노력으로 안고 있던 커다란 참외를 눈 위로 높이 들어 올려 보였"지만 결국 빠져 죽고 말았다. 류지는 그까짓 참외 때문에 필사적이 되는 이유를 알 수 없었는데, 간난이는 그 이유를 가르쳐 주지 않았다. 그러나 나중에 "조선사람 대부분은 쌀밥은커녕, 만주의 좁쌀이나 피조차 만족스럽게 먹지 못"하고, 여름에는 "참외를 주식으로 하여, 아침 점심 저녁 모두 이것을 먹는다"는 것을 알게 되었다. "그것조차 아이들은 알맹이는 쉽사리 먹을 수" 없었고, "어른들이 먹다 남긴 껍질을 머리에 쓰고, 좋아하면서 가지고 다니며 손으로 장난치다가 조금씩 씹"어 먹을 정도로 비참한 생활을 하고 있다는 현실을 알게 되었다. 두 아이의 우정은 시장이나 화홍문, 북지 등, 수원의 풍물을 배경으로 하는 형식으로 점점 깊어져 갔으며, 그러는 사이에 류지는 간난이를 통하여 조선을 조금씩 이해하게 되었다.

그러다가 일본의 "불량 소년"들이 하굣길의 소년소녀를 기습하여 괴롭히는 등의 사건이 일어났고 사건은 꼬리에 꼬리를 물고 계속 발생했는데, 그러던 어느 날, 수원에서 "조선독립만세"가 울려 퍼졌다. 그것을 보러 간난이와 함께 밖으로 나간 류지는 간난이에게 먼로주의나 민족자결주의, 더 나아가 조선독립에 대한 이야기를 듣고 간난이와 함께 만세를 외쳤다.

"류지, 먼로주의라고 아니?" 간난이가 갑자기 물었다. "몰라." 류지는 대답했다. 간난이가 알고 있는 것을 모른다는 것은 무언가 서운했다. "미국의 윌슨 대통령이 말했어. 먼로주의, 민족은 자결해야 된다고" 무슨 말인지 알 수 없었다. "조선은 독립할 수 있어. 독립만세를 모두 함께 부르면, 윌슨이 비행기를 타고 도우러 올 거래." "비행기로?" "응, 비행기로, 알겠지 류지, 비행기를 타고 도와주러 올 거래." 여기저기 작은 언덕에서는 사람들이 올라가서 독립만세를 불렀다. 그 소리는 산을 타고 메아리치며 울려 퍼졌다. 간난이는 양손을 들어올리고 '만세'를 불렀다. 류지도 손을 들어 올리며 '만세'를 불렀다.

　"간난이는 조선말로 만세, 류지는 일본말로 반자이, 좋아, 함께 부르자. 그러면 조선은 독립할 수 있어."[65]

　그러나 곧바로 진압하러 온 일본 병사가 총을 난사하여 교회 안으로 도망친 조선인은 교회와 함께 타버린다. 류지와 간난이의 이야기도 이 것으로 마지막이 되었다. 그것은 "백의의 집단을" 쫓는 일본 군대로 거리가 극도로 혼란해졌을 때 간난이가 행방불명이 됐기 때문이었다. 사건 직후, 집에 돌아오지 않는 간난이를 류지는 아버지와 함께 찾아 헤매지만 간난이는 끝끝내 보이지 않았다. 그 대신, 연무대練武臺 부근에서 간난이가 류지를 위해 만들고 있던 동전주머니가 피범벅이 되어 떨어져 있는 것을 발견했다. 이것을 본 류지는 "간난이를 죽인 것은 틀림없이 군도軍刀를 휘두른 아저씨들일 거야"라고 생각했다.

　《간난이》는 비교적 많은 조선인들에게 읽혔다고 한다. 그것은 작자 자신이 언제나 고향이라고 생각하고 골목골목까지 잘 알고 있던 수원을 특별한 정열을 갖고 사실적으로 묘사했다는 점과, 작품 전체가 "조선의 사계절을 바탕으로 조선의 풍속을 넣어서" 시적으로 형상화한 점에 끌렸기 때문일 것이다. 또한 "독립을 바라는 조선인들의 마음에 감동되어,

---

65) 湯淺克衛, 앞 책, 88~89쪽.

울면서"[66] 썼다는 작가의 진지한 자세 때문일 것이다. 이 작품은 작가가 24살 때 쓴 처녀작으로 "나는 만세 사건이 일어났을 때는 심상과 2학년생이었는데, 어린 마음에 새겨져 있는 (그때 조선의) 인심과 정경은 꽤 인상 깊은 것이었다. 그중에서도 수원은 3·1운동 사상 가장 격렬했던 곳으로, 군내에서 일어난 교회 방화 사건은 대표적인 것이었다."[67]라는 작자 자신의 말처럼, 직접적인 체험에 의한 것이다. 작품 속 조선인이 도망해 들어간 교회가 불타는 장면은 제암리 학살 사건을 떠올리게 하고, 소녀 간난이의 죽음은 유관순의 이미지와 겹치고 있다. 수원의 3·1운동 기록에 따르면, 3월 1일의 대규모 시위 이후 약 반 달 동안의 소강상태가 있었지만, 3월 16일의 장날을 이용해서 팔달산의 서장대西將臺에도 수백 명이 모였고, 또 동문안의 연무대에도 수백 명이 모여서 시위를 했다고 한다.[68] 간난이와 류지가 팔달산에 올라간 것은 바로 일시적인 소강상태를 지나 운동이 재연된 시기였다. 경기도의 운동은 연락이 잘 되지 않았는지 서울의 운동과 보조가 맞지 않았고, 경기도 중심부에 있는 서울의 시위운동이 파문을 일으켜, 점차 가까운 곳으로부터 먼 데까지 퍼져나갔다. 경기도 지방은 거의 두 달에 걸쳐 끈질긴 운동이 이어져서, 일제의 탄압이 심해지자 여기저기서 충돌이 일어났다. 그중에서도 시위가 눈에 띈 것은 주로 서울 이남의 각 군에서였다. 특히 제암리 학살 사건을 야기한 수원군의 운동이 대표적이었다. 수원에서는 3월 23일부터 4월 15일까지, 시위 회수가 27회, 시위 군중수가 11,200명, 피해 상황은 학살이 996명, 중상자 889명을 내었고 1,365명이 검거되는 등 극심한 탄압이 행해졌다.[69] 작중의 "류지, 윌슨은 안 오네, 독립이 안 되는 걸까?"라는 간난이의 말처럼 3·1운동은

---

66) 湯淺克衛, 앞 책, 〈作品解說と思ひ出〉, 230쪽.
67) 湯淺克衛, 위의 책, 230쪽.
68) 李炳憲 編著, 《三·一運動秘史》, 時事時報社出版局, 1959, 868쪽 참조.
69) 《韓國現代史》④, 新丘文化社, 1973, 250~252쪽 참조.

독립이라는 목적을 이루지 못하고 끝나버렸다. 간난이의 죽음은 그 자체로 3·1운동의 좌절을 의미하는 것이었다.

마키무라의 장시長詩이외에 해방 전의 시 작품으로서는, 제암리 학살사건(4월 15일 오후 2시 무렵 발생)이 일어나자 외국 신문 《Japan Advertiser》[70]에 의해 재빨리 그 보도를 입수하여 《복음신보》에 〈어떤 학살사건〉[71]이란 시를 기고한 영문학자 사이토 다케시齋藤勇의 시와, 이를 읽고 〈살육의 흔적--사이토 다케시의 어떤 살육사건을 읽고〉를 발표한 사이토 구라조(齋藤庫三, 1887-1949, 전 일본기독교교단 후지사와교회 목사), 그리고 북한에서 태어나 소녀 시절에 3·1운동을 목격하고 그 체험을 시로 남긴 아키노 사치코(秋野さち子, 1912-2004)의 작품을 소개하기로 한다.

어떤 살육 사건

사이토 다케시

그건 터키령 아르메니아의 만행이 아니다.
삼백년 전 피에드몬트에서 있었던 살육도 아니다.

---

70) 1919.4.29일자, A.W.Taylor 특파원 보고, 그는 4월 16일과 19일에 특파원으로 처음 취재를 하고 있었다.

71) 이 사건부터 멀지 않아, 우에무라 마사히사植村正久 목사는 후지미초富士見町교회에서 설교 중, 사건에 대해 언급했다고 한다. 우에무라는 상기 《Japan Advertiser》나 《Kobe Chronicle》을 통해서 사건을 알고, 사이토는 그걸 자료로 하여 이 시를 썼다. 高崎宗司, 〈堤岩里虐殺事件と長詩〈或る殺戮事件〉〉, 《妄言の原型--日本人の朝鮮観》, 木犀社, 1990, 178~184쪽 참조.
　이 시는 존 밀턴의 〈피에몬테에서의 학살 보도를 듣고〉("On the Late Massacre in Piedmont" John Milton)에 영향을 받아 쓰여진 것으로, 밀턴은 알프스 산속 농촌에서 12세기 이래로 살면서 바로마교회적 신앙을 지키던 발도파 사람들이 1655년에 사보이공의 군대에 의해 학살된 보도를 접하고 이 14행시를 썼다. 平井正穂訳編, 《イギリス名詩選》, 岩波文庫, 1990, 84~87쪽; 西川杉子, 《ヴァルド派の谷へ》, 山川出版社, 2003, 5~9쪽 참조.

아시아 대륙 동쪽 끝에서 일어났던 참사다.
영원한 평화를 기약하는 회의 중에 일어난 사건이다.
우리가 사랑하는 조국에서는,
인종차별을 몰아내야 한다고,
이른바 지사志士들이 으르렁거리던 때다.

오대 열강의 하나인 군자국의 관리는,
그가 다스리던 영토의 국민이 결속해서 일어나,
군자국 관헌의 압제를 호소하며
한 사람의 인간으로서 누려야 할 자유와 권리를
요구하고자 시위 운동을 했을 때,
필경 서양에서 온 사교邪教에 홀린 탓이라고,
칼을 차고 포령布令을 돌렸다.
몇월 며칠 회당에 모여야 한다고.

그곳은 도시에서 떨어진 쓸쓸한 마을,
나무로 된 소박한 교회당이 서 있다.
흰 옷을 걸친 그 땅의 백성들,
어떤 이는 병든 늙은 아비를 두고,
어떤 이는 갓 해산한 아내를 두고,
어떤 이는 겨우 끼니를 잇는 일손을 놓고,
오늘은 일요일도 아닌데 왜 모이는가,
명령 때문이다, 엄한 헌병의 명령 때문이다.

모이는 사람은 이삼십 명, 그 중에는 예수를 안 믿는 사람도 있었다.
관헌은 꾸짖었다, 왜 폭동에 가담했냐고.
아아, 자기 조국이 사라진다면 불평없이 있을 수 있을까?
더구나 당국자가 선정을 베풀지 않는다면,

그 누가 애써 굴욕과 모멸을 참으랴.
더구나 만약, 무단과 폭력으로,
백성의 복종만을 꾀하는 위정자가 있다면 ….
예수의 제자는 관헌에 맞서,
신앙의 자유를 외쳤는지도 모른다.
그 말투가 몹시 격할지라도,
우상 숭배를 강요하는 자에게
그것은 안 된다고, 불순하다고 어찌 말하랴.

돌연히 울린 총성 한 발, 두 발 ….
순식간에 교회당은 시체의 사당.
그것도 모자라 불을 들고 덮치는 자가 있었다.
붉은 불꽃의 혓바닥은 벽을 핥았으나,
관헌의 독수에 걸린 망국의 백성을,
서양 사교邪敎를 믿는 자를,
꺼리는 것처럼, 두려워하는 것처럼, 지키려는 것처럼,
그들 시체를 깡그리 태워버리지는 않는다.
그걸 보고, 민가에도 불을 질렀다.
타오른다, 타오른다, 마흔 채의 부락이,
한 채도 남김없이 다 타버린다.
그대가 초가집 잿더미에 서면,
무섭게 타오르는 저 냄새가 코를 찌르지 않느냐?
젖먹이를 안고 숨진 젊은 어미,
달아나다 쓰러진 노인네들
시커멓게 얼룩진 이 참상이 그대에겐 보이지 않느냐?
뭐라고? 헤롯이 아이들을 참살한 것보다는 잔인하지 않다는 것이냐.
피에드몬트나 아르메니아의 학살보다는 적은 숫자라는 것이냐.
시마바라나 나가사키 근처에서 옛날에도 있었다고 하느냐.

군자국에서는 이런 예가 흔하지 않다고 말하느냐.

만일 이를 부끄러워하지 않는다면,

저주받지 않을까 동해 군자의 나라여.

어느 신문은 간단히 전하여 이르기를,

합병 국토의 예수교인은

떼지어 모여서 소요를 일으키고,

해산을 명한 관헌에게 반항했기에,

사망한 폭도는 스무 명, 가옥 소실 십여 채라고.

또 어떤 신문은 한마디도 이를 쓰지 않았다,

마치 순풍에 휘날리는 꽃을 보는 것처럼(1919.5.6.).

(다이쇼 8년, 1919년 5월 22일, 제1247호《福音新報》)

이 시는 제암리교회 사건을 일본의 기독교 지성으로서 상당히 양심적인 내적 반성을 통해서 표현한 명시라고 평할 수 있다. 일본 측에 제암리 사건의 진상이 알려진 것은 위 라이터 기자의 기사인데, 기자는 사건 다음 날인 4월 16일 오후에 H.D.Underwood(장로회 교사, 세브란스 의학교 교수), R.Curtice(미국영사)와 함께 첫 번째로 현지를 방문했다. 그는 3일 후에는 영국 대리공사 Royds, 수원 지방감리사 Noble 등과 함께 다시 현장을 찾아가서 취재했다. 언더우드의 증언은 미국 기독교연합회의에서 편찬한 《3·1운동진상보고서》(1919)에 수록되어 미국 의회특별청문회에서 인용되었지만, 후에 강용흘이 쓴 자전소설 《초당草堂》(The Grass Roof, 1931)에는 다음과 같이 기술되어 있다.

하루는 내가 책상에 붙어 앉아 있는데, 전에 내가 번역을 도왔던 미국 부인의 아들 호레이스 씨(필자주: 언더우드 2세)가 그 부인에게 말하기를,

일본인들이 까닭 없이 마을 사람들을 학살하고 마을을 불태웠다는 보고를 확인하기 위해 수원 지방에 간다고 하였다. 호레이스 씨는 즉각 미국 영사와 함께 출발했다. 그는 몹시 기분이 상해서 눈살을 찌푸리고 돌아왔다. "듣던 것보다 더 참혹했습니다"라고 그는 주위 사람들에게 이야기하였다. "일본인들은 한국인들을 학살했습니다. 먼저 나는 그 일대를 누구도 답사하지 못하게 하는 헌병들의 눈을 피하기 위해서 산을 넘어 몇 마일을 돌아갔습니다. 파괴된 마을의 하나인 제암리에 갔을 때에는 아무 제재도 받지 않으면서 그 마을을 둘러보고, 이 사진을 찍기도 했습니다. 원래 서른아홉 채였던 곳에 여덟 채만 남아 있었습니다. 잿더미 산에는 김칫독이 몇 개만 남아 있었습니다. 얼빠진 듯한 표정으로 멍석에 앉아 있던 과부들과 어린이들은 내가 한국어로 말을 걸어도 아무 대꾸가 없었습니다. 그러다가 한 소년이 말하는 것을 들어 보니까, 군인들이 와서 그리스도인이거나 천도교인인 성년 남자는 모두 마을 교회에 들어가 의무적으로 강의를 들으라고 명령했습니다. 남자들이 다 모이자 밖의 군인들은 종이 바른 창문으로 총을 쏘기 시작하면서 교회의 초가지붕에 불을 질렀습니다. 두 여자는 그들의 남편이 있는 교회 안에 들어가려 애쓰다가 사살되고 말았습니다. 마을에는 무기를 가진 사람이 하나도 없었습니다. 나는 서천에도 갔는데, 거기에는 마흔두 채 가운데 겨우 여덟 채만이 남아 있었습니다. 이곳의 늙은 여자들은 모든 일에 흥미를 잃어 무관심했고, 어린이들은 들에서 풀뿌리를 캐어 먹고 있었습니다."[72]

앞서 언급한 대로 위의 《Japan Advertiser》의 기사를 처음으로 인용하고 기사화한 것이 《복음신보福音新報》이며, 5월 1일부터 6월에 걸쳐서 매주마다 싣고 있었는데, 그 가운데 하나가 위의 사이토의 시다. 참사의 실상, 관헌의 횡포에 대해서 묘사하고 사건에 대해서는 거의 침묵하거나 축소하기에 급급한 언론을 질타하기까지 했다. 한없는 "심통心痛"을 표현한 이 시는 사건에 대한 소수의 일본인의 진실한 신앙 표현

---

72) 張文平訳, 《世界文學の中の韓國》 vol.2 正韓出版社, 1975, 133~134쪽.

이며, "비애悲哀"를 미의 경지까지 끌어 올린 문학성도 평가할 만하다.

다만 자신의 "사랑하는 조국"을 끝까지 "칼을 차고 포령을 돌리는" "오대 열강의 하나"로 표현하고, 결국 조선인의 만세 시위의 주요 원인을 근본적으로 찾지 못했다. 당시 조선을 통치한 총독부의 잔혹한 무단통치를 직접적인 원인으로 판단한 대다수의 일본 지성들의 논평을 크게 벗어나지 못했다. 그리고 "지배자의 선정善政" "무력과 폭력

〈그림 5〉 사이토 다케시의 말년 모습.
출전: 《キリスト敎と英文學》,
日本基督敎團出版局, 2006.

으로 백성의 복종만을 꾀하는 위정자" "우상 숭배를 강요하는 자" 등, 이 시의 여기저기에 등장하는 3·1운동의 원인에 대한 견해는 당시 사이토가 가지고 있던 정보와 인식의 한계를 나타낸 것이다. 그러나 "자기 조국이 사라진다면 불평 없이 있을 수 있을까" "한 개인으로서 누려야 할 자유와 권리를 요구하고자" "망국의 백성" 등의 표현에서 볼 수 있듯이 어느 정도는 조선인에 대한 적극적인 상황 이해를 하고 있다고 하겠다.

다음으로 사이토 구라조의 시를 보기로 하자.

살육의 흔적

사이토 구라조

—— 사이토 다케시 씨의 〈어떤 살육 사건〉을 읽고

여기 도시에서 떨어진 쓸쓸한 시골,
붉은 연기 사이로 달이 떠오른다.
어젯밤까지는 즐거웠던 가족도,
지금은 집과 함께 까맣게 타버리고,
타다 남은 그 속에서 연기만 피운다.

지난 날의 마을의 봄, 그리고 크리스마스,
기쁘게 모였던 교회당도 지금은 흔적도 없고,
함께 기도했던 순박한 모습은 어디에 있는가,
보라, 주 예수 그리스도가,
타다 남은 들판을 애도하고 다니시네.

타버린 사람들의 영혼은 하늘로 올라갔다.
그러나 남겨진 이 잔학한 흔적은 어이 할꼬?
불로 태우고, 총을 쏘아, 살육한 사람들을 위해
보라, 주님은 자욱한 연기 속에서 기도하시네.
그들은 떠나버리고 그림자도 보이지 않는구나.

조용히 연기만 내고 있는 타다 남은 것,
아득히 멀리 푸르고 붉은 달빛
바뀌어가는 참담한 지상의 문명,
황폐하기 그지없는 흔적을 어이 비추는가?
허나 그리스도는 영원히 계신다네.

심판도 선고도 결국은 주님의 손에 따름이거늘,
위로하라, 위로하라, 하나님을 버리지 말라,
의지하라, 의지하라, 영원히 그를,

복수도 울분도 단지 아름다운 사랑으로 거두어 기도하라(1919.5.15.).

(다이쇼 8년, 1919년 6월 15일, 제 1251호《福音新報》)

잔혹한 정경 묘사, 죽어가는 사람에 대한 애절한 진혼의 메시지 등은 위 사이토 다케시의 시에 결코 떨어지지 않는다. 그러나 사이토 구라조가 쓴 이 시는 우선 "속죄보다는 화해"를 말함으로써, 결국 동족의 죄에 대해서 그리스도의 이름으로 "면죄부"를 주는 "자기 합리화"의 성격이 보인다. "보라, 주 예수 그리스도가 타다 남은 들판을 애도하고 다니시네"라는 부분에서는 참상의 장소에 화해의 상징인 그리스도의 임하심〔臨在〕을 묘사함으로써(제1차 세계대전 때 유럽 전장에 그리스도가 몇 번이고 출현한 것을 병사가 목격했다는 전설이 있다) "성급한 화해"를 표현하며, 마침내 "살육한 사람들을 보라, 주님은 자욱한 연기 속에서 기도하시네" "심판도 선고도 결국은 주님의 손에"라고 하는 직접적인 표현으로, 결국은 살육을 용서하고 "피난처"를 제공하는 의도를 노출시키고 있다는 오해를 받을 만하다고 생각한다. 물론 궁극적으로 "최후의 심판"과 "속죄"는 그리스도의 몫이라는 것은 기독교의 정신이며 당연한 귀결인지도 모른다. 그러나 이러한 용서받지 못할 만행이 일어난 지가 한 달 남짓한 시기, 그의 말 그대로 '타다 남은 들판'인 잿더미에서 연기만 나오고 있는 참극의 장소에서 "원론적인 기독교의 사랑"을 노래한다는 그 자체가 너무나 작위적이고 불감증적인 태도라고 볼수 있다. 끝 부분의 "복수도 울분도 단지 아름다운 사랑으로 거두어 기도하라"고 권고하는 것이 과연 타당성 있는 표현이라고 할 수 있을까.

2) 해방 후의 작품

가지야마 도시유키梶山季之는 1930년 서울에서 태어났다. 아버지는 당시 조선총독부의 토목관계 기술관료(技官)였다. 1943년 유아사 가쓰에와 같은 경성중학교에 입학, 4학년일 때 일본이 패전했다. 1958년 무렵부터 르포라이터 생활을 하기 시작했고 주간지 톱기사를 쓰게 되었으며, 특종 기자로서도 이름을 날렸다. 1961년 기자를 그만두고 미스터리, 산업스파이, 포르노 소설을 발표하기 시작해서 속속 베스트셀러를 내놓았다. 일반적으로 미스터리, 산업스파이, 포르노 소설 작가라는 이미지가 강했지만 1963년 〈이조잔영〉이 나오키상直木賞 후보에 오르고 나서부터 조선·한국에 대한 글을 꾸준히 발표해 평생의 테마로 삼게 되었다. 조선·한국에 대한 관심은 일본에 돌아간 다음부터지만, 조선에 대한 작품을 일생의 테마로 하려고 생각한 것은, 식민지 관료의 아들인 자신의 내면에 조선·한국에 대한 인식이 결여되어 있다고 느끼기 시작했고, 그것을 찾기 위해 소설 세계로 그려내는 것을 평생의 테마로 삼은 듯하다. 베스트셀러 작가가 되기 전부터 헌 책방을 통하여 모은 방대한 조선 관계 자료(현재 하와이 대학에 기증되어 있다)는 그러한 내면적 결여를 느낀 가지야마의 정신적인 보상작업이라고도 할 수 있다. 10여 편이나 되는 조선에 관한 작품 가운데 특히 유명한 것은 설진영薛鎭英이라는 창씨개명을 거부하고 죽은 실존인물을 모델로 쓴 〈족보族譜〉와 이 글에서 다루고 있는 〈이조잔영〉이다. 두 작품은 모두 한국에서 영화화하여 평판을 얻었고, 《The Clan Records – Five Stories of Korea》라는 네목으로 영역73)도 되었다. 이 두 편은 한국어로도 번역74)되어 있다.

가지야마의 관棺 속에 넣어진 저서는 베스트셀러가 된 그 어떤 책도 아닌 《이조잔영》이라고 한다.75) 작품의 줄거리는 다음과 같다.

---

73) 〈족보〉, 〈이조잔영〉 등 5편을 수록, 하와이대학 출판부, 1955년 펴냄.
74) 《세계문학 속의 한국》 6권, 정한출판사, 1973년 펴냄.
75) 井口順二, 〈梶山季之文學の中の朝鮮〉, 《季刊三千里》 28號, 1981.11. 참조.

시대 배경은 태평양전쟁 전야다. 청년 화가 노구치 료키치野口良吉는 조선의 퇴색해 가는 냄새와 색채, 풍물에 남다른 애착을 갖고 그것을 그림의 제재로 삼고 있다. 아버지는 예전에 군인으로 조선에 부임해 와서 1920년 군인을 그만둔 이래 지금까지 서울에서 여관업에 전념하고 있었다. 그는 그런 부모의 외아들로 서울에서 자라, 미술학교를 졸업한 후에 사립여자학교의 미술교사를 하면서 좋아하는 그림을 그리며 생활하고 있었다. 노구치는 우연히 의대 조교수인 박규학을 알게 되고, 박의 호의로 기생 김영순金英順을 만난다. 영순은 이씨왕조시대의 궁중무용을 하는 드문 무희로, 일본인에게는 절대로 몸을 허락하지 않는다고 소문이 난 정결한 기생이다.

노구치는 영순의 춤추는 모습에 매료되어 그것을 어떻게 해서든지 그리고 싶다는 생각에 사로잡혔다. 그러나 영순은 거절했다. 그의 열의와 박의 주선으로 겨우 그녀는 마음을 열고 덕수궁의 파란 잔디 위에서 선녀같이 요염하게 춤을 췄다. 노구치는 홀린 듯이 붓을 놀리고 일년 남짓 걸려서 완성했다. 그러나 그 직전에 예기치 않은 사건이 일어났다. 노구치가 아트리에에서 영순에게 그의 아버지가 군복을 입은 모습으로 어머니와 찍은 사진을 보여줬을 때의 일이었다. 그녀는 손에 들고 있던 앨범을 세게 던지고는 분연히 그의 앞에서 모습을 감추었다.

영순이 화를 낸 원인이 어디에 있는지 노구치는 필사적으로 찾았다. 그리고 1919년의 3·1운동(작중에서는 〈만세소동〉)과 관계가 있지 않을까 해서, 아버지의 장서에 있는 한 권의 책 〈조선소요경과개요〉라는 팜플렛의 기록을 보고 사건의 진상을 알게 되었다. 그 책에는 경기도의 민중 봉기와 그에 대한 탄압에 대해서 다음과 같이 써 있었다.

당시, 도착한 발안장發安場 수비대장은 현황을 보고 폭동의 주모자를 죽여야 할 필요를 깨닫고, 4월 15일 부하를 이끌고 제암리에 이르러, 주모자

라고 보여지는 예수교도, 천도교도 등을 모아, 20여 명을 살상하고, 마을의
대부분을 불태웠다…76)

　겨우 알게 된 사실인데 기록 가운데 발안장 수비대장은 일찍이 군인
이었던 노구치의 아버지였으며, 그 손에 학살된 20여 명 중의 한 사람
이 영순의 아버지였다. 타버린 마을은 영순이 태어나 자란 곳이었다.
사실을 알고 노구치는 무척 놀랐다.
　영순을 그린 노구치의 그림은 《이조잔영》이라는 제목으로 '선전鮮展
(조선미술전람회)'에서 특선 제1석으로 뽑힌다. 그러나 화려한 시간도
잠깐이었다. 헌병대에서 개입해서 《이조잔영》이라는 제목은 이씨왕조가
지금도 이어져 내려오고 있다는 인상을 주니까 좋지 않다고 제목을 바
꾸라고 강요했다. 유치장에서 시달린 노구치는 헌병대의 요구를 들어주
기로 일단은 마음이 움직였다. 그러나 그때였다. 3·1운동의 제암리 학
살 사건과 영순의 관계를 안 노구치는 결연히 뜻을 바꿨다. 제목을 바
꾸지 않겠다, 특선을 취소당해도 괜찮다고 선언했다. 그 순간 헌병에게
구타당해 쓰러지며 격심한 고통을 느꼈다. 그러나 그 고통은 "결코 그
냥 고통이 아니었다. 김영순의 얼굴이 환상처럼 아주 가까이에 있었다."
　《이조잔영》에는 비슷한 제재를 다뤄 이 작품의 원형이 된 〈무지개
속霓の中〉(1953)이 있다. 여주인공 설옥순薛玉順은 3·1운동 희생자의
유복자다. 아버지는 운동 직후 망명하기 위해 두만강을 건너 월경하려
다 실패하고는 붙잡혀 소식이 끊어졌다. 그녀를 모델로 그림을 그려 일
전日展에서 특선에 오르고, 일찍이 함께 동거도 했던 주인공인 화가 가
지梶는 옥순에게 "당신은 밉지 않아요. 하지만 일본인이라 미워요"라는
말을 듣고, "자신의 애정으로도 어쩔 수 없는 피에 대한 증오에 견딜
수 없는 실의를 맛보"지만, "그런 불행한 옥순을 구하기 위해 일본인으

<hr />

76) 《李朝残影――梶山季之朝鮮小說集》, インパクト出版會, 2002, 80쪽.

로서 속죄하려고 결심했던 것이다."77)

〈이조잔영〉은 주인공 노구치와 여주인공 김영순의 관계가 두 사람 모두 부자 2대에 걸쳐서 제암리 학살 사건을 매개로 정확히 설정되어 있고, 궁중무용, 기생의 생활에 대해서도 보다 상세히 그려져 있으며, 박규학이라는 지식인을 등장시키는 등, 소설로서 깊이를 가지고 있다. 또한 주인공들의 연애를 쉽게 이루어지지 않게 한 점도 소설로서 성공했다고 볼 수 있다. 그리고 무엇보다도 군대뿐 아니라 관원의 횡포도 부각시켜 주인공으로 하여금 "제암리 학살 사건, 그리고 방화 사건도 일본 군대에서는 일어날 수 있다는 것을 몸소 체험"78)시켰고, 헌병의 부조리한 요구를 "거절"하게 했다는 점에서 작가의 조선인에 대해 속죄하는 마음을 읽을 수 있을 것이다.

가지야마는 한일 양국의 국교회복 후 한국을 방문한 최초의 문인이다. 생생한 한국사회의 현실에 대한 동시대적 관심과 관찰은 르포라이터로서 출발한 가지야마에게는 당연한 것이었으나, 그 열의는 단순히 소년시대의 향수가 아닌 식민지지배 책임의 일부를 져야 한다고 자각했기 때문에 가능했다. 1961년 한국의 저널리스트 장준하張俊河로부터 초청장을 받고 답신한 내용에서 가지야마는 한국을 방문하게 되면 반드시 만나고 싶은 인물로, 자살해서 족보를 지킨 설진영의 유가족과 더불어 일본 헌병에게 학살된 제암리 사건의 목격자, 또는 연구가를 열거하면서, "저는 일본이 귀국을 식민지로 했던 시대의 과거의 죄를 찾아내서 일본사람들에게 알리고 싶습니다. 저는 일본과 한국이 새로운 우정으로 맺어지기 위해서는 먼저 과거의 잘못을 충분히 인정하는 것으로 출발해야 한다고 생각했습니다. 그 반성의 자료로서 그분들을 만나 직접 이야기를 듣고 싶습니다."79)라고 말했다.

---

77) 앞 책, 116, 118쪽.
78) 앞 책, 88쪽.

3) 기타

고바야시 마사루小林勝는 1927년 조선의 경상남도 진주에서 태어나 일본이 패전하기까지 17년 동안 소년기의 대부분을 식민지를 다스리는 일본 관료의 아들로서 자라난 작가다. 거의 20년 동안에 걸친 창작 활동은 조선 체험과의 끊임없는 싸움이었으니 보기 드문 생애였다고 할 수 있다. 《조선·메이지 52년》은 3·1운동의 보도기사를 신문기사의 형태로 작품에 삽입하여 구성을 복선화시켰다. 운동 봉기에서부터 약 한 달 동안의 상황을 배경으로 운동이 시시각각 주위로 퍼져나가며 시위와 그에 대한 탄압이 얼마나 치열했는가를 다큐멘터리식으로 전달하고 있다. 뿐만 아니라, 3·1운동이 임진왜란의 민중 봉기 전통을 이어받은 조선 민중의 저항이고, 그에 대한 탄압은 임진왜란과 정유재란부터 이어진 일본의 침략이라는 인식을 명확히 나타내고 있다. 조선인 실업학교의 서기인 오무라大村 등 일본인의 의식과 행위를 통해서 그 존재 자체가 악이라는 것에서 벗어날 수 없다는 지배자의 모습을 추출하여 묘사하고 있다. 오무라는 자신의 처지를 비관하여 될 대로 되라는 마음으로 이방에서 생활하고 있었다. 그런 오무라라 해도 깊은 산골에서 조선 민중이 봉기했을 때 무의식적으로 발포하였고, 정신을 차렸을 때는 벌써 몇 명의 조선인을 살해해 버렸던 것이다. 그러한 장면을 그림으로써 식민자 중에서도 소외된 처지에 있었던 한 일본인의 의식 깊숙이 감추어져 있던 비뚤어진 근성을 드러내 보였다. 식민지에서 식민자의 행동을 그림으로써 한층 더 충격적으로 일본인의 침략적 에고이즘을 끄집어내는, 고바야시의 일련의 작품군 가운데에서도 전형적인 작품으로 평가받았다.[80]

---

79) 《積亂雲　梶山季之――その軌跡と周邊》, 季節社, 1998, 381쪽.
80) 磯貝治郎, 〈戰後責任を追及する文學――井上光晴と小林勝〉, 《季刊青丘》15號, 1993.2. 164쪽 참조.

스미 게이코角圭子(본명 石山芳)는 러시아문학을 전공한 작가·평론가이다. 〈조선의 여인〉은 경상남도의 벽촌을 무대로 '나' 정영희鄭英姬의 6살 시점에서부터 시작하여, 전반부에서는 희열囍烈 할머니, 후반부에서는 나를 중심으로 조선 여자들의 삶을 통하여 식민지화 된 민족의 비애와 통분을 꿰뚫어 보고자 한 작품이다.

특히 전반부에서, 누구보다도 가슴속에서 일본인에 대한 증오를 불태우고 있는 희열 할머니가 3·1운동과 조우할 때도 망설임 없이 민중의 대열에 참가하고, 밤에는 마을의 남자들이 횃불을 들고 독립을 외치던 때도 어린 영희의 손을 끌고 언덕 위의 정자로 데리고 가서, 빨갛게 타오르는 불길을 보여주곤 했다. 다음 날 아침 일본 헌병이 와서 장날에 독립을 외쳤다고 희열 할머니를 연행했고, 그녀는 고문으로 전신에 무참한 상처를 입고 덧문 짝에 실려 돌아왔다. 희열 할머니는 경찰에서 고문을 당하면서도 "몇 번이고 죽여라!"하고 외쳤다고 한다. 며칠 뒤 그녀는 발작을 일으키며 쓰러졌다. 희열 할머니의 열정 뒤에는 슬픔과 참을 수 없는 한이 있었다. 일본인인 작가가 조선 여자를 일인칭 주인공으로 설정하여 3·1운동뿐만 아니라, 여러 사건이나 여자들의 모습을 묘사한 인상적인 작품이라고 하겠다.

마지막으로 북한에서 태어나 소녀 시절 3·1운동을 목격하여 그 체험을 시로 남긴 아키노 사치코의 작품을 소개하며 이 글을 마치고자 한다.

수양버들같이 흔들린 손

아키노 사치코

1919년 3월 1일 조선 전토에서
독립운동(만세사건)이 일어났다.

그날 아침 단발머리의 나는
세 갈래로 머리를 땋은 아이와 대문 밖에서 놀고 있었다
저편에서 양 쪽 선두에
흰 바탕에 태극 무늬를 그린 깃발을 들고
갓을 쓰고 흰 두루마기를 입은 사람들이 줄을 지어
발 맞추어 걸어오고 있었다
선창을 하는 사람이 무어라 외치면
일제히 양 손을 들고 '만세'를 불렀다
한 무리가 지나가면 또 한 무리가 왔다
거기에는 노인도 있었다 아이를 업은 여인도
(등에 업힌 아이들은 무엇을 보았을까?)
조금 흐트러진 발걸음으로 똑같이
두 손을 들고 〈만세〉라고 외쳤다
흔들리는 손에서 손으로 무지개가 섰다.

어머니는 말없이 부적을 내 몸에 붙이고
집 안 양반 마님에게 나를 맡겼다
어머니의 눈은 무언가 결의에 차 있었다
그 집 여자애처럼
예쁜 치마저고리를 입고
나는 울음을 참고 있었다

그때는 남과 북이 갈라져 있지 않았고
흰 옷의 사람들은 하나의 울짱을 뽑으려 했다
깃발의 태극 무늬는 햇불이 되어
눈 속에서 포효하고 있었다
검은 갓과 흰 두루마기는 이 나라 사내의 정장
정장은 힘찬 영혼의 행진이었다

서선西鮮의 삼월은 춥고

살구꽃도 아직 피지 않았다

완만한 산줄기에 청기와

정다운 사람들의 그리움이 감도는 성천成川 땅에서

여섯 살 아이의 절절한 눈동자에 새겨진 것

어른이 되어 알게 되었다고는 말할 수 없는

어둡고 깊은 한 조각의 아픔을 씹어본다

'만세'를 부르고

수양버들같이 흔들던 손

그 손에서 손으로

기도가 무지개가 되어 떠오른

하얀 행렬을 잊지 못한다

시집 《북국의 눈》(쇼와 57) 수록[81]

작자는 에세이 〈환상의 고향〉(1982)에서 다음과 같이 쓰고 있다.

조그만 정원에도 가을이 깊어지고 무궁화와 도라지가 올해 마지막 꽃을 딱 한 송이씩 피우고 있다. 이를 봤을 때 괴이하게란 옛말이 내 마음에 떠올랐다. 무궁화는 '무궁화 삼천리'라 불리우는 조선반도의 꽃이고, 도라지는 '도라지'란 조선민요에서 부르고 있다. 그 두 꽃이 마지막 한 송이를 동시에 피우고 있다는 것에 내 마음은 흔들렸다. 조국은 아니어도 출생지를 고향이라 부른다면 북한은 내 고향이기 때문에. … 여기서 거슬러 올라가 써야 할 것이 있다. 다이쇼 8년(1919) 3월 1일에 조선 전도에 독립운동이 일어났다. 이를 나는 성천成川에서 봤다. 성천에서는 3월 4일 이른 아침, 천도교를 신봉하는 흰 옷의 사람들이 무리를 지어 지나가는 것을 나는 그 집의 동갑내

81)《秋野さちこ全詩集》, 砂子屋書房, 2006, 240~242쪽.

기 여자 아이와 문 쪽에서 보고 있었다. 그 즈음에는 남도 북도 없었다. 그 사람들은 하나의 울타리를 넘으려 했던 것이었다. 조선 북부의 3월은 추워서 자두꽃도 아직 피지 않았었다. 어려운 것은 전혀 모르던 여섯 살의 나도, 그 사람들의 눈에서 격렬한 빛이 뿜어져 나오는 것을 느꼈다. 어른이 되어 그럴 수 밖에 없었던 흰 옷 입은 사람들 마음의 아픔을 알 수 있었다.[82]

이 에세이에 따르면 아키노는 아버지가 한일합방 반년 전에 평안남도 덕천군수로 부임했기 때문에 그곳에서 태어나, 그 후 평양 근교 성천으로 옮겼으며 1922년 4월 도쿄로 이동할 때까지 유년기(공립 성천 심상소학교)를 그곳에서 보냈다. 1925년 4월 평양의 부모님에게 돌아가 평양공립고등여학교를 다녔고, 1928년 7월 아버지의 병 때문에 귀국하여 조선에서 살았던 기간은 약 13년 3개월에 이른다.

이 시는 시인이 유년시대에 보고 들은 3·1운동의 강한 인상을 나중에 회상하고 객관적인 입장에서 노래한 시이다. 전 4연 가운데 제1연은 유년시대 작자가 목격한 만세 시위 행진, 제2연은 그때 어머니가 작자를 보호하고, 제3연은 어른이 된 시인이 느낀 만세 시위의 의미, 제4연은 어른이 되고도 잊혀지지 않는 만세 시위의 인상과 그에 대한 해석을 노래하고 있다.

제3연의 "깃발의 태극 무늬는 횃불이 되어 눈 속에서 포효하고 있었다" "검은 갓과 흰 두루마기는 이 나라 사내의 정장" "정장은 힘찬 영혼의 행진이었다"에는 행진하는 사람들의 강한 독립 의지가 표현되어 있다. "무지개", "태극 무늬" "횃불" "포효" "정장" 등의 시어에는 이 시의 모티브가 숨겨져 있다. "여섯 살 아이의 절절한 눈동자에 새겨진 것" "어른이 되어 알게 되었다고는 말할 수 없는" "어둡고 깊은 한 조

---

82) 위의 시전집詩全集, 632~634쪽. 작자는 같은 시집의 시 〈遠きにありて――北朝鮮 平壤近郊の都邑成川を憶う〉 속에서 '조국은 아니더라도 고향인 그 땅'을 그리워하고 있다(위의 책 239쪽).

각의 아픔을" 되새기면서, 작
가는 시위 행진을 통해서 한
민족이 나타내려고 했던 독
립에 대한 의지를 궁극적으
로 보았다. "수양버들처럼 흔
들리는 손에서 손으로" "기
도"가 "무지개"가 되어 올랐
다는 표현에서는 3·1운동에
대한 작가의 공감을 볼 수
있는 것이다.

평안도 지방은 특히 운동
이 격렬했는데 3·1운동 일지
를 보면, 성천 지방에서 첫
시위가 일어난 것은 3월 4일

〈그림 6〉 1931년 19세 때 아키노 사치코의 모
습. 《납인형蠟人形》에 시를 투고하기 시작했을

이며, 3월 5일, 7일 그리고 4
월 13일에 시위가 일어났다.
3월 5일에는 헌병 분대장이

무렵이다. 출전: 《牧野さちこ全詩集》, 砂子屋書
房, 2006, 376쪽.

군중의 돌에 맞아 죽을 정도였다 한다.[83]

앞의 시전집 해설 〈끝없이 〈고향〉을 바라는 시업詩業〉 속에서 하라
시로原子朗는 "그녀의 시에는 태어난 고향의 흰 환상이 된 북한이 숨쉬
고 있다. 시에서는 계절감 없는 눈, 바람, 강(덕천, 성천 등)의 잔물결,
흰 옷, 치마저고리, 가짜 아카시아 냄새가 나는 꽃, 배추, … 들자면 끝
이 없어서 독자들이 읽고 맞혀 주길 바란다. 아키노 시의 색깔은 거의
페이지마다 나오니까."[84] 북한에서 태어난 시인은 이 시가 실린 시집

83) 《3·1民族解放運動研究》, 青年社, 1989, 266~270쪽 참조.
84) 앞의 시전집, 700쪽.

《북국의 눈》(1985)의 〈후기〉에서 "내 고향은 북한입니다"라고 썼다. 나중에 나온 작가의 시집 《붉은 하늘에夕茜の空に》(土曜美術社, 2000. 11.)에 수록된 〈고향이라는 말 속에서ふるさとという言葉の中で〉를 인용하고자 한다.

일찍이
출생지를 고향이라 부른다면———
이라 썼지만
그 땅에서 왜 내가 태어났는지 생각할 때
마음 편히 고향이라 불러도 되는지 묻는다.
한 사람 한 사람의 마음은 서로 통해도
나라와 나라의 다툼에 휘말린다.
그 소용돌이 속에서
따뜻하게 대해 준 흰 옷의 사람들
완만한 산과 풍부한 강의 흐름
빨간 봉선화와 바가지꽃의 노란 꽃잎
서로 바라보며 잡은 손을 흔들며 노래했다.
빨간 리본과 저고리의 여자 아이는
고향이란 말 속에서
부드러운 시냇물을 채우고 있었다.

그 시냇물의 노래는 반세기를 지나
지금 소리가 없는 나라에 갇혀 있다.
그 저고리의 여자 아이의 동포들은
기아의 채찍에 시달림 당하고 있다 한다.
얼마 안 남은 시간 속에
귀 속 구석에 끊임없이 떠도는 것은

고향 상실의 냇물소리.

그래도 내 출생지는 단 하나

그 환시통幻視痛은 없어지지 않는다---85)

4. 나가며

이상에서 일본문학과 3·1운동이 어떻게 관련되어 왔는지, 우선 3·1
운동 발발과 당시 지식인들이 이에 대해 어떻게 대응했는지, 다음으로
3·1운동 관련 문학작품에 관해 해방 전과 해방 후로 나눠 소개하였다.
3·1운동 발생 당시 논단에서 활약하던 많은 민본주의 논객이나 사회주
의자가 침묵하던 가운데, 요시노 사쿠조, 후쿠다 도쿠조, 미야자키 도텐,
야나기 무네요시, 후세 다쓰지, 야나이하라 다다오, 종교계에서는 가시
와기 기엔, 스즈키 다카시 등의 지식인들이 일본정부의 강압적 통치에
대해 비판적 논조를 견지하고 당국의 3·1운동 탄압을 강하게 비난하였
다. 또한 해방 전 작품으로는 모리야마 게이의 소설 〈불〉, 유아사 가쓰
에의 소설 〈간난이〉, 마키무라 히로시의 장시 〈간도 빨치산의 노래〉,
사이토 다케시의 시 〈어떤 살육사건〉, 사이토 구라조의 시 〈살육의 흔
적-사이토 다케시 씨의 〈어느 살육사건〉을 읽고〉, 해방 후 작품으로는
가지야마 도시유키의 소설 〈이조잔영〉, 고바야시 마사루의 소설 〈조선·
메이지 52년〉, 스미 게이코의 소설 〈조선 여자〉, 아키노 사치코의 시
〈수양버들같이 흔들린 손〉 등을 다루며 3·1운동과의 관련 양상을 살펴
보았다.

여기에 소개한 9편의 작품 가운데 5편이 3·1운동 탄압의 상징적 사

---

85) 앞의 시전집, 405~407쪽.

건으로서 제암리 사건을 직간접적으로 작품 테마로 다루고 있다는 것은 특히 인상적인 것이었다. 마지막으로 한 가지 문제를 제기하고자 한다. 국내의 3·1운동에 호응하여 의병투쟁 이래 무력투쟁의 전통을 가지는 시베리아·간도지방에서 독립투쟁이 전개되는데, 일본은 독립군의 확산을 두려워하여 1920년 9월부터 10월에 훈춘琿春사건을 일으켰다. 더욱이 이를 조선인 책임으로 전가하여 간도출병을 강행하였다. 그러나 조선독립군의 청산리 대승 등으로 타격을 입은 일본군은 그 보복으로 간도 일대에서 무차별적 대학살을 벌였다(경신년 참사). 그때 10월 초순에서 11월 하순까지 약 3천 명이 참살당하여 이주 조선인 가옥 2천 5백여 호, 학교 30, 교회당 10채가 소실됐다고 한다.[86] 그리고 그 가운데 상징적 사건이 샛놀바위〔間獐岩〕교회 방화사건이었다.[87] 당시 국외

---

86) 《동아일보》 1921.3.23.~24. ; 박은식, 《조선독립운동혈사》, 1946 등.
87) 필자는 2004년 9월 2일(목) 심한보 씨(한국교회사 문헌연구원)와 함께 현지를 찾아 그곳의 김홍섭 노인(1920년 12월 7일생)으로부터 다음과 같은 증언을 얻었다. 심한보, 〈동북삼성(요령성, 길림성, 흑룡강성)을 다녀와서〉, 《한국기독교 역사연구소 소식》 68호, 2004.12. 참조.
샛놀바위교회는 만주 간도성 명동촌明東村에 살고 있던 주민들이 교회가 있던 곳으로 이주해 와서 동명촌이라 이름 짓고, 많은 가족이 살며 거기에 세운 교회이다. (일본의) 연변영사관에서는 이 동명촌에 독립운동을 하는 불령선인이 많이 살고 있다며 항상 주시해 왔는데, 1920년 10월 중순 낯선 엿장수가 찾아와 근처에 사는 아이들에게 엿을 평소보다 많이 썰어 나눠주면서 이곳에 독립운동을 하는 사람들이 있냐고 물었다 한다. 마을 청년이 우연히 그곳을 지나가다가 이 이야기를 수상하게 생각하여, 몇 명이 모여 일본군 헌병의 밀정이라고 판단하고는 끌어내서 뭇매를 가했다. 엿장수가 기절하니 죽었다고 생각해서 외진 곳에 버리고는 다음 날 사체를 묻으려 몇이서 상담하고 현장에 가자, 밀정은 죽은 것이 아니라 기절한 것이어서 눈을 뜨더니 도망쳐 버렸다. 잠시 후 일본군 32명이 완전무장하고 마을에 침입하여 가을 수확으로 매우 바쁘던 조선인들을 학교 광장에 모아놓고는, 그중 젊은이들만 따로 골라 '독립운동을 한 사람은 일어서'라고 했더니 일어서지 않았다. '독립운동을 한 적이 없는 자는 일어서'라고 하니 모두 일어시자 가족들 눈앞에서 무빙비 청년들을 향해 총을 난사하여 33명의 무고한 백성을 살해했다고 한다. 최연장자가 40대로 뒤는 16, 18, 22세의 청년들이었다. 두 집에서는 3부자가 살해당했다 한다. 살해 후 가까운 교회당 안에 사체를 옮기고 불을 붙여 나중에 보니 사체는 뒤엉켜 타버려 누가 누군지 구별이 안 되는 상태였는데, 그래도 몇 구의 사체는 전소하지 않아서 증표를 보고 찾아냈다고 한다. 학살 장소는 몇몇 무덤이 있는 장소에 피해자 유족의 한 명인 김기주(1918년생, 당시 은진중학교 재학)가 1932년에 세운 시

만주에서 일어난 일이기 때문에 한국정부조차 그간 무관심했고 현재도 거의 잊혀져 있는데, 3·1운동 100주년을 계기로 철저한 역사 발굴을 기대하고 싶다.

멘트 비석에서 40미터 전방, 현재도 큰 포플러 나무가 있는 장소이다.

일제강점기 안중근에 대한 기억의 전승, 유통[1]

김대호(국사편찬위원회 편사연구관)

---

1. 머리말
2. 일제하 안중근 이미지의 정립과 전승
3. 안중근 기억의 유포
4. 안중근 이미지의 회상
5. 광복 후 안중근의 대중적 유통
6. 맺음말

---

1. 머리말

안중근(安重根, 1879-1910)은 누구나 인정하는 '항일', '애국'의 상
징이다. 특히 '안중근'하면 그의 얼굴과 잘린 손가락이 떠오를 정도로
선명한 시각적 이미지를 가지고 있다. 그렇다면 일제강점기에는 어떠했

---

[1] 이 글의 문제의식은 2009년에 시작되었다. 그 일부는 2009년 9월 26일 한국역사
연구회 연구발표회 "한국의 위인 만들기와 그 역사"라는 대주제 아래, 〈안중근 이
미지의 고착화와 아동용 위인전에 반영된 안중근의 모습〉으로 발표하였다. 이후 다
양한 전승방식에 대한 자료를 모아 2014년 국사편찬위원회와 흑룡강성 사회과학원
이 공동 주최한 '항일 역사 문제 공동학술회의'에서 〈일제강점기 안중근에 대한 기
억의 전승, 유통〉이라는 주제로 발표를 하였다. 이 글은 당시 발표를 수정 보완한
것이다.

을까?

　다음은 일제강점기에 발간된 아동용 교과서의 일부이다.

　　통감부가 개설된 이래, 한국 정부는 중앙과 함께 지방의 제도를 고쳤으
며, 일본의 보호 아래 여러 분야의 정치를 개선하는 데 힘썼다. 그렇지만
오랜 기간 동안의 폐정弊政의 결과로 민력民力은 완전히 피폐해지고 또한
새로운 정치를 좋아하지 않는 자들이 많았으며, 도적들이 사방에서 배회하
여 도저히 국력의 회복을 기대할 수 없게 되었다.
　　그때 마침 전 통감 이등박문伊藤博文이 만주를 여행하던 도중에 하얼빈
合爾賓에서 흉도에게 암살되는 일이 일어났다.[2]

　이에 대해 교사는 학생들에게 "이는 실로 일·한 양국에게 매우 큰
불행"이었으며 "한국을 일본에 병합하는 것은 이미 어쩔 수 없는 상태
에 이르렀다"고 가르치도록 하였다.[3] 이는 일제강점기 안중근에 대한
공식적인 입장을 명확히 보여주는 것이다. 즉, 안중근은 "일한 양국에
매우 큰 불행"을 초래한 "흉도"였던 것이다.

　이러한 평가는 한국인들의 인식과는 정반대였다. 일제강점기에도 안
중근이 가장 대표적인 '항일'의 상징이었던 것은 두말할 나위가 없다.
그러나 그만큼 일제의 지배 아래에서는 공공연하게 그에 대한 기억을
상기하는 시도가 어려웠을 것은 분명하다. 그렇다면 과연 당시 사람들
은 어떤 방식으로 안중근을 기억하고 있었을까? 또 그런 기억의 방식
이 안중근에 대한 이미지를 어떻게 구현하고 현재 우리에게는 어떻게
계승되었을까?

　안중근이 즐겨 읽던 《대한매일신보》, 《황성신문》의 주필이자 같은

---

2) 朝鮮總督府 편, 《尋常小學國史補充敎材(兒童用)》 卷2, 1921, 413~414쪽.
3) 朝鮮敎育硏究會 편, 《尋常小學日本歷史 補充敎材 敎授參考書》 卷2, 1922, 453~454쪽.

서북지역의 주요 사상가, 그리고 안중근이 가입했던 서우학회西友學會의 주요 인사인 박은식朴殷植은 안중근 사상의 핵심을 평화사상이라고 보았다. 박은식은 안중근이 순국한 직후《안중근전》을 쓰고, 안중근을 "역사에 근거하면 몸을 바쳐 나라를 구한 '지사'" "한국을 위하여 복수한 '열협烈俠'"이라고 할 수 있으나 "나는 이런 것이 안중근을 다 설명하기에는 부족하다고 생각한다"며 "안중근은 세계적인 식견을 가지고 스스로 평화의 대표로 나선 사람"이며 "세계적 안광을 가지고 있으며 스스로 평화의 대표를 자임한 자"라고 평가하였다.4)

의거라는 강한 이미지에 가려져 있지만 안중근은 스스로 자신의 행동이 '대한독립'과 '동양평화'를 위한 것임을 누누이 설파하고 있다. 이런 점에서 그는 동양평화와 대한독립을 하나로 묶은 평화사상을 가지고 있었다고 할 수 있다.5) 그러나 여전히 안중근에 대한 일반적인 인식은 의거 중심의 '항일'의 상징일 것이다.

그 인식의 기원은 일제가 한국을 침략하는 시대적 상황 속에서 '대한독립'이라는 측면이 강조되며 일제에 저항하는 애국심이 유독 부각되었기 때문은 분명하다. 그래서 근래 들어 한국사회의 안중근에 대한 인식의 근원을 찾고자 하는 연구가 점차 이뤄지고 있다. 이런 연구는 안중근 의거에 대한 국내외의 인식과 반응에 많은 관심을 두고 있다. 그 결과 당시에는 안중근에 대한 다양한 반응이 존재했다는 것이 밝혀졌

---

4) 박은식, 1914년 무렵, 《안중근전》(윤병석 역편, 《안중근전기전집》, 국가보훈처, 1999), 277~278쪽. 안중근의 공판과정을 분석한 한상권 역시 안중근의 기본적인 사상을 평화사상에서 찾고 있다(한상권, 〈안중근의 하얼빈 거사와 공판투쟁(1)-검찰권과의 논쟁을 中心으로-〉, 《역사와현실》 54, 2004).

5) 안중근의 동양평화론에 대해서는 이태진 외, 안중근하얼빈학회, 《영원히 타오르는 불꽃-안중근의 하얼빈 의거와 동양평화론-》, 지식산업사, 2011을 참조 바란다. 이태진, 서영희, 야마무로 신이치, 마키노 에이지, 사사가와 노리카쓰, 쉬용 등 국내외 학자들이 안중근의 동양평화사상과 현대적 의의를 재조명하였으며, 특히 마키노 에이지, 이태진은 안중근의 동양평화사상이 칸트의 영구평화론과 관련이 있음을 지적하여 연구의 시야를 넓혔다.

다.6) 그러나 이런 연구가 시기적으로 안중근 의거 직후에 치중해 있다는 한계를 가지고 있음이 지적되며 기억과 기념방식의 변화에 대한 규명이 시도되고 있다.7)

안중근에 대한 인식, 기억, 반응에 대한 기초적인 연구가 이뤄지고 있으나 여전히 현재 우리가 가지는 안중근에 대한 이미지가 어떻게 정립되었고 또 어떻게 전승되었는지가 불분명한 점이 존재한다. 특히 안중근에 대한 기억이 일제하 국내에서 어떻게 전승되었는가는 잘 드러나 있지 않다. 국내에서는 기억을 전승하기 어려운 여건에 처해 있었다. 해외에서 출간한 안중근 관련 저서들이 국내에서 유통되는 것도 거의 불가능했다는 점을 고려하면 기억의 전승은 사실의 전달보다는 이미지를 전승하는 것에 그칠 수밖에 없었다.

여기서는 일제강점기 이미지의 전승 과정을 사진과 노래, 이야기에 주목하여 살펴보고, 나아가 광복 이후 한국 사회에 안중근에 대한 기억이 다시 대중들에게 어떻게 공유되었는지를 살펴보고자 한다. 안중근에 대한 우리 기억의 성립과정을 살펴봄으로써 우리시대 안중근의 이미지와 가치에 대해 다시 생각해 보는 계기가 되리라 생각한다.

---

6) 신운용, 〈안중근 의거에 대한 국외 한인사회의 인식과 반응〉, 《한국독립운동사연구》 28, 2007; 신운용, 〈안중근 의거에 대한 국내의 인식과 반응〉, 《한국근현대사연구》 33, 2005; 김춘선, 〈안중근 의거에 대한 중국인의 인식〉, 《한국근현대사연구》 33, 2005; 한상권, 〈안중근 의거에 대한 미주 한인의 인식〉, 《한국근현대사연구》 33, 2005; 윤선자, 〈안중근 의거에 대한 천주교회의 인식〉, 《한국근현대사연구》 33, 2005; 박환, 〈러시아 연해주에서의 안중근〉, 《한국민족운동사연구》 30, 2002; 이상일, 〈안중근 의거에 대한 각국의 동향과 신문논조〉, 《한국민족운동사연구》 30, 2002; 왕위엔쩌우, 〈중국인이 쓴 안중근 저작물과 그에 대한 세 가지 이미지〉, 《영원히 타오르는 불꽃》, 지식산업사, 2011; 히라다 겐이치, 〈'조선병합'과 일본의 여론〉, 《영원히 타오르는 불꽃》, 지식산업사, 2011.

7) 신주백, 〈식민지기 안중근에 관한 국내외 조선인 사회의 기억〉, 《한국과 伊藤博文》, 선인, 2009; 도진순, 〈안중근 가문의 백세유방과 망각지대〉, 《영원히 타오르는 불꽃》, 지식산업사, 2011; 최봉룡, 〈안중근 의거의 중국에 대한 영향과 그 평가〉, 《영원히 타오르는 불꽃》, 지식산업사, 2011.

2. 일제하 안중근 이미지의 정립과 전승

안중근의 하얼빈 의거가 일어난 시기는 일제의 침략이 가시화되면서 영웅에 대한 열망이 넘쳐나던 시기였다. 《을지문덕》, 《수군제일위인 이순신전》, 《동국거걸巨傑 최도통전》, 《천개소문전泉蓋蘇文傳》 등 근대 위인전이 새롭게 등장하였다. 이런 위인전은 과거의 역사적 영웅들을 현재로 소환하여 국민을 계몽시키고 지도층에게는 각성을 바라는 것이었다.8) 안중근은 과거의 영웅들이 범람하던 시대에 새롭게 현재의 영웅이 된 인물이었다. 사람들은 안중근에 대해서 조금씩 알아가면서 안중근에 대해 탄복하고 그를 항일의 상징으로 인지해 가고 또 그런 인식을 서로 공유하였다.

그런 점에서 안중근의 공판은 초미의 관심사였다. 《대한매일신보》는 1910년 2월 9일 1면 전체를 안중근 공판 관련 소식으로 채웠다. 그 후 계속해서 안중근의 공판 관련 기록은 1면에 게재되었다.9) 형식적이고 불공정한 공판이 진행될수록 일제의 침략성과 불법성은 적나라하게 폭로되었고, 검찰관의 신문에 맞선 안중근의 참모습은 더욱 빛을 발했다. 안중근은 공판 과정 내내 떳떳하고 분명하게 이토 히로부미 처단의 정당성을 주장하며 한국독립과 동양평화의 정의를 내세웠다.10) 그에게 '한국독립'과 '동양평화'는 서로 분리될 수 없는 동전의 양면과도 같은 것이었다. 그러나 일제의 침략 아래 사상의 두 축 가운데 평화사상보다는 '항일' 정신과 애국심이 강조되었다.

안중근은 충신, 의사, 영웅으로 사람들의 뇌리에 자리 잡아갔다. 공

---

8) 김찬기, 〈근대계몽기 '역사 위인전' 연구〉, 《국제어문》 30, 2004.
9) 《大韓每日申報》 1910.2.9, 2.12, 2.13, 2.16, 2.19, 2.22, 2.26; 이전까지 안중근에 대한 소식은 주로 2~3면 잡보에 게재되었다.
10) 한상권, 〈안중근의 하얼빈 거사와 공판투쟁(1)-검찰관과의 논쟁을 중심으로-〉, 《역사와현실》 54, 2004.

판과정을 보도하며 《대한매일신보》는 그를 '애국'의 상징이자 영웅으로 대우했다. "14일은 안중근에게 판결언도를 행할 일이라. 망국의 한을 품고 독립자주 4자로 신명을 바쳐 사생상계死生相契한 애국우세愛國憂世의 사士로 세계 이목을 경동警動케 한 이 범인의 처판이 여하히 되는가"라고 하며 안중근을 '애국우세의 사'로 대우하고 있다.11) 또한 안중근이 사형선고를 받고도 안색이 태연자약하고 옥중에서도 언어 동작이 한결같아서 "강개비상慷慨非常한 영웅의 본색"이 있으며 "비탄우수의 형용"은 조금도 없어 감옥 관리들도 놀라고 있다며 안중근의 영웅적 풍모를 전했다.12)

1910년 3월 29일에는 안중근의 사형 집행 소식을 알리며 그에 대한 추모의 글을 우회적으로 게재하였다. 1면 좌하단 〈사조詞藻〉에 〈영웅혈〉이라는 시가 그것이다. "영웅의 흘린 피가 덤덤히 썩지 않(고) 황금산黃金山의 비가 되며 백두산의 구름 되어 원한을 쾌히 씻을 때까지 오락가락"이라는 내용이었다. 안중근을 '영웅'이라고 칭하며 죽음을 애통해 하고 있다.13) 1910년 5월 8일 1면 하단에는 "丈夫難死心如鐵 義士臨危氣似雲(장부가 비록 죽으나 마음은 쇠와 같고 의사가 위태함에 임하매 기운이 구름과 같도다)"라는 유시遺詩를 실었다. 안중근의 죽음을 상기시키며 그를 '장부', '의사'로 인정하고 있는 것이다.14) 또한 "일반 민정民情은 개연蓋然하여 서로 칭찬하여 왈 의사의 표준이라 희한한 충신이라 하며 심지어 아동주졸兒童走卒까지라도 모두 칭송하니 일로 인하야 보건대 한국인민의 일반 의향을 가히 알겠다고 일인들도 찬탄한다"라며 그를 희대의 '의사', '충신'으로 칭송하였다.15)

---

11) 《大韓每日申報》, 〈安重根의 公判(第六日)〉, 1910.2.22.

12) 《大韓每日申報》, 〈안씨의 동정〉, 1910.3.25.

13) 《大韓每日申報》, 〈영웅혈〉, 〈됴상ᄒ고 위로히〉, 1910.3.29. 괄호 안의 글자는 인용자가 추가함.

14) 《大韓每日申報》, 〈안중근씨 유시〉, 1910.5.8.

〈그림 1〉 안중근 관련 그림엽서 5종 가운데 안중근과 이토 히로부미의 사진(왼쪽)과 안중근이 뤼순 감옥에서 동생들에게 유언하는 모습(국가보훈처 제공)의 엽서.

안중근 사후 안중근 전기가 많이 출판되었다. 국내에서는 《근세역사》가 발간되었고 해외에서는 박은식의 《안중근전》을 비롯하여 다양한 전기가 간행되었다.16) 이러한 초기 안중근 관련 저작들은 하얼빈 의거뿐만 아니라 공판과정에도 상당한 분량을 할애하여, 안중근의 행적(이토 히로부미 처단)과 사상(공판과정, 동양평화론)을 언급하였다는 점이 주목할 만하다. 그러나 이러한 안중근 전기는 공개적으로 유통될 수 없는 상태였다. 이 전기들은 일제에 의해 압수되어 유포가 금지되었다.17) 따라서 전기는 안중근에 대한 사실과 이미지를 전승하는 주요 매체라고 하기 어렵다. 더구나 한국 언론을 통한 방식은 일제의 검열에 의해 제한되었으며 그나마도 부정적으로 그려질 수밖에 없었다. 이 점이 안중근의 사상가적 면모가 전승되기 힘든 중요한 이유였다. 제한되고 단편적인 정보만으로는 안중근의 사상을 전달하기 힘들었다. 따라서 사상가로서 안중근에 대한 일반의 평가가 높을 수 없었다. 만주 훈춘琿春에서 황병길黃丙吉이 교회당 개당식을 할 때 안중근 사진을 청중에게 보여주며 '이 사람은 재지才智는 없지만 애국심은 비상히 많다'고 평가한 것

---

15) 《大韓每日申報》, 〈안씨 수형후 민정〉, 1910.3.30. 원문의 문체만 현대식으로 수정하였다.

16) 윤병석, 〈安重根의사 전기의 종합적 검토〉, 《한국근현대사연구》 9집, 1998, 105쪽.

17) 한만수, 〈식민지시기 한국문학의 검열장과 영웅인물의 쇠퇴〉, 《어문연구》 제34권 제1호, 2006년 봄, 187쪽; 1915~1919년에 총 22종의 도서가 판매금지되었는데, 그 책 중에 박은식의 《안중근》이 포함되어 있다.

〈그림 2〉 안중근 관련 그림엽서 5종 가운데 둘. 안중근과 이토 히로부미(왼쪽),
안중근의 검거 전, 검거 시, 옥중 모습이 인쇄되어 있다(국가보훈처 제공).

이 좋은 예이다.[18]

　이런 점에서 대중들에게 전파된 것은 그의 애국심과 항일정신이었다
고 할 수 있다. 일제의 억압 속에서도 안중근에 대한 추모의 열기는 넘
쳐났다. 특히 사람들은 추모의 염을 품고 안중근의 사진을 소장하고자
하였다. 상상이 아닌 현실의 인물인 안중근은 항상 구체적으로 묘사되
었고, 사진, 엽서, 신문 등 근대의 인쇄매체를 통해 더욱 시각적으로 대
중들에게 전파되었다.

　안중근의 사진은 의거 직후 1909년 11월 초에 처음 공개되었다. 그
사진은 통감부에서 각 경찰서에 두어 연루자를 조사하는 데 사용하기
위한 것이었다. '신체가 부대하고 눈썹이 많고 두 눈에 광채가 있으며
수염이 팔자로 담상담상나고 입술은 오므린 모양이오 면상에는 수색을
띄었는데철사로 허리를 얽었으며 손에는 고랑을 채우고 옥문 앞에 서
있는 모양을 박은 사진'이었다.[19] 안중근 사후 그의 사진을 넣고 "충신
안중근"이라 쓴 엽서가 판매되었다. 일본인 사진관에서도 안중근 사진

---

18) 1928.6.18 〈國內·中國東北地域 宗敎運動, 朝憲機第八〇八號　耶蘇敎會堂設置ニ
　　關スル件〉(국사편찬위원회, 《한국독립운동사 자료》 38 종교운동편)
19) 《大韓每日申報》 〈사진 도착〉, 1909.11.12.

을 팔았고 평양 등지에서는 잠시 동안에 사진 300개를 팔았으며, 각 사진관에 가서 사진을 청구하는 사람이 부지기수였다. 경시청에서 치안 방해라고 발매를 금지하고 그 엽서를 모두 압수하였다. 《대한매일신보》는 이런 사건을 두고 '이것도 치안 방해라고', '치안 방해도 많다'며 조롱하였다.[20]

강점 직후인 1911년 7월 조선총독부 경무총감부의 지시로 작성된 문건을 통해서도 여전히 많은 사람들이 안중근의 사진이나 초상을 소유하며 그를 추도했음을 알 수 있다. 안중근과 이재명 가운데 안중근은 청년 학생들의 뇌리에 깊이 각인되어 있는데 이재명은 매우 등한시되고 있다고 하였다. 특히 안중근의 그림엽서는 반일 감정을 가진 인물들의 집에서 발견되지 않는 곳이 없었고 '배일자' 안태국安泰國 등의 무리는 안중근의 사진을 복사하여 벽에 걸고 존숭의 뜻을 표하였다. 남자만이 아니라 정신여학교 졸업생 홍은희洪恩喜는 안중근의 초상을 명함 형태로 잘라 가슴 속에 품고 다녔다고 하였다. 이들은 안중근 창가도 불렀다고 한다.[21]

안중근 사진의 유포에 대해서는 국외에서도 예의주시하며 감시하였다. 1914년 2월 조선주차헌병대사령부에서 조선 총독, 정무총감 등에게 안중근의 동생 안정근安定根이 블라디보스토크에서 안중근의 사진엽서를 제조하고 있다는 사실을 보고하였다. 이미 조제調製를 마친 것은 5종이며 처음에는 비매품으로 기부금을 내는 유지에게 반포하였는데 근래는 사진 가운데 문자를 러시아어로 번역하여 허가를 받아 일반에게 발매할 것을 계획 중이며 이미 만든 그림엽서 5백 매를 샌프란시스코에,

---

20) 《大韓每日申報》〈안씨의 샤진〉, 1910.3.29.; 〈안시의 샤진〉 1910.4.6.; 〈이것도 치안방해라고〉, 〈치안방해도 만허〉, 1910.3.31.
21) 국사편찬위원회, 《不逞團關係雜件 朝鮮人ノ部 在內地(1)》〈不逞事件ニ依ツテ得タル 朝鮮人ノ側面觀, 1911.7.7.)〉. 《불령단관계잡건》은 국사편찬위원회 한국사데이터베이스를 이용하였다.

〈그림 3〉 민영환, 안중근, 이준의 사진이 있는 안중근 관련
그림엽서 5종 가운데 하나(국가보훈처 제공)

3백 매를 하와이에 1월 6일 우송하였다고 하였다. 곧이어 그림엽서 5종
(〈그림 1~3〉)도 입수하여 송부하였다.22)

또한 1914년 6월에는 오치아이 겐타루落合謙太郎 봉천총영사가 가토
다카아키加藤高明 외무대신에게, 《요동신보》에 안중근 사진이 게재되었
으며 이 사진을 복사하여 북만주 및 서시베리아 지방에 방랑하는 조선
인에게 배부한 사건이 발생했다고 보고하였다. 봉천총영사관 경찰서에
서 사진을 제판한 자를 수색한 결과 봉천성 동방조상관同芳照像館에서
1장에 30센트씩 판매하고 있다고 하였다. 봉천총영사는 봉천교섭서장에
게 안중근 사진 발매를 금지를 요청하였다. 외무대신은 조선총독에게
사실을 알렸고 조선총독은 이런 종류의 인쇄물이 조선인 사이에서 유포
되지 않도록 단속에 주의해 달라고 요청하였다.23) 이처럼 일제는 안중

---

22) 국사편찬위원회, 《不逞團關係雜件−朝鮮人의 部−在滿洲의 部(3)》, 〈安重根에 관한
寫眞繪葉書의 건〉(朝惠機 제123호, 1914.02.24.) ; 《不逞團關係雜件−朝鮮人의 部−在
西比利亞(4)》, 〈安重根寫眞 繪葉書 송부의 건〉(機密鮮 제3호, 1914.03.06)

23) 《不逞團關係雜件−朝鮮人의 部−在滿洲의 部(3)》, 〈朝鮮人 安重根의 寫眞 發賣의
건 報告(문서번호 公 제108호)〉(발송자 落合謙太郎[봉천총영사], 발송일 1914.06.28.,
수신자 加藤高明[외무대신], 수신일 1914.07.06.) ; 〈朝鮮人 安重根의 寫眞 發賣에 관한
건(政送 제91호)〉(발송자 加藤高明[외무대신], 발송일 1914.07.22, 수신자 寺內正毅[조
선총독], 수신일 1914.07.27.) ; 〈回答 朝鮮人 安重根寫眞 發賣禁止에 관한 건(官秘

〈그림 4〉 안중근 의사 단지혈서 기념엽서(출전: 이태진 외,
《안중근 타오르는 불꽃》, 지식산업사, 2010)

근 사진의 유포에 대해서 국내외를 막론하고 감시의 눈길을 늦추지 않
았다.

　이러한 감시 속에서도 여전히 안중근의 사진은 유통되고 있었다.
1926년 황해도 재령에서도 쇠사슬로 결박된 안중근 의시의 사진을 복
사하여 비밀리에 팔던 청년 두 명이 검거되었다. 그들은 '형사자 초상

제222호)〉(발송자 寺內正毅(조선총독), 발송일 1914.07.22, 수신자 加藤高明(외무대
신), 수신일 1914.07.25.)

취체령 위반'으로 처벌을 받았다.[24] 일본이 이렇게 안중근 사진의 유포에 신경을 쓴 이유는 안중근이 항일의 상징으로 민족적 자각을 일깨우는 계기가 되었기 때문이었다. 1926년 금호문 밖에서 경성부회京城府會 평의원을 죽인 송학선宋學先은 3년 전에 안중근 사진을 본 후 자신도 그같이 되기를 소원했다고 밝혔다.[25] 이처럼 안중근의 사진은 항일의 도화선이었던 것이다.

3. 안중근 기억의 유포

사진은 계속 비밀리에 유통되었지만 대중들이 구하기 쉽지 않았을 뿐더러 소유하고 있는 것은 상당한 위험을 무릅써야 했다. 이런 점에서 사진보다 더 광범위하게 안중근에 대한 이미지를 전승시키고 유포시켰던 매개는 바로 노래였다. 안중근을 기리는 노래는 비밀리에 널리 불렸다. 노래는 강한 전파성을 가지고 있었다.

이 중에서도 가장 대표적으로 불리던 노래가 〈영웅모범가〉였다. 1912년 간도총영사가 만주 국자가局子街에서 배일 조선인 가택을 압수 수색한 결과를 가쓰라 다로桂太郎 외무대신에게 보고하였다. 그때 압수된 〈불온 창가〉가 일역이 되어 보고서에 실려 있다. 그 가운데 〈영웅모범가〉가 실려 있다. 이 노래는 박제상, 석우로, 조헌과 7백 의사, 이순신, 곽재우, 최익현, 안중근의 의거를 각 1절씩 총 7절로 노래하고 있다.[26]

---

24) 《조선일보》〈安重根寫眞으로 靑年二名 被捉〉, 1926.01.17.

25) 《조선일보》〈다수 경관 엄중경계리 金虎門사건 공판〉, 1926.05.02.

26) 《不逞團關係雜件-朝鮮人의 部-在滿洲의 部(2)》, 〈局子街에 있어서 排日 鮮人 家宅搜索 結果 具申(機密 제42호)〉(발송자 간도총영사대리 速水一孔, 발송일 1912.11.26, 수신자 외무대신 桂太郎, 수신일 1912.12.09.)

〈그림 5〉《최신창가집》에 실린 〈영웅모범〉

영웅모범가의 정확한 가사는 1914년 간도에 설립된 광성중학교光成
中學校에서 등사본으로 발행한 《최신창가집》에서 살펴볼 수 있다. 이
책에는 국내외에서 많이 불리던 창가가 실려 있다. 이 창가집은 다음해
8월에 발매금지를 당했다.27)

　위 창가집의 〈영웅모범〉 7절에 실린 안중근에 대한 가사를 현대적으
로 풀어 쓰면 다음과 같다.

27) 광성중학교, 《最新唱歌集 附樂典》, 1914(《不逞團關係雜件─朝鮮人의 部─在滿洲의
部(4)》, 〈最新唱歌集 發賣禁止에 관한 건(公信 제107호)〉(발송자 간도총영사대리
鈴木要太郎, 발송일 1915.08.09, 수신자 외무대신 加藤高明, 수신일 1915.08.19.)
에 실려 있다).

늙은 도적 이등박문
할빈(하얼빈) 당도할 때에
삼발 삼중 죽인 후에
대한만세 부르던
안중근의 그 의기를
우리 모범 하리라

이 〈영웅모범가〉는 당시 '배일 조선인 학생'의 유행가이기도 했다.
1918년 3월 아라이 신지新井信次 훈춘 분관 주임이 모토노 이치로本野
一郎 외무대신에게 보낸 '배일 조선인 학생 사이의 유행가'에 대한 보
고서에도 영웅모범가가 실려 있다. 이 노래 역시 일역되어 있지만 그
가사의 내용은 같다. 사실 여부는 알 수 없지만 그 보고에서 이 창가
는 평양 숭실대학의 김종렬金鍾烈이 지었다고 되어 있다. 이 노래와 더
불어 안중근의 동지 우덕순禹德淳의 〈보구가報仇歌〉도 많이 불렸다고
한다.28)

〈영웅모범가〉는 국내에서도 불려졌다. 노래가 가지는 전파성이 매우
강하다는 것을 잘 보여준다. 1934년 개성에서 '불경불온한 가사'를 기입
한 종이쪽지가 발견되어 개성경찰서에서 그 가사의 출처를 밝히기 위해
엄중 조사를 하며 이를 형법 74조 불경죄 및 1919년 4월 제령制令 7호
'정치에 관한 범죄처벌의 건'으로 처리할지를 경성지방법원 검사정檢事
正에게 문의하였다.29) 그 불온가사가 바로 〈영웅모범가〉이다.

여기서 흥미로운 것이 이들이 '하얼빈 당도할 때'라는 구절을 '활빈

---

28) 《不逞團關係雜件-朝鮮人의 部-在滿洲의 部(6)》, 〈排日鮮人學生間에 있어서 流行歌
    에 관한 건(機密公信 제26호)〉(발송자 琿春分館主任 新井信次, 발송일 1918.03.27,
    수신자 외무대신 本野一郎, 수신일 1918.04.06.)
29) 《思想에 關한 情報(7)》, 〈不穩事件 等 檢擧에 관한 건(開高秘 제2491호)〉(발송자
    開城警察署長, 발송일 1934.06.07, 수신자 京城地方法院 檢事正 등, 수신일 1934.06.15.)

당이 활동하여'로 불렀다는 점이다. '할빈당도할때에'를 '하얼빈 당도할 때에'가 아니라 '활빈당 도할 때', 또는 '활빈당도 할 때'로 잘못 이해하여, 가사가 바뀐 노래가 전파되었던 것으로 보인다.[30] 그러나 이러한 사소한 틀림은 노래의 힘에 영향력을 미치지는 않았다. 도리어 이러한 오독, 즉 안중근과 활빈당을 서로 연결시킬 수 있다는 것이 더 자연스러운 것이며 더 큰 힘을 가진 것이었다. 노래는 마치 생명력을 가진 것처럼 변화하고 파생되었다.

〈영웅모범〉과 더불어 안중근과 관련된 창가 가운데 많이 불린 것이 〈독립군가(용진가勇進歌)〉'였다. 1910년대 독립군들이 애창했던 노래로 동명왕, 이지란, 이순신, 을지문덕, 이준, 안중근을 본받자는 노래이다. 특히 안중근에 관해서는 "배를 갈라 만국회에 피를 뿌리고 육혈포로 만군 중에 원수 쏴 죽인 이준공李儁公과 안중근의 용진법대로 우리들도 그와 같이 원수 쳐보세"라고 하였다.

이 노래도 조금씩 변형되며 불러졌다. 1926년 길림성 영안현 지방에 사는 조선인이 발행한 《신진소년新進少年》에 〈독립군가〉, 〈광복가〉가 실려 있다. 이 가운데 〈독립군가〉는 총 6절의 노래로 1절에서는 동명왕, 이지란, 2절에는 이순신, 을지문덕, 3절에는 나폴레옹, 워싱턴, 4절에는 이준, 안중근을 노래하고 있다. 나폴레옹, 워싱턴이 추가되었다. 또한 일역된 내용을 보면 '배를 갈라 만국회에 피를 뿌리고 육연발로 만인 중에 원수 쏴 죽인 이준, 안중근의 의열심대로 우리도 원수 쳐보세'라고 되어 있어 용진법에서 의열심으로 가사의 변형이 일어났다.[31]

---

30) 신주백은 이 노래에 대해 1920년대 1절~4절까지만 불리다가 1930년대에 3개 절이 더 추가된 것으로 오해하였다. 또한 '하얼빈'을 활빈당으로 오독한 부분은 간과하였다(신주백, 앞의 글, 2009, 360쪽).

31) 《不逞團關係雜件-朝鮮人의 部-在滿洲의 部(42)》, 〈不穩新聞〈新進少年〉三一紀念日에 關한 件(外務省文書課受 第236號)〉(발송자 朝鮮總督府 警務局長, 발송일 1926.04.26. 수신자 亞細亞 局長, 수신일 1926.5.23.)《신진소년》2월 22일부 제4호는 3월1일 기념호로 발간되었다.

이 노래 역시 만주뿐만 아니라 국내에서도 불리고 있었다. 1920년 3월 1일, 3·1운동이 일어난 날을 독립기념일, 독립기원절이라 부르며 그 1주년을 기념하여 전국 각지에서 시위 준비가 진행되었다. 평양지역에서는 〈대한민국학생제군에게〉라는 제목의 격문이 일제에 압수되었다. 격문에서는 돌아오는 3월 1일은 독립기원절이며 이날은 우리의 새 생명을 회복한 제1차 기념일이라고 하였다. 이날을 맞이하여 춤추지 않은 몸과 다리는 어디에 쓸 것이며, 이날은 이준, 안중근 등 의사의 고혼故魂도 춤출 것이며 을지문덕, 충무공 등 용사의 고혼도 호령할 것이라며 학생들의 독립정신과 애국심을 고취하였다. 격문에 열거된 이준, 안중근, 을지문덕, 이순신, 모두 〈독립군가(용진가)〉의 인물들이라는 점에서 이 노래의 영향을 받았을 가능성이 높다. 적어도 이 노래 속의 인물들이 대표적인 항일 모델로 인정받고 있었으며, 당시대의 항일 의사로 안중근, 이준을 누구나 손꼽고 있었음은 분명하다.32)

이 노래에 관한 기록은 1930년대 말에도 나온다. 이 노래의 생명력이 매우 길었음을 보여주는 것이다. 1939년 종로경찰서에서 '불온가사'를 소지한 보성전문학교 법과 2년생 김정필金鼎弼 외 2명(손석태孫錫泰, 지광호池光浩)을 검거하여 취조하였다. 특히 지광호는 이미 평양 숭인 상업학교 시절 열혈단熱血團을 조직하여 활동 중이었다. 이때 압수된 '불온가사'란 손석태가 창작한 〈무산대중가〉 외에 〈독립가〉, 〈대한국국가〉 등이었다.33) 이 가운데 〈대한국국가〉는 애국가이며 〈독립가〉가 바

---

32) 일제의 강한 탄압과 사전 검속 아래에서도 3·1운동 1주년을 기념하여 경성, 선천, 황주, 신천 등에서 만세를 불렀다. 국외에서도 간도와 블라디보스톡 등에서 만세를 불렀다. 당시 한국인의 애국심을 고취하기 위해 많은 격문, 일제 측의 표현으로는 '불온문서'가 만들어졌다. 평양지역에서는 학생들을 중심으로 격문을 만들고 만세 시위를 준비하다가 일제의 사전 검속으로 많은 학생들이 체포되었다. 《大正8年乃至同10年 朝鮮騷擾事件關係書類 共7冊 其5》, 〈3月 1日의 情況〉(密 第102號 其750/高警 第5964號).

33) 《思想에 關한 情報綴(4)》, 〈不穩歌詞 所持容疑學生 檢擧取調에 관한 건(문서번호

로 〈독립군가(용진가)〉였다. 그 가사는 1910년대의 〈용진가〉와 같다.

그 밖에도 일제 섬멸 의지를 보이는 노래도 존재했다.[34] 앞서 언급 되었던 안중근 사진을 몰래 지니고 있던 안태국, 홍은희 등 애국지사들 이 부른 노래가 그것이다. 일제 경찰이 일역한 가사가 남아 있는데 문 맥상 다소 어색한 부분도 있지만, 대체적인 내용은 다음과 같다.[35]

러시아와 청, 두 나라를 지날 때, 앉으나 서나 기도를 올리고 주 예수를 찾았다. 동반도東半島의 대제국을 우리의 바람대로 구원해 주소서. 아! 간악 한 늙은 도적이여, 우리 이천만을 멸하고 금수강산 삼천리를 빼앗으려는 흉 악한 수단을 썼다. 이제 너의 목숨을 끊었구나. 너 또한 한스러울 것이다. 갑오(1894년) 독립을 선언하고 을사늑약을 체결한 후에 금일 네가 북으로 향한 것은 너도 알지 못했을 것이다. 덕을 닦으면 덕이 오고 죄를 범하면 죄가 온다. 너만이라고 생각하지 마라. 너희 동포 오천만을 한 사람 한 사 람 이렇게 내 손으로 죽일 것이다.

안중근 관련 노래가 얼마나 많이 퍼졌는지 보여주는 또 다른 흥미로 운 노래를 소개하고자 한다. 1930년대에 유행하던 숫자놀음의 하나이 다. 당시 〈어린 아희들의 XX사람을 욕설한 노래〉가 불렸는데 그 노래 는 다음과 같다.

一에XX(일본)놈의

京高特秘 제2577호)〉(발송자 京畿道警察部長, 발송일 1939년 10월 11일, 수신자 警 務局長 등, 수신일 1939년 10월 12일) ; 국사편찬위원회, 《일제강점기 사회·사상운동 자료 해제Ⅱ》, 1998, 328~329쪽

34) 신운용, 앞의 글, 2005, 123~124쪽 ; 신운용, 〈안중근 의거에 대한 국내의 인식과 반응〉, 《안중근 기초》, 2009, 123~124쪽.

35) 국사편찬위원회, 《不逞團關係雜件 朝鮮人ノ部 在內地(1)》, 〈不逞事件二依ツテ得タ ル朝鮮人ノ側面觀, 1911.7.7.)〉; 신운용, 위의 글, 2009, 123~124쪽.

二XXX(이등박문)이란 놈이

X千XXX(삼천리반도) 집어 삼키려다가

四신에게 발각되어

五사할놈이

六혈포에 맞아서

七十도 못된 놈이

八字가 기박하야

九치 못하고

十字架에 걸쳤다.

(참조 : X는 검열에 삭제된 내용. 삭제된 내용은 필자가 추정함)

안중근이 이토 히로부미를 사살한 것을 상징한 노래였다. 이 노래에 대해 "XX의 모 중대신重大臣이 조선인에게 피살된 뒤에 생긴 노래인만큼 불과 수십 년의 력사를 가젓을 뿐이나 확연히 걸작"이라고 평가하고 있다.36) 이러한 숫자풀이 노래는 광복 이후에도 구전되었다. 한국학중앙연구원에서 펴낸 《한국민요대관》에 전라남도 담양(1993·12.), 충청남도 보령(1986.8.), 충청남도 서산시(1986.8.) 등에서 구전되고 있는 이러한 '안중근숫자풀이'가 채록되어 있다.37)

안중근과 관련된 노래는 일제 치하에서 계속 불러졌고 일제는 이를 계속 압제하였다. 1921년 안중근 타령을 부르던 김종조(金宗朝, 22세, 평안남도 용강군)가 겸이포兼二浦 경찰서에 검거되어 치안 방해 혐의로 10일 동안 구류 처분을 받았다.38) 1926년 경상북도 영천군의 공립보통학교 훈도 이만근李萬根과 경상북도 상주군의 공립보통학교 훈도 이중근李重根 형제가 평소 학생들에게 안중근 등에 관한 창가를 가르치다

36) 天台山人, 〈朝鮮歌謠의 數노름〉, 《동광》 제29호, 1931.12.
37) 한국학중앙연구원 왕실도서관 장서각 디지털 아카이브, 한국민요대관 자료 참조.
38) 《조선일보》〈安重根 타령춈 겸이포경찰서에〉, 1921.03.30.

경찰에 적발되었다.[39]

4. 안중근 이미지의 회상

1919년 3·1운동의 뜨거웠던 열기가 일제의 강한 탄압으로 억눌러졌으나 여전히 민심은 '불온'했다. 9월 2일 새로 부임한 사이토齋藤 총독에게 강우규 의사가 폭탄을 던졌다. 총독을 처단하지는 못했으나, 한국인의 독립 의지를 다시 일깨운 사건이었다. 조선총독부 경무국 고등경찰과는 강우규 의거에 대한 여론을 내사했는데, 당시 의주 지역에서 "왕년에 이토 통감을 죽인 안중근이 있었고 이번에 또 사이토 총독을 노린 용사가 나타났다"며 강우규의 의거를 안중근 의거에 빗대 찬양하는 이들도 있었다고 경각심을 드러내었다.[40]

사람들은 일제에 대한 의거를 보면 자동적으로 안중근을 떠올리곤했다. 일제는 안중근을 통해 일깨워지는 한국인의 독립 의지를 두려워하며 끊임없이 경계·억압하였다. 한편으로는 꺾지 못하는 그 희망을 없애고자 안중근에 대한 이미지와 기억을 조작하고 왜곡하려 하였다. 금지와 이용, 감추기와 보여주기 속에서 때때로 균열이 생겼다. 그 균열의 공간은 일제의 통제 속에 이뤄진 것이므로 제한적이고 파편적이며 자기 검열적이었다.

언론을 통해서도 간접적이나마 안중근에 관한 정보는 전달되었다. 《개벽》에서는 1921년 〈10월의 고금〉에서 10월 1일 공지 탄생, 8일 명

---

39) 경상북도경찰부, 《高等警察要史》, 1934, 258쪽(신주백, 앞의 글, 2009, 359~360쪽).
40) 《大正8年乃至同10年 朝鮮騷擾事件關係書類 共7冊 其4》, 〈兇行事件에 대한 感想〉 (密 第102號 其428/高警 第26153號).

성황후 시해, 17일 갑신정변 발발, 20일 고종의 황제 즉위와 대한제국 탄생 등과 아울러 10월 26일을 대표하는 사건으로 안중근의 이토 히로부미 총살을 들었다.[41] 1925년 6월에는 황해도를 설명하며 신천의 과거 인물 가운데 안중근은 잊어서는 안 된다고 하였다. 옥중 생활하는 안명근安明根과 안중근의 아버지도 이름을 날렸다고 밝혔다.[42] 또한 7월호에는 8도의 대표인물을 꼽을 때 황해도의 대표적인 근대 인물 다섯 사람으로 이승만, 노백린, 안중근, 양근환, 양기탁을 꼽으며 안중근을 거론하였다.[43]

《동아일보》는 1929년 10월 30일, 11월 5일, 11월 10일, 11월 19일의 '과거의 금일'이라는 코너에서 1909년 기사를 다루며 의거 당시의 안중근 관련 기사를 다시 소개하였다. 이토 히로부미의 사망, 안중근이 법률상 우리나라 재판소로 이송할 것 같다는 기사, 안중근이 본명이 밝혀지지 않고 일어로 '운지안'이라고 한다는 소식, 안중근이라는 본명이 밝혀지는 기사, 안중근의 두 동생 안정근安定根과 안태근安泰根(안공근安恭根의 잘못), 안중근의 심문 시작 등을 다시 소개하였다. 과거의 안중근 기사를 전제하는 방식으로 일제의 검열을 피하면서 안중근 의거 20주년을 기념하기 위한 것은 아니었을까 추정해 본다.[44]

안중근에 대한 가족들 소식도 종종 전달되었다. 1927년 7월 안중근의 모친 조마리아가 상해에서 세상을 떠나자 그 소식을 전하며 애도하

---

41) 《개벽》 제16호, 〈十月의 古今〉, 1921.10.18.
42) 車相瓚, 朴達成, 〈黃海道踏査記〉, 《개벽》 제60호, 1925.06.01.
43) 朴돌이, 〈八道代表의 八道자랑〉, 《개벽》 제61호, 1925.07.01.
44) 《동아일보》 〈(過去의 今日, 隆熙三年 十月卄九日), 伊藤博文遺骸歸朝, 伊藤博文殺害犯人의 姓名, 日語로 〈운지안〉, 〈犯人處置〉, 〈犯人引渡〉, 1929.10.30. 4면; 《過去의 今日 隆熙三年十一月四日 伊藤博文行凶者眞名 安重根〉, 1929.11.5.; 〈過去의 今日 隆熙三年十一月九 安重根消息〉, 1929.11.10.; 〈過去의 今日 隆熙三年十一月十八日 安氏二弟〉, 1929.11.19.; 〈過去의 今日 隆熙三年十一月二十日 審問始作 安重根〉, 1929.11.21.

〈그림 6〉 안중근 어머니 조마리아 여사(출처: 국가보훈처 '이달의 독립운동가' 포스터)

였다.[45) 조마리아는 "시모시자是母是子"[46)라는 말이 나올 정도로 많은 이들이 감탄하고 존경했던 인물이었다. 조마리아의 죽음에 대해 여운홍은 "안씨의 모당이 돌아갔다니 듣기에 놀랍습니다. 연세는 칠십이나 된 노인입니다마는 이역에서 고생살이를 하다가 마침내 좋은 세상을 보지 못하고 가신 한 많은 양반이시지요."라며 안타까움을 드러내었다.[47) 사촌 안봉근安奉根이 안중근의 셋째 동생으로 잘못 소개되며 그의 처 최씨

부인과 아들이 안중근의 가족이라는 이유 때문에 어려운 삶을 살고 있음을 전하기도 했다.[48) 결국 안봉근의 차남 안창순은 생활난과 정신이상을 비관하며 1927년 18세의 나이로 목을 매어 자살하였다.[49) 물론 이런 기사들에서 안중근이 중심이었다고 하기는 힘들다. 다만 안중근에 대한 대중의 관심이 여전히 지속되고 있었음을 반증하고 있는 것임에는 틀림없다.

안중근에 대한 검열은 여전했다. 1930년 2월 이준과 안중근을 다루

45)《조선일보》〈安重根씨 母堂 상해에서 永眠〉, 1927.07.19.;《중외일보》〈안중근 母堂 영면〉, 1927.07.19.

46)《大韓每日申報》〈是母是子〉, 1910.1.29.

47)《중외일보》〈'파란 겪은 70평생', 놀라웁다는 여운홍씨 談〉, 1927.07.19. 2면.

48)《동아일보》〈안중근의 계수 최씨부인의 애화(全2回)〉, 1925.4.10., 4.13.

49)《조선일보》〈안중근 堂姪 소년 結項 자살〉, 1927.02.02 조간 2면.

었다고 《조선망감朝鮮網鑑》을 차압, 삭제하는 등 안중근을 다루는 자체도 상당히 힘든 것이었다.[50] 그러나 1931년 초 안중근에 대한 검열의 고삐가 다소 늦춰졌던 것으로 보인다. 이는 일본의 유명 작가 다니 지요지谷讓次가 1931년 4월 《중앙공론》에 〈안중근〉을 게재한 것에서 비롯된 틈으로 보인다. 이 글은 개인적인 심리묘사에 치우치며 안중근이 이토 히로부미 살해를 주저하며 갈등하는 인물로 그려지고 있다. 1931년 5월 삼중당에서는 이 글을 기본으로 《합이빈哈爾賓 역두驛頭의 총성》을 발간하였다. 이 책은 전 12장으로 된 희곡으로 작가는 이태호로 되어 있지만 실제는 다니 지요시의 〈안중근〉 전 14장에서 제1장, 제13장을 제외한 나머지 부분 가운데 '독립' 등의 단어와 식민지 지배를 비판하는 부분은 삭제하고 번역한 것이다.[51] 또한 여기에는 허구의 인물이 다수 등장한다. 대표적인 인물이 안중근의 애인 유여옥柳麗玉이라고 할 수 있다. 안중근을 다룬 희곡에서는 민족적인 갈등 부분은 약화되었다. 그러나 이 책 역시 1937년 9월 활자방해라는 이유로 판매 금지되었다.[52] 아무리 민족적 색채를 지운다고 하더라도 안중근이라는 존재 그 자체가 민족적 각성을 일깨우는 것이었으며 또 이에 일제가 얼마나 예의 주의하고 있었음을 단적으로 잘 보여준다.

이즈음 1931년 7월 《삼천리》에는 안중근 사건 공판속기록이 간략하게 게재되었다. 그러나 그나마도 하단의 75행이 삭제되어 안중근을 다루는 것 자체가 어려웠음을 단적으로 보여준다.[53] 개벽사에서 발간한 《彗星》에서도 안중근을 다소나마 다루고자 하였다. 1차는 실패하였다.

50) 《朝鮮出版警察月報》第18號, 〈出版警察槪況－不許可 差押 및 削除 出版物 記事要旨 －朝鮮網鑑〉(발송일 1930.02.17.)
51) 나미가타 츠요시波潟 剛, 《한국현대문학회 2008년 제3차 전국학술발표대회 발표 자료집》, 2008.
52) 李泰浩, 《哈爾賓驛頭의 銃聲》, 삼중당(1991. 중판), 1931.
53) 《삼천리》 제17호, 〈安重根事件公判速記錄, 明治43年2月7日旅順地方法院에서〉, 1931.7.

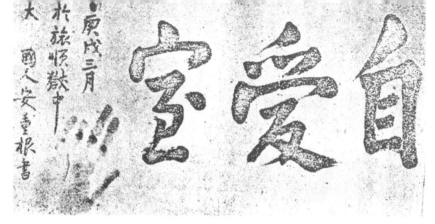

〈그림 7〉 안중근의 필적과 손바닥 손금무늬〔掌紋〕

1931년 6월에 《혜성》 제1권 제4호에서 안중근과 양근환을 칭송한다는 이유로 기사가 차압, 삭제되었다.[54] 다시 시도하여 9월에 발간된 《혜성》 제1권 제6호에서는 안중근을 다소 다룰 수 있었다. 〈근대조선암살이문近代朝鮮暗殺異聞, 안중근 사건의 진상(합이빈 역두의 일대 장극壯劇)〉이라는 제목으로 안중근에 대한 기사를 실었다.[55] 안중근의 생애에 대한 기록이 상당히 소상히 실려 있다. 그런데 안중근에게 사랑하는 애인 유여옥이 있다는 서술 등으로 보아 부분적으로 《합이빈 역두의 총성》의 영향을 받은 것으로 보인다. 의병 및 단지斷指를 비롯한 여러 사실에 다소 오류와 착종이 있지만 당시의 한계로 보인다. 기사에는 안중근 공판광경과 그 안에 동그랗게 들어간 조그만 안중근 사진, 인장이 찍힌 유묵遺墨이 실려 있다. 유묵 사진에서 왼쪽에 쓰인 '大　國人 안중근 書'에서 '한韓'이 지워져 있다는 점도 주목된다.[56]

《혜성》의 후신인 《제일선第一線》(제2권 제9호)에도 임오군란, 갑신정변, 청일전쟁, 러일전쟁, 을사조약 등등 대사건 가운데 "제일 세계적으로

---

54) 《朝鮮出版警察月報》 第34號, 〈不許可 差押 및 削除 出版物 要旨-《彗星》 第一卷 第四號 第二回 追加分〉(1931년 06월 18일).

55) 편집자는 말미의 〈혜성 여록餘錄〉이라는 편집자의 글에서 근세 조선사상 양대 사건으로 헤이그 밀사 사건, 안중근 사건을 꼽고 있다. 역시 이준과 안중근이다.

56) 劍岳山人, 〈近代朝鮮暗殺異聞, 安重根事件의 眞相(哈爾賓 驛頭의 一大 壯劇)〉, 《혜성》 제1권 제6호, 1931.9.

충동이 큰 것은 바로 안중근의 권총소리"라며 안중근의 하얼빈 의거 순간의 현장을 상상하여 생생하게 묘사하였다. 특히 마치 눈앞에 보이는 것처럼 극적으로, 한 발 한 발을 묘사하였다. 안중근의 사진도 기사 중간에 조그맣게 실었다.[57] 그러나 1931년 9월 18일 류탸오후 사건 이후 이른바 만주사변의 여파로 안중근에 대한 통제가 다시 강화되어 갔던 것으로 보인다.[58]

안중근은 일제시기 내내 터져 나오는 한국인들의 항일 의지의 상징이었다. 일제는 안중근이 가지는 항일의 상징성을 거세하기 위해 안중근의 아들 안준생安俊生이 이토 히로부미의 아들 이토 분키치伊藤文吉에게 사죄하고 이토 히로부미를 기리는 박문사에 가서 화해하는 이벤트를 기획하고 이를 대대적으로 선전하였다. 이 사건은 '조선통치의 위대한 변전사變轉史이고 내선일체도 여기에서 완전히 정신적, 사상적으로 하나가 된 것'으로 평가받으며 대서특필되었다. 이 이벤트는 《동아일보》에는 기사화되지 않았다. 이런 《동아일보》의 편집 태도도 이듬해 강제폐간의 한 이유였다고 할 수 있다. 1940년 3월 9일 귀족원 예산위원회 제2분과회에서 총독부 정무총감 오노 로쿠이치大野綠一郎는 안준생과 이토 분키치의 대면과 화해 같은 "우리들이 조선 사람들에게 알리지 않으면 안 되는 그런 기사를 묵살해 버리고 그리고 매우 곤란한 기사를 싣는다"며 조선어 신문 폐간 문제에 대한 질문에 답했다.[59] 안중근이 가진 '항일'의 상징성을 없애기 위해 일제가 얼마나 애썼는가를 잘 보여는 사건이다.

---

57) 辛德俊, 〈大事件爆發의 瞬間－安重根의 伊藤公暗殺瞬間〉, 《제일선》 제2권 제9호 (1932년 10월 15일)

58) 만주일일신문사에서 발행한 《안중근공판속기록》의 열람도 만주사변 이후에는 금지되었다고 한다(《동아일보》 〈公開된 愛國魂 安重根義士 公判記等 獨立思想書籍〉, 1946-01-28 02 01).

59) 미즈노 나오키, 〈식민지기 조선에서의 伊藤博文의 기억－서울(京城)의 박문사(博文寺)를 중심으로〉, 《한국과 伊藤博文》, 2009, 선인. 396~400쪽.

이런 상황 속에서도 안중근에 대한 기억의 상속은 계속되어 일제시기 내내 안중근은 여전히 항일의 상징으로 추앙되었다. 앞서 살펴보았듯이 안중근을 기리는 노래는 여전히 비밀리에 불리고 있었으며, 1938년 10월 17일에는 강원도 춘천공립중학교 학생 수십 명이 비밀결사단체 상록회常綠會를 조직하기도 했다. 그들은 송학선과 마찬가지로 안중근을 자신들이 숭배할 표상으로 모셨다.[60]

5. 광복 후 안중근의 대중적 유통

광복된 한국에서 안중근은 '항일'의 상징을 넘어 독립한 국가의 상징으로 대두되었다. 안중근을 기리는 각종 창작물, 출판물이 나왔고 대중들은 이를 적극적으로 수용하였다.

1945년 11월 29일부터 가극단 라미라羅美羅에서 순국의열사봉건회殉國義烈祠奉建會[61]의 위촉으로 〈안중근 선생 일대기〉(박명숙 작)를 서울 수도극장에서 공연하였다.[62] 이 공연은 호평을 받아 1946년 1월 14일

---

60) 한상권, 〈안중근의 하얼빈거사와 공판투쟁(1)〉《역사와현실》 54, 2004, 288~289쪽.
61) 이 공연을 위촉한 순국의열사봉건회는 서울 장충단에 순국의열사殉國義烈祠를 세우고 1882년 10월부터 1945년 8월 15일까지 희생한 충혼들을 봉안하고자 만든 단체였다. 여기에는 혁명 역사와 선열의 전기를 편찬하기 위한 편찬위원회를 두고 각지 및 해외에 있는 선열의 사적을 찾아 조사하는 선열사적방사위원회를 설치하였다. 이를 위해 기금관리위원회도 설치하였다. 이 봉건회는 이사장 연병호, 부이사장 이해영, 상무이사 이인환, 임병수, 김유찬, 김응운을 두고 총무부, 외교부, 재무부, 편집부, 신전부, 실계부, 여자부, 감사부, 연락부를 두었다. 고문은 홍진, 조완구, 유억겸, 최동규, 조동식, 양근환, 여운형, 안재홍, 홍명희, 김성수, 송진우, ㅁ안립, 권동진, 오세창, 명제세, 이인대, 조만식, 박헌영, 김원봉, 최동오, 구자옥, 신익희, 최창석, 이훈구 등 33인(임영신, 장지영, 윤보선 3명 포함)이었다. 의열사봉건회는 당시 국내에 있었던 유력 인사들이 망라된 단체였다(《매일신보》, 〈순국의열사봉건회, 동회의 실천운동과 부서결정〉, 1945.10.28.(《자료대한민국사》 제1권에서 재인용). ㅁ는 판독 불가의 의미).

까지 이틀 동안 공연을 연장하였다.[63] 1946년 3월에는 안중근의 일대기를 그린 〈안중근사기安重根史記〉(이구영 감독, 계몽영화협회 제작)가 개봉되었다.[64] 11월에는 계정식이 〈안중근 의사 추념가〉를 작곡하여 계정식음악연구소에서 발행하였다.[65] 1947년 4월에는 김용필金容弼이 《안중근 의사》라는 그림책을 발간하였다. 해방 직후 만들어진 최초의 안중근 그림책으로 보인다.[66]

1946년에 들어서는 국립도서관에서 그동안 일반의 열람을 금지하던 서적을 공개하기로 하였다. 만주사변 이래 일반 열람을 금지한 《안중근 사건 공판 속기록》을 비롯하여 《상해 재주在住 불령선인不逞鮮人의 상태》라는 일본인의 독립운동 조사서와 최익현의 《상소초上疏草》 등 3천여 권에 달했다.[67] 2월에는 박성강朴性綱이 만주일일신문사의 《안중근 공판속기록》을 번역하여, 《안중근선생공판기》(서울 경향잡지사)라는 책으로 발행하였다. 발행 시기로 보아 국립도서관에서 공개한 도서를 번역한 것으로 보인다. 이 책에는 1945년 12월 귀국한 동지 우덕순의 회고담, 11월에 김구와 같이 귀국한 안중근의 조카 안미생安美生의 회견록을 실었다.[68] 3월에는 민태식閔泰植이 《건설》에 박은식의 《한국통사》 가운데 안중근에 관한 부분을 번역하여 실었다.[69] 8월에는 이병기李秉岐가 《신천지》에 〈안중근선생전〉을 게재하였다. 이 글은 박은식이 지은

62) 《자유신문》〈歌劇化 하는 安重根 義士〉, 1945.11.30. 《자유신문》, 《동아일보》는 국사편찬위원회 한국사데이터베이스를, 《조선일보》는 조선일보아카이브를, 《경향신문》, 《서울신문》은 네이버 디지털 뉴스 아카이브를 이용하였다.
63) 《자유신문》〈安重根 일대기 공연 연장〉, 1946.01.10.
64) 한국영화데이터베이스(www.kmdb.or.kr)를 이용함.
65) 《자유신문》〈신간소개〉, 1946.11.03.
66) 《동아일보》〈신간소개〉, 1947.04.09.
67) 《동아일보》〈公開된 愛國魂 安重根義士 公判記等 獨立思想書籍〉, 1946.01.28.
68) 박성강 편, 《안중근선생공판기》, 경향잡지사, 1946.2.
69) 閔泰植,〈安重根義士略史〉,《建設》제2권 제2호, 건설출판사, 1946.3.

《안중근전》을 발췌하여 번역한 것이다.[70] 이들이 번역한 박은식의 《한국통사》나 《안중근전》 모두 국립도서관에서 새롭게 공개한 도서를 참고했을 것으로 추정된다.

그러나 안중근에 대한 대중적 열기는 1950년 한국 전쟁이 일어나며 잠시 주춤하였다가 전쟁이 끝나고 다시 높아지기 시작했다. 1956년 4월 6일부터 5월 16일까지 황의돈은 《동아일보》에 41회에 걸쳐 〈위국항일 의사열전 안중근〉이라는 제목으로 안중근에 대한 전기를 연재하였다. 이 연재 기사는 안중근에 대한 대중의 인식을 다시 한 번 환기하는 역할을 했던 것으로 보인다. 그는 안중근이 생사관을 초월한 "장부이며 위인이요 장사壯士"라고 칭하고 "이 위대한 안중근 의사의 정신을 본받고 배워서 황원에 야수같이 날뛰는 불의의 악마를 숙청하고 광풍에 낙엽처럼 표류하는 기회주의자를 개선시켜서 평화정의의 행복적 세계를 건설케 함에 도움"이 되어야 한다며 나아가 "만세불후의 이 안중근 의사의 정신은 영원히 우리 민족의 지도침指導針이 되고 온 인류의 등명대"가 될 것이라며 극찬을 하고 있다.[71]

이러한 영향 때문일까? 1959년은 안중근이 대중 깊이 다가가는 중요한 해가 되었다. 1959년 〈고종황제와 의사 안중근〉이라는 영화가 큰 히트를 쳤다. 이 영화는 〈단종애사〉에서 주연과 감독을 겸한 바 있는 전창근全昌根이 이정선李貞善과 공동 각본으로 주연과 감독까지 겸한 한국영화 최초의 "스펙터클" 영화였다. 이 영화는 개봉 당시 "극적인 밀도와 디테일의 조략粗略 등 결함도 많지만 우선 스펙터클을 시도한 대담한 기획과 교육적인 요소를 택했다는 점", "각 연기자들의 열연을 얻어 우리 겨레가 지녔던 한 슬픈 시기의 단면을 재현하기에는 성공한

---

70) 李秉岐, 〈安重根先生傳〉, 《신천지》 1946년 8월호(제1권 제7호), 서울신문사.
71) 《동아일보》〈爲國抗日義士列傳; 安重根(1956.5.16.까지 全41回)〉, 1956.04.06; 윤병석 역편, 《안중근전기전집》, 국가보훈처, 1999, 712~752쪽에도 실려 있다.

편이다. 특히 김희조金
熙祚의 음악은 한국 영
화 음악이 본궤도에
올라섰다는 감을 주는
좋은 성과를 거두었으
며 박석인朴石人의 미
술도 노력의 산물이었
다. 어쨌든 결함도 많
지만 현재의 우리 영
화제작계의 실정으로서
이만한 규모의 작품을
만들었다는 데 이 영
화가 지니는 의의가 있
다."등 상당한 호평을
받았다.72) '엑스트라'를
직업적으로 동원하기 시
작한 것도 바로 이 영
화부터였다.73)

〈그림 8〉〈고종황제와 의사 안중근〉 포스터
(국사편찬위원회 지역사 수집자료 DSE001_01_00V0000_028)

새로운 시도였던 이
영화는 대히트를 쳤다. 서울에서 27일 동안 개봉하며 관객동원 14만 4
천 4백 명(학생동원수 제외 —제작자 측 발표)이라는 한국흥행사상 최
고기록을 세웠다. 1958년 홍성기洪性麒 감독의 〈별아 내 가슴에〉가 수

---

72) 《조선일보》〈〈영화장평〉 한국 최초의 규모 큰 기획 〈고종황제와 의사 安重根〉〉,
1959.04.16.; 《동아일보》〈新映畵; 험도 많지만 成功한 企劃 〈高宗皇帝와 安重根義
士〉〉, 1959.04.13.
73) 《동아일보》〈職業化하는 〈엑스트라〉……幅(폭) 넓어져가는 韓國 映畵〉, 1960.11.20.

립한 13만 명대를 깨뜨린 것이고 개봉기간도 〈어느 여대생의 고백〉의 29일에 다음가는 순위였다. '공칭 제작비 육천만 환'이 든 제작비도 당시 국산 영화계에서는 기록적이었다. 이 영화의 흥행은 영화 기획자들에게 큰 자극이 되어 '대작주의 경향'이 대두되었다. 윤봉춘尹逢春 감독의 〈유관순전〉, 이승만 대통령의 청년시대를 그린 전기 영화 〈청년 이승만(가제)〉 외에 〈이순신 장군〉에 대한 기획도 서너 군데에서 경쟁적으로 기획되었다. 이에 대해 "영화들이 민족정신의 고취라는 슬로건을 내걸고 나선 이면에는 거의 천편일률의 매너리즘에 빠진 범속 스크린의 범람 속에서 새로운 소재를 찾아보려는 의도의 일단과 아울러 보다 광범한 대상의 '관객'을 흡수하려는 기획적인 타산에서 중요한 동기를 발견할 수 있다. 사실 〈안중근의사〉의 경우를 볼 때 이 영화는 작품이 가진 수준보다도 각계각층의 관객을 동원할 수 있었다는 강점을 가지고 있었던 것이다."라며 사회에 '모럴'을 제시하는 제작경향이 싹트고 있다는 점을 "한국영화계의 일보 전진"으로 평가하였다.[74] 이런 평가 속에 이 영화는 1960년 우수작품 장려상을 받기도 했다.[75]

안중근에 대한 대중적 관심은 1960년대에 들어서도 지속되었다. 1960년대 초반에는 안중근 공판기록이 다시금 주목을 받았다. 1961년 3월 《동아일보》에 실린 신석호의 글은 당시 안중근에 대한 연구 수준을 확인할 수 있는 것으로, 기본적으로 안중근 공판기록을 참조한 것으로 보인다. 그러나 아직은 안중근의 의병 활동 부분은 드러나지 않았다.[76] 《동아일보》에도 1962년 3월 27일부터 5월 3일까지 31회에 걸쳐 안중근 의사 공판기록이 연재되었다.[77]

---

74) 《동아일보》〈映畵는 大作主義時代; 國內 〈安重根義士〉에 큰 刺戟 서울 開封서 14만 여의 객관 동원〉, 1959.05.11.
75) 《경향신문》〈優秀映畵賞 결정〉, 1960.09.06.
76) 《동아일보》〈人間 安重根 그의 51周忌에 즈음하여(申奭鎬)〉, 1961.03.26.
77) 《동아일보》〈法廷의 安重根 義士, 처음으로 公開되는 公判記錄〉(총 31회 연

1966년 3월에는 이토 히로부미를 죽인 사람은 안중근이 아니라는 일본 《문예춘추》의 기사를 둘러싸고 논란이 벌어지기도 하였다. 이에 대해 신석호는 "안중근 의사가 우리 국민이 숭앙하는 대상으로 되어 있기 때문에 그들은 또 우리의 민족정신을 약화시키기 위하여 지금 또 이러한 수법을 쓰는지 알 수 없는 것이다. 우리는 일본의 침략주의에 대하여 항상 경계하지 아니하면 안 되는 것이다."라며 공개 반론을 하였다.[78] 한편, 3월 26일 흥미로운 소설이 《경향신문》에 실렸다. "3월 26일은 안중근 의사가 돌아가신 지 56년 되는 날입니다. 이날을 맞이해서 안 의사의 용감한 발자취를 다시 한 번 재미있는 이야기로 엮어 보았습니다."라고 그 취지를 밝히고 있다. 한글로 연재된 이 소설은 동화에 가까운 내용으로 창작된 작품으로 안중근을 사모하는 허구의 인물 '최의숙'이라는 여인이 나온다.[79]

1969년에서 1970년으로 넘어가는 시기는 안중근 기억의 전승에서 중요한 분기점이라고 할 수 있다. 안중근의 중요 유묵과 《안중근 자서전》이 발굴되고 안중근기념관이 설립되며 안중근 추모의 공간이 국가의 공적 체제 안으로 강하게 포섭되었다. 1969년 2월 "一日不讀書口中生荊棘" 등 안중근의 친필 유묵 3점이 일본에서 새로 발견되었다.[80] 박정희 대통령은 친필 족자 3점이 일본에 발견되었다는 보고를 받고 3·1운동 50주년을 앞둔 시기 "민족의 얼이 담긴 귀중한 유품이 남의 땅에 있었다는 것은 부끄러운 일"이라며 빨리 서울로 옮기라고 지시하였다.[81]

재), 1962.03.27~1962.05.03

78) 《동아일보》〈日《文藝春秋》誌에 駭怪한 手記〈伊藤〉을 暗殺한 것은 安重根 아닌 딴 사람〉, 1966.03.11.; 《동아일보》〈터무니없이 史實을 冒瀆〉, 1966.03.12.

79) 《경향신문》〈순국열사 안중근〉, 1966.3.26.; 이 글의 인물, 스토리는 이영준 엮음, 《안중근》, 대일출판사, 1993.10.에도 동일하게 나타난다.

80) 《동아일보》〈日서 되찾아 60년만에 還國 준비〉, 1969.02.26.; 《경향신문》〈安重根 義士 친필 발견〉, 1969.02.26.

81) 《경향신문》〈內紛 새 불씨된 〈수습처방〉, 안의사 옥중 친필에 특별 당부〉,

1972년 8월 문화공보부에서는 안중근, 윤봉길, 유관순 등의 유적, 유물, 유묵을 문화재로 지정하기로 하였다. 안중근의 친필유묵 23점은 보물로 지정되었다.[82] 이어서 1970년 2월 26일에는 동국대학교 황수영黃壽永 교수가 일본 동경에서 《안중근 자서전》을 발견하였다.[83]

서울 남산에는 1969년 6월 24일 안중근의사기념관이 기공되었고 1970년 10월 26일 안중근 의거 61주년을 기념하여 기념식이 개관되었다. 안중근의사기념관의 건립에는 박정희 대통령이 1969년 4월, 1970년 7월 금일봉을 하사하는 등 대통령의 강한 의지가 크게 작용을 하였다. 기념관의 의미는 "의사의 애국정신을 본받아 오늘의 혼란한 사회실정을 바로 잡고 민족의 의기를 북돋워 통일의 정신적 기틀이 되기 위한 것"이었다고 한다.[84] 기념관 건립은 1960년대 후반 순국선열 추모, 민족정기 강화의 맥락 속에서 1969년이 3·1운동 50주년, 안중근 의거 60주년이었다는 점, 안중근 유묵이 새로 발견되었다는 것 등을 계기로 이뤄졌다고 할 수 있다. 안중근기념관의 건립을 통해 안중근 의거를 추도하는 기념일 중심의 기념방식이 항시적인 장소를 통해서 회상되는 방식으로

1969.02.27.

82) 《동아일보》〈윤봉길, 안중근, 유관순의사 유적, 유물, 유묵 보물, 사적으로 지정〉, 1972.8.10.;《경향신문》〈안중근, 윤봉길의사 유물 보물로 지정〉, 1972.8.10.

83) 《매일경제》〈安重根의사 자서전…60년 만에 햇빛〉, 1970.02.26.

84) 《매일경제》〈朴大統領이 金一封 安義士 기념관 건립〉, 1970.7.27;《동아일보》〈安重根 紀念館 건립 朴大統領이 金一封〉, 1970.7.27.;《매일경제》〈남산공원 내서 기공 안중근의사 기념관〉, 1969.6.25.; 1969년 9월 7일 착공했다는 기사도 존재한다(《동아일보》〈안중근의사 기념관 9월 2일 개관〉, 1970.8.4.;《경향신문》〈開館하는 安重根의사 기념관〉, 1970.10.23.);《경향신문》〈기념관 상량식도 안중근 의사 60주기〉, 1970.3.2.6;《매일경제》〈안의사 기념관 상량〉, 1970.3.26.;《매일경제》〈朴大統領이 金一封 安義士 기념관 건립〉, 1970.7.27;《동아일보》〈安重根 紀念館 건립 朴大統領이 金一封〉, 1970.7.27.;《동아일보》〈안중근의사 기념관 9월2일 개관〉, 1970.8.4.;《경향신문》〈개관하는 안중근의사 기념관〉, 1970.10.23.;《동아일보》〈안중근의사 기념관 개관〉, 1970.10.26;《경향신문》〈朴대통령 참석 安重根 의사 紀念館 준공〉, 1970.10.26.

전화되어 갔다고 할 수 있다.

6. 맺음말

이상으로 일제강점기와 광복을 거치는 동안 안중근 이미지의 유통, 전파, 포섭이라는 측면에서 안중근에 대한 기억의 전승을 다루어 보았다. 일제하 안중근은 누구나 인정하는 '항일', '애국'의 상징이었다. 한국인 속에 내재되어 있는 안중근에 대한 기억은 강한 에너지를 가진 것이었다. 그러나 공공연하게 그에 대한 기억을 상기시키는 것은 어려웠다. 따라서 기억의 전승은 사실의 전달보다는 이미지를 전승하는 것에 그칠 수밖에 없었다. 특히 사진과 노래를 통해서 이미지는 전승되었다. 이런 점에서 안중근의 이미지는 현실을 자각하는 계기였고 또한 생명력이 가득 찬 자신들의 또 다른 모습이었다. 안중근에 대한 사진 한 장은 무엇과도 바꿀 수 없는 한국 독립에 대한 뜨거운 열정의 원천이었고 그를 기리는 노래는 스스로를 가둔 가슴 속에서 터져 나오는 의지의 표현이었다.

해방 직후 안중근은 여전히 항일의 대표적인 상징으로서 큰 의미를 가지고 있었고, 나아가 '독립'을 상징하는 존재가 되었다. 안중근에 대한 연구가 점차 늘어나고 영화를 비롯한 각종 창작물이 등장하면서 안중근은 그 자체로 거대한 흥미로운 소재가 되었다. 박정희 정권을 지나며 안중근의사기념관이 설립되면서 안중근 기념의 주체는 국가 체재 안으로 강하게 포섭이 되었다.

의거가 가지는 강한 이미지에 가려져 있지만 안중근은 '대한독립'과 '동양평화'를 하나로 묶은 평화사상가였다. 그러나 여전히 안중근에 대한 일반적인 인식은 의거 중심의 '항일'의 상징이라고 할 수 있다. 이러한 인식의 기원은 일제가 한국을 침략하는 시대 상황 속에서 '대한독립'이라는 측면이 강조되며 일제에 저항하는 애국심이 유독 부각되었기 때문이다. 그리고 광복 후 '독립'된 국가의 상징이라는 측면에서 그의 평화사상에 대한 부분은 상대적으로 가려진 측면이 존재한다. 동아시아의 평화가 더욱 간절한 이 시기, 안중근이 바라던 동양평화에 대한 바람을, 다시 한 번 희구해 보는 것은 어떨까 한다.

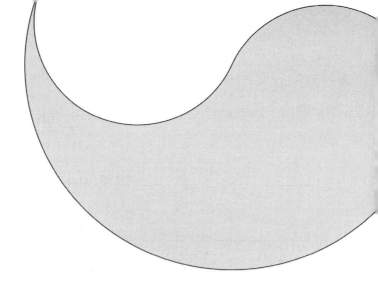

제4부

3·1만세운동 전후의 식민지배체제

안중근과 일본, 일본인

김봉진(기타큐슈시립대학 국제관계학과)

---

1. 머리말
2. 항일 의거의 뜻
3. 의거와 증언
4. 일본 신문의 의거 관련 기사
5. 맺음말

---

1. 머리말

2013년 6월 박근혜 전 대통령은 시진핑習近平 주석에게 안중근安重根(일명 안응칠安應七, 1879-1910)의 석비를 건립해 달라고 요청했다. 이에 중국 정부는 하얼빈역 귀빈 대합실을 개조한 '안중근의사 기념관'을 설립하여 2014년 1월 19일에 개관했다.[1] 약 200㎡ 넓이의 기념관

---

1) 같은 명칭의 '안중근의사 기념관'은 서울특별시 중구 남산공원에도 있다. 이 기념관은 사단법인 안중근 숭모회가 관리하고 있으며, 1970년 10월 26일에 하얼빈 의거 41주년을 기념하여 설립되었다. 그 101주년인 2010년 10월 26일에는 한옥 모습의 구관을 철거하고 신관을 건립하여 새로 개장하였다. 남산공원은 1920년, 조선총독부가 세운 조선신사朝鮮神社가 있었던 자리이다. 조선신사는 1925년에 조선신궁朝鮮神宮으로 개명되었고, 1945년 해방된 해에는 철거되었다.

에는 안중근 흉상, 여러 유묵遺墨과 사진, 그리고 관련 사료가 전시되어 있다. 또한 그를 숭배했던 중국의 여러 인사의 문장과 사진도 진열되어 있다. 개관 당일 중국 외교부는 "기념관이 의거 현장에 설치된 것을 의미있게 생각한다. 이를 계기로 동북아 지역 국가들이 안 의사가 주창한 동양평화론의 숭고한 정신을 되새기면서 올바른 역사 인식에 기초하여 진정한 평화 협력의 길로 나아가기를 기대한다."고 발표했다. 안중근의 '동양평화론'을 주목하고 그 통시대적 의의를 강조한 것이다.

이렇듯 중국 정부는 한국 측 요청을 기념관 설립으로 격상시켜 화답했다. 한국과 연대하여 '역사 (인식) 문제'를 해결하는 데 공동 대처해 나가겠다는 의지를 굳게 표명한 셈이다. 그 당면 목표는 아베 신조安倍晉三 정부의 그릇된 역사 인식에 경종警鐘을 울리는 일이었다. 아베 정부는 일본이 역사상 범했던 잘못을 직시, 시정하기는커녕 무시, 왜곡하려는 성향이 강하다.[2] 오히려 일본 보수-우익의 그릇된 역사관을 옹호하고 있다. 그것을 '자유, 자주'라는 명목으로 변호하면서 '옳고 그름'의 판단을 못한다. 그리하여 과거의 '불행한 역사'를 인질로 삼은 채 현재의 잘못과 미래의 '불행한 역사'를 재생산한다. 그래서 국내외의 비판을 받고 있다. 단, 일본 국내의 비판력은 근년에 한층 강화된 보수화 성향과 그 세력에 억눌린 채 약화되어 있다.

개관 당일 일본 외무성 국장은 한중 양국의 주일 대사에게 전화로 항의했다. 이튿날 관방장관 스가 요시히데菅義偉는 "안중근은 사형 판결을 받은 테러리스트라고 인식하고 있다. … 일방적 평가로 한국과 중국

---

2) 아베 정부의 지지 세력의 하나로서 '일본회의'가 있다. 1997년 '일본을 지키는 국민회의'와 '일본을 지키는 모임'이 통합하여 발족한 극우 단체이다. 기관지 《일본의 숨결日本の息吹》을 매달 발행한다. 역사 수정주의와 권위주의를 표방하는 이 단체는 '개헌, 자위대법 개정, 애국 교육을 위한 신교육 기본법 제정, 야스쿠니靖國신사 공식 참배' 등의 운동을 벌이고 있다. 한편 일본 주권을 침해 한다는 구실로 '외국인 지방 참정권, 인권기관 설치법, 자치기본조례 제정' 등을 반대한다.

이 연대함은 지역 평화와 협력 관계 구축에 도움되지 않는다.”고 불평했다. 같은 날 한국 외교부는 '역사의 양심에 눈감은 스가 관방장관을 규탄'하고 '안중근 의사는 한국 독립과 동양의 진정한 평화를 지키기 위해 헌신한 위인'이자 '국제적으로 존경받는 영웅'이라고 논평했다3). 한편 중국 외교부는 “저명한 항일 전사로서 중국 인민도 존경하고 있다. 중국은 국내 관련 규정에 따라 기념 시설을 설립한 것으로 이치에 맞는다.”고 논평하면서 일본 측 항의를 일축했다.

제2차 세계대전 이후 일본 정부와 각료는 안중근에 관한 공적 발언을 절제해 왔다. 일본 국내의 다양한 평가를 의식함과 함께 외국 특히 한국을 배려한 까닭이다. 이에 견주어 스가 장관의 '안중근은 테러리스트'란 첫 공적 발언은 아베 정부의 무절제, 무배려를 상징한다.4) 이를 비난하는 국내외 반향이 거세게 일어났다.5) 그 미봉彌縫의 필요성을 느꼈으리라. 아베 정부는 2월 4일 각의閣議에서 '이토 히로부미(伊藤博文, 1841~1909)를 살해하고 사형 판결을 받은 인물'이라고 수정했다. '객관적' 서술인 셈이다. 단, '표면적' 서술이다. 그 이면의 일본에게 '불편한 진실'은 가려져 있다. 한편 기념관 설립에 관해서는 '지역 평화와 협력 관계의 구축에 도움되지 않는다'는 불평을 반복했다.

가령 일본 정부가 기념관 설립을 '역사 극복과 화해'의 기회로 삼는다면 그야말로 '지역 평화와 협력 관계의 구축'에 큰 도움이 되겠건만, 언어도단言語道斷의 불평이다. 또한 양심을 저버린 자가당착自家撞着,

---

3) 북한은 《로동신문》 1월 16일자 기사로 '애국 열사를 함부로 모독해선 안 된다'고 비판했다.
4) 단, 일본의 역사교과서를 훑어보면 '안중근은 테러리스트'라는 표현은 아직은 없는 듯하다. 오히려 이전부터 '독립운동가'라고 표현한 교과서가 적지 않다.
5) 이에 동조하는 일본 국내의 반향도 있었던 모양이다. 이를 대변하듯 안중근을 '테러리스트'로 보는 하야사카 다카시早坂隆의 《愛國者がテロリストになった日 安重根の眞實》, PHP研究所, 2015도 나왔다. 그 곳곳에는 일본중심주의, 오리엔탈리즘과 함께 한국(과 아시아)에 대한 멸시, 편견, 왜곡과 독단, 위선, 궤변이 담겨 있다.

적반하장賊反荷杖이자 터무니없는 궤변(sophistry)이기도 하다. 거기에는 (일본인 특유의) 냉정을 가장한 냉소를 비롯하여 편견, 왜곡, 독선, 기만, 논리 비약, 바꿔치기 등 요소가 농축되어 들어 있다. 그런 불평이 바로 '평화와 협력 관계의 구축'을 저해하는 것을 모르는 듯하다. 아니면 알면서도 모르는 척한다.

안중근 의거의 이면과 진실을 물어야 한다. 왜, 무엇을 위해 이토를 사살했는가? 심문審問과 공판公判은 어떻게 진행되었는가? 무엇을 남겼는가? 그 '공통'의 답은 한국은 물론 여러 나라가 과거부터 현재까지 널리 공유해 왔다.[6] 일본도 예외가 아니다. 그래서 과거에도 현재에도 일본인 중에는 안중근을 존경하는 사람이 많다. 다만 그것을 모르거나 알면서도 냉소하거나 침묵하는 사람이 더 많을 뿐이다. 그래서 각종 궤변, 편견, 왜곡 등을 방치한다. 이런 사실을 파헤치고, 그 왜곡된 논리를 타파할 수 있도록 지속적으로 경종을 울려야 한다. 이를 위해 안중근과 일본, 일본인의 관계를 밝혀줄 필요가 있다. 그 일부는 이미 밝혀져 있다. 하지만 더 밝혀 나가야 한다.

이 글은 안중근과 일본, 일본인의 관계를 밝힘과 함께 그 관련 사항을 비판적으로 성찰한다. 이를 위해 안중근의 의거義擧를 비롯한 심문, 공판 과정을 고찰한다. 그리고 그의 유훈과 부활을 해석한다. 다만 이 글에서는 첫 단계로 안중근의 항일 의거에 담긴 뜻을 설명한 다음 그의 의거의 모습과 이에 관한 각종 증언을 검토하고자 한다.

---

6) 일본인은 '공통'의 답을 이끌 수 있는 사료와 자료를 많이 남겨 주었다.

2. 항일 의거의 뜻

〔아버님이 돌아가신〕 이듬해〔1906년〕 봄 3월, 가족을 데리고 청계동(淸溪洞; 황해도)을 떠나 진남포(鎭南浦; 평안남도)에 이사했다. 양옥을 한 채지어 살림을 안정시킨 뒤 집 재산을 기울여 두 곳에 학교를 세웠다. 하나는 삼흥학교三興學校, 또 하나는 돈의학교敦義學校이다. 그 교무를 맡아 재주가 뛰어난 청년들을 교육했다.

그 다음 해〔1907년〕 봄에 어떤 한 〔아버님 친구〕 분이 찾아왔다. 그의 기상을 살펴보니 위풍이 당당하고 자못 도인道人의 풍모가 있었다. … 그는 "군君의 기개를 가지고 지금 나라 정세가 위태로운 때에 어찌 앉아 죽기를 기다리려 하는가"라고 말했다. "무슨 계책이 있습니까?"라고 물으니 그는 다시 말했다. "지금 백두산 뒤쪽 서북 간도墾〔間〕島와 러시아 영토인 블라디보스톡海蔘威 등에 한국인 백여 만명이 살고 있다. 물산 풍부하여 과연 한번 활동할 만한 곳이 될 수 있다. 재주있는 그대가 거기에 가면 뒷날 필시 큰 사업을 이룰 것이다." 나는 "반드시 가르침을 따르겠다"라고 대답하고 작별했다.

나는 재정을 마련하고자 평양으로 가서 석탄광을 캐었는데 일본인의 방해 탓에 벌어들인 돈 수천 원이나 손해를 보았다.[7] 그 무렵 한국 국민이 국채보상회國債報償會를 발기하자 〔평양〕 사람들이 모여서 공의公議를 벌였다.[8] 일본인 별순사別巡査 하나가 조사하러 와서 "회원은 몇이며 재정은 얼

---

7) 김삼웅(《안중근 평전》, 시대의창, 2009)에 따르면 안중근은 '1907년 7월에 평양에서 한재호韓在鎬, 송병운宋秉雲과 합작하여 삼합의三合義라는 무연탄 판매회사를 차렸다'고 한다(143). 한편 이문열의 소설 《불멸》(민음사, 2010) 2권의 제11장에는 그 시기가 '1907년 1월'로 되어 있다. 그런데 이 회사는 투자자 간의 불화와 일본인 업자의 방해로 손해만 보고 파산했다고 한다.
8) 당시 대한 제국(약칭, 한국)은 1905년 11월의 '을사보호조약 즉 을사늑약乙巳勒約'이 체결되어 일본의 보호국이 되어 있었다. 한편 일본 정부는 지배 강화를 위한 차관借款을 제공했다. 그 차관은 1907년에 이르러 1300만 원에 달했다. 이를 갚고자 한국 국민은 1907년 2월부터 '국채보상운동'을 일으켰다. 이 운동을 총괄했던 단체가 '국채보상기성회期成會' 즉 국채보상회이다.

〈그림 1〉 안의사가 망명하여 활동하던 블라디보스톡 카레스키야 거리. 한인들은 개척리라고 불렀다
(출전: 윤병석 역편, 《안중근전기전집》, 국가보훈처, 1999, 12쪽)

마나 거두었는가?"라고 물었다. "회원은 2천만 명이요, 재정은 1300만원을
거둔 다음 갚으려 한다"고 답했다. 그랬더니 욕하면서 "한국인은 하등지인
(下等之人)인데 무슨 일이든 할 수나 있겠는가"라고 말했다. …

1907년, 이토 히로부미가 한국에 돌아와서 '7조약'을 늑정(勒定, 강제 체
결)한 뒤 광무光武 황제를 폐위하고, 군대를 해산시켰다.[9] 이에 2천만 민인
民人이 일제히 분발忿發했다. 그리하여 의병이 곳곳에서 봉기蜂起했고, 삼천
리 강산은 포성으로 뒤덮혔다. 이때 나는 급히 행장을 꾸려서 가족과 이별

---

9) 1907년 4월, 광무 황제(재위 1897년~1907년) 즉 고종(高宗, 1852-1919; 재위
1863-1907)은 헤이그에서 열린 '제2차 만국평화회의'에 특사를 파견했다. 그 목적
은 1905년 11월에 체결된 을사늑약이 '강제조약이자 무효임'을 탄원하는 일이었다.
이준(李儁, 1859-1907), 이상설(李相卨, 1871-1917), 이위종(李瑋鍾, 1884-1924?)
3인의 특사는 회의 참가가 허락되지 않자 현지 언론을 통해 한국의 처지를 호소했
다. 그러나 목적을 달성하지 못한 비분 속에 이준은 현지에서 사망했다. 이 '헤이그
특사 사건'을 구실로 초대 한국 통감이던 이토는 1907년 7월에 '정미 7조약'을 강
제로 체결함과 함께 광무 황제를 폐위하고, 대한제국 군대를 해산시켰다. 그러자
전국 각지에서 의병이 일어났고, 애국지사들의 해외 망명이 확산되어 나갔다. 정미
7조약은 '정미협약, 정미 7늑약, 제2차 을사늑약' 등 별칭이 있다. 일본에선 '제1차
한일협약(1904년 8월), 제2차 한일협약(을사늑약)과 구별하여 '제3차 한일협약'이라
고 부른다.

하고 북간도北墾[間]島에 도착하니, 그곳에도 일본 병대가 방금 주둔해 와서 도무지 발붙일 곳이 없었다. 그래서 서너 달 동안 각지를 시찰한 다음 그곳을 떠나 러시아 영토로 들어갔다. 연추煙秋(延秋)를 지나 블라디보스톡에 이르니 그 항구 안에는 한국인 4, 5천 명이 살고 있었다. 학교가 여러 곳에 있었고, 또 청년회도 있었다. 나는 청년회에 참여하여 임시사찰臨時査察에 뽑혔다(《안응칠 역사》, 156~157).[10]

안중근은 1909년 10월 26일, 하얼빈 역에서 초대 통감(재임 1905년 12월~1909년 6월)을 지낸 이토 히로부미를 사살했다.[11] 이 사건을 한국, 북한, 중국, 대만 등에선 안중근 의사義士의 하얼빈 의거義擧라고 부른다. '의분義憤의 항일 투사' 안중근이 하얼빈에서 일으킨 '정의로운 거사擧事'라는 뜻이다. '안중근 의거, 하얼빈 의거'로 줄이기도 한다. 또한 항일을 '애국,' 투사를 '열사烈士, 지사志士' 등으로 바꿔 부르기도 한다. 단, 일본에서는 호칭에 대한 다양한 견해가 존재한다.

안중근은 한국과 북한에서는 항일 투사 가운데 가장 유명하고 누구나 존경하는 '민족 영웅'이다.[12] 그렇긴 하나 그의 항일은 민족과 반일을 넘어서 있다. 일본을 포함한 동아시아 여러 나라의 친선, 연대와 이에 기초한 동양평화를 목표로 삼고 있었기 때문이다. 그런 뜻에서 안중근은 민족주의자이자 동양평화론자였다. 그는 스스로 '대한국인'을 자처

---

10) 《안응칠 역사》(1910년 3월 15일 탈고)는 안중근이 뤼순旅順 감옥에서 한문으로 쓴 자서전이다. 이와 함께 《동양평화론》(미완성)도 저술했다. 이들 저작의 한문과 한글 번역은 윤병석尹炳奭 역편, 《安重根傳記全集》, 국가보훈처, 1999을 이용한다. 인용할 때는 적절히 개역하고, 페이지는 인용문 끝에 숫자만 표기한다. 이하 다른 자료를 인용할 때도 같은 방식이다.

11) 당시 이토는 통감을 퇴임한 후 추밀원樞密院 의장을 맡고 있었다. 그는 1910년 8월의 '한국 (강제) 병합' 전에 죽었으나 통감 재직 중 그 기반을 확립했다. 따라서 '한국 병합'의 원흉이다.

12) 안중근은 수많은 항일 투사의 한 사람이다. 그들은 유명이든 무명이든 모두가 민족 영웅이다.

하기도 했으나 또한 동아시아인이었다. 나아가 세계 평화를 꿈꾸던 코스모폴리탄, 세계인이었다.

안중근의 유훈인 '동양평화론'은 오늘날 동아시아 공동체론의 선구적 모델이다. 그 속에는 일제와 그로 말미암은 '불행한 역사'에 대한 엄중한 비판이 담겨 있다. 다른 한편 동아시아 특히 동북아 지역의 공동체 구축을 위한 참신한 구상과 구체적 방안이 제시되어 있다. 비록 미완의 계기로 끝났으나 부활 재생할 가치가 있다. 지금껏 반복되는 '불행한 역사'의 연쇄를 끊고 그 재생산을 막을 지혜와 함께 역사 화해의 지평을 열어 나갈 지침을 담고 있기 때문이다. 물론 동양평화론은 안중근의 전유물은 아니다. 수많은 동아시아인들의 공유물이다. 또한 '오래된 미래'로 이어지고 계승되어야 할 바램이기도 하다.

주의를 환기하면, 안중근의 항일 의거 속에는 반일과 친일이 동거한다. 이때 반일은 일본 전체를 불신하거나 증오하는 '일본 부정'이 아니다. 단지 일본의 부(負: 허물, 빚)를 부정할 뿐이다. 이를 딛고 일본의 정正을 긍정하려는 '일본 긍정'의 반일이다.[13] 정확히 말하면 '부분 긍정과 부분 부정'의 반일이다. 그 속에는 역설적인 여러 욕망과 조리條理가 담겨 있다. 먼저 그 욕망은 불신, 증오만이 아니라 신뢰, 애정을 포함한다. 따라서 신불신信不信과 애증愛憎이 얽힌 감정을 담고 있다. 다음으로 조리의 기초는 공공公共의 도리道理 또는 도의道義이다. 따라서 자타 공통의 보편적 도리, 도의를 지향志向한다. 그 지향성은 자타 간의 불신, 증오를 신뢰, 애정으로 바꾸려는 욕망으로 통한다.

'일본 긍정'의 반일은 일본이 '도리를 지킬 줄 아는 나라'가 되기를 기대하는 (친일의) 욕망을 담고 있다. 그래서 반일과 친일은 상보적相

---

13) '일본 부정'과 '일본 긍정'의 반일에 관해서는 金鳳珍, 〈反日と日韓の歷史和解〉, 구로자와 후미다카黒澤文貴·이안 니시Ian Nish 편, 《歷史と和解》, 東京大學出版會, 2011, 334-335쪽 참조.

補的으로 동거한다.14) 실제로 안중근의 저술이나 발언 곳곳에서 친일과 그 논리를 엿볼 수 있다. 그 일례를 위 인용문에 이어지는 에피소드를 통해 살펴보자.

그곳〔블라디보스톡〕에 이범윤(李範允, 1863-1940)이라는 분이 계셨다. 그는 일로日露전쟁 전에 '북간도 관리사管理使'에 임명되어 청국淸國 병정들과 수없이 교전했었다. 일로전쟁 때는 러시아 군대와 힘을 합해 서로 도왔다. 러시아 군대가 패전하고 돌아갈 적에 함께 러시아 영토로 와서 지금껏 이곳에 있다. 나는 그를 찾아가 이렇게 논했다: "각하는 일로전쟁 때 러시아를 도와 일본을 쳤으니 그것은 역천逆天입니다. 왜냐면 당시 일본은 동양의 대의 즉 '동양 평화와 대한 독립을 공고히 한다'는 뜻을 세계에 선언하고 나서 러시아를 성토했기 때문입니다15)(《안응칠 역사》, 158).

이렇듯 안중근은 러일전쟁 당시 일본이 '동양의 대의'를 선언했던 점을 평가하고 있었다. 그것을 일본이 지키리라 기대했던 까닭이다. 그러나 일본은 지키기는커녕 기만했다. 이에 대한 그의 의분은 하늘을 찌를 듯했으리라. 안중근은 이렇게 성토한다(158).

이제 각하께서 다시 의병을 일으켜 일본을 성토한다면 이는 순천일 것이오. 현재 이토 히로부미가 자기 공功만 믿고 망녕되게 스스로 존대하여 방

---

14) 이와 달리 친한親韓과 혐한嫌韓은 상보적 동거가 불가능하다. 상호배타적인 까닭이다.
15) 여기서 안중근이 말한 '선언'이란 러일전쟁을 일으킨 이틀 뒤인 1904년 2월 10일에 메이지明治 천황이 신포했던 '선전宣戰 조칙詔勅'을 가리키는 것으로 보인다. 이 조칙은 '동양의 치안' 또는 '극동의 평화'와 '한국의 보전, 안전' 등을 선언하고 있었다. 이어서 2월 23일에는 일본 정부는 주한 공사 하야시 곤스케(林權助, 1860-1939)에게 지령하여 당시 중립을 선언하고 있었던 한국 정부와 '한일의정서'(6개조)를 체결했다. 거기에는 '동양평화의 확립'(제1조)과 '대한제국의 독립과 영토 보전'(제3조) 등이 규정되어 있었다. 이를 근거로 안중근은 '동양평화와 대한 독립'이라는 '동양의 대의'를 해석해 냈던 것이다.

약무인傍若無人하듯 교만하고 극악하기 짝이 없기 때문입니다. 위로 임금을 속이고, 뭇사람을 함부로 죽이고, 이웃나라와의 의誼를 끊고, 세계의 신의를 저버리고 있기 때문입니다. 그야말로 역천이니 어찌 오래 가리오. 속담에 이르기를 '해가 뜨면 이슬이 사라짐이 이치요, 해가 차면 반드시 저묾이 또한 이치에 맞는다'고 하거늘 …

그의 성토는 이토의 '역천' 행각에 집중되어 있다. 그것은 일본 제국주의를 비판하는 반일을 표상한다. 다만 일본이 '도리를 지킬 줄 아는 나라'가 되기를 기대하는 그의 욕망은 죽을 때까지 변하지 않는다.

따라서 안중근의 친일과 반일은 모순이 아니다. 양자의 '일'은 일본 전체가 아닌 까닭이다. 먼저 친일의 '일'은 '일본의 정正' 즉 보편·공공의 도리, 도의를 상징한다. 친일은 그것과 연대하려는 욕망을 담고 있다. 다음으로 반일의 '일'은 '일본의 부負' 특히 제국주의나 식민지주의를 표상한다. 안중근의 반일은 역설적 욕망을 담고 있다. '부'의 일본을 비판하면서도 '정'의 일본을 옹호하려는 욕망이다. 후자의 욕망은 친일의 그것과 통한다. 당연히 안중근의 반일과 친일은 상보적 동거가 가능하다.

안중근은 김두성金斗星,[16] 이범윤 등과 함께 거의擧義 즉 의병을 일

---

16) 이때 '김두성'이란 그의 정체를 숨기기 위한 가명 내지 위장된 표기일 가능성이 높다. 따라서 그가 누구인지 여러 가지 설이 분분하나 아직 정체가 밝혀지지 않고 있다. 그런데 안중근은 뒤에서 살펴볼 '공판' 제1회(1910년 2월 7일)의 끝머리에서 "나는 전부터 의병의 참모중장參謀中將으로 추대되어 있었으며 … 8도道의 총독(總督: 총대장)은 김두성"이라고 진술한다(국사편찬위원회 편, 《한국독립운동사》 자료 6, 1968, 333쪽). 여기서 '8도'란 조선 지방 행정의 8구역을 가리킨다. 단, 갑오개혁 때의 신정부는 1895년에 8도를 폐지하고 23부府로 개편했다. 1896년 8월 4일에는 부를 폐지하고 도를 부활시켰다. 이때 경기도, 황해도, 강원도를 제외한 5도가 남북으로 분할되어 13도로 개편했다. 따라서 '8도'든 '13도'든 조선(한국) 전국을 가리킨다.
　결국 김두성은 이른바 '13도[=한국의 전국] 창의군倡義軍'의 총대장 이인영(李麟榮, 1868-1909)을 가리킬 수 있다고 본다. 13도 창의군은 1907년 7월에 고종황제가 폐위된 후 전국 각지에서 일어난 의병들이 각 부대를 일괄 통솔하고자 이

으켰다. 《안응칠 역사》에서는 "그들은 전일에 이미 총독과 대장으로 피임된 사람들이요, 나는 참모중장參謀中將의 임직에 선출되었다"(161)고 기록한다. 이와 함께 통감부 산하 경무부의 경시警視 사카이 요시아키(境喜明, 생몰 미상)의 심문에 대한 '공술'의 제9회(1909년 12월 6일)를 살펴볼 필요가 있다.17) 이 '공술'의 제2 단락은 '1908년 음력 6월에 우군령장右軍領將이 되어 실전에 종사'했다는 진술을 기록한다. 이들 두 기록을 종합하면 당시 안중근은 '우군령장 겸 참모중장'에 임명되었음을 알 수 있다. 또는 '우군령장'은 '참모중장'의 임직에 해당되는 계급이었을 것이다.

안중근을 '우군령장'에 임명한 결사 단체는 연해주 지역의 의병 조직인 동의회同義會였다.18) 그 근거지는 연추(煙秋, 延秋, 러: 얀치헤)였

인영을 총대장으로 추대하여 구성한 연합부대이다.

1908년 1월, 13도 창의군은 양주(楊州, 경기도)에 집결하여 한성(漢城, 서울)으로 진공하려는 작전을 개시했다. 그러나 관군, 일본군의 연합군에게 패퇴한 뒤 1월 28일, 이인영은 부친상을 당하여 총대장을 사임했다. 이후 그는 3년상을 치르기 위해 가명을 쓰면서 숨어 지내다가 1909년 6월에 체포되었다. 그는 옥중에서 일본 천황과의 면담을 요구했으나 오히려 사형 선고를 받고 '경성京城 감옥'(=서대문 형무소)에서 교수형을 받고 순국했다.

17) 이 '사카이 경시의 신문訊問에 대한 안응칠의 공술'은 1909년 11월 26일부터 12월 11일까지 11회에 걸쳐 이루어졌다. 또한 이듬해 1901년 2월 1일~6일에 이루어진 '공술'도 있다. 이들 자료는 국사편찬위원회 편, 《한국독립운동사》(약칭, 《운동사》) 자료7, 1968, 392-468쪽에 실려 있다. 뒤에서 살펴볼 것이나 인용할 때 적절히 개역한다. 다른 자료들도 같은 방식이다.

18) 동의회는 1908년 4월, 연해주의 한인韓人 지도자 최재형(崔才亨 또는 崔在亨, 1860〔?〕-1920)의 집에 서쪽 의병 활동을 추진하기 위한 결사 단체로 결성되었다. 최재형의 생애는 반병률, 《최재형崔在亨, 최표트르 세묘노비치 - 러시아 고려인 사회의 존경받는 지도자》, 국가 보훈처, 2006 참조. 그 결성을 주도한 사람은 주러시아 공사였던 이범진(李範晉, 1852-1910)이다. 그는 군자금 1만 루블과 함께 자기의 아들 이위종('헤이그 특사'의 한 사람)을 연추에 보내어 의병 조직을 결성하도록 지시했다. 그리하여 최재형을 총재, 이범윤을 부총재로 삼은 동의회가 결성된 것이다. 이때 회장은 이위종, 부회장은 엄인섭(嚴仁燮, 1875-1936), 안중근은 평의원이 되었다. 그러나 후술하듯 이들의 의병 활동은 큰 성과를 올리지 못한 채 분산되고 말았다. 게다가 러시아 당국은 의병 활동을 구실로 동의회를 탄압했다. 그 탓에 동의회는 기세를 잃었고, 일부 세력은 일심회一心會를 결성했다. 이 사이 1909년 2월 7일, 안중근은 11명의 동지들과 함께 왼손 무명지 첫 관절을 끊어 '대한독

다.19) 이 의병 조직은 – 안중근의 관련 기록, 진술로 유추하면 – 국내의 '13도 창의군'과 모종의 연계가 있었을 가능성이 있다. 또는 연합 관계를 맺고 공동 투쟁/전쟁을 벌일 것을 목표로 조직되었을 가능성이 있다. 어쨌든 안중근은 1908년 음력 6월에 두만강을 건너 함경북도에서 일본군과 전투를 벌였다(후술). 이와 관련된 에피소드가 《안응칠 역사》에 자세히 기록되어 있다.

그 기록에 따르면 안중근은 "몇 차례 충돌하여" 여러 일본군, 상인을 사로잡았다. 이들에게 그는 다음과 같이 물었다고 한다: "그대들은 모두 일본국 신민臣民이다. 무슨 까닭에 천황의 성지聖旨를 받들지 않는가?20) 일로전쟁 때의 선전서(宣戰書, 조칙)에는 '동양평화를 유지하고 대한 독립을 공고히 한다'고 해놓고 오늘날 이렇게 경쟁, 침략을 일삼으니 어찌 평화, 독립이라 할 수 있겠느냐? 이것이 역적, 강도 아니고 무엇이냐?"(162) 그들은 눈물을 흘리며 이렇게 대답했다고 한다.

립'이라는 혈서를 쓰고 항일 투쟁을 결의한 '단지회斷指會'를 결성했다. 이 단지회는 '동의단지회同義斷指會 또는 단지동맹斷指同盟'으로 불리기도 한다.

19) 연추는 당시 연해주의 대표적 한인韓人 마을이었다. 1868년부터 형성되기 시작하여 1900년대에는 상·중·하 세 개(약 400가구, 2000명 이상)의 마을로 나뉠 정도로 확대되었다. 1917년에 러시아 혁명이 일어난 뒤 연해주 지역도 공산주의화의 물결이 휩쓸었다. 그리하여 1923년 이후 연추 마을은 집단 농장으로 개조되어 나갔다. 먼저 중연추 마을이 폐쇄되었다. 다음으로 1937년에 스탈린 정권이 연해주 지역의 한인을 중앙아시아로 강제 이주시키는 정책을 실시하자 상연추 마을이 폐쇄되었다. 결국 하연추만 남아 러시아인의 마을로 바뀌었다. 이 마을의 이름은 1972년, 추카노보(Цуканово)로 개명되어 오늘에 이른다.

20) 이렇듯 메이지 천황을 향한 안중근의 기대는 크고 두터웠다. 천황의 실체나 일본 정치 체제의 실상을 몰랐기 때문이리라. 또는 그가 지녔을 유교의 이상적 군주상 때문이리라. 그래서 천황이 '넉을 베풀고 왕도王道를 지킬 줄 아는 군주'가 되기를 바랬기 때문이리라. 그러나 연목구어緣木求魚, 천황은 이토와 같은 원로 정치가들의 꼭두각시에 가까웠다. '대일본제국헌법'(1889년 제정)에 따르면 규정상 '무제한의 대권大權'을 가지고 있었으나 실권 없이 군림君臨했을 뿐이다. 게다가 신성불가침한 국체國體로서 정치적 책임을 모르는 '무책임의 존재'였다. 이를 모방하듯 정치가, 관료는 각 부서의 '작은 천황'처럼 군림했다. 이런 전통은 오늘날 일본의 정치, 사회, 문화 등 모든 분야에 뿌리 깊게 남아 있다.

이것은 우리들 본연지심本然之心이 아니오. … 이렇게 된 이유는 모두 이토 히로부미의 잘못[過]입니다. 천황의 성지聖旨를 받들지 않고 제멋대로 권력을 희롱戱弄합니다. 일한日韓 양국의 귀중한 생령生靈을 무수히 살륙하면서 저들은 편안히 누워 복을 누리고 있습니다. 우리들은 분개하는 마음이 있긴 하나 세勢를 어찌할 수 없어 이 지경에 이르렀습니다. 그러나 시비춘추(是非春秋, 역사의 심판)가 어찌 없겠습니까(162).

이것이 '진정眞情에서 나온' 대답이었다면 당시 일본인 사이에도 이토와 일본 정부에 대한 반감이 어느 정도 감돌고 있었음을 뜻한다. 그 배경에는 일본의 대외 침략과 국내 억압이 동전 앞뒷면처럼 짝을 이루고 있었다는 사실이 있다. 따라서 일본인은 침략의 가해자이자 억압의 피해자이기도 했다. 실제로 침략이나 억압에 저항하던 일부 일본인도 있었다. 하지만 다수 일본인은 대외 침략 즉 억압을 밖으로 이양移讓[21] 하는 일에 종사했고, 또 그렇게 되어 갔음이 역사적 사실이다.[22]

아무튼 안중근은 그들 일본인을 "충의지사忠義之士"라 일컫고는 "놓아 보내 줄테니 돌아가거든 그 같은 난신적자亂臣賊子를 소멸하라"고 당부했다고 한다(162). 또한 그들에게 '총포'마저 돌려주었다고 한다(163). 이렇듯 도리적 판단에 따른 처분을 순진무구純眞無垢하고 비현실주의적 우행愚行이라 비웃을 수 있다. 그러나 도리란 본디 순진무구 아니던가! 비현실주의적이란 권력추종의 현실주의적 시각이요, 오히려 그런 시각이 비현실주의 아니겠는가! 진정한(authentic) 현실주의는 잘

---

21) 마루야마 미시오(丸山眞南, 1914-1996)는 1946년 《世界》 5월호(岩波書店)에 발표한 〈초국가주의의 논리와 심리〉라는 논문에서 '억압 이양'이라는 표현을 썼다. 일본 사회에 퍼져 있는 '억압 이양'이라는 현상은 위로부터 받는 압박감을 아래로 제멋대로 발휘함으로써 그 억압이 이양 즉 옮겨 간다는 뜻이다. 이 논문은 丸山眞男, 《現代政治の思想と行動》 增補版, 未來社, 1986, 11~28쪽에 실려 있다.
22) 이로 말미암은 불행한 역사의 잘못에 눈감고 뚜껑 덮어 두고자 하는 꼴이 현대 일본의 현실이다.

못된 현실을 바로잡는 도리에 입각할 때 비로소 구성될 터이다. 도리 어김은 역천이요, 언젠가는 역사의 심판 내지 천주天誅가 내려질 것이다. 이 또한 현실이요, 역사이다. 비록 언제나 그러하진 않을지라도 그러함을 통찰하는 것이 진정한 현실주의이다.

이에 장교들이 "어째서 사로잡은 적들을 놓아주는 것이오"라고 불평하자 안중근은 이렇게 대답한다: "현금 만국공법(국제법)에 포로된 적병을 죽이는 법은 전혀 없다. 어디다가 가두었다가 뒷날 배상을 받고 돌려보낸다. 더구나 그들이 진정에서 나온 의로운 말을 하니, 놓아주지 않고 어쩌겠는가."(163) 그랬더니 여러 사람이 "적들은 우리 의병이 포로되면 남김없이 참혹하게 살육한다. 더욱이 우리는 적을 죽일 목적으로 이곳에 와서 풍찬노숙風餐露宿하고 있다. 이렇게 애써서 사로잡은 놈들을 몽땅 놓아 보내면 우리의 목적은 무엇이오!"라고 따져 묻는다. 안중근은 다음과 같이 대답한다(163).

아니다. 그렇지 않다. 적병의 그러한 폭행은 신인공노神人共怒할 일이다. 이제 우리마저 야만 행동을 하고자 하는가. 더하여 일본 4천만 인구를 다 죽인 후에 국권을 만회할 계획인가. … 충행의거忠行義擧로써 이토의 포악한 정략을 성토하여 세계에 널리 알려서 열강의 같은 감정을 얻은 다음에야 비로소 한을 풀고 국권을 되찾을 수 있을 것이다. 그것이 이른바 약한 것으로 강한 것을 물리치고, 어진 것(仁)으로 악한 법을 대적함이라. 그대들은 부디 여러 말하지 말라.

"이렇게 간곡히 타일렀으나 중론衆論이 들끓어 따르지 않았다. 장교 중에는 부대를 데리고 멀리 가버리는 사람도 있었다."(163-164)고 한다. 이때 좌군영장 엄인섭도 자기 부대를 이끌고 헤어졌던 모양이다.

이와 같이 안중근은 전장戰場에서조차, 일본인 적병이나 포로를 대할 때마저 인의仁義 즉 유교의 도리를 내세우고 있다. 이를 통해 유교의 근본 사상인 '수기치인修己治人'의 실천 윤리를 바탕으로 도리를 구하고 수행하는 구도자, 수행자의 모습을 엿볼 수 있다. 또한 그는 17세부터 천주교에 입교했다.23) 그리하여 천주교의 교리를 독실하게 믿는 신자의 모습도 지니고 있다.24)《안응칠 역사》에 따르면 청년 안중근은 복음 선교에 정열을 쏟은 적이 있다. 이즈음 그는 군중에게 다음과 같이 연설했다고 한다(138).

> 천주님은 지공至公하여 착함(善)을 갚아주지 않는 일이 없고, 악惡을 벌하지 않는 일이 없소. 그 공벌功罰의 심판은 몸이 죽는 날에 내리는 것이라오. 착한 이는 영혼이 천당에 올라가 영원무궁한 즐거움을 받는 반면 악한 놈은 영혼이 지옥으로 들어가 영원히 다함없는 고통을 받게 되는 것이오.

안중근에게 천주님은 하늘의 도리 즉 천도天道를 표상한다. 그리고 천도에 입각한 인간의 도리 즉 인도人道를 따름이 선이요, 따르지 않음이 악이다. 그 선악의 경중에 따라 사람들은 죽는 날에 천주님의 심판을 받는다. 이러한 천주교 교리를 믿고 있었던 것이다. 그런데 "어째서 천주님은 인생人生 현세에서 착함을 상 주고 악함을 벌하지 않느냐?"(138)라는 반문을 받았던 듯하다. 달리 말해, '현세의 상벌이 타당치 않겠는가? 죽은 후에 준들 무슨 쓸모 있겠는가?'라는 반문이다. 안중근은 "그렇지 않소"라고 대답하고 나서 그 이유를 다음과 같이 논변

---

23) 안중근은 의거 후 뤼순 법원에서 열린 공판 첫날인 1910년 2월 7일에 '17세 때 세례받고 천주교에 입교했다'고 진술한다('공판기록' 참조) 그가 17세였던 해는 1895년 또는 1896년일 것이다.

24) 안중근은 천주교의 교리가 유교의 도리와 상통한다고 여겼거나 또는 천주는 유교의 '상제上帝'와 마찬가지라고 여겼다고 본다. 이를테면 그의 천주교는 '유교적 기독교(Confucian Christianity)' 내지 '기독교적 유교(Christian Confucianism)'를 표상하는 셈이다. 후술하나 그는 근대 문명의 '부負'에 대한 강한 비판 의식을 지니고 있었다. 그러나 다른 한편 근대 문명의 '정'을 분별하여 수용하고자 노력했다. 그 '정'의 하나가 천주교였다고 볼 수 있다.

한다(138~139).

이 세상의 상벌은 유한有限하나 선악은 무한無限하오. 만약 어떤 사람이 다른 사람을 죽였다면 시비를 판별하여 무죄라면 그만이고 유죄라면 그 한 몸을 대신(벌)하는 것으로 족하오. 그러나 어떤 사람이 수천만 명을 죽인 죄가 있다면 어찌 그 한 몸만 대신할 수 있겠소? … 더구나 인심人心은 때때로 바뀌니 지금 착하다가도 후에 악하기도 하고, 오늘 악하다가도 내일은 선하게 되기도 하오. 만약 그때마다 선악을 상벌로 갚으려 든다면 이 세상 인류는 보전하기 어려울 것이 분명하오. 또한 이 세상의 벌은 그 몸만 다스릴 뿐 마음을 다스리지 못하나 천주님의 상벌은 그렇지 않소. 전능全能, 전지全知, 전선全善, 지공, 지의至義하기 때문에 너그럽게 기다려 주다가 사람 목숨이 세상을 마치는 날 선악의 경중을 심판하는 것이오.

그의 논변은 '현세의 상벌과 천주님의 상벌' 두 가지로 나뉘어 있다. 논변의 중점은 후자 긍정에 있다. 그렇기는 하나 전자 역시 타당함을 인정한다. 그래서 훗날 이토를 사살했다. 이것을 그는 천주교도로서 이렇게 정당화했으리라: '이토가 더 많은 죄짓고 죽은 뒤 천주님의 더 큰 벌받기 전에 사살했노라.' 또 이런 고해告解도 했으리라: '감히 제가 천주님을 대리하여 미리 벌(사살)했음은 교리에 어긋날지 모릅니다. 어긋난다면 그 벌은 달게 받겠습니다.' 과연 그의 의거가 천주교 교리에 어긋날지 아닐지는 천주님 외에 누구도 함부로 언급할 수 없으리라.

3. 의거와 증언

이튿날(1909년 10월 26일) 아침 일찍 일어나 새 옷을 다 벗고 수수한 양복 한 벌로 갈아입은 뒤 단총을 지니고 곧바로 정거장으로 나가니 그때가 오전 7시쯤이었다. 거기에 이르러 보니 러시아 장관將官과 군인이 많이 와서 이토를 맞이할 절차를 준비하고 있었다. 나는 찻집에 앉아 차를 두어 잔 마시며 기다렸다. 9시 쯤 이토가 탄 특별 기차가 도착했다. 그때는 인산인해人山人海였다. 나는 찻집 안에서 동정을 엿보며 '어느 때 저격하는 것이 좋을까' 이리저리 생각했으나 미처 결정을 못 내리고 있었다.

이토가 차에서 내리자 각 군대가 경례하고 군악 소리가 하늘을 울리며 귀를 때렸다. 이때 분한 생각이 치솟고 3천 길 업화業火가 머릿속에 치밀었다. '어째서 세상 꼴이 이다지 불공不公한가! 슬프다. 이웃나라를 강탈하고 사람 목숨을 참혹하게 해치는 자는 이처럼 날뛰고 조금도 거리낌 없는 반면 죄 없이 어질고 약한 인종은 이렇게 곤경에 빠져야 하는가!' … 큰 걸음으로 용솟음치듯 나아가 군대가 늘어선 뒤쪽에 이르러 보았다. 러시아 관인官人들이 호위해 오는 맨 앞에 누런 얼굴에 흰 수염 기른 일개 조그마한 늙은이가 이리도 염치 없이 감히 천지 사이를 돌아다니는구나!

'저 자가 바로 이토 노적老賊일 것이다'라고 여겼다. 곧 단총을 뽑아 들고 그 오른쪽을 향해서 네 발을 쏜 다음 생각해 보니 십분 의아심이 머리를 스쳤다. 내가 본시 이토의 면모面貌를 모르기 때문이었다. 만약 잘못 봤다면 큰 낭패가 되리라. 그래서 〔이토〕 뒤쪽을 향하여 일본인 단체〔수행원〕 가운데 가장 의젓하게 앞서가는 자를 새 목표로 삼아 세 발을 이어 쏘았다. 그런 다음 또 다시 생각해보니 혹시 무죄한 사람을 잘못 봤다면 반드시 불미한 일이리라. 짐짓 정지해서 생각하는 사이에 다가온 러시아 헌병에게 붙잡혔다. 그때가 1909년 음력 9월 13일〔양력 10월 26일〕 오전 9시 반쯤이었다.

나는 하늘을 향해 큰 소리로 '대한 만세〔코레아 우라〕'를 세 번 외친 다음 정거장〔러시아〕 헌병 분파소分派所로 끌려 들어갔다. 온몸을 검시한 후 잠시 있다가 러시아 검찰관이 한인韓人 통역과 같이 와서 '성명, 국적, 거주처'와 '어디서 와서 무슨 까닭으로 이토를 해쳤는가'를 심문하기에 대강 설명해 주었다. 통역의 한국말은 잘 알아들을 수 없었다. 그 후 사진 촬영이 서너 번 있었다. 오후 8, 9시쯤 러시아 헌병 장교가 나를 마차에 태우고 어디

〈그림 2〉 1909년 10월 26일 상오 9시 반쯤 하얼빈역에 하차한 이토 히로부미(5번) 일행
(출처: 《안중근전기전집》, 국가보훈처)

가는지 모르게 가서 일본 영사관에 이르러 넘겨주고 가버렸다(《안응칠 역
사》, 173~174).

1909년 10월 26일 오전 9시쯤 이토는 하얼빈 역에 도착했다. 약 30
분 후 안중근은 이토에게 세 발의 총탄을 명중시켰다. 주치의主治醫 고
야마 젠(小山善, 1860-1933)의 검진에 따르면 1탄, 2탄은 흉부, 흉복
부, 3탄은 허리에 박히는 등 이토는 치명상을 입었다.25) 그런데 안중근
은 이토에게 '네 발'을 쐈다고 기록한다(《안응칠 역사》, 174). 단, 이토
는 세 발 맞았다. 이 순간 땅바닥에 쓰러졌으리라. 그래서 마지막 한
발은 쓰러진 이토를 벗어나 (일본인) 수행원 누군가가 대신 맞았을 것
이다. 이 '누군가'란 남만주철도 주식회사(약칭 만철) 이사 다나카 세이

---

25) 고야마는 당시 이토의 주치의이자 이은(李垠, 1897-1970) 왕세자의 부전의장付典
醫長이었다. 그 후 궁내성(宮內省, 구나이쇼) 소속 시의료侍醫寮의 어용괘(御用掛,
고요가카리)가 되었다.

지로(田中淸次郞, 1872~1954)였을 확률이 높다고 본다.26) 근거의 하나
는 그가 왼쪽 발뒤꿈치를 맞았다는 점, 또한 뒤에서 인용할 그 자신의
이야기(=사적私的 증언)도 이를 뒷받침하는 근거를 담고 있다(후술).

이토에게 '네 발'을 쏜 다음 안중근은 뒤쪽 수행원 가운데 '가장 의
젓하게 앞서가는 자'를 향해 '세 발을 이어 쐈다'고 한다. '세 발'은 그
'자' 한 명을 겨냥했다는 말이다. 그랬다면 그는 누구였을까? 궁내 대
신의 비서관 모리 카이난(森槐南, 1863~1911, 모리 야스지로森泰二郞)
으로 추정된다.27) 과연 모리는 왼쪽 어깨와 오른팔에 각각 한 발씩 '두
발'이 관통하는 상처를 입었다(후술).28) 그렇다면 나머지 한 발은 '주
변의 수행원이 맞았으리라'고 추정된다. 그러나 이것은 뒤에서 밝히듯
'잘못된 추정'이다. 그 '나머지 한 발'은 가정일 뿐 실은 없었다. 즉 모
리를 향해 두 발만 쐈던 것이다. 아무튼 이런 경황 속에 귀족원 의원
무로다 요시아야(室田義文, 1847-1938)는 유탄이 스친 듯 외투, 바지의
탄흔과 손가락 찰과상을 입었다.29) 그 찰과상은 달아나다가 넘어져 다
친 상처였을 것이다.

이와 같이 《안응칠 역사》의 기록을 토대로 의거 장면을 추정해 보았
다(추정①).30) 다만, 그 기록에는 실은 안중근의 기억 착오가 섞여 있

---

26) 다나카는 안도 도요로쿠安藤豊祿,《韓國わが心の故里》, 原書房, 1984, 16쪽에 따르
    면 이토와 같은 "야마구치山口현 하기萩시 태생"이며 "동대(東大, 도쿄 제국대학)
    법과 출신"이라고 한다. 또 이토가 "매우 귀여워했던 수재였다"고도 한다. 당시 그
    는 하얼빈역에 도착했을 때 이루어진 이토와 러시아 재무대신 코코프체프(후술)와
    의 회담에서 "프랑스어 통역"으로도 활약했다고 한다.
27) 모리는 한시인漢詩人이자 메이지시대 한문학의 중심인물이다. 그는 당시 추밀원
    소속 관료를 겸하고 있으면서 이토에게 한시를 가르치는 교사 역할을 했다.
28) 그 후유증 때문인지 약 1년 반 뒤인 1911년 3월 7일(49세)에 사망했다.
29) 무로다는 1872년에 이토의 알선에 의해 외무성 관료가 되었다. 1887년부터 1894
    년 사이에는 부산의 영사, 총영사를 역임했다. 1901년에는 귀족원 의원으로 칙임勅
    任되었다.
30) 앞으로 몇 갈래로 추정해 나가면서 그 결과를 통해 사실을 밝혀 보고자 한다. 단,
    정확한 사실은 의거의 여러 장면을 촬영했던 러시아 측의 필름이 – 어딘가에 소
    장되어 있다는데 – 언젠가 공개된다면 밝혀질 수 있으리라(후술).

음을 지적해 둔다. 특히 위에서 '그랬다면'과 '그렇다면 나머지 한 발'이라고 가정한 이유가 있다. 어디까지나 가정일 뿐 이제부터 밝히듯 사실이 아니기 때문이다. 실제로 '사실이 아님'을 뒷받침하는 진술을 안중근 자신이 하고 있다. 그의 진술은 두 가지로 각각 다른 내용을 담고 있다. 그 하나는 '사카이 경시의 신문에 대한 안응칠의 공술'의 제6회(12월 3일) 속에 나온다. 그 해당 부분을 인용해 보자(밑줄 부분은 인용자. 이하 같음).

나는 신문 삽화에서 봤을 뿐이므로 '과연 이토에 틀림없느냐 아니냐' 주저했다. 그때 러시아 대관大官인 듯한 자가 인사하는 품을 보고 나서야 드디어 '이토에 틀림없다'고 인정하고 쏘고자 했다. 그러나 러시아 대신과 겹쳐 있는 탓에 쏠 수가 없어 잠시 몸이 떨어지길 기다렸다. 그러다가 러시아인과의 거리가 약 1척(尺, 약30㎝) 가량 거리가 벌어진 순간 그를 향해 쐈다. ① <u>무릇 네 발을 쏘고 확실히 적중했음을 인정[확인]했다.</u> 그런 다음 '과연 이토인지, 만일 타인이라면…' 생각하고 뒤쪽을 주목하니 더욱 용장舂裝 반듯한 신사가 오는 것이 보였다. '혹시 이토는 저 자들 중에 있지 않을까?' 생각하고 ② <u>뒤에서 오는 신사 두 명을 향해 한 발씩 쏘아 이 또한 명중했다고 느꼈다.</u> 그래서 단총을 내던지고 러시아어로 '코레아 우라'를 세 번 외쳤다. 한국말로 '대한국 만세'를 절규했을 때 러시아 관헌에게 포박당했다. 애초 블라디보스톡을 출발할 때 '이토는 일본 세력권 밖인 하얼빈에는 도저히 못 오겠지만 장춘(長春; 창춘)까지는 오리라'고 생각했는데 다행히 하얼빈에서 목적을 달성한 것이다(《운동사》 자료7, 424-425).

여기서 《안응칠 역사》의 기록보다 더 생생한 의거 장면을 엿볼 수 있다. ①의 '네 발'은 《안응칠 역사》의 '네 발'과 일치한다. 다만, ②에서 보듯 안중근은 뒤쪽 수행원의 "두 명을 향해 한 발씩" 즉 '두 발'을 쐈다고 진술한다. 이것은 《안응칠 역사》의 기록과 다른 점이다: '세 발'

이 아니라 '두 발'이라는 점과 그 '두 발'이 뒤쪽 수행원의 '두 명'을 겨냥했다는 점이다. 이런 점을 《안응칠 역사》의 기록과 대조하면서 다시 추정해 본 결과는 다음과 같다(추정②).

안중근은 윗 진술대로 '두 발'을 쐈다고 추정된다. 왜냐면 그가 사용했던 브라우닝 권총은 7연발인데 '한 발이 남아 있었다'는 사실이 알려져 있기 때문이다. 따라서 《안응칠 역사》에서 수행원을 향해 이어 쐈다는 '세 발'(174)이란 그의 기억 착오일 수 있다. 실은 '두 발'을 쐈다고 추정함이 옳다고 여겨진다. 단, 그 '두 발'은 윗 진술과 달리 - 《안응칠 역사》의 기록대로 또는 아래의 추정대로 - '한 명'을 겨냥하여 쐈다고 봄이 옳다. 따라서 윗 진술의 '두 명'이란 안중근의 또 다른 기억 착오일 것이다.

그 '한 명'이란 이미 밝혔듯 모리 비서관을 가리킨다. 전술했듯 그는 왼쪽 어깨와 오른팔을 한 발씩 두 발이 관통하는 상처를 입었다. 이에 관해 그는 "나의 부상은 왼쪽 어깨의 요부腰部로부터 오른쪽 겨드랑이 밑을 관통하는 동시에 오른쪽 팔뚝 요부를 관통한 상처"(《운동사》 자료 6, 189) 라고 진술한다.[31] 이처럼 모리를 맞춘 '두 발'은 그의 몸을 뚫고 나갔다. 즉 안중근은 그에게 '두 발'을 쐈던 것이다. 이에 따르면 《안응칠 역사》의 기록에 나오는 "<u>나머지 한 발</u>"은 사실이 아니다. 또한 윗 진술의 "② <u>뒤에서 오는 신사 두 명을 향해 한 발씩</u>"이란 '안중근의 또 다른 기억 착오'일 뿐 역시 사실이 아니다.

그렇다면 모리의 몸을 관통한 '두 발'은 어디로 갔을까? 몸 밖으로 나가 그대로 사라졌을까? 아니다. 추정컨대 그중 '한 발'은 다른 수행원으로 향했다. 그것을 맞은 수행원은 하얼빈 총영사 가와카미 도시츠네(川上俊彦, 1862-1935)였다.[32] 그는 오른팔을 맞았다. 그 총알은 바로

---

31) 이 진술은 의거 20일 후인 11월 15일, 그의 도쿄 자택에서 청취된 증언 속에 나온다. 이러한 진술이나 증언을 담은 모리의 '청취서'는 뒤에서 살펴볼 것이다.

모리를 관통한 '두 발 중의 한 발'이었던 것이다. 이것이 '올바른 추정'일 것이라 판단된다.

이상과 같은 추정 ②의 신빙도를 높일 만한 증거가 있다. 안중근의 또 하나 진술이 그것이다. 이 진술은 공판 첫날 1910년 2월 7일 오후, 담당 재판관(후술)과 안중근 사이의 문답 속에 나온다(《운동사》 자료6, 328~329).

문: 이토 공작이 탄 열차가 도착했을 때 그대는 어떤 행동을 했는지 그 양상을 진술하라.

답: 나는 찻집에서 차를 마시고 있었는데 열차가 도착했다. 동시에 주악奏樂이 있었고 병대兵隊가 경례하는 것을 보았다. 나는 차를 마시면서 '하차하는 것을 저격할까 또는 마차에 타는 것을 저격할까' 생각하다가 일단 상황이라도 보려고 나가 보았다. 이토는 기차에서 내려 많은 사람과 같이 영사단領事團 쪽으로 향하여 병대가 정렬하고 있는 전면을 행진하고 있었다. 나는 그 뒤쪽을 같은 방향으로 행진했다. 그러나 누가 이토인지 분별이 가지 않았다. 잘 보니 군복을 입은 것은 모두 러시아인이고, 일본인은 모두 사복을 입고 있었다. 그 중에서 맨앞을 행진하는 사람이 이토라고 생각했다. 그리고 내가 러시아 열병대 중간쯤의 곳으로 갔을 때 이토는 그 앞에 정렬해 있던 영사단 앞을 되돌아왔다. 그래서 나는 열병대 사이로 들어가 손을 내밀고 맨앞에서 행진하던 이토라고 생각되는 사람을 향해 10보 남짓 거리에서 그 오른쪽 어깨를 노리고 ① 세 발가량 발사했다. 그런데 그 뒤쪽에도 또 사복을 입은 자가 있었다. '혹시 이토가 아닐까' 생각하고 ② 그쪽을 향해 두 발을 발사했다. 그때 나는 러시아 헌병에 의해 잡혔다.

---

32) 가와카미는 1884년에 도쿄 외국어학교 러시아어학과를 졸업한 뒤 외무성 관료가 되었다. 러일전쟁 때는 외교 고문, 통역으로 활약했다. 1906년에 블라디보스톡의 무역 사무관, 1907에는 하얼빈 총영사가 되었다.

여기서 의거 장면은 한층 더 생생하고도 구체적으로 그려져 있다. 다만, 전술했듯 이토를 향해 쐈던 ①의 "세 발가량"은 정확하게는 '네 발'이다. 그런데 왜 '세 발가량'이라고 진술했을까? 진술 당시 '이토가 세 발 맞고 죽었다'는 소문을 전해 듣고 있었기 때문이리라. '네 발' 가운데 '한 발'은 빗나가 옆에 있던 수행원 즉 다나카 만철 이사가 대신 맞았다는 사실을 몰랐기 때문이리라. 한편 ②의 "두 발"은 '이토 뒤쪽 사복을 입은 자' 즉 모리 비서관을 향해 쐈던 총탄에 다름 아니다.

이어서 '저격狙擊 위치, 자세' 등에 관한 문답을 나눈 뒤 다음과 같이 문답한다(329).

문: 그대는 먼저 발사한 후 뒤쪽에서 온 사복을 입은 일본인을 향해 발사했다고 말했다. 그런데 몇 사람쯤을 향해 발사했는가?

답: 그 뒤에서는 많이 오고 있었다. 하지만 나는 앞서 발사했으므로 방향을 바꾸어 그중 맨 앞에 오는 자(모리 비서관)를 노리고 〔두 발을〕 발사했다.

문: 그대는 모두 몇 발쯤 발사했는가?

답: 확실히는 모르지만 ① 5, 6발〔쯤〕 발사했다고 생각한다.

문: 그때 방해를 당하지 않았다면 ② 더 남아 있는 것도 발사할 심산이었는가?

답: 과연 '명중했는지 어떤지' 생각하고 있던 동안에 나는 잡혔다. 그래서 남은 것은 발사되지 못했던 것이다.

이미 추정한 결과 ①의 "5, 6발〔쯤〕"은 확실히는 '여섯 발'이다. 그리고 ②의 "더 남아 있는 것"은 '한 발'이다. 이제 다시 정리하면 결론은 이렇다: 안중근은 '이토를 향해 네 발, 모리를 향해 두 발' 모두 여섯 발을 쐈다. 이런 결론은 '안중근의 7연발 권총에는 한 발이 남아 있었다'는 사실과 부합된다. 그런데 여섯 발의 총탄은 뜻밖의 파급적 결과를 가져왔다. 그가 저격했던 이토와 모리 두 사람 외에도 주변의 몇몇 수행원에게 부상을 입혔던 것이다.

그런데 귀족원 의원 무로다의 옆에는 부상을 면한 나카무라 요시고
토(中村是公, 1867-1927; '나카무라 제코'라고도 일컬음) 만철 총재가
수행하고 있었다.[33) 이들 두 사람은 저격당한 이토를 열차로 옮기는 주
역이 된다. 한편 안중근은 러시아 헌병에게 체포된 후 러시아 경찰과
검찰의 심문, 조사를 받고 있었다. 그런데 어쩐 일인지 이날 밤 러시아
당국은 안중근 등 한국인을 일본 영사관에 넘겨주었다.[34) 이제부터 의
거 전후의 상황에 관한 수행원 4인의 증언을 살펴보자. 미리 말하거니
와 이들 증언의 시기나 분량은 각각 다르다. 또 내용상 차이도 적지 않
다. 따라서 어디까지가 사실인지 그 각각의 신빙성 정도에 대한 신중한
검토와 판단을 요한다.

증언(1): 먼저 후루야 히사츠나(古谷久綱, 1874-1919)의 증언을 보
자. 이것은 의거 당일인 10월 26일, 총리대신 카츠라 다로(桂太郎,
1848-1913)에게 보낸 전신電信 보고서 속에 들어 있다.[35) 미리 말하
면 후루야는 당시 추밀원 의장 이토의 곁을 지키던 직속 비서관이었던

---

33) 나카무라는 제1고등중학교를 거쳐 도쿄 제국대학 법과에 입학, 1893년에 졸업했
다. 대장성大藏省 관료가 된 뒤 타이완 총독부의 여러 관직을 역임했다. 1906년, 타
이완 총독이던 고토 신페이(後藤新平, 1857-1929)가 만철의 초대 총재에 취임했을
때 나카무라는 부총재로 기용되었다. 1908년에 고토가 체신遞信 대신이 되어 만철을
떠나자 그의 후임으로 총재가 되었다. 덧붙이면 그는 제1고등중학교 시절의 동기였
던 나츠메 소세키(夏目漱石, 1867-1916)의 친구로서 평생 친분 관계를 유지했다.

34) 그 배경에는 일본 관헌의 뒷 공작이 있었을 것이다. '실제로 그랬다'는 사실을 엿
볼 수 있는 자료가 있다. 만주일일신문사滿洲日日新聞社 발행의 《安重根事件公判速
記錄》(약칭, 《속기록》 고이시가와 젠지碟川全次의 복각판, 批評社, 2014)이 그것이
다. 그 '서언緖言에는 '이토 공 조난遭難 전말顚末'이 부쳐져 있다. 거기에는 이런
기록이 있다: "일본 관헌은 연루 수사에 전력을 다하고자 흥행〔10월 26일 의거〕이
튿날에는 관동도독부 법원 미조부치 검찰관을 급히 하얼빈으로 출장보냈다. 한국으
로부터는 아카시(明石, 〔후술〕) 소장少將이 만주로 와서 사토(佐藤, 〔이름 불명, 생
몰 미상〕) 도독부 경시총장警視總長, 히라이시(平石, 〔후술〕) 법원장 등과 협의했다.
그 획책劃策에 힘쓴 최고의 결과는 연루 혐의자 7명을 얻은 것이다."(3) 이렇듯 일
본 관헌은 신속히 획책했다. 이런 획책의 성과인지 러시아 당국은 의거 당일 밤에
안중근 등을 넘겨주었던 것이다.

35) 金正明(일본명, 市川正明) 編, 一〈伊藤博文暗殺事件ノ發生〉의 '伊藤公遭難顚末の報
告書', 《伊藤博文暗殺記錄》 明治百年史叢書 第169卷, 原書房, 1972, 9~11쪽.

만큼 그의 증언은 신빙성이 높다고 판단된다.[36] 그 내용은 다음과 같다.

이토가 러시아 재무대신 코코프체프(Vladimir N. Kokovtsev, 1853~1943) 등과 함께 의장대 '검열(檢閱; 사열(査閱))'을 끝낸 "오전 9시 30분 바야흐로 몇 걸음 되돌렸을 때, 군대 한쪽의 후방에서 머리 짧고 양복 입은 한 청년이 갑자기 공公에게 바싹 다가와 피스톨로 공을 저격하고 이어서 여러 발 발사했다. 곧바로 공을 부축하여 열차 안으로 옮겼다. 고야마 의사는 정거장에 나와 있던 러시아 의사 등과 응급조치를 취했으나 잠시 신음 후 오전 10시 마침내 훙거薨去했다."(9) 총 맞고 30분 후 '잠시 신음'하다가 죽었다는 것이다. 단, 그 사이에 이토가 '무슨 말, 대화를 했는지 아닌지'는 알 수 없다.

이어서 후루야는 이렇게 증언한다(9~10). "범인은 소지한 7연발 피스톨로 모두 여섯 발을 발사했다. 그 가운데 세 발이 공에게 명중했다. 한 발은 모리 비서관의 팔과 어깨를 관통했고, 한 발은 가와카미 총영사의 팔과 어깨(다음 날 확인하니 팔만 다쳤다고 함)를 관통했고, 한 발은 다나카 만철 이사의 다리에 맞아 경상을 입혔다. … 가와카미 총영사는 곧 입원했고, 모리는 열차 안에서 치료를 받았고, 다나카는 병원 치료를 받은 후 다시 열차로 돌아왔다."

이 사이 나카무라 총재는 즉시 장춘으로 발차할 것을 교섭하여 러시아 측의 승낙을 받았다. 만반의 준비를 끝낸 뒤 재무대신(코코프체프)에게 공작의 유해와의 작별을 요구했다. 대신은 쾌히 승락하고 오전 11시 15분쯤 열차 안에 와서 … 조사弔詞를 읊었다. … 범인에 관하여 이미 밝혀진 사항을 듣고 싶다고 하자, 대신은 "러시아 경찰이 심문한 결과의 구술口述에 따르면 범인은 한국인이며, 어젯밤 블라디보스톡에서 이곳에 왔고 하룻밤을 정

---

36) 이토는 1900년 제4차 내각을 구성할 때 후루야를 총리대신 비서관으로 기용했다. 이후에도 그를 1905년에 통감 비서관, 1909년에는 추밀원 의장의 비서관에 임명했다.

거장 부근에서 보냈다"는 등을 말해 주었다(10).

이렇듯 후루야는 이토가 죽은 지 약 1시간 15분 뒤인 11시 15분 이후에 '범인은 한국인'임을 알게 되었다고 증언한다. 주목할 것은 그런 사실을 코코프체프는 '11시 15분쯤 열차 안으로 와서 조사를 읊고난 후' 전해주었다는 점이다. 거듭 말하나 후루야의 증언은 신빙성이 높다고 판단된다. 그런데 이와 다른 내용의 증언들이 뒤이어 나온다.

증언(2): 《오사카 마이니치신분大阪每日新聞》 10월 28일자의 2면은 '다리엔大連 래전來電, 27일 특파원 발發' 기사의 하나로서 〈나카무라 총재의 실견담(實見談, 목격담)〉을 싣고 있다.[37] 그 내용은 다음과 같다 (107~108).

이토 공의 흉변凶變 당시 공의 곁에 있었던 나카무라 만철 총재는 말했다: 우리들이 공을 둘러싸고 있으면서 이런 꼴이 된 것은 참으로 면목없다. 그러나 흉행凶行은 순식간에 벌어져 방어할 수 없었다. 이때 공은 정렬한 환영단 가까운 곳을 천천히 걸어가고 있었는데 돌연 우측면에서 여러 발의 총성이 일어났다. 공은 첫 발을 맞았을 때 한 걸음 나아갔다. 두 발째 맞자 또한 걸음 나아갔고, 세 발째에 비틀거렸다. 나는 돌연한 사태에 당황하지 않으려 했고, 놀랬지만 주저할 때 아니어서 바로 앞에서 공을 껴안았는데 공은 허둥대는 모습 없이 "당했다. 탄환이 여러 개 박힌 듯하다."고 중얼거렸다. 이때 러시아인이 빨리 눕힘이 좋다고 말해서 5-6인이 얼굴을 하늘로 향하게 안고 기차 안으로 들어갔다. 이때 공이 멀쩡한 정신으로 "흉행자는 어떤 놈이냐"고 물었다. 나는 한국인이라는 뜻[旨]을 고하고, "모리 씨도 당했습니다"라고 말하자 "모리도 당했는가"라고 낮은 목소리[로 말했다]. 이미 이때는 단말마斷末魔가 다가와 있었다.

---

37) 독립기념관 한국독립운동사연구소, 《한국독립운동사자료총서》 제29집, 《일본신문 안중근 의거 기사집Ⅱ 大阪每日新聞》, 2011 참조.

윗 증언 가운데 '이토가 총 맞은 뒤에 전개된 정황 내지 그런 정황이 전개되었던 것처럼 각색된 말'을 차례로 살펴보자. 먼저 이토는 총 맞은 직후 "당했다. 탄환이 여러 개 박힌 듯하다."라고 중얼거렸다고 한다. 이 중얼거림은 단말마(죽기 직전)'의 비명에 가깝다고 볼 수 있다. 이러한 '이토의 혼잣말'은 후술할 다른 증언에도 나온다. 다만, 그 표현은 다양하다. 그만큼 약간씩 차이가 있다. 따라서 각각의 신빙성 문제가 있음을 지적해 둔다.

다음으로 이토를 기차 안으로 옮겼을 때 "흉행자는 어떤 놈이냐"고 묻자 나카무라는 한국인이라는 뜻을 고함하고, "모리 씨도 당했습니다"라고 말했다고 한다.[38] 이처럼 '이토와의 대화'를 나누었다는 것이다. 이것이 과연 사실/진실일까? 결론부터 말하면 사실/진실이 아닐 확률이 높다. 달리 말해 나카무라가 ― 자신의 활약을 뽐내고자 ― 조작했을 가능성이 크다. 그 근거는 여럿이지만 여기서 두 가지만 들어 본다. 하나는 뒤에서 살펴볼 여타 수행원들의 증언 속에도 '이토와의 대화'가 나오긴 하나 그 내용이 각각 다르다. 무엇보다 이들의 증언에 따르면 '범인이 한국인…'임을 말한 사람은 나카무라가 아니다. 또 하나는 앞서 본 후루야의 증언이다. 그는 이토가 죽은 지 약 1시간 15분 뒤에야 비로소 '범인은 한국인'임을 알게 되었다고 증언한다.[39]

따라서 위의 '이토와의 대화'는 나카무라가 조작했을 가능성이 크다는 결론이 나온다. 그렇다면 그 모두가 조작일까? 아니면 그 일부만 조작일까? 일부 조작이라면 그 '대화' 속에는 나카무라가 의도적으로 각

---

38) 그러지 이토는 "모리도 당했는가"라고 밀했고, 이때 '이미 난말마가 다가와 있었다'고 한다. 그렇다면 그 말을 끝으로 이토는 죽기 직전의 상태에 들어갔다는 것이 된다.

39) 이 후루야의 증언으로부터 나카무라든 수행원 누구든 이토가 죽기까지 '범인은 한국인'임을 알았을 가능성은 거의 없다는 판단을 이끌 수 있다. 이런 판단은 뒤에서 살펴볼 코코프체프나 다나카 세이지로의 증언, 여러 신문 기사에 의해 뒷받침되거나 방증傍證되어 그 타당성이 높아질 것이다.

색한 허구가 섞여 있다는 판단이 성립한다. 모두 조작이라면 '이토와의 대화' 자체가 허구라는 판단이 성립한다. 이 두 가지 판단은 여타 수행원들의 증언 속에 나오는 '이토와의 대화'에도 해당됨은 물론이다. 여기서 미리 말해 두고 싶은 것이 있다. 이토는 총 맞고 즉사했을 가능성이 있다는 점이다. 뒤에서 살펴볼 것이나 그의 '즉사'를 알려주는 다른 증언들과 여러 신문 기사들이 있다. 과연 실제로 그가 즉사했다면 '이토와의 대화'는 모두 조작, 허구 자체가 된다.

증언(3): 뤼순旅順 관동도독부關東都督府 산하의 지방 법원은 《안중근 등 살인 피고의 공판기록》을 남겼다.[40] 거기에는 '송치서送致書' 1통, '신문訊問 조서' 약 40통, '청취서' 3통, 제1회~제6회의 '공판 시말서'와 '판결문'이 수록되어 있다.[41] 그 가운데 '청취서'란 모리(1통)와 무로다(2통)의 증언을 가리킨다. 모리의 증언은 의거 20일 후인 11월 15일에 그의 도쿄 자택에서 청취된 것이다.

이토 공작은 러시아 군대의 오른쪽에서 왼쪽으로 몇 걸음 나아갔다. 그 순간 갑자기 양복을 입고 사냥 모자를 쓴 한 사나이가 우리 거류민 … 군중 속에서 홀연히 나타나 공작 배후로 다가가서 … 소지한 권총으로 공작 우측에서 몇 발 저격했다. 흰 연기가 일어났고, 공작은 그 체구를 지탱하지 못할 듯했다. 그제서야 수행원들은 급변을 지각하고 공작에게 달려갔다. 그 가운데 무로다 요시아야가 맨 먼저 공작 곁에 다가갔고, 나카무라 총재도 거의 동시에 공작의 몸을 부축했다. 이어서 러시아 군인 2, 3명이 다리와

---

40) 이 기록은 일본 외무성 사료관과 한국 국사편찬위원회의 두 곳에 소장되어 있다. 전자는 金正明 편(1972)의 3 〈安重根公判記錄〉과 4 〈安重根事件判決文〉으로 출간되었다. 후자는 한국어로 번역되어 국사편찬위원회 편, 《운동사》 자료6, 자료7, 1968의 두 권으로 나뉘어 출간되었다. 자료 6에는 '송치서'를 비롯하여 검찰관 미조부치 다카오(溝淵孝雄; 후술)의 '신문 조서'와 '공판 시말서' 등이 실려 있다. 단, 최후 공판에서 나온 '판결문'만은 자료7의 487~497쪽에 실려 있다.
41) '신문'은 '심문(尋問 또는 審問)'의 동의어이다.

허리 근처를 잡고 앞서 탑승했던 귀빈차 안으로 옮겼다. 공작은 … 무로다가 부축했을 때 "당했다, 몸 속 깊이 탄환이 박힌 듯하다."라고 말한 뒤 그대로 눈감고 입 다문 채 별다른 말도 없이 운반되었던 것이다(《운동사》 자료6, 186-187).

이처럼 모리는 안중근이 이토를 저격하는 순간과 그 후의 장면을 묘사한다. 그리고 이토가 "당했다…"라는 '혼잣말'을 했다고 증언한다. 그의 증언은 이렇게 이어진다.

급히 공작의 신변을 따라 객차 안으로 들어가서 혼잡을 막고자 다른 사람들이 들어오는 것을 금지하고 공작의 간호와 치료에만 유의했다. 그래서 그 뒤의 정거장 안의 양상은 목격하지 못했다. … 고야마 의사가 옆으로 누이고 외투, 조끼 등을 벗겨 상처를 고치고 주사를 놓았다. 종자從者에게 명하여 작은 술잔의 브랜디 한 잔을 공작에게 권하자 공작은 한때 흥분하여 "누가 쐈느냐, 누가 상처 입었는가"라고 물었다. 후루야와 무로다 가운데 한 사람이 "흉행자는 한인韓人이며 곧 붙잡혔다. 가와카미, 다나카, 모리 3명이 부상했다."고 … 대답하자 그 뜻을 알아들은 듯했다. 그 사이 다시 같은 양의 브랜디를 권했더니 마신 후 세 잔째를 권했을 때는 이미 절명했다. 조난遭難 후 15분 뒤 인사불성人事不省에 빠지고, 다시 15분 뒤에는 아주 절명한 것이 사실이다(188).

여기에 '이토와의 대화'가 들어 있다. "누가 쐈느냐"는 이토의 질문과 '후루야, 무로다 가운데 한 사람'이 "흉행자는 한인"이라고 대답했다는 부분이다.[42] 디만, 이런 '대화'는 신빙도가 낮다고 판단된다. 왜냐면

---

42) 단, 이 대답을 들은 이토가 '그 뜻을 알아들은 듯했다'고만 증언한다. 후술할 무로다의 증언에서 보듯 이토가 '어리석은 녀석'이라고 말했다는 것은 모리의 증언에는 없다. 이것은 모리가 - 후술할 무로다와 달리 - 그러한 이토의 말을 의도적으로 짓거나 거짓으로 각색하지는 않았음을 뜻한다고 볼 수 있다. 단, 주의를 환기할

후루야든 무로다든 '흉행자는 한인'임을 알고 있었을 확률이 거의 없기 때문이다. 거듭 말하나 후루야는 이토가 죽은 지 약 1시간 15분 뒤에야 비로소 '범인이 한국인'임을 알게 되었다고 증언했다. 따라서 "흉행자는 한인"이라고 대답했던 사람이 후루야일 수 없다. 그렇다면 무로다였을까? 그 역시 아니라고 본다(후술).

한편 위 인용문에 앞서 모리는 "흉행자는 단 한 사람이 틀림없다"(187)고 증언한다. 이때 '단 한 사람'이란 그 사람이 '한인'인지 아닌지 아직 모르고 있었다는 뜻이다. 그가 '단 한 사람'임을 증언한 이유는 다음과 같다. 그와 달리 무로다는 "명중수命中數가 많음"을 이유로 "권총을 난발한 자가 또 있으리라"는 의견을 말했기 때문이다. 이에 대해 모리는 "현장에서는 그런 자를 확인할 수 없었다"(187)고 부인한다. 즉 무로다의 '또 한 사람의 저격자설'을 반박하고자 그렇게 증언한 것이다. 이를 통해 무로다는 아집 많고 또 억측에 따른 궤변, 억설을 내놓는 성향이 강한 사람임을 엿볼 수 있다.

증언(4) 무로다의 증언을 살펴보자. 그는 전술했듯 두 번에 걸쳐 증언했다. 첫 번째는 1909년 11월 20일 야마구치山口현 아카마가세키赤間關 즉 시모노세키시下關市 재판소에서, 두 번째는 12월 16일 도쿄 지방재판소에서 증언했다. 전자의 증언은 비교적 길다. 그 앞부분은 그의 목격담으로 채워져 있는 만큼 신빙성이 있다. 단, 그 끝에 덧붙인 '또 한 사람의 저격자설'은 그의 억설일 뿐 신빙성은 없다.[43] 후자는 '이토

의 말로서 증언하고 있다는 점이다. 이로부터 모리의 두 가지 의도를 추정해 볼 수 있다. 하나는 그런 대답이 실은 허구임을 감추고자 하는 것이다. 또 하나는 그것이 허구임이 드러날 때 빠져나갈 단서를 마련하려는 것이다. 혹시 그럴 때가 오면 모리는 그런 허구를 지어낸 자는 '자기가 아니라 다른 사람'이라고 빠져나갈 수 있다. 이런 수법은 어떤 허구나 거짓에 가담한 공범자가 자기의 죄를 벗어나고자 의도적으로 자주 쓰는 것과 다름없다.

43) '명중수가 많음'은 안중근의 '사격술이 뛰어남'을 증명한다. 이에 대해 무로다는 의심을 품고 '또 한 사람의 저격자설'을 만들었다. 단, 어디까지나 그의 추측일 뿐이다. 그럼에도 그 '설'을 희언戱言하는 일본인들이 있다. 가미가이토 켄이치上垣外憲

와의 대화' 장면으로 채워져 있다. 그 속에도 신빙성 없는 증언 내지 각색된 허구가 담겨 있다고 본다. 무로다의 첫 번째 증언에 나오는 그의 목격담을 인용해 보자.

갑자기 몇 발의 폭죽과 같은 소리를 들었다. 그러나 저격자가 있었음은 알아채지 못했는데 좀 있다가 양복 입은 한 사나이가 러시아 군대 사이로 몸을 드러내면서 권총으로 나를 향해 발사하는 것을 보고 비로소 저격자가 있음을 알았다. 곧 공작 곁으로 달려가 왼쪽 뒤에서 그의 몸을 안고 막아섰더니 공작은 '이미 부상을 당했다(旣ニ負傷セリ)'라고 말했다. 저격 당시의 모습은 그 외에는 모른다(217).

위 인용문의 '양복 입은 한 사나이, 저격자'는 안중근이다. 그가 나타나 "나를 향해 발사하는 것을 보았다"고 무로다는 증언한다.[44] 또 "저격자는 오른손에 권총을 잡고 오른발을 앞으로 내밀고 몸을 앞으로 기울이고 있음을 보았다"(221)라고도 증언한다. 이렇듯 무로다는 안중근의 저격을 정면으로 목격한 사람의 하나였다. 그리고 저격 후의 상황을 이렇게 증언한다(217). "공작의 부상을 듣자마자 큰 소리로 수행 고야마 의사를 불렀다. 그가 달려올 즈음 나카무라 만철 총재도 왔다. 총재는 나의 반대편 우측 앞에서 공작을 안아들고 같이 보행하여 좀 전에 하차했던 객차를 향해 나아갔다."

나는 공작의 모자를 벗기고 손에 든 지팡이를 빼내서 종자에게 건네주고

一, 《暗殺·伊藤博文》, 筑摩書房, 2000; 오노 가오루大野芳, 《暗殺·伊藤博文》, 筑摩書房, 2003, 참조.
44) 여기서 무로다의 '나를 향해'란 거짓말이거나 그에 가깝다. 이미 살폈듯 안중근은 특별히 무로다를 조준했던 적이 없다. 왜 그런 거짓말을 했을까? 아마도 그의 비틀린 공명심, 과장벽, 피해 의식, 책임 회피 등 때문이었거나 그가 공포심이 많거나 비겁한 사람이었기 때문이었을 것이다.

공작을 기차 안으로 안아 들여 탁자 위에 눕혔다. 고야마 의사가 홀로 치료했고 러시아군 배속 의사와 본방인本邦人으로 하얼빈에서 사는 의사 누군가가 이를 도왔다(221).

이것이 무로다가 첫 번째 증언에서 말한 객차 안 장면의 전부이다. 거기에 '이토와의 대화' 장면은 없다. 이어서 그는 '공작의 부상'에 관하여 "내가 실제로 보았던 것을 그림으로 제출하겠으나 … 그 탄도彈道는 모두 위에서 아래쪽으로 기울어 있었다"라고 주장한다. 그 끝에는 그가 '추찰推察'한 설이 붙어 있다(222: ①②③은 인용자).

① 내가 받은 탄흔은 다섯 발이나 이 가운데 한 발로 두 군데를 뚫은 곳도 있을 것이므로 저격자는 적어도 5, 6발 쏘았을 것이다. 후일 들은 바에 따르면 저격자는 7연발 총으로 쐈고 한 발이 남아 있었다고 한다.
② 이런 점으로 추찰하면 공작을 저격한 자는 이 사진의 저격자가 아니라 다른 자일 것이라 생각된다. 저격자가 공작을 쐈을 때 다른 총을 바꿔 쐈다면 몰라도 말이다.
③ 이 사진의 사나이는 나를 저격했을 때 처음 한 번 보았으나 그 후 다시 보지 못했다.

위의 ① '저격자'란 안중근을 가리킨다. 또한 ③ '사진의 사나이' 즉 안중근이 '나를 저격했음'도 인증한다. 그럼에도 ② '다른 범인'을 추찰한다. 앞뒤 모순되는 증언이다. '또 한 사람의 저격자설'을 주장하고 싶은 듯하나 그 근거는 그의 추찰뿐인 억설이다.
이제 무로다의 두 번째 증언 속의 '이토와의 대화' 장면을 인용해 보자(①②는 인용자).

① 공작이 조난遭難했을 때 최초의 말은 … "당했다(遭ラレタ)"라는 한마디

였다. 나는 달려가 그 몸을 떠받치고 "권총이라 괜찮다. 정신 차리시라…"고 격려했으나 공작은 "깊이 들어갔다, 틀렸다(大分這入ッタ駄目ダ)"라고 말했다. 곧 기차로 되돌아가고자 나카무라와 함께 부축하여 가는 도중이었다고 생각된다. 공작은 "어떤 놈이냐(何奴ッカ)"라고 물었다. 그 순간 나는 흉한凶漢이 어떤 사람인지 불명不明하여 대답하지 못했다. 차내로 들어가자 공작은 종자에게 오른발 구두를 벗기도록 명했다. 그때는 발을 들어 올렸으나 왼발 벗길 때는 벌써 그 기력도 없었다(286).

② 의사가 상의 단추를 풀고 상처를 검사할 때는 이미 치명상임이 명료해졌다. 깨어나게 하는 약이라도 될까 해서 먼저 브랜디를 권하게 되었다. 첫잔을 권하자 괴로움 없이 마셔 버렸다. 바로 그때였다고 생각된다. 통역이 와서 "범인은 한인韓人이다. 즉시 포박되었다."고 보고했다. 공작은 이를 이해하고 "어리석은 녀석이다(馬鹿ナ奴ダ)"라고 말했다. 그때부터 주사를 놓기 시작하여 5분 뒤 다시 브랜디를 권했을 즈음 공작은 마침내 머리조차 들지 못하게 되었다. 그대로 입에 부어 넣은 지 1, 2분 사이에 아주 절명했던 것이다(286~287).

윗 증언 ①의 "당했다"라는 '이토의 혼잣말'은 앞서 본 나카무라, 모리 두 수행원의 증언과 공통이다. 또 "어떤 놈이냐"라는 '이토의 물음'도 공통이다. 그런 만큼 여기까지는 사실일지도 모른다. 단, 그 뒤에 – '이토와의 대화'로 – 이어지는 증언은 각각 다르다. 위에서 보듯 무로다는 "흉한이 어떤 사람인지 불명하여 대답하지 못했다"고 증언한다. 그는 (또는 수행원 누구도) '범인이 한국인'임을 모르고 있었다는 것이다. 이와 달리 나카무라는 "한국인이라는 뜻을 고하고, '모리 씨도 당했습니다'라고 말했다"고 증언한다. 또 그와 달리 모리는 "후루야와 무로다 가운데 한 사람이 '흉행자는 한인이며 곧 붙잡혔다. 가와카미, 다나카, 모리 3명이 부상했다'고 대답했다"고 증언한다.

이렇듯 세 수행원의 증언은 각각 다를 뿐만 아니라 서로 모순되게 엇갈린다. 그래서 필자는 전술했듯 '과연 이토와의 대화가 사실/진실일까?'라는 물음을 던지고 나서 '사실/진실이 아닐 확률이 높다' 또는 '조작 가능성이 크다'라는 결론을 이끌었던 것이다. 이와 함께 '그 모두가 조작일까? 아니면 그 일부만 조작일까?'라는 물음을 던지고 나서 '일부 조작이라면 그 속에 <u>허구가 섞여 있고</u>, 모두 조작이라면 그 <u>자체가 허구</u>'라는 판단이 성립한다고 말했던 것이다. 이어서 제기해 두었던 '이토의 즉사 가능성'은 앞으로 살펴보게 될 것이다.

그런데 ②에는 또 다른 내용의 두 가지 증언이 나온다. 하나는 '이토의 물음'이 있은 지 얼마(=몇 분) 지난 뒤 "통역이 와서 '범인은 한인이다…'라고 보고했다"는 것이다. 이때 '통역의 보고'란 위에서 본 나카무라, 모리의 증언과 서로 엇갈리는 내용임을 알 수 있다. 또 하나는 이토의 "어리석은 녀석"이라는 말이다. 주의할 것은 그런 말이 나카무라, 모리의 증언에도 그 자신의 첫 번째 증언에도 없다는 점이다. 또한 다른 누구의 증언은 물론 의거와 관련된 신문 기사, 전문, 보고서 등에도 없다.[45] 오직 무로다의 증언에만 나온다. 따라서 진실인지 거짓인지 가늠하기 어렵다. 그렇긴 하나 거짓일 확률이 높다. 따라서 그가 의도적으로 각색한 허구라고 판단해도 좋다고 본다. 거듭 말하거니와 그것을 뒷받침하거나 방증할 증거가 그의 증언을 제외한 어디에도 없기 때문이다.

---

45) 박은식(朴殷植, 1859-1925)이 1912년에 지은 《안중근》(한문)의 제14장 〈重根之狙擊伊藤〉에는 다음과 같은 표현이 나온다: "첫 발은 이토의 가슴에 맞았으나 〔총성이〕 축포 소리에 뒤섞여 각군各軍조차 깨닫지 못했다. 또 한 발은 늑골에 맞았다. 군경軍警과 환영단이 깨닫고 달아나기 시작하자 중근은 돌연히 나타났다. 이토는 그를 가리키며 '바카馬鹿'라고 욕했다. 세 번째 발은 복부에 맞았고 이토는 곧 땅에 쓰러졌다." 이렇듯 이토가 '바카라고 욕했다'는 표현이 나오긴 하나 때와 장소가 무로다의 증언과는 전혀 다르다. 아무튼 이 표현은 박은식의 각색에 의한 것으로서 무슨 근거가 있었다고는 볼 수 없을 듯하다. 따라서 액면 그대로 받아들이면 안 된다. 덧붙여 박은식 외에도 여러 한국인과 중국인이 안중근의 전기를 남겼다. 그 가운데 12편은 윤병석尹炳奭 역편, 《安重根傳記全集》, 국가보훈처, 1999에 실려 있다.

그럼에도 훗날 마치 진실인 양 퍼지게 된다. 예컨대 고마쓰 미도리 (小松綠, 1865-1942)가 편집하여 1927년에 간행한 《伊藤公全集》 제3권 의 〈伊藤公正傳〉에는 이렇게 묘사되어 있다(210~211).[46]

　　그중 세 발이 공의 흉간胸間에 명중했다. 공은 신색자약神色自若하게 새삼 놀라는 모습도 없이 수행원에게 안겨서 스스로 걸음을 옮겨 타고온 기차 안에 들어가 수행 의사 고야마 젠의 응급조치를 받으셨다. … 공은 별로 고통을 호소하지 않고, 구두를 벗기라고만 명하고는 더구나 브랜디를 요구해 마셨다. '흉도는 몇 사람이냐'라고 물었다. '한인 안중근'이라는 말을 듣고 "어리석은 녀석이다"라고 한마디했을 뿐이다. 부상 후 30분 후에 일대一代의 영웅은 69세를 일기一期로 백옥루白玉樓[47]의 사람이 되었다.

이런 묘사는 뒤에서 살펴볼 무로다의 '이야기'를 참조한 것으로 보인다. 다른 수행원들의 증언과 대조하면 어떻게 각색되어 있는지 알 수 있다. 이토를 '영웅, 백옥루의 사람'으로 삼고 싶었으리라. 그러나 '공중누각의, 가공架空의 영웅'을 지어냈을 따름이다.

한상일은 위 인용문을 이끌고 나서 '어리석은 녀석'이란 말은 이토의 "죽음을 극화하고 병탄을 왜곡하기 위하여 뒷날 만들어진 기록"이라고 판정한다. 또 "그 표현 이면에는 … 이토를 암살하는 어리석은 짓이 결국 병탄을 자초했다는 점을 부각하기 위한" 의도가 담겨 있노라고 비평한다.[48] 그리고 이를 뒷받침할 수 있는 여러 근거 자료로서 예컨대 앞서 본 후루야의 증언이나 관련 전문, 보고서, 신문 기사 등을 제시한다

---

46) 고마쓰 미도리는 이토의 '복심腹心'이었던 사람이다. 미국 유학 후 외무성 관료가 되고 나서 이토가 한국 통감이 되자 통감부 서기관, 외무부장에 기용되었다. 이후 조선총독부 외사국장을 거친 뒤 귀국하여 외무성 외국과장, 중추원 서기관장 등을 역임했다.
47) 옥황상제가 산다는 누각으로 '문인文人이 죽으면 이곳으로 간다'는 전설이 있다.
48) 한상일, 《이토 히로부미와 대한제국》, 까치, 2015, 406쪽.

(408). 그 어디에도 '어리석은 녀석'이란 말은 보이지 않는다는 것이다.

과연 무로다의 의도된 각색, 허구는 다면적 목적을 수반한다. 앞서 인용했던 한상일의 말처럼 '이토의 죽음을 극화하고 병탄을 왜곡하기 위함' 또는 '이토를 암살하는 어리석은 짓이 결국 병탄을 자초했다는 점을 부각하기 위함'은 그 일면이다. 다른 면의 목적은 안중근 의거의 뜻을 폄하하기 위함이다. 또한 한국인을 멸시하기 위함이다. 나아가 양심을 저버린 자가당착, 적반하장이나 터무니없는 궤변, 억설을 멋대로 지어내기 위함이다. 거기에 깔린 냉소, 왜곡, 기만 등을 거리낌 없이 퍼뜨리기 위함이다. 이러한 그의 의도, 목적은 과연 상당한 성과를 올린 셈이다. 당시는 물론 지금껏 많은 일본인이 그와 같은 의도, 목적을 공유하고 있는 것이 사실이요, 현실이기 때문이다.

4. 일본 신문의 의거 관련 기사

위에서 살펴본 수행원 4인의 증언을 간결히 정리해 보자. 무엇보다 후루야의 증언은 신빙도가 높다고 본다. 그 근거는 다음과 같다: 의거 당일의 보고서 속에 들어 있다는 것. 그는 당시 이토의 직속 비서관이었다는 것. 의거 전후의 실상을 목격한 그대로만 묘사하고 있다는 것. 그의 증언에서 주목해야 할 요점은 두 가지다. 하나는 이토가 죽은 지 약 1시간 15분 뒤에야 코코프체프의 전달을 통해 '범인은 한국인'임을 알게 되었다는 점이다. 또 하나는 '이토와의 대화'가 언급조차 없다는 점이다.

이 두 가지 요점과 관련하여 나카무라, 모리, 무로다 3인의 증언은 각각 다르고 또 서로 모순되게 엇갈린다. 따라서 각각 정도는 다를지라도 그 신빙성이 의심된다. 그렇긴 하나 묘한 공통점이 있다. 먼저 이들 3인은 모두 이토가 죽기 전에 '범인은 한국인'임을 알았던 - 또는 알게 되었던 - 양 증언하고 있다는 점이다. 그러나 전술했듯 이들 3인이든, 수행원 누구든 그 가능성은 거의 없다고 판단된다. 이런 판단의 타당성은 이제부터 살펴볼 일본 신문의 여러 기사에 의해 뒷받침된다. 또한 뒤에서 살펴볼 코코프체프나 다나카 세이지로의 증언에 의해서도 뒷받침될 것이다.

다음으로 이들 3인의 증언 속 '이토와의 대화'는 이미 결론을 이끌었듯 사실/진실이 아닐 확률이 높다. 또는 조작했을 가능성이 크다. 다만 '모두 조작일지, 일부 조작일지' 달리 말해 '그 자체가 허구일지, 그 속에 허구가 섞여 있을지'라는 문제가 남을 뿐이다. 그런데 이토가 '즉사'했을 가능성이 있다면 '이토와의 대화'는 당연히 '모두 조작, 그 자체가 허구'가 될 것이다. 실제로 이토의 '즉사'를 보도한 일본 신문의 여러 기사가 있다.

당시 여러 일본 신문은 안중근 의거의 전후 상황을 다양한 기사로 보도하였다. 그 가운데(한국에서 자료집으로 출간된)《오사카 마이니치신분》과《모지門司 신뽀新報》의 관련 기사를 각각 차례로 살펴보자.49) 이에 앞서 두 신문 공통의 흥미로운 사실 하나만 미리 말해 두고 싶다. 두 신문은 의거 다음날 27일, 이토의 '즉사' 소식을 전하는 '전문'이나 '관련 기사'를 공통적으로 보도하고 있다는 사실이 그것이다.50) 그러나 바로

---

49) 후자의 《모지 신뽀》는 독립기념관 한국독립운동사연구소, 《한국독립운동사자료총서》 제29집, 《일본신문 안중근 의거 기사집 Ⅰ 門司新報》, 2011로 출간되어 있다. 또한 당시의 여러 중국 신문도 독립기념관 한국독립운동사연구소, 《한국독립운동사자료총서》 제27집, 2010으로 출간되어 있다. 그런데 이들 신문을 살펴보면 안중근 의거의 상황을 전하는 기사들 거의 모두가 일본 신문을 인용하여 게재한 것임을 알수 있다. 따라서 그 검토는 생략한다.

50) 이런 사실은 의거 당일, 하얼빈에 있던 특파원, 목격자 등 여러 사람들 사이에 '이토는 즉사했다'라 는 소문/소식이 퍼져 있었음을 뜻할 수도 있다. 어쩌면 그런 소문/소식은 사실/진실일지도 모른다.

다음 날부터 '즉사'를 보도하는 기사는 사라진다.51) 그 뒤를 잇는 여러 관련 기사는 수행원의 증언, 목격자의 이야기를 중심으로 채워진다.

《오사카 마이니치신분》 10월 27일자 2면에는 이토의 '즉사'를 보도한 두 개의 기사가 실려 있다. 하나는 '블라디보스톡 래전, 26일 특파원 발, 이토 공 조난'이라는 기사이다: "이토 공은 '26일 아침 하얼빈 정차장에서 한인에게 저격되어 즉사했다'는 보(報, 소식)가 있다. 모두 경악했다."(86) 또 하나는 '연적(硯滴; 서예 도구로서 물을 담는 그릇)'이란 제목의 기사이다. 그 첫머리는 "우리 이토 공 저격의 제1보는 거의 믿지 않았다. 그러나 겨우 40~50분 안에 〔제〕4~5보가 연이어 들어왔다. 마침내 '하얼빈 정차장에서 한인의 저격으로 즉사'라는 확보(確報, 확실한 소식)를 접하고는 망연자실했다"(90)고 보도한다. 여기서 주목할 곳은 '즉사라는 확실한 소식' 부분이다. 과연 사실이라면 '이토와의 대화'는 '모두 조작, 그 자체가 허구'가 될 것임은 전술했던 대로이다.

그런데 이 신문의 10월 27일자 4면에는 다른 기사가 나온다. 제목은 〈장춘 래전, 26일 구와하라桑原 특파원 발, 이토 공 조난遭難〉이다. 거기에 〈마침내 낙명落命하다〉라는 소제목의 글이 삽입되어 있다. 그 내용은 이렇다: "곁에 있던 나카무라 총재는 공을 안았다. 이때 공은 오히려 태연하게 '당했다. 세 개 정도의 탄환이 박힌 듯하다.'고 말하면서 금새 얼굴색이 창백해져 옆에서 안고 곧 열차로 옮겼다. 공은 또 '어떤 놈이냐. 모리도 당했는가'라고 묻고는 마침내 언어불통言語不通이 되어 약 30분이 지난 오전 10시에 낙명했다. 공은 항상 '남은 목숨이 얼마 안 되는데 국가를 위해 암살당할 것 같으면 바라는 대로이다'라고 말했다고 한다."(92~93)

---

51) 그 요인을 두 가지만 추측해 보자. 첫째, 일본 정부의 보도 통제가 있었을 가능성이 있다. 그렇다면 이유는 '즉사'라는 용어나 보도는 불경不敬, 불온不穩, 심기 불편 등을 느끼게 했기 때문이리라. 둘째, 일본 신문들이 수행원의 증언, 목격자의 이야기를 근거로 철회했을 가능성이 있다.

윗 기사는 나카무라의 말(증언)을 바탕으로 쓴 것으로 보인다. 그 내용은 이튿날 28일자의 2면에 실린 (앞서 살펴본) 〈나카무라 총재의 실견담〉과 비슷하다. 양자를 대조하면 전자는 후자의 축약판처럼 보인다. 공통점은 이토가 (즉사하지 않고) '약 30분 후에 죽었다'는 것이다. 차이점은 이렇다: 전자에는 위와 같이 '이토의 물음(혼잣말)'까지만 나올 뿐이다. 반면 후자에는 전술했듯 '이토와의 대화'가 나온다. 거듭 말하나 윗 기사가 나온 다음날부터 '즉사' 보도는 사라진다. 이후의 여러 관련 기사는 수행원의 증언, 목격자의 이야기를 중심으로 채워진다. 그 몇 개만 살펴보자.

예컨대 10월 28일자 1면은 '봉천(奉天; 펑티엔) 래전, 27일 특파원 발' 기사 속에 〈흉행 실견자의 담(談, 이야기)〉을 싣고 있다(100~101).

하얼빈 정차장에서 이토 공 조난의 현장을 직접 본 사람의 직화直話에 따르면 이토 공은 수행원을 따라 열차에서 내려 나아가길 약 2간(間, 약 360㎝), 바야흐로 마차로 향하려는 찰나 한인 한 명이 경호하는 러시아 군대와 출영出迎한 양측 관민과의 두 열 사이에서 튀어나와 공의 전면 약 1간의 장소로 다가가 권총을 겨누어 공의 북부에 한 발을 쏘고 그대로 세 걸음 전진하여 다시 북부에 제2발의 명중탄을 맞추었다. 그때 공은 '당했다. 어떤 놈이냐.'라고 절규하며 땅에 쓰러졌다. 흉한은 계속하여 공과 나란히 가고 있던 가와카미 총영사의 가슴을 비스듬히 쐈다. 또한 공을 바짝 따르고 있던 다나카 만철 이사의 한쪽 발의 구두 옆을 명중시켰다. 모리 카이난 씨도 한 발을 맞았다. 공은 약 30분 후 마침내 낙명했다. 공의 임종은 극히 조용하여 조금도 번민하는 기색 없었고 유언은 한마디도 없었다.

목격자의 언술이라지만 그 속에 의거 후의 일이 섞여 있다. 또 신빙성이 의심되는 부분도 있다. 과연 의거 현장에서 '흉한이 한인'임을 알았을까? 알았다면 어떻게? 이런 의문이 남는다. 또한 이 목격담의 어디까지가 사실일지라는 문제도 남는다.

이틀 뒤 10월 30일자 2면에는 주일 러시아 대사가 28일, 고무라 외상에게 전했다는 '러시아 장상(藏相, 대장대신; 코코프체프)의 전보'가 실려 있다. 그 내용은 코코프체프의 증언과 다름없다. 그 일부만 인용해 보자: "한 사람이 돌연 브라우닝식 단총으로 몇 발을 쐈다. 그 때문에 공작은 치명상致命傷을 입었다. … 범인은 한국인 같으며 현장에서 체포되었다."(145) 주목할 것은 '치명상'이라는 말이다. 뒤에서 살펴볼 것이나 코코프체프는 그의 〈회고록〉에서 의거의 목격담, 전후 상황을 묘사한 증언을 남겼다. 미리 말하면 거기에는 이토를 객차로 옮겼을 때 '즉사 상태'였다라는 증언이 나온다.

그 '치명상'이라는 말은 10월 31일자 1면의 '대련(다리엔) 래전, 30일 특파원 발' 기사 제목으로 사용되기도 한다. 〈치명상과 절명기絶命期〉라는 제목의 기사가 그것이다: "이토 공의 치명상은 오른 쪽 앞가슴 제6, 제7의 늑골 사이에서 심장 맹관盲管으로, 또 오른 쪽 계늑季肋 부위에서 심와(心窩, 명치) 부위로 관통한 총상이다. 흉행은 26일 오전 9시 25분에 이루어졌고 동 55분에 절명했다고 한다."(154) 같은 31일자 2면에는 '시모노세키下關 래전, 30일'의 여러 기사가 실려 있다. 그 첫 번째는 '이토 공 영구靈柩 통협通峽'이라는 기사이다. 이토의 관棺을 싣고 온 순양함 아키츠시마(秋津洲; 일본의 별칭)호가 30일 정오쯤에 간몬關門 즉 시모노세키와 모지 사이의 해협을 통과했을 때의 모습을 보도한 것이다.[52] 그 해협을 통과할 즈음 나카무라와 무로다는 시모노세키에서 상륙했다고 두 번째 기사는 보도하고 있다(158). 세 번째와 네 번째 기사는 각각 이들 두 수행원의 '담談'을 싣고 있다.

세 번째 기사인 〈나카무라 총재의 담〉은 이렇다: "조난 때는 어쩔

---

52) 아키츠시마 호는 28일 오전 10시에 다리엔 항을 출발했다.

틈도 없었다. 내가 공작을 안았을 때 공작은 이미 폐繁한(=쓰러져 죽음에 달한) 후였다. 일으켜 세운 직후에 브랜디를 두 잔 마시게 하고 열차까지 5, 6보를 끌고 갔다. 그 후 30분 지나 절명하셨다. 그즈음 유언을 요구했으나 별다른 유언은 없으셨다."(158) 이미 본 〈나카무라 총재의 실견담〉(10월 28일자 2면)의 기사에 견주면 간결하다. 대조해 보면 같은 사람의 증언임에도 각각 다른 점이 적지 않음을 알 수 있다. 또 서로 엇갈리는 내용마저 담겨 있다. 따라서 어디까지가 사실일지, 각색되었을지, 그대로 받아들이기는 어렵다.

네 번째 기사인 '무로다 씨의 담'은 다음과 같다: "공작 조난 때는 누가 어디에 있었는지 판명할 수 없었다. 발포 소리를 듣자마자 공작이 맞았다는 소리를 듣고 나는 무의식적으로 공작 곁으로 달려갔다. 나도 오른쪽 새끼손가락에 찰과상을 입었으나 그때는 조금도 몰랐고 나중에야 알아차렸을 정도였다. 그 후 봉천에 와서 누군가에게 주의받고 비로소 오른쪽 바지에 많은 탄흔이 있음을 알았다. 또 오른쪽 무릎에도 관통한 탄흔이 있었지만 아무런 통증도 느끼지 못했다. … 조난 때 러시아 의사 10여 명이 달려 왔으나 '이쪽에도 수행 의사가 있으니 그 밖의 부상자의 유무를 조사해 달라'고 부탁했다."(158~159). 그의 이른 증언으로서 ─ 앞서 살펴본 바와 같은 ─ '각색된 허구'가 거의 섞이지 않은 듯하다. 따라서 그의 다른 증언에 견주어 짧지만 생생하다는 느낌이 든다.

그런데 11월 1일자 1면에는 〈이토 공 조난(1), 10월 26일 장춘에서, 석당생石堂生〉이라는 기사가 나온다.[53] 두 개의 소제목으로 나뉘어 있으나 그 두 번째인 〈최후의 5분간〉이란 기사만 살펴보자. 먼저 의거 선모습을 이렇게 묘사한다: "공은 26일 오전 9시, 러시아의 특별 열차로

---

53) 여기서 필명筆名 '석당생'이란 '이시도石堂 출신'의 일본인을 뜻할 것이다. '이시도'란 아오모리靑森현 하지노헤八戶시를 가리키는 지명이다.

장춘에서 하얼빈에 도착했다. 마중 나온 러시아 대장대신 코코프체프 씨와 기차 안에서 약 20분 동안 간절한 담화를 교환했다. 가와카미 하얼빈 총영사의 선도로 기차에서 내려서 코코프체프 씨와 나란히 만면에 웃음을 띠우고 환영자의 선두에서 기다리고 있던 러시아 대관(大官), 청국 대관, 각국 영사 등과 차례로 악수를 교환했다."(171) 그 다음에 묘사된 의거 현장 목격담은 다음과 같다.

한 청년이 갑자기 숨겼던 7연발 피스톨을 꺼내어 총구를 공에게 향하여 계속 발포했다. 거리는 겨우 5척[약 150㎝], 차분했던 흉한은 충분히 겨냥하고 급소를 노려 세 발까지 쏘았다. 공은 첫 발을 맞았을 때 한 걸음 앞으로 나아갔다. 두 발째 맞자 또한 걸음 앞으로 나아갔다. 세 발째의 탄환을 맞았을 때는 비틀거렸고, 곁에 있던 나카무라 총재가 앞에서 안았다. 이때 공은 허둥대는 기색 없이 "당했다. 탄환이 몇 개나 박힌 듯하다."라고 중얼거렸다. 그대로 여러 사람이 옆으로 안고 기차 안으로 옮겼다. 공은 나카무라 총재에게 "어떤 놈이냐"고 물었다. 총재가 "조선인입니다"라고 답하고 또 "모리 카이난 씨도 맞았습니다"고 고하자 "모리도 당했는가"라고 속삭였다. 이때는 이미 숨조차 가쁜 단말마였다(171).

이를 보면 28일자 2면의 〈나카무라 총재의 실견담〉과 비슷함을 알 수 있다.54) 다만 서로 비교하면 알 수 있듯 표현상 약간 다른 곳이 있을 뿐이다.

곧 이어 다음과 같은 말이 부연되어 있다: "그리하여 부상 후 30분 만에 숨이 완전히 끊어졌다. 흉행은 10여 초 사이에 이루어졌다. 공은 이 여행의 최후 목적지였던 하얼빈 정거장에 발을 내린 후 5분도 되지 않아 치명적 중상을 입은 것이다. 1909년 10월 26일 오전 10시, 이 일

---

54) 따라서 나카무라의 증언을 바탕으로 씌어진 기사라고 봐도 좋을 듯하다.

본 제일의 정치가는 서릿바람 차가운 만리 이향異鄕에서 마지막 숨을 거둔 것이다. 치명상은 탄환이 오른쪽 등 부위를 관통하여 폐장肺臟 안에서 멈춘 것이었다."(171~172) 여기에 ─ 주관적 감상이 담긴 ─ '각색된 말'이 섞여 있음에 주목할 필요가 있다. 그 '각색된 말'이 여러 사람에게 퍼져나가면서 그 누군가는 '허구'를 생산하는 온상이 될 수 있을 것이기 때문이다. 그 전형적인 사람이 무로다이다.

11월 1일자 11면은 〈이토 공 조난 실기實記, 무로다 요시부미 씨의 담〉이라는 장문의 기사를 싣고 있다. 그 첫머리는 이렇다: "무로다 요시부미 씨는 나카무라 만철 총재와 함께 31일 오전 7시 40분에 〔오사카大阪〕 우메다梅田역을 통과하여 동상東上(교토에 상경)했다. 기자는 교토까지 동승하여 씨에게 이토 공 조난 당시의 실황을 들었다. 씨가 이야기하는 바는 매우 상세했다."(190) 이 뒤에 이어진 무로다의 '이야기'는 (앞서 살펴본) 그의 훗날의 증언 두개와 거의 비슷하다.[55] 따라서 두 증언의 원형이라고 봐도 좋다. 단, 그보다 훨씬 길고 상세하다. 하지만 그런 만큼 '각색된 말이나 허구'가 섞여 있을 확률은 높으리라.[56] 특히 기사 곳곳의 '큰 활자'로 표기된 부분은 그 확률이 더 높을 것이다. 이제 기사의 일부를 인용해 보자(191~192; '큰 글자'는 밑줄 부분).

공작은 엄하게 오직 한마디 "<u>어떤 놈이냐</u>"고 소리질렀다. 흉한이 어떤 자인지 아직 누구도 몰랐다. 러시아인 측도 낭패하여 어쨌든 역으로… 하며 권했으나 역은 멀고, 응급조치는 특별 열차 안이 좋으리라 해서 나와 나카무라 군이 앞뒤로 공작을 안았다. <u>공작은 굳게 입술을 닫은 채 아무 말 없</u>

---

55) 한 가지 특기할 다른 점은 그의 훗날 증언(11월 20일)에 나오는 '또 한 사람의 저격자설'이 없다는 것이다. 당시까지는 그런 '억설(=각색된 허구)'을 대놓고 이야기할 자신이 없었던 까닭이리라.

56) 그 확률을 가늠하면서 기사를 세부적으로 검토할 필요가 있다. 그렇긴 하나 세부 검토는 생략한다.

없고, 조금도 고통스러운 기색을 보이지 않고 태연했다. 또 스스로 걸음을 옮겼기 때문에 우리는 설마 치명상을 입고 계셨는지 알지 못했다. …

공작은 신색자약神色自若했으나 안색이 점차 변했고 손발은 점점 차가워졌다. 나는 "괜찮습니다. 정신 차리십시오"라고 여러 번 반복했다. 고야마 의사는 피부에 붙은 속옷을 잘라내어 상처를 점검했다. 피는 별로 나지 않았다. 이는 폐 안에서 출혈했기 때문임을 나중에 알았다. 고야마 의사는 안색이 변하여 "이것은 간단치 않은 중상이다"라고 했다. 일동은 침울해졌으나 나는 변함없이 "괜찮습니다. 정신 차리십시오."라고 격려했다. 서둘러 상처에 붕대를 감은 의사의 말대로 공작에게 "브랜디를 드시겠습니까"라고 묻자 "응"하고 가볍게 끄덕이셨다. 이때도 공작은 아직 내 손을 꽉 잡고 계셨는데 "탄환이 몇 개나 명중했다. 무리다."라고 말씀하셨다. 나는 "아니 괜찮습니다"라고 반복했다.

컵에 브랜디를 가득 따라 내밀자 공작은 스스로 머리를 들어 기분좋게 한 잔 마셨다. 이때 비로소 '흉한은 한인'임을 알았는데 공작에게 "한인의 소행仕業(시와자)입니다"라고 말하자 "어리석은 녀석이다"라고 한마디하시고 그대로 다시 입을 다물고 말았다.

위의 밑줄 부분은 무로다가 '강조한 말'이리라. 그 탓에 오히려 '각색된 말, 허구'가 섞여 있을 확률이 높을 듯하다. 그 확률이 가장 높은 예가 "어리석은 녀석"이란 말이다. 또한 "신색자약"이나 "스스로 걸음을 옮겼다"라는 말은 앞서 본 고마쓰 미도리 편(1927)에 실린 〈이등공정전伊藤公正傳〉 속의 묘사와도 일치한다. 역시 무로다의 '의도된 각색, 허구'일 확률이 높다. 아니, '각색된 허구' 자체라고 판단해도 무방하다. 뿐만 아니라 무로다의 '이야기'는 전반적으로 여타 증언들과 다르고 엇갈리는 곳이 많다. 심지어 그 자신의 '증언'들과 대조해 봐도 상당히 다르다. 그러니까 액면 그대로 받아들이면 안된다.

끝으로 11월 2일자 7면의 〈도쿄 전화電話, 1일, 고야마 부첨의(附添

醫, 주치의)의 담〉이라는 기사를 살펴보자(210). 고야마는 이토의 부상당한 부위를 이렇게 설명한다: "제1탄은 공작의 왼쪽 견갑부 삼각근 후부 아래 2㎝ 부위를 관통하여 흉부로 들어가 왼쪽 위 복부에 박혔다. 제2탄은 왼쪽 어깨에서 복부로 들어가 배꼽 위 복부에 박혔다. 제3탄은 가슴 상부의 살덩이를 반월형으로 긁어냈다." 그의 목격담과 응급조치가 진행되는 동안 이토의 몸 상태는 다음과 같이 묘사되어 있다.

> 맨 처음 나는 지나인(支那人; 중국인)이 폭죽이라도 터뜨린 것인가라고 생각했으나 '당했다, 당했다, 크게 당했다'라는 소리를 듣고 바로 달려갔다. 그때 공작은 한 방울의 피도 흘리지 않고 꾹 참은 채 꼿꼿이 서 있었다. 기차 안으로 안고 들어가 탁자 위에서 응급 수술을 하여 캠퍼(Camphor, 장뇌樟腦, 방부제)를 주사했건만 얼굴색은 점차 변했고 맥박이 가늘어져 얼마 안되어 절명하셨다.

여기서 고야마가 진단한 이토의 몸 상태는 '거의 즉사 상태'임을 시사한다. 그렇다면 그가 응급조치를 하는 동안 '이토와의 대화'는 가능했을 리가 없을 것이다.

《모지 신뾰》 10월 27일자 2면의 〈하얼빈 특전(26일 발), 이토 공 저격당하다〉라는 기사는 이렇다: "26일 오전 10시 하얼빈 정거장 플랫폼에서 이토 공은 한인에게 저격당하여 즉사했다. 또한 다나카 만철 이사, 가와카미 총영사도 경상을 입었다. 흉행 한인 3명은 그 자리에서 포박되었다."(85~86) 이렇듯 역시 이토의 '즉사' 소식을 전하고 있다. 그런데 동일자 같은 2면의 '도쿄 특전(26일 발)'은 여러 기사를 신고 있는데 돌변하듯 '즉사'라는 용어는 사라진다. 그 대신 다른 표현이 등장한다.

예컨대 〈이토 공 조난 별보〉라는 기사는 "26일 장춘을 출발한 이토 공은 하얼빈 정거장에 도착하자 한국인에게 저격당하셨다. … 공의 생사는 아직 확실치 않다"(86)라고 전한다. 또는 '생명 위독'이라는 기사는 제목대로 "생명이 위독하다"(86)고 전한다. 단, 예외로 '조난 별보'라는 기사는 '즉사' 소식을 전한다: "미쓰이三井 물산에 도착한 전보에는 '오늘 오전 11시[도쿄 시간] 이토 공은 하얼빈 정차장 플랫폼에서 한인에게 저격당해 즉사, … 범인은 곧 체포되었다."(88) 이튿날 28일부터는 수행원들이 전해준 (듯한) 여러 정보의 기사를 싣고 있다. 그 첫째로 28일자 1면의 〈다이렌 특전(27일 발), 이토 공 조난 상보詳報〉라는 기사 일부를 인용해 보자(91~92).

공은 서서히 환영 인파가 정렬한 쪽으로 걸음을 옮겨 각국 대표자와 악수했다. 일본인 단체가 정렬한 방면으로 되돌아가기 위해 러시아 군대가 정렬한 근처에 이르자 돌연 '팡팡' 폭죽인지, 불꽃놀이 같은 소리가 나는 찰나에 탄환 세 발이 공의 오른쪽 배와 어깨 부위에 명중했다. 나카무라 총재는 뒤에서 공을 끌어안았다. 공은 태연자약하게 "세 발쯤 박힌 듯하다"라고 입 안으로 중얼거렸다. 일동은 크게 놀라 극진한 간호를 위해 기차 안으로 이끌어 들어갔다. 고야마 의사가 붕대를 감았다. 환영을 나온 일본 의사 3명, 러시아 의사 등도 함께 응급 처치를 했으나 약 30분 후에 절명했다. 〔이토는〕 일을 당하고 "어떤 놈이냐, 모리도 당했느냐"고 죽을 때까지 중얼거렸다. 흉한은 20세 정도의 조선인이고 흉기는 6연발 권총이다. … 흉한은 공 때문에 죽임을 당한 다수 한인을 위해 그 복수를 한 것이라고 공언했다.

여기에 '이토와의 대화'는 없다. 다만 "세 발쯤 박힌 듯하다"와 "어떤 놈이냐, 모리도 당했느냐."라는 두 마디의 '중얼거림'이 있을 뿐이다. 후자의 "어떤 놈이냐"라는 물음에 대한 수행원의 대답 역시 없다. 이토는 '범인이 한국인'임을 모른 채 죽었음을 시사한다. 특히 그 다음에 나오는 '흉한은 20세 정도의 조선인, 흉기는 6연발 권총'이란 이토가 죽은 뒤에야 알려진 (그러나 착오 있는) 정보임을 알려주고 있다.

둘째로 10월 29일자 3면의 〈이토 공 조난 별보〉라는 기사는 그 부제대로 '나카무라 만철 총재가 발송한 장문 전보'를 싣고 있다. 그 일부를 인용해 보자(133~134).

26일 오전 9시 이토 공작은 하얼빈에 안착하여 기차 안에서 러시아 대장대신과 약 20분 동안 담화한 후 하차하여 플랫폼에 마중 나온 문무관과 인사했다. 대장대신의 희망에 따라 수비병 전열의 일순一巡을 마쳤을 즈음 양복 입은 한국인이 피스톨로 저격했는데 우선 차 안으로 옮겨 응급 조치를 다했지만 10시경에 훙거하셨다. 범인은 즉시 러시아 병사에게 체포당했다. … 이 세 곳 가운데 두 곳은 치명상으로 수술할 수조차 없다고 한다. 범인은 연령 24~25세, 성명 미상이다. … 그 흉행 취지는 한국은 이토 공탓에 명예를 더럽혔으니 이를 회복할 뿐이라는 것이다. 단지 한 개인의 뜻일 뿐 다른 동류자(同類者, 동지)는 없다고 진술하고 있다. 그렇지만 이 자백은 믿을 수 없다. 실제로 송화강(松花江; 쏭화쟝) 세하구(細河口; 채가구蔡家溝의 오류)역 부근에서 수상한 한인 두 명을 붙잡아 조사했더니 피스톨을 소지하고 있어서 하얼빈으로 호송했다.[57]

이렇듯 〈나카무라 총재의 실견담〉(《오사카 마이니치신문》 10월 28일자 2면)의 기사와 달리 안중근을 비롯한 의거 관련자들의 수사 정보를 전해주고 있다. 이즈음 나카무라는 그들의 성명 등 상세한 정보를 아직 얻지 못한 상태에 있었음을 엿볼 수 있다.

---

57) 채가구(蔡家溝; 챠이쟈고우)는 하얼빈 근처의 도시. '한인 두 명'은 안중근의 동지 우덕순禹德淳과 조도선曹道先을 가리킨다. 후술하나 이들 두 사람은 10월 24일, 안중근과 함께 하얼빈을 떠나 채가구로 갔다. 이토의 열차가 채가구역에서 일시 정차함을 알았기 때문이다. 안중근은 그곳에서 이들에게 거사할 임무를 맡겼다. 두 사람은 역 구내의 여인숙에 투숙했으나 이를 수상하게 여긴 러시아 병사가 문을 잠궈 버려서 감금 상태에 있었다. 한편 안중근은 24일 밤 열차를 타고 하얼빈으로 돌아갔다. 그리하여 25일 아침에 하얼빈에 도착한 뒤 이튿날 26일, 의거를 수행했다.

마지막으로 하나만 더 살펴보자. 10월 31일자 2면은 '잡보'로서 〈이토 공 조난 진상眞相, 나카무라 만철 총재와 무로다 요시부미 씨의 담〉을 싣고 있다. 첫머리는 "이토 공 유해를 태운 군함 나카츠시마에 편승한" 이들 두 사람이 시모노세키에 도착한 후 "어제 오후 2시 40분발 열차로 〔도쿄의〕 신바시新橋로 급행했다"(157)고 전한다. 시모노세키에서 청취했을 이들의 '담' 가운데 큰 활자로 표기된(=강조된) 일부분을 뽑아 본다(158).

그〔안중근〕는 가슴에 십자가 휘장을 걸고 있는 가톨릭加德力교의 신자로서 흉행 후 의기가 앙양하여 그 목적 달성을 기뻐하며 하늘을 향해 감사의 뜻을 표하고 있었다. 흉기는 정교한 7연발로서 무연 화약을 장착한 것이다. 단총을 그 자리에 던져 버리고 러시아 병사에게 포박되었다. … 공은 탄환을 맞았지만 태연자약했다. 쓰러지지 않은 채 5, 6보 나가면서 자신의 두 손으로 총상 부위를 눌렀다. 원기元氣도 변함 없었다. 수행원의 부축을 받아 열차 안으로 들어왔다. 그러자 "상당히(大分〔다이부〕) 당한 것 같다"고 말하고 우리들이 "정신 차리시라"고 말했더니 "괜찮다"라고 응답했다. 두 번 정도 브랜디를 마신 지 약 30분 만에 그다지 고통스런 모습도 보이지 않고 절명했다.

위 인용문은 나카무라-무로다의 합작 증언인 셈이다. 여기에 '이토와의 대화'가 나오기는 한다. 단, 그것을 자세히 보면 이들 두 사람의 다른 이야기, 증언과 자못 다르고 또 서로 어긋남을 알 수 있다. 따라서 각색된 말/허구가 섞여 있을 확률이 높다. 특히 주목할 것은 – 무로다가 그토록 강조했던(?) – 이토의 '어리석은 녀석'이란 말이 보이질 않는다는 점이다. 그 이유는 무엇일까? 이렇게 추측해 본다: 두 사람은 공모하듯(?) '각색된 말/허구'를 지어냈으리라. 그랬어도 나카무라는 무로다의 '어리석은 녀석'이란 말에는 동조할 수 없었으리라. 왜냐면 '너무

지나친 각색'이라 판단했기 때문이리라. 그래서 무로다는 - 나카무라와의 합작 증언에서만큼은 - 그 말을 삽입하지 못한 채 일단 접어둘 수밖에 없었을 것이다.

5. 맺음말

《오사카 마이니치신분》의 1910년 1월 6일자 9면에는 〈이토 공 조난 활동 사진〉이라는 제목의 기사가 실려 있다.[58] 그 내용은 다음과 같다(363).

'재팬 프레스 에이전시'가 1만 5천여 원으로 매수한 고 이토 공작의 조난 당시 모양을 촬영한 사진의 원판은 그 촬영자인 코프치에프 씨(하얼빈 군단 어용 사진사)가 휴대하여 5일 아침 몽고리아호로 쓰루가(敦賀; 후쿠이〔福井〕현)항에 도착했다. 그를 맞이하기 위해 갔던 스기우라杉浦 에이전시 사무원의 이야기에 따르면 '원품原品은 도쿄에서 받을 약속이다. 아직 보지 못했지만 원판 길이는 600척이다. 공작이 탑승한 열차의 하얼빈 도착부터 객차 창밖에 머리를 내밀고 사방을 전망하는 장면, 하차한 뒤 러시아 대장대신과의 회담, 군대 사열, 외교단 전방에서의 조난 광경, 열차에 관을 싣는 장면, 흉한의 뤼순 호송에 이르기까지 각 그림을 연속시킨 것이다. 현영(現影, 실제 영상)은 매우 선명하다고 한다. 그 원판은 당시 유럽 각국〔인〕이 하얼빈에 출장 와서 경매하고자 노력했다. 그러나 촬영자는 물론 러시아 관헌이 일본을 대단히 동정하고 있는 까닭에 좋은 기념물로 삼고자 특별히 우리에게 매약賣約하기에 이른 것이다. 이 사진은 일본 궁정과 공작가公爵家에

---

58) 그와 비슷한 내용을 전하는 기사가 《모지 신뽀》의 1909년 11월 18일자 2면에 '이토 공작 조난 활동 사진'이라는 제목으로 실려 있다(234).

서 공람供覽한 후 일반에게 관람시킬 예정이다'운운. 따라서 촬영자 등은 같은 날 오후 곧바로 상경 길에 올랐다(쓰루가 래전).

이를 보면 '이토의 하얼빈 도착부터 안중근의 뤼순 호송에 이르기까지'의 여러 장면을 촬영한 러시아 측의 필름이 있었음을 알 수 있다. 또 그 필름을 일본 측이 매수했음도 알 수 있다. 그 필름의 원본 또는 사본이 현재 일본, 그리고 러시아의 어딘가에 소장되어 있다고 한다. 언젠가 공개된다면 의거 현장의 상세한 모습이 밝혀질 수 있으리라.

이제 코코프체프의 증언 두 가지를 살펴보자. 하나는 의거 직후, 러시아 관할의 국경 지방 재판소에서 스트라조프 판사와 밀레르 검사의 심문에 대한 그의 증언이다. 이것은 《운동사》 자료7의 324-326쪽에 〈증인 심문 조서(역문)〉라는 제목으로 실려 있다. 그 본문의 일부를 인용해 보자.

〔약 15분쯤 이토와 회담한 후〕 우리 일행은 공작을 앞세우고 객차에서 내렸다. 나는 먼저 공작에게 동청東淸 철도와 국경 수비 군단의 각 장관을 소개하고 … 의장병이 정렬한 앞면으로 걸음을 옮겼다. … 의장병 정렬 구역이 끝나는 지점에서 나는 공작에게 시장과 몇명의 명사名士를 소개했다. 이 명사 중에는 지방 재판소장이 있었다. 나는 그 재판소 검사를 공작에게 소개했다. 그리고 나서 의장병 분열 행진을 사열하기 위해 그쪽으로 돌아가도록 공작에게 간청했다. 이에 우리 일행이 그쪽을 뒤돌아보려는 순간 나는 뒤쪽 부근에서 마치 장난감 폭죽이라 여겨지는 극히 작은 폭발음을 들었다. 이와 거의 동시에 공작과 함께 그 소리가 들린 쪽을 되돌아보았다. 바로 이 순간 나는 〔소리가〕 직접 내가 있는 방향으로 향해 있는 것처럼 느꼈다. 〔이어서〕 최초의 것과 같은 여러 발의 낮은 폭발음을 들었다. …
이때 이토 공작은 아무런 소리도 지르지 않았던 까닭에 나는 공작도 나와 같이 무사할 것으로만 생각하고 있었다. 〔그러나〕 조금 있다가 공작은 나를 향해 무언가 듣기 어려운 말을 저음이지만 매우 힘있는 소리로 속삭였다. 이와 동시에 무엇이든 기대어 잡으려는 모습을 보였다. 이런 이상異狀을 본 근시近侍와 다른 일본인이 황급히 공작을 받들려고 할 때 나는 오른손으로 공작을 끌어안고 받들었다. 그리고 공작의 발밑을 보니 비틀거렸다. 일동一同은 서둘러 이를 안아 올려 공작이 타고 온 객차 안으로 옮겼다. [이 사이에] 그가 누구인지 나는 기억을 못하나 자꾸 공작을 정거장 안으로 보내라고 하는 자가 있었다. 그러나 나는 간절히 객차 안으로 옮기도록 권고했다. 즉 나의 주의[권고]에 의해 공작을 객차 안의 접객실로 옮겼던 것이다.

이때 다행히 마침 정거장에 있던 [러시아] 의사의 권고를 받아들여 긴 의자 옆에 있던 탁자를 객차 안의 접객실 중앙에 놓고 그 위에 공작을 안치安置했다. 나는 스스로 긴 의자의 베개를 옮겨 공작 머리 밑에 베어 주었다. 그때 의사와 근시는 서둘러 공작의 옷을 벗겼다. 그리고 나서 나는 일단 객차에서 나왔다. 그러나 공작의 용태容態가 어떤지 마음에 걸려 다시 객차 안으로 들어갔다. 이때 [러시아] 외과의는 '수술한들 효과가 있을지 헤아리기 어렵다. 부디 상처를 자세히 검사해 보고 싶다. 그 허락을 [일본측] 근시로부터 얻어달라.'고 나에게 부탁했다. 나는 곧 이 부탁을 전하고 다시 객차에서 나왔다. 몇 분 후 내가 객차 옆에 있을 때 객차 안에서 '공작 서거逝去'라고 나에게 보고해 주었다. … 이토 공작이 하얼빈에 도착한 시각부터 그가 영면永眠할 때까지의 시간은 … 통산하여 40분간을 넘지 않을 것이다.

이와 같이 코코프체프는 자세하고도 생생한 목격담을 증언하고 있다. 단, 그가 객차 밖으로 나온 뒤 일본인 의사 고야마가 응급조치를 하는 동안 객차 안의 정황은 알 수 없다. 이 동안 어쩌면 이토의 혼잣말 또는 수행원들과의 대화가 있었을지도 모른다. 그렇다 해도 이미 본 수행원들의 증언에 나오는 '이토와의 대화'를 액면 그대로 믿어서는 안 된다. 전술했듯 '각색된 말/허구'가 섞여 있을 확률이 높은 탓이다. 특히 이토의 '어리석은 녀석'이란 말은 허구일 확률이 매우 높다. 이를 뒷받침하는 것이 코코프체프의 또 하나의 증언이다.

'또 하나의 증언'은 〈코코프체프의 회고록〉에 나온다.[59] 거기엔 그의 윗 증언과는 약간 다른 곳이 있다. 또한 윗 증언에는 없는 새로운 곳도 있다.

나는 공작이 일본인들이 있는 곳까지 통과할 수 있는 공간을 내주기 위해 방향을 틀었다. 바로 그 순간 내 옆에서 세 번인가, 네 번 정도의 마치 공기총 같은 둔탁한 소리가 울렸다. 곧바로 이토 공작이 나에게 쓰러졌다. … 몇 발의 총성이 더 울렸고, 군중은 총쏜 자를 향해 돌진했다. 프이하체프 장군의 부관 티트코프(ТИТКОВ) 대위가 총쏜 자를 넘어뜨린 후 철도 감시 헌병 대원에게 넘겼다(214).

안중근을 체포한 사람은 티트코프 대위였음을 알 수 있다. 이어서 코코프체프는 다음과 같이 증언한다: "우리는 이토 공작의 손을 들어올렸다. 나는 공작의 어깨를, 카라세프는 다리를 잡았다. 몇 사람이 더 다가와 한 사람은 내가 공작의 어깨 드는 것을 도왔고, 다른 한 사람은 공작의 몸 중앙을 조심스럽게 받쳤다."(214) 이토를 처음 부축한 사람은 코코프체프와 카라세프였음을 알 수 있다. 뒤이어 부축했다는 '몇 사람'이란 일본인 수행원이며, 그 '한 사람, 다른 한 사람'이란 무로다와 나카무라를 가리킬 것이다.

〔러시아〕 의사가 〔객차에〕 들어와 상처를 보더니 단번에 가망 없어 보인다고 했다. 총상 두 곳이 심장 부위에 나 있었고 맥박 뛰는 소리도 거의 들리지 않았다. 이토 공작의 수행원 가운데 누군가가 내게 부탁하기를 "일본

---

59) 박 보리스 지음/신운용·이병조 옮김, 《하얼빈 역의 보복》, 채륜, 2009, 214~215쪽.

인 의사를 이미 불러놓았으니 공작이 우리들 하고만 있게 해달라"고 했다. …
나는 밖에서 호프바트와 나의 수행원들과 함께 일본인 의사가 도착하여 진
단 결과를 말해주기를 기다렸다(214-215).

이렇듯 코코프체프는 이토를 객차로 옮겼을 때 이미 "맥박 뛰는 소
리도 거의 들리지 않았던" 상태였다고 증언한다. 즉 '거의 즉사, 임종'
상태였다는 것이다. 이어서 그는 다음과 같이 증언한다.

15분 내지 20분 정도밖에 경과하지 않았음에도 시간이 끝없이 늘어지는
것 같았다. … 범행한 자가 체포되어 역내에 소재하는 철도 헌병감시대에서
삼엄한 감시를 받고 있으며, 관구管區 법원의 예심판사와 검사가 그에 대한
심문을 이미 시작했다는 보고를 받았다.[60] 범행을 저지른 자는 자신이 '한
국인'이라고 밝히며 이름을 댔다고 한다. 이토 공작을 노리고 죽인 이유는
'공작이 조선 통감이었을 때 그가 내린 결정으로 말미암아 자신의 친지들이
부당한 판결을 받고 처형되었기 때문'이라 했다. 이윽고 이토 공작의 수행원
가운데 누군가가 객차에서 나와서 공작이 숨졌다고 말했다(215).

여기서 주목할 점은 두 가지다: ① 코코프체프는 객차를 나와서 15
분 내지 20분 정도 경과한 후에야 범행자는 한국인이라는 사실을 보고
받았다고 한다. ② 그러나 이런 사실을 코코프체프든 누구든 객차 안의
수행원에게 알렸다는 말은 없다. 그럴 만한 상황도 아니었으리라. 아무
튼 ①의 '15분 내지 20분' 사이에 이토의 혼잣말, '이토와의 대화'가 있
었을 수 있다고 하자. 그랬다 해도 ②에서 보듯 '범인이 한국인'임을 이
토는 물론 수행원들 누구도 알았을 확률은 거의 없다. 따라서 코코프체
프의 증언은 수행원들의 증언(이야기)에 나오는 '이토와의 대화' 속에

---

60) 이 러시아 측 '관구 법원 예심판사와 검사의 심문' 기록은 《운동사》 자료7의
327~328쪽에 〈피고 심문 조서〉라는 제목으로 실려 있다. 각자 참조하길 바란다.

는 '각색된 말, 허구'가 섞여 있을 것임을 뒷받침하는 유력한 증거가 된다. 무엇보다도 이토의 '어리석은 녀석'이란 말은 '허구 자체'가 될 수밖에 없음을 강력히 뒷받침하고 있는 것이다.

거듭 말하나 일본인 수행원들은 각자 성향에 따라 '각색된 말, 허구'를 지어냈다고 판단된다. 그렇다면 그런 성향은 무슨 배경, 어떤 이유에서 생겨난 것일까? 그 '무슨 배경'의 하나로서 일본 전통의 무사 기질을 들고 싶다. 거기엔 병학兵學, 무사도武士道의 사상적 전통이 뒤따른다.61) 이로부터 예컨대 '주군主君에 대한 충성'과 같은 복종심이나 '오카미お上 신앙' 따위의 권력추종적 성향이 생겨난다.62) 또 전술·전략 사고, 권모술수, 궤도詭道, 사술詐術 등의 성향도 생겨난다. 왕도王道는 부정되고, 패도覇道가 긍정된다. '궤詭, 위僞, 기欺' 등은 필요한 기술(技術, 奇術)로서 정당화된다.63) 거기서 '보편적 도리, 가치'는 멸시, 무시된다. 그 어디에도 발붙일 곳이 없다.

다음으로 '어떤 이유'에 관해서는 이미 곳곳에서 언급했던 셈이다. 이에 더하여 다음과 같은 요인을 들어 본다: 당시 일본에서는 일본중심주의, 일본형 근대주의, 오리엔탈리즘과 이에 따른 왜곡, 곡해, 편견 등 병리 현상이 퍼져 나갔다.64) 이로써 한국 등 아시아의 역사, 전통은 오해와 허상 속에 시달려 왔다.65) 한편 일본인 사이에는 자기의 병리 현

---

61) 일본의 병학, 무사도에 관한 저술은 많다. 마에다 쓰토무前田勉의 두 저서(《近世日本の儒學と兵學》, ぺりかん社, 1996;《兵學と朱子學·蘭學·國學》, 平凡社, 2006) 참조.

62) 오카미의 본뜻은 ① 천황, 조정 ② 주군主君, 주인, 그 아내 ③ 신민臣民에 대한 정부, 관청 등이다.

63) 이러한 전통이 오늘날까지 이어져 있음을 생생하게 보여주는 예가 있다. 근년에 아베 총리로 말미암아 발생한 모리토모森友와 가케이家計 학원 사건과 이를 둘러싼 논의나 국회 증언이 그것이다. 거기에서 유감없이 남발되는 '궤, 위, 기' 등은 사람들의 혀를 차게 만든다. 더욱이 그것들을 바로잡지 못한 채 방치하는 모습을 보면 어이없고 기가 막힌다. 그 엄연한 부정, 불의를 바로잡을 '보편적 도리, 가치'라는 판단 기준의 맥이 없는 탓임을 어찌하랴!

64) 그런데 이와 비슷한 병리 현상이 한국에도 퍼져 나갔다는 점이다. 타의든 자의든, 근대 이래 한국형 근대주의, 오리엔탈리즘이 사육되어 왔던 탓이다.

상을 타자(한국인)에게 투영하려는 성향이 퍼져 있었다. 특히 자기의 침략성을 타자의 탓으로 돌리려는 성향은 대표적 예이다. 거기엔 자타 기만, 타자 멸시, 책임 전가가 뒤따른다. 자기모순, 본말 전도, 적반하 장, 자가당착이 뒤따른다. 또한 냉소, 독선, 위선, 궤변, 억설, 논리 바꿔 치기 등도 뒤따른다.[66] 이로부터 '각색된 허구'를 지어내는 풍조가 거리낌 없이 생겨난 것이다.

어쩌면 일본인 수행원들의 '증언, 이야기'에서 안중근 의거의 뜻을 이해하거나 공감했다는 흔적을 찾는 일은 연목구어일지 모른다. 그랬던 수행원이 있을지라도 그것을 공공연히 표명할 턱은 없으리라. 차라리 마음속에 감춘 채 침묵했으리라. 또는 사적으로만 표명했으리라. 실제로 사적으로 표명했던 수행원이 있었다는 일화를 소개한다. 다나카 세이지로 에 얽힌 일화가 그것이다. 그와 친밀했던 안도 도요로쿠(安藤豊祿, 1897-1990)라는 실업가는 그의 저서에서 이런 일화를 전해 주고 있다.[67]

다나카 씨는 총 맞은 줄도 모를 정도였다. '총성을 듣고 돌아보자 이토 공은 쓰러졌고 그 가까이 피스톨을 든 안중근이 서 있었다'라고 다나카 씨 는 말했다. '그때 안중근의 늠름한 모습과 유연悠然한 모노고시(物腰, 언행), 그리고 달려드는 헌병, 경찰을 향해 피스톨에는 아직 한 발의 탄환이 남아 있음을 주의하는 태도 등은 높은 인격을 그대로 나타내고 있어' 무릇 다 나카 씨의 '생애에 보았던 최상급의 것이었다'고 한다. … 통상通常이라면 안중근을 가장 미워해야 할 환경에 있던 사람이다. 그럼에도 다나카 씨는

---

65) 예컨대 한국 역사, 전통은 '당파성, 정체성停滯性, 타율성'이라는 오해, 허상에 시 달렸다. 이른바 식민사관이 만들어졌던 것이다. 그 잔재는 오늘날에도 남아 있다.
66) 그런데 이상과 같은 병리 현상이 여전히 격세유전隔世遺傳을 거듭하듯 옷을 갈아 입고 출몰한다. '혐한론嫌韓論'은 대표적 예이다. 거기엔 변형된 식민사관이 짙게 배어 있다. 그리고 병리적인 자기만족, 타자 혐오가 가득하다. 간혹 납득할 만한 비 판이 담겨 있긴 하나 대부분은 가련할 만큼 불건전한 비판이다. 이에 대한 (자기) 비판과 성찰이 필요함은 물론이다.
67) 안도 도요로쿠, 〈안중근은 민중의 마음(安重根は民衆の心)〉, 앞의 책, 17쪽.

'당신이 지금까지 만났던 세계의 사람 중에서 일본인을 포함하여 누가 제일 훌륭하다고 생각하십니까'라는 나의 물음에 서슴없이 '안중근'이라고 잘라 말했다.

수행원의 하나였던 다나카는 안중근을 '자기 생애의 최고 위인'으로 존경하고 있었다는 것이다. 그가 의거의 뜻을 어떻게 이해했는지, 얼마나 공감했는지 알 수 없다. 단, 상당한 이해와 깊은 공감을 지니고 있었음은 명백하다.

위 인용문에 이어서 안도는 또 하나의 일화를 전해준다: "내 회사 사원 중에 히라이시 군이라는 사람이 있다. 히라이시 군의 아버지는 안중근 당시의 뤼순 고등법원장이었다. 그 히라이시 원장은 일 있을 때마다 안중근의 훌륭한 인품을 격상(激讚)하고 있었다고 한다."(17) 그 원장이란 히라이시 우진도(平石氏人, 1864-?)를 가리킨다.68) 히라이시는 1910년 2월 17일 – 그 사흘 전 14일에 사형 판결을 받은 – 안중근을 면담한 기록인 '청취서'를 남기고 있다.69) 이를 계기로 안중근의 인품에 매료되었고 또한 의거의 뜻을 이해하고 공감했으리라. 비록 공적으로 표명하지는 못했을지도 안중근을 깊이 존경하고 있었던 것이다. 한편 안도는 스스로 이렇게 술회한다.

금년(昭和 58[1983]년) 9월에 미야기宮城현 와카야나기쵸若柳町 다이린지大林寺에 있는 안중근 의사 기념비를 참배했다. 〔그곳에 보관되어 있는〕〈위국헌신군인본분爲國獻身軍人本分〉의 글씨[遺墨]는 묵근임리(墨根淋漓: 먹글자가 살아 있는 듯) 아무런 거침[凝滯]이 없다. 이것은 메이지 43[1910]년

68) 히라이시는 1889년에 도쿄제국대학 법과를 졸업하고 사법성 판사보判事補가 되었다. 도쿄지방재판소, 대심원 판사를 거쳐 1906년에 관동도독부 고등법원장이 되었다. 정년 후 1924년부터 뤼순 시장을 지냈다.
69) 뒤에서 살펴볼 것이나 이 '청취서' 속에는 안중근이 당시 구상하고 있던 '동양평화'를 위한 구체적 방안들이 담겨 있다.

3월, 사형대에 오르기 5분 전에 써준 서이다. 그 인격의 높음에 머리 조아릴 뿐이다. 지금 한국 최고의 국사國土로서 전 국민의 찬앙讚仰을 모으고 있는 것은 참으로 당연한 일이다(17).

이렇듯 안도 역시 안중근을 존경하고 있었다. 여기서 언급된 〈위국헌신군인본분〉이라는 유묵은 안중근이 1910년 3월 26일, 형장에 가기 직전 당시 뤼순 감옥의 간수看守였던 치바 도시치(千葉十七, 1885-1934)에게 써준 것이다.[70]

그런데 위 인용문의 앞 단락은 이렇다: 다나카씨는 "이토 공의 안내역案內役으로서, 또한 프랑스어 통역으로서 하얼빈에 수행했다. 코코프체프는 이토 공의 열차에 올라 다나카씨의 통역으로 첫 회견을 끝냈다. 이토 공은 역두驛頭에 내려선 후 다나카 씨의 2, 3보 뒤쪽으로 갔을 때 안중근의 피스톨에 의해 흥사斃死했고, 그 탄환의 한 발은 다나카 씨의 〔왼쪽〕 발뒤꿈치에 맞았다. 이토 공은 즉사했다."(16~17) 이 단락 끝에는 "다나카 씨의 이야기"라는 주기注記가 부쳐져 있다. 이로써 다나카는 세 가지 사실을 증언하고 있는 셈이다.

첫째는 이토의 '즉사'라는 사실이다. 이것은 앞서 살펴본 다른 사람의 증언이나 신문 기사의 일부와 일치한다. 이때 다나카의 "즉사했다"라는 말은 '무언가'를 알리고자 하는 뜻을 담고 있다는 느낌이 든다. 나카무라, 무로다 등 수행원들의 '증언, 이야기' 속에는 '그릇된 내용이 섞여 있으니 그대로 믿지 말라'는 뜻이 그것이다. 그들의 '각색된 말, 허구'에 대한 비판, 반론을 담고 있는 셈이다. 이와 함께 두 번째 사실로서 ('이토의 혼잣말'은 차치하고) '이토와의 대화는 기능했을 턱이 없다'라는 뜻도 담고 있는 셈이다.

끝으로 "그 탄환의 한 발" 즉 안중근이 이토를 향해 쏜 '네 발 가운

---

70) 이에 얽힌 사연과 치바의 관련 행적에 관해서는 뒤에서 자세히 살펴보기로 한다.

데 한 발'은 다나카의 "발뒤꿈치에 맞았다"라는 사실이다. 이런 사실은 제2절의 첫 단락에서 전술했던 것(필자의 추측)을 뒷받침하는 근거가 된다. 그 전술했던 것을 다시 이끌어 보자: 이토를 향해 쏜 네 발 가운데 '마지막 한 발은 쓰러진 이토를 벗어나 수행원의 누군가 대신 맞았을 것이다. 이 누군가란 다나카였을 확률이 높다고 본다.' 이런 추측은 "다나카 씨의 이야기"에 따르면 '사실이거나 사실에 가깝다'고 말해도 좋을 것이다.

아무튼 나카무라, 무로다 등 수행원들의 '증언, 이야기'에 나오는 이토의 혼잣말 특히 이토와의 대화는 액면 그대로 받아들일 수가 없다. 그들 각각의 의도에 따라 '각색된 말/허구'를 담고 있다고 판단되기 때문이다. 특히 이토의 '어리석은 녀석'이란 말은 허구 자체라고 판단해도 무방하다. 이렇듯 각종 허구가 발명되어 나갔던 것이 사실이요, 현실이리라. 이런 점에서 수행원들이 발명한 허구는 극히 일부에 지나지 않는다. 그 후에도 일본인은 허다한 허구나 허상을 – 특히 식민지 한국의 억압 상황에서 – 마음껏 발명해 나갔다. 그리고 지금껏 재생산하고 있다. 이에 따라 '거짓을 진실인 양, 허상이 실상인 듯' 오해/착각하는 성향이 퍼져 나갔다. 동시에 냉소, 왜곡, 기만, 궤변, 억설 등이 아무렇지도 않게 퍼져 나갔다.71) 지금도 여전히 퍼져 있다. 그 뿌리는 넓고도 깊다.

---

71) 이러한 현상의 여러 모습을 안중근의 심문과 공판 과정에서도 엿볼 수 있다.

일제시기 사직의 폐지와 사직제의 국가신도적 변용

김대호(국사편찬위원회 편사연구관)

1. 머리말

1910년 대한제국은 일제에 강점되었다. 이른바 '종묘사직宗廟社稷'이 무너진 것이다. 종묘는 황실의 조상신에게 제사를 드리는 장소이며 사직은 토지의 신(社)와 곡식의 신(稷)에 대해 올리는 제례로, 황실과 나라를 상징하였다. 은유적 표현으로서 '종묘사직'이 무너진 것과 같이 종

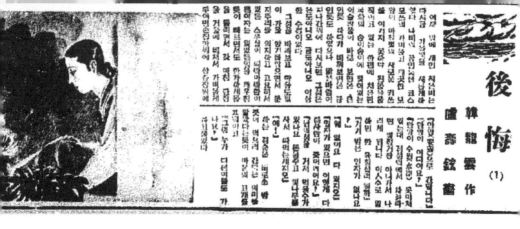

〈그림 1〉《조선중앙일보》에 연재된 한용운의 《후회後悔》. 1936년 6월 27일 석간 5면.
(출처: 국사편찬위원회 한국사데이터베이스)

묘와 사직단도 훼손되었다. 종묘는 도로가 놓이며 창덕궁, 창경궁과 단
절되고 북쪽 일대가 훼손되었다.[1] '이왕가'의 제사공간으로 명맥을 유
지한 종묘에 견주어, 사직은 더욱 처참하게 파괴되었다. 일제 강점으로
사직이 폐지되고 서울의 중앙 사직단은 '고적古蹟'으로 박제화되어 제단
과 정문만 남아 공원으로 이용되었다.

만해 한용운은 한 대담에서 자신이 쓴 소설(《조선중앙일보》 연재
《후회後悔》)의 모델을 이야기하며 그 인물이 있던 서울의 사직단 공원
을 다음과 같이 묘사하였다.

바로 작년(1935년) 여름의 일이다. 나는 그때 서울 시내 社稷洞에 살고
있었다. 그래서 더운 여름철이고 해서 가까운 社稷공원에 매일같이 올라가
느티나무 그늘 밑에서 소일하곤 하던 때이다. 지금도 그렇지만은 그때에도
이 社稷공원에는 '사주쟁이', '아편쟁이', 걸인들이 사방에서 몰려 들어와서는
늘 쉬는 곳이었다. 어느 날 나는 40세가량 되어 보이는 아편쟁이요 그 위에
소경(맹인)인 어떤 남자와 그의 아내 되는 여자를 발견하였다. 그 뒤부터는

---

1) 일제시기 종묘 공간의 변형, 종묘를 둘러싼 각종 사건과 세력, 공간의 관계에 대해
   서는 다음 연구를 참조 바란다. 염복규, 〈식민지권력의 도시 개발과 전통적 상징공
   간의 훼손을 둘러싼 갈등의 양상 및 의미-'京城市區改修 제6호선'의 사례 분석-〉,
   《동방학지》 152, 2010; 김대호, 〈일제하 종묘를 둘러싼 세력 갈등과 공간 변형:
   1920년대 식민 권력과 귀족 세력의 관계를 중심으로〉, 《서울학연구》 43, 2011.

매일같이 그 아편쟁이 소경의 부부를 만나게 되었다.[2]

사직공원은 사람들이 더위를 피해 가던 곳이며, 차별받던 한국인 중에서도 하층의 사람들인 '사주쟁이', '아편쟁이', 걸인들이 안식을 취하는 곳으로 그려지고 있다. 사직에 대한 경건한 마음은 전혀 드러나지 않고 있다.

흔히 사직이 조선시대에 만들어졌고 사직단社稷壇은 서울에만 있었던 것으로 생각하기 쉬운데, 사직의 전통은 그보다 연원이 더 깊고 사직단은 서울뿐만 아니라 전국에 설치되어 있었다. 사직단은 고구려, 신라에서 설치한 바 있었고 고려에서도 사직단 제도를 도입하였다. 조선에서 처음으로 중앙뿐만 아니라 지방까지 일률적으로 사직단이 설치되었다(1406년). 지방의 사직제社稷祭는 중앙과 같은 날 동시에, 적어도 명목상 같은 등급으로 거행되었다. 사직에 대한 제사는 보통 2월과 8월에 지내고, 가뭄이 있을 때에는 기우제를 지내기도 하였다. 이러한 사직제례의 주체는 지방관이지만, 이를 보좌하는 헌관들은 향교 관계자로 구성되었으며 지방 사직단은 향교에서 관리하고 있었다.[3]

간단한 서술이지만, 사직이라는 말 속에 국가 제례로서의 사직제, 농경문화에 기반한 사직신앙, 서울의 사직단과 지방 사직단의 네트워크, 지방 사직단의 운영 주체와 지방 사회질서 등 다양한 말이 녹아 있다. 사직을 이해하기 위해서는 이를 둘러싼 다양한 인식의 층위, 사람들의 이해관계를 고려해야 한다는 것이다. 조선시대에는 하나로 합일되어 있던 이런 영역이 일제시기에는 강제로 해체되어 서로 다른 전개양상을 보였다. 따라서 일제시기 사직에 대한 연구는 제례, 신앙, 사상을 포함

---

2) 〈長篇作家會議〉,《삼천리》제8권 제11호, 1936.11.
3) 조선시대 이전 사직에 대한 개괄적인 설명은 장지연, 〈조선시기 州縣 社稷壇 設置의 의미와 그 실재〉,《한국문화》56, 2011에 의거함.

한 무형의 체계와 이것이 구현되는 유형의 공간에 대한 접근, 이를 둘러싼 인식과 사람들의 관계를 동시에 접근해야, 비로소 일제시기 사직의 변화에 대한 전체적인 모습을 그릴 수 있다.

그동안 사직에 대해서는 일제 강점 후인 1911년 폐지되었다는 정도만 알려져 있다. 조선총독부가 사직단에서 봄가을에 지내는 제사가 일본의 신사神社에서 지내는 기년제(祈年祭 봄), 신상제(新嘗祭 가을)와 겹쳐 불필요하다고 하여 1911년 봄 사직단 제사를 폐지한 것이 밝혀진 상태이다.[4] 그러나 정확한 폐지 과정과 사직단 공간의 변용, 이에 대한 반응 등에 대해서는 아직 규명되지 못한 부분이 많다. 이 부분은 일제시기 국가제례의 파괴와 공간 이용에 대해 중요한 시사점을 보여주리라 생각한다.

또한 1911년 폐지된 사직제가 1930년대 다시 논의되는 점도 주목해볼 점이다. 당시 논의의 차원은 크게 두 가지 층위에서 이뤄진 것으로 보인다. 한 층위는 조선인 유력 친일파들이 전통적인 사직의 공간, 신앙을 일본의 신도 보급의 매개체로 이용하려 한 시도이며, 또 다른 층위는 일본인들을 중심으로 일본적 사상에 근거하여 한국인 농민층에 대한 '정신 교화'를 위한 축제로서 사직제를 부활시킨 측면이다. 이러한 시도들은 결국 1940년대 '신곡감사제新穀感謝祭'라는 국가신도적 국가의례로 귀결되었다. 사직제의 일본적 변용과 국가신도 체계 내의 흡수는 1930~40년대 이뤄진 일련의 국민 교화 운동과 천황제 이데올로기의 식민지적 확산의 메커니즘을 더욱 폭넓게 이해하는 데 큰 도움이 되리라 생각된다.

---

4) 김대호, 〈1910~1920년대 조선총독부의 朝鮮神宮 건립과 운영〉, 《한국사론》 50, 2004; 德富猪一郎, 《素空山縣公傳》, 山縣公爵傳記編纂會, 1929, 297~299쪽.

〈그림 2〉 조선총독부,《조선고적도보》11, 1931에 실린 사직단. 촬영시기는 일제의 강점 전후~1910년쯤

2. 사직단 제사의 폐지와 공간 변형

1) 일제 강점 직전 사직단 운영과 종교 시설의 국유화

1905년 11월 을사늑약이 강제되고, 그 다음 해 2월 통감부가 설치되었다. 대한제국은 외교권을 상실하고 일본의 '보호국'이 되며 반식민지 상태가 되었다. 곧이어 1907년 헤이그 밀사 사건을 빌미로 고종은 강제 퇴위되었다. 군대가 해산되고 일제는 한국의 내정을 완전히 장악하였다. 이와 더불어 1908년 대한제국의 국가 의례는 대폭 축소되어 환구단, 사직, 종묘, 영녕전(이상 대사大祀), 문묘(중사中祀)만 남겨졌다.[5] 1908년 7월 23일 칙령 제50호 〈향사리정享祀釐正에 관한 건〉을 보면

사직, 사직단에 대해서 다음과 같이 서술되어 있다.

勅令 第50號 享祀釐正에 關ᄒᆞ 件(隆熙2年7月23日)

第一條 壇廟社·殿宮·陵園墓의 祀典을 左와 如히 改正ᄒᆞ야 宮內府에서 此를
擧行홈. 圜丘壇 一年二次, 社稷 一年二次, 宗廟 一年四次及二次告由祭. …
第五條 先農壇, 先蠶壇의 神位ᄂᆞᆫ 社稷에 配享ᄒᆞ고 該壇 基址ᄂᆞᆫ 國有에 移屬홈.
第八條 歷代廟·殿·陵·祠 及 地方에 設置ᄒᆞᆫ 社稷壇, 文廟ᄂᆞᆫ 總히 政府의 所管
으로 홈6)

사직 제사는 1년에 두 차례 유지하고, 선농단·선잠단의 신위는 사직
에 배향하며, 지방에 설치한 사직단과 문묘는 정부의 소관으로 한다는
칙령이다. 이 가운데 지방 사직단과 문묘의 운영의 주체를 정부(관) 소
관으로 한다는 것이 눈에 띤다. 특히 지방 사직단과 문묘는 향교에서
관리하고 있었기 때문에, 이는 향교, 즉 지방의 유림 세력의 재산과 운
영권을 박탈하는 것이었다.

정부 소관이 된 사직단과 문묘는 각각 내부內部와 학부學部에서 관
리하게 되었다. 학부는 1908년 11월 전국 344곳의 문묘의 향사비로 한
곳당 30원씩을 책정하여, 1909년도 예산으로 탁지부에 10,330원을 추가
하라고 하였다.7) 그런데 1909년 사직단에 대한 사무는 다소 혼선이 있
었던 것 같다. 1909년 9월 학부는 기존대로 문묘 및 사직단 향사비로

5) 김문식·송지원, 〈국가제례의 변천과 복원〉,《서울 20세기 생활·문화 변천사》, 서울
시정개발연구원, 2001, 680~688쪽.
6)《대한제국관보》第4136號(융희 2년 7월 27일), 勅令 第50號 享祀釐正에關ᄒᆞ건 가
운데 '社稷, 社稷壇 관련 조항' 발췌. 서울대학교 규장각한국학연구원 홈페이지 대한
제국관보 자료 참조; 번역은 국사편찬위원회 조선왕조실록《순종실록》2권, 순종 1
년 7월 23일 "개정한 제사 제도 칙령을 발표하다"를 참조 바람; 해당 칙령은 1908년 12
월 25일 일부 개정되었다(칙령勅令 제85호, 〈향사리정 안건 중 개정에 관한 안건享
祀釐正件中改正件〉순종실록 2권, 순종 1년 12월 25일).
7)《황성신문》〈文廟享費〉, 1908.11.24.

각 30원씩 예산을 책정
하였는데, 내부도 사직
단과 역대 전릉展陵의
제사 비용 예산을 책정
하였다.[8] 내부는 10월
사직단 향사비로 11부
에는 110원, 318군에는
3,690원을 마련하였다.[9]
1909년 사직단의 가을
제사 비용의 지급도 다
소 늦었던 것 같다. 음
력 8월의 무토일(양력

〈그림 3〉 조선총독부, 《조선고적도보》11, 1931에 실린
사직단. 출처: 국립문화재연구소 문화유산연구지식포탈
http://portal.nrich.go.kr/kor/historyinfoView.do?menuId
x=616&book_id=11#link

9월 15일, 음력 8월 2일, 무인戊寅일)에 열린 것으로 보인다. 그런데
제사 비용은 미리 지급되지 않았던 것 같다. 내부에서 10월에 들어 각
지방 사직단 가을 제사에 쓰라고 각 도로 향축을 내려 보냈다.[10]

이처럼 정부 기관 내에서 사직단 운영에 대한 혼선이 존재하자, 사

---

8) 《대한매일신보》〈享祀費支撥〉, 1909.09.14.; 《대한매일신보》〈殿陵祀費~〉, 1909.09.18.
9) 《대한매일신보》〈社稷壇 향사비〉, 1909.10.27. 조선시대 지방의 사직단은 몇 개 정
도 있었을까? 대략적으로 조선시대 지방 행정구역을 토대로 추산해 보면, 군의 통
폐합에 의해 변동이 있지만 대체적으로 조선 초기 330여 개, 조선 후기 335여 개,
대한제국기 초기는 344개(11부 333군)로 추정된다. 1909년 예산 배정 내역에 따르
면, 행정 구역당 1개의 사직단이 있었다고 보면 329개의 사직단이 있었다고 할 수
있다. 그렇지만 부府는 각 10원, 군郡은 각 약 11.6원으로 금액이 다른 이유는 알
수 없다. 참고로 사직과 관계가 깊은 향교의 경우 1918년 조사에 따르면 총수 335
개, 소관 토지 48만 평이었다고 한다.
10) 《대한매일신보》〈음력으로 팔월 초에 무토일이 되었다고 사직단에〉, 1909.9.16.;
《대한매일신보》〈가을제사〉, 1909.10.9. 제사 비용의 지급은 다음 해에도 다소 늦었
던 것 같다. 1910년 음2월의 무토일은 양력 3월 14일(戊寅)인데, 평안북도에서 4월
에 들어 내부에 사직단 향사비를 청구하였고, 전라도에서도 사직단 대제 거행 상황
을 내부에 보고하였다. 《황성신문》〈享祀費請求〉, 1910.4.8.; 《황성신문》〈大祭狀況修
報〉, 1910.4.20.

직단의 소관 부서를 다시 명확히 정리하였다. 11월에 들어, 1910년부터
는 사직단 및 역대 각 전릉의 향사비를 학부에서 내부로 인계하여 처
리하기로 한 것이다.[11] 그런데 그 후속 조치가 미흡했던 것 같다. 1910
년 1월 내부에서 사직단 및 역대 각 전릉의 향사비 예산을 작년도에
책정하지 못해 곤란하게 되자, 탁지부와 교섭하여 4,500원을 예산으로
정산하였다.[12] 이렇게 사직단을 정부 소관으로 직접 관리하는 데 혼란
을 겪은 것은 지방 사회에서 사직단을 별도로 관리하지 않고 오랜 기
간 향교에서 문묘 등과 함께 운영했던 관행 때문으로 보인다.

내부에서는 사직단 제사 비용만이 아니라 사직단의 수리 비용도 지
급하여야 했다. 1909년 말 경기관찰사가 수원, 교하, 가평, 시흥 등 4개
군의 사직단을 수리한 후 수리비용의 처리를 내부에 조회하였다. 이에
대해 담당부서인 내무부의 지방국장은 지방 관례에 따라 지급하라고 하
였는데, 이에 대해 경기관찰사는 전례가 없다며 국고금으로 지불하게
하라고 답신하였다. 내부에서 비용 지불을 지방 사회에 전가했는데, 이
에 대해 실무를 담당한 경기도가 반발한 것이라고 할 수 있다.[13] 이후
보령군(3월), 구성군(5월), 초계군(6월), 은진군(8월) 등 지방의 사직단
수리비용이 잇달아 내부에 청구되었다.[14] 그밖에도 1910년 3월 흡곡군
이 통천군으로 합해지자, 사직단과 문묘에 대한 처리가 학부에 조회되
었다. 학부는 다시 사직단을 담당하던 내부에 해당 사안을 조회하였
다.[15] 이처럼 사직단과 관련된 자잘한 행정 조치가 필요했다.

---

11) 《대한매일신보》〈轉屬內部〉, 1909.11.3.; 《황성신문》〈享祀費 引繼〉, 1909.11.3.
12) 《대한매일신보》〈享祀費 定算〉, 1910.1.8.; 《황성신문》〈享祀費 立算〉, 1910.1.8.
13) 《황성신문》〈修理費請撥〉, 1909.12.1.; 《대한매일신보》〈畿察答照〉, 1910.1.20.;
　　《황성신문》〈國庫金中請撥~〉, 1910.1.20.
14) 《황성신문》〈社稷壇頹圮修補〉, 1910.3·19.; 《대한매일신보》〈前例謂何〉, 1910.3·
　　19.; 《대한매일신보》〈수리비청구〉, 1910.5.6.; 《대한매일신보》〈사직단 수리청구〉,
　　1910.6.30.; 《대한매일신보》〈제각퇴락〉, 1910.8.9.
15) 《대한매일신보》〈학부조회〉, 1910.3.4.; 《대한매일신보》〈壇壝查報〉, 1910.5.19.

일제의 한국 강점을 앞둔 1910년 4~5월, 대한제국 내부는 사직단과 성황당에 대한 전체 조사를 행했다. 4월에는 한성부가, 5월 무렵에는 각 도 관찰사가 사직단과 성황당의 수효 및 토지 상황을 조사하여 대한제국 내부에 보고하였다. 내부 훈령에 따른 것이었다.16) 내부는 왜 이런 지시를 하였을까? 게다가 수효만이 아니라 '토지 상황'을 조사한 이유는 무엇일까? 성황당은 왜 함께 조사를 했을까? 내부에서 사직단과 성황단에 대한 전체 조사를 한 시기는 사직단에 대한 다소의 행정적 혼란이 정리된 시기였다. 내부는 기존과 같이 일상적으로 사직단 제사에 대한 예산을 책정하고 각 군수도 관할 사직단을 점검하고 수리한 후 내부에 비용을 청구하였고 내부도 그에 대한 비용을 지불하였다. 즉, 사직단 운영에 관해서 사직단의 현재 상태를 조사한 것이 아니라, '토지 상황'에 대한 조사를 특별히 진행할 만한 이유는 없었다고 할 수 있다. 게다가 성황당의 숫자와 토지 상황을 조사한 것은, 사직단의 운영과는 다른 목적이 있었다고 할 수 있다.

이는 앞서 살펴본 1908년 7월 23일의 칙령 제50호 〈향사리정에 관한 건〉과 관련이 있다. 내부는 해당 칙령 발포 전인 2월, 13도 관찰사에게 국내 "사사社祠와 사찰寺刹에 관한 사건"은 내부 소관이라는 훈령을 내린 적이 있었다. "사사와 사찰"이란, 바로 1) 사직 여厲 우雩 독纛 제단, 2) 역대제왕 선성先聖 명장 충신 열녀 전殿 묘廟 사祠 각閣 당堂, 3) 성황당, 4) 사찰이었다. 즉 '종교 및 향사'를 모두 내부 소관으로 하고, 해당 시설에 대한 조사를 해서 내부에 보고하라고 지시하였다.17) 위에서는 사직, 사직단과 관련된 사항만 발췌했는데, 그 사이에 바로 성황당을 비롯한 종교 시설에 대한 내용이 나온다.

16) 《대한매일신보》〈사표보고〉, 1910.04.08.;《대한매일신보》〈관찰사보고〉, 1910.5.4.;
　　《대한매일신보》〈관찰사의 보고〉, 1910.5.19.;《황성신문》〈社稷城隍修報〉, 1910.5.19.
17) 《대한매일신보》〈내訓各道〉, 1908.2.6.

第六條 山川壇,山川嶽瀆雩祀壇,司寒壇,玉樞壇,七祀四賢祠,厲壇,城隍壇,馬祖壇,武烈祠, 旅忠壇,宣武壇,靖武壇의 <u>祭祀는 自今廢止ᄒ고 該壇祠의 基址는 國有에 移屬홈.</u>

第七條 大報壇,萬東廟,崇義廟,東關廟,南關廟,北關廟及地方* 關廟의 祭祀를 廢止 ᄒ고 大報壇基址는 宮內府에셔 保管ᄒ며 崇義廟,北關廟는 國有에 移屬ᄒ고 萬東廟,東關廟,南關廟及地方關廟는 該地方官廳에 下付ᄒ야셔 人民의 信仰홈 을 從ᄒ야 別로히 管理홀 方法을 定홈.

성황당, 산천단, 대보단, 관묘 등 대부분의 제사를 폐지하고 그 토지 는 전부 국유로 귀속한 것이다. 다만 만동묘, 동관묘, 남관묘, 지방관묘 등은 특별히 지방 관청에 하부하여 민간의 신앙에 따라 별도로 관리할 방법을 정하도록 하였다.[18] 즉 사직단, 성황단의 토지 조사는 단순히 사직단의 운영과 관련된 사항이 아닌, 국유로 된 종교 시설 전반에 대 한 조사의 일환임을 알 수 있다. 일제는 강점 직후인 1910년 9월 성황 당, 둑제단纛祭壇, 우제단雩祭壇, 성황당, 절을 일제히 조사하였다.[19]

지방 사직단을 정부 소관으로 했던 칙령 제50호(〈향사리정에 관한 건〉), 사직단에 대한 조사 등, 강점 직전 이뤄졌던 사직단에 대한 일련 의 조치는 당시 함께 이뤄졌던 향교 재산 처리 및 문묘향사에 대한 정 책과 관련지어 이해할 수 있다. 일제는 강점 이전인 1907년부터 각 도 별로 향교 소유지의 실측을 착수하게 하고 1910년 4월에는 향교재산을 관에서 전적으로 관리한다는 '향교재산관리규정'을 선포하여 향교의 재 산관리를 해당 지방의 부윤이나 군수에 소속시키고, 향교재산 수입의 대부분을 지방 공립학교의 경비로 전용하였다. 이런 조치에 대해 통감 부는 향교의 재산은 공공의 재산인데 향교의 유림들이 '역사적인 사유 私有'로 오인하여 함부로 방매하거나 소비하는 일이 있어 이를 방지한

18) 《대한제국관보》〈勅令 第50號 享祀釐正에 關ᄒ 件〉, 第4136號(융희 2년 7월 27 일). 자세한 내용은 앞의 주6 참조.
19) 《황성신문》, 〈國內祀壇調査〉, 1910.9.4.

다는 이유를 내세웠다. 향교의 재산은 학교 증설, 운영 경비나 각종 '사회 교화'에 이용되었고 소유 토지는 도로개수 공사 등 각종 공공사업에 강제 수용당하는 경우가 빈번히 발생하였다. 또한 강점 이후인 1911년에는 문묘 직원의 임명과 사직은 부윤과 군수의 신청에 의해 도장관이 시행하였고 이들을 부윤과 군수가 지시하였다. 이러한 향교 재산의 관유화와 운영권의 박탈, 그리고 향교의 제사, 직원 등에 대한 각종 규정은 기존의 전통과는 다른 것이었기에 향교에 영향력을 유지하던 지방 유림들에게는 큰 충격이었다고 할 수 있다.[20] 따라서 이 시기 사직 운영 및 조사는 좁게는 한국의 강점을 앞두고 향교 재산 처리와 마찬가지로 지방 유림을 제어하고 한국의 지방재정을 확보하기 위해 실시한 활동의 일환이자, 넓게는 한국의 종교시설 전반의 국유화 및 재정비의 일환으로 해석하는 것이 타당할 것이다.

2) 사직단 제사의 폐지

일제 강점 후 대한제국 황실은 '이왕가李王家'로 격하되었고 이왕가의 업무를 담당하는 기관으로 '이왕직李王職'이 설치되었다.[21] 이왕가로 전락한 대한제국황실은 "정치를 초월하여 순연한 사회적 지위를 보유"할 뿐이었다.[22] 어느 정도 명맥을 유지하던 국가제례마저 강점 직후에

---

20) 김정인, 〈일제강점기 鄕校의 변동 추이 – 향교 재산 관련 공문서 분석을 중심으로 –〉,《한국민족운동사연구》47, 2006, 88~93쪽; 유림의 불평이 심해지자 총독부는 1920년 향교재산의 학교경비 지출을 중단하고 향교의 재산관리도 유림에서 선발한 장의掌議가 담당하게 하였으나, 향교재산의 관리와 인원을 행정관청에 귀속시킴으로써 향교조직을 철저히 통제하였다.
21) '이왕가', '이왕직'의 기능 및 제도에 대해서는 이윤상, 〈일제하 '조선왕실'의 지위와 이왕직의 기능〉,《한국문화》40, 2007을 참조하였다.
22) 《동아일보》, 〈差備官問題: 李王家를 爲하야 憤怒, 廓淸의 機會를 勿失〉, 1921.05.13.; 신문자료는 국사편찬위원회 한국사데이터베이스, 국립중앙도서관 대한민국 신문 아카이브를 이용하였다.

는 거의 사라지거나 구대한제국황실의 집안 행사로 축소되었다. 환구단은 강점과 동시에 폐쇄되고 종묘 제사는 이왕직의 주관 아래 이왕가의 집안 행사로 의미가 축소되었다. 문묘는 성균관 내부 행사로 제한되었고 이외의 국가 제례는 완전히 폐지되었다.[23]

그렇다면 일제 강점 후 사직은 어떻게 되었을까? 1910년 10월 13일 내무부에서는 〈사직단 관리 규칙〉을 만들어 조선총독부로 보냈다고 하는데, 이는 앞선 4~5월에 실시된 조사를 참고로 만들어진 것으로 보인다. 그 자세한 내용에 대해서는 알 수 없다.[24] 얼마 안 있어 사직단이 폐지되었기 때문이다. 이 규칙이 나온 시기는 사직단 가을 제사를 마치고[25] 다음 해 봄 제사가 시작되기 전 사이에 이루어진 조치였기 때문에, 그 정책의 실제는 알기 어렵다. 다만, 〈사직단 관리 규칙〉이라는 제목으로 미루어 보면, 이 시기까지는 사직단을 폐지한다는 정책적 결정 단계에는 이르지 않은 것으로 보인다. 1908년 향교 재산과 분리시켜 정부의 소관으로 된 사직단을, 일제 강점과 더불어 다시 관유화한 향교 재산의 운영과 결부시켜 유지 수선, 향사비, 직원 등의 관리 사항을 정비한 것은 아닐까 추측해 볼 수 있다.

이러한 사직단 관리 규칙을 만들었음에도, 곧이어 조선총독부는 사직단을 폐지하였다. 사직단 폐지는 1910년 말을 거치며 결정된 것으로 보인다. 갑자기 사직단 운영에 대한 입장을 바꾼 이유는 알 수 없지만, 왜 사직단을 폐지하였는지는 알 수 있다. 조선총독부가 사직단 제사를 폐지한 이유는 바로 일본의 신도식 사고에 말미암은 것이었다. 1910년

---

23) 김문식·송지원, 〈국가祭禮의 변천과 복원〉, 《서울 20세기 생활·문화 변천사》, 서울시정개발연구원, 2001, 680~688쪽.
24) 《每日申報》, 〈社稷壇規則 제정〉, 1910.10.14.; 그 즈음의 다른 관리 규칙을 통해서 현재로서는 접근해 볼 수밖에 없는 상황인 것 같다.
25) 1910년 사직단의 가을 제사가 행해졌다면, 강점 직후인 9월(음력 8월)에 거행되었을 것으로 보인다.

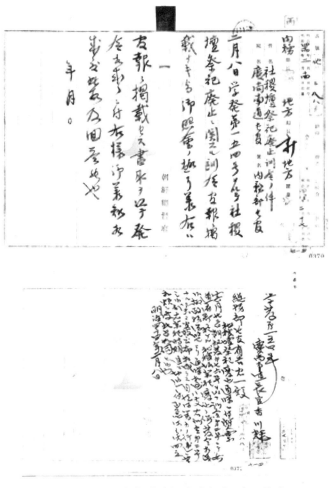

〈그림 4〉 사직단 폐지 과정을 추정할 수 있는 문서.
위는 첫째장: 기안문, 아래는 둘째장: 첨부문서

대 식민지 조선의 제2인자인 정무총감을 지낸 야마가타 이사부로山縣伊
三郎의 전기 《소공산현공전素空山縣公傳》에 따르면, 조선총독부는 사직
단에서 봄가을에 지내는 제사가 일본의 신사에서 지내는 기년제祈年祭,
신상제新嘗祭와 겹쳐 불필요하다고 하여 1911년 봄부터 사직단 제사를
폐지하였다고 한다.26) 그런데 이후 과정을 살펴보면, 다만 사직이 국가

신도의 의례와 겹쳤기 때문에 폐지된 것이 아닐 수도 있다.

일제의 사직단 폐지 과정은 매우 비밀스럽고 조심스러웠던 것으로 보인다. 그렇기 때문에 자료가 매우 적은지도 모르겠다. 사직단 폐지 과정을 추정할 수 있는 문서가 국가기록원에 남아 있다.[27] 이 문서는 1911년 내무부 지방국 지방과[28]에서 생산한 "사사종교社寺宗教"라는 문서철(관리번호: CJA0004741, 총 326면)로 1911년 신사, 사원 및 기타 종교에 관련된 문서들 총 54건을 편철한 것이다. 주로 기록물철 안에는 포교에 관련된 것, 종교의 현황 및 규제에 관련된 것, 종교재산에 관련된 것 등이 수록되어 있다.[29] 여기에 '사직단' 폐지에 관한 내용을 알 수 있는 문서가 들어 있다. 경상남도장관이 1911년 2월 조선총독부 총무부 장관에 대해 사직단 제사 폐지 통첩에 대해 질의한 것에 대해, 해당 부처의 주무부서인 총독부 내무부의 지방국 지방과에서 답한 문서이다. 해당 문서는 총 2장으로 이뤄져 있다.[30]

---

26) 德富猪一郎,《素空山縣公傳》, 山縣公爵傳記編纂會, 1929, 297~299쪽.
27) 국가기록원 관리번호 CJA0004741 - 0027159086
28) 당시 조선총독부 내무부 지방국 지방과는 '조선총독부 사무분장규정'에 따르면 지방행정 및 경제, 병사, 구휼 및 자선사업, 지리 지적 및 토지가옥 증명, 공공조합, 종교 및 향사 등을 담당하는 부서였다(김정인, 앞의 글, 84쪽).
29) 국가기록원 해당 기록물철 해제 참조.
30) 첨부 문서의 내용은 다음과 같다.
　〈첫째장: 起案文〉
　地發 第288號.
　起案日: 明治 44年 2月 14日. / 決裁日: 明治 44年 2月 17日.
　件名: 社稷壇祭祀 廢止訓令ノ件 (決裁라인: 地方課長 → 地方局長 → 內務部長官)
　宛名: 慶尙南道長官
　署名: 內務部長官
　內用: 二月八日學發第一五四號ヲ以テ社稷壇祭祀廢止ニ關スル訓令官報ニ揭載ナキ旨御照會ノ趣ヲ承右ハ官報ニ揭載セス書取ヲ以テ發令相成候ニ付右樣御承知相成度此段及回答候也
　　　年 月 日
　〈둘째장: 첨부문서〉
　學第154號

첨부 문서를 보면 1911년 1월 23일 정무총감이 '훈령 제2호로 각
도 부·군에서 사직단의 제사를 폐지'한다는 통첩(朝秘發 제76호)을 했
다는 것을 알 수 있다. 여기에 대해 1911년 2월 8일 경상남도장관이
조선총독부 총무부장관에게, 사직단 제사 폐지에 관한 훈령이 관보에
공포되지 않고 어떤 조치도 없다며, 점차 제사 시일이 다가오니 어떻게
하면 좋을지 빨리 답신을 달라고 하였다(경상남도 학발學發 제154호).
이를 통해 사직단 폐지에 대한 훈령이 관보에 공포되지 않았고 지방관
은 훈령의 공포 없이 사직단 제사를 하지 않는 것에 대해 상당한 부담
감을 가지고 있었다는 것을 알 수 있다.

이에 대해 조선총독부 주무부서인 총독부 내무부 지방과는 사직단
제사 폐지에 관한 훈령은 관보에 싣지 않고 서류를 접수한 것만으로
발령되었다고 하며, 지방관에게 사직단 제사 폐지에 대한 책임을 넘기
고 있는 듯한 공문을 보냈다(조선총독부 내무부 지방과 지발地發 제288
호). 이를 통해 사직제가 언제 어떤 행정처리 과정을 거쳐 폐지되었는
가를 공식적으로 확인할 수 있다. 조선총독부가 사직단 제사 폐지를 왜
이렇게 비밀리에 처리했는지에 대한 정책적 이유는 나오지 않지만, 조
선총독부가 사직단 제사 폐지를 공개적으로 처리하는 것에 대해 상당히
부담을 느꼈으며 매우 조심스럽게 처리했다는 것은 분명히 알 수 있다.

곧이어 1911년 2월 20일 원구단,[31] 사직서의 건물과 부지가 조선총

慶尚南道長官 香川輝
總務部長官 有吉忠一殿
社稷壇祭祀廢止通牒二付質稟
客月廾三日朝秘發第七六號二以テ訓令第二號二テ各道府郡二於ケル社稷壇祭祀廢止ノ儀發
　　令相成候趣政務總監ヨリ通牒相成候處右訓令第二號ナルモノ未タ官報二公布相成ラス
　　自然何等カノ行違無之候哉右祭祀時期進々切迫二付至急何分御回示相煩候處此旨相伺
　　ヒ候也
明治 44年 2月 8日

31) 원구단은 당시 환구단으로도 불렸다. 문화재청에서는 환구단(사적 제157호)으로
　　지정하였으나, 원구단으로 부르자는 주장도 많다. 당시 원구단으로 부른 경우가 더

독부에 인계되었다.[32] 이 점은 사직 폐지의 이유를 정확히 보여주는 것이다. 종묘보다도 더 제국을 상징하는 곳, 원구단과 더불어 사직단이 함께 폐지된 것은 대한제국의 정체성을 부정하는 가장 대표적인 조치였다고 할 수 있다. 하늘에 대한 제사, 땅과 곡식에 대한 제사가 모두 폐지되었다. 대한제국은 종묘사직이 무너진 것이 아니라, 원구사직이 무너졌다는 것이 더 정확한 표현일 것이다.

3) 공간으로서의 사직단의 변형

사직 폐지 이후 사직단이라는 공간은 어떻게 변화되었을까? 한국의 지방 사직단은 아직 전체적인 위치가 파악이 안 된 상태이므로, 일제시기 그 변천을 논의하는 것도 상당한 난관이 존재한다. 다만 대체적인 흐름은 파악할 수 있다. 1913년 11월에 들어 제사가 폐지된 구사직단의 처리에 대한 조선총독부의 정책이 발표되었다.[33]

舊社稷壇所在地ノ處分當分見合ノ件

舊社稷壇所在地ニ對シテ近來貸付又ハ讓與等ノ出願ヲ爲スモノ往往有之候處
右ハ特別ノ事由アルモノヲ除クノ外　　壇所在地竝其ノ景勝上必要ナル成林地域
其當分許可セサルコトニ決定相成候條及通牒候也.

많고, 환圜이라는 글자가 '둥글다'는 뜻을 지닐 때 '원'이라고 읽고 '두르다'는 뜻을 지닐 때 '환'이라고 읽는데, 하늘은 둥글다는 전통적인 천문관에 따라 원구가 더 맞는다는 것이다. 그런데 현재는 이렇게 명확히 발음을 구분하지만 당시 사람들은 원구단, 환구단이든 크게 구분하지 않았던 것은 아닐까 싶다. 여기서는 하늘에 대한 제사를 강조하고자 '원구', '원구단'이라는 용어로 사용한다.

32) 純附 2卷, 4年(1911 辛亥; 明治 44年 2月 20日*: 二十日. 圜丘壇社稷署建物及敷地,
竝引繼于總督府.

33) 政務總監, 官通牒 第362號, 大正 2년 11월 7일/ 各道長官 宛(朝鮮總督府 官報.
1913년 11월 07일[大正 - 382호]).

사직단이 폐지되자 "구사직단 소재지"에 대한 대부, 양여 등을 출원하는 사람이 많았는데, 특별한 사유가 없는 한 "사직단 소재지 및 그 경승상 필요한 성림盛林지역"을 당분간 허가하지 않기로 결정하였다는 것이다. 여기서 '사직단'이라는 공간은 사직단 자체뿐만 아니라 이를 둘러싼 산림지역을 포함한다는 점에 주목할 필요가 있다. 사직단 공간은 수목을 훼손하는 것이 금지되었으므로, 그 주변은 상당히 수림이 울창했다. 따라서 이 시기 '대부, 양여'의 출원은, 사직단 공간보다는 도리어 그동안 보호되고 있던 주변의 산림을 이용하고자 하는 목적이 더 컸을 것으로 보인다. 사직단이 가지고 있던 신성성은 대한제국의 멸망과 함께 순식간에 경제적 욕망 속에서 소멸되어 갔다고 할 수 있다. 지방 사직단의 대다수를 차지하는 농촌 지역의 경우, 상당수가 폐허가 되어 산림의 일부로 사라지는 경우가 많았던 것 같다. 이런 곳은 현재 흔적도 찾기 힘들게 되었다.

그런데, 조선총독부 정무총감의 통첩 가운데 한 가지 더 눈여겨보아야 할 표현이 있다. '특별한 사유가 없는 한' 대부, 양여를 허가하지 말라고 한 것이다. 즉 특별한 사유가 있으면 그 공간과 삼림의 사용을 허락한다는 것이다. 특별한 사유란 무엇일까? 판단의 근거는 일제의 식민통치와의 부합성, 즉 이른바 '공공성'이 중요했던 것으로 보인다. 물론 공공성의 범위는 매우 넓다. 삼림의 보존과 이용이라는 '공공의' 명분을 내세워 삼림을 개인에게 불하하는 경우도 존재했을 것이다. 삼림으로서 사직단 공간은 정확한 실상을 알기 어렵기 때문에 여기서는 논외로 삼고, 사람들의 접근이 용이한 도시 지역의 사직단 공간의 훼철과 활용에 주목하고자 한다.

도시의 경우 다수의 사직단 공간에 신사, 공원과 같은 '공공시설'이 들어섰던 것으로 보인다. 잘 알려졌듯이 경성의 중앙 사직단은 공원이 되었다. 지방의 경우도 시가지 중심 주변의 산에 위치하여 수목이 울창한 사직단 공간은 신사나 공원이 들어서는 경우가 많았다. 전남 광주, 달성, 영양, 천안, 충주 등지에는 신사가 들어섰다. 신사의 경내와 주변은 흔히 공원으로 꾸며지며 벚나무가 심어지며 일본적 색채를 물씬 풍겼다. 이러한 신사(공원)는 일본인들에게 종교적, 심리적 안정을 주는 역할을 하였고, 일본인들의 정체성을 강화시켰다.[34]

도시의 사직단 공원의 대표적인 변용 사례인 신사 설치는 '공공성'으로 포장되었으나 그 실상은 일본인을 위한 것이었다. 그렇다면 신사가 들어서지 않은 서울 사직단 공원은 '공공성'에 부합하는 것이었을까? 서울 사직단의 공원화 과정을 통해 일제가 내세운 '공공성'의 실체를 살펴보고자 한다.[35] 서울 사직단의 공원화는 1920년대에 들어 급속히 진행되었다. 조선총독부가 옮겨올 경성 북부에 새로 도로나 공원들의 시설들이 필요했던 것이다. 특히 1919년 6월 경성시구 개수 예정계획노선에 추가된 제32노선이 바로 사직단 앞을 지나가는 길이었다. 이 시구 개수안의 특징은 총독부 신청사가 이전할 경복궁 앞으로 교통망 구성의 초점을 집중한 것이었다.[36] 이에 따라 1921년 말 경성부는 다음 해 사직단을 확장하여 공원을 새로 설치하고자 실지 측량과 대개의 설계를 거의 마치고 총독부의 양해도 거의 얻었다. 다만 경성부와 총독부 사이에 사직단의 존치를 두고 서로 입장이 달랐다. 경성부는 사직단을 그대

---

34) 공원과 신사의 관계는 다음 논문을 참조 바란다. 靑井哲人, 〈朝鮮の居留地奉齋神社と朝鮮總督府の神社政策-'勝地'としての神社境內の形成およびその變容と持續-〉, 《朝鮮學報》 172집, 朝鮮學會, 1999; 김대호, 〈1910~1930년대 초 경성신사와 지역사회의 관계〉, 《일본의 식민지 지배와 식민지적 근대》, 동북아역사재단, 2009; 서울 외의 기타 지역은 해당 지역 시사, 인터넷 자료 등을 참조하였다. 경기도 고양에서는 군수 관사가 설치되었다고 한다.

35) 서울 중앙 사직단 공간의 상세한 공원화 과정은 김대호의 2010년 서울시립대학교 서울학 심포지엄 발표(〈일제하 종묘와 사직의 의미 변화와 공간 변형〉), 전봉희·박일향의 관련 연구(〈20세기 사직단 영역의 토지이용 변화와 역사적 제도주의적 해석〉, 《계획계》 30(12), 2014.12, 대한건축학회)를 참조 바란다.

36) 염복규, 〈日帝下 京城都市計劃의 구상과 시행〉, 서울대학교 박사학위논문, 2009, 52~60쪽.

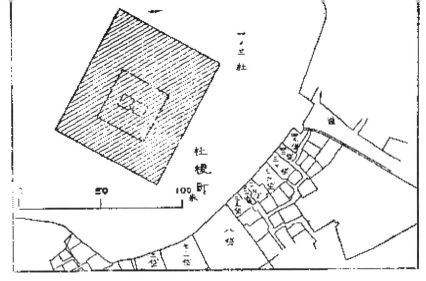

<그림 5> 고적 사직단 소재 지역(조선총독부 고시 제318호, 관보 2806호). 사직단은 1936년 5월 23일 정식으로 사적 제57호로 지정되었고 대상 면적은 1,760평이었다.
출처: 국립중앙도서관 조선총독부 관보활용시스템 http://gb.nl.go.kr/

로 두면 공원이 협소하므로 이를 헐고 운동장을 만들고자 하였고, 총독부 측은 "고적 보관의 의미"로 사직단을 그대로 존치할 것을 희망하였다. 1922년 경성부에서 사직단을 여전히 상당히 훼손하는 설계도안을 제출하자 총독부는 사직단은 "경성에 고대 건물로 유명한 역사를 가진 고적"이라며 다시 이에 제동을 걸었다. 이에 경성부는 결국 사직단의 원형을 보존하는 것으로 설계를 변경하였다.[37] 물론 당시의 경성부는 경기도의 한 행정구역으로, 총독부와 입장을 다툴 정도의 위상은 아니었다. 행정적 차원에서 사직단을 없애자는 경성부의 입장이나, 한국인의 감정을 고려하여 사직단을 구경거리로 두자는 총독부의 입장이나 그 실상은 대동소이하다고 할 수 있다.

그러나 사직단 공원 공사는 이후 일제시기 내내 제대로 이뤄지지 않았다. 우선 1923년 9월 관동대지진이 발생하자 그 여파로 일부 토목시

37) 《동아일보》〈橫說竪說〉, 〈社稷壇公園問題, 당국은 社稷壇을 헐자는 희망이나 민간에서 반대〉, 1921.11.29.; 《동아일보》〈新設할 三處의 公園〉, 1921.12.26., 〈금년부터 경영할 경성부의 새공원 예명디〉, 1922.01.04.; 《동아일보》〈社稷公園의 新設備〉, 1922.05.05., 〈社稷壇은 原形保存〉, 1922.10.21.

업이 중지되었는데 사직단 공원 공사가 여기에 해당되었다.[38] 이후로도 경성부는 예산을 핑계 대며 도로 설비, 벤치 등 공원의 형색만 겨우 갖출 정도로 손을 보는 수준이었다. 이는 사직단 공원이 바로 한국인들이 사는 북쪽 일대의 공원이었기 때문이었다. 일본인들이 주로 사는 곳인 남산 충무로 일대에는 남산공원, 장충단공원, 용산에는 효창공원이 있었는데, 한국인들이 주로 사는 곳에는 협소한 '탑골 공원', 만들다만 사직 공원이 있을 뿐이었다.[39]

1930년대 중반에 들어서야 공원 설비 계획이 다시 추진되었다. 이는 크게 두 가지 이유 때문으로 보인다. 첫째는 사직단과 사직단 정문이 고적, 보물로 지정됨에 따라 보존 조치가 필요했기 때문이다. 1935년 조선고적명승천연기념물보존회에서는 독립문과 더불어 사직단을 고적으로 지정하기로 하였다. 사직단은 1936년 5월 23일 정식으로 사적 제57호로 지정되었고 대상 면적은 1,760평이었다. 이어서 사직단 정문은 1938년 10월 정식으로 보물로 지정되었다.[40] 둘째는 1934년 제정된 조선 시가지 계획령에 기반한 경성 시가지 계획의 일환으로 도시 공원이 계획되었기 때문이었다. 1940년 사직단 공원에 산책로, 도로를 신설하고 운동장을 만들고 나무를 심기로 했다. 그러나 이번에도 계획만 세우

---

38) 《동아일보》〈京城土木事業 震災로 一部中止〉, 1923.09.23.
39) 《동아일보》〈卽時着手할 社稷公園, 예산 이천 오백원으로 년말부터 공사에 착수〉, 1924.11.16., 〈京城에 孝昌 社稷公園 新計劃, 當分 實現不能〉, 1924.12.28.; 《동아일보》, 〈社稷公園에 植櫻 庭球場도 二個所設置〉, 1926.02.13; 공원의 미설치에 대한 불만으로는 《開闢》 68, 一記者, 〈事件! 輿論! 觀察!〉, 1926.4.1.: 이외에도 《開闢》48, 中間人, 〈外人의 勢力으로 觀한 朝鮮人 京城〉, 1924.6.1.도 비슷한 맥락의 내용이 실려 있다.
40) 《동아일보》, 〈圜丘壇 寶物로 되고 獨立門은 古蹟으로〉, 1935.08.09.; 조선총독부 고시 제318호, 1936.5.23.(조선총독부관보 제2806호);《동아일보》, 〈扮裝하는 北村公園 社稷公園에 周廻道路〉, 1936.06.27.,; 《매일신보》, 〈보물로 지정되는 社稷壇〉, 1938.09.28., 〈늘어가는 寶物古蹟 새로 指定된 것 九十七件〉, 1939.10.17.; 《동아일보》, 〈百濟羅城과 社稷壇門等 九十餘種 四次指定〉, 1938.10.02., 〈寶物古蹟天然記念物; 새로 百一種指定發表〉, 1938.11.26; 《京城日報》, 〈*靈地扶餘を初め社稷壇公園も新に〉, 1939.10.17.

고 공원의 설비는 제대로 이루어지지 않았다.[41]

이러한 사직공원이 언론에 보도되는 경우는 보통 두 가지였다. 하나는 공원 계획과 관련된 것이고, 또 하나는 사건, 사고에 대한 기사이다. 특히 자살 및 사망, 강도, 시체 유기 관련 사건이 많이 발생했다. 언론이 가지는 속성 때문이기도 하겠지만, 제대로 가꿔지지 않은 채 산림(이른바 사직공원의 송림松林)으로 남겨진 공원 설비의 특성상 사건, 사고가 자주 발생했는지도 모르겠다.[42]

---

41) 염복규, 앞의 논문, 2009, 180~189쪽. 경성시가지계획에 대한 전반적인 상황은 이 논문을 참고 바란다.; 사직단 공원 관련은 《동아일보》, 〈公園各所를 美粧 社稷에 散策路〉, 1939.03.19.; 《매일신보》, 〈公園都市建設運動−天然美에 人工을 裝飾하야〉, 1940.02.01.; 조선총독부 고시 제208호(조선총독부 관보 제3941호, 1940.3.12.).

42) 사직단 공원의 특성을 비교하기 위해 서울의 탑골공원, 장충단 공원에 대한 사건 사고, 특히 자살, 시체 유기 등을 조사해 보았다. 사람들이 많이 다니는 도심지에 속하는 탑골 공원에는 폭력단, 소매치기단, 절도단 등의 사건이 많았고, 산림에 맞닿아 있는 장충단 공원은 사직단 공원처럼 자살, 시체 유기 등의 사건이 나타나곤 했다. 이런 점에서 공원의 주변 환경이 사건 사고에 미치는 영향은 상당히 유의미한 연관 관계가 성립한다고 볼 수 있다.
물론 장충단 공원은 각종 행사 소식이 주류를 이루고 있다는 점에서 사직단 공원과 본질적인 차이가 있다. 단지 공원의 입지상 발생하는 사건의 성격이 유사하다는 것이다. 사건의 발생 수는 사직단 공원이 장충단 공원에 견주어 훨씬 많다. 관련 기사를 소개하면 다음과 같다. 자살, 시체 유기와 같은 사건이 얼마나 자주 발생하는지 알 수 있을 것이다. 《每日申報》, 〈社稷公園山中에서 醫師妻를 亂打重傷〉, 1925.11.03.; 《東亞日報》, 〈洗面타 溺死, 社稷公園에서〉, 1927.07.26.; 《每日申報》, 〈社稷公園에 自殺〉, 1927.12.03.; 《東亞日報》, 〈社稷洞 公園에 自殺한 老人屍〉, 1928.01.24.; 《中外日報》, 〈社稷壇 僵屍〉, 1928.01.30.; 《每日申報》, 〈社稷公園에 兒屍〉, 1928.03.23.; 《每日申報》, 〈二人組拳銃强盜 社稷公園에 突現〉, 1928.04.17.; 《中外日報》, 〈社稷壇에 비장한 장물〉, 1928.08.14.; 《每日申報》, 〈社稷公園에 出沒튼 强盜〉, 1929.12.11.; 《每日申報》, 〈社稷公園에 縊死體兩件〉, 1930.02.06.; 《每日申報》, 〈아들의 失職을 悲觀코 出家松林에 縊首〉, 1931.04.17.; 《每日申報》, 〈老人飮毒〉, 1931.05.22.; 《東亞日報》 〈社稷公園에 疑問의 兒屍, 病死兒 暗葬인 듯〉, 1931.10.21.; 《每日申報》, 〈社稷壇後山에 嬰兒屍 他殺嫌疑가 濃厚〉, 1932.03.08.; 《東亞日報》, 〈社稷公園에 路屍〉, 1932.09.25.; 《每日申報》, 〈就職悲觀飮毒〉, 1932.10.22.; 《東亞日報》, 〈社稷公園의 松林에 縊首, 五十歲가량의 男子〉, 1933.05.22.; 《東亞日報》, 〈六十翁自殺 : 社稷公園에서〉, 1933.09.03.; 《東亞日報》, 〈佳人寫眞 품고 社稷公園에서 急死〉, 1935.03.19.; 《東亞日報》, 〈白晝 社稷公園에서 脅迫과 毆打肆行〉, 1935.10.30.; 《東亞日報》, 〈社稷公園에 怪兒屍, 發見은 散步客〉, 1936.06.18.; 《東亞日報》, 〈千金夢도 水泡 鑛業狂縊首, 事業은 失敗ко 生活苦로〉, 1936.07.06.; 《每日申報》, 〈社稷公園 松林에 病死屍 哀話〉, 1936.09.30.; 《每日申報》, 〈社稷公園서도 又復一名死亡〉, 1938.06.12.;

이상의 과정을 보면 계속 시설 개선 계획만 남발될 뿐 사직단 공원은 결국 사직단, 산책로, 주변 광장의 단출한 구성의 자연공원으로 일제시기 내내 시설이 매우 미흡했다. '공공성'을 내세우며 매번 거창한 계획을 세우지만 이 공원을 방치한 이유는 무엇이었을까? 물론 일제하 전 기간에 걸쳐 공원 정책이 제대로 시행되지 못한 것은 그것이 예산이나 기타 문제에서 늘 후순위였기 때문일 수도 있다. 그럼에도 일본인 중심 지역과 한국인 중심 지역의 공원 설비의 차이가 존재했던 것은 분명하다. 지속적으로 반복되는 사직단 공원에 대한 시설 개선 표방은 일제하 도시계획의 기만성을 감추는 '수사'로서만 존재했다. 이른바 '공공성'의 표방 속에 한국인은 민족적 차별을 분명히 인지하고 있었다. 공간적 실체로서 사직단 공원은 그 '공공성'의 허구성을 폭로하고 민족적 차별이 현실화되는 곳이었다.

3. 사직신앙의 재발견과 국가신도로의 흡수

1) 사직단 공간과 사직신앙의 잠재적인 기억

공식적으로 사직단 제사가 폐지된 이후 사직 자체는 조선총독부의 관심에서 상당 기간 멀어져 있었고 1930년에 들어서야 비로소 정책적 관심이 커지기 시작한다. 그런데 흥미로운 것은 이와는 별도로 1920년대에도 전통적인 사상 및 신앙 체계와 관련하여 사직단이라는 공간이 활용되는 예가 상당히 보인다는 점이다. '사직이 무너졌다'라는 말처럼

《東亞日報》, 〈社稷公園에 疑問의 自殺屍〉, 1939.07.01.; 《東亞日報》, 〈睡眠中에 燒死 昨夜 社稷公園 앞에서〉, 1939.10.29.

망한 대한제국 황실을 그리는 장소로서 사직단 공간이 활용되기도 했다. 1919년 전라도 광주에서 고종의 국상시 사직단 터에서 망곡제望哭祭가 거행되기도 하였고[43] 1921년(1월 27일)에는 담양 사직단 터에서도 망곡식이 거행되었다.[44] 1919년 3·1운동이 벌어진 3월 20일 밤 서울, 김상직은 세로 4촌, 가로 5촌 크기의 종이에 태극기를 그리고 "대한제국 만세, 이 사직은 이전에는 조선총독부의 소관이었지만 올해부터는 대한국大韓國의 소유로 돌아왔다. 대황제폐하 만세, 국민 씀"이라고 적어 사직문 앞 기둥에 붙였다.[45] 그러나 이는 개인의 단발적 시위였고, 서울의 대규모 시위가 사직단에서 개최된 것도 없으며 시가행진이 사직단을 지난 경우도 잘 드러나지 않는다. 사직단은 지금과 달리 길이 외지기도 했고, 탑골공원이 있는 종로 일대를 비롯하여 대한문, 광화문, 동대문, 남대문역 일대가 상징적 의미도 있고 사람도 모이기 쉬워 대규모 시위가 자주 벌어졌다.

사람들의 기억 속에는 드문드문 분출하는 망한 나라에 대한 그리움보다는 사람들의 기억 속에는 잠재된 사직단 공간의 종교적 기능이 자리 잡고 있었다. 바로 사직의 근원인 농경에 관한 제사적 기능, 특히 기우제에 관한 것이었다. 《순종실록》 부록에 실린 고종황제의 행장에는 사직과 관련된 기록이 하나 실려 있다. 바로 1876년 일본과 조일수호조규를 맺은 후, 여름에 큰 한발이 생겼다. 국가의 변고에 천지가 감응한 것일까? 윤5월 고종이 사직단에 친히 기도를 드리자 단비가 내려 가뭄이 해소가 되었다. 국왕의 정성에 하늘이 감동한 것이다. 가뭄에 단비는 통치자의 덕을 보여주는 가장 대표적인 사례였다.[46]

---

43) 박선홍, 《광주 100년》.
44) 〔每日申報〕1921-02-02│地方通信：
45) 김상직 판결문(경성복심법원형사제3부, 大正8年刑控 第442號, 1919.6.28. 판결 /국가기록원 독립운동관련판결문, 관리번호 CJA0000178)
46) 《순종실록》 부록 10권, 〈고종 황제의 행장〉, 순종 12년 3월 4일.

이와 비슷한 사례가 1920년대에도 여전히 회자되고 있었다. 다음은 1921년 《동아일보》의 독자문단에 실린 글의 일부이다. 탑골공원에 앉아 가뭄 끝에 고대하던 비를 바라보던 사람이 문득 떠올린 옛이야기이다.

어떤 지방에 비가 안와서 전곡田穀은 고사하려고 하고 논에는 이앙을 못 하여 그대로 수일을 더 지내면 흉년은 도저히 못 면할 지경이었다. 그러므로 백사궁구百思窮究한 끝에 지군知郡은 고례에 의해 군속과 인민을 거느리고 군북郡北 사직단에 올라 정성을 다하여 기우제를 지내였다. 과연 치제致祭의 영험이든지? 막 제祭를 필畢하고 단을 철撤하자마자 단 상공에 검은 구림이 휘이 떠돌더니 만인의 갈망하든 소낙비가 퍼붓기를 시작하였다."[47]

가뭄에 기다리던 모내기를 할 수 있는 비가 내렸다. 그때 떠오른 것이 바로 사직단의 기우제에 대한 기억이라는 점이 흥미롭다.

이는 단순히 기억에 그치는 것이 아니었다. 실제로 가뭄이 되면 지방의 사직단에서 기우제를 거행한 사례가 등장한다. 1920년 전북 고창에서는 천장욱千章郁 군수, 김상훈金尙壎 고창면장, 홍종철洪鍾轍 군참사의 발기로 고창군 읍내 사직단에 단을 세우고 6월 29일부터 밤을 새워 단에 올라 기우하였다. 3회에 걸쳐서도 효과가 없으면 다시 고봉高峰에 올라 분화焚火 기도를 하기로 하였다.[48] 그뿐만 아니다. 전남 광주에서도 1929년 8월 날이 가물자 사직단에 불을 피우고 기우제를 행했다. 군수가 제주祭主, 각 면장은 제관祭官을 맡았다. 그래도 비가 내리지 않으면 도지사가 제주가 되어 거행하기로 하였다.[49] 흥미로운 것은 당시 광주 군수는 이시다 쿠니스케石田國助라는 일본인이었다. 광주의 사직단은 1924년 공원이 조성되어 그 터만 남아 있었는데도, 일본인 군수가

47) 《동아일보》, 〈讀者文壇: 모ㅅ비를 마즈면서(李玩朝)〉, 1921.07.31.
48) 《동아일보》, 〈高敞의 祈雨祭〉, 1920.07.06.
49) 《每日申報》〈烽火를 高擧하고 大規模의 祈雨祭 今夜光州社稷壇에서〉, 1929.08.15.

기우제를 지냈다는 것은, 사직단이 가진 종교적 장소성에 대한 기억이 아직도 사람들의 뇌리 속에 남아 있던 것을 여실히 보여주는 것이 아닐까 싶다. 이는 신문 기사에 나오지 않았지만 '망곡식'이나 '기우제'와 같은 사직에서 기인한 전통적 의식이 기존의 사직단 터에서 이 시기까지 지속적으로 이뤄졌을 가능성이 높음을 보여주는 예로 생각된다.

2) 심전개발과 사직신앙의 재발견

특정 공간에 대한 단편적이고 잠재적인 기억의 발현을 넘어서서, 사직이라는 제도 자체에 대한 관심이 다시 급증하는 것은 1930년대에 들어서라고 할 수 있다. 이는 '심전개발心田開發'의 일환으로 나온 것으로 보인다. 일제는 만주를 침략하며 대륙 침략 전쟁의 준비를 해 나가면서 조선 민중 일반에 대한 이데올로기 공세를 강화하였다. 특히 농민층을 중심으로 하는 '정신교화' 정책을 본격적으로 시행하였다. 이를 통해 그들을 체제 내로 흡수하여 농촌사회의 안정을 높이며 한편으로는 농촌사회를 자신들의 구상에 맞춰 조직하고 통제하고자 하였다. 1935년 시점에 이뤄진 '심전개발' 정책은 이런 맥락에서 나온 것이었다. 1935년 초 우가키宇垣 총독은 조선인의 신앙심을 향상시키기 위해서는 기존 종교를 신앙의 대상으로 하여야 한다고 생각했다. 기존 종교를 기반으로 일본 통치사상의 근원인 '신도'정신을 주입해야 한다고 보았다. 특히 한국인 속에 잠재되어 있는 '경신숭조敬神崇祖' 사상과 감사·보은의 마음에서 나오는 '농민정신'을 일본과 한국의 공통점으로 파악하여 일왕을 '신'으로 모시는 일본주의, 즉 '국체'를 빋아들이는 기본 성서로 변용하고자 하였다.[50]

---

50) 한긍희, 〈1935-37년 일제의 '心田開發' 정책과 성격〉, 《한국사론》35, 서울대학교 국사학과, 1996.

이런 상황 속에서 사직제도 조선인의 신앙심을 향상시킬 수 있는 고유신앙으로 주요하게 논의되었다. 1935년 4월 조선총독부는 조선통치를 위한 자문기관 중추원에 조선인의 정신교화와 관련된 자문을 청한다. 그 자문과 부가된 설명은 다음과 같다.[51]

〈자문사항〉
반도의 현상에 비추어 민중에 안심입명安心立命을 줄 수 있는 가장 적당한 신앙심의 부흥책은 무엇입니까.

〈설명〉
민심의 작흥, 민력의 충실 등 지금의 시국으로 보아 시설해야 할 사항이 매우 많으나 이들의 근원을 이루고 굳은 신념하에 현상을 타개하고 안심입명으로 향상 전환을 기하는 데 빼놓을 수 없는 것은 신앙심을 계발하여 기르는 것입니다. 그리고 반도에는 현존하는 종교 이외에 별도로 고대부터 전해오는 고유신앙이 있어 이들을 적절히 지도 혹은 계발하는 것으로 민중의 심전개발을 기대할 수 있다고 믿으므로 다음에 따라 그 방책을 듣고자 합니다.

1. 반도의 선량한 고유신앙을 부활시키는 데 필요한 시설을 어떻게 해야 합니까?
2. 현존하는 여러 종교의 진흥선도책은 무엇입니까?

당시 불교, 신도가 가장 주요한 대안이었음은 잘 알려진 사실이다. 그런데 그중에 사직을 언급하는 경우도 있어 주목이 된다. 당시 사직에 대한 인식을 엿볼 수 있는 중요한 자료라고 할 수 있다.

제16회 중추원회의는 1935년 4월 26일부터 27일까지 2일 동안 개최되었다. 해당 자순諮詢 사항은 첫날 논의되었고 10명의 참의가 답변하

---

51) 朝鮮總督府中樞院 編, 《朝鮮總督府中樞院會議議事錄》, 1935, 26쪽.

였다. 한규복韓圭復, 현헌玄櫶, 김두찬金斗贊, 박영철朴榮喆, 정대현鄭大鉉, 박상준朴相駿, 박용구朴容九, 김명준金明濬, 신희련申熙璉, 원덕상元悳常이다. 그 가운데 원덕상과 김두찬이 사직에 대해 서술하였다. 발언권을 얻지 못하거나 참석하지 못한 참의들의 답변은 '서면 답신서'를 통해 살펴볼 수 있다.[52] 서면답신서에는 발언을 한 원덕상 외에 서병조徐丙朝, 박철희朴喆熙가 사직을 언급하였다. 이들이 사직에 대해 발언, 또는 서면 답신한 내용은 다음과 같다. 맥락을 이해할 수 있도록 다소 길게 인용한다.[53]

참의 원덕상

신지봉재神祇奉齋를 위해서는 자연히 신사 건설의 뜻도 일어나 따라서 제신祭神을 어떻게 해야 하는가 라는 문제에도 도착하는 것입니다. 그런데 신앙은 인간의 진심 순정眞心純情의 발로로부터 체현한 것이기 때문에 억지로 이것을 정책적으로 공작하는 것은 고려가 필요한 것이며 또한 반드시 전 조선에 일률적으로 정하여 제신祭神을 규정해야 하는 것도 아니라고 생각합니다. 생각건대 한 번 이 신념의 중심 본체가 일정한 지도를 받으면, 이 기운이 팽배하여 일어나서 일반에 가득하게 되어 제신도 자연스럽게 잘못 선정하지 않을 것이라고 생각합니다. 현재 내지內地에서도 관폐官幣·국폐國幣·부府·현사縣社·향사鄕社 등의 사격社格이 정해져 있습니다만, 도처에서 각각 서로 다른 제신을 봉재奉齋하고 있음은, 필경 역사적 사실에 기초하거나 지방 민중의 신앙 등에 따라 소위 그 지방에 유서由緖 있는 신을 제신으로서 삼고 있기 때문입니다. 그러니까 신사 건설은 이를 정사政事 기구와 같이 순서를 따라 계통적으로 일정하게 할 필요는 없다고 생각합니다. 요컨

---

52) 16회 중추원 회의에는 총 57명이 서면답신서를 제출하였다. 원덕상의 경우는 발언도 하고 답신서도 제출하였다.
53) 이하 인용문은 친일반민족행위진상규명위원회의 중추원 회의 자료 번역 초고를 교열한 것을 다듬은 것이다(교열 작업 참가). 자료 일부가 발췌되어 《친일반민족행위관계사료집IV》에 실려 있으니 참조 바람.

대 경신숭조敬神崇祖 신념의 함양 보급에 따라 될 수 있는 대로 자발적으로 분기하도록 하여 백만 일심百萬一心 민중이 받들어 봉사奉祀할 만한 제신을 선택하고 신사를 건설하도록 하는 것이 가장 적절한 조치라고 생각합니다. 그러나 조선은 내지와 사정이 다르기 때문에 조선의 고유신앙의 복고와 교정에 정신을 두지 않으면 안 됩니다. 따라서 조선에서 전통적으로 신앙해 온 사직社稷은 도·부·군 및 동리에 각각 사직을 설치하여 두고, 각각 목민관 및 덕망가로 하여금 향토 오곡鄕土五穀의 신을 제사해 온 유래가 있기 때문에, 이를 부흥시켜서 내지 신사와 동일하게 하여, 일신一神이 곧 다신多神, 다신多神이 곧 일신一神의 신념에 기초하여 신앙의 통제를 도모하는 것이 옳다고 생각합니다. 즉 경성에는 경성사직을 설치하여 조선신궁의 섭사攝社로 하여 이를 전 조선 사직의 총본산으로 삼고 각 도청 소재지에는 각각 그 도의 연합 사직聯合社稷을 적당한 곳에 설치하여 습합일체習合一體의 실實을 거두게 하고 기타 부·읍·면 및 동리에 부·읍·면 및 동리 사직을 적절하게 진재鎭齋합니다. 각지의 목민관 및 덕망가로 하여금 이를 제사하도록 하고 소요 경비는 별도로 조직한 봉재회비奉齋會費 이외에 국비·도비·부읍면비 등으로 적절하게 충당하도록 하는 것입니다.[54]

참의 김두찬[55]

고유신앙의 부활에 필요한 것은, 어떠한 고유신앙을 선택할 것인가를 말하는 것이 선결문제일 것입니다. 지난번에 본인은 '도시에서의 민심의 작흥作興을 도모하는 구체적 방책'의 위원회에서 사직을 부활하는 것이 가장 좋다고 답변하였습니다. 사직의 연원에 대해 말씀드리면 많은 시간이 필요하기 때문에 이는 생략하겠습니다만, 황폐에 이른 원인과 황폐 후에 일반 사직에 대한 관념 등을 고찰하면 이를 부활시키는 데에는 상당한 연한年限과 재원財源이 필요할 뿐만 아니라 지방에 따라서는 사정이 다른 곳도 있기 때문에 일반적으로 이를 보급시킨다고 하는 것은 곤란할 수도 있지 않을까라

54) 朝鮮總督府中樞院 編, 《朝鮮總督府中樞院會議議事錄》, 1935, 72~73쪽
55) 朝鮮總督府中樞院 編, 《朝鮮總督府中樞院會議議事錄》, 1935, 35~36쪽

고도 생각합니다. 그래서 본원은 조선의 고유신앙으로서 일반적으로 이 신앙을 도모하고자 한다면 불교 이외에 다른 것은 없다고 생각합니다.

〈서면 답신〉

참의 서병조56): 답신 및 의견 질술

조선신궁朝鮮神宮 외에 사직社稷을 경성에 두고 전 조선의 총본산으로 삼고 각지에 사직을 나누어 모셔 동리 내지는 부락마다 동당洞堂, 동사洞社 등을 설치하여 경신, 숭조, 존황尊皇, 애국, 어른을 섬김〔事長〕, 아이를 보살핌〔恤幼〕 등 심적 통일과 착한 일 하면 복이 오고〔善福〕, 나쁜 일 하면 화가 오는〔惡禍〕의 보복적 관념을 함양할 대상물로 하게 하고 싶다.

참의 박철희57)

내 견해로는 사직의 부흥이 가장 시의적절하다고 생각한다. 그 방책을 말하면 다음과 같다.

1) 경성을 비롯하여 각 도, 부, 군, 도島 소재지에 사직단을 설치하고 후토신后土神, 후직신后稷神을 봉사하고 단군신을 합사할 것.

2) 사직단은 고례를 따라 축조하되 단 옆에 신전神殿을 건립하여 세 신의 위폐를 항상 봉안하고 제관祭官은 신관神官 신직神職으로 변경할 것.

3) 신사취급자神事取扱者 양성소를 두어 신관이 되는 자에게 내선內鮮 경신에 관한 제의祭儀를 학습시킬 것.

4) 경성에는 조선신궁, 각 부, 군, 도島 소재지에는 각각 그 지방의 신사神社와 연락하고 (제향祭享 시기를 각 지방제地方祭와 일치시킬 것) 경신의 도를 통해 내선융화에 도움이 되도록 할 것.

5) 제향할 때는 관민 공동으로 이를 거행하고 민중의 경신의 마음〔念〕을 조장시킬 것.

6) 사직에 관한 비용은 국비國費 또는 도비道費로 할 것.

---

56) 《朝鮮總督府中樞院, 제16회 中樞院會議參書面答申》, 1935, 169쪽

57) 《朝鮮總督府中樞院, 제16회 中樞院會議參書面答申》, 1935, 250~251쪽.

이상 중추원 참의들의 답변에서 상당부분 공통된 의식이 존재한다. 바로 전통적인 사직 인식에 기반하여, 사직제를 일본의 신사제도와 결합하려는 시도였다. 그런데 이들은 조선총독부의 논리를 그대로 모방하는 데 그치지 않고 신도를 조선인에게 보급하고 침투시키는 데 사직을 이용해야 한다는 적극적인 태도를 보이고 있다. 조선신궁 아래 경성 사직을 두어 총본산으로 삼고, 그 아래 전국의 사직단을 두어 신도를 보급하자는 것이다. 후토신, 후직신뿐만 아니라 단군신을 봉재하자고 하기도 한다. 이는 1930년 중반 아직 조선 안에 전국적인 신사 체계를 갖추지 못한 것에 대한, 친일파들의 대안이라고 할 수 있다. 즉 신사를 대신해서 한국인들에게 익숙한 사직을 세우고, 이를 신사와 같이 활용하자는 것이다. 특히 단군은 일부 신도가들에게 '조선국혼신'으로 불리며 일본과 조선을 연결하는 신으로서 조선신궁에 모시자고 주장되기도 한 점에서, 이들이 주장한 단군은 한국 민족의 시조신이 아니라 일본적 신 관념에 바탕을 두어 이른바 '일선동조론'을 한국인에게 주입하기 위한 것이었다고 할 수 있다.[58] 즉, 전통적인 중앙의 사직단과 지방의 사직단이라는 네트워크를 일본의 국가신도 체계 안의 신사의 계층 hierarchy 구조로 치환하고자 하였던 것이다. '국체' 관념의 중추를 이루며 일본주의를 이루는 신앙이자 근본원리인 '신도'를 조선인에게 보급하여 조선인 내면으로부터 충성을 얻어내기 위해 '사직'을 매개체로 이용한 것이라고 할 수 있다.

이러한 자문사항에 대해서는 장헌식張憲植의 발의로 중추원에서는 별도 위원회를 설치하여 보다 심도 있게 연구하도록 하였다. 이렇게 조

---

58) 단군과 조선국혼신에 대해서는 다음 글 참조 바람. 김대호, 〈1910~1920년대 조선총독부의 朝鮮神宮 건립과 운영〉, 《한국사론》50, 2004; 김대호, 〈1910~1930년대 초 경성신사와 지역사회의 관계〉, 《일본의 식민지 지배와 식민지적 근대》, 동북아 역사재단, 2009.

직된 '신앙심사위원'은 위원장에 한상룡韓相龍, 위원은 장헌식張憲植, 박상준朴相駿, 박영철朴榮喆, 한규복韓圭復, 박용구朴容九, 이진호李軫鎬, 김명준金明濬, 김서규金瑞圭, 원덕상元悳常, 장직상張稷相, 현헌玄櫶, 장대현鄭大鉉, 김사연金思演, 김두찬金斗贊, 김정호金正浩, 현준호玄俊鎬가 임명되었다. 신앙심사위원(17명) 가운데 사직과 관련된 발언을 한 사람이 두 명이 존재한다.

'고유신앙' 가운데 사직을 통한 교화를 주장했던 이들의 발언은 당시 정치적, 사상적 지형에서 어떤 의미를 지니는 것일까? 사직제를 일본의 신사제도와 같이 결합하자는 이들의 주장에 대해 총독부의 별다른 후속조치는 없었던 것으로 보인다. 1936년 8월 신사제도의 대개혁이 일어나면서 경성신사, 부산의 용두산신사가 국폐소사國幣小社가 되며, 관국폐사官國幣社제도가 한국에 적용된 것이다. 국폐사 이하의 신사에 대한 총독의 권한이 확정되었고, 신찬폐백료神饌幣帛料 공진 제도가 확립되었다. 일련의 신사제도 개정으로 조선신궁을 정점으로 하여, 관폐사–국폐사–도공진사道供進社 이하의 신사神社–신사神祠라는 신사체계를 완성하였다.[59] 이런 측면에서 중추원 참의들의 견해는 약간은 전통적인 관행에 익숙하면서도 식민통치의 핵심과는 거리가 먼 조선인 친일 협력자들의 견해라고 볼 수 있다. 그렇지만 이러한 주장은 정책결정권자, 즉 조선총독부 측의 장기 구상에 영향을 미쳤을 가능성이 없지 않다.

3) 사직제의 일본적 해석과 일본적 사직제의 보급

1932년 9월 조선총독부 농촌진흥위원회가 만들어지고, 1933년부터

---

59) 1936년의 신사개혁에 대한 자세한 내용과 그 이후의 총독부의 정책에 대한 연구 성과로는 山口公一, 靑野正明의 연구가 있다(山口公一, 〈戰時期朝鮮總督府の神社政策 –'國民運動'を中心に〉, 《朝鮮史硏究會論文集》第36集, 東京 : 朝鮮史硏究會, 1998 ; 靑野正明, 〈朝鮮總督府の神社政策–1930年代を中心に–〉, 《朝鮮學報》 160집, 天理大學校 朝鮮學會, 1996).

농촌진흥운동이 본격적으로 개시되었다.[60] 일제가 한국인의 정신적 교화에 관심을 높이던 시기, 흥미로운 사람이 한국을 방문하였다. 1934년 9월 일본농사학교 검교檢校인 스가와라 효지菅原兵治[61]가 한국을 방문했던 것이다. 그는 1932년 《일본 농사도農士道와 사직제》를 썼던 인물이었다.[62] 그는 전라남도교육회의 초청으로 한국에 왔고, 이어 경성에 와서 경기도의 시설을 시찰하고 의정부의 농민훈련소도 시찰하였다. 조선총독부 학무국의 요청으로 경성사범학교 생도와 간담회를 가졌고, 9월 30일에는 경기도에서도 간담회를 개최하였다. 경기도의 간담회는 경성농업학교에서 개최되었다.[63] 사회는 총독부 학무과장 오노 켄이치大野謙一였고 참석자는 총 83명이었다. 그 가운데 총독부 측에서는 경무국장 이케다 기요시池田清, 학무과장 오노大野謙一, 시학관 이와시타岩下雄三, 편수관 가마즈카鎌塚扶, 촉탁 야히로八尋生男, 마스다增田收作가 참가하였고, 경기도에서는 전 경기도지사 요네다 진타로米田甚太郎,[64] 내무부장 오시마大島良士, 학무과장 하라다原田大六, 속屬 요시다吉田勘藏, 시학視學 등이 참석하였고, 경성공립학교장을 비롯하여 경성, 양주, 이천, 안

---

60) 농촌진흥운동에 대해서는 아오노 마사유키 지음/배귀득·심희찬 옮김, 《제국신도의 형성: 식민지조선과 국가신도의 논리》, 소명출판, 2017을 참조 바란다.

61) 1899~1979. 일본 미야기현宮城縣 가미군加美郡 궁기촌宮崎村 출신. 금계학원金鷄學院에서 양명학자로 불리는 야스오카 마사히로安岡正篤에게 사사받아 동양철학을 배웠다. 나가노현長野縣 실업보수학교 교원양성소에서 근무하고, 1931년 사이타마현埼玉縣 관곡菅谷의 일본농사학교의 검교(교장)이 되었다. 1935년 스루오카鶴岡에 가서 동북농가연구소를 개설하였다. 1965년 일본의 황수포장黃綬褒章을 받았다(《莊内日報社》, 야마가타현 홈페이지, 鄕土の先人·先覚61 《菅原兵治》(地主正範 氏／ 1988年 7月 揭載).

62) 菅原兵治, 《日本農士道と社稷祭》, 金鷄學院, 1932.11

63) 〈日本農士學校檢校菅原兵治氏を廻る座談會〉, 《文敎の朝鮮》, 1934.11.

64) 1875~1938년. 일본 도야마현富山縣 출신으로 동경법학원(1898)을 졸업했다. 충청북도 지사, 평안남도 지사를 거쳐, 1926년 3월~1929년 1월 경기도지사를 지냈다. 당시 그는 남조선수력전기주식회사 사장으로, 한국 내에서 상당한 영향력을 가진 인물이었다(염복규, 김대호 외, 《일제강점기 경성부윤과 경성부회 연구》, 서울역사편찬원 부록, 2017 참조).

성, 오산, 군포, 부천, 문산 등의 보통학교 교장 등이 참석하였다. 학교 정책 관련 인사들이 대폭 참여하였다는 것을 알 수 있다. 특히 경기도의 행사에 경무국장 이케다 기요시, 전 경기도지사 요네다 진타로와 같은 유력 인사도 참여하였는데, 이 둘은 스가와라 효지를 한국에 처음 소개한 사람이었다.

〈그림 6〉《매일신보》1934년 9월 30일 스가와라의 교육좌담회 관련 기사. 출처: 대한민국 신문 아카이브 – 국립중앙도서관 /https://www.nl.go.kr/newspaper/

경기도지사, 총독부 학무국장도 참석하려고 했지만 애국부인회총회로 '궁전하宮殿下가 입성入城하여' 그쪽의 일을 하고 있어 이번에 불참하였다. 스가와라는 사회를 보는 학무과장 오노大野謙一와도 편지도 주고받으며 의견을 나누고 있다고 하면서 농촌의 교육진흥에 대해 우려를 함께하는 사이라고 밝혔다. 스가와라 효지의 교류 범위가 상당히 넓고, 그에 대한 조선총독부·경기도 관료 및 교육계의 관심이 컸다는 것을 보여주는 행사였다.

경기도 간담회에서 스가와라는 농촌의 생활, 농도생활農道生活, 니노미야 손토쿠二宮尊德의 사상, 서양문명에 대한 동양의 농본문명 등 이야기하였다. 당시 '사직'에 대한 구체적인 언급은 없었으나 다음의 발언이 주목된다.

<u>농민에게는 농민에게 상응하는 오락이 필요합니다.</u> 종래는 생활개선이라는 명목하에 오락은 하지 않는 편이 좋다고 하는 소리가 있었으나, 농촌의 오락

은 농촌에서 자연히 생겨난 것이라고 하고 싶습니다. … 시끌벅적하고 활기찬 마츠리(祭)에서 자란 사람은 예컨대 타향에 갔어도 고향이 그립게 되어 돌아 온다는 것으로 마츠리의 구체적인 방법까지 《연중행사》라는 책 안에 쓰여 있습니다.

그렇다면 그가 말하는 농촌의 오락과 연중행사는 무엇일까? 다음 자료가 참고가 된다. 간담회 개최 다음 달에 발간된 《文教の朝鮮》에 스가와라의 〈사직 사상에 대해社稷思想に就て〉라는 글이 실려 있다.[65] "어제 아침 경성 도착. 학생 대상 강연"이라는 내용으로 보아, 경성사범 학교 생도에 대한 강연으로 보인다.

그 가운데 바로 간담회에는 추상적으로 말한 농촌의 오락과 연중행 사에 대한 사항에 대한 자세히 실려 있다.

경기도에서 이번 〈농촌 오락의 연구〉라는 팸플릿을 만들었습니다. 나도 받아서 보았는데, 그 가운데 '농경제'라고 하는 것이 있습니다. 그 농경제가 이른바 사직의 제사입니다. 한 나라의 왕은 봄에 수도의 남쪽에 가서 하늘 을 제사한다. 가을에 수도의 북쪽의 사직단에서 국민을 대신해 제사한다. 이 것이 동양의 사상입니다. 지금의 신상제新嘗祭도 같은 것입니다. 나의 학교 에서는 매년 가을 11월 23일 성대히 사직제를 합니다. 이 방법을 간단히 말 씀드려 두고 싶다고 생각합니다. … 그 각 지방의 가장 적당한 날을 택해 사직제라고 하면 좋을 거라고 생각합니다. … 농업감사제를 하는 장소는 마 을의 학교라도 좋고, 공회당도 좋고 문묘가 있으면 문묘를 활용해서 사용하 는 것도 좋고, 신사를 사용할 수 있으면 신사라도 좋고, 이것은 어디라도 좋습니다.[66]

65) 菅原兵治(日本農士學校檢校), 〈社稷思想に就て〉, 《文教の朝鮮》, 1934.12.
66) 위의 글, 53~54쪽.

그는 농촌의 오락으로 사직제를 제안하고 있으며 이는 신상제와 같은 것임을 제시하고 있다. 즉 신사의 마츠리를 모델로 삼고 있는 것이다.

> 그 마츠리의 때에는, 나는 어릴 때의 기억을 떠올려 보아도, <u>마을의 축제일은 첫째, 신사에서의 마츠리입니다.</u> 종교적 의식인 동시에 지금 말했듯이 여러 회의가 진행됩니다. ……<u>신사는 신앙의 장소이고, 교육의 장소이고, 정치의 장소이고, 예술의 장소이고, 공회당이고, 식당이고, 극장입니다.</u> 결국 파티입니다. 이러한 마을의 일체의 중심이 되었던 것이 신사인 것입니다.[67]

조선총독부는 감사 보은의 '농민 정신' 속에서 한국적 전통과 일본적 정서를 결합하여, 한국인의 마음에 일본의 '국체'를 받아들일 수 있는 심리적 토대를 만드는 데 고심하고 있었다. 경기도에서도 〈농촌 오락의 연구〉라는 팸플릿을 만들어 보급하고, 스가와라 효지와 같은 인물을 불러 강연을 하게 하는 등, 한국인 농민층에 대한 '정신 교화'에 대해 정책적 관심이 고조되고 있었다. 이런 상황 속에서 농촌의 오락으로 사직제를 제안하고 사직제는 일본 신사의 마츠리처럼 행해야 한다는 스가와라의 주장은 정책 담당자 및 교육 현장에 상당한 영향을 미쳤던 것으로 보인다.

1930년대 들어 각지에서 사직제가 거행되는 사례(〈표1 참조〉)가 발견되어 주목이 된다.[68] 그런데 이때의 사직제는 전통적인 의미의 사직

---

67) 위의 글, 55~56쪽.
68) 각 지역의 연속성 및 지역별 분포, 중복 계산을 막기 위해 지역별로 나열함. 단, 지역은 사직제가 처음 시행된 연도순에 따라 배열함. 《每日申報》〈金溝普校社稷祭〉, 1933·11.27.; 《每日申報》〈裡里農林校社稷祭擧行〉, 1935.11.19.; 《每日申報》〈京城農業學校社稷祭擧行〉, 1935.11.15.; 《每日申報》〈海南農業實修橋社稷祭擧行〉, 1935.11.26.; 《每日申報》〈社稷祭擧行海南農校〉, 1936.11.06.; 《동아일보》〈海南農實社稷祭〉, 1938.10.28.; 《每日申報》〈古阜普校서社稷祭擧行〉, 1935.12.04.; 《每日申報》〈固城農業實修校社稷祭擧行〉, 1935.12.22.; 《每日申報》〈固城農實校稷祭擧行〉, 1936.12.18.; 《每日申報》〈固城農業實修校稷祭擧行〉, 1937.12.18.; 《每日申報》〈光州農校社稷祭盛

<표 1> 1930년대 각지에서 거행된 사직제와 내용

지역	연도	내용
전북 김제군	1933	금구공립보통학교 제1회 사직제. 11월 22일. 김제군서무부 주임 참가. 국가 합창
경성	1935	경성농업학교, 11월 13일. 농산품전시회
전북 이리	1935	이리농림학교. 11월 16일. 농산물시식회
전남 해남	1935	해남농업실수학교. 11월 17일. 각 관공청원 및 읍내교 생도 초집. 처음으로 사직제 시행. 씨름 대회.
	1936	전남 해남. 11월 1일. 해남농업실수학교 강당. 관민유지. 사직제 봉납대항 3인1조 단체 씨름[角力] 리그전 거행.
	1938	전남 해남. 해남공립농업실수학교, 10월 23일. 강당. 봉납체육대회. 택견[脚戲], 마라톤 등
전북 정읍군	1935	정읍군, 고부공립보통학교, 11월 30일. 학생 지방유지.
	1936	정읍 농업학교. 11월 28일. 관민일동
경남 고성군	1935	고성, 고성공립농업실수학교, 12월 16일. 요리, 연회.
	1936	고성, 고성공립농업실수학교, 12월 15일. 강당. 내무주임, 요리 시식.
	1937	고성, 고성공립농업실수학교, 12월 14일. 요리, 연회
전남 광주	1936	광주 농업학교. 10월 31일.
제주	1936	제주공립농업학교. 11월 7일. 실습성적보고.
경기 문산	1937	문산공립보통학교. 사직제. 생산물품평회. 감사보은과 직업관념의 강화. 출품점 1699.
평북 안주	1938	안주농업학교. 11월 22일. 학생 200여 명.
	1939	안주농업학교. 11월 23일. 실습 보고. 만찬.

제와 상당히 다른 방식으로 진행되었다. 우선 장소가 사직단이 아니라 학교(특히 농업학교)였다. 전북 김제나 정읍의 경우를 보면 1930년대 초반 보통학교에서 사직제가 열렸던 것 같다. 심전개발운동이 진행되던 1930년대 중반 사직제는 경성, 전북 이리, 전남 해남, 전북 정읍,

大〉, 1936.11.03.; 《每日申報》〈井邑農校서社稷祭擧行〉, 1936.11.28.; 《每日申報》〈濟州農校社稷祭〉, 1936.11.11.; 《동아일보》〈生產品評會開催〉, 1937.11.06.; 《每日申報》〈汶山社稷祭,品評會〉, 1937.11.06.; 《동아일보》〈安州農校社稷祭〉, 1938.12.01.; 《동아일보》〈安州農校 社稷祭〉, 1939.11.26.

경남 고성, 전남 광주, 제주, 평북 안주 등과 같이 대개 농업학교에서 거행되는 것으로 정착되었다고 볼 수 있다. 또한 제사 시기도 봄가을이 아니라 11~12월에 한 차례 행해졌고 사직제는 학생만이 아니라 관리, 지역유지, 주민이 모인 자리로, 농산품전시회, 운동회 등을 행하기도 하며 마을 축제처럼 치러졌다.

이상에서 보이듯이 1930년에 들어 거행된 사직제는 전통적인 사직단의 공간과는 전혀 다른 학교 공간에서 이뤄졌고 제사시기도 상이하였다. 따라서 그 의미와 역할도 변화되는 것이었다. 그런 의미에서 '사직제'라고 불렀지만 우리가 아는 '사직제'는 아니었다. 이러한 사직제는 중추원 참의들이 제안한 유교적 사직제의 신도적 변용보다는 '마츠리'로서의 사직제라는 스가와라의 구상에 가깝다. 그렇지만 이러한 현상은 스가와라의 영향 때문만은 아니고, 국가신도 체제 속에서 수확제와 같은 농경제가 운용될 때 나타나는 일반적인 현상에 가까운 것이며, 1930년대 농촌진흥 운동, 심전개발 운동과 같은 정신 교화 운동의 흐름 속에서 바라보아야 하는 것은 아닌가 싶다.

그럼 왜 하필이면 사직제가 일본적 '마츠리'로 전화했을까? 사직제가 기년제祈年祭, 신상제新嘗祭 등 신도적 행사와 겹친다는 인식, 1910년대에 이미 전주농업공립학교에서 명치신사(제신 아마테라스 오미카미天照大神, 명치천황)와 말사(末寺: 제신 니노미야 손토쿠二宮尊德)를 건립하려고 했던 시도가 있었던 것처럼, 사직제는 일본적 사상 안에서 농업, 학교, 신사, 니노미야 손토쿠 등과 결합하기 쉬운 술어가 아니었을까. 스가와라가 주장한 '마츠리'로서의 사직제는 특별한 이론이라기보다는, 당시의 일본인 정책 담당자를 비롯한 일본인들과 공명하고 있던 생각을 드러낸 것이며 그들이 원하던 말을 해 준 것이라고 할 수 있다. 새롭게 부활한 사직제는 더 이상 전통적인 사식제가 아니라, 감사와 보은의 농민 정신을 강화하고 농촌 사회를 교화하기 위한 일종의 '일본적, 즉 내지의' 놀이문화, 축제문화로서 도입된 것이라고 볼 수 있다. '마츠리'로서의 사직제는 한국의 역사적 맥락을 무시하고 일본인들에게 익숙한 방식으로 재해석되어 한국인에게 강요된 것이다. 새로운 사직제가 완전히 일본적인 것을 마치 한국적인 것처럼 내세우며 한국인들에게 '일본성'을 내재화하기 위해 만들어졌다는 점에서, '사이비' 사직제라고 할 수 있다.[69]

4) 국가신도 체계로 흡수된 사직신앙

1940년대에 들어서 학교 차원의 축제로서의 사직제는 더 이상 나타나지 않는다. 사라진 것이 아니라, 국가적 차원으로 전화되었다. 사직제는 수확한 농산물의 전시와 '축제'적 성향이 강했던 (농업)학교 차원의 행사를 넘어서 전시체제에 들어 '신'에 대한 감사와 국민적 자각을 일깨우는 국가적 행정적 차원의 '신곡감사제'라는 국가 이벤트로 전화해 갔다. 이는 1936년 이후 신사제도의 대개혁이 일어나 조선신궁을 정점으로 한 신사체계가 완성되어 본격적으로 신도 논리를 조선에 적용시켜 갔던 것과 긴밀한 관계를 지니고 있는 것으로 보인다. '놀이'와 축제를 통한 사회교화의 수단으로서의 '사직제'가 '국민적' 차원의 국가 신도 의례 속으로 녹아든 것이다.

이러한 변화의 단초는 1939년 강원도에서 11월 23일 신상제新嘗祭를 기해 "농림수산물의 생산확충과 국민식량의 중대성에 감하여 일층 취지를 철저하게 하고자" 각지에서 "신곡감사의 국민적 제전"을 거행한 것이

---

69) 1930년대 사직제를 신사이데올로기적인 측면이 아니라 농민 교화를 위한 농촌의 오락으로서 확장하여 접근하는 것에 대해서는, 2013년 일본 경도대학 미즈노 나오키水野直樹 교수(당시) 주관의 "戦時期朝鮮社會の諸相 研究會" 여러 선생님들의 논평이 큰 도움이 되었다(김대호, 植民地朝鮮の社稷制と社稷壇について(制度の変化と空間の変形を中心に), 2013년 11월 10일 발표).

〈그림 7〉 1941년 사직감사제에 대한 미나미 조선 총독의 담화.《매일신보》, 1941.11.2. 출처: 대한민국 신문 아카이브 – 국립중앙도서관 / https://www.nl.go.kr/newspaper/

라고 할 수 있다.[70] 이러한 신곡감사제는 다음 해인 1940년 이른바 '황기 2600년'을 맞이하여 그 기념사업으로서 전국적으로 거행하게 되면서 국가 의례로서 강제되었고, 사직제는 완전히 일본의 국가신도 체제 안에 포섭되어 버렸다. 1940년 '황기 2600년'을 기념하여 농산어촌에서도 여러 기념사업이 계획되었는데, 생업보국 전담의 확충 강화, 촌락의 신찬전답神饌田畓에서 기른 신곡을 조선신궁 및 가시하라疆原신궁에 봉납하는 것, 기념건물의 건설, 봉축식의 실시와 더불어 신곡감사제를 1940년부터 매년 정기적으로 도군도, 읍면, 촌락 등의 단위로 신사神社, 신사神祠 기타 적당한 곳에서 진흥회 주최로 거행하도록 한 것이다.[71]

특히 1941년에 들어서는 신곡감사제가 국민총력연맹의 조직을 통해 전국적인 국민적 행사로서 주로 11월 3일 명치절이나 11월 23일 신상제를 즈음하여 신사에서 시행되었다.[72] 1941년에는 오랜만의 풍년으로

---

70)《매일신보》,〈來卄三日新嘗祭 新穀感謝祭擧行 江原道內各郡에서〉, 1939.11.2.
71) 동아일보,〈農山漁村에도 記念事業 十一月에 奉祝式 神饌田設置코 記念建物을 建設 新穀感謝祭도 實施〉, 1940.2.13.
72)《매일신보》, 1939.11.2, 1940.3.25, 1940.8.6, 1940.10.6, 1940.11.2, 1940.11.23,

11월 2일, 3일 이틀에 걸쳐 신곡감사제가 거행되었다. 미나미南 총독은 "11월 2, 3일 양일 조선에 신곡감사제를 거행하게 된 것은 다만 추수를 해서 놀자는 것이 아니고 아름다운 국체로부터 오는 국민 자연의 경건한 감정으로써 천신지기에 풍작의 어혜택御惠澤을 감사하고 또 기쁨으로부터 생기는 새로운 힘으로 단호히 금후의 난국을 돌파하는 각오를 새롭게 하려는 것이다. 그러므로 도회인이나 농촌인이나 이 각오를 잃지 말고 크게 유쾌하고 명랑한 이 제의 정신을 발휘하여 줄 것을 희망한다."고 그 취지를 밝혔다.[73]

유무라湯村 농림국장 역시 "소화 14년(1939년) 대한발로 식량난이 심각해졌고 작년 가을에도 역시 관민일치의 노력에도 불구하고 평년작에도 달하지 못하여 사태는 더욱 중대하였었다. 이래서 '금년에만은…' 하는 각오 아래 조선에서 사는 사람은 전부 병참기지의 명예를 내어 걸고 천지신명에 빌며 총력을 발휘하였던 결과 금년 가을에는 보기 좋게 많은 생산을 거두게 된 것이다. … 문자 그대로 일억일심 한 덩어리로 많은 쌀을 생산하여 내지의 사람들에게도 맛있는 조선쌀을 먹이고 미증유의 식량난을 극복하고 나아가야 한다는 백절불굴의 농민정신과 반도관민의 진심이 이루어져 금년에는 마침내 평년작을 훨씬 뛰어 넘는 풍년을 맞이하게 되었다. 내지는 여러분이 다 아시는 바와 같이 금년의 농형은 그다지 좋지 못한 편이나 조선에 풍년이 들기 때문에 낙관하여 조선으로부터 많은 쌀을 실은 배가 뒤를 이어 들어오기를 손꼽아 기다리고 있다. … 방방곡곡에 이르기까지 신곡감사제가 거행되는 이틀 동안 맑게 개인 가을 하늘처럼 명랑하고 천진난만한 마음으로 명치의 가절을 축하하여 신의 보호에 보은감사의 정성을 바치고 다시 내년에는

1941.11.2, 1941.11.3, 1941.11.5, 1941.11.6, 1942.9.14., 1942.9.26, 1942.11.17, 1942.11.23, 1942.11.24, 1942.11.25, 1942.11.26, 1943·10.27, 1944.10.28, 1944.11.21 등의 기사 참조(제목 생략).
73) 《매일신보》, 〈新穀感謝祭擧行은 國民 自然의 美感情−南總力聯盟總裁激勵〉, 1941.11.2.

한층 더 힘차게 나아가 많은 생산을 얻도록 신 앞에 맹세합시다."며 담화를 발표하였다.74)

이러한 신곡감사제는 1937년 중일 전쟁 이후 안정적인 식량의 보급이 중요하던 차에, 1939년 대흉년75)을 거치며 난관을 돌파하기 위해 '천지신명'의 가호를 바라며 농촌, 도시를 가리지 않고 '보본반시報本反始'의 정성을 다하는 '국민적 자각'을 일깨우는 이벤트로서 강조된 것이다. 1940년대에 들어 사직제는 처음 사직을 폐지할 그 목적 그대로, 이름마저도 사라지고 국가신도의 질서 안에 완전히 포섭되어 버렸다.

4. 맺음말

대한제국이 일제에 강점되면서 '종묘사직', 아니 '원구사직'이 무너졌다. 제국의 상징으로서 하늘에 제사를 올리던 '원구단'과 토지의 신[社]과 곡식의 신[稷]에 대해 제사를 올리던 '사직단'은 강점 직후 동시에 폐지되었고, 둘 다 사람들의 구경거리로 전락하였다. 원구단 일대는 헐리고 철도호텔이 세워지고 남겨진 황궁우皇穹宇는 호텔 정원의 장식물로 전락하였다. 역사적 연원이 깊은 서울의 중앙 사직단도 '고적'으로 박제화되어 제단과 정문만 남아 공원으로 이용되었다.

세운 지 얼마 안 된 원구단에 견주어 사직은 삼국시대로 거슬러 올

---

74) 《매일신보》, 〈今日, 新穀感謝祭-農民努力에 感謝〔湯村局長談〕-內地에서 기다리는 朝鮮의 쌀배〉, 1941.11.2.

75) 1930~1940년 쌀 수확량(조선총독부 통계연보 기준). 송규진 외, 〈통계로본 한국 근현대사〉 아연출판부, 2004 참조(1930년 19,180,677석/1931년 15,872,999석/1932년 16,345,825석/1933년 18,192,720석/1934년 16,717,238석/1935년 17,884,669석/1936년 19,410,763석/1937년 26,796,950석/1938년 24,138,874석/**1939년 4,355,793석**/1940년 21,527,393석).

라가는 긴 연원을 가지며 한국의 농경문화, 유교적 통치질서와 결합되며 한국의 전통 사상으로 인식되었다. 사직은 서울의 중앙 사직단과 각 군현의 지방 사직단의 네트워크로 이뤄졌고, 지방의 사직단은 향교에서 관리하고 있었다. 일제는 한국에 대한 침략을 본격화하면서 1908년 지방 사직단을 정부 소속으로 바꾼 후, 강점 직전인 1910년 4~5월 무렵 사직단에 대한 전체 조사를 하며 지방 재정에 대한 정비를 강행했다. 이는 종교시설의 국유화 과정의 일환이기도 했다. 곧 이어 조선총독부는 강점 직후 1911년 1월 23일 비밀스럽고 조심스럽게 사직단 제사를 폐지하였다. 이후 2월 사직서와 원구단의 건물과 부지는 동시에 조선총독부에 인계되었다. 하늘에 대한 제사, 땅과 곡식에 대한 제사가 모두 폐지된 것으로, 대한제국의 정체성을 완전히 부정하는 것이었다. 사직단 터는 1913년 11월 '특별한 사유가' 없는 한 대부와 양여가 금지되었고, 대부분의 지방 사직단은 삼림의 일부로 사라졌다. 도시 지역의 사직단의 경우, 신사나 공원이 들어서는 경우가 많았던 것으로 보인다. 일제는 이러한 사직단의 공원화 과정을 '공공성'으로 포장하였지만, 한국인들이 주로 이용하였던 서울의 사직단 공원의 경우에서 잘 드러나듯이 말만 공원이지 시설은 매우 열악하였다. 계속된 시설 개선 계획의 남발과 현실의 괴리 속에서 한국인은 불만을 느끼며 민족적 차별을 분명하게 절감하고 있었다.

사직단이 폐지된 이후, 지방의 사직단 터에서 고종에 대한 망곡제를 거행한다든지 3·1운동 때 서울의 사직단 문에 격문을 붙인다든지 대한제국을 그리는 장소로 이용되기도 하였지만, 그보다는 기우제와 같이 전통적인 사상 및 신앙 체계와 관련되어 활용되는 사례가 더 많았다. 공원이 조성되어 터만 남아 있던 광주의 경우 일본인 군수가 사직단 터에서 기우제를 지내기도 하였다. 사직에 대한 농경사회의 뿌리 깊은 전통을 잘 보여준다.

그런데, 이와 같이 특정 공간에 잠재된 단편적인 기억의 발현을 넘어서서 1930년대 사직 신앙을 '정신 교화' 정책에 이용하려는 시도가 등장한다. 이는 일제가 만주를 침략하면서 조선 민중 일반에 대한 이데올로기 공세를 강화하던 것과 맞물린 것으로, 농촌진흥 운동, 심전개발 운동 속에서 조선의 고유신앙으로서의 사직에 대한 관심이 다시 부활하였다. 1935년 심전개발 운동 당시 불교, 신도가 한국인의 정신 교화의 가장 주요한 대안으로서 조명받을 때, 중추원 참의 가운데 일부가 사직을 정신 교화에 적합한 '고유신앙'으로 제안하였다. 이들은 중앙과 지방 사직단이라는 전통적인 네트워크를 일본의 국가신도가 가진 신사의 계층 구조로 치환하려고 하였다. 한국인에게 익숙한 사직 제도를 부활시켜 일본의 '국체' 관념의 중추를 이루는 '신도'를 한국인에게 보급하려고 했던 것이다.

이즈음 일부 지역의 학교, 특히 농업학교를 중심으로 사직제가 거행되었다. 제사 시기도 봄가을이 아니라 11~12월에 한 차례 행해졌고 관리, 지역 유지, 주민, 학생들이 모인 자리에서 농산품전시회, 운동회 등을 행하기도 하며 마을 축제처럼 치러졌다. 당시의 사직제는 '사직제'라고 불렀지만 우리가 아는 '사직제'는 아니었다. 이러한 사직제는 중추원 참의들이 제안한 유교적 사직제의 신도적 변용보다는 일본적 정서에 기반한 '마츠리'로서의 사직제라고 할 수 있다. 새롭게 부활한 사직제는 감사와 보은의 농민 정신을 강화하고 농촌사회를 교화하기 위한 일종의 '일본적, 즉 내지의' 놀이문화, 축제문화로서 도입되었다. 한국의 역사적 맥락을 무시하고 일본인들에게 익숙한 방식으로 재해석되어 한국인에게 강요된 것으로, '사이비' 사직제였다. 1940년대에 들어 '마츠리' 사직제는 수확한 농산물의 전시와 '축제'적 성향이 강했던 (농업)학교 차원의 행사를 넘어 전시체제에 들어서 '신'에 대한 감사와 국민적 자각을 일깨우는 국가적, 행정적 차원의 '신곡감사제'라는 국가 이벤트로 전화해

갔다. 이는 1936년 이후 신사제도의 대개혁이 일어나 조선신궁을 정점으로 한 신사체계가 완성되어 본격적으로 신도 논리를 조선에 적용시켜 갔던 것과 긴밀한 관계를 지니고 있는 것으로 보인다. '놀이'와 축제를 통한 사회교화의 수단으로서 '사직제'가 '국민적' 차원의 국가신도 의례 속으로 녹아든 것이다. 이러한 신곡감사제는 1937년 중일 전쟁 이후 안정적인 식량의 보급이 중요하던 차에, 1939년 대흉년이라는 난관을 돌파하기 위해 '천지신명'의 가호를 바라며 농촌, 도시를 가리지 않고 '보본반시報本反始'의 정성을 다하는 '국민적 자각'을 일깨우는 이벤트로서 강조된 것이다. 1940년대에 들어 사직제는 처음 사직을 폐지할 때의 그 목적 그대로, 이름마저도 사라지고 국가신도의 질서 안에 완전히 포섭되어 버렸다.

일제시기를 거치며 사직단 공간은 폐허가 되고 사직신앙은 일본의 국가신도에 의해 왜곡되면서, 사직은 한국인들의 기억 속에서 사라져 갔다. 아니, 사직에 대한 사람들의 인식은 여전히 일제시대에 머물러 있는 것으로 보인다. 서울의 사직단을 비롯하여, 대구의 노변동 사직단, 남원의 사직단, 보은의 회인 사직단, 산청의 단성사직단, 창녕 사직단, 광주 사직단, 진주 사직단 등 지방 사직단 가운데 일부가 발굴, 복원되었지만, 1910년 일제 강점 당시 있던 서울의 사직단 1개, 지방 328개에 견주면 매우 일부에 지나지 않으며 맥락을 상실한 역사 유적일 뿐이다. 서울의 사직단은 사직단 대문은 보물로, 사직단은 사직으로, 주변은 공원으로, 큰 틀에서는 일제시기와 큰 변화가 없다고 할 수 있다. 사직대제가 2000년 국가 무형 문화재로 지정되었지만, 일회적인 이벤트일 따름이다.

그렇게 오랜 기간 전국에 있었는데도 불구하고 사직만큼 일제에 의해 철저히 사라진 것도 드물다고 할 수 있다. 농경사회의 전통에 기반하며 백성의 삶과 밀착해 있던 사직은 해방 후 농경사회에서 산업화사

<그림 8> 사직단이 수목 하나 제대로 보호되지 않은 채 방치되고 있음을 보도한 기사. 《동아일보》 1957.06.27.

회로 세상이 급격히 변하면서 집단 망각의 대상이 되었다. 이제는 '종묘사직'이라는 은유적 표현으로만 사람들의 기억에 남았을 뿐이다. 잊혀 간 사직에 견주어, 종묘는 눈부시게 부활하였다. 종묘는 건물과 제례, 소장품이 유네스코 3대 세계유산 목록에 모두 올랐다. 정전正殿 등의 주요 건물은 1995년 세계유산에 등재되었고, 종묘 제례가 2008년 인류무형유산으로, 2017년에는 신실에 봉안된 어보와 어책이 세계기록유산으로 등재되었다. 전통이라고 다 되살려야 하는 것은 아닐 것이다. 다만, 그것이 우리가 판단한 것이 아니라 일본에 의해서 강제로 지워지고 왜곡된 결과라면, 그 가치가 현재 우리 사회에 어떤 의미가 있을 것인지 우리가 직접 고려해 볼 필요가 있을 것이다.

3·1운동과 식민지근대화론

도리우미 유타카(선문대학교 교양학부)

1. 머리말

일본에서 일제강점기 조선에 대한 식민지 지배를 정당화하려는 사람들이 가장 강하게 주장하는 것은 식민지근대화론이다. 일본의 식민지 지배는 착취를 하지 않고 식민지에 막대한 자금을 투입했다는 것이며, 그러므로 이 부분에 대해서는 긍정적으로 평가해야 한다고 한다. 철도건설, 도로 및 항만시설, 농업용 관개시설 등의 인프라 정비를 열심히 하였으므로 식민지로부터 착취한 것이 아니라, 오히려 식민지에 투자를 했다는 견해이다.

또한, 이와 관련된 또 하나의 주장은 일본의 식민지는 다른 서양열강 제국의 식민지와는 다르다는 것이다. 서양의 식민지 지배는 착취와 수탈만을 일삼는 터무니없는 것이었지만, 일본의 식민지 지배는 식민지를 위해서 투자를 하였기에 서양의 그것과 완전히 다른 훌륭한 것이었다고 주장한다.

이러한 두 가지 주장은 한국과 일본 사이에 과거 역사인식의 문제가 발생할 때마다 일본 우익의 지식인들이 지지해 온 것이다. 또한 최근 동서냉전 후 약 30년 동안 다양한 신문, 잡지, 서적에서 이러한 주장이 지속적으로 반복되어 왔다.[1) 빈번하게 되풀이 되고 있기에 많은 일본인들은 이를 당연히 사실이라고 생각하고 있다. 일본처럼 식민지에 많이 투자한 나라는 없다는 것이다.

그러나 이러한 주장은 사실이 아니다. 일본이 식민지에 투자한 것은 사실이지만, 식민지에 대한 투자는 서양열강들이 먼저 했었고, 규모 면에서도 서양열강들이 컸다. 많은 일본사람들은 믿기 어렵겠지만, 이는 사실이며, 당시 일본인 지식인들도 인식하고 있었고, 이에 관한 기사들이 잡지에 게재되고 있었다.

만약 일본이 서양열강보다 식민지를 위해서 투자하였다는 주장이 사

---

1) 朴泰赫, 《醜い韓國人―われわれは〈日帝支配〉を叫びすぎる》, 光文社, 1993; 朴泰赫, 《醜い韓國人歷史檢証編―これは本当のことではないのか》, 光文社,1995; 黃文雄, 《歪められた朝鮮總督府―だれが〈近代化〉を敎えたか》, 光文社, 1998; 金完燮, 《親日派のための弁明》, 草思社, 2002; 中川八洋, 《歷史を僞造する韓國―韓國倂合と搾取された日本》, 德間書店, 2002; 豊田有恒, 《いい加減にしろ韓國―日本を嫉妬し,蔑む眞の理由》, 祥傳社, 1994; 山野車輪, 《マンガ嫌韓流》, 晉遊舍, 2005, 《マンガ嫌韓流2》, 2006, 《マンガ嫌韓流 3》, 2007; 倉山滿, 《嘘だらけの日韓近現代史》, 扶桑社, 2013; 室谷克實, 《呆韓論》, 産經新聞出版, 2013; 桜井誠, 《大嫌韓時代》, 青林堂, 2014. 동서냉전구조가 붕괴된 1990년대부터 많은 책들이 출판되어서, 일본의 식민지지배를 정당화하는 주장을 되풀이해 왔는데, 거의 모든 책들에는 일본이 식민지 조선에 많은 투자를 해서 인프라스트럭쳐 정비를 한 것, 그리고 그런 좋은 것은 서양의 식민지들에서 행하지지 않았다 라는 내용이, 사실이라고 기술되고 있다.

실이라면, 그 당시에 독립운동을 하고 있던 한국인들에게 독립운동을 그만두게 설득하는 데 매우 유효하였을 것이다. 특히 식민지 시대에 있었던 가장 규모가 큰 독립운동인 3·1독립운동을 진압하기 위해서 크게 이용되었을 것이지만, 실제로는 그렇지 않았다. 1910년대의 언론, 그리고 1920년대의 언론기사를 조사해보면, 3·1독립운동 열기를 진정시키기 위해서 일본만이 식민지에 투자를 하였다는 주장은 없었음을 알 수 있다. 오히려 3·1독립운동의 재발을 방지하기 위해서 1920년대로 접어들어 겨우 식민지근대화론적인 대책을 세웠다고 할 수 있다. 식민지조선을 위한 경제정책을 시작했지만, 서양열강의 식민지들과 비교하면 너무나 부족한 것이었기 때문에 비교하는 것은 피하고, 오히려 옛 조선과 비교하여 발전했다는 점을 강조하였다. 그리고 천황이 있기 때문에 일본은 특별하고 훌륭하다는, 아무런 근거도 없는 주장을 시작하면서 최종적으로 일본의 식민지는 서양과는 달라서 착취하지 않는다는 주장에 이르게 되었음을 알 수 있다.

이 글에서는 3·1독립운동을 전후하여 식민지근대화론의 주장이 어떻게 발생하였는지, 그리고 어떻게 발전하였는지를 주로 《朝鮮及滿洲》와 《朝鮮》을 중심으로 조사하고, 이러한 주장이 사실이 아님에도 불구하고, 얼마나 효과적으로 사용되었는지에 대하여 고찰하고자 한다.

2. 3·1독립운동 전후 세계 식민지들의 상황

1914년에 잡지 《조선 및 만주朝鮮及滿州》에 〈열국들의 최근 식민정책과 그 경제적 시설列國近時の殖民政策と其經濟的施設〉[2]이라는 기사가 게재되었다. 조선은행의 이사였던 미시마 타로三島太郎가 기고하여 5회

연재를 하였다. 구미의 식민지 역사에 관한 내용이다. 옛 식민지는 현지로부터 향신료나 설탕, 차, 커피 등의 농작물을 수입하기 위한 것으로 거의 투자를 하지 않았지만, 최근에는 식민지에 철도를 건설하고 운하를 만드는 등, 대규모 인프라 정비가 활발하게 이루어져 산업을 부흥시키게 되었다. 식민지의 경제가 발전하지 않으면 본국도 식민지로부터 경제적 이익을 얻을 수 없는 시대가 되었다는 것이다. 그래서 서양 열강들이 식민지에 투자하여 인프라 정비를 하게 되었다는 것이다. 따라서 일본으로서는 향후 조선에 인프라 정비를 할 것인지, 만약에 한다면 어느 정도 규모로 할지를 고려해야 한다는 기사이다.

위의 기사만으로도 많은 것을 알 수 있다. 1914년의 단계에서 일본이 식민지 조선에 투자를 많이 해 왔다는 인식은 없으며, 오히려 서양 열강들이 식민지에 많은 투자를 하였다는 인식을 갖고 있다는 점이다. 일본의 우익들이 빈번하게 주장하는 내용과 정반대의 내용이 여기에 서술되어 있는 것이다.

필자가 우연히 이 기사를 처음 읽었을 때의 충격을 잊을 수 없다. 그때까지 필자는 일본은 식민지 조선에 투자하고 있었고, 서양열강들은 식민지에 그다지 투자를 하지 않았다고 막연히 믿고 있었다. 필자가 일본어로 읽은 식민지에 관한 책들에 상식과 같이 쓰여져 있던 내용이므로 의심도 하지 않았다. 다만 일본이 아무리 식민지에 투자를 했다고 하더라도 식민지 지배를 정당화할 수는 없으며, 일본의 투자로 조선인들이 경제적으로 윤택해진 것은 별개의 문제라고 생각하고 있었다. 일본은 서양 열강들과는 달리 식민지에 적극적으로 투자를 해왔다는 것은 의심할 여지가 없는 전제였던 것이다. 그런데 이 기사는 일본이 유달리

---

2) 三島太郎, 〈列國近時の殖民政策と其經濟的施設(一)~(五)〉, 《朝鮮及滿州》 1914年 1·2·3·4·6月號, 朝鮮及滿州社, 1914. 이보다 자세하지 않지만, 마쓰오카 킨페이松岡均平도 1916년에 〈열강식민정책의 변혁기〉라는 기사에서 거의 같은 주장을 했다(松岡均平, 〈列强殖民政策の變革期〉, 《朝鮮及滿州》 6月號, 朝鮮及滿州社, 1916).

[현재 일본 우익의 주장]		
	일본	서양
식민지 인프라 정비	적극적으로 실행	실행하지 않음
식민지와의 경제적 관계	식민지에 자금 투입	식민지 착취
[1914년 미시마 타로, 〈열국들의 최근 식민정책과 그 경제적 시설 (1)~(5)〉]		
	일본	서양
식민지 인프라 정비	아직 실행하지 않음	최근 적극적으로 실행
식민지와의 경제적 관계	미결정	식민지에 자금 투입

식민지에 대해 투자했다는 것이 사실이 아니고 거꾸로 되어 있다고 설명하고 있었다.

미시마 타로의 이 기사는 투자를 해야 할 것인지, 하지 말아야 할 것이지 생각해봐야 한다는 것으로 끝나 있었는데, 그 밖에도 일본이 식민지 조선에 적극적으로 투자해야 한다는 기사는 많다. 동양척식회사 조사부장인 미네 하치로嶺八郎는 이집트의 나일강 수리공사도 영국이 자금을 지불하였고, 인도의 갠지스강 수리공사도 영국이 자금을 지불했다는 예를 들어, 식민지에 자금을 투입해야 한다고 주장하였다.

하기타 에쓰조萩田悅三의 1910년 기사를 보면, 식민지를 확보하면 즉시 식민지의 예산을 독립시키려고 생각하는 국가는 일본밖에 없는데, 식민지에 자금을 반드시 투입하여야 한다고 말하고 있다. 장문이지만 인용하기로 한다.

영국과 같이 세계에서 가장 넓은 식민지를 소유하고 있는 국가는 당연한 일이지만, 러시아, 프랑스, 독일 등 모든 국가도 식민지 경영에 전력을 쏟고 있다. 각국은 식민지의 팽창을 도모함과 동시에 기득의 식민지를 개발하는 일에 열심이다. 즉 식민지의 원주민을 계몽하고, 본국인의 이주를 장려하며, 철도건설, 산업개발, 위생설비, 종교보급에 힘을 쏟고 있다. 따라서 이들은 미개의 식민지를 개화하여 본국과 같이 만드는 일을 서두르고 있다. 때문에 경비 등도 본국에서 많은 보조를 하고 있다. 적어도 경비警備 비용에 속하는 자금은 모두 본국이 부담하고 있고, 영국과 같이 식민지를 오래 경영하고 있는 국가일수록, 지금도 각 식민지에 대해 본국에서부터 많은 경비를 보조하고 있다. 왜냐하면 각국은 식민지를 새롭게 팽창, 확대하도록 노력함과 동시에 기득의 식민지 개발과 발전을 도모하는 것에 급급하고 있기 때문에 노무비와 경비의 부담이 증가하는 것이다. 일본과 같이 식민지를 취하자마자 식민지의 경비 독립을 서두르고, 독립뿐만이 아니라, 식민지에서 즉시 이익을 흡수하려고 서두르는 국가는 어디에도 없다. 토지를 취해도 자본을 투자하지 않으면, 이익을 얻을 수 없는 것이다.[3]

이 기사에서 알 수 있듯이, 세계의 식민지 상황은 예전과 달랐다. 식민지에 아무런 투자도 하지 않고 착취만 하는 국가는 어디에도 없으니, 이제는 식민지에 투자하는 것이 당연한 시대가 되었다는 것이다.

그 당시 구미제국의 식민지에 대한 인프라 정비가 언제 착수되었는지를 필자가 각종 자료를 토대로 간단히 정리한 것이 〈표 2〉이다. 이것을 봐도 일본보다 먼저 서양열강들이 식민지에 투자한 것을 알 수 있다.

다음에는 제국주의 시절 열강의 식민지였던 세 곳의 인프라 정비 현황을 《조선 및 만주朝鮮及滿洲》 자료를 중심으로 간략히 살펴보겠다.

영국의 인도

영국의 식민지에 대해서는 인도가 가장 자세히 기술되어 있다. 영국이 철도를 건설한 것, 특히 인도의 강우량이 부족해서 영국이 인도 수시시설에 대단히 많은 투자를 해서 정비한 것, 그리고 그 영국의 수리시설 때문에 인도의 농업이 발전한 것이 강조되고 있다.[4]

---

3) 萩田悅三, 〈各國の殖民地經營の狀勢〉, 《朝鮮及滿洲》 1910年 12月號, 朝鮮及滿州社.
4) 高瀬經德, 〈英領としての印度〉, 《朝鮮及滿洲》 1908年6月號, 朝鮮及滿州社; 鬼城生, 〈英國の殖民政策〉, 《朝鮮及滿洲》 1911年7月號, 朝鮮及滿州社; 下田禮佐, 〈英國植民地

<표 2> 열강의 식민지 인프라 정비의 일례

공사 종류	명칭	영업을 시작한 연도	종주국
운하	수에즈 운하	1869년	프랑스
	파나마 운하	1914년	미국
철도	인도	1853년	영국
	알제리	1857년	프랑스
	남아프리카	1863년	영국
	인도네시아	1867년	네덜란드
	중국	1876년	영국
	미얀마	1877년	영국
	말레이시아	1885년	영국
	필리핀	1892년	스페인
	싱가포르	1903년	영국
	베트남	1910년	프랑스
	라오스	1924년	프랑스

독일의 교주膠州만

《조선 및 만주朝鮮及滿洲》에는 독일이 중국 대륙에서 1899년부터 소유하고 있었던 교주膠州만 조차지에 대한 설명도 많이 실렸다. 제1차 세계대전이 일어나자 일본은 독일에 대해 선전 포고를 했고 독일에 승리해서 교주만 조차지를 점령했다. 독일의 식민지를 빼앗아 잡은 것이다. 중국과의 우호관계를 유지하기 위해서 이 조차지를 중국에 반환해야 된다는 의견도 있지만, 그렇게 하지 말고, 일본이 영유해야 한다는 의견이 압도적으로 많이 실려 있다. 이곳은 원래 인구가 많았고 농업과 상업이 잘 되어 있어 광산도 많은, 대단히 좋은 지역이었던 것이, 독일

の發達〉, 《朝鮮及滿洲》 1913年 4·5·6·7·9·11·12月號, 朝鮮及滿州社; 大島滿一, 〈印度水利事業の槪觀〉, 《朝鮮及滿洲》 1914年9月號 朝鮮及滿州社; 本間孝義, 〈印度ブンチャブ地方に於ける水利事業〉, 《朝鮮及滿洲》 1914年10月號, 朝鮮及滿州社; 入江海平, 〈英國植民地と政策〉, 《朝鮮及滿洲》 1915年2月號, 朝鮮及滿州社; 久水三郎, 〈英國及獨仏の亜弗利加植民地經營〉, 《朝鮮及滿洲》 1917年7月號, 朝鮮及滿州社; 三井書記官, 〈英國印度と仏領印度支那の現状〉, 《朝鮮及滿洲》 1917年7月號, 朝鮮及滿州社; 山本鶴一, 〈印度視察雜感〉, 《朝鮮及滿洲》 1918年3月號, 朝鮮及滿州社.

이 거액을 투입해서 항만시설을 정비하고, 철도를 건설했기 때문에 더욱 더 발전되었다고 적혀 있다.5)

프랑스의 알제리

알제리는 아프리카의 북부에 있는 프랑스의 식민지로, 이에 대해서 조선총독부 문서과의 월간지인 《조선朝鮮》에 1921년 〈알제리 사정アルゼリア事情〉이라는 제목으로 4회, 그리고 1926년에 〈알제리 사정의 일단アルゼリア事情の一端〉'으로 3회의 연재기사가 실렸다.6) 총 페이지 수를 합하면 무려 161쪽에 이른다. 이 잡지에서는 분량도 많고 상당히 눈에 띄는 기사였다. 하나의 식민지에 대하여 이렇게 많은 분량의 기사가 있는 것은 알제리 밖에 없다. 프랑스와 알제리의 관계는 일본과 조선의 관계와 매우 비슷하므로, 알제리를 조선통치의 참고로 하려는 의도였을 것이다. 구체적인 기사의 내용을 간단히 정리하면, 다음과 같다.

알제리는 북부 아프리카에 위치하고 있으며, 프랑스와 지중해를 사이에 두고 있어도 그다지 멀지 않은 거리이며, 카르타고, 로마, 오스만 제국의 지배를 받아온 지역으로 흑인이 아니라 아랍계의 백인이 사는 지역으로 프랑스와 문화와 문명의 차이도 그다지 다르지 않다. 알제리는 석탄이 출토되지 않아 북유럽에서 수입하면 비싸다. 그래서 프랑스는 공업에는 적합하지 않다고 여기고 농업, 목축업, 임업, 수산업, 광업

---

5) 齋藤音作, 〈靑島の一斑〉, 《朝鮮及滿州》 1914年9月號, 朝鮮及滿州社; 黑多甲四郎, 〈膠州は何時陷落するか〉, 《朝鮮及滿州》 1914年10月號, 朝鮮及滿州社; 村田俊, 〈山東省及び獨逸の之に對する施設に就て〉, 《朝鮮及滿州》 1914年10月號, 朝鮮及滿州社; .一記者, 〈新に活動舞台となりし山東省〉, 《朝鮮及滿州》 1914年10月號, 朝鮮及滿州社; 山内生, 〈山東省事情〉, 《朝鮮及滿州》 1914年11月號, 朝鮮及滿州社; 釋尾旭邦, 〈陷落する膠州灣を如何にせんとするか〉, 《朝鮮及滿州》 1914年12月號, 朝鮮及滿州社; .秋山雅之介, 〈膠州灣處分問題に就いて〉, 《朝鮮及滿州》 1914年12月號, 朝鮮及滿州社; .宮田爲之, 〈軍事上に於ける膠州灣の価値〉, 《朝鮮及滿州》 1914年12月號, 朝鮮及滿州社; .松岡均平, 〈回顧三十年獨逸の殖民政策〉, 《朝鮮及滿州》 1915年2月號, 朝鮮及滿州社.

6) 稅田谷五郎, 〈アルゼリア事情〉(一)(二)(三)(四), 《朝鮮》 1921年1·2·3·5月號, 朝鮮總督府編; 稅田谷五郎, 〈アルゼリア事情の一端〉 1926年8·9·11月號, 朝鮮總督府編.

등을 발전시키는 방향으로 노력하였다. 철도건설, 항만과 도로 등의 교통망 정비로 농산물이나 광물자원이 순조롭게 수출됨으로써 무역액이 비약적으로 증가하였다. 와인, 올리브유, 코르크 제품 등 프랑스산으로 수출되는 것 중에서 실제로는 알제리산인 것도 많았다고 한다.

식민지 통치에 관해서 프랑스는 처음에 동화주의, 내지연장주의를 취하고 있었지만, 당초의 계획대로 되지 않자 자치주의를 도입하였다. 한정적인 것이지만, 원주민의 참정권을 인정하여 예산안 심의에 참가하는 것을 허용하였다. 민선의 원주민 자치체 의원을 인정함으로써 알제리인 스스로의 의사를 반영할 수 있는 체제로 변경하였다. 이러한 체제를 도입한 효과로 유럽대전(제1차 세계대전)을 기술하고 있다. 당시 그때까지 실시하던 지원병제도가 아니라 의무적인 병역제도를 도입하여 알제리인 병사 20만 명이 참전시켜 2만 명이 전사하였고, 프랑스 본국에 8만 명의 노동자를 보냈는데, 반란도 없이 시종 프랑스에 협력하는 태도였다는 것이다.

여기서 강조된 내용은, 조선에 대하여도 투자를 해서 산업을 발전시켜서, 한정적일지언정 참정권까지 줄 정도는 해야 한다는 것, 그리고 그렇게 하면 일본군에 안심하고 참가시킬 수 있는 정도의 조선인이 될 것이라는 점이다.

3. 3·1운동 이후 미국에서의 조선독립운동 조사보고

일본은 조선의 독자적인 독립운동이 두렵지 않았지만, 미국 등 서양 열강이 이에 개입하는 것을 우려하고 있었다. 그래서 조선인의 독립운동이 미국에서 이루어지는 것에 주목하지 않을 수 없었다. 따라서 일제

는 조선총독부 경무국의 도끼나가 우라죠時永浦三 사무관을 미국에 파견하여 〈미국에서 독립운동에 관한 조사보고서米國ニ於ケル獨立運動ニ關スル調査報告書〉[7]를 작성하여 보고하도록 하였다. 이 보고서에 미국에서 일어난 조선 독립운동에 관해 조사한 결과를 자세히 서술하고 있는데, 이와 동시에 미국 안의 아일랜드 독립운동도 조사하여 보고하고 있다. 아일랜드는 영국의 식민지로, 식민지 지배를 피해 미국으로 이주한 아일랜드계 사람들이 3000만 명이었다. 아일랜드계 사람들은 미국인의 동정을 받아 독립운동을 지원받으려는 운동을 하고 있었다. 조선인의 독립운동보다 훨씬 대규모였으며, 미국 의회에서는 아일랜드에 동정한다는 법안이 가결된 상황이었다. 보고서는 이 독립운동에 대한 영국의 대책에 대해서도 보고하고 있다. 영국 정부는 미국에서 아일랜드의 독립운동에 대해 완전히 무시하는 태도를 보이고 있었지만, 신임의 주미 영국대사가 신문기자의 질문에 답한 내용을 영국정부의 대답으로 생각하고 보고하였다. 그 대답의 내용은 아일랜드의 자유 영역을 확대하여 피압제자를 개선한다는 것과 물질적인 행복을 주는 것으로 독립운동을 억제한다는 것이었다. 물질적인 행복이란 경제적으로 발전시킨다는 의미일 것이다. 즉 영국의 아일랜드 독립운동 대책은 식민지근대화적인 경제정책이었다고 할 수 있다. 이러한 보고가 1920년 4월에 이루어지고 9월에 발행되어 조선총독부의 내부에 배포되었다고 한다. 그래서 일본도 영국의 정책을 참고로 하여, 이를 추종하게 되었다고 생각된다.

---

7) 朝鮮總督府警務局, 〈米國ニ於ケル獨立運動ニ關スル調査報告書〉 1920年 9月, 《朝鮮近代史料研究―友邦シリーズ 第五卷歷史》, クレス出版, 2001, 205~324쪽.

4. 식민지근대화를 향한 경제 정책[8]

도끼나가 우라죠時永浦三의 보고서가 1920년 9월에 출판되자, 1921년 3월에는 잡지 《조선》에서 〈병합 후의 조선경제의 발달併合後に於ける朝鮮經濟の發達〉[9]이라는 기사가 나왔다. 이것은 조선총독부 재무국이 쓴 기사이지만, 지금까지도 일본은 조선경제를 발전시켜 왔다고 선전하는 의미의 기사일 것이다.

그리고 4월에는 〈조선 통치상의 5대 정책朝鮮統治上の五大政策〉[10]이라는 기사가 게재됐다. 그것은 3·1운동 후에 나온 것이기 때문에 독립운동에 대한 대책일 것이다. 5대 정책은 다음과 같은 것이다.

1. 치안의 유지
2. 교육의 보급 개선
3. 산업의 개발
4. 교통, 위생의 정비
5. 지방제도의 개혁

독립운동에 대해 치안의 유지를 강조하고, 교육을 하는 것으로 조선인에게 독립의 어려움을 가르치고, 산업의 개발과 교통, 위생의 정비에 따른 물질적인 행복을 주어서 독립운동을 포기시킨다는 방향이 명확해지고 있음을 알 수 있다. 조선에 대하여 투자를 하려고 하는 것이다. 그러나 구체적으로 어떠한 투자를 해야 할지를 몰랐다. 그래서 조선에

---

8) 이 절은 도리우미 유타카의 〈일제하 일본인 청부업자의 활동과 이윤창출〉, 서울대 국사학과 박사논문, 2013과 〈일제하 조선인노동자의 저임금과 일본인토목업자의 부당이익〉, 《한일경상논집》 60권 2013을 참조했다.

9) 財務局理財課, 〈併合後に於ける朝鮮經濟の發達〉, 《朝鮮》 1921年 3月號, 朝鮮總督府文書課.

10) 水野政務總監, 〈朝鮮統治上の五大政策〉, 《朝鮮》 1921年 4月號, 朝鮮總督府文書課.

대해 자세히 알고 있는 지식인들을 모으고, 의견을 듣자고 개최된 것이 1921년 9월의 산업조사위원회였다. 이 산업조사위원회는 조선의 경제를 발전시키는 데 어떤 경제정책을 세워서 어떤 방향으로 투자해야 하는지를 조사해서 결정하는 위원회이지만, 조선인의 대표자들도 불러서 회의를 한다면서, 대단히 기대를 모았다. 그러나 결정한 경제정책은 철도건설과 산미증식계획, 그를 위한 수리조합사업이며, 결국 대규모 토목공사였다. 이것은 조선에 거주하고 있는 일본인토건업자들에게 이익이 돌아가는 것이며, 조선인이 이익을 얻는 것이 아니었다. 시모오카 츄지下川忠治 정무총감이 다가와 츠네지로田川常次郎에 대해 말한 것 가운데, 일본은 조선이 경제적으로 발전해서 일본의 경쟁 상대가 되는 것을 두려워하고 있었다는 내용이 있다. 특히 공업의 발전을 억제하고 있었던 것이다.[11] 조선 공업의 발전을 억제하면서도, 조선경제를 노력해서 다했다고 말할 수 있는 투자 분야가 토목공사였던 것이다. 그래서 일본은 조선을 위해 경제적으로 좋은 일을 많이 했다는 선전을 토목공사 분야에서 했던 것이며, 그것은 효과적이었다.

5. 식민지근대화론적인 선전과 진실왜곡

조선에 투자하는 목적은 조선인들의 독립운동을 제지하기 위해서이고, 미국과 같은 서양열강이 독립운동에 협력하지 않도록 하기 위한 것이므로, 실세의 경제성책보다노 선전이 대단히 중요했다. 그래서 많은 외국인들에게 일본의 조선통치에 관한 평론을 쓰게 해서 게재했다. 강연도 열렸다.[12] 많은 외국인들이 일본의 식민지통치를 비평하고 있는

---

11) 京城商工會議所,《京城商工會議所二十五年史 第三部》, 1941, 87~88쪽.

데, 일본의 나쁜 점을 날카롭게 지적하는 사람이라도, 일본이 근대화를 추진했다든가 아니면 투자해서 인프라 정비를 했다는 부분에 대해서는 긍정적으로 평가하였다. 그래서 일본이 투자한 부분에 대해서는 아무도 비판하지 않았다. 그리고 일본의 조선 통치를 정말로 잘한다고 절찬하고 있는 외국인도 많았다. 이로 말미암아 조선총독부가 자신을 가지게 된 것은 틀림없었을 것이다.

또 조선에서부터 해외에 이주한 조선인들을 조선총독부가 다시 불러 조선(조국)여행으로 초대한 것은 대단히 효과적이었던 것 같다. 이러한 조선인들은, 일본이 지배하고 있는 조선은 비참해져 버렸으며 망했다고 생각하고 있기 때문에, 철도, 도로가 정비되어 근대적인 건물이 많이 늘어서 있는 서울(경성)을 보여주자 감격했고, 지금까지 일본을 오해하고 있었다고 참회하는 사람까지 있었다고 한다.[13]

표면적으로 보면 매우 아름답고 풍요로운 식민지조선이었지만, 실제

---

12) アーサー・バラド, 〈膨張の日本〉, 《朝鮮》 1921年 1月號, 朝鮮總督府文書課; 朝鮮情報委員會, 〈朝鮮ニ關スル外國人ノ評論〉 1921年 8月 《朝鮮近代史料研究―友邦シリーズ第五卷歷史》, クレス出版, 2001, 171~203쪽【피에르 스미스, 〈朝鮮問題ノ感想〉 1921年 7月 가나자와金澤 강연. 피게로, 동경 히토쓰바시―橋商科大 講演. 그의 일본식민지정책, 1921年 6月 28日 〈ジャパン・アドバタイザー〉에 게재됨. 시카고대 인류학교수 에프 스크르, 〈世界ニ於ケル日本ノ地位〉 1917年 3月에 강연]; 萬二千峯學人, 〈日本の各植民地を觀察したるヒロゲー博士と語る〉, 《朝鮮及滿州》 1921年 11月號, 朝鮮及滿州社; エーチ・ジェームレット・リメック, 〈日本は朝鮮に於て事實何を爲しつつあるか〉, 《朝鮮》 1921年 11月號, 朝鮮總督府文書課; イー・アレクザンダー・パウエル, 〈日本の朝鮮政策〉, 《朝鮮》 1922年 6月號, 朝鮮總督府文書課; ピー・エー・スミス, 〈朝鮮の諸問題と其の将来〉, 《朝鮮》 1922年 5月號, 朝鮮總督府文書課; ヘンリー・チャング, 〈朝鮮事情〉, 《朝鮮》 1922年 12月號, 朝鮮總督府文書課; 工藤武城, 〈佛國人の朝鮮統治觀〉, 《朝鮮》 1925年 6月號, 朝鮮總督府文書課; フランク・ヘッヂ, 〈外人の觀たる朝鮮〉, 《朝鮮》 1927年 8月號, 朝鮮總督府文書課; カーネギー財団主催による米國記者團一行, 〈米國視察團の眼に映ぜる朝鮮〉, 《朝鮮》 1930年 4月號, 朝鮮總督府文書課; 小田安馬(シャウッド・エデー), 〈朝鮮統治に關する外人の感想〉, 《朝鮮》 1932年 3月號, 朝鮮總督府文書課; ラリボ, ダブリュ・テーラー, セシル・クーパー, ザウエル, エ・ダブリュ・テーラー, アール・ノックス, アール・エム・ウイルソン, ウィリヤム・シ・ケル, エー・エス・アンダソン, イ・マルテル, エス・エー・モフエト, ゼ・ビ・フワー, オ・アール・エビソン, 〈外國人の見たる新朝鮮〉, 《朝鮮》 1935年 10月號, 朝鮮總督府文書課.
13) 伊藤藤太郎, 〈在外鮮人團の祖國觀光〉, 《朝鮮》 1921年 2月號, 朝鮮總督府文書課.

로는 너무 가난해서 비참했다. 일제가 하는 선전은 잘되어 있었지만, 실제적인 문제를 어떻게 하면 해결할 수 있는지 조선총독부 쪽에서도 답이 없었던 것 같다. 그래서 추상적인 방향밖에 제시하지 못하고, 막연한 정신적인 노력과 아무런 근거도 없는 천황폐하의 은혜가 강조되었다.[14]

1937년 7월 중일전쟁이 시작되자, 일본은 조선 지배를 더욱 강력하게 시행하기 위해서 새롭게 조선중앙정보위원회朝鮮中央情報委員會를 설치하고, 본격적으로 선전, 교육을 실시하였다. 그 목적들 가운데 하나는, 일본의 식민지정책이 외국의 착취적인 식민지정책과 같다고 하는 오해를 없애고, 일본의 공정한 통치를 알리는 것에 있다고 하였다.[15] 이 단계에서 사실과 다른 거짓 주장이 나왔다. 서양열강이 먼저 식민지에 투자를 해온 것이고, 일본은 그들보다도 늦게 식민지에 투자를 시작하고 규모도 그다지 크지 않았지만, 서양은 식민지에서 착취를 하는 나쁜 나라들이며, 일본은 착취를 하지 않고 투자를 하는 유일한 나라라고 하게 된 것이다. 이것은 같은 잡지에서 자기들이 보도한 내용과도 다른 완전한 거짓말이다. 그러나 조선중앙정보위원회의 지도, 감독 아래 일본의 식민지 지배는 서양과는 다른, 훌륭한 것이라는 거짓말이 서적, 신문, 잡지, 라디오, 강연회 등을 통해서 널리 퍼지게 되었다. 그리고 그것이 반복됨으로써 많은 사람들이 그것을 진실이라고 믿게 되어버렸고, 그리고 그 거짓말을 아직도 일본 우익사람들이 계속 사용하고 있는 것이다.

---

14) 宇垣一成, 〈朝鮮統治に就いて〉, 《朝鮮》 1932年 2月號, 朝鮮總督府文書課; 宇垣一成, 〈朝鮮最近の面影〉, 《朝鮮》 1933年 12月號, 朝鮮總督府文書課; 南次郎, 〈內鮮一體の精神的美果〉, 《朝鮮》 1937年 11月號, 朝鮮總督府文書課; 南次郎, 〈血を以て歷史を綴る〉, 《朝鮮》 1939年 1月號, 朝鮮總督府文書課. 宇垣一成이나 南次郎은 천황폐하의 은혜를 강조한 연설이 많았다.

15) 堂本敏雄, 〈朝鮮に於ける情報宣傳〉, 《朝鮮》 1939年 11月號, 朝鮮總督府文書課; 朴仁植, 〈日帝の朝鮮支配末期における情報・宣傳政策〉, 《아시아문화연구》 제12집, 2007年 5月.

6. 맺음말

일본은 대만과 조선을 식민지화한 후, 세계의 각 식민지 상황에 대해서 열심히 연구한 시기가 있었다. 그 연구 속에는 식민지 지배라는 한계는 있어도, 원주민의 생활을 고려해 주는 정책, 참고로 해야 할 정책들이 상당히 많이 있었다. 일본은 조금씩이라도 그러한 방향으로 나아갔어야 한 것이지만, 일본인의 이익을 최우선으로 했기 때문에, 조선인을 위한 정책은 거의 시행할 수 없었다. 그러나 3·1독립운동으로 심각한 위협을 느끼자, 식민지근대화론적인 정책과 식민지근대화론의 선전을 강화함으로써 겉보기에는 조선인을 위한 정책을 세워서 대응하게 되었다. 식민지근대화론이 강고하게 퍼질 수 있었던 것은, 3·1독립운동의 강력함에 대응하기 위해서 만들어졌기 때문일 것이다. 그러나 거기에 진실은 없다. 식민지근대화론을 정확히 극복하는 것도 3·1운동 정신을 계승하는 일이라고 생각한다.

3·1독립만세운동 연구 자료 및 논저 목록
1919~2018년

조사: 오정섭, 김선영

1. 자료

近藤釼一 編, 《万才騷擾事件(三·一運動) 1~3》(朝鮮近代史料 : 朝鮮總督府關係重要文書 選集 9~11), 東京 : 友邦協會, 昭和39(1964).

국사편찬위원회, 《韓國獨立運動史 2》(資料編), 1966.

국사편찬위원회, 《韓國獨立運動史 資料 5: 3·1운동편 1》, 1974.

독립운동사편찬위원회, 《獨立運動史資料集 4-5, 別集1》, 독립유공자사업기금운용위원 회, 1974.

독립운동사편찬위원회, 《獨立運動史資料集 6-8》, 독립유공자사업기금운용위원회, 1974.

국사편찬위원회, 《韓國獨立運動史資料集 9: 三一運動과 國權恢復團》, 1989.

국사편찬위원회, 《韓國獨立運動史資料集 10: 三一運動과 天道敎誠米》, 1989.

국사편찬위원회, 《韓國獨立運動史資料集 11~27: 三一運動 1~17》, 1990~1996.

國學資料院, 《三·一 運動編 1·2》(現代史資料 25·26), 國學資料院, 1992.

서세문화원 편, 《거제도 3·1운동사》(부록: 거제도3·1만세운동 판결문), 거제문화원, 1996.

3·1운동기념사업회 편, 《海外에서의 3·1운동》(3·1운동 자료집 1), 3·1운동기념사업회, 1996.

이춘걸, 《(正史)울산 3·1운동》(부록: 울산 3·1운동 복심재판 전기록 원본), 처용기획, 1998.

延世大學校國際學大學院附設現代韓國學研究所 雩南李承晚文書編纂委員會 編, 《(梨花莊
所藏)雩南李承晚文書: 東文篇 / 第4·5卷: 3·1運動 關聯文書 1·2》, 中央日報社: 現
代韓國學研究所, 1998.

笹川紀勝·金勝一 編著, 《三一獨立運動判決精選》 3卷本4分冊, 日韓三一獨立運動共同研究
學術資料, 高句麗社, 1999.

國家報勳處 編, 《3·1運動 獨立宣言書와 檄文》(海外의 韓國獨立運動史料 ⅩⅩⅤ, 日本篇
7), 國家報勳處, 2002.

국사편찬위원회, 《韓國獨立運動史資料集 53: 抗日萬歲示威 및 排日傳單 配布事件 訊問
調書·公判調書》, 2003.

국사편찬위원회, 《韓國獨立運動史資料集 55: 排日檄文配布·萬歲示威·讀書會事件 訊問·公
判調書》, 2003.

김흥수 편, 《WCC 도서관 소장 한국교회사 자료집: 105인사건, 3·1운동, 신사참배문
제 편》, 한국기독교역사연구소, 2003.

도진순·박철규·전갑생, 《군북 3·1 독립운동사 : 군북천의 메아리는 청사에 남아》(부
록: 군북 3·1 독립운동 관련자료), 선인, 2004.

笹川紀勝 編, 《3·1運動關係判決一覽表》, 國際基督教大學, 2004.

3·1운동기념사업회 편, 《3·1운동 관련 歷史遺蹟실태조사보고서 : 第7回 未來講座》(3·1
운동자료집 7), 3·1운동기념사업회, 2005.

김태국 옮김/독립기념관 한국독립운동사연구소 편, 《中國新聞 韓國獨立運動記事集 1~
3》(한국독립운동사자료총서 제24·34·36집), 독립기념관 한국독립운동사연구소,
2008~2015.

독립기념관 한국독립운동사연구소 편, 《日本新聞 韓國獨立運動記事集 1~3》(한국독립운
동사자료총서 제25·31집), 2009~2012.

소안련(Dr. William L. Swallen) 선교사 수집/ 김윤찬 목사 보관/ 김혜성 목사 옮김,
《삼일운동과 일제의 박해: 3·1 운동 당시 외국 선교사들이 목격, 보고한 참혹한
실상》, FCJC출판사, 2012.

박성수·신용하·김호일·윤병석, 《3·1독립운동과 김덕원 의사》(부록: 일제기밀문서 원본
및 해제), 모시는사람들, 2013.

국가기록원 기록편찬문화과 편,《독립운동 관련 판결문 자료집 1·2: 3·1운동》, 국가기록원 기록편찬문화과, 2014·2015.

김승태 역주·해제,《(역주) 3·1운동 재판기록: 송산·서신면일대 : 장안·우정면 일대》, 화성시, 2015.

류시현 번역·해제,《재팬 애드버타이저(The Japan advertiser) 3·1운동 기사집》, 독립기념관 한국독립운동사연구소, 2015.

박용옥·윤선자·박경목·김용달·반병률·여성독립운동사 발간위원회 편,《여성독립운동사 자료총서 1: 3·1운동 편》, 국가기록원 수집기획과, 2016.

기독교대한감리회 편,《삼일운동과 기독교 관련 자료집 제1~4권》, 기독교대한감리회, 2017.

"조선소요사건관계서류", 국사편찬위원회 한국사데이터베이스(http://db.history.go.kr/)

"조선소요에 관한 도장관 보고철", 국사편찬위원회 한국사데이터베이스(http://db.history.go.kr/)

2. 기념 논문집

東亞日報社,《三·一運動 50周年紀念論集》, 東亞日報社, 1969.

Ⅰ.

〈(概說) 三·一運動의 歷史的 背景〉, 韓㳓劤

〈三·一運動에 이르는 民族 獨立運動의 源流〉, 崔永禧

〈三·一運動以前 北間島의 民族敎育〉, 金成俊

〈三·一運動 當時 露領의 韓僑〉, 朴亨杓

〈三·一運動 以前의 女性運動〉, 朴容玉

〈天道敎 指導精神의 發展過程〉, 崔東熙

〈朝鮮總督府 初期의 構造와 機能〉, 柳永益

〈三·一運動以前 憲兵警察制의 性格〉, 李炫熙

〈日本 對韓移民政策의 分析〉, 李鉉淙

〈三·一運動 以前의 笞刑〉, 金龍德

Ⅱ.

〈(槪說) 三·一運動의 展開〉, 申奭鎬

    (附)二·八獨立宣言 全文, 三·一獨立宣言 全文

〈三·一運動에 있어서의 民族自決主義의 導入과 理解〉, 李普珩

〈三·一運動 主導體 形成에 관한 考察〉, 朴漢卨

〈三·一運動의 發端經緯에 對한 考察〉, 張龍鶴

〈獨立宣言書의 成立經緯〉, 趙容萬

〈三·一運動과 天道敎界〉, 朴賢緒

〈三·一運動과 基督敎界〉, 金良善

〈三·一運動과 佛敎界〉, 安啓賢

〈三·一運動과 儒敎界〉, 許善道

〈三·一運動과 學生層〉, 金大商

〈三·一運動과 中央學校〉, 崔炯鍊

〈三·一運動과 言論의 鬪爭〉, 崔埈

〈三·一運動과 女性〉, 丁堯燮

〈三·一運動과 外國人宣敎師〉, 馬三樂(Samuel Hugh Moffett)

〈三·一運動과 民衆〉, 金鎭鳳

〈三·一運動에 있어서의 暴力과 非暴力〉, 朴成壽

〈三·一運動 當時의 流言〉, 李相玉

〈三·一運動을 前後한 受爵者와 親日韓人의 動向〉, 車文燮

〈내가 겪은 三·一運動〉, 李熙昇

〈내가 본 三·一運動의 一斷面〉, 李炳憲

Ⅲ.

〈(槪說) 三·一運動에 대한 日本政府의 政策〉, 尹炳奭

〈三·一運動을 前後한 日本對韓植民政策의 變貌過程〉, 李瑄根

〈三·一運動 관계 被檢者에 대한 適用法令〉, 鄭光鉉

〈三·一運動과 在韓日人의 動向〉, 白淳在

〈三·一運動과 日本言論의 反響〉, 申國柱

〈齋藤實 '文化施策'의 一斷面〉, 金聲均

Ⅳ.

〈三·一運動까지의 外國人의 對韓輿論〉, 白樂濬

〈윌슨, 民族自決主義, 三·一運動〉, 프랑크 볼드윈

〈大韓民國 臨時政府의 政治指導體系 -臨時憲法 改定過程을 中心으로-〉, 孫世一
〈大韓民國臨時政府의 國際的 地位〉, 申基碩
〈三·一運動以後 在日韓人學生의 獨立運動〉, 朴榮圭

Ⅶ.

〈一次大戰 後의 아시아民族運動 -越南을 中心으로-〉, 高柄翊
〈學生運動으로 본 三·一運動과 中國의 五·四運動〉, 鄭世鉉
〈1919年前後 愛蘭·比·印의 民族運動〉, 金洪喆
〈1919年前後 日本經濟의 動向〉, 金宗炫
〈20世紀初 日本勢力膨脹의 再評價〉, 曺瑛煥

Ⅷ.

三·一運動週別狀況地圖(7葉)
1919年前後 極東地圖(1葉)
三·一運動 관계 資料目錄
三·一運動 관계 日誌
三·一運動 관계 主要史蹟

跋: 〈편집위원〉 한우근 윤병석(이상 한국사연구회 추천) 고병익 이보형(이상 역사학회 추천), 천관우(동아일보사 위촉, 편집 실무 주간)
筆者略歷: (생략)

한국역사연구회/역사문제연구소 편, 《3·1민족해방운동연구》(한겨레신문 주최 3·1운동 70주년 기념 학술심포지움 논문집), 청년사, 1989.

책을 펴내며
총론
3·1운동의 역사적 의의와 오늘날의 교훈, 지수걸
제1편 3·1운동의 배경
제1차 세계대전 전후의 세계정세, 조민
일제 초기 식민지 국가기구의 형성과 그 성격, 조재희
식민지 초기 일제의 경제 정책과 조선인 상공업, 권태억
1910년대 식민농정과 금융수탈기구의 확립과정, 정태헌
1910년대 계급구성과 노동자·농민운동, 임경석

※ '기념 논문집'은 논문집으로 공간된 것만 대상으로 함

3. 저서

peiffer, Naathaniel, 《The Truth of Korea》, 1919.

金秉祚, 《韓國獨立運動史略》, 1920.

朴殷植, 《韓國獨立運動之血史》, 1920.

Chung, Henry, 《The Case of Korea》, 1920.

Mekenzie, F.A., 《Korea's Fight for Freedom》, 1920.

千葉了, 《朝鮮獨立運動秘話》, 帝國地方行政學會, 1925.

鷄林學人 編, 《三一運動과 大韓民國臨時政府》, 國民出版社, 1946.

裵鎬吉, 《三·一運動實記》, 東亞文化史, 1953.

張道斌, 《三·一運動史》, 國史院, 1960.

國史編纂委員會, 《韓國獨立運動史 2》, 1966.

國史編纂委員會, 《日帝侵略下 韓國三十六年史 4》(1918~1919), 1969.

572

독립운동사편찬위원회, 《독립운동사 2·3》, 원호처, 1971.

安秉直, 《三·一運動》, 한국일보사, 1975.

尹炳奭, 《三·一運動史》, 正音史, 1975.

朴慶植, 《朝鮮三·一獨立運動》, 平凡社, 1976.

金鎭鳳, 《3·1運動》, 세종대왕기념사업회, 1977.

李炫熙, 《3·1運動史論》, 東方圖書, 1979.

3·1여성동지회 문화부 편, 《한국여성독립운동사: 3·1운동 60주년 기념》, 3·1여성동지
　　회, 1980.

김진봉, 《三一運動》, 민족문화문고간행회, 1982.

李炫熙, 《大韓民國臨時政府史》, 集文堂, 1982.

金善鎭, 《일제의 학살만행을 고발한다: 제암·고주리의 3.1운동》, 미래문화사, 1983.

신용하, 《3·1독립운동의 사회사》, 玄岩社, 1984.

李鍾律, 《3·1운동과 민족의 함성: 歷史의 흐름을 이해하지 못한 民族은 빈곤과 퇴영의
　　악순환을 벗어나지 못 한다》, 人文堂, 1984.

姜信範, 《제암교회 3·1운동사》, 공동체, 1985.

愼鏞廈, 《韓國民族獨立運動史硏究》, 乙酉文化社, 1985.

한국독립유공자협회 편, 《민족독립의 횃불: 3·1운동편》, 휘문출판사, 1986.

愼鏞廈, 《韓國近代民族運動史硏究》, 一潮閣, 1988.

東亞日報社 編, 《3·1운동과 민족통일》(3·1운동 70주년기념 심포지엄), 東亞日報社, 1989.

신용하, 《3·1 독립운동》, 독립기념관 한국독립운동사연구소, 1989.

한국역사연구회, 역사문제연구소 편, 《3·1민족해방운동연구》(한겨레신문 주최 3·1운동
　　70주년기념 학술심포지움논문집), 청년사, 1989.

한국인문과학원 편집위원회 편, 《3·1 運動》(國外韓國史關係論文選集, 近現代 1-7), 한
　　국인문과학원, 1989.

김진봉, 이현희 편저, 《3·1독립운동》, 광복회, 1990.

보훈연수원 편, 《統一을 위한 獨立運動史 再照明: 3·1運動에 대한 北韓視角의 分析》(韓

國報勳政策研究叢書 3), 보훈연수원, 1994.

민족사바로찾기국민회의 편, 《3·1운동》, 민문고, 1995.

3·1운동기념사업회 편, 《(다시 읽는) 독립운동가 48人의 생애와 사상: 국가보훈처가 선정한 1992년~1995년 이달의 독립운동가를 중심으로》(3·1운동자료집 3), 3·1운동기념사업회, 1997.

3·1운동기념사업회 편, 《(다시 읽는) 독립운동가 12人의 생애와 사상: 3·1운동기념물 총람 수록》(3·1운동자료집 4), 3·1운동기념사업회, 1998.

3·1운동기념사업회 편, 《(다시 읽는(1998년~1999년)) 독립운동가 24人의 생애와 사상: 《3·1운동 80주년 기념사업 자료》 수록》(3·1운동자료집 5), 3·1운동기념사업회, 1999.

3·1운동기념사업회 편, 《海外에서의 3·1운동: 북한의 3·1운동사관과 그 비판 수록》, 삼일운동기념사업회, 1999.

李炫熙, 《(3·1운동 80년) 3·1혁명, 그 진실을 밝힌다》, 신인간사, 1999.

김진봉 지음/ 교양국사편찬위원회 편, 《3·1운동》, 세종대왕기념사업회, 2000.

金鎭鳳, 《三·一運動史研究》, 國學資料院, 2000.

韓中交流研究中心 編, 《中國에서의 抗日獨立運動: 上海臨時政府樹立, 3·1 運動 및 5·4 運動 80周年紀念: 한글, 中文》, 高句麗, 2000.

신용하, 《3·1運動과 獨立運動의 社會史》, 서울대학교출판부, 2001.

李炳憲 編著, 《三·一運動秘史》, 개벽사, 2002(원본: 時事時報社出版局, 檀紀4292(1959)).

국사편찬위원회, 《한국사 47: 일제의 무단통치와 3·1운동》, 탐구당, 2003.

윤병석, 《증보 3·1 운동사》, 국학자료원, 2004.

문인현, 《한국교회 그래도 희망은 있다: 1907년 부흥 운동의 교회사적 의미 3·1운동과 개신교 지도자 연구》, 크리스챤서적, 2007.

시대문형무소역사관 편, 《3·1운동기 서대문형무소와 학생운동》(서대문형무소역사관 개관9주년기념), 서대문구도시관리공단, 2007.

성균관대학교 동아시아학술원 인문한국사업단 편, 《1919. 3. 1 주체·문화·기억: 3·1운동 90주년기념 국내 전문가 집중 토론》, 성균관대학교 동아시아학술원 인문한국사업단, 2009.

오문환 외, 《의암 손병희와 3·1운동: 통섭의 철학과 운동》, 모시는사람들, 2008.

김병기, 반병률, 《국외 3·1운동》, 독립기념관 한국독립운동사연구소, 2009.

김진호·박이준·박철규·김정인·이정은, 《국내 3·1운동》 1·2, 독립기념관 한국독립운동
사연구소, 2009.

이윤상, 《3·1운동의 배경과 독립선언》, 독립기념관 한국독립운동사연구소, 2009.

이정은, 《3·1독립운동의 지방시위에 관한 연구》(한국사연구총서 58), 국학자료원, 2009.

김희곤·경원즈·마쓰오 다카요시·토마스 J. 녹·김용구, 《3·1운동과 1919년의 세계사적
의의》, 동북아역사재단, 2010.

이정은, 《유관순: 3·1운동의 얼》, 역사공간, 2010.

日本植民地敎育史硏究會運營委員會 編, 《三·一獨立運動と植民地敎育史硏究》, 東京: 皓星
社, 2010.

조동걸, 《3·1운동의 역사》, 역사공간, 2010.

이문영, 《3·1운동에서 본 행정학》, 고려대학교출판부, 2011.

이준열 글, 이달호 편저, 《선각자 송강 이준열의 삶: 3·1운동, 고학당 교육, 광주학생
운동, 대동사업의 증언》, 혜안, 2012.

박성수·신용하·김호일·윤병석, 《3·1독립운동과 김덕원 의사》, 모시는사람들, 2013.

성주현, 《일제하 민족운동 시선의 확대: 3·1운동과 항일독립운동가의 삶》, 아라, 2014.

장종현 편, 《유관순의 생애와 3·1운동 1》(유관순연구소 기획총서 1), 백석대학교 유관
순연구소, 2014.

박재순, 《삼일운동의 정신과 철학》, 홍성사, 2015.

고정휴, 《현순: 3·1운동과 임시정부 수립의 숨은 주역》, 역사공간, 2016.

윤병석, 《3·1운동사와 대한민국 임시정부 광복선언》, 국학자료원 새미, 2016.

3·1여성동지회 편, 《한국여성독립운동가: (사)3·1여성동지회 창립 50주년기념》, 국학
자료원 새미, 2018.

이덕주, 《출이독립: 함께 읽는 독립운동가 신석구: 3·1운동 100주년기념》, 신앙과지
성사, 2018.

4. 논문

李京子, 〈三·一運動의 社會學的 分析〉, 《社會學研究》 1, 1962.

鄭世鉉, 〈三·一抗爭期의 韓國學生運動〉, 《淑大論文集》 8, 1968.

金泳謨, 〈三·一運動의 社會階層 分析〉, 《亞細亞研究》 12-1, 1969.

金義煥, 〈三·一運動後 民族獨立運動의 性格〉, 《釜山工專論文集》 9, 1969.

成大慶, 〈三·一運動期의 韓國勞動者의 活動에 대하여〉, 《歷史學報》 41, 1969.

安秉直, 〈三·一運動에 參加한 社會階層과 그 思想〉, 《歷史學報》 41, 1969.

韓基彦, 〈私學의 發展과 三·一運動〉, 《亞細亞研究》 12-1, 1969.

丁堯燮, 〈韓國女性의 民族運動에 관한 研究-江原道地方을 중심으로-〉, 《歷史學報》 47, 1970.

趙東杰, 〈三·一運動의 地方史的 性格 -三·一運動을 中心으로-〉, 《歷史學報》 47, 1970.

金龍德, 〈三·一運動과 國際環境〉, 《柳洪烈博士華甲紀念論叢》, 1971.

柳璿鉉, 〈三·一運動의 性格과 海外反響-海外新聞論調를 中心으로-〉, 《釜山大論文集》, 1971.

申載洪, 〈大韓民國臨時政府의 外交活動〉, 《史學研究》 22, 1973.

유광렬, 〈3·1운동의 민족사적 의의〉, 《북한》 1973년 3월호(통권 제15호), 북한연구소.

秋憲樹, 〈韓國臨時政府의 外交에 관한 考察〉, 《延世論叢》 10, 1973.

최광석, 〈북한에서의 3·1운동 왜곡〉, 《북한》 1974년 3월호(통권 제27호), 북한연구소.

김창순, 〈3·1운동과 역사의식〉, 《북한》 1975년 3월호(통권 제39호), 북한연구소.

白種基, 〈三·一運動에 對한 日本의 軍事的 蠻行과 國際輿論〉, 《亞細亞學報》 11, 1975.

文仁鉉, 〈三·一運動과 改新敎指導者 研究〉, 《史叢》 20, 1976.

申福龍, 〈三·一運動史 研究에 있어서의 몇 가지 問題〉, 《建國大論文集》 3, 1976.

최준, 〈3·1운동의 왜곡과 탈민족사관〉, 《북한》 1976년 4월호(통권 제52호), 북한연구소.

송길섭, 〈3·1운동이 한국개신교회에 미친 영향〉, 《신학사상》 17, 한국신학연구소, 1977.

申載洪, 〈大韓民國臨時政府의 外交史研究〉, 《史學研究》 29, 1979.

金鎭鳳, 〈三·一運動의 展開〉, 《韓國史學》 3, 1980.

李延馥, 〈大韓民國臨時政府의 交通局과 聯通制〉, 《韓國史論》 10, 國史編纂委員會, 1982.

李延馥, 〈大韓民國臨時政府의 樹立과 그 變遷〉, 《慶熙史學》 9·10, 1982.

김병린·변진흥·권광명·정병학·연구부, 〈특집: 민족주체의식과 3·1운동 –북한의 민족사 왜곡, 북한의 주체의 역사관 비판, 남·북한의 3·1운동평가비교, 3·1운동의 현실적 재평가, 3·1운동에 관한 자료〉, 《북한》 1983년 3월호(통권 제135호), 북한연구소.

愼鏞廈, 〈3·1獨立運動의 社會史〉, 《韓國學報》 30·31, 1983.

俞炳勇, 〈三·一運動과 韓國獨立問題에 대한 美國言論의 反響〉, 《金哲埈紀念史學論叢》, 1983.

남복희, 〈유교계(儒敎界)의 파리장서사건(巴里長書事件)과 3·1운동(運動)〉, 《퇴계학과 유교문화》 12, 1984.

이재봉, 〈북한의 3·1운동 인식 비판〉, 《북한》 1984년 3월호(통권 제147호), 북한연구소.

김용복, 〈3·1운동과 한국 그리스도교의 고백신앙〉, 《신학사상》 51, 한국신학연구소, 1985.

박성수, 〈3월을 생각한다: 결코 오래 가지 못할 북한의 3·1운동 왜곡〉, 《북한》 1985년 3월호(통권 제159호), 북한연구소.

이현희, 〈3·1운동의 올바른 이해와 북한의 왜곡 현실〉, 《북한》 1987년 3월호(통권 제183호), 북한연구소.

황부연, 〈충북 지역의 3·1운동〉, 《충북사학》 1, 1987.

양영석, 〈대한민국 임시의정원 연구〉, 《한국독립운동사연구》 1·2, 독립기념관 한국독립운동사연구소, 1987·1988.

신영우, 〈북한의 3·1운동 역사 왜곡 실태〉, 《북한》 1988년 3월호(통권 제195호), 북한연구소.

허동찬, 〈3·1운동을 보는 북한의 시각〉, 《북한》 1989년 3월호(통권 제207호), 북한연구소.

南富熙, 〈3·1運動 裁判記錄과 儒敎界〉, 《慶大史論》 4·5, 경남대사학회, 1990.

朴成壽, 〈朴殷植의 《血史》에 나타난 3·1운동觀〉, 《윤병석교수화갑기념 한국근대사논총》, 한국근대사논총간행위원회, 1990.

愼鏞廈, 〈3·1獨立運動의 歷史的 動因과 內因·外因論의 諸問題〉, 《한국학보》 58, 일지사, 1990.

이정은, 《《매일신보》에 나타난 3·1운동 직전의 사회상황〉, 《한국독립운동사연구》 4, 독립기념관 한국독립운동사연구소, 1990.

趙東杰, 〈3·1운동 전후 韓國知性의 性格〉, 《윤병석교수화갑기념 한국근대사논총》, 한국근대사논총간행위원회, 1990.

이정은, 〈3·1운동의 지방확산 배경과 성격〉, 《한국독립운동사연구》 5, 독립기념관 한국독립운동사연구소, 1991.

金光洙, 〈3·1獨立運動에 대한 中國言論界의 反應〉, 《한국민족독립운동사의 제문제》, 하석김창수교수화갑기념 사학논총간행위원회, 1992.

金東和, 〈3·13抗日獨立示威運動에 대하여〉, 《한국민족독립운동사의 제문제》, 하석김창수교수화갑기념 논총간행위원회, 1992.

沈東劍, 〈'3·1운동'의 성격을 論함〉, 《한민족독립운동사논총》, 수촌박영석교수화갑기념 논총간행위원회, 1992.

吳世昌, 〈滿洲 韓人의 三·一獨立運動〉, 《한민족독립운동사논총》, 수촌박영석교수화갑기념 논총간행위원회, 1992

趙英烈, 〈韓國獨立運動과 在韓宣敎師들의 動向 −3·1運動期를 중심으로〉, 《한민족독립운동사논총》, 수촌박영석교수화갑기념 논총간행위원회, 1992.

崔永浩, 〈북한에서의 3·1운동 평가〉, 《西巖趙恒來교수화갑기념 한국사학논총》, 아세아문화사, 1992.

韓詩俊, 〈3·1運動과 大韓民國臨時政府〉, 《한민족독립운동사논총》, 수촌박영석교수화갑기념 논총간행위원회, 1992.

黃善嬉, 〈天道敎의 人乃天思想과 三·一運動 硏究〉, 《한국사학논총》 하, 수촌박영석교수화갑기념 논총간행위원회, 1992.

金文吉, 〈3·1운동과 일본組合敎團〉, 《지역사회》 1993년 겨울호(통권 제16호), 한국지역사회연구소.

朴成壽, 〈3·1運動; 朴殷植의 《血史》를 中心으로〉, 《한국의 사회와 문화》 20, 한국정신문화연구원, 1993.

崔龍水, 〈朝鮮 3·1運動과 中國 5·4運動의 比較; 中國史料를 中心으로 하여〉, 《국사관논

총》49집, 국사편찬위원회, 1993.

조우성, 〈불길처럼 타올랐던 인천의 3·1운동〉, 《황해문화》 2, 1994.

김상욱, 〈《만세전론》 -3·1운동의 소설적 평가〉, 《현대소설연구》 3, 1995.

李侖禧, 〈三·一運動과 抗日女性運動〉, 《慶熙史學》 9, 慶熙大學校 史學會, 1995.

김연갑, 〈역사의 현장: 3·1운동 현장의 애국가들〉, 《북한》 1996년 3월호(통권 제291
호), 북한연구소.

김중섭, 〈일제하 3·1운동과 지역 사회 운동의 발전: 진주 지역을 중심으로〉, 《한국사
회학》 제30집 제2호, 한국사회학회, 1996.

이정은, 〈3·1운동 연구의 현황과 과제〉, 《韓國史論》 26, 國史編纂委員會, 1996.

신용하, 〈북한 《조선전사》의 3·1운동론 검토〉, 《한국사시민강좌》 제21집, 일조각, 1997.

윤선자, 〈3·1運動期 天主敎會의 動向〉, 《全南史學》 11, 全南史學會, 1997.

이덕주, 〈3·1운동과 제암리사건〉, 《한국기독교와 역사》 제7호, 한국기독교역사연구소, 1997.

이만열, 〈3·1운동과 기독교〉, 《한국기독교와 역사》 제7호, 한국기독교역사연구소, 1997.

고정휴, 〈3·1운동과 天道敎團의 臨時政府 수립구상〉, 《韓國史學報》 3·4호 합집, 高麗
史學會, 1998.

김호성, 〈3·1運動과 韓國民族主義〉, 《韓國政治外交史論叢》 20, 韓國政治外交史學會, 1998.

金鎬逸, 〈3·1運動에 있어서 地方의 役割 -京畿 地方의 運動을 中心으로-〉, 《史學志》
31 -宋炳基敎授停年退任紀念號-, 檀國史學會, 1998.

朴容玉, 〈3·1運動에 대한 南北韓 歷史意識 比較〉, 《한국민족운동사연구》 20, 한국민족
운동사연구회, 1998.

이정은, 〈3·1운동 학살만행 사례〉, 《역사비평》 통권 45호, 역사문제연구소, 1998.

金正仁, 〈천도교의 3·1운동의 前史〉, 《한국민족운동사연구》 22, 한국민족운동사연구회,
1999.

劉準基, 〈《血史》에 나타난 3·1獨立運動에 대한 歷史認識〉, 《鶴山金廷鶴博士頌壽紀念
韓國史學論叢》, 한국사학논총간행위원회, 1999.

이경석, 〈3·1운동의 일제의 조선지배정책의 변화 -만세시위운동에 대한 일제의 대응
방식을 중심으로-〉, 《일제식민통치연구 1 (1905~1919)》 -한국현대사의 재인식

14-, 한국정신문화연구원, 1999.

張錫興, 〈3·1운동과 국내 민족주의 계열의 독립운동 -1920년대를 중심으로-〉, 《한국독립운동사연구》 13 -3·1운동 제80주년 기념호-, 독립기념관 한국독립운동사연구소, 1999.

池秀傑, 〈3·1운동과 국내 공산주의 계열의 민족해방운동 -일제시기 조선인 공산주의자들의 '역사 만들기'-〉, 《한국독립운동사연구》 13 -3·1운동 제80주년 기념호-, 독립기념관 한국독립운동사연구소, 1999.

박용옥, 〈3·1운동에서의 여성 역할〉, 《아시아문화》 15, 한림대 아시아문화연구소, 2000.

李明熙, 〈민족대표 33인이 선택한 〈3·1운동〉의 목적과 방법 -崔麟의 〈3·1운동〉 준비와 기획행위를 중심으로-〉, 《동서사학》 제6·7합집, 한국동서사학회, 2000.

임경석, 〈3·1운동 전후 한국 민족주의의 변화〉, 《역사문제연구》 4, 역사문제연구소, 2000.

김순석, 〈3·1운동기 불교계의 동향〉, 《한국민족운동사연구》 29, 한국민족운동사학회, 2001.

윤대원, 〈3·1운동과 대한민국임시정부에 대한 남북의 역사인식〉, 《한국독립운동사연구》 17, 독립기념관 한국독립운동사연구소, 2001.

김정인, 〈孫秉熙의 文明開化路線과 3·1運動〉, 《한국독립운동사연구》 19, 독립기념관 한국독립운동사연구소, 2002.

박충순, 〈유관순과 3·1운동〉, 《유관순연구》 1, 천안대 유관순연구소, 2002.

박환, 〈경기도 화성 송산지역의 3·1운동〉, 《정신문화연구》 제25권 제4호, 2002.

송성유, 〈北大師生與 "三·一" 獨立運動〉, 《한중인문학연구》 8, 한중인문학회, 2002.

이윤희, 〈3·1운동과 여성의 역할〉, 《유관순연구》 1, 천안대 유관순연구소, 2002.

이정은, 〈3·1운동 민족대표론〉, 《한국민족운동사연구》 32, 한국민족운동사학회, 2002.

張圭植, 〈YMCA학생운동과 3·1운동의 초기 조직화〉, 《한국근현대사연구》 20, 한국근현대사연구회, 2002.

전보삼, 〈3·1운동과 불교계의 역할〉, 《유관순연구》 1, 천안대 유관순연구소, 2002.

조규태, 〈3·1운동과 천도교 -계획과 전개에 나타난 천도교의 역할을 중심으로-〉, 《유관순연구》 1, 천안대 유관순연구소, 2002.

황민호, 《《매일신보》에 나타난 기독교인들의 3·1운동과 선교사》, 《숭실사학》 15, 숭실사학회, 2002.

성주현, 〈일제하 만주 지역 천도교인의 민족운동 – 3·1운동과 독립운동단체 참여를 중심으로〉, 《동학학보》 5, 동학학회, 2003.

유영익, 〈3·1운동 후 서재필과 이승만의 신대한(新大韓) 건국 구상 – 필라델피아 대한인총대표회의 의사록 및 대한민국임시정부 요인들에게 보낸 공한(公翰) 분석〉, 《한국논단》 166, 2003.

이규수, 〈3·1운동에 대한 일본언론의 인식〉, 《역사비평》 62, 역사문제연구소, 2003.

李賢周, 〈3·1운동기 서울에 배포된 전단과 정치적 지향 –〈3·1運動 獨立宣言書와 檄文〉을 중심으로–〉, 《인하사학》 10, 인하역사학회, 2003.

崔孝軾, 〈義菴 孫秉熙와 3·1독립운동〉, 《동학연구》 14·15, 한국동학학회, 2003.

송건, 〈3·1운동과 민족대표의 역사적 역할에 대하여〉, 《정책과학연구》 제14권 제2호, 2004.

송현강, 〈대전, 충남 지역 기독교의 학교교육과 3·1운동〉, 《전주사학》 9, 2004.

오문환, 〈의암 손병희의 '교정쌍전'의 국가건설 사상 – 문명계몽, 민회운동, 3·1독립운동〉, 《정치사상연구》 제10집 제2호, 한국정치사상학회, 2004.

임규찬, 〈3·1운동 전후의 작가와 문학적 근대성: 이광수, 김동인, 염상섭의 비평을 중심으로〉, 《민족문학사연구》 24, 민족문학사학회, 2004.

崔己性, 〈3·1運動과 5·4運動에 대한 硏究〉, 《전북사학》 27, 전북사학회, 2004.

권인호, 〈한국의 유학자; 3·1운동과 파리장서 사건의 면우 곽종석 평전(1)(2)〉, 《선비문화》 6·7, 2005.

박정원, 〈日帝의 '3·1獨立運動' 裁判에 대한 法適用과 影響〉, 《법학논총》 17, 국민대 법학연구소, 2005.

박철규, 〈함안지역 3·1운동의 전개과정과 특징〉, 《지역과 역사》 16, 부경역사연구소, 2005.

유영옥, 〈북한군사: 북한의 3·1운동과 임시정부에 대한 역사 인식 고찰〉, 《군사논단》 44, 한국군사평론가협회·한국군사학회, 2005.

이만열, 〈3·1운동과 항일독립운동〉, 《지역과 역사》 16, 부경역사연구소, 2005.

서희경, 〈대한민국 건국헌법의 역사적 기원(1898-1919) –만민공동회·3·1운동·대한민

국임시정부헌법의 '민주공화'정체 인식을 중심으로〉, 《한국정치학회보》 제40집 제5
호, 2006.

이현희, 〈의암 손병희성사와 천도교의 3·1운동〉, 《동학학보》 제10권 제1호, 동학학회, 2006.

허동현, 〈3·1운동에 미친 민족대표의 역할 재조명〉, 《한국민족운동사연구》 46, 한국민
족운동사학회, 2006.

황민호, 〈《매일신보》에 나타난 3·1운동의 전개와 조선총독부의 대응〉, 《한국독립운동
사연구》 26, 독립기념관 한국독립운동사연구소, 2006.

안종철, 〈3·1운동, 선교사 그리고 미일간의 교섭과 타결〉, 《한국민족운동사연구》 53,
한국민족운동사학회, 2007.

이현희, 〈천도교의 민족대표 김완규와 그의 독립 정신〉, 《동학학보》 14, 동학학회, 2007.

김기승, 〈기당(幾堂) 현상윤(玄相允) 선생 전집 출간기념 기당 현상윤 선생 학문과 사
상: 현상윤과 3·1운동〉, 《공자학》 15, 2008.

金祥起, 〈桃湖義塾과 大湖芝 3·1운동〉, 《사학연구》 90, 한국사학회, 2008.

金容達, 〈3·1 운동기 서대문형무소 학생 수감자의 역할과 行刑〉, 《한국학논총》 30, 국
민대 한국학연구소, 2008.

강요열, 〈3·1운동과 한국 현대문학(Ⅰ) −1920~30년대 시를 중심으로〉, 《유관순연구》
14, 백석대학교 유관순연구소, 2009.

권보드래, 〈진화론의 갱생, 인류의 탄생 −1910년대의 인식론적 전환과 3·1운동〉, 《대
동문화연구》 66, 성균관대학교 대동문화연구원, 2009.

金喜坤, 〈3·1운동과 민주공화제 수립의 세계사적 의의〉, 《한국근현대사연구》 48, 한
국근현대사학회, 2009.

미야지마 히로시(宮嶋博史), 〈민족주의와 문명주의 −3·1운동에 대한 새로운 이해를
위하여〉, 《대동문화연구》 66, 성균관대학교 대동문화연구원, 2009.

심상훈, 〈대구·경북지역 3·1운동의 연구 성과와 전망〉, 《안동사학》 14, 안동사학회, 2009.

윤정란, 〈강원지역 기독교 여성교육사업과 3·1운동〉, 《여성과 역사》 10, 한국여성사학
회, 2009.

이혜령, 〈正史와 情史 사이: 3·1운동, 후일담의 시작〉, 《민족문학사연구》 40, 민족문학
사학회, 2009.

임형택, 〈1919년 동아시아, 3·1운동과 5·4운동〉,《대동문화연구》66, 성균관대학교 대동문화연구원, 2009.

정상우, 〈3·1운동의 표상 '유관순'의 발굴〉,《역사와 현실》74, 한국역사연구회, 2009.

조성운, 〈김포지역 3·1운동의 역사적 의의 —김포지역사적 관점에서-〉,《숭실사학》22, 숭실사학회, 2009.

천정환, 〈소문(所聞)·방문(訪問)·신문(新聞)·격문(檄文) —3·1운동 시기의 미디어와 주체성〉,《한국문학연구》36, 동국대 한국문학연구소, 2009.

한기형, 〈3·1운동: "법정서사"의 탈환 —피검열 주체의 반식민 정치전략〉,《민족문학사연구》40, 민족문학사학회, 2009.

강대인, 이행구(도업), 〈범어사 3·1운동의 재조명〉,《대각사상》14, 대각사상연구원, 2010.

김주용, 〈중국 언론에 비친 3·1운동의 전개와 영향-長沙《大公報》의 기사를 중심으로-〉,《사학연구》97, 한국사학회, 2010.

임형진, 〈청소년(靑少年)과 민족정신(民族精神): 묵암(默菴) 이종일(李鍾一)의 민족의식(民族意識)과 3·1운동〉,《청소년과 효문화》15, 한국청소년효문화학회, 2010.

하야시 유스케(林雄介), 〈일본에 있어서 3·1운동연구 동향〉,《유관순연구》15, 백석대학교 유관순연구소, 2010.

공임순, 〈3·1운동의 역사적 기억과 배반, 그리고 계승을 둘러싼 이념정치 —3·1운동의 보편(주의)적 지평과 과소/과잉의 대표성〉,《한국근대문학연구》24, 2011.

김승일, 〈국가기록원 소장의 3·1운동 판결문의 가치와 보존 실태〉,《한국학논총》35, 국민대학교 한국학연구소, 2011.

李萬烈, 〈스코필드의 의료(교육)·사회선교와 3·1독립운동〉,《한국근현대사연구》57, 한국근현대사학회, 2011.

이영관, 〈《뉴욕타임즈》를 통해 본 1919년 한국-3·1독립운동의 문화적 의의와 미국 여론-〉,《한국사상과 문화》57, 한국사상문화연구원, 2011.

정태욱, 〈조소앙의 〈대한독립선언서〉의 법사상〉,《법철학연구》제14권 제3호, 한국법철학회, 2011.

최우석, 〈3·1운동기 김윤식, 이용직의 독립청원서 연구〉,《사림》38, 수선사학회, 2011.

강요열, 〈3·1운동과 한국 현대문학(Ⅱ) —1920년대 소설을 중심으로〉,《유관순연구》

17, 백석대학교 유관순연구소, 2012.

이상훈, 〈독립운동과 민주공화주의 이념〉, 《시대와 철학》 제23권 제4호, 한국철학사상
연구회, 2012.

정영훈, 〈삼일운동과 단군민족주의〉, 《한국동양정치사상사연구》 제11권 제2호, 한국동
양정치사사상사학회, 2012.

강요열, 〈3·1운동과 한국 현대문학(Ⅲ) −1930년대 소설을 중심으로〉, 《유관순연구》
18, 백석대학교 유관순연구소, 2013.

권태억, 〈1910년대 일제의 '문명화' 통치와 한국인들의 인식 −3·1운동의 '거족성' 원인
규명을 위한 하나의 시론−〉, 《한국문화》 61, 서울대학교 규장각한국학연구원, 2013.

김승태, 〈3·1독립운동과 선교사들의 대응에 관한 연구〉, 《한국독립운동사연구》 45, 독
립기념관 한국독립운동사연구소, 2013.

李良熙, 〈일본군의 3·1운동 탄압과 조선통치방안 −《朝鮮騷擾事件關係書類》를 중심으로
−〉, 《한국근현대사연구》 65, 한국근현대사학회, 2013.

허수, 〈해방 후 의암(義菴) 손병희(孫秉熙)에 대한 사회적 기억의 변천〉, 《대동문화연
구》 83, 성균관대학교 대동문화연구원, 2013.

서희경, 〈헌법적 쟁점과 대한민국의 국가정체성(1945−1950)〉, 《한국정치학회보》 제48
권 제2호, 한국정치학회, 2014.

성주현, 〈전북지역 동학과 천도교의 민족운동〉, 《역사와 교육》 19, 동국대 역사교과서
연구소, 2014.

최우석, 〈재일유학생의 국내 3·1운동 참여 −〈양주흡 일기〉를 중심으로−〉, 《역사문제
연구》 31, 역사문제연구소, 2014.

권보드래, 〈3·1운동과 "개조"의 후예들−식민지시기 후일담 소설의 계보〉, 《민족문학사
연구》 58, 민족문학사학회·민족문학사연구소, 2015.

나가타 아키후미·韓知延, 〈일본이 바라본 3·1독립운동 −1919년 운동당시부터 현재까
지〉, 《유관순연구》 20, 백석대학교 유관순연구소, 2015.

반병률, 〈세브란스와 한국독립운동 −3·1운동 시기를 중심으로〉, 《연세의사학》 18, 2015.

심옥주·宋在斗, 〈3·1운동기 여성독립운동가의 활동 특성에 대한 재조명〉, 《유관순연
구》 20, 백석대학교 유관순연구소, 2015.

윤소영·張進凱, 〈일본 신문자료를 통해 본 3·1운동 - 《오사카 아사히 신문》과 《오사카 마이니치 신문》을 중심으로〉, 《유관순연구》 20, 백석대학교 유관순연구소, 2015.

이정은·韓江怜, 〈3·1운동 연구 100년 -인식 재확대를 위하여〉, 《유관순연구》 20, 백석대학교 유관순연구소, 2015.

김삼웅, 〈'3·1혁명' 정명(正名) 회복의 의미〉, 《내일을 여는 역사》 62, 내일을 여는 역사재단, 2016.

김승태, 〈《재팬 애드버타이저(The Japan Advertiser)》의 3·1운동 관련 보도〉, 《한국독립운동사연구》 54, 독립기념관 한국독립운동사연구소, 2016.

김주용, 〈3·1운동과 천도교계의 민족대표 -권동진·이종훈을 중심으로-〉, 《역사와 교육》 23, 동국대 역사교과서연구소, 2016.

홍웅호, 〈《레닌기치》를 통해 본 중앙아시아 고려인들의 독립운동 인식 -3.1운동과 8.15해방에 대한 인식의 변화를 중심으로〉, 《인문과학》 62, 성균관대학교 인문학연구원, 2016.

김광식, 〈3·1운동과 불교〉, 《한국기독교와 역사》 47, 한국기독교역사연구소, 2017.

김은수, 〈익산 4.4만세 운동의 특징과 선교적 의미〉, 《선교신학》 47, 한국선교신학회, 2017.

윤대원, 〈대한민국임시정부의 3·1절 기념과 3·1운동 인식〉, 《한국독립운동사연구》 57, 독립기념관 한국독립운동사연구소, 2017.

윤소영, 〈3·1운동기 일본 신문의 손병희와 천도교 기술〉, 《한국독립운동사연구》 57, 독립기념관 한국독립운동사연구소, 2017.

윤해동, 〈'압축된 시간'과 '열광'-3·1운동 연구를 위한 시론-〉, 《동아시아문화연구》 71, 한양대학교 동아시아문화연구소, 2017.

이덕주, 〈3·1운동과 기독교 -준비단계에서 이루어진 종교연대를 중심으로-〉, 《한국기독교와 역사》 47, 한국기독교역사연구소, 2017.

이만열, 〈3·1운동과 종교계의 역할〉, 《한국기독교와 역사》 47, 한국기독교역사연구소, 2017.

이영록, 〈헌법에서 본 3·1운동과 임시정부 법통〉, 《법학논총》 제24권 제1호, 조선대 법학연구원, 2017.

황민호, 〈《매일신보》에 나타난 3·1운동에 대한 인식과 친일논리 -'기획기사'의 내용을 중심으로-〉, 《한국민족운동사연구》 90, 한국민족운동사학회, 2017.

김명배, 〈대한민국임시정부 수립과정에서 기독교 민족주의자들의 역할〉, 《한국교회사학회지》 51, 한국교회사학회, 2018.

김영민, 〈《창조》와 3·1운동〉, 《한국민족문화》 69, 부산대 한국민족문화연구소, 2018.

박경목, 〈3·1운동 관련 서대문형무소 수감자 현황과 특징〉, 《인문과학연구》 26, 덕성여자대학교 인문과학연구소, 2018.

박준형, 〈전후 일본 조선사학계의 3·1운동 인식〉, 《역사와 현실》 108, 한국역사연구회, 2018.

배석만, 〈3·1운동 경제배경 서술의 변화과정 분석〉, 《역사와 현실》 108, 한국역사연구회, 2018.

심옥주, 〈세계평화의 관점에서 본 3·1운동의 재인식: 3·1운동과 여성, 평화를 중심으로〉, 《한국과 국제사회》 제2권 제1호, 한국정치사회연구소, 2018.

오제연, 〈이승만 정권기 3·1운동의 정치적 소환과 경합〉, 《한국사연구》 183, 한국사연구회, 2018.

이계형, 〈경기도 화성지역 3·1운동의 연구동향과 과제〉, 《한국학논총》 50, 국민대 한국학연구소, 2018.

이용철, 〈평안북도 정주지역의 3·1운동〉, 《역사와 담론》 86, 호서사학회, 2018.

임경석, 〈해방직후 3·1운동 역사상의 분화〉, 《사림》 63, 수선사학회, 2018.

정진아, 〈3·1운동에 대한 남북의 분단된 집합기억을 통일을 위한 집합기억으로〉, 《통일인문학》 76, 건국대 인문학연구원, 2018.

한승훈, 〈'3·1운동의 세계사적 의의'의 불완전한 정립과 균열〉, 《역사와 현실》 108, 한국역사연구회, 2018.

山邊健太郎, 〈三·一運動について〉, 《歷史學研究》 184·185, 1955.

宮田節子, 〈三·一運動の實態とその現代的意義〉, 《歷史評論》 157, 歷史科學協議會, 1963.

加藤宇多子, 〈三·一運動について〉, 《歷史研究》 12, 愛知芸大歷史學會, 1964.

姜德相, 〈日本帝國主義の三·一運動彈壓政策に關して〉, 《日本史研究》 90, 日本史研究會, 1967.

寺延澄子, 〈日本帝國主義下の朝鮮における教育−三·一運動と日本帝國主義の教育政策〉, 《寧樂史苑》 16, 奈良女子大學史學會, 1968.

姜在彦, 〈思想史からみた三·一運動〉, 《朝鮮史叢》 5·6, 1982.

原口由夫, 〈三·一運動彈壓事例の研究〉, 《朝鮮史研究會論文集》 23, 1986.

長田彰文, 〈朝鮮3·1運動と米國人宣教師〉, 《上智史學》 46, 上智大學史學會, 2001.

笹川紀勝, 〈北東アジアと日本―植民地支配の過去と現在,特に三一獨立運動と朝鮮行政法の
かかわりに卽して〉, 《法律時報》 75卷7号, 2003.

笹川紀勝, 〈アメリカ基督教宣教師Williams外と韓國獨立抗爭―三·一獨立運動判決《玄錫七
外事件》を手がかりとして〉, 《忠節と公州地域抗日獨立運動史》, 高句麗社, 2007.

笹川紀勝, 〈日本の植民地支配下の抵抗の軌跡―信賴釀成のためには相手の苦惱を知る必要
がある〉, 深瀬忠一·上田勝美·稲正樹·水島朝穂 編著, 《平和憲法の確保と新生》, 北海
道大學出版會, 2008.

笹川紀勝, 〈3·1獨立運動の判決―植民地法制研究の一つの視点〉, 笹川紀勝·金勝一·內藤光
博編, 《日本の植民地支配の實態と過去の清算―東アジアの平和と共生に向けて》, 風
行社, 2010.

5. 각지 만세운동(단행본)

三一精神宣揚會 慶尙北道本部 편, 《三一運動史》, 三一精神宣揚會 慶尙北道本部, 檀紀
4288(1955).

坡州3·1運動記念碑建立委員會 編, 《坡州愛國志士獨立運動鬪爭史》, 坡州3·1運動記念碑建
立委員會, 1978.

洪錫昌, 《水原地方三·一運動史》, 왕도출판사, 1981.

윤우 편, 《원곡―양성의 3·1독립운동》, 원곡―양성3·1운동유족회, 1986.

화성문화원 편, 《화성군의 3·1독립운동사》(화성군의 3·1운동사 학술발표회), 1995.

和順文化院, 《(獨立志士) 乭江 梁漢黙 先生 學術大會: 3·1運動 76週年 記念》, 1995.

거제문화원 편, 《거제도 3·1운동사》, 거제문화원, 1996.

이정은, 《서부 안성의 3·1독립운동: 요약편》, 독립기념관, 1996.

평택시,《(향토문화자료) 평택 3·1독립운동사》, 평택시, 1997.

울산보훈지청,《우리고장 3·1독립운동: 울산, 양산》, 울산보훈지청, 1998.

이춘걸,《(正史)울산 3·1운동》, 처용기획, 1998.

慶尙南道鄕土史硏究協議會 編,《慶尙南道 各 市·郡의 3·1獨立運動》(慶南鄕土史叢書 第 9輯), 慶尙南道鄕土史硏究協議會, 1999.

광복회,《광주·전남 3·1운동과 종교계: 3·1운동 80주년기념 학술심포지움 발표요지 집》, 1999.

李昌植,《三一同志會35年史: 수원지방의 3·1독립운동 만세시위 小史》, 三一同志會, 2003.

전재규,《(동산병원과) 대구3·1독립운동의 정체성》, Time book, 2003.

도진순·박철규·전갑생,《군북 3·1독립운동사: 군북천의 메아리는 청사에 남아》, 선인, 2004.

거창문화원 편,《독립운동과 파리장서: 3·1운동과 면우 곽종석 선생의 활동 재조명 학술발표회》, 거창문화원, 2007.

박환,《경기지역 3·1독립운동사》, 선인, 2007.

한국문화원연합회 경상남도지회 편,《경남지역 3·1독립운동사》, 한국문화원연합회 경 상남도지회, 2007.

경기도향토사연구협의회 편,《수원지역 여성과 3·1운동》, 경기도 가족여성정책국 가족 여성정책과, 2008.

김민·김진호·신대광·이현우·전미영·정진각·한준수·홍영의,《안산지역 3·1독립만세운동 연구 조사 보고서》, 안산문화원 안산향토사연구소, 2008.

김포3·1만세운동연구소 편,《김포독립운동 조사자료집》, 김포3·1만세운동연구소, 2009.

이정은,《3·1독립운동의 지방시위에 관한 연구》(한국사연구총서 58), 국학자료원, 2009.

충북개발연구원 충북학연구소 편,《충북의 3·1운동과 충북인의 대한민국 임시정부 활 동: 3·1운동과 대한민국 임시정부 수립 90주년 기념 중원문화학술대회》, 충북개발 연구원 충북학연구소, 2009.

전재규,《대구 3·1독립운동의 정체성: 재판기록 및 고증자료 발굴 2》, Newlooks, 2010.

김상환,《경상남도의 3·1독립만세운동》, 경인문화사, 2012.

안성문화원 안성 3·1운동연구소 편,《安城 三·一 獨立運動》, 안성문화원, 2012.

안동대학교 안동문화연구소, 안동독립운동기념관 편, 《경북독립운동사 3: 3·1운동》, 경상북도, 2013.

조석래, 《통영의 독립운동: 3·1운동 이후 각종단체를 중심으로》, 풍해문화재단, 2013.

김동정, 《횡성 3·1운동 주도인물 재조명》(향토사료 제31집), 횡성문화원, 2017.

서울역사박물관 조사연구과 편, 《경성과 평양의 3·1운동》, 서울역사박물관, 2018.

필자 소개

■ 책임 편집

이태진李泰鎭

서울대학교 명예교수, 전 국사편찬위원회 위원장, 대한민국학술원 회원. 한국근세·근
대사.
《고종시대의 재조명》(태학사, 2000), 《朝鮮王朝社會と儒敎》(法政大學出版會, 2000),
《동경대생들에게 들려준 한국사》(태학사, 2005), *The Dynamics of Confucianism and
Modernization in Korean History*(Cornell East Asia Series, 2007), 《한국사회사연구》(증
보판, 지식산업사, 2008), 《한국병합과 현대》(공편, 태학사, 2009), 《영원히 타오르는
불꽃 – 안중근의 하얼빈 의거와 동양평화론》(공편, 지식산업사, 2010), 《일본의 한국
병합 강제 연구》(지식산업사, 2016), 《끝나지 않은 역사》(태학사, 2017)

사사가와 노리카쓰笹川紀勝

국제기독교대학(ICU) 명예교수, 전 메이지明治대학 교수. 헌법, 국제법.
《三一獨立運動判決精選》(共編, 高句麗社, 1999), 〈北東アジアと日本―植民地支配の
過去と現在, 特に三一獨立運動と朝鮮行政法のかかわりに卽して〉(《法律時報》75卷 7號,
2003), 〈日本の植民地支配下の抵抗の軌跡―信賴醸成のためには相手の苦惱を知る必
要がある〉(《平和憲法の確保と新生》, 北海道大學出版會, 2008), 《한국병합과 현대》(공
편, 태학사, 2009), 〈3·1獨立運動の判決―植民地法制研究の一つの視點〉(《日本の植民
地支配の實態と過去の淸算―東アジアの平和と共生に向けて》, 風行社, 2010)

■ 집필자(글 실린 순)

아라이 신이치荒井信一

이바라기茨城대학 명예교수(작고).

《歷史和解は可能か: 東アジアでの對話を求めて》(岩波書店, 2006. 한국어판: 《역사 화해는 가능한가: 동아시아 역사 문제의 해법을 찾아서》, 미래M&B, 2006), 《空爆の 歷史: 終わらない大量虐殺》(岩波書店, 2008. 한국어판: 《폭격의 역사: 끝나지 않는 대량 학살》, 어문학사, 2015), 《コロニアリズムと文化財: 近代日本と朝鮮から考える》 (岩波書店, 2012. 한국어판: 《약탈 문화재는 누구의 것인가: 일제의 문화재 반출과 식민주의 청산의 길》, 태학사, 2014)

김태웅金泰雄

서울대학교 역사교육과 교수. 한국근대사 및 역사교육.

《한국근대 지방재정 연구》(아카넷, 2012), 《연희전문학교의 학문과 동아시아 대학》(공 저, 혜안, 2016), 《신식소학교의 탄생과 학생의 삶》(서해문집, 2017), 《어윤중과 그의 시대》(아카넷, 2018)

변영호邊英浩

쓰루분카都留文科대학 비교문화학과 교수. 동아시아 비교문화학.

《朝鮮儒敎の特質と現代韓國－李退溪·李栗谷から朴正熙まで－》(圖書出版クレイン, 2010), 〈韓國强制併合100年と在日韓國人〉(《國際共同硏究 韓國强制併合一○○年 歷 史と課題》, 明石書店, 2013), 《東アジアの共通善－和·通·仁の現代的再創造をめざし て》(岡山大學出版會, 2017), 〈天道敎の近代化運動－孫秉熙を中心に〉(《靈性と平和》 第 三號, 2018)

김승일金勝一

동아시아미래연구원장, 중국국가신문출판광전총국 국제위원. 중국사회경제사.

〈3·1獨立精神의 史的 演源 －17世紀 中葉以來 東아시아 秩序 變化에 대한 對應戰略 의 推移와 反應을 中心으로－〉(《政府樹立50周年紀念學術大會論文集》, 1998), 〈3·1운 동 전후 쑨원의 한국인식 변화연구〉(《한국독립운동사연구》 37, 2010), 〈일본제국주의 식민통치지역 재판제도의 비교연구〉(《역사문화연구》 38, 2011), 《한민족과 동아시아세 계》(경지출판사, 2016), 《중국혁명의 기원》(경지출판사, 2018)

세리카와 데쓰요芹川哲世

니쇼가쿠샤二松學舍대학 명예교수. 일본 및 조선 근대문학.

《1920-30년대 한일농민문학의 비교문학적 연구》(서울대학교 박사학위논문, 1993), 《日 本の植民地支配の實態と過去の淸算: 東アジアの平和と共生に向けて》(공저, 風行社, 2010),

《動く城》(역서, 日本キリスト教團出版局出版サービス, 2010. 원작: 황순원, 《움직이는 성》)

김봉진金鳳珍

기타큐슈北九州시립대학 국제관계학과 교수. 동아시아 국제관계론, 비교사상사.
《東アジア開明知識人の思惟空間 劉觀應・福澤諭吉・兪吉濬の比較研究》(九州大學出版會, 2004), 《歷史と和解》(공저, 東京大學出版會, 2011), 《辛亥革命とアジア》(공저, お茶の水書房, 2013), 《한국 국제정치학, 미래 백년의 설계》(공저, 사회평론 아카데미, 2018)

김대호金大鎬

국사편찬위원회 편사연구관. 한국사회사.
〈일제강점 이후 경복궁의 毁撤과 '活用'(1910~현재)〉(《서울학연구》 29, 2007), 《일본의 식민지 지배와 식민지적 근대(공저, 동북아역사재단, 2009), 〈20세기 남산 회현 자락의 변형, 시각적 지배와 기억의 전쟁〉(《도시연구》 13, 2015), 《일제강점기 경성부윤과 경성부회 연구》(공저, 서울역사편찬원, 2017)

도리우미 유타카鳥海豊

선문대학교 교양학부 강사. 한국경제사.
〈일제하 일본인토목청부업자의 활동과 이윤창출〉(서울대학교 박사학위논문, 2013), 〈일제하 조선인 노동자의 저임금과 일본인 토목청부업자의 부당 이익〉(《한일경상논집》 60, 한일경상학회, 2013), 〈일제하 수리조합사업과 일본인토목청부업자〉(《한국문화》 68, 규장각한국학연구원, 2014)